Humanität als Argument in der Geschichte des Strafvollzugs

Europäische Hochschulschriften Recht

European University Studies in Law

Publications Universitaires Européennes de Droit

Band/Volume 6867

Marie Céline Weisser

Humanität als Argument in der Geschichte des Strafvollzugs

1776–1871

PETER LANG
Berlin · Bruxelles · Chennai · Lausanne · New York · Oxford

Bibliografische Information der Deutschen Nationalbibliothek
Die Deutsche Nationalbibliothek verzeichnet diese Publikation in der Deutschen Nationalbibliografie; detaillierte bibliografische Daten sind im Internet über http://dnb.dnb.de abrufbar.

Zugl.: Frankfurt (Main), Univ., Diss., 2025

D 30
ISSN (Print) 3052-8291
ISSN (eBook) 3052-8305
ISBN 978-3-631-94813-2 (Print)
ISBN 978-3-631-94831-6 (ePDF)
ISBN 978-3-631-94832-3 (ePUB)
DOI 10.3726/b23515

Verlegt durch Peter Lang GmbH, Berlin, Deutschland

info@peterlang.com

www.peterlang.com

Kontakt zur Verordnung über die allgemeine Produktsicherheit (GPSR): gpsr@peterlang.com

Meinen Eltern

In the great prison where I was then incarcerated, I was merely the figure and the letter of a little cell in a long gallery. One of a thousand lifeless numbers, as of a thousand lifeless lives.

OSCAR WILDE, DE PROFUNDIS

Inhaltsverzeichnis

Danksagung

Zunächst danke ich meinem Doktorvater, Herrn Prof. Dr. David von Mayenburg, auf dessen Anregung und ausdrücklichen Vorschlag ich überhaupt den Entschluss zur Promotion fasste. Indem er mir damit den Weg zu dieser Arbeit eröffnete, legte er den Grundstein für Ihre Entstehung. Er unterstützte mich maßgeblich bei der Themenfindung, stand mir bei der Beschaffung von Literatur und beim Erhalt der Hackman Research Residency unterstützend zur Seite und war stets für Rückfragen erreichbar. Für sein Vertrauen und die gewährte wissenschaftliche Freiheit im Schaffensprozess danke ich ihm herzlich.

Mein ganz besonderer Dank gilt meinem Ehemann, der mich nicht nur ermutigte, dieses Projekt mit Mut und Entschlossenheit in Angriff zu nehmen, sondern mich während des gesamten Weges mit unerschütterlicher Unterstützung und liebevoller Geduld begleitete. Stundenlang diskutierte er mit mir über einzelne Abschnitte, nahm mit kritischer Vehemenz grammatikalische Korrekturen vor und stand mir in allen Momenten, in Zeiten des Zweifelns wie in Phasen des Fortschritts, verlässlich zur Seite. Durch seine Liebe, seine Hingabe und sein stetiges Mitwirken schenkte er mir die Kraft, dieses Vorhaben zu vollenden.

Nicht zuletzt gilt mein tief empfundener Dank meiner Familie und meinen Freunden. Sie haben mich in allen Phasen dieser Arbeit mit Geduld, Verständnis und Zuspruch begleitet und mir stets den nötigen Rückhalt gegeben. Vor allem meinem Vater bin ich in besonderer Weise verpflichtet: Er hat diese Arbeit nicht nur beinahe häufiger gelesen als ich selbst, sondern sich auch in neue geistige Welten vertieft, Bücher wie etwa von Foucault erworben und mit mir darüber diskutiert, um meinen Weg zu begleiten. Meiner Mutter gilt mein innigster Dank für ihre unerschütterliche emotionale Unterstützung und dafür, dass sie mir in allen Momenten dieser oft herausfordernden Zeit verlässlich und liebevoll zur Seite stand. Ihnen beiden ist diese Arbeit in tiefer Dankbarkeit und Liebe gewidmet.

Vorwort

Nach dem heutigen Verständnis der westlichen Welt ist die Gefängnisstrafe untrennbar mit der Bestrafung von Verbrechern verknüpft und als strengstes vom Staat anzuwendendes Mittel anerkannt. Die Freiheitsstrafe stellt dabei einen schweren Eingriff in die Persönlichkeitsrechte und Grundrechte eines Straftäters dar. Gleichwohl sind Strafanstalten in unserer Gesellschaft sozial akzeptiert und werden von dem Großteil der Bevölkerung als notwendig und teils sogar unabdingbar angesehen. Dabei ist die Verhängung von Freiheitsstrafen ein insbesondere von juristischen Laien schnell gefordertes Mittel, um einen begangenen Verstoß gegen die gesellschaftliche Normen zu ahnden.

Während die Forderung nach Bestrafung von Rechtsbrüchigen und der damit einhergehenden Vergeltung bis weit in die Vergangenheit zurückverfolgt werden kann,[1] ist das Einsperren von Tätern in Form der modernen Freiheitsstrafe, wie wir sie heute kennen, eine vergleichsweise junge Entwicklung.[2] Bediente man sich noch im 16. Jahrhundert vorrangig Leibes- und Lebensstrafen, so begann man zu dieser Zeit festzustellen, dass die rohe Gewalt dieser Strafe die Sicherheit in der stetig anwachsenden Bevölkerung nicht gewährleisten konnte und wandte sich von dieser, allein vom Sühnegedanken getragenen Art der Bestrafung, langsam ab.[3] Vor allem durch die rasant ansteigende Zahl von Bettlern und Vagabunden sollten diese durch die Unterbringung in Zuchthäusern zu brauchbaren Mitgliedern der Gesellschaft werden.[4] Die dahinterstehende erste Bestrebung nach Besserung wurde jedoch durch wirtschaftliche Erwägungen im Rahmen des merkantilistischen

---

1 *Quanter*, Deutsches Zuchthaus- und Gefängniswesen, S. 3 f.

2 *Hentig*, Die Strafe II, S. 159.

3 *Laubenthal*, Strafvollzug, Rn. 91; *Muntau*, Strafvollzug und Gefangenenfürsorge, S. 5.

4 *Krohne*, Lehrbuch der Gefängniskunde, S. 11 f.

Zeitalters schnell wieder verdrängt.[5] Die Arbeitsleistungen der Gefangenen und die daraus zu erzielenden Erlöse rückten bereits im 17. Jahrhundert zunehmend in den Fokus und hatten eine beginnende Privatisierung der Strafanstalten zur Folge.[6] Die aus der Kommerzialisierung resultierenden Missstände, die bis hin zur „Verwahrlosung“[7] reichten, führten unter anderem durch den Einfluss der aufklärerischen Bestrebungen ab dem späten 18. Jahrhundert, die von *Beccaria* mitgeprägt wurden, zur Forderung nach Neuerungen des Strafvollzugs.[8]

Der Engländer *John Howard* machte erstmalig mit seinen Berichten in *The State of the Prisons*[9] auf die Zustände in den Gefängnissen in ganz Europa aufmerksam,[10] und kann dabei als Schlüsselfigur der damaligen philanthropisch-religiösen Bewegung angesehen werden, die das Ziel einer Humanisierung des Strafvollzuges verfolgte.[11]

Die sodann einsetzende erste Reformwelle fokussierte sich zu Beginn insbesondere auf die äußeren Haftbedingungen in Form von Ernährung, Schlafsituation, körperlicher Gesundheit oder Hygiene in den Anstalten. Zusätzlich gewann mit der *Spezialpräventionstheorie* Ende des 18. Jahrhunderts die Besserung der Gefangenen als Strafzweck erneut an Bedeutung, nunmehr aber unter dem Aspekt der Humanität.[12] Die als notwendig erachtete Umerziehung[13] der Gefangenen wurde in der zweiten Reformwelle mit Blick auf die inneren Haftbedingungen und deren Umsetzung durch Religion, Arbeit und Disziplin diskutiert.

Die von *John Howard* angestoßenen Bestrebungen nach einem reformierten Strafvollzug[14] hatten nicht nur Einfluss in Europa, sondern gelangten bis nach

---

5 *Laubenthal*, Strafvollzug, Rn. 95.

6 *Laubenthal*, Strafvollzug, Rn. 95.

7 *Wesel*, Geschichte des Rechts, S. 391 f.

8 *Friederich*, John Howard und die Strafvollzugsreformen, S. 56 f.

9 *Howard*, The State of the Prisons, London 1777.

10 *Friederich*, John Howard und die Strafvollzugsreformen, S. 57; *Dünkel*, Die Geschichte des Strafvollzugs, S. 28.

11 *Krohne*, Lehrbuch der Gefängniskunde, S. 29–37.

12 *Schmidt*, Einführung in die Geschichte der deutschen Strafrechtspflege, S. 225.

13 *Schmidt*, Einführung in die Geschichte der deutschen Strafrechtspflege, S. 225 f.

14 *Friederich*, John Howard und die Strafvollzugsreformen, S. 62, 76; *Krebs*, Freiheitsentzug. Entwicklung von Praxis und Theorie, S. 42.

Nordamerika.[15] Mit den dort entwickelten ersten Haftsystemen, dem *Pennsylvania System (Solitary System)* und dem *Auburn System (Silent System)* in New York, welche beide durch Elemente der Isolation geprägt waren,[16] wollte man eben diese Besserung der Gefangenen sowie deren Disziplinierung erreichen. Über die Vereinbarkeit dieser Systeme mit der Humanität entbrannte in den folgenden Jahrzehnten ein Streit, welcher sich bis nach Europa ausbreitete und die weitere Gestaltung der Haftsysteme bis heute maßgeblich prägte.

A. Problemstellung und Ziel der Untersuchung

Charakteristisch für die Reformbemühungen zu Beginn des 19. Jahrhunderts war die Diskussion über die Vereinbarkeit von isolatorischen Maßnahmen der Gefangenen mit dem stetig an Bedeutung gewinnenden humanitären Gedankengut.[17]

Gleichwohl ist die Frage, welche Rolle Humanität beziehungsweise humanistische Prinzipien als eigenständige Argumente in der Geschichte des Strafvollzuges während des Untersuchungszeitraums (1776–1871) spielten, bislang weitestgehend unerforscht. Bei dieser Fragestellung geht es nicht nur darum, ob die damaligen Reformer, Gesetzgeber oder Insassen in ihren Berichten und Forderungen bei der Reform des Strafvollzuges lediglich einen äußeren Bezug zu dem aufkeimenden humanistischen Gedankengut genommen haben, oder ob sich Spuren einer auf Humanität zielenden Intention auch in der Praxis fanden.

Kern der vorliegenden Arbeit ist infolgedessen die Prüfung der Hypothese, ob sich, ausgehend von *Beccaria* und *Howard*, sowohl die Theoretiker als auch die Gesetzgeber dieser Zeit bei der (Neu-)Gestaltung des Strafvollzuges vom Gedanken des Humanismus/der Humanität haben beeinflussen und leiten lassen.

Nach Klärung der Frage, was unter Humanität beziehungsweise Humanismus verstanden werden soll, wird zunächst herauszuarbeiten sein, in

---

15 *Krause*, Geschichte des Strafvollzugs, S. 69; *Krebs*, Denkweise von „Poenologen" über die „Einzelhaft", S. 476.

16 *Engeler*, Strafvollzug in den USA, S. 10–12.

17 *Nitsch*, Die Unterbringung von Gefangenen nach dem Strafvollzugsgesetz, S. 18 f.

welchem Umfang der Begriff der Humanität oder die dahinterstehenden Gedanken als Argumente für die angestrebten Strafvollzugsreformen im Untersuchungszeitraum herangezogen wurden. Insoweit eine Argumentation mit der Humanität erfolgte, ist weiter die Funktion der jeweiligen Verwendung des Humanitätsbegriffs zu untersuchen.

Unabdingbar ist es in diesem Zusammenhang, die zeitgenössischen Primärquellen auszuwerten und hinsichtlich der genannten Aspekte zu interpretieren. Dabei kann die Analyse nicht nur auf eine Auswertung von rechts- und gefängniswissenschaftlichen Schriften sowie Archivgut zur Gesetzgebungsgeschichte beschränkt werden, sondern muss sich auch auf die alltäglichen und praktischen Auswirkungen beziehen, wozu insbesondere Berichte der damaligen Gefängnisbeamten und Insassen herangezogen werden, um ein möglichst umfassendes Bild zeichnen zu können.

B. Eingrenzung des Themas

Es handelt sich um ein sehr umfassendes Thema, sodass es nicht Ziel dieser Arbeit ist, sämtliche Entwicklungen in ganz Europa und Nordamerika zu untersuchen. Vielmehr wird sich diese auf einzelne Länder fokussieren, um die dortigen Entwicklungen im Detail beleuchten und sodann mit Blick auf die dieser Arbeit zugrundeliegenden These untersuchen zu können.

***

Nachdem am Ende des 18. Jahrhunderts von England richtungsweisende Impulse zur Reform des Gefängniswesens ausgegangen waren, folgten sodann die ersten beachtlichen praktischen Umsetzungen in Nordamerika. Die dort entstandenen Gefängnissysteme in *Pennsylvania* und *New York* waren die Grundlage für die weiteren Entwicklungen zunächst in England sowie auf deutschem Boden. Die Interdependenzen der jeweiligen Entwicklungen in den angelsächsischen und deutschen Staaten endeten dabei nicht nach der ersten Reformwelle, sondern wirkten bis zum Ende des langen 19. Jahrhunderts (1776–1918)[18] stetig weiter. Für die Überprüfung der Frage, inwieweit

[18] Das lange 19. Jahrhundert wird vorliegen nach *Hellfeld*, Das lange 19. Jahrhundert, S. 11, 15, von 1776–1918 definiert.

die Humanität als Argument in der Geschichte des Strafvollzugs maßgeblich war, bieten sich in Folge der engen Verknüpfung der angelsächsischen (Nordamerika und England) und deutschen Entwicklungen eben diese Staaten als zu untersuchende Territorien an. Indem besonders prägende Strafanstalten auf deutschem Boden in *Preußen* (Berlin) und *Baden* (Bruchsal) zu finden sind, werden diese beiden Staaten ebenfalls Untersuchungsgegenstand der vorliegenden Arbeit. Für eine möglichst anschauliche und konkrete Darstellung werden die jeweiligen Entwicklungen im Weiteren jeweils am Beispiel eines bekannten Gefängnisses in den untersuchten Territorien beleuchtet. Diese sind in Nordamerika das Eastern State Penitentiary (*Philadelphia* in *Pennsylvania*) und das *Auburn Prison* (*Auburn* in *New York*), in England das *Petonville (London)*, in Preußen das *Zellengefängnis Moabit (Berlin)* und in Baden das *Männerzuchthaus Bruchsal (Baden)*.

Der Untersuchungszeitraum fokussiert sich auf den ersten prägenden Abschnitt des langen 19. Jahrhunderts, der mit der ersten Deklaration der Menschenrechte 1776, beziehungsweise der Arbeit von *John Howard* 1777, beginnt und mit der deutschen Reichsgründung 1871 endet. Dabei bietet es sich an, die Untersuchung bereits 1871 zu beenden, indem mit der Reichsgründung eine neue Periode des Freiheitsentzuges begann.[19] Zudem setzten sämtliche Entwicklungen dieser ersten Periode (1777–1871) die Grundlage für das von *Franz von Liszt* nur wenige Jahre später aufgestellte *Marburger Programm*[20] durch das die *Spezialprävention* wieder in den Vordergrund gerückt wurde.[21]

***

---

[19] Zutreffend teilt *Albert Krebs* die vergangenen 200 Jahre in drei Perioden ein, wozu er die erste auf den Zeitraum von 1777–1871 bestimmt; *Krebs*, Freiheitsentzug, S. 17 f.

[20] Vgl. hierzu *Kreher*, Herkunft und Entwicklung des Zweckgedankens bei Franz von Liszt. Eine rechtshistorische Analyse des Marburger Programms, Zürich 2015; *Mayenburg*, Die Rolle psychologischen Wissens in Strafrecht und Kriminologie bei Franz von Liszt, in: *Schmoeckel*, Psychologie als Argument in der juristischen Literatur des Kaiserreichs, Baden-Baden 2009; Die Antrittsrede von *Liszt:* Der Zweckgedanke im Strafrecht, ist abgedruckt in: *Ostendorf*, Von der Rache zur Zweckstrafe. 100 Jahre Marburger Programm von Franz von Liszt, Frankfurt am Main 1982, S. 23–32.

[21] *Krebs*, Freiheitsentzug, S. 20 f.; *Schwind*, Zur historischen Entwicklung des Strafvollzuges, S. 20 f.

Es handelt sich bei der vorliegenden Arbeit um eine rechtsgeschichtliche Arbeit, sodass der Schwerpunkt entsprechend auf den juristischen Aspekten liegt. Zur Einordnung der Begriffe Humanität/Humanismus wird auf philosophische Literatur zurückgegriffen, dabei wird sich die Arbeit auf insbesondere die für diese relevanten Grundbegriffe beschränken. Gleichwohl wird auf Basis der folgenden Untersuchungen festzustellen sein, ob im Rahmen der Reformen des Strafvollzuges im Untersuchungszeitraum ein spezifischer Humanismusbegriff entwickelt wurde, oder ein solcher festzustellen ist, der nicht mit dem der Philosophie übereinstimmt.

Die Auswirkungen der Haftbedingungen wurden im 19. Jahrhundert auch mit Blick auf die mentale Gesundheit der Gefangenen diskutiert. Indem mit der vorliegenden Arbeit aber vorrangig ein rechtshistorischer Blickwinkel gewährt werden soll, beschränken sich die Ausführungen zu den komplexen und nicht vereinheitlichten Entwicklungen der Psychologie und Psychiatrie im Untersuchungszeitraum auf die Grundzüge. Diese werden nur zur Einordnung der rechtshistorischen Entwicklungen und mit Blick auf den entstehenden medizinischen und naturwissenschaftlichen Diskurs herangezogen. Für einen detaillierten Überblick wird auf die entsprechende Literatur[22] verwiesen, die hinsichtlich der Geschichte der Kriminalpsychologie inzwischen gut erforscht ist.[23]

Hinsichtlich der thematischen Eingrenzung wird aus Gründen der Kapazität der Fokus auf den Männerstrafvollzug gelegt und der Frauenstrafvollzug nicht näher untersucht, da sich diese zu dieser Zeit noch stark unterschieden.[24]

---

22 *Vec*, Die Seele auf der Bühne der Justiz. Die Entstehung der Kriminalpsychologie im 19. Jahrhundert und ihre interdisziplinäre Erforschung, in: Berichte zur Wissenschaftsgeschichte 30, 2007, S. 235–254; *Greve*, Verbrechen und Krankheit. Die Entdeckung der „Criminalpsychologie" im 19. Jahrhundert, Köln 2004.

23 *Mayenburg*, Die Rolle psychologischen Wissens in Strafrecht und Kriminologie bei Franz von Liszt, S. 105.

24 Zum Frauenstrafvollzug im 19. Jahrhundert wird unter anderem auf *Leukel, Sandra*, Strafanstalt und Geschlecht: zur Geschichte des Frauenstrafvollzugs im 19. Jahrhundert (Baden und Preußen), Leipzig 2010, verwiesen.

C. Forschungsstand

Die Strafvollzugsreformen während des Untersuchungszeitraums sind in rechtsgeschichtlicher Hinsicht bereits umfassend aufgearbeitet worden, sodass auf diese Literatur im Folgenden zurückgegriffen werden kann. Hierbei ist neben den Standardwerken[25] unter anderem die Arbeit von *Krause* zu erwähnen, der einen Überblick über die *Geschichte des Strafvollzuges – Von den Kerkern des Altertums bis zur Gegenwart*[26] gibt, sowie die umfassende Arbeit von Riemer, der mit seinem Werk Das Netzwerk der „Gefängnisfreunde" zahlreiche Primärquellen aus dem 19. Jahrhundert zusammengetragen hat.[27] Für den Zeitraum von 1775–1848 ist das Werk von *Thomas Nutz* hervorzuheben, der sich in seinem Werk *Strafanstalt als Besserungsmaschine* mit den Gefängnisreformen vor allem aus einem philosophischen Blickwinkel beschäftigt hat.[28] Hinsichtlich der Entwicklung des *Männerzuchthauses Bruchsal* in Baden, kann die Arbeit von *Freßle* herausgestellt werden, der seine Dissertation[29] dieser Anstalt gewidmet hat. Aufgrund der Ausführlichkeit dieser Arbeit wird auf diese hinsichtlich der Details der Entwicklung der Strafanstalt hingewiesen.

Im Gegensatz hierzu ist eine wissenschaftliche Aufarbeitung der Strafrechtsreformen unter dem Aspekt der Humanität bislang nur in geringem

---

25 Nicht sämtliche Werke können hier aufgeführt werden – es soll vielmehr ein kleiner Überblick gewährt werden: *Karl Krohne*, Lehrbuch der Gefängniskunde: unter Berücksichtigung der Kriminalstatistik und Kriminalpolitik, Stuttgart 1889; *Hans-Dieter Schwind*, Zur historischen Entwicklung des Strafvollzugs (mit kriminalpolitischen Anmerkungen), in: Gesellschaft für Rechtspolitik Trier: Bitburger Gespräche Jahrbuch 1986/2, München 1986, S. 13–26; *Albert Krebs*, Freiheitsentzug. Entwicklung von Praxis und Theorie seit der Aufklärung, Berlin 1978; *Rudolf Quanter*: Deutsches Zuchthaus- und Gefängniswesen – Von den ältesten Zeiten bis in die Gegenwart, Aalen 1970; einen kritischen Blick auf die Entwicklung der Freiheitsstrafe vermitteln vor allem *Michel Foucault;* Überwachen und Strafen, Berlin 1976 und hinsichtlich der nordamerikanischen Entwicklungen *David Rothman*, The Discovery of the Asylum – Social Order and Disorder in the New Republic, Boston 1971.

26 *Thomas Krause*, Geschichte des Strafvollzugs. Von den Kerkern des Altertums bis zur Gegenwart, Darmstadt 1999.

27 *Lars Hendrik Riemer*, Das Netzwerk der „Gefängnisfreunde" (1830–1872). Karl Josef Anton Mittermaiers Briefwechsel mit europäischen Strafvollzugsexperten, Frankfurt 2005.

28 *Thomas Nutz*, Strafanstalt als Besserungsmaschine. Reformdiskurs und Gefängniswissenschaft 1775–1848, München 2001.

29 *Paul Freßle*, Geschichte des Männerzuchthauses Bruchsal, Freiburg 1970.

Umfang erfolgt, weshalb keine komprimierte Sekundärliteratur zu diesem Thema herangezogen werden kann.

In zahlreichen strafrechtsgeschichtlichen Werken wird die Humanität oder der Humanismus nur in Grundzügen tangiert, ohne dabei näher beleuchtet oder hinterfragt zu werden. An dieser Stelle sind die Arbeiten von *Rusche* und *Kirchheimer* herauszustellen, die sich bereits mit der Beziehung von Sozialstruktur und Arbeitsmarkt mit dem Strafvollzug[30] auseinandergesetzt hatten. Besonders soll zudem auf einen Aufsatz[31] von *Eberhard Schmidt*, in dem er den Einfluss der Aufklärung auf die Entwicklung des Strafvollzugs untersucht hat, hingewiesen werden. Die Frage nach dem Einfluss der Humanität und des Humanismus wird von diesen Arbeiten allerdings nicht mit Blick auf die einzelnen Entwicklungen in den hier untersuchten Staaten aufgeschlüsselt, sondern vielmehr allgemein dargestellt. Dabei legen *Rusche* und *Kirchheimer* ihren Fokus auf die sozialen Strukturen, *Schmidt* hingegen auf die einzelnen Aufklärungsphilosophen und deren Bestrebungen.

Entsprechend hat diese Arbeit das Ziel, die hier bestehende Lücke hinsichtlich der Auswirkungen der Humanität/des Humanismus auf die Entwicklungen in den genannten Staaten zu füllen. Grundlage hierfür werden die zahlreichen Primärquellen[32] sein, die aus dem untersuchten Zeitraum stammen. Die Auseinandersetzung mit diesen Quellen, die zumeist von Personen verfasst wurden, die unmittelbar mit den Reformbemühungen in Verbindung standen, oder sich zu dieser Zeit mit diesen auseinandersetzten, können Aufschluss über die hinter den Reformbemühungen stehenden Intentionen, in sowohl theoretischer als auch praktischer Hinsicht, geben. Unerlässlich ist es dabei den Begriff des Humanismus und der Humanität zu definieren und das Geschehen in die historische Entwicklung der Humanitätsbewegung als solche einzugliedern, sodass nicht nur rechtsgeschichtliche, sondern auch Literatur aus der Soziologie und Philosophie herangezogen werden muss.

---

30 *Rusche/Kirchheimer*, Sozialstruktur und Strafvollzug, Frankfurt 1981; *Rusche*, Arbeitsmarkt und Strafvollzug, München 1980.

31 *Eberhard Schmidt, Geistesgeschichtl. Bedeutung d. Aufklärung für d. Strafjustiz, Bern 1985.*

32 Hierzu zählen: Gesetzgebungsmaterialien, Gesetze, Briefe, Vollzugsakte, Hausordnungen der Strafanstalten, Untersuchungsmaterialien sowie die Primärliteratur der seinerzeitigen Diskursteilnehmer.

Humanität

A. Humanität als Kernelement des Humanismus

Der Humanismus beschäftigt Gelehrte, Schriftsteller und Philosophen bereits seit mehr als zweitausend Jahren. Schon die alten Griechen setzten sich mit denjenigen Gedanken auseinander, die bis heute Kernbestandteile des Humanismus sind und dessen Inhalt auch noch heutzutage unser Leben in vielen Bereichen elementar prägt.

Der folgende Abschnitt gibt einen summarischen Überblick über den Humanismus, der dazu dient, die im Verlauf des Werkes hinsichtlich der Humanität und des Humanismus gemachten Ausführungen und die aufgezeigte Bedeutung dessen für die Reformen des Strafvollzugs, einzuordnen.

I. Entwicklung des Humanismus

Für den Begriff des Humanismus gibt es keine simple und allgemeingültige Definition. Er beinhaltet vielmehr ein großes Spektrum, denn der Humanismus stellt nicht nur einen Teil einer kulturellen Bewegung oder der Lehrdidaktik, sondern ebenso eine Tradition, Epoche und Weltanschauung, dar.[33] Gleichzeitig ist der Humanismus eine Philosophie und politische Gesinnung, die die Durchsetzung der Menschenrechte, gleichermaßen wie Nachsicht und Milde, in Form der Humanität als Kern hat.[34] Während der Begriff „Humanismus“ vergleichsweise jung und erst zu Beginn des 19. Jahrhunderts entstanden ist,[35] lassen sich die Anfänge des humanistischen Denkens und

---

33 *Cancik u. a.*, Humanismus: Grundbegriffe Einleitung, S. 1.
34 *Cancik u. a.*, Humanismus: Grundbegriffe Einleitung, S. 1.
35 *Christes*, Cicero und der römische Humanismus, S. 45.

Handelns bis in das römische Reich zurückverfolgen und haben seitdem nicht an Relevanz verloren.[36]

Die Römer gelten dabei als die Begründer des Humanismus und somit als die „ersten Humanisten".[37] Der Begriff Humanismus geht auf das römische Wort humanitas zurück und bedeutete zum Zeitpunkt der vermutlich erstmaligen Nennung im dem Lehrbuch Rhetorica ad Herennium im 1. Jahrhundert v.Chr. „sanftes, mildes gütiges menschliches Wesen und Verhalten."[38] Allerdings stammt das Gedankengut, das die Grundlage für den Humanismus bildet, nicht von den Römern selbst, sondern aus deren Auseinandersetzung mit dem Hellenismus.[39] Der griechische Ausgangspunkt des späteren Humanismus bestand zu einem Teil aus der Überzeugung, dass sich der Mensch durch die Bildung von den Tieren unterscheide und aus diesem Grund die Lehre des Menschen als unabdingbar angesehen wurde – *Paideia*.[40]

Die *Paideia* wurde dabei von den Sophisten als Ausprägung des Logos bezeichnet, die „sinnvolle Rede und der in ihr Gestalt gewinnenden Vernunft",[41] deren Vorhandensein als das wesentliche Merkmal zur Unterscheidung des Menschen vom Tier angesehen wurde.[42] Isokrates ergänzte diese Auffassung wie folgt: „Wie der Besitz des Logos die Menschen von den Tieren unterscheide, so unterscheide die Paideia, die [die] wesentlich[e] Ausbildung des Logos sei, die Griechen von den Barbaren."[43]

Der zweite Teil des griechischen Ausgangspunktes lag in der Bestrebung nach Menschen-, beziehungsweise Nächstenliebe, die sich in der Bereitschaft, aber auch in der aktiven Hilfe untereinander, manifestierte – *Philanthropia*.[44] War Letzteres zunächst nur hinsichtlich der Menschen höheren Ranges zu ihren Untertanen von Bedeutung, entwickelte sich dies zu einer Wertvorstellung für sämtliche Menschen, unabhängig von deren Stellung

---

36 *Buck*, Humanismus, S. 13.

37 *Lefèvre*, Humanismus und humanistische Bildung, S. 3; *Büchner*, Humanitas Romana, S. 272.

38 *Lefèvre*, Humanismus und humanistische Bildung, S. 3; *Rieks*, Homo, humanus, humanitas, S. 13.

39 *Buck*, Humanismus, S. 13.

40 *Buck*, Humanismus, S. 14; *Reiner*, Humanitas I, S. 686.

41 *Reiner*, Humanitas I, S. 686.

42 *Reiner*, Humanitas I, S. 686.

43 *Reiner*, Humanitas I, S. 686.

44 *Buck*, Humanismus, S. 15.

in der Gesellschaft oder deren Herkunft.[45] Diese Lehren des Hellenismus wurden sodann von den Römern weiterentwickelt und durch eigene Elemente ergänzt.[46] Die Trennung von Philosophie und Wissenschaft, ebenso wie die Änderung des Schwerpunktes von Physik und Logik auf die Ethik, waren wesentlicher Inhalt der hellenistischen Philosophie.[47] Die Ethik richtete sich dabei nicht an den Bürger als Teil der Gesellschaft und Gemeinschaft, sondern fortan an das Individuum selbst.[48] Die römische Kultur legte indes den Fokus für den Begriff humanitas, der bereits im Jahr 85 v. Chr. in der Literatur verwendet wurde, auf die Verwirklichung des Menschlichen in der Gesellschaft und nicht auf die einzelne Person.[49] Durch Cicero wurde der Begriff *humanitas* zu einem „Inbegriff menschlicher Gesittung".[50]

Aus diesem römischen Begriff ergab sich der *zweigliedrige Kern des Humanismus:* Die Moral auf sozialer Ebene, ebenso wie das anzustrebende Bildungsideal des Einzelnen.[51] Die Achtung eines Jeden in der Ausgestaltung der humanen Behandlung der Mitmenschen ist als die wesentliche Errungenschaft des Humanismus aus der römischen Zeit zu sehen und gleichzeitig die Grundlage für die sich daraus entwickelnden Formen des Humanismus, die in den folgenden beiden Jahrtausenden aufkamen.[52]

II. Renaissance-Humanismus

Indem der Humanismus-Begriff erst im 19. Jahrhundert entwickelt wurde, findet eine rückwirkende Anwendung dessen auf die Renaissance statt, sodass hier vom Renaissance-Humanismus gesprochen wird.[53] Während der Epoche der Renaissance, die circa vom 14. bis zum 16. Jahrhundert andauerte, war man bemüht, eine Abkehr von der im Mittelalter vorherrschenden scholastischen Philosophie zu bewirken und wandte sich der römischen

45 *Buck*, Humanismus, S. 15.

46 *Buck*, Humanismus, S. 16 f.

47 *Flashar/Görler*, Die hellenistische Philosophie im allgemeinen, S. 7.

48 *Flashar/Görler*, Die hellenistische Philosophie im allgemeinen, S. 7.

49 *Buck*, Humanismus, S. 16.

50 *Buck*, Humanismus, S. 18.

51 *Buck*, Humanismus, S. 18.

52 *Buck*, Humanismus, S. 19.

53 *Christes*, Cicero und der römische Humanismus, S. 46.

Antike zu.[54] Sie gilt gleichzeitig als der Beginn des modernen Denkens und somit der sich später im 18. Jahrhundert manifestierenden Aufklärung.[55] Der Renaissance-Humanismus war somit keine Fortführung der vorhergehenden humanistischen Bewegung der Antike, sondern vielmehr ein neuer Weg.[56] Kernbestrebung der Humanisten war es dabei, den Menschen durch Selbstverwirklichung als ein geistiges und moralisches Wesen zu prägen.[57]

Der Humanismus verbreitete sich zunächst in Italien.[58] Bedeutender Vertreter seiner Zeit war der stark gläubige *Francesco Petrarca*, der durch die *studia humanitatis*, als deren Begründer er angesehen wird,[59] die Bildung der Menschen, die seiner Ansicht nach das gesamte Leben lang betrieben werden sollte, vorantreiben wollte.[60] Anknüpfend an die Arbeit von unter anderem *Petrarca* war es der Italiener *Giovanni Pico della Mirandola*, der das Menschenbild seiner Zeit definierte.[61] Entgegen der durch die Kirche geprägten Vorstellung des Menschen, war er der Auffassung, dass es dem Menschen durch Gott überlassen sei, ob er sich bilde[62] und proklamierte die „Würde" gegenüber der noch im Mittelalter vorherrschenden „Gnadenbedürftigkeit" des Menschen.[63] Diese gegen die kirchlichen Lehren laufende Auffassung wurde von der Kirche für einen kurzen Zeitraum als Ketzerei verurteilt, sodass sich viele Humanisten mit dem Vorwurf des Ketzertums konfrontiert sahen.[64]

Der italienische Renaissance-Humanismus bedeutete hingegen keine Verleugnung des Christentums und dessen Lehren, die von einem allumfassenden Wahrheitsanspruch geprägt waren. Das Christentum wurde jedoch dahingehend relativiert, dass nunmehr neue Lehren, die ebenfalls als Wahrheiten galten, dazu traten.[65]

---

54 *Christes*, Cicero und der römische Humanismus, S. 46.
55 *Hausmann*, Humanismus und Renaissance in Italien und Frankreich, S. 91.
56 *Pfitzer*, Reformation, Humanismus, Renaissance, S. 30.
57 *Pfitzer*, Reformation, Humanismus, Renaissance, S. 30.
58 *Hausmann*, Humanismus und Renaissance in Italien und Frankreich, S. 98.
59 *Leinkauf*, Grundriss Philosophie des Humanismus, S. 251.
60 *Pfitzer*, Reformation, Humanismus, Renaissance, S. 30.
61 *Pfitzer*, Reformation, Humanismus, Renaissance, S. 31.
62 *Pfitzer*, Reformation, Humanismus, Renaissance, S. 31.
63 *Pfitzer*, Reformation, Humanismus, Renaissance, S. 31.
64 *Pfitzer*, Reformation, Humanismus, Renaissance, S. 31.
65 *Hausmann*, Humanismus und Renaissance in Italien und Frankreich, S. 94.

Der Fokus des Humanismus lag auch hier auf der kulturellen Bildung des Menschen.[66] Die Fähigkeit sich zu bilden und zu lernen galt nach wie vor als das Unterscheidungsmerkmal zu anderen Lebewesen und als Kern des Menschseins.[67] Die Moralphilosophie wurde von den Humanisten ins Zentrum der Bewegung gesetzt, wobei diese die zuvor vorherrschende Scholastik ersetzen sollte.[68] Grundkonzeption dieser Philosophie war die Auffassung, dass jeder Mensch durch seine Stellung in der Welt und durch die Tatsache, dass seine Seele unsterblich sei, über die Würde des Menschen verfüge.[69] Diese wurde dem Einzelnen jedoch nicht bedingungslos zugesprochen, sondern an die Bestrebungen eines Jeden und dessen kontemplative Natur geknüpft.[70] Dabei beinhaltete seinerzeit die Konzeption des Menschen nicht nur dessen eigene Selbstreflexion, sondern auch die Solidarität der Menschen untereinander, wodurch jedem Einzelnen „fest umrissene moralische und intellektuelle Verpflichtungen auferlegt" wurden.[71] Zudem proklamierte der Humanismus dieser Zeit die Ebenbürtigkeit aller Menschen.[72]

Ausgehend von Italien verbreitete sich der Humanismus in ganz Europa.[73] Dabei ergaben sich regionale Unterschiede, abhängig von den politischen und religiösen Gegebenheiten.[74] Aber eins hatten diese regionalen Entwicklungen gemein, denn ab der zweiten Hälfte des 15. Jahrhunderts beschäftigten unter anderem die Königshäuser in England, Frankreich und Deutschland italienische Humanisten, sodass eine starke Prägung aus den italienischen Erfahrungen folgte.[75]

---

66 *Hausmann*, Humanismus und Renaissance in Italien und Frankreich, S. 99.

67 *Hausmann*, Humanismus und Renaissance in Italien und Frankreich, S. 99.

68 *Hausmann*, Humanismus und Renaissance in Italien und Frankreich, S. 100.

69 *Hausmann*, Humanismus und Renaissance in Italien und Frankreich, S. 100.

70 *Hausmann*, Humanismus und Renaissance in Italien und Frankreich, S. 100.

71 *Hausmann*, Humanismus und Renaissance in Italien und Frankreich, S. 100; *Pfitzer*, Reformation, Humanismus, Renaissance, S. 31.

72 *Hausmann*, Humanismus und Renaissance in Italien und Frankreich, S. 100.

73 *Hausmann*, Humanismus und Renaissance in Italien und Frankreich, S. 102 f.

74 *Hausmann*, Humanismus und Renaissance in Italien und Frankreich, S. 92, 98; *Asmuth*, Der Humanismus in den Niederlanden, S. 114.

75 *Schupp*, Geschichte der Philosophie im Überblick – 3. Neuzeit S. 4.

1. Niederlande

Diese Prägung ließ sich auch in den Niederlanden erkennen, denn auch der im zweiten Teil des 16. Jahrhunderts gegründete Staat war eng mit der Idee des Humanismus verbunden.[76] Wichtigste Persönlichkeit bei der Untersuchung des nordischen Humanismus ist *Erasmus von Rotterdam* (1466/69-1536).[77] Dieser forderte ein humanes Handeln der Menschen und veröffentlichte in diesem Zusammenhang seine eigenen Gedanken zum Wesen des menschlichen Geschöpfs 1517 in seinem Werk *Die Klage des Friedens*.[78] Er beschrieb den Menschen als ein Wesen, dem sowohl das Wissen, die Tugend aber auch ein sanfter und friedliebender Charakter innewohne; diese Eigenschaften seien die Grundlage für das gegenseitige Wohlwollen und die Liebe zueinander.[79] Für Erasmus beschrieb das Wort *Menschlichkeit* nicht die Natur des Menschen, sondern dessen Kultiviertheit, die seiner Natur als Mensch würdig sei.[80] Dabei beschränkte *Erasmus* die positiven Eigenschaften des Menschen darauf, dass diese allein von den Göttern gegeben seien und somit zu diesen in absoluter Abhängigkeit stünden.[81] Somit beschrieb das Wort *Menschlichkeit* für ihn nicht einen Ist-Zustand, sondern einen Zustand, der sein könnte, wobei dieser einer Verpflichtung beziehungsweise einer anzustrebenden Möglichkeit gleichkam.[82] In seiner Auffassung des Humanismus machte *Erasmus* immer wieder deutlich, dass er das Christentum als Bestandteil des Humanismus anerkenne und stellte die Frömmigkeit als besonders relevant heraus.[83] Während die Arbeit von *Erasmus* primär theoretischer Natur war und keine praktischen Konsequenzen hatte,[84] richtete sich das Augenmerk des Späthumanismus Ende des 16. Jahrhunderts auf die Lebenspraxis.[85] Nach

---

76 *Asmuth*, Der Humanismus in den Niederlanden, S. 111.

77 *Asmuth*, Der Humanismus in den Niederlanden, S. 123.

78 *Erasmus*, Die Klage des Friedens, 1517; *Asmuth*, Der Humanismus in den Niederlanden, S. 125.

79 *Erasmus*, Die Klage des Friedens, S. 48–50.

80 *Erasmus*, Die Klage des Friedens, S. 50.

81 *Asmuth*, Der Humanismus in den Niederlanden, S. 127; *Erasmus/Köhler*, Briefe, Ein Humanist zwischen den Fronten, S. 444.

82 *Asmuth*, Der Humanismus in den Niederlanden, S. 127.

83 *Asmuth*, Der Humanismus in den Niederlanden, S. 131f; *Erasmus/Köhler*, Briefe, Ein Humanist zwischen den Fronten, S. 524.

84 *Asmuth*, Der Humanismus in den Niederlanden, S. 134.

85 *Asmuth*, Der Humanismus in den Niederlanden, S. 137.

Oestrich hatte der Humanismus ab diesem Zeitpunkt Einfluss sowohl auf die Philosophie, Literatur, Staats- und Rechtswissenschaft als auch die Architektur und Kriegsführung.[86]

Neben *Erasmus* ist *Justus Lipsius* (1547–1606)[87] im Hinblick auf die Entwicklung des Humanismus in den Niederlanden besonders relevant.[88] Anders als Erasmus, der den Menschen als besonders human und pazifistisch ansah, war zwar auch *Lipsius* Verfechter des Friedens, stellte aber darüber hinaus den kämpferischen Kern des Menschen besonders heraus.[89] Besonders relevant im Zusammenhang der vorliegenden Arbeit ist, dass *Lipsius* das „Böse im Menschen akzeptiert[e] und als letztlich zum Guten führend rechtfertigt[e]".[90] Der Humanismus in den Niederlanden kann insgesamt als lebensnaher und lebenspraktischer angesehen werden als die theoretischen Vorgänger aus Italien.[91]

2. England

Die politische und gesellschaftliche Ausgangslage in England hatte zur Folge, dass die Renaissance weniger vehement und nicht so konsequent wie in Italien vorangetrieben wurde.[92] Es wurde vielmehr der Weg eines Kompromisses eingeschlagen, anstatt den strikten Bruch mit der damals gültigen und gelebten Tradition herbeizuführen.[93] In England wurden demnach die Gedanken der Humanismusbewegung in die scholastische Tradition eingebettet und es erfolgte eine „organische Weiterentwicklung der mittelalterlichen Tradition".[94] Entsprechend standen laut Robert Weiss „The humanities at the service of scholasticism".[95] Gleichwohl prägte der italienische Humanismus die entsprechenden englischen Entwicklungen maßgeblich.[96]

---

86 *Oestreich*, Der römische Stoizismus und die oranische Heeresreform, S. 11.
87 *Asmuth*, Der Humanismus in den Niederlanden, S. 138.
88 *Asmuth*, Der Humanismus in den Niederlanden, S. 157.
89 *Asmuth*, Der Humanismus in den Niederlanden, S. 157.
90 *Asmuth*, Der Humanismus in den Niederlanden, S. 157.
91 *Asmuth*, Der Humanismus in den Niederlanden, S. 156.
92 *Erzgräber*, Humanismus und Renaissance in England im 16. Jahrhundert, S. 159 f.
93 *Erzgräber*, Humanismus und Renaissance in England im 16. Jahrhundert, S. 159 f.
94 *Erzgräber*, Humanismus und Renaissance in England im 16. Jahrhundert, S. 162.
95 *Weiss*, Humanism in England during the Fifteenth Century, S. 183; *Erzgräber*, Humanismus und Renaissance in England im 16. Jahrhundert, S. 162.
96 *Erzgräber*, Humanismus und Renaissance in England im 16. Jahrhundert, S. 162–164.

Die Verbreitung des humanistischen Gedankengutes wurde zunächst durch den *Duke Humphrey of Gloucester* (1390–1447), einem Bruder *Heinrichs V.*, angestrebt.[97] Er stand in direktem Kontakt mit italienischen Humanisten und stellte einige von ihnen in seine Dienste.[98] Der Briefwechsel des *Duke* mit dem italienischen Humanisten *Pier Candido Decembrio* gilt hierbei als Bindeglied zwischen dem italienischen und englischen Humanismus.[99] Humphrey of Gloucester war im 15. Jahrhundert Inhaber der größten Literatursammlung in England.[100] Der *University of Oxford* fehlte es zu dieser Zeit nicht nur an finanziellen Mitteln, sondern vor allem an einer ausgestatteten Bibliothek, weshalb sie sich Unterstützung suchend an *Duke Humphrey* wandte.[101] Zur Förderung der Universität und der wissenschaftlichen Tätigkeit spendete er circa 300 seiner Bücher und eröffnete dadurch den Zugang zu den zahlreichen Werken.[102]

Nach dem Duke waren es *Thomas Linacre* und *William Grocyn*, die ab der zweiten Hälfte des 15. Jahrhunderts und Anfang des 16. Jahrhunderts wegweisende Arbeit für den Humanismus in England leisteten.[103] Beide waren nach Italien gereist, um sich mit dem Humanismus direkt in dessen Herkunftsland auseinanderzusetzen und laut *Schirmer* kamen sie „allem Anschein nach als vollendete Humanisten zurück".[104]

Während *Grocyn* 1490 der erste war, der in Oxford eine Vorlesung über die griechische Sprache und Literatur hielt und dabei seinen christlichen Humanismus begründete, wurde Linacre der Leibarzt *Heinrichs VIII.*[105] Trotz dieser Entwicklungen sah sich *Grocyn* mit dem Vorwurf des heidnischen

---

97 *Erzgräber*, Humanismus und Renaissance in England im 16. Jahrhundert, S. 162.

98 *Erzgräber*, Humanismus und Renaissance in England im 16. Jahrhundert, S. 163.

99 *Hecht/Schücking*, Die englische Literatur im Mittelalter, S. 181; *Erzgräber*, Humanismus und Renaissance in England im 16. Jahrhundert, S. 163.

100 *Hecht/Schücking*, Die englische Literatur im Mittelalter, S. 183–184; *Erzgräber*, Humanismus und Renaissance in England im 16. Jahrhundert, S. 164.

101 *Hecht/Schücking*, Die englische Literatur im Mittelalter, S. 183–184.

102 *Hecht/Schücking*, Die englische Literatur im Mittelalter, S. 183 f.; *Erzgräber*, Humanismus und Renaissance in England im 16. Jahrhundert, S. 164.

103 *Erzgräber*, Humanismus und Renaissance in England im 16. Jahrhundert, S. 164 f.

104 *Schirmer*, Antike, Renaissance und Puritanismus, Eine Studie zur englischen Literaturgeschichte des 16. und 17. Jahrhunderts, S. 77; *Erzgräber*, Humanismus und Renaissance in England im 16. Jahrhundert, S. 164.

105 *Erzgräber*, Humanismus und Renaissance in England im 16. Jahrhundert, S. 165.

Wissens und Ketzertums konfrontiert.[106] Insoweit seitens des englischen Hofes Interesse bestand und eine Auseinandersetzung mit der Grundkonzeption des italienischen Humanismus erfolgte, so beschränkte sich diese auf den „Idealstaat und besten Herrscher."[107] Bedeutend im erstgenannten Sinne war der Engländer *Thomas Morus* (1477/78–1535), der in Kontakt mit *Erasmus* stand und sich im Rahmen seines Werkes *Utopia*[108] damit auseinandersetzte.[109]

Während der Italiener *Niccolò Machiavelli* (1469–1527) in seinen politischen Schriften insbesondere analysiert hatte, wie die Gesellschaft und insbesondere das Machtgefüge des Staates funktionierte und dabei zu dem Schluss kam, dass das Handeln zu dieser Zeit nicht unter den Gesichtspunkten des „richtig" oder „unrichtig" gemessen wurde, sondern vielmehr rein an der Effizienz, kritisierte *Morus* eben diese Realität.[110] Bei seinen Analysen kam *Machiavelli* zu dem Schluss, dass die Machtgewinnung und der Machterhalt in einem zirkulären Verhältnis zueinander stehen.[111] Während die Menschen dem Stärksten folgen würden, würde dieser die Menschen lenken und dadurch die Staatsmacht erhalten.[112]

Morus hingegen kam zu dem Schluss, dass das Prosperieren eines Staates auf den Missbrauch der Namen und Rechtstitel des Staates durch die Reichen zurückzuführen sei.[113] Er verlangte unter anderem von einem jeden, dass „was du nicht zum Guten wenden kannst, wenigstens vor dem Schlimmsten zu bewahren" sei.[114]

Die englischen Humanisten, die sich mit pädagogischen Fragen beschäftigten, versuchten insgesamt zu erreichen, dass das bestehende christliche Menschenbild durch den Vernunftgedanken aus der Antike ergänzt

---

106 *Erzgräber*, Humanismus und Renaissance in England im 16. Jahrhundert, S. 165.

107 *Erzgräber*, Humanismus und Renaissance in England im 16. Jahrhundert, S. 165.

108 *Thomas Morus*, De optimo reipublicae statu, deque nova insula Utopia, libellus vere aureus, nec minus salutaris quam festivus, clarissimi disertissimique viri Thomae Mori inclytae civitatis Londinensis civis et vice comitis, Basileae 1518.

109 *Schupp*, Geschichte der Philosophie im Überblick – 3. Neuzeit, S. 17; *Erzgräber*, Humanismus und Renaissance in England im 16. Jahrhundert, S. 165.

110 *Schupp*, Geschichte der Philosophie im Überblick – 3. Neuzeit, S. 14–17.

111 *Schupp*, Geschichte der Philosophie im Überblick – 3. Neuzeit, S. 14.

112 *Schupp*, Geschichte der Philosophie im Überblick – 3. Neuzeit, S. 14 f.

113 *Schupp*, Geschichte der Philosophie im Überblick – 3. Neuzeit, S. 17.

114 *Morus*, Utopia, S. 105.

werde.[115] Durch die Auseinandersetzung sowohl mit der griechischen als auch der römischen Literatur wurde die englische maßgeblich beeinflusst.[116] Dabei hatten die neuen, aus dem Humanismus stammenden Ideen insbesondere Einfluss auf das Theater, so auch auf das sogenannte Juristendrama.[117] Eines der bekanntesten Werke *The Tragedie of Gorboduc*, oder auch *Ferrex* and *Porrex*[118] genannt, zeigte das Gedankengut während der elisabethanischen Zeit, mithin das Streben nach und die Hoffnung auf einen „idealen Herrscher".[119]

3. Deutschland

Der sich aus dem italienischen Humanismus ableitende deutsche Renaissance-Humanismus beschränkte sich zunächst auf sprachlich-ethische Studien.[120] Hintergrund der engen Verbundenheit des deutschen Humanismus mit dem italienischen war insbesondere, dass deutsche Juristen während der Renaissance entweder für ihr Studium oder ihre Promotion nach Italien gingen, oder teilweise sogar entsandt worden waren, sich dort mit den *studia humanitas* beschäftigten und diese betreffenden Texte mit zurück nach Deutschland brachten.[121]

Die Grundlage dieser Reisen nach Italien war vor allem, dass die bloßen juristischen Fähigkeiten nicht ausreichten, um sich sowohl in der Diplomatie, Politik, höheren Verwaltung als auch vor Gericht zu behaupten, vielmehr brauchten die Juristen darüber hinausgehende sprachliche Kompetenzen.[122] Erst im Laufe seiner Entwicklung während der Renaissance breitete sich der Humanismus auch auf die Philosophie, Theologie, Medizin, Naturwissenschaften und die Jurisprudenz aus.[123] Auch im deutschen Humanismus dieser Zeit ging es zunächst um die Rezeption der Antike.[124] Dabei war das

---

115 *Erzgräber*, Humanismus und Renaissance in England im 16. Jahrhundert, S. 167.
116 *Erzgräber*, Humanismus und Renaissance in England im 16. Jahrhundert, S. 168.
117 *Erzgräber*, Humanismus und Renaissance in England im 16. Jahrhundert, S. 168, 173.
118 Es handelt sich hier um ein englisches Theaterstück aus dem Jahr 1561.
119 *Erzgräber*, Humanismus und Renaissance in England im 16. Jahrhundert, S. 174.
120 *Mertens*, Deutscher Renaissance-Humanismus, S. 188.
121 *Mertens*, Deutscher Renaissance-Humanismus, S. 190, 193 f.
122 *Mertens*, Deutscher Renaissance-Humanismus, S. 190 f.
123 *Mertens*, Deutscher Renaissance-Humanismus, S. 187 f.
124 *Mertens*, Deutscher Renaissance-Humanismus, S. 190.

Ziel auf der einen Seite, das Alte nachzuahmen und gleichzeitig in einen Wettstreit mit dieser Vergangenheit zu treten.[125] Während in Italien bereits 1400 das erste Mal von den *studia humanitatis* gesprochen wurde, war dies in Deutschland erst rund ein halbes Jahrhundert später um 1450 der Fall,[126] sodass sich die „erste Generation der deutschen Humanisten“[127] zeitgleich um die Mitte des 15. Jahrhundert bildete.[128]

Auf die Frage, ob der deutsche Renaissance-Humanismus durch die Reformation endete, soll hier nicht weiter eingegangen werden, obgleich die Bedeutung der Reformation für die weitere Entwicklung des Humanismus unbestritten ist.[129] So hatte *Martin Luther* doch selbst eine humanistische Schulung erhalten.[130] Hatte die Reformation zunächst einen Rückgang der Studenten an den Universitäten zur Folge, so wurde der Humanismus dennoch ab der Mitte des 16. Jahrhundert zu einem wesentlichen Bestandteil der höheren Schulbildung.[131] Außerhalb der Universitäten wurde der Humanismus auch in Klöstern, Städten und Fürstenhöfen mit großem und teilweise sogar größerem Interesse studiert, als in den Universitäten selbst.[132] Insgesamt war der deutsche Renaissance-Humanismus stark durch die christliche Religion geprägt.[133]

4. Der Humanismus im Recht[134]

Humanisten fand man zu dieser Zeit nicht nur unter Dichtern, sondern auch in der Ärzteschaft und bei den Juristen.[135] Denn der Humanismus hatte

---

[125] *Mertens*, Deutscher Renaissance-Humanismus, S. 190.
[126] *Mertens*, Deutscher Renaissance-Humanismus, S. 191.
[127] *Mertens*, Deutscher Renaissance-Humanismus, S. 194.
[128] *Mertens*, Deutscher Renaissance-Humanismus, S. 194.
[129] Vgl. hierzu genauer *Mertens*, Deutscher Renaissance-Humanismus, S. 194–198; *Pfitzer*, Reformation, Humanismus, Renaissance, S. 33–61.
[130] *Mertens*, Deutscher Renaissance-Humanismus, S. 201.
[131] *Mertens*, Deutscher Renaissance-Humanismus, S. 195 f.
[132] *Mertens*, Deutscher Renaissance-Humanismus, S. 201.
[133] *Mertens*, Deutscher Renaissance-Humanismus, S. 206.
[134] Für einen umfassenden Überblick wird auf: *Kisch*, Studien zur humanistischen Jurisprudenz, Berlin 1971, verwiesen.
[135] *Mertens*, Deutscher Renaissance-Humanismus, S. 203.

während der Renaissance nicht nur Einfluss auf theologischer Ebene, sondern veränderte auch die Jurisprudenz.[136]

Insbesondere Studenten der Rechtswissenschaft besuchten die italienischen Schulen Pavia und Bologna.[137] Während dieser Aufenthalte kamen die Studenten direkt mit dem italienischen Humanismus in Kontakt und lernten die von den Humanisten verwendeten Quellen sowie die damals angewandten Lehrmethoden kennen.[138] Auch Schweizer Studenten besuchten Bologna vermehrt und als Ergebnis unter anderem dieser Besuche wurde die Universität in Basel gegründet.[139] An dieser Universität wurden auch die ersten Kämpfe zwischen dem traditionellen Lehr- und Forschungsstil (*mos italicus*) und dem neuen progressiven Ansatz (*mos gallicus*) ausgetragen.[140]

Ausgangs- und gleichzeitig Mittelpunkt dieser Entwicklung war die im Jahr 1463 gegründete *Universität Bourges* in Frankreich.[141] Die Mitglieder der juristischen Fakultät strebten insbesondere die Freiheit der Jurisprudenz an, die von sowohl der Kirche als auch der Tradition unabhängig und gleichzeitig in ihrem Inhalt verändert werden sollte.[142] Im Rahmen der juristischen Auseinandersetzung mit den *studia humanitatis* standen diese für einen Bildungsprozess, durch den der Mensch zu einer autonomen und selbständigen Persönlichkeit werden sollte, stets unter dem Hauptaugenmerk der Menschlichkeit.[143] Auch hier lag der Schwerpunkt des Humanismus wieder auf der Bildung des Menschen, diesmal mit Fokus auf der Wissenschaft in Form von der Philosophie, Grammatik und Rhetorik.[144] Der angestrebte Wandel der Jurisprudenz setzte bereits bei der Ausbildung der Juristen an den

---

136 *Schlosser*, Neuere Europäische Rechtsgeschichte, Juristischer Humanismus in Europa, S. 111, Rn. 1.

137 *Kisch*, Studien zur humanistischen Jurisprudenz, S. 30 f.

138 *Kisch*, Studien zur humanistischen Jurisprudenz, S. 31.

139 *Kisch*, Studien zur humanistischen Jurisprudenz, S. 33.

140 *Kisch*, Studien zur humanistischen Jurisprudenz, S. 33; *Schlosser*, Neuere Europäische Rechtsgeschichte, S. 112, Rn. 3; zu dem Kampf zwischen mos italicus und mos gallicus an der Universität Basel wird auf: *Guido Kisch*, Humanismus und Jurisprudenz. Der Kampf zwischen mos italicus und mos gallicus an der Universität Basel. Basler Studien zur Rechtswissenschaft, Heft 42, verwiesen.

141 *Schlosser*, Neuere Europäische Rechtsgeschichte, S. 111, Rn. 2.

142 *Schlosser*, Neuere Europäische Rechtsgeschichte, S. 111, Rn. 2.

143 *Schlosser*, Neuere Europäische Rechtsgeschichte, S. 111, Rn. 2.

144 *Schlosser*, Neuere Europäische Rechtsgeschichte, S. 111 f., Rn. 2.

Universitäten an, wo noch immer nach dem „italienischen schul-scholastischen Weg“ (auch bartolistisch genannt) unterrichtet wurde.[145] Die von den Protestjuristen proklamierten textkritischen Forderungen blieben von der Mehrzahl der italienischen Bartolisten unbeachtet und erst die Wiederentdeckung des Originaltexts der *Digesten* 1553 in den „littera Florentina“ erlangte internationale Beachtung.[146]

Die Konzeption der kritischen humanistischen Jurisprudenz stimmte mit der Philosophie des *René Descartes* überein.[147] Kernpunkt dieser Philosophie war die Anerkennung der Mathematik als Grundlage der Wissenschaft und die der Mathematik immanente Methodik gleichzeitig als das Fundament des rationalen Denkens.[148] Dabei sollten die juristischen Erkenntnisse fortan durch „Ableitung (Deduktion) aus allgemeinen Grundsätzen (Axiomen) und durch Zurückführung komplexer, schwierigster Sätze (les plus composées) auf wenige einfachere (le plus simples) gewonnen werden können“.[149] *Descartes* hatte dafür gesorgt, dass die enge Verbindung der praktischen Jurisprudenz mit der Vernunft in den Vordergrund gerückt wurde und nicht mehr nur die gelernte Doktrin und das *Corpus iuri* ausschlaggebend waren.[150] Diese Entwicklung schuf das Fundament auf dem der juristische Humanismus im weiteren Verlauf das *Naturrecht*[151] aufbauen konnte.[152]

Zu dieser Zeit entwickelten sich zwei Gedankenrichtungen bei den Juristen heraus: Während die einen sich vorrangig auf das Studium und die Kritik an den Quellen fokussierten, stand bei den anderen die Rechtsdogmatik im Vordergrund mit dem Ziel, die Quellen und das dahinterstehende juristischen Denken an die zeitgenössische Gesellschaft anzupassen und es

---

145 *Schlosser*, Neuere Europäische Rechtsgeschichte, S. 112, Rn. 4.

146 *Schlosser*, Neuere Europäische Rechtsgeschichte, S. 114, Rn. 8.

147 Vgl. hierzu *Schlosser*, Neuere Europäische Rechtsgeschichte, S. 115, Rn. 11.

148 *Schlosser*, Neuere Europäische Rechtsgeschichte,S. 115, Rn. 11. *Schupp*, Geschichte der Philosophie im Überblick – 3. Neuzeit, S. 117, 119.

149 *Schlosser*, Neuere Europäische Rechtsgeschichte, S. 115, Rn. 11.

150 *Schlosser*, Neuere Europäische Rechtsgeschichte, S. 115, Rn. 12.

151 Es ist nicht Ziel dieser Arbeit die gesamte Rechtsphilosophische Entwicklung in ihrer Gesamtheit darzustellen, weshalb an dieser Stelle weitere Ausführung zu der Entwicklung, Konzeption und Bedeutung der Naturrechtslehre unterbleiben und auf andere Werke, die sich hiermit in der Tiefe damit auseinandersetzen, verwiesen wird.

152 *Schlosser*, Neuere Europäische Rechtsgeschichte, S. 116, Rn. 12.

dadurch nutzen zu können, wobei die Interpretationsarbeit insbesondere die praktische Anwendbarkeit erreichen und ermöglichen sollte.[153]

***

Das Strafrecht selbst wurde im 16. und 17. Jahrhundert durch *Julius Clarius* (Mailand), *Tiberius Decianus* (Padua) und *Prosper Farinacius* (Rom) maßgeblich gestaltet.[154] Diese Persönlichkeiten gelten als die „vom Humanismus inspirierten Begründer des gemeinen europäischen Strafrechts der Neuzeit".[155] Es war im Folgenden Decianus, der in wegweisender Form die Elemente der Schuld und der Rechtswidrigkeit als Voraussetzung für die Strafe entwickelte.[156] Darüber hinaus hat er eine neue Art der Arbeitsweise entwickelt, durch die eine Synthese zwischen *mos italicus* und *mos gallicus* möglich wurde. Kern seiner Arbeit war dabei die Überprüfung der zeitgenössischen Traktat- und Gutachtenliteratur anhand konkreter wissenschaftlicher Kriterien.[157] Seine Arbeitsweise ermöglichte nunmehr im Bereich des Strafrechts Lösungen für neue Rechtsfragen zu finden, indem auf die Grundlagen des Rechtssystems zurückgegriffen werden konnte, ohne eine umständliche Gesetzesexegese vornehmen zu müssen.[158]

Diese neue Ausrichtung bereitete das Strafrecht auf ein Zusammentreffen mit dem Naturrecht und der allgemeinen Methodik des *mos geometricus* vor.[159]

Die *Naturrechtslehre von Pufendorf*,[160] die auf der Arbeit von *Grotius* und *Hobbes* beruhte, war sowohl ein Vorbild der amerikanischen Unabhängigkeitsbewegung, als auch der Erklärung der Menschenrechte in Frankreich im Jahre 1789.[161] *Pufendorf* verwarf hierbei den bis dato vorherrschenden Vergeltungscharakter der Strafe ausdrücklich.[162] Der englische Philosoph *Hobbes* ist dafür bekannt, dass er die Auffassung vertrat, dass Gesetze ohne

---

[153] *Kisch*, Studien zur humanistischen Jurisprudenz, S. 60.
[154] *Schlosser*, Neuere Europäische Rechtsgeschichte, S. 121, Rn. 27.
[155] *Schlosser*, Neuere Europäische Rechtsgeschichte, S. 121, Rn. 27.
[156] *Schlosser*, Neuere Europäische Rechtsgeschichte, S. 123, Rn. 32.
[157] *Schlosser*, Neuere Europäische Rechtsgeschichte, S. 123, Rn. 31 f.
[158] *Schlosser*, Neuere Europäische Rechtsgeschichte, S. 123, Rn. 31 f.
[159] *Schlosser*, Neuere Europäische Rechtsgeschichte, S. 123 f, Rn. 32 f.
[160] Zu Pufendorf vergleiche z. B.: *Schupp*, Geschichte der Philosophie im Überblick – 3. Neuzeit, S. 189–192; *Drescher*, Naturrecht als utilitaristische Pflichtenehtik?, S. 20–38.
[161] *Schlosser*, Neuere Europäische Rechtsgeschichte, S. 174, Rn. 18.
[162] *Liszt*, Lehrbuch des deutschen Strafrechts, S. 27.

Sanktionen nicht zielführend sein könnten und nur die Furcht der Bürger vor eben den vom Staat zu verhängenden Strafen dazu führen könne, dass der Bestand des Staates gesichert bleibe.[163]

Grotius hingegen hat die erste Straftheorie[164] der Neuzeit verfasst.[165] Diese wird von *Schlosser* als „Manifest der Humanität, des Friedens und der Gerechtigkeit" beschrieben.[166] Der Kerngedanke dieser naturrechtlichen Straftheorie lag darin, dass *Grotius* jede Strafe von eng umschriebenen und rationalen Voraussetzungen, sowohl hinsichtlich der Tat als auch des Täters, abhängig machte.[167] Dabei wurde die Existenzberechtigung des Strafrechts allein in der Natur des Menschen gesehen, wobei nur die Vernunft darüber entscheiden konnte, ob eine Handlung als richtig oder falsch angesehen wurde.[168] Aus diesem Vernunftdenken heraus wurde die Notwendigkeit der Strafe begründet: Derjenige, der gegen die Vernunft gehandelt und dadurch einem anderen Unrecht zugefügt hatte, musste die Strafe als notwendige Konsequenz bereits aus der Vernunft heraus als Übel akzeptieren.[169] Generell hat die Naturrechtslehre somit das zeitgenössische Strafrecht, sowie das damit verbundene Strafrechtsdenken wegweisend beeinflusst.[170]

III. Neuhumanismus

Der Humanismus entwickelte sich im Folgenden weiter, wird in Abgrenzung zum Renaissance-Humanismus als Neuhumanismus (ab circa 1740)[171] bezeichnet und ist nach *Johannes Christes* als Antwort auf den „Normenverfall in Staat, Gesellschaft und Kirche" zu sehen.[172] Die neuhumanistische Bewegung in Deutschland setzte den Fokus auf „die Menschlichkeit und die Erziehung/Bildung der sich selbst zur Freiheit bildenden Persönlichkeit".[173]

---

[163] *Schupp*, Geschichte der Philosophie im Überblick – Neuzeit, Rn. 185.
[164] Zu den wichtigsten Strafrechtstheorien vergleiche das entsprechende Kapitel 2.
[165] *Schlosser*, Neuere Europäische Rechtsgeschichte, S. 170, Rn. 6.
[166] *Schlosser*, Neuere Europäische Rechtsgeschichte, S. 170, Rn. 6.
[167] *Schlosser*, Neuere Europäische Rechtsgeschichte, S. 170, Rn. 6 f.
[168] *Schlosser*, Neuere Europäische Rechtsgeschichte, S. 170, Rn. 7 f.
[169] *Schlosser*, Neuere Europäische Rechtsgeschichte, S. 170, Rn. 7 f.
[170] *Schlosser*, Neuere Europäische Rechtsgeschichte, S. 174, Rn. 18.
[171] *Cancik*, Humanismus, S. 9.
[172] *Christes*, Cicero und der römische Humanismus, S. 47.
[173] *Spitta*, Persönlichkeit, S. 300.

Der Neuhumanismus hatte unter anderem maßgeblichen Einfluss auf die politischen Forderungen während der Anfänge des 19. Jahrhunderts in Form der Bestrebungen nach Erneuerungen auf deutschem Boden nach den Napoleonischen Kriegen.[174] Das Menschenbild dieser neuen Entwicklung wurde unter anderem durch *Schiller*, *Goethe* und *Humboldt* geprägt und hatte die „umfassende geistige und sittliche Bildung des Individuums zum höchsten Maß seiner Vollkommenheit und Freiheit zum Inhalt".[175] Problematisiert wurde während des Neuhumanismus das Verhältnis von Persönlichkeit und Gemeinschaft.[176] Vor allem *Herder* ist an dieser Stelle besonders hervorzuheben, weil er davor warnte, dass der Individualismus der Umsetzung von humanistischen Idealen im Weg stehe und dementsprechend die individuelle Persönlichkeitsentfaltung des Einzelnen zu Lasten der Gesellschaft gehen würde.[177] Gleichzeitig vertrat *Herder* die Auffassung, dass die Bestrebung nach *Humanität* als „Hauptgesetz der Natur" gelte.[178]

B. Aufklärung und Humanität

Bei der Untersuchung des Strafvollzugs im Untersuchungszeitraum dürfen der Einfluss und die Wirkung der Aufklärung nicht außer Acht gelassen werden. Während die Humanität ein Kernbestandteil des Humanismus ist, legte der Humanismus gemeinsam mit der Renaissance und der Naturrechtslehre seinerzeit die Grundlagen für die Aufklärungsbewegung.[179] Gleichzeitig hat die Aufklärung die Strafjustiz in vier wesentlichen Aspekten bedeutend beeinflusst, diese sind neben der Säkularisierung die Rationalisierung, die Humanisierung und die Liberalisierung.[180] Dabei herrschte zwischen dem Humanismus in der Renaissance und der Aufklärungsbewegung ein

---

[174] *Rudolph*, Politik, S. 310.
[175] *Burkard*, Humanismus, Metzler Lexikon Philosophie, S. 248–249 (248).
[176] *Spitta*, Persönlickeit, S. 300.
[177] *Spitta*, Persönlickeit, S. 300.
[178] *Burkard*, Humanismus, Metzler Lexikon Philosophie, S. 248–249 (248).
[179] *Hilgendorf*, Aufklärung, S. 138; *Schlosser*, Neuere Europäische Rechtsgeschichte, Recht in der Aufklärung S. 172, Rn. 12.
[180] *Schmidt*, D. Geistegeschichtl. Bedeutung d. Aufklärung für d. Strafjustiz, S. 343.

fließender Übergang.[181] Als „Kernländer" der Aufklärung können England, Deutschland und Frankreich bezeichnet werden.[182]

Der Begriff der Aufklärung bezeichnet eine Bewegung des 17. und 18. Jahrhunderts, die die seinerzeit bestehenden gesellschaftlichen Strukturen kritisierte und diese unter der Maßgabe der Vernunft reformieren wollte.[183] Die Forderungen der Aufklärung bestanden in „Vernunft, Freiheit und Tugend",[184] die sich auf alle gesellschaftlichen Aspekte bezogen.[185] Sie gilt als Reaktion auf die Entstehung von Großstaaten, wie beispielsweise England und Frankreich, und gleichzeitig auf die seit der durch die Reformation im 16. Jahrhundert entstandene Säkularisierung.[186] Ziel der darauffolgenden Kämpfe der Neuzeit war die Neugestaltung des intellektuellen und gesellschaftlichen Lebens, wobei um die „wahre Religion und die richtige Staatenordnung"[187] gekämpft wurde.[188] Vertreter der Aufklärung versuchten die „wahre Religion" nicht mehr in der Kirche zu finden, sondern wandten sich Moral und Tugend als richtungsweisenden Kerngedanken und „Ersatzreligion[en]" zu.[189] Verallgemeinernd lässt sich die Aufklärung des 18. Jahrhunderts als eine sowohl intellektuelle als auch als eine gesellschaftliche Reformbewegung bezeichnen, „die sich von der Klarheit des Denkens nicht nur geistige Fortschritte, sondern auch Besserung aller Verhältnisse versprach".[190] Die Aufklärung knüpfte dabei an den Humanismus an.[191]

Kernforderung der Aufklärer war die Besserung des Individuums durch dessen Orientierung an moralischen Maßstäben, wodurch gleichzeitig die

---

[181] Siehe hierzu zum Beispiel *Hilgendorf*, Aufklärung, in: Handb. Rechtsphilos., (145), der darstellt, dass Thomas Hobbes noch nicht als Aufklärer gilt, obgleich er als Vorläufer von sowohl der Aufklärung, als auch des Liberalismus anzusehen ist. Locke hingegen bezeichnet er als unstreitig der Aufklärung zuordenbar.

[182] *Kreimendahl*, Philosophen des 18. Jahrhunderts, S. 3.

[183] *Lausberg*, Das Zeitalter der Aufklärung, S. 7.

[184] *Schneiders*, Das Zeitalter der Aufklärung, S. 8.

[185] *Schneiders*, Das Zeitalter der Aufklärung, S. 8.

[186] *Schneiders*, Das Zeitalter der Aufklärung, S. 8.

[187] *Schneiders*, Das Zeitalter der Aufklärung, S. 8.

[188] *Schneiders*, Das Zeitalter der Aufklärung, S. 8.

[189] *Schneiders*, Das Zeitalter der Aufklärung, S. 8.

[190] *Schneiders*, Das Zeitalter der Aufklärung, S. 11.

[191] *Lausberg*, Das Zeitalter der Aufklärung, S. 9.

Besserung der gesamten Gesellschaft erzielt werden sollte.[192] Diese Forderung zeigte sich in der Bestrebung nach Fortschritt und Freiheit, vor allem aber in der angestrebten Toleranz untereinander und der Manifestation von Menschenrechten.[193] *Hilgendorf* stellte in diesem Zusammenhang fest, dass die Kernelemente der Aufklärung „kritische Vernunft" und „die Orientierung am Menschen" den Schluss zuließen, dass es sich hinsichtlich dieser Aspekte der Aufklärungsbewegung des 18. Jahrhunderts um einen „erneuerten Humanismus" handele.[194] Mithin knüpfte die Aufklärung nicht nur an den Humanismus an, sondern übernahm von ihm wesentliche Konzepte.

Ausgehend von den aufklärerischen Gedanken, sowie der Naturrechtslehre[195] erfolgte sodann am Ende des 18. Jahrhunderts erstmals die Formulierung von Menschenrechtskatalogen.[196] Obwohl die Erklärung der Menschenrechte in Frankreich im Rahmen der französischen Revolution 1789 die bekannteste sein dürfte, handelte es sich hierbei nicht um die erste.[197] Bereits 1774 wurde im nordamerikanischen Boston eine Erklärung für Menschenrechte beschlossen, auf die 1776 eine entsprechende Deklaration in Philadelphia und in elf nordamerikanischen Einzelstaaten folgte.[198] Auf europäischem Boden folgte die Erklärung der Menschenrechte nach amerikanischem Vorbild sodann 1789 in Frankreich.[199]

Die Menschenrechte standen ab dem 18. Jahrhundert im Zentrum der Aufklärung,[200] wodurch die hiermit verbundene Bestrebung nach einer „Humanisierung des Rechts"[201] ganz Europa beeinflusste.[202] Bezogen auf die Rechtsentwicklung hatten die aufklärerischen Gedanken vor allem prägenden Charakter auf das Strafrecht und somit auch auf den Strafvollzug.[203]

---

[192] *Schneiders*, Das Zeitalter der Aufklärung, S. 11.
[193] *Schneiders*, Das Zeitalter der Aufklärung, S. 11.
[194] *Hilgendorf*, Aufklärung, S. 138.
[195] *Schlosser*, Neuere Europäische Rechtsgeschichte, S. 174, Rn. 18.
[196] *Lingnau*, All Good Things Go Together, S. 86.
[197] *Lingnau*, All Good Things Go Together, S. 87.
[198] *Lingnau*, All Good Things Go Together, S. 86 f.
[199] *Vormbaum*, Einführung in die moderne Strafrechtsgeschichte, S. 11.
[200] *Schmidt*, Die Abhandlung von der Criminal-Gesetzgebung, S. 16.
[201] *Hilgendorf*, Recht, S. 315.
[202] *Schmidt*, Die Abhandlung von der Criminal-Gesetzgebung, S. 16.
[203] *Vormbaum*, Einführung in die moderne Strafrechtsgeschichte, S. 10.

Der große Einfluss der Aufklärung auf die Strafe und den Strafvollzug zeigte sich bereits in dem von der Ökonomischen Gesellschaft zu Bern und unter anderem dem Aufklärer *Voltaire*[204] initiierten Wettbewerb, mit dem „ein vollständiger und ausführlicher Gesetzplan" gesucht wurde.[205] Die Aufklärung veränderte nicht nur das Menschenbild, sondern sie schaffte durch die vehemente Ablehnung der willkürlichen Grausamkeiten, ebenso wie der physischen Gewalt gegen Menschen, das Fundament der Rechtsreformen des 18. Jahrhunderts.[206] Dabei brachte sie hingegen nicht ein universales Rechtsdenken hervor, sondern unterschiedliche Denkstile.[207]

C. Humanität

Humanismus und Humanität können nicht synonym verwendet werden, vielmehr gilt die Humanität als das Zentrum der Humanismusbewegung.[208] Der Begriff der Humanität wurde bereits in der Antike verwendet, um unter anderem „Menschenliebe", aber auch „Entrohung" und „Barmherzigkeit" zu beschreiben.[209] Im 18. Jahrhundert präzisierte *Herder* Humanität im Rahmen seiner Briefe zur Beförderung der Humanität[210], indem er sie als Mitgefühl für seine Mitmenschen, sowie als Teilnahme an der „Unvollkommenheit ihrer Natur"[211] und den damit einhergehenden Bemühungen, diese zu beseitigen, beschrieb.[212] *Herder* knüpfte mit dieser Definition der Humanität an das durch die Aufklärung formulierte Postulat der Menschenrechte, sowie die Änderungen der Staatsformen weg von der Monarchie hin zur Republik,

204 *Nutz*, Gefängnisreformdiskurs und Kriminalpolitik in Preußen bis 1806, S. 41.

205 Preisaufgabe der ökonomischen Gesellschaft zu Bern 1777, abgedruckt in: Monatliche Nachrichten einicher Merkwürdigkeiten in Zürich, gesammelt, und herausgegeben, vom Jahre 1777, S. 25–26; vergleiche hinsichtlich der Einsendungen: *Luther*, Ein Strafrecht der Gerechtigkeit und der Menschenliebe. Einsendungen auf die Berner Preisfrage zur Strafgesetzgebung 1777, Potsdam 2014.

206 *Meyer*, Die Epoche der Aufklärung, S. 195.

207 *Luther*, Ein Strafrecht der Gerechtigkeit und der Menschenliebe, S. 10.

208 *Wolf*, Humanität, S. 12.

209 *Cancik*, Humanismus, S. 12.

210 *Herder*, Briefe zur Beförderung der Humanität (1793–1797), Frankfurt am Main 1991.

211 *Herder*, Briefe zur Beförderung der Humanität (1793–1797), Brief 28, S. 149.

212 *Herder*, Briefe zur Beförderung der Humanität (1793–1797), Brief 28, S. 149.

an.[213] Allgemein übersetzt bedeutet das aus dem Französischen stammende Wort *humanité* „Menschlichkeit" oder auch „Menschheit" und bildet damit einen der Grundpfeiler des Humanismus,[214] wie er im 19. Jahrhundert von unter anderem *Herder*, *Goethe* und *Schiller* geprägt wurde.[215] So konkretisierte *Herder* diese allgemeine Übersetzung um die Begriffe der Menschenwürde, der Menschenliebe und der Menschenrechte.[216] Damit wird der Begriff der Humanität vor allem dort besonders relevant, wo sie missachtet, oder gegen sie verstoßen wird.[217] Der Begriff erklärt die Unabdingbarkeit der Gleichheit der Menschen hinsichtlich ihrer „Vernunft, Freiheit und Würde und [...] unveräußerlichen natürlichen Rechte".[218] Humanität wird überdies in der Bedeutung des Menschenwürdigen verwendet.[219]

Indem der Begriff der Humanität nach *Herder* sowohl Menschenrechte als auch Menschenwürde mitumfasst,[220] müssen die Entwicklungen in Nordamerika und in Europa hinsichtlich der Verankerung der Menschenrechte für das Verständnis der Humanität im historischen Gesamtkontext beleuchtet werden. Die Entstehung der Menschenrechte wird grundsätzlich auf das Christentum und die Aufklärung im 18. Jahrhundert zurückgeführt.[221] Im Mittelpunkt der aufklärerischen Gedanken standen dabei die Freiheit des Geistes, des Körpers sowie der gesamten Gesellschaft, sodass die Freiheitsstrafe zu dieser Zeit als die schwerste Bestrafung angesehen wurde.[222] Aber auch die Humanisierung gilt als eines der wesentlichen Kernelemente der Aufklärung.[223] Das von dem Aufklärer *Cesare Beccaria* 1764 verfasste Werk *Von den Verbrechen und von den Strafen*[224] gilt hierbei als das „einflussreichste Plädoyer für eine Strafrechtsreform im Geiste des Humanismus und der

---

213 *Vöhler*, Genese und Profil des europäischen Humanismus, S. 114.
214 *Cancik*, Humanismus, S. 12.
215 *Wolf*, Humanität, S. 20.
216 *Herder*, Briefe zur Beförderung der Humanität (1793–1797), Brief 27, S. 147.
217 *Wolf*, Humanität, S. 17.
218 *Cancik*, Humanismus, S. 11 f.
219 *Burkard*, Humanismus, Metzler Lexikon Philosophie, S. 248–249 (249).
220 *Herder*, Briefe zur Beförderung der Humanität (1793–1797), Brief 27, S. 147.
221 *Lingnau*, All good things go together, S. 82.
222 *Friederich*, John Howard und die Strafvollzugsreformen, S. 54.
223 *Schmidt*, Geistesgeschichtl. Bedeutung d. Aufklärung für d. Strafjustiz, S. 343.
224 *Beccaria*, Über Verbrechen und Strafen – übersetzt und herausgegeben von Glaser, Julius, Wien 1851.

Humanität".[225] Der Autor forderte in seinem Buch neben der Abschaffung der Folter auch die der Lebensstrafe.[226] Diese Forderungen erlangten nicht nur national, sondern innerhalb ganz Europas große Aufmerksamkeit.[227] Als das sicherste Mittel zur Prävention von Verbrechen stellte *Beccaria* die Besserung der Gefangenen dar, durch die sie seiner Einschätzung nach zurück zur Tugend finden würden.[228] Weiter mahnte er davor, dass ohne die Rückkehr zu moralischen Prinzipien von den Gefangenen nur „heuchlerischer und zeitweiliger Gehorsam"[229] erwartet werden könne.[230] Ebenfalls nach Besserung und Erziehung der Gefangenen strebend, forderte *Howard* Ende des 18. Jahrhunderts eine Reform des Gefängniswesens, wobei der Strafvollzug insgesamt humaner gestaltet werden sollte.[231]

Sowohl die Aufklärung als auch der Begriff der Humanität in seiner Ausgestaltung der Manifestation der Menschenrechte sind Teil des Humanismus und haben diesen maßgeblich geprägt.[232] Es ist offenkundig geworden, dass die Konzeption sowohl des Humanismus als auch des Humanitätsbegriffs nicht einheitlich-abstrakt verstanden werden kann, sondern dass ihre konkrete Ausprägung stets eng mit den jeweiligen politischen, kulturellen und politischen Gegebenheiten der einzelnen Territorien und Epochen zusammenhängt. Aus diesem Grund kann es keine allgemeingültige Definition für die Begriffe Humanität und Humanismus geben. Insgesamt zeigen die Entwicklungen des Humanismus aber, dass die humanistische Bewegung stets auf die Verbesserung des Menschen und der gesellschaftlichen Umstände gerichtet war. Dies sind auch die wichtigsten Merkmale, um im Folgenden humanistische beziehungsweise humanitäre Vollzugsideen zu identifizieren.

---

225 *Hilgendorf*, Recht, S. 318.
226 *Schneiders*, Das Zeitalter der Aufklärung, S. 120.
227 *Schneiders*, Das Zeitalter der Aufklärung, S. 120.
228 *Beccaria*, Über Verbrechen und Strafen, S. 107 f.
229 *Beccaria*, Über Verbrechen und Strafen, S. 108.
230 *Beccaria*, Über Verbrechen und Strafen, S. 108.
231 *Friederich*, John Howard und die Strafvollzugsreformen, S. 62, 76; *Krebs*, Freiheitsentzug. Entwicklung von Praxis und Theorie, S. 42.
232 *Cancik*, Humanismus, S. 9.

Die Straftheorien

A. Die absoluten Straftheorien

I. Kant

Strafrechtstheoretiker sahen sich in der Zeit der Aufklärung mit der Frage nach einer weltlichen und nicht länger religiös verwurzelten Begründung für das Strafrecht konfrontiert.[233] Bis dato hatte man das Verbrechen als Verstoß gegen die göttliche Ordnung und die auferlegte Strafe als „Entsühnung des Verbrechers" angesehen.[234] Es war der Strafrechtsdenker *Immanuel Kant* (1724–1804), der gemeinsam mit *Paul Johann Anselm (von) Feuerbach* (1775–1833) die deutsche Strafrechtswissenschaft zwischen dem 18. und 19. Jahrhundert maßgeblich prägte.[235]

In diesem Zusammenhang rückte *Kant* nun das Gesetz in den Mittelpunkt des Diskurses, wodurch Taten nicht länger an ihrem Motiv, sondern allein am Gesetz gemessen werden sollten,[236] wobei er betonte, dass das „Strafgesetz ein kategorischer Imperativ" sei.[237] Insofern eine Handlung nicht gegen das Gesetz verstieß, sah er sie als legal an.[238] Das Ziel der Strafe sollte hierbei in der Vergeltung selbst liegen,[239] wodurch er sich gegenüber anderen Aufklärern abgrenzte, die den Strafzweck in der Prävention sahen. So lehnte *Kant* sowohl Sicherung, Resozialisierung als auch Abschreckung ab und beschränkt sich

233 *Vormbaum*, Einführung in die moderne Strafrechtsgeschichte, S. 50.
234 *Vormbaum*, Einführung in die moderne Strafrechtsgeschichte, S. 50.
235 *Vormbaum*, Einführung in die moderne Strafrechtsgeschichte, S. 34.
236 *Kant*, Grundlegung zur Metaphysik der Sitten, S. 14 f.
237 *Kant*, Die Metaphysik der Sitten, Erster Theil, S. 149.
238 *Vormbaum*, Einführung in die moderne Strafrechtsgeschichte, S. 35.
239 *Kant*, Die Metaphysik der Sitten, Erster Theil, S. 149; *Fasoli*, Zum Strafverfahrensrecht und Gefängniswesen, S. 47 f.

auf die „Gerechtigkeit", die durch die Strafe wiederhergestellt werde.[240] Dies übertrug *Kant* auch auf den eigentlichen Staatszweck, den er in der Garantie der Gerechtigkeit sah.[241]

II. Hegel

Wie *Kant* ist auch *Georg Wilhelm Friedrich Hegel* (1770–1831) Vertreter einer Vergeltungstheorie.[242] *Hegel* betont in seinem Werk *Grundlinien der Philosophie des Rechts*[243], dass der Zweck der Strafe fehlgehe, wenn der Verbrecher nur entweder als „schädliches Thier" angesehen werde, das „unschädlich zu machen sey", oder die Strafe zusätzlich der Abschreckung und Besserung diene.[244] Die Strafe stelle vielmehr eine logische Konsequenz der Straftat dar, wodurch sie die Rechtsverletzung aufhebe und das Recht wiederherstelle.[245] Durch die Verankerung der Strafe im Verbrechen und die Umsetzung der Strafe werde der Verbrecher als „Vernünftiges geehrt"[246] und dies sei zugleich immanenter Wille und Recht des Verbrechers selbst.[247] Insoweit mit der Strafe aber ein anderer Zweck verfolgt werde, beispielsweise die Abschreckung oder auch Besserung des Verbrechers, werde die Strafe zu einer Wohltat umgedeutet und sei nicht länger ein Übel, durch das die Negierung der vorherigen Ungerechtigkeit erreicht werden könnte.[248] Somit betrachten sowohl *Hegel* als auch *Kant* die Strafe mechanistisch als notwendige Folge des Verbrechens. *Hegels* Straftheorie fand erst in den 1840er Jahre und mithin nach seinem Tod weitgreifende Beachtung und beherrschte den Strafrechtswissenschaftlichen Diskurs zu dieser Zeit.[249]

---

240 *Fasoli*, Zum Strafverfahrensrecht und Gefängniswesen, S. 48.
241 *Vormbaum*, Einführung in die moderne Strafrechtsgeschichte, S. 35.
242 *Fasoli*, Zum Strafverfahrensrecht und Gefängniswesen, S. 48.
243 *Georg Friedrich Wilhelm Hegel*, Die Grundlinien der Philosophie des Rechts, Berlin 1821.
244 *Hegel*, die Grundlinien der Philosophie des Rechts, S. 98 f.
245 *Hegel*, die Grundlinien der Philosophie des Rechts, S. 95 f.
246 *Hegel*, die Grundlinien der Philosophie des Rechts, S. 98 f.; *Fasoli*, Zum Strafverfahrensrecht und Gefängniswesen, S. 49.
247 *Hegel*, die Grundlinien der Philosophie des Rechts, S. 98.
248 *Fasoli*, Zum Strafverfahrensrecht und Gefängniswesen, S. 49, *Hegel*, Grundlinien der Philosophie, S. 98 f, 103.
249 *Schmidt*, Einführung in die Geschichte der deutschen Strafrechtspflege, S. 294.

B. Die relativen Straftheorien

Während *Kant* den Zweck der Strafe in der Vergeltung sah, legten *Feuerbach* und Vertreter der *Spezialpräventionstheorie* den Schwerpunkt auf das Verhindern der Straftaten.[250]

I. Feuerbach

Nach den Napoleonischen Kriegen (1806–1815) entfernte sich die Straftheorie von der zuvor vorherrschenden absoluten Straftheorie.[251]

Anselm von Feuerbach, der *Kant* verehrte, lehnte zwar den Besserungsgedanken im Strafvollzug ebenfalls ab und sah darin eine „Kompetenzüberschreitung des Staates“,[252] allerdings verstand er den Strafzweck vorrangig in der Abschreckung und somit in der Generalprävention.[253] Denn jede Rechtsverletzung widerspreche an sich bereits dem Staatszweck, den er in der „Errichtung des rechtlichen Zustandes“ sah.[254] Der Staat müsse den Täter durch die Androhung der Strafe von seiner Tat abhalten.[255] In seinem *Lehrbuch des gemeinen in Deutschland gültigen peinlichen Rechts*[256] erklärt er hinsichtlich der Durchführung der Strafe, dass die notwendigen Anstalten Zwangsanstalten sein müssten. Durch den damit durchgesetzten physischen Zwang des Staates werde die Strafe zum einen präventiv verhindert und zum anderen führe der physische Zwang zu einer „Restitution“ oder einem „Ersatz“ des Verbrechens.[257] Zur effektiven Verhinderung von Straftaten müsse seiner Ansicht nach noch die Komponente des psychischen Zwanges neben den physischen Zwang treten.[258] Denn durch die Gewissheit der an ein Verbrechen anknüpfenden Strafe werde das Verbrechen an sich verhindert.[259]

---

[250] *Vormbaum*, Einführung in die moderne Strafrechtsgeschichte, S. 50 f.

[251] *Schwind*, Zur historischen Entwicklung des Strafvollzugs, S. 19; *Fennel*, Gefängnisarchitektur und Strafvollzugsgesetz, S. 24.

[252] *Schwind*, Zur historischen Entwicklung des Strafvollzugs, S. 19.

[253] *Fasoli*, Zum Strafverfahrensrecht und Gefängniswesen, S. 49.

[254] *Feuerbach*, Lehrbuch 1805, § 8, S. 12 f.

[255] *Fasoli*, Zum Strafverfahrensrecht und Gefängniswesen, S. 49.

[256] *Paul Johann Anselm Ritter von Feuerbach*, Lehrbuch des gemeinen in Deutschland gültigen Peinlichen Rechts, 3. Auflage, Gießen 1805.

[257] *Naucke*, Feuerbach in: Enzyklopädie zur Rechtsphilosophie, Rn. 9.

[258] *Feuerbach*, Lehrbuch 1805, §§ 11 f., S. 14 f.

[259] *Feuerbach*, Lehrbuch 1805, § 13, S. 15.

Dabei müsse eine „allgemeine Erkenntniß der Nothwendigkeit solcher Übel" bestehen.[260] *Feuerbach* stellt hierbei unbedingte Grundsätze auf. Er erklärt zunächst, dass jede Zufügung einer Strafe ein Strafgesetz voraussetze („Nulla poena sine lege"). Darüber hinaus stellte er das weltweit bekannte und noch immer im Fokus des Strafrechts stehende Prinzip des „Nullum crimen sine poena legali" ins Zentrum.[261]

II. Spezialpräventionstheorie

Gegen Ende des 18. Jahrhunderts bildete sich die Spezialpräventionstheorie heraus, die „Ausdruck des Geistes" war, der die „Strafrechtspflege des aufgeklärten Absolutismus beseelt".[262]

Dieser sah es als die Aufgabe des Staates dem Bürger die „Erreichung seiner am Gesichtspunkt der Humanität orientierten Lebensziele zu ermöglichen".[263] Dabei steht Humanität für alle Werte, die zum kulturellen Streben gehören und umfassen mithin neben dem Frieden, Wohlstand, die Veredelung des Denkens, die Verfeinerung des Geschmacks, die Hebung des Wissens und der Sitte, die Förderung der Tugend, die Stählung des Willens und Charakters, mithin die Bildung des Geistes der Haltung und Kultur.[264] Neben der spezialpräventiven Wirkung der Strafe durch die „Unschädlichmachung" des Verbrechers hat der Strafvollzug zudem den Zweck der aufgezwungenen Besserung des Einzelnen und dadurch den Schutz aller Bürger.[265]

Auf Grundlage dieser Theorie sollte es dem Staat obliegen, den Einzelnen aufgrund seines Verbrechens und somit seiner gegen die Leitmotive des Geistes und der Vernunft verstoßende Handlung durch Zwang „umzugestalten".[266] Dies bildete die Grundlage dafür, dass, gestützt auf das Argument der Humanität, ab dem 18. Jahrhundert zunehmend der Besserungsgedanke in

---

260 *Feuerbach*, Lehrbuch 1805, § 14, S. 15.

261 *Feuerbach*, Lehrbuch 1805, § 20, S. 21 f.; *Naucke*, Feuerbach in: Enzyklopädie zur Rechtsphilosophie, Rn. 12.

262 *Schmidt*, Einführung in die Geschichte der deutschen Strafrechtspflege, S. 225.

263 *Schmidt*, Einführung in die Geschichte der deutschen Strafrechtspflege, S. 225.

264 Aufzählung übernommen von: *Schmidt*, Einführung in die Geschichte der deutschen Strafrechtspflege, S. 225.

265 *Schmidt*, Einführung in die Geschichte der deutschen Strafrechtspflege, S. 225 f.

266 *Fasoli*, Zum Strafverfahrensrecht und Gefängniswesen, S. 51.

den Vordergrund trat. Während man die Disziplinierung von Gefangenen früh als Notwendigkeit zum Erreichen der Besserung identifiziert hatte, entstanden für die konkrete Umsetzung verschiedene Haftsysteme, die einen unterschiedlichen Ansatz zu religiösen, moralischen oder arbeitsinduzierten Umerziehung ergriffen.

Der Weg zur Freiheitsstrafe[267]

A. Strafe bis ins 18. Jahrhundert

Gefängnisse zählen zu den ältesten staatlichen Verwaltungseinrichtungen, deren Bestehen bis in die Anfänge der Staatenbildung zurückverfolgt werden kann.[268] Ihr Zweck lag allerdings nicht in der Bestrafung als solcher, sondern in der Unterbringung oder auch Sicherstellung der Gefangenen, bis sie ihrer eigentlichen Strafe zugeführt wurden.[269]

Dem von Rache getragenen Vergeltungscharakter der Strafe im Altertum und im Mittelalter entsprachen verschiedene Arten der Leibes- und Todesstrafen.[270] Die Straftäter wurden während des Mittelalters zumeist am Rande der Städte nahe der Stadtmauer in Türmen untergebracht.[271] Das Parterre, in dem die Gefangenen eingesperrt wurden, konnte nur über einen Strick durch die Decke betreten und verlassen werden.[272] Allerdings finden sich bereits Belege für die Strafhaft im kirchlichen Bereich zu dieser Zeit; so wurden Nonnen oder Mönche, die schwere Vergehen begangen hatten, mit

---

267 Dieses Kapitel kann das Thema nicht in allen Details durchleuchten, sondern bezweckt lediglich einen für das Thema dieser Arbeit relevanten Überblick. Für ausführliche Darstellungen wird auf die folgenden Werke verwiesen: *Nipperdey, Thomas*: Deutsche Geschichte 1800–1918, München 2013 (3 Bände); *Wehler, Hans-Ulrich*: Deutsche Gesellschaftsgeschichte, München 1995–2008 (5 Bände); *Osterhammel, Jürgen*: Die Verwandlung der Welt. Eine Geschichte des 19. Jahrhunderts, München 2011; *Krause, Thomas*, Geschichte des Strafvollzuges – Von den Kerkern des Altertums bis zur Gegenwart, Darmstadt 1999.

268 *Sieverts*, Zur Geschichte der Reformversuche im Freiheitsstrafvollzug, S. 43.

269 *Sieverts*, Zur Geschichte der Reformversuche im Freiheitsstrafvollzug, S. 43.

270 *Muntau*, Strafvollzug und Gefangenenfürsorge, S. 5.

271 *Wesel*, Geschichte des Rechts, S. 390.

272 *Wesel*, Geschichte des Rechts, S. 390.

Klosterhaft bestraft.[273] Diese Art der Bestrafung wurde mit der Zeit allerdings nicht mehr nur gegen Mitglieder des Klosters, sondern auch gegen Geistliche, die an keinen Orden gebunden waren und sogar gegen Personen verhängt, die zwar nicht zum Klerus gehörten, dennoch aber der Kirchengewalt unterworfen waren.[274] Mit der Freiheitsentziehung wollte man eine Besserung des Eingesperrten durch Reue (in religiöser Sicht) erreichen.[275]

In der fränkischen Zeit finden sich ebenfalls bereits im weltlichen Bereich Aspekte des Freiheitsentzugs als Strafmittel, er wurde als Gnadenmittel anstelle einer eigentlich verhängten Todesstrafe angewandt,[276] oder aber als Ersatz, insofern der als schuldig Befundene die ihm auferlegte Geldbuße nicht bezahlen konnte.[277] Erst für das Spätmittelalter finden sich konkrete Belege, dass freiheitsentziehende Maßnahmen als Strafen eingesetzt wurden.[278]

Mit der *Constiutio Criminalis Carolina*[279] wurden 1532 unter Abschaffung von Wergeld und Buße als Bestrafung, die Leibes- und Lebensstrafen wieder als Hauptstrafe angewandt.[280] Lediglich in den Ausnahmefällen der lebenslangen Haft (Art. 10, Art. 101 CCC) oder bei der Freiheitsstrafe, die als Ersatz für die Geldstrafe bei Begehung eines heimlichen Diebstahls angewendet werden konnte (Art. 157 CCC), fanden freiheitsentziehende Maßnahmen Anwendung.[281]

In England hingegen erfolgte nach dem *common law* zunächst eine Unterscheidung der strafbewehrten Delikte in *felonies* und *misdemeanours*.[282] Wurden die *felonies* mit der Todesstrafe bestraft, so konnten die *misdemeanours* mit Gefängnis, körperlicher Züchtigung, Geldstrafe oder Friedensbürgschaft sanktioniert werden.[283]

---

273 *Krause*, Geschichte des Strafvollzugs, S. 16.
274 *Krause*, Geschichte des Strafvollzugs, S. 16.
275 *Krause*, Geschichte des Strafvollzugs, S. 17.
276 *Hinckeldey*, Justiz in alter Zeit, S. 350.
277 *Krause*, Geschichte des Strafvollzugs, S. 17.
278 *Krause*, Geschichte des Strafvollzugs, S. 18.
279 Constitutio Criminalis Carolina, Ausgabe für Studierende, Kohler/Scheel, 1900.
280 *Krause*, Geschichte des Strafvollzugs, S. 21; *Schroeder*, Die peinliche Gerichtsordnung Kaiser Karls V. (Carolina) von 1532, S. 324.
281 Constitutio Criminalis Carolina, Ausgabe für Studierende, *Kohler/Schee*l, 1900; *Krause*, Geschichte und Gegenwart des Strafvollzugs, S. 21.
282 *Aschrott*, Strafensystem und Gefängniswesen, S. 25.
283 *Aschrott*, Strafensystem und Gefängniswesen, S. 25 f.

Im 16. Jahrhundert begann man insgesamt festzustellen, dass die Durchsetzung der Leibes- und Lebensstrafen durch rohe Gewalt nicht das gewünschte Ziel erreichte, denn die öffentliche Sicherheit konnte durch die Strafjustiz, deren Zweck einzig die Abschreckung war, weder gewährleistet, noch verbessert werden.[284] Auch das stetige Bevölkerungswachstum im 16. Jahrhundert war ein Anlass dafür, dass die bis dato angewandten Leibes- und Lebensstrafen überdacht wurden.[285] In dieser Zeit entwickelte sich der Strafvollzug dahingehend, dass er mit der Strafe unmittelbar verknüpft wurde. Das Einsperren der Rechtsbrüchigen diente nicht mehr nur zu deren Unterbringung, bis sie ihrer tatsächlichen Strafe zugeführt wurden, sondern die Absonderung von der Außenwelt wurde zur Strafe selbst.[286]

Als Reaktion hierauf entstanden die ersten Zuchthäuser, mit denen das Ziel verfolgt wurde, die Gefangenen durch strenge Disziplin und vor allem harte Arbeit wieder zurück in ein rechtschaffenes Leben zu führen.[287] Zwar hatte man sich bereits zuvor in ganz Europa der Zwangsarbeit bedient, das 1555 im ehemaligen *Schloss Bridewell* errichtete Zuchthaus[288] war allerdings die erste eigens hierfür konzipierte Anstalt.[289] Per Dekret hatte der damalige König *Jakob I.* geboten, dass alle Grafschaften im Land dazu verpflichtet wurden, eine eben solche Anstalt zu errichten um dort Bettler, Prostituierte und „arbeitsscheue Personen" einzusperren.[290] In Amsterdam wurde sodann 1596 das erste Zuchthaus auf dem europäischen Festland in Betrieb genommen.[291] Ein weiterer Grund für die ersten Zuchthäuser in Holland ist in der gesellschaftlichen Einstellung gegenüber der Armut und Bettelei zu sehen.[292] Nach *Eberhard Schmidt* sah man diesen Umstand nicht mehr „als eine von

---

[284] *Krohne*, Lehrbuch der Gefängniskunde, S. 11 f.

[285] *Krohne*, Lehrbuch der Gefängniskunde, S. 14.

[286] *Dünkel*, Die Geschichte des Strafvollzugs, S. 25; *Krohne*, Lehrbuch der Gefängniskunde, S. 14.

[287] *Krohne*, Lehrbuch der Gefängniskunde, S. 14 f.; *Sieverts*, Zur Geschichte der Reformversuche im Freiheitsstrafvollzug, S. 44.

[288] *Nitsch*, Die Unterbringung von Gefangenen nach dem Strafvollzugsgesetz, S. 12.

[289] *Krause*, Geschichte des Strafvollzugs, S. 30.

[290] *Krohne*, Lehrbuch der Gefängniskunde, S. 15.

[291] *Nitsch*, Die Unterbringung von Gefangenen nach dem Strafvollzugsgesetz, S. 12; *Krause*, Geschichte des Strafvollzugs, S. 30, 32.

[292] *Schmidt*, Zuchthäuser und Gefängnisse, S. 6.

Gott gebotene Möglichkeit zur Betätigung christlicher Nächstenliebe“ an.[293] Vielmehr führte der aufkeimende *Calvinismus* zu der Forderung, diesen Zustand durch Arbeit, notfalls durch Arbeitszwang, zu korrigieren.[294] Mit dem Einsatz des Arbeitszwanges in den Zuchthäusern wurde den Insassen ein strukturiertes Leben aufgezwungen, mit dem die Resozialisierung der Gefangenen erreicht werden sollte.[295] Während 1588 in Nürnberg ein altes Seuchenhospital umfunktioniert wurde, um dort bettelnde Kinder und „arbeitsscheue“ Frauen unterzubringen, wurde 1615 in Hamburg das erste in einer Reihe von neuen Zuchthäusern auf deutschem Boden eröffnet.[296] Diese Anstalten wurden zudem genutzt, um Personen, die den Regierungen oder der Gesellschaft unliebsam waren, zu entfernen.[297]

Die Anwendung der Zuchthausstrafe war in den deutschen Staaten nicht auf bestimmte Straftaten limitiert, sondern wurde mitunter flexibel verwendet, um nicht nur Bettler, Diebe und Prostituierte einzusperren, sondern teils auch Verdächtige, denen die jeweilige Straftat nicht nachgewiesen werden konnte.[298]

Der Dreißigjährige Krieg hatte sodann zur Folge, dass sich die Zustände in den Zuchthäusern enorm verschlechterten.[299] Weiterhin befanden sich in den Anstalten nicht nur straffällig gewordene Bürger, sondern auch Waisen, Geisteskranke und Arme,[300] die Zuchthäuser hatten somit eine „Mehrfachfunktion“.[301] Entgegen der eigentlichen Zielsetzung trat die Besserung oder Resozialisierung der Insassen vollständig in den Hintergrund, vielmehr „verwahrlosten“[302] sie.[303] Grund hierfür war auch, dass das merkantilisti-

---

293 *Schmidt*, Zuchthäuser und Gefängnisse, S. 6 f.

294 *Schmidt*, Zuchthäuser und Gefängnisse, S. 6 f.

295 *Schmidt*, Zuchthäuser und Gefängnisse, S. 7; *Fasoli*, Zum Strafverfahrensrecht und Gefängniswesen, S. 59.

296 *Krause*, Geschichte des Strafvollzugs, S. 32–37, 38; *Krohne*, Lehrbuch der Gefängniskunde, S. 15.

297 *Krohne*, Lehrbuch der Gefängniskunde, S. 20; *Rusche/Kirchheimer*, Sozialstruktur und Strafvollzug, S. 103.

298 *Schmidt*, Zuchthäuser und Gefängnisse, S. 7.

299 *Fasoli*, Zum Strafverfahrensrecht und Gefängniswesen, S. 60.

300 *Fasoli*, Zum Strafverfahrensrecht und Gefängniswesen, S. 60.

301 *Laubenthal*, Strafvollzug, Rn. 95.

302 *Hippel*, Die geschichtliche Entwicklung der Freiheitsstrafe, S. 12.

303 *Fasoli*, Zum Strafverfahrensrecht und Gefängniswesen, S. 59 f.

sche Denken die wirtschaftlichen Interessen in den Vordergrund brachte und Zuchthäuser an Privatunternehmer veräußert wurden, deren primäres Ziel im finanziellen Gewinn lag und nicht in der auf Besserung gerichtete Behandlung der Gefangenen.[304]

Nur noch in einzelnen Einrichtungen wurde der Vollzug der Strafe noch auf die Besserung ausgerichtet.[305] Eins der wenigen Beispiele hierfür ist das ab 1772 in Gent gebaute *Maison de Force*, dessen Prinzip noch viel Aufsehen erregen sollte.[306] Grundprinzip dieser Anstalt war die strikte Trennung der Gefangenen in der Nacht, während sie tagsüber gemeinschaftlich ihre Arbeit erbringen mussten.[307] *Eberhard Schmidt* bezeichnet diese Anstalt als den ersten Versuch, das Haftsystem durch individualisierte Behandlung der Gefangenen zu verbessern und somit als die erste „moderne" Strafanstalt.[308]

Die Grundlage des sodann im 18. Jahrhundert einsetzenden Wandels von Strafrecht und Strafvollzug war vor allem die durch die Aufklärung hervorgerufene Änderung der Strafgesetze, durch die eine Abkehr von den Leibes- und Lebensstrafen sowie der Folter stattfand.[309]

B. Hintergrund der Reformbestrebungen

Als ab dem 18. Jahrhundert die Freiheitsstrafe in Europa aufgrund der zunehmenden Bedeutung humanitärer Aspekte immer mehr an Relevanz gewann und flächendeckend angewandt wurde,[310] fehlte die räumliche Kapazität, um die Gefangenen unterzubringen.[311] Zudem war die Abschreckung als Strafzweck immer noch derart verankert, dass eine im Sinne der Aufklärung human ausgestaltete Freiheitsstrafe nicht realisiert werden konnte und die Freiheitsstrafe zu einer „Leibes-und Lebensstrafe" wurde.[312]

---

304 *Laubenthal*, Strafvollzug, Rn. 95.
305 *Laubenthal*, Strafvollzug, Rn. 96.
306 *Fasoli*, Zum Strafverfahrensrecht und Gefängniswesen, S. 60.
307 *Fasoli*, Zum Strafverfahrensrecht und Gefängniswesen, S. 60.
308 *Schmidt*, Einführung in die Geschichte der deutschen Strafrechtspflege, S. 348.
309 *Schmidt*, Zuchthäuser und Gefängnisse, S. 7 f; *Krohne*, Lehrbuch der Gefängniskunde, S. 29 f.; *Foucault*, Überwachen und Strafen, S. 295 f.
310 *Schmidt*, Geistesgeschichtl. Bedeutung d. Aufklärung für d. Strafjustiz, S. 350.
311 *Muntau*, Strafvollzug und Gefangenenfürsorge, S. 12.
312 *Krohne*, Lehrbuch der Gefängniskunde, S. 19.

Entsprechend wurden die Gefangenen weder nach ihrem Geschlecht, noch nach ihren Straftaten voneinander getrennt, sondern gemeinschaftlich untergebracht.[313] Die Zellen waren überfüllt, unhygienisch und wurden als menschenunwürdig angesehen.[314] Zumeist waren die Zellen ohne Fenster ausgestattet und entsprechend konnte keine frische Luft hineingelassen werden.[315] Den Wärtern wurde zudem freie Hand gelassen, sodass diese mit den Gefangenen nach eigenem Gutdünken verfahren konnten, wodurch Bestrafungen in diesem Zusammenhang keine Seltenheit waren.[316] Da es die Wärter einige Mühen gekostet hätte, den Gefangenen Arbeit zu beschaffen, und ein daraus resultierender Profit erst durch eine übermäßige Organisation möglich gewesen wäre, verblieben die Gefangenen ohne Beschäftigung eingesperrt in den Zellen.[317]

Obgleich die Missstände durchaus nicht unbekannt waren, fanden bis in das 18. Jahrhundert keine wesentlichen Reformbestrebungen statt. Zutreffend führt *Karl Krohne* (1836–1913) diesen Umstand auf zwei Gründe zurück.

Zum einen betont er, dass die oberen Klassen daran gewöhnt waren auf die niedrigen Klasse herabzuschauen, die vorrangig in den Gefängnissen eingesperrt waren und man infolgedessen keine Notwendigkeit einer Reform sah. Zum anderen bringt er den Zustand der Rechtspflege wie folgt auf den Punkt:

> unter dem Einflusse der Theologie und fürstlichen Willkür [war] die Rechtspflege auf ein so unglaublich tiefes Niveau gesunken [...], dass sie ihren Namen wie lucus a non lucendo trug[318]

Diese Missstände führten dazu, dass ab dem späten 18. Jahrhundert vermehrt nach Verbesserungen des Strafvollzugs gestrebt wurde, und bewirkten

---

313 *Henze*, Strafvollzugsreformen im 19. Jahrhundert, S. 23.
314 *Henze*, Strafvollzugsreformen im 19. Jahrhundert, S. 23; *Muntau*, Strafvollzug und Gefangenenfürsorge, S. 12.
315 *Krebs*, Freiheitsentzug. Entwicklung von Praxis und Theorie, S. 35.
316 *Krebs*, Freiheitsentzug. Entwicklung von Praxis und Theorie, S. 35.
317 *Krebs*, Freiheitsentzug. Entwicklung von Praxis und Theorie, S. 35.
318 *Krohne*, Lehrbuch der Gefängniskunde, S. 28 f.

insbesondere in den angelsächsischen und deutschen Staaten richtungsweisende Entwicklungen des Strafvollzugs,[319] die bis in die heutige Zeit weiterwirken.

Der Grundstein für die sodann beginnenden Reformansätze ist zunächst in den durch die Aufklärung aufkeimenden *philosophischen (sozialen) Bestrebungen* zu sehen, durch die zunächst die Gesetzgebung geändert wurde und dadurch der bis dato vorherrschende richterlichen Willkür Schranken setzte.[320] Daneben bewirkten die wissenschaftlichen Bestrebungen, durch Vertreter wie *Hobbes*, *Beccaria*, *Montesquieu aber auch Grotius*, dass das Strafrecht von der Theologie gelöst und auf „menschliche und staatliche Grundlagen" gestellt wurde und dadurch der „menschenverachtenden und menschenvernichtenden Grausamkeit in den Strafen" entgegentrat.[321] Neben diese beiden Bewegungen trat sodann die *religiös-philanthropische Bestrebung*, die die Reformen des Gefängniswesen maßgeblich beeinflusste.[322] Quäker[323] und Philanthropen wandten sich in nachdrücklicher Weise gegen die Leib- und Lebensstrafe, die öffentliche Bestrafung sowie die gemeinschaftliche Unterbringung der Gefangenen.[324] Philanthropen sahen die Verbrecher nicht mehr nur als Schädiger oder auch Feinde, sondern berücksichtigten die gesamtgesellschaftlichen Zustände und die Machtungleichheit der verschiedenen Klassen. Sie sahen vielmehr die „Schuld der Gesellschaft", denn diese habe den Verbrecher zu der Tat getrieben. Entsprechend verlangten sie, dass die Strafe den Straftäter bessern sollte, wodurch eine Rückfälligkeit verhindert werden würde.[325]

Prominenter Vertreter der religiös-philanthropischer Bewegung war der Engländer *John Howard*, dessen Arbeit zu weitreichenden Reformen führte.[326]

---

319 *Laubenthal*, Strafvollzug, Rn. 97.
320 *Krohne*, Lehrbuch der Gefängniskunde, S. 29.
321 *Krohne*, Lehrbuch der Gefängniskunde, S. 29.
322 *Krohne*, Lehrbuch der Gefängniskunde, S. 30.
323 Vgl. hierzu Kapitel 5.C.
324 *Krohne*, Lehrbuch der Gefängniskunde, S. 30 f.
325 *Krohne*, Lehrbuch der Gefängniskunde, S. 29 f.
326 *Krohne*, Lehrbuch der Gefängniskunde, S. 32–37.; vgl. hierzu insbesondere Kapitel 4 und 5.

C. Reformdiskurs der verschiedenen universitären Fakultäten

Es waren somit soziale, wissenschaftliche und religiös-philanthropische Bewegungen die gemeinsam den Beginn einer Gefängnisreform und den generellen Diskurs über die Ausgestaltung der Freiheitsstrafe ermöglichten.[327]

Dabei hat vor allem *John Howard* in sehr prominenter Weise die umfassenden Missstände in den Gefängnissen aufgezeigt und eine Reihe von Verbesserungsvorschlägen in sein Werk *The State of the Prisons* aufgenommen. Die tatsächliche Umgestaltung des Strafvollzuges überließ er aber den Gelehrten seiner Zeit.[328]

Entsprechend der damals an den Universitäten existierenden vier Fakultäten lassen sich die Gefängnisreformer in vier Gruppen unterteilen.[329] Es waren neben den Theologen, Medizinern und Juristen die Studenten des *studium generale* (später die Philosophie),[330] die sich mit dem „Wie" der Gefängnisreform nicht nur theoretisch, sondern auch praktisch auseinandersetzten.

Sie arbeiteten beispielsweise als Anstaltsgeistliche, in Ministerien, in der Verwaltung der Gefängnisse oder waren deren Direktoren. Es entstand eine neue Art der Professionalisierung. Experten traten in den Diskurs und es formte sich ein „Netzwerk der Gefängnisfreunde".[331]

Unabhängig von ihrer Zugehörigkeit zu einer der Fakultäten hatten diese Experten eins gemeinsam: in ihrer Bewertung des Strafvollzugs, der Forderung nach Reformen und Auseinandersetzung mit den entstehenden verschiedenen Gefängnismodellen beriefen sie sich auf die *Humanität* und machten sie mitunter zum Kern ihrer Argumentation. Es ist zu überprüfen, was hinter dieser Begriffsverwendung stand und ob sich abhängig von der eigenen Profession und Zuteilung zu einer der Fakultäten unterschiedliche Konzepte eines Strafvollzugs im Sinne der Humanität ergaben.

---

327 *Krohne*, Lehrbuch der Gefängniskunde, S. 28–31.

328 *Brown*, Memoirs of the Public and Private Life of John Howard, the Philanthropist; *Friederich, John Howard und die Strafvollzugsreformen, S. 62; Howard, The State of the Prisons 1784, S. 43.*

329 *Meyer*, Die Epoche der Aufklärung, S. 31 f.

330 *Meyer*, Die Epoche der Aufklärung, S. 31 f.

331 Vgl. hierzu die Werke von *Lars Henrik Riemer*, Netzwerk der Gefängnisfreunde, der den Begriff nachdrücklich prägte.

Der religiös-philanthropische Ansatz als Ausgangspunkt der Reformen (John Howard)

Die Aufdeckung der in den Strafanstalten herrschenden Missstände erfolgte in prominenter Weise durch den Engländer *John Howard*, der zu Lebzeiten eine Vielzahl von Anstalten besuchte, die dabei erlangten Erkenntnisse in Berichten zusammenfasste und sodann in seinem Werk *The State of the Prisons*[332] veröffentlichte.[333]

A. Zur Person (1726–1790)

John Howard wurde 1726[334] in der Nähe von London als Sohn eines vermögenden Polsterers und Teppichhändlers geboren.[335] Sein Vater war ein „calvinistischer, puritanischer Dissenter" sowie Mitglied des Independents.[336] Sowohl Religion als auch Ordnung hatten bei diesem einen hohen Stellenwert.[337] Die Erziehung seines Sohnes sollte nach eben diesen Grundsätzen erfolgen, eine öffentliche Schule kam nicht in Betracht.[338] Die reichsten Dissenter vertrauten die Erziehung ihrer Kinder zu dieser Zeit wegen seines „moralischen

[332] *Howard*, The State of the Prisons in England and Wales, London 1777.

[333] *Dünkel*, Die Geschichte des Strafvollzugs, S. 28; *Krebs*, Freiheitsentzug. Entwicklung von Praxis und Theorie, S. 34.

[334] Das Geburtsdatum von John Howard wird von verschiedenen Quellen auf unterschiedliche Jahre festgelegt. Einen Überblick hierüber gibt: *Friederich*, John Howard und die Strafvollzugsreformen, S. 22. Den Angaben dieser Autorin entsprechend wird im Rahmen dieser Arbeit von dem Jahr 1726 als Geburtsdatum ausgegangen.

[335] *Friederich*, John Howard und die Strafvollzugsreformen, S. 22.

[336] *Friederich*, John Howard und die Strafvollzugsreformen, S. 22.

[337] *Friederich*, John Howard und die Strafvollzugsreformen, S. 22.

[338] *Aikin*, Leben, Character und Verdienste John Howard Esq., S. 18; *Friederich*, John Howard und die Strafvollzugsreformen, S. 22.

und religiösen Charakters“ dem hochangesehenen *Reverend Worsley* an.[339] So verbrachte *Howard* sieben Jahre auf einem Internat für Dissenter mit *Worsley* als Lehrer,[340] wobei das Lehrsystem keine gründliche wissenschaftliche Unterweisung enthielt, sondern sich vorrangig auf die Lehre der Religion und Tugend beschränkte.[341] *John Aikin*, Biograf *Howards*, beschreibt diese Jahre als verlorene Zeit, die unersetzlich gewesen seien und Einfluss auf sein gesamtes Leben gehabt hätten.[342] Er verweist darauf, dass *Howard* trotz der öffentlichen Meinung über die von ihm gemachten „beträchtliche[n] Fortschritte in den Wissenschaften“ seine eigene Muttersprache weder in Schrift noch Sprache grammatikalisch fehlerfrei beherrschte und auch die Kenntnis anderer Sprachen, mit Ausnahme der französischen, allenfalls oberflächlich gewesen seien.[343] Nachdem er mit 16 Jahren die *John Eames' Dissenting Academy* verließ, begann er mit einer Ausbildung zum Kaufmann.[344] Noch bevor er seine Ausbildung beendet hatte, verstarb sein Vater und hinterließ ihm ein großes Vermögen.[345] Er nutzte seine finanziellen Mittel um sich vorzeitig aus der Lehre zu kaufen und begab sich sodann auf Reisen nach Frankreich und Italien.[346] Nach seiner Rückkehr erkrankte *Howard* schwer, er nutzte diese Zeit um sich weiterzubilden und beschäftigte mit sowohl mit der Naturphilosophie als auch mit der Medizin.[347] Im Alter von 25 Jahren mietete er sich bei der Witwe Sarah Lardeau in Stoke Mewington ein, die ihn während seiner Krankheit pflegte und später zu seiner Ehefrau wurde.[348] Indem sie selbst 20 Jahre krank gewesen war, begegnete sie *Howard* mit großer Zärtlichkeit, Achtsamkeit und Mitleid, wodurch *Howard* erstmals uneigennützige

---

339 *Aikin*, Leben, Character und Verdienste John Howard Esq., S. 18.

340 *Friederich*, John Howard und die Strafvollzugsreformen, S. 22.

341 *Aikin*, Leben, Character und Verdienste John Howard Esq., S. 20.

342 *Aikin*, Leben, Character und Verdienste John Howard Esq., S. 20 f.

343 *Aikin*, Leben, Character und Verdienste John Howard Esq., S. 21.

344 *Brown*, Memoirs of the Public and Private Life of John Howard, S. 9 f.; *Friederich*, John Howard und die Strafvollzugsreformen, S. 22 f.

345 *Aikin*, Leben, Character und Verdienste John Howard Esq., S. 22; *Friederich*, John Howard und die Strafvollzugsreformen, S. 23; *Brown*, Memoirs of the Public and Private Life of John Howard, S. 10.

346 *Aikin*, Leben, Character und Verdienste John Howard Esq., S. 23.

347 *Brown*, Memoirs of the Public and Private Life of John Howard, S. 12 f.

348 *Thompson*, The Life of John Howard, Esquire, S. 4f; *Friederich*, John Howard und die Strafvollzugsreformen, S. 24.

Freundlichkeit erfuhr.[349] Durch seine frühkindliche religiöse Erziehung war die Religion auch in seinem Erwachsenenalter ein wichtiger Bestandteil seines Lebens.[350] Nach *Aikin* war er den Interdependenten zugetan und „sein Glaubenssystem war das der nicht strengen Calvinisten".[351] Sein Fokus lag allerdings in der Beschäftigung mit der Religion als solcher mit Blick auf das Verhältnis zwischen den Menschen und ihrem Schöpfer sowie der Religion als „wichtigster Grund der Moralität".[352] Er nutzte sein Vermögen schon früh für die Wohltätigkeit, wobei er seine Mittel für diejenigen Zwecke verwendete, die seiner „aktiven Philanthropie" nach hierfür geeignet waren.[353]

Im Mai 1756 wurde er als Mitglied der *Royal Society* aufgenommen, wobei die Wahl nicht aufgrund seiner Gelehrsamkeit erfolgte, sondern eher aufgrund der Bestrebungen der Gesellschaft vermögende Männer durch die Aufnahme für die Studien der Wissenschaft zu begeistern.[354] *Howard* wollte hier seinen Beitrag leisten und beschäftigte sich mit Philosophie, Meteorologie und Mathematik.[355]

Als er im Juni desselben Jahres nach Lissabon reiste, um der dort von einem großen Erdbeben erschütterten Bevölkerung beizustehen, wurde er von der Besatzung eines französischen Schiffes gefangen genommen und verbrachte mehrere Monate in französischer Haft.[356] Die Bedingungen während seiner Haft waren bezeichnend für den generellen Zustand der Gefängnisse in dieser Zeit: es fehlte den Gefangenen nicht nur an Nahrung und Schlafmöglichkeiten, die unhygienischen Bedingungen verursachten darüber hinaus den Tod vieler.[357] Nachdem *Howard* zunächst aus dem Kerker entlassen wurde

---

[349] *Thompson*, The Life of John Howard, Esquire, S. 4 f.

[350] *Aikin*, Leben, Character und Verdienste John Howard Esq., S. 25.

[351] *Aikin*, Leben, Character und Verdienste John Howard Esq., S. 25.

[352] *Aikin*, Leben, Character und Verdienste John Howard Esq., S. 25 f.

[353] *Aikin*, Leben, Character und Verdienste John Howard Esq., S. 25; *Thompson*, The Life of John Howard, Esquire, S. 14.

[354] *Aikin*, Leben, Character und Verdienste John Howard Esq., S. 27 f; *Friederich*, John Howard und die Strafvollzugsreformen, S. 24.

[355] *Friederich*, John Howard und die Strafvollzugsreformen, S. 24; *Aikin*, Leben, Character und Verdienste John Howard Esq., S. 28.

[356] *Friederich*, John Howard und die Strafvollzugsreformen, S. 25; *Krebs*, Freiheitsentzug. Entwicklung von Praxis und Theorie, S. 33; *Thompson*, The Life of John Howard, Esquire, S. 8 f.

[357] *Friederich*, John Howard und die Strafvollzugsreformen, S. 25.

und sich auf Bewährung in der Stadt *Carpaix* bewegen durfte, erhielt er die Erlaubnis seine Gefangenschaft in Frankreich zu verlassen, allerdings unter der Bedingung, dass dafür ein französischer Soldat von England freigelassen werde.[358] *Howard* musste zusichern, dass er für den Fall, dass es zu keinem Gefangenenaustausch käme, nach Frankreich zurückkehren würde.[359] Nach seiner Rückkehr in sein Heimatland, und der Zustimmung des englischen Ministeriums zu dem Austausch, setzte sich *Howard* aufgrund der prägenden eigenen Erfahrungen in französischer Haft mit ganzer Kraft für die Freilassung, beziehungsweise für mindestens eine Reduzierung des Leids seiner einstigen Mitgefangenen ein.[360] Auch aufgrund seiner starken Bemühungen für eine Gefängnisreform, die er sich zur Lebensaufgabe machte, sowie zudem seiner generellen wohltätigen Ausrichtung, wird *Howard* als *Philanthrop* bezeichnet.[361]

B. Zustand in den Gefängnissen

I. The State of the Prisons (1777/1784)

Durch seine Ernennung zum Sheriff von *Bedfordshire* rund zwei Jahrzehnte später im Jahr 1773 wurde *Howard* erneut mit den Missständen in Gefängnissen konfrontiert, diesmal allerdings auf heimischen Boden.[362] Nachdem er erfahren hatte, dass die Gefängniswärter nicht für ihre Arbeit entlohnt wurden, sondern aus den Gefangenen Profit schlagen mussten, um den eigenen Grundbedarf zu decken, forderte er von der zuständigen Institution die Bewilligung von Gehältern für die Wärter, um die daraus resultierenden Missstände für die Gefangenen zu mildern.[363] Die zuständigen Behörden lehnten sein Ersuchen aus wirtschaftlichen Erwägungen ab, und forderten ihn auf,

---

[358] *Brown*, Memoirs of the Public and Private Life of John Howard, S. 20.

[359] *Brown*, Memoirs of the Public and Private Life of John Howard, S. 20.

[360] *Brown*, Memoirs of the Public and Private Life of John Howard, S. 20.

[361] *Krohne*, Lehrbuch der Gefängniskunde, S. 28, 32; *Thompson*, The Life of John Howard, Esquire, der diese Bezeichnung sogar in den Titel mitaufgenommen hat.

[362] *Krebs*, Freiheitsentzug. Entwicklung von Praxis und Theorie, S. 33 f.; *Friederich*, John Howard und die Strafvollzugsreformen, S. 29.

[363] *Krebs*, Freiheitsentzug: Entwicklung von Praxis und Theorie, S. 34.

Beispiele für Gefängnisse zu erbringen, deren Kosten von den Gemeinden getragen wurden.[364]

Eben jenes Beispiel begann *Howard* daraufhin zu suchen.[365] Dabei beschränkte er sich in den kommenden Jahren nicht nur auf England, Schottland, Wales und Irland, sondern besuchte ebenso Haftanstalten in Deutschland, Italien, Spanien, Schweden, den Niederlanden und Russland.[366] Die bei seinen Reisen aufgefundenen europaweiten Missstände in den Gefängnissen, ebenso wie die eigens von ihm entworfenen Vorschläge zur Optimierung der Haftanstalten, veröffentlichte *John Howard* 1777 in seinem Werk *The State of the Prisons*.[367]

Im Rahmen dieses Werkes setzte er sich zunächst mit den von ihm vorgefundenen Gegebenheiten in den Gefängnissen auseinander. Dabei ging er auf die folgenden Aspekte ein:

- Ernährung[368]
- Wasser[369]
- Frischluft[370]
- Kanalisation[371]
- Betten[372]
- Moral[373]
- Fleckfieber (Typhus)[374]
- Schlechte Sitten[375]

---

[364] *Krebs*, Freiheitsentzug: Entwicklung von Praxis und Theorie, S. 34; *Friederich*, John Howard und die Straf-vollzugsreformen, S. 30.

[365] *Krebs*, Freiheitsentzug. Entwicklung von Praxis und Theorie, S. 34.

[366] *Krebs*, Freiheitsentzug. Entwicklung von Praxis und Theorie, S. 34.

[367] *Howard*, The State of the Prisons, London 1777; eine ausführliche Zusammenfassung des Werks bietet: *Friederich*, John Howard und die Strafvollzugsreformen, Frankfurt 2013.

[368] *Howard*, The State of the Prisons, S. 8–12.

[369] *Howard*, The State of the Prisons, S. 12.

[370] *Howard*, The State of the Prisons, S. 12–14.

[371] *Howard*, The State of the Prisons, S. 14 f.

[372] *Howard*, The State of the Prisons, S. 15.

[373] *Howard*, The State of the Prisons, S. 15 f.

[374] *Howard*, The State of the Prisons, S. 16–20.

[375] *Howard*, The State of the Prisons, S. 25–34.

Er berichtete, dass die Gefangenen keinen Zugang zu Nahrung[376] oder zu Wasser erhielten.[377] Je nach Gefängnis bekämen die Insassen eine unterschiedliche Menge an Brot, die nicht bedarfsdeckend sei.[378] Durch das Verbot von Stroh in den meisten Gefängnissen müssten die Gefangenen in Ermangelung an Alternativen auf dem blanken Zellenboden schlafen.[379] *Howard* erklärte, dass Gefangene, die bei Haftantritt noch bei guter Gesundheit waren, bereits nach ein paar Monaten krank und abgemagert seien.[380] Grund hierfür war seiner Meinung nach die fehlende Versorgung mit dem Lebensnotwendigen.[381] *Howard* schrieb von „abscheulichen" Zellen, in denen die Gefangenen unter Krankheiten wie Fieber und Pocken leiden würden.[382] Die kranken Gefangenen würden nicht behandelt werden, sie seien ausgehungert und gerade einmal mit Lumpen bekleidet.[383] Dies barg laut *Howard* nicht nur eine Gefahr für die Insassen, sondern auch das Risiko einer Ausbreitung von Krankheiten in die Städte.[384] Ein Kernaspekt stellte für *Howard* die seiner Meinung nach für die Moral abträgliche gemeinschaftliche Unterbringung der Gefangenen dar.[385] Denn es werde keine Unterscheidung zwischen den Gefangenen, ihren Geschlechtern oder anhand ihres Alters vorgenommen.[386] Kinder, Frauen, Männer und Ältere würden gemeinsam in einer Zelle eingesperrt, darunter Schwerverbrecher, Kleinkriminelle und psychisch Kranke.[387] *Howard* selbst nahm in seinem Werk Bezug auf das in französischer Haft selbst Erlebte und erklärte, dass diese Erfahrungen und vor allem sein Leiden während dieser Zeit, seine Sympathie mit den Gefangenen bestärkt habe, und somit die Haftbedingungen in den Fokus seines Buches rückten.[388]

---

[376] *Howard*, The State of the Prisons, S. 8.
[377] *Howard*, The State of the Prisons, S. 12.
[378] *Howard*, The State of the Prisons, S. 8.
[379] *Howard*, The State of the Prisons, S. 15.
[380] *Howard*, The State of the Prisons, S. 7.
[381] *Howard*, The State of the Prisons, S. 7.
[382] *Howard*, The State of the Prisons, S. 7.
[383] *Howard*, The State of the Prisons, S. 8 f.
[384] *Howard*, The State of the Prisons, S. 9.
[385] *Howard*, The State of the Prisons, S. 15.
[386] *Howard*, The State of the Prisons, S. 15 f.
[387] *Howard*, The State of the Prisons, S. 15 f.
[388] *Howard*, The State of the Prisons, S. 22 f.

Auf seinen Reisen fand *Howard* allerdings nicht nur Negativbeispiele: Die Gefängnisse der Niederländer bewunderte *Howard*, denn sie waren seiner Ansicht nach ruhig, sauber und gewährleisteten die Gesundheit der Gefangenen, da in jedem der Gefängnisse sowohl ein Arzt, als auch ein Chirurg beschäftigt seien.[389] Zudem gäbe es in den holländischen Anstalten ausreichend Zellen, sodass die Gefangenen separiert untergebracht werden würden.[390] Die Zellen, alle mit Bettgestell, Stroh und Bettdecke ausgestattet, würden die Insassen während ihrer Haftzeit nicht verlassen.[391] Die holländischen Anstalten, von denen *Howard* überdies schrieb, dass man aufgrund des positiven Eindrucks nicht denken würde, dass es sich bei den Einrichtungen um Gefängnisse handele,[392] wenn man es nicht wisse, sollten für die englischen Gefängnisse als Vorbild genommen werden.[393] Dabei beschrieb er insbesondere das *Maison de Force* in Gent als positives Exempel.[394] Die dort angewandten Regeln würden zur Erhaltung der Gesundheit, Besserung der Moral führen und dazu, dass die Gefangenen nach der Entlassung nützlich für die Gesellschaft seien.[395] Die hier vorgefundene Architektur, sowie die damit einhergehende Einzelhaft übernahm *Howard* später in seine eigenen Forderungen für eine Gefängnisreform.[396]

II. Verbesserungsvorschläge[397]

Hinsichtlich der von *Howard* vorgeschlagenen Verbesserungen[398] ist die von ihm angestrebte, und im weiteren Verlauf der Strafvollzugsreformen besonders relevante Separierung der Gefangenen hervorzuheben.[399] *Howard* war überzeugt, dass die Trennung eine Besserung der Insassen durch Buße und

---

389 *Howard*, The State of the Prisons, S. 119.
390 *Howard*, The State of the Prisons, S. 120.
391 *Howard*, The State of the Prisons, S. 120.
392 *Howard*, The State of the Prisons, S. 119.
393 *McGowen*, The Well-Ordered Prison: England 1780–1865, S. 79.
394 *Howard*, The State of the Prisons, S. 141–144.
395 *Howard*, The State of the Prisons, S. 144.
396 *Ignatieff*, A Just Measure of Pain, S. 53.
397 Für einen detaillierten und sehr guten Überblick wird auf die Arbeit von *Friederich*, John Howard und die Strafvollzugsreformen verwiesen.
398 *Howard*, The State of the Prisons, S. 38–77.
399 *Howard*, The State of the Prisons, S. 43; *Krebs*, Freiheitsentzug. Entwicklung von Praxis und Theorie, S. 45, 55–58.

Selbstreflexion erreichen[400] und die drohende Ansteckungsgefahr der Gefangenen untereinander verhindern würde.[401]

Auf fast 40 Seiten macht *Howard* allerdings nicht nur in dieser Hinsicht Vorschläge, sondern auch zu weiteren für notwendig erachteten Änderungen. Dabei geht er nicht nur auf die baulichen Zustände ein, sondern beschäftigt sich auch mit der Notwendigkeit der Einrichtung von Kapellen sowie der generellen Ausgestaltung der Strafanstalten.

Während in der Theorie zu dieser Zeit zwischen *Jails/County Gaol* (Gefängnisse) für Schuldner, Schwerverbrecher sowie diejenigen die bis zu ihrem Prozess eingesperrt wurden, und den *Houses of Correction/Bridewell* (Zuchthäuser) für Kleinkriminelle, unterschieden wurde, wurden die Begriffe in der Praxis zu dieser Zeit austauschbar verwendet. Tatsächlich wurden beide Gruppen häufig gemischt in einer Anstalt untergebracht.[402] Diese somit vorrangig in der Theorie bestehende Unterscheidung übernimmt *Howard* und macht unterschiedliche Vorschläge für die beiden Anstaltstypen.

Zunächst betonte er, dass sämtliche Gefängnisse neu gebaut werden müssten, denn die bestehenden würden die Anforderungen an eine solche Anstalt nicht erfüllen.[403] Der Neubau sollte an einem „airy spot“ und möglichst in der Nähe eines Flusses oder Baches erfolgen.[404] In den Anstalten sollten eine Pumpe, Bäder und Kamine vorhanden sein.[405] Die notwendige Separierung verlangte er auch mit Blick auf die Gefahren für Kronzeugen in den Strafanstalten, die bei unterbliebener Trennung ermordet würden.[406] Zudem verlangte er die Einrichtung einer Krankenstation,[407] sowie die Beschäftigung eines Arztes in der Anstalt.[408] Für die gesunden Gefangenen in den Zuchthäusern forderte er eine Arbeitspflicht.[409] Den Bau einer Kapelle sah

[400] *Howard*, The State of the Prisons, S. 43.
[401] *Vormbaum*, Einführung in die moderne Strafrechtsgeschichte, S. 107; *Nutz*, Strafanstalt als Besserungsmaschine, S. 155.
[402] *McGowen*, The Well-Ordered Prison: England 1780–1865, S. 72 f.
[403] *Howard*, The State of the Prisons, S. 40 f.
[404] *Howard*, The State of the Prisons, S. 40 f.
[405] *Howard*, The State of the Prisons, S. 44 f.
[406] *Howard*, The State of the Prisons, S. 43 f.
[407] *Howard*, The State of the Prisons, S. 45.
[408] *Howard*, The State of the Prisons, S. 56 f.
[409] *Howard*, The State of the Prisons, S. 47.

er als unabdinglich an. Insoweit Gefangene die Bibel oder Gebetsbücher beschädigten, forderte er deren Bestrafung.[410]

Besonders weitreichend war seine Forderung, dass kein Gefangener Gebühren zu zahlen hatte. Die Anstaltsbeamten sollten einen Lohn erhalten und diesen nicht selbst durch die Arbeit der Gefangenen generieren.[411] Ein weiterer wichtiger Aspekt für *Howard* war der Erhalt der Sauberkeit in der Anstalt.[412] Darüber hinaus machte er Vorschläge zu den Schlafstätten der Gefangenen und der ihnen zu verabreichenden Nahrung.[413] Seine Verbesserungsvorschläge ergänzte er in seiner Neuauflage von 1784 sowie seinem Werk *Lazaretto*[414] noch weiter.[415]

III. Einteilung in Schlüsselaspekte

Wie von *Howard* aufgezeigt, gab es eine Reihe von Aspekten, die bei den aufkeimenden Gefängnisreformen berücksichtigt werden mussten und infolgedessen auch diskutiert wurden. Es wird sich zeigen, dass zuvor selten eine Auseinandersetzung mit sämtlichen Aspekten stattgefunden hatte, sondern eine Fokussierung auf einzelne vorgenommen wurde. Um die weiteren Entwicklungen und die sodann entstandenen verschiedenen Haftsysteme für die Verbesserung des Strafvollzuges hinsichtlich des Einflusses der Humanität darstellen zu können, werden die Haftsysteme und die exemplarischen Anstalten anhand verschiedener Kriterien beleuchtet. Diese werden zunächst zur besseren Übersichtlichkeit in fünf Schlüsselaspekte unterteilt. Auf diese Weise wird der Versuch unternommen, eine Vergleichbarkeit zu erreichen und eine Grundlage für die Interpretation der sich divergierenden Haftsysteme unter dem Aspekt der Humanität und mit Blick auf die jeweiligen

[410] *Howard,* The State of the Prisons, S. 48.
[411] *Howard,* The State of the Prisons, S. 57.
[412] *Howard,* The State of the Prisons, S. 58 f.
[413] *Howard,* The State of the Prisons, S. 60 f.
[414] *John Howard,* An Account of the Principal Lazarettos in Europe; with Various Papers Relative to the Plague: Together with Further Observations on Some Foreign Prisons and Hospitals; and Additional Remarks on the Present State of Those in Great Britain and Ireland, Warrington 1789.
[415] *Friederich,* John Howard und die Strafvollzugsreformen, S. 124, insbesondere Fn. 786.

Akteure zu schaffen. Dabei werden, stets von der jeweiligen Quellenlage[416] abhängig, die folgenden Aspekte beleuchtet:

***

Äußere Hygiene

- Ernährung
- Schlafsituation
- Heizung und Frischluft
- Sauberkeit
- Architektur der Strafanstalt

Innere Hygiene

- Glauben
- Arbeit
- Disziplin
- Ausbildung

Gewaltproblem

- Körperliche Integrität
- Folter, Todesstrafe, Züchtigung

Kontext mit dem Strafzweck

- Besserung
- Sicherung
- Abschreckung
- Vergeltung

---

[416] Es wird bereits an dieser Stelle darauf hingewiesen, dass viele der für diese Arbeit relevanten Archivalien aus Preußen (insbesondere zur Strafanstalt Moabit) zu den Kriegsverlusten gehörten und aufgrund dessen nicht auf diese zurückgegriffen werden konnte.

Weitere Funktionen des Strafvollzuges

- Ausbeutung der Arbeitskraft

C. Howard und die Humanität

Auf seinen Reisen zu den Gefängnissen auf der ganzen Welt legte *Howard* bis zu seinem Tod rund 50.000 Meilen zurück.[417] Er war der Überzeugung, dass die Disziplin durch Milde wirksamer aufrechterhalten werden könne, als es durch Härte möglich sei.[418] Obwohl er sich primär für diesen milden Umgang mit den Gefangenen einsetzte, bedeutete dies nicht, dass er nicht gleichzeitig eine gewisse Strenge forderte.[419] Für diejenigen Gefangenen, die sich nicht an die Vorschriften hielten, verlangte er eine abgesonderte Einsperrung bei Wasser und Brot.[420] Der Engländer war sehr religiös und Anhänger des seinerzeit sehr verbreiteten Calvinismus.[421] Entsprechend ist diese Religionszugehörigkeit *Howards* zum Calvinismus bei der Bewertung seiner Forderungen der Gefangenenbehandlung mit einzubeziehen.

Wie oben bereits festgestellt,[422] bewirkte der Calvinismus, dass der Arbeitszwang in den Zuchthäusern eingesetzt wurde, um den Gefangenen ein strukturiertes Leben aufzuzwingen, das im Einklang mit der damaligen Vorstellung von den durch Gott vorgegebenen Strukturen stand und somit zur Resozialisierung der Gefangenen beitragen sollte.[423] Zu Beginn seines Werkes wies *Howard* in dieser Hinsicht darauf hin, dass die Verpflichtung der Gefangenen zur Arbeit in der Realität nicht umgesetzt werde. Nur in wenigen *Bridewells*[424] bestand die Möglichkeit, irgendeine Arbeit durch die Insassen verrichten zu lassen, denn es fehlte an Werkzeugen und Materialien.[425] Als

---

417 *Krebs*, Freiheitsentzug. Entwicklung von Praxis und Theorie, S. 34.

418 *Howard*, The State of the Prisons, S. 72.

419 *Krebs*, Freiheitsentzug. Entwicklung von Praxis und Theorie, S. 35 f.; *Howard*, The State of the Prisons, S. 76.

420 *Howard*, The State of the Prisons, S. 72.

421 *Friederich*, John Howard und die Strafvollzugsreformen, S. 26.

422 Vgl. hierzu Kapitel I, S. 31.

423 *Schmidt*, Zuchthäuser und Gefängnisse, S. 7; *Fasoli*, Zum Strafverfahrensrecht und Gefängniswesen, S. 59.

424 Englisch für Strafanstalt oder auch Zuchthaus.

425 *Howard*, The State of the Prisons, S. 8.

Konsequenz hieraus verbrachten die Gefangenen laut *Howard* ihre Zeit mit „Faulheit, Gotteslästerung und Ausschweifung" in einem Ausmaß, das ihn schockiere.[426] Entsprechend forderte *Howard* die Durchsetzung der Arbeitspflicht für die Gefangenen, sodass ein jeder, der nicht krank sei, mit Arbeit beschäftigt werde.[427] In dieser Forderung setzte sich die Bestrebung von *Howard* nach Disziplin in den Strafanstalten durch. Über einen langen Zeitraum des 18. Jahrhunderts ist für dieses ein Rückschritt im Rahmen der Zuchthausbewegung festzustellen, da die Profitabilität der Gefängnisse in den Vordergrund gerückt war.[428] Der Besserungsgedanke, der zunächst durch den Arbeitszwang verfolgt wurde, war entsprechend in den Hintergrund gerückt.[429] Der von seiner Religion geprägte Engländer brachte diese Forderungen durch seine Berichte wieder in den Fokus und stieß dadurch eine Debatte über die Gefangenenbehandlung an, in der unter anderem auch die Beschäftigung der Gefangenen[430] eine wesentliche Stellung einnehmen würde.

Neben seinen Verbesserungsvorschlägen für die Strafanstalten stellte *Howard* klar, dass er nicht vorhabe, den Gefangenen ihre Zeit in der Strafanstalt elegant oder angenehm zu gestalten.[431] Er vertrat die Auffassung, dass eine humanere Behandlung der Gefangenen, ohne die Zerstörung ihrer Moral und Gesundheit, unter Zuhilfenahme der richtigen Mittel, genügen würde, um einen ausreichend strengen und mühsamen Strafvollzug zu kreieren.[432] Durch sein Bestreben, vor allem für „Aufklärung und Humanität",[433] wurde er schon zu Lebzeiten als Menschenfreund bezeichnet.[434] Dieser Ansicht schloss sich auch *Krohne* an, der ihn als Vorbild für alle diejenigen sah, die sich mit der Reformierung des Gefängniswesens auseinandersetzten.[435]

---

426 *Howard*, The State of the Prisons, S. 7.
427 *Krebs*, John Howard, S. 35; *Howard*, The State of the Prisons, S. 75.
428 *Krause*, Geschichte des Strafvollzugs, S. 52 m. w. N.
429 *Laubenthal*, Strafvollzug, Rn. 95.
430 Vgl. hierzu *Nutz, Thomas*, Strafanstalt als Besserungsmaschine, Reformdiskurs und Gefängniswissenschaft 1775–1848, München 2001.
431 *Howard*, The State of the Prisons, S. 76.
432 *Howard*, The State of the Prisons, S. 76 f.
433 *Nutz*, Strafanstalt als Besserungsmaschine, S. 24.
434 *Becker*, Herr Johannes Howard, ein wahrer Menschenfreund, Ephemeriden, S. 82.
435 *Krohne*, Lehrbuch der Gefängniskunde, S. 37.

Howard wollte „von dem Strafvollzug alles fern halten, was dem Rechte und der Menschenwürde des Strafenden und Bestraften widerspricht“[436]

Es lässt sich hieraus schließen, dass die Bemühungen von *Howard* zur Verbesserung der Gefängnisse am Ende des 18. Jahrhunderts eng mit Aspekten der Humanität, wie sie im Sinne der vorliegenden Arbeit verstanden wird, verbunden waren. Das zeigte sich auch in seiner steten Bestrebung nach der Besserung der Gefangenenbedingungen. In den Gefangenen sah er „verlorene Seelen vor Gott“, die der Rettung bedurften.[437] Darin zeigt sich die „uneingeschränkte Menschenliebe“,[438] die *Howard* auszeichnete und die gleichzeitig wesentlicher Bestandteil des Begriffs der Humanität ist. Diese Auffassung bestätigt sich vor allem darin, dass sich *Howard* bemühte, die Zustände in den Gefängnissen zum Wohle der Gefangenen zu verbessern. Dabei wollte er unter anderem eine „humanere Behandlung“ der Gefangenen mit Blick auf deren Ernährung und Unterbringung erreichen.[439] Denn die bis dato herrschenden Missstände in diesen Bereichen hatte *Howard* in seinem Werk vielerorts aufgezeigt.

Wie von *Wolf* formuliert, zeigt sich entsprechend, dass die Relevanz der Humanität insbesondere dann besonders groß ist, wenn gegen sie verstoßen wird.[440]

Hinsichtlich der Frage, ob *Howard* als Humanist angesehen werden kann, kann zudem die Selbsteinschätzung *Howards* als Indiz herangezogen werden. Er bezeichnete sich selbst als „the plodder, who goes to collect materials for men of genius to make use of“.[441] Die Umsetzung der von ihm aufgezeigten Missstände und der getroffenen Vorschläge für ein „more humane treatment“[442] der Gefangenen wollte er entsprechend nicht selbst umsetzen, sondern überließ sie anderen. Er sah sich somit selbst als „Ideengeber für einen humanitären Strafvollzug“.[443]

---

436 *Krohne*, Lehrbuch der Gefängniskunde, S. 37.
437 *Nutz*, Strafanstalt als Besserungsmaschine, S. 24.
438 *Biester*, Berl. Monatsschrift 1789, 365 (365).
439 *Howard*, The State of the Prisons, S. 76 f.
440 *Wolf*, Humanität, S. 17. Vgl. hierzu Kapitel 1, S. 23.
441 *Brown*, Memoirs of the Public and Private Life of John Howard, the Philanthropist, S. 645; *Friederich, John Howard und die Strafvollzugsreformen, S. 62.*
442 *Howard*, The State of the Prisons 1784, S. 43.
443 *Friederich*, John Howard und die Strafvollzugsreformen, S. 62.

Die erste Reformwelle als Resultat von Howards Arbeit (ab 1777)

The State of the Prisons erregte nicht nur in England, sondern auch über dessen Grenzen hinweg, große Aufmerksamkeit.[444] Es bewirkte, dass sich gegen Ende des 18. Jahrhunderts in Europa der „Geist der Milderung der Strafe"[445] verbreitete.[446] *Howard* ist als Ausgangspunkt für die sich im Weiteren entwickelnden Bestrebungen zu einer Gefängnisreform und der damit verbundenen nationalen sowie internationalen Kontroverse zu sehen,[447] sein direkter Einfluss manifestierte sich jedoch nicht überall mit der gleichen Intensität und auf die gleiche Weise. Gleichwohl ist festzuhalten, dass *Howards* Bestrebungen die Haftsysteme in den angelsächsischen und deutschen Staaten nachhaltig beeinflussten,[448] was in einer ersten Reformwelle ab 1777 mündete.

A. England

Obgleich das öffentliche Hängen als Strafe noch bis zur Hälfte des 19. Jahrhunderts in England als Spektakel inszeniert wurde,[449] veränderte sich ab der zweiten Hälfte des 18. Jahrhunderts die Einstellung gegenüber der Verwendung des Galgens als Mittel zur Abschreckung.[450] Die eigentlich zum Tode Verurteilten wurden vermehrt begnadigt und stattdessen in die amerikanischen

[444] *Nutz*, Strafanstalt als Besserungsmaschine, S. 25.
[445] *Julius*, Vorlesungen über die Gefängniß-Kunde, S. 25.
[446] *Krebs*, Freiheitsentzug. Entwicklung von Praxis und Theorie, S. 129.
[447] *Nutz*, Strafanstalt als Besserungsmaschine, S. 31.
[448] *Krebs*, Freiheitsentzug. Entwicklung von Praxis und Theorie, S. 55.
[449] *Rawlings*, Crime and Power, S. 35.
[450] *Rawlings*, Crime and Power, S. 35.

Kolonien transportiert.[451] Vergehen hingegen wurden noch immer mit Geldstrafen oder körperlicher, beziehungsweise symbolischer Züchtigung in Form öffentlichen Auspeitschens oder Verwendung des Prangers, bestraft.[452] Die Strafen wurden dabei vor allem für die Öffentlichkeit vollzogen, die aufgrund des sichtbaren Leidens der Verurteilten an die drohende „Hölle" erinnert werden sollte, die damals als das einzig wirksame Mittel galt, um die Menschen bei der Moral zu halten.[453] Noch immer galt das alte Strafrecht in Form von *Common Law* and *Statute Law*, das auf „Vernichtung, Beseitigung, Abschreckung" als Strafzweck ausgerichtet war.[454] Obgleich somit die körperlichen Strafen noch immer im Fokus der Strafe standen, hatte das Einsperren bereits einen festen Bestandteil in der englischen Strafrechtspraxis.[455]

Auch in England hatte die Freiheitsentziehung die Hauptfunktion, Täter entweder bis zum Prozess festzuhalten oder aber sie bis zur Vollstreckung der Strafe „aufzubewahren".[456] Gleichwohl wurde der Freiheitsentzug zu dieser Zeit für manche Delikte als Strafe selbst verhängt, so zum Beispiel für Landstreicherei.[457]

Ende des 18. Jahrhunderts gab es in England keine staatlichen Gefängnisse, sondern lediglich lokale Anstalten, deren Verwaltung bei den jeweiligen Counties lag.[458] Es wurde unterschieden zwischen den *Jails*, in denen Schwerverbrecher und Schuldner untergebracht wurden, und den *Houses of Correction* (Arbeitshäuser) auch *Bridewell* genannt, die für Kleinkriminelle, die Bagatelldelikte begangen hatten, vorgesehen waren.[459] Eine strikte Abgrenzung und Unterscheidung dieser Anstaltsformen war allerdings nicht möglich.[460] Während des 18. Jahrhunderts gab es rund 300 Strafanstalten, in denen der Freiheitsentzug praktiziert wurde, allerdings variierte die Größe

---

451 *McGowen*, The Well-Ordered Prison: England 1780–1865, S. 72.
452 *McGowen*, The Well-Ordered Prison: England 1780–1865, S. 72.
453 *McGowen*, The Well-Ordered Prison: England 1780–1865, S. 72.
454 *Krohne*, Lehrbuch der Gefängniskunde, S. 53.
455 *McGowen*, The Well-Ordered Prison: England 1780–1865, S. 72.
456 *McGowen*, The Well-Ordered Prison: England 1780–1865, S. 72.
457 *McGowen*, The Well-Ordered Prison: England 1780–1865, S. 72.
458 *Riemer*, Das Netzwerk der Gefängnisfreunde 1830 bis 1872, Band 2, S. 1165.
459 *McGowen*, The Well-Ordered Prison: England 1780–1865, S. 72, 75.
460 *Riemer*, Das Netzwerk der Gefängnisfreunde 1830 bis 1872, Band 2, S. 1165.

eklatant. So bestanden manche dieser Anstalten aus lediglich einer Zelle oder einem kleinen Raum.[461]

Bereits 1770 erklärte ein Komitee des *House of Commons*, dass die Todesstrafe durch angemessene Strafen ersetzt werden könnte.[462] Diese Empfehlung wurde hingegen nicht umgehend gesetzlich geregelt, kann aber dennoch als erster Schritt hinsichtlich späterer Reformbemühungen angesehen werden.[463] An eben jene Grundlage konnte die Arbeit von *John Howard*, nach dessen Ernennung zum *Sheriff of Bedforshire* 1773, anknüpfen.[464]

I. Zustand in den Gefängnissen

Aufschluss über die Zustände in den einzelnen Gefängnisse geben die Besuche von *Howard*. Hinsichtlich der englischen Gefängnisse erklärte er, dass er jeden Raum, jede Zelle, jeden Kerker der Anstalten mit einem Notizbuch betreten habe, in dem er Einzelheiten direkt an Ort und Stelle notiert habe.[465]

Die vorherrschenden Merkmale der englischen Gefängnisse im 18. Jahrhundert lassen sich mit Unordnung und Verwahrlosung zusammenfassen.[466] Dabei kritisierte *Howard*, dass es kaum Anzeichen von Autorität im Gefängnis gegeben habe, sodass die Gefangenen ungehindert spielten, oder freien Zugriff auf Alkohol hatten.[467]

Aufschlussreich ist eine Betrachtung der zwei bekannten Londoner Gefängnisse – *The Fleet* und *The Newgate*. *Howard* wies darauf hin, dass bereits im Jahr 1728 viele der durch die Wärter verübten Missbräuche der Gefangenen im Fleet Gegenstand parlamentarischer Untersuchungen waren, woraufhin die Anstalt erneuert und umgebaut wurde.[468]

Gleichwohl fand *Howard* bei seinem Besuch viele noch immer bestehende Missstände vor. Wie in einem öffentlichen Haus, berichtete Howard, seien im Londoner Gefängnis *The Fleet* nicht nur die Gefangenen anwesend, sondern zudem Metzger und andere Personen vom Markt, wodurch die Furcht

---

461 *McGowen*, The Well-Ordered Prison: England 1780–1865, S. 73.
462 *Pike*, A History of Crime in England, S. 346.
463 *Pike*, A History of Crime in England, S. 346.
464 *Pike*, A History of Crime in England, S. 352.
465 *Howard*, The State of the Prisons, S. 149.
466 *McGowen*, The Well-Ordered Prison: England 1780–1865, S. 71.
467 *McGowen*, The Well-Ordered Prison: England 1780–1865, S. 71.
468 *Howard*, The State of the Prisons, S. 157.

der Gefangenen vor dem Gefängnis und der Tatsache, darin eingesperrt zu sein, verringert würde.[469] Montags fände ein Wein-Club und Dienstags ein Bier-Club statt, jede Veranstaltung ziehe sich dabei bis nach Mitternacht, worüber, laut *Howard*, all jene Gefangenen, die nüchtern waren, verärgert seien.[470] Aber nicht nur, dass Bürger von außerhalb das Gefängnis jederzeit betreten konnten, zudem war das Gefängnis dank der Tatsache überfüllt, dass auf der sogenannten *Master-Side* 1776 neben den 243 Insassen auch deren Ehefrauen und Kinder und somit zusätzlich 475 Personen dort wohnten.[471] Im *Fleet* gäbe es keinen Anstaltsarzt und der dort tätige Pastor erhielte keinen Lohn.[472] Ausweislich *Howards* Auflistung erhalte auch der Gefängnisdirektor in dieser Anstalt keine Vergütung, wurde allerdings von den Gefangenen bei deren Eintreten in das Gefängnis für die Unterbringung bezahlt.[473]

Die Unterbringungen der Gefangenen erfolgten je nach deren finanziellen Möglichkeiten in der *Master-Side* oder *Common-Side*.[474] Die Zimmer auf der *Master-Side* verfügten allesamt über ein eigenes Fenster und einen eigenen Kamin.[475] Dabei mussten die Gefangenen Mieten für die Zimmer entrichten. Nach Freiwerden einer Zelle wurde diese an den nächsten Gefangenen vergeben, vorbehaltlich, dass dieser die bei Eintritt in das Gefängnis fällig werdende Gebühr bereits beglichen hatte.[476] Gleichwohl verfügte auch die *Master-Side* nicht nur über angenehme Räumlichkeiten wie die Kaffeestube oder den Schankraum, auch hier gab es einen Raum, um die Unruhestifter abzusondern und einzusperren.[477] Auf der *Common-Side* gab es nur Gemeinschaftsräume, in denen sich ein Kamin befand und jeweils sieben Schlafkammern waren, es herrschte hier folglich eine gemeinschaftliche Unterbringung.[478] Die Gefangenen, die in der *Common-Side* untergebracht wurden, und vor Gericht aussagten, dass sie nicht einmal über fünf Pfund

---

469 *Howard*, The State of the Prisons, S. 159.
470 *Howard*, The State of the Prisons, S. 159.
471 *Howard*, The State of the Prisons, S. 160.
472 *Howard*, The State of the Prisons, S. 156.
473 *Howard*, The State of the Prisons, S. 156.
474 *Howard*, The State of the Prisons, S. 158.
475 *Howard*, The State of the Prisons, S. 157.
476 *Howard*, The State of the Prisons, S. 158.
477 *Howard*, The State of the Prisons, S. 157.
478 *Howard*, The State of the Prisons, S. 159.

verfügten und somit auf Unterstützung angewiesen seien, würden Spenden erhalten.[479] Generell hob *Howard* hervor, dass in dem Gefängnis ausreichend Wasser zur Verfügung stehe und zudem ein großzügiger Außenbereich, in dem die Gefangenen Kegeln, Tennis oder weitere Spiele spielten.[480] Das 1774 von den Insassen der *Master-Side* verfasste „Code of Laws" bestimmte, dass ein Präsident, ein Sekretär und ein Ausschuss, der jeweils monatlich zu wählen war, einzusetzen waren.[481] Der Ausschuss bestand dabei nur aus Angehörigen der *Master-Side*.[482] Er diente somit als Aufsicht innerhalb der Anstalt; er hörte sich Beschwerden an und entschied über Geldstrafen bei Fehlverhalten.[483] Es wurde zudem bestimmt, dass Insassen der *Common-Side* in ihren eigenen Zimmern bleiben mussten, nicht mit den *Master-Side* Insassen verkehren und entsprechend keine der Annehmlichkeiten nutzen durften.[484] Es entstand somit eine Hierarchie innerhalb des Gefängnisses, die nicht durch die Anstaltsleitung oder den Staat, sondern von den Insassen vorgegeben und bestimmt wurde. Die Ungleichbehandlung der Gefangenen je nach deren Vermögen wurde zwar durch die abgetrennten Unterkünfte bereits festgelegt, manifestierte sich aber in den von den *Master-Side* Gefangenen aufgestellten Regeln.

Die Insassen des *Newgate* erhielten am Tag ein sogenanntes *penny loaf*, mithin eine Brotration, die einen Penny wert war.[485] Der Pastor des Gefängnisses hielt tägliche Gebete, zweimal in der Woche eine Messe und einmal im Monat das Sakrament ab.[486] Dafür erhielt er 35 Pfund Entlohnung.[487] Die Religion war somit auch in den Strafanstalten zu dieser Zeit allgegenwärtig. Allerdings war der Gottesdienst nicht verpflichtend und wurde häufig von denjenigen Gefangenen, die die Messe nicht besuchten, gestört.[488] Über diese Tatsache empörte sich *Howard*, denn seiner Ansicht nach sollten diejenigen,

---

479 *Howard*, The State of the Prisons, S. 159.
480 *Howard*, The State of the Prisons, S. 159.
481 *Howard*, The State of the Prisons, S. 164.
482 *Howard*, The State of the Prisons, S. 184.
483 *Howard*, The State of the Prisons, S. 164.
484 *Howard*, The State of the Prisons, S. 164.
485 *Howard*, The State of the Prisons, S. 151.
486 *Howard*, The State of the Prisons, S. 151.
487 *Howard*, The State of the Prisons, S. 151.
488 *Howard*, The State of the Prisons, S. 153.

die den Gottesdienst nicht besuchen wollten, obgleich dies die Mehrzahl der Insassen sei, nicht erlaubt bekommen die anderen zu stören, die „besser gesinnt" seien.[489]

Newgate verfügte über einen eigenen Arzt für die Versorgung der Gefangenen, der einen Lohn von 50 Pfund für alle Gefangenen erhielt.[490] Der damalige Kerkermeister *Richard Akerman* erhielt zwar einen Lohn von 200 Pfund, musste hiervon aber die entstehenden Kosten für die Insassen bezahlen.[491] Die Zellen im *Newgate Prison*, die für die *condemned malefactors* wenige Jahre zuvor gebaut wurden, beschrieb er als so eng, dass in diesen fast ständig Krankheiten aufträten und Ansteckungsgefahr herrsche; dies würde nicht nur in den Gefängnissen, sondern auch im Umland zum Tod vieler Menschen führen.[492] Er bekräftigte die Notwendigkeit für den Plan Londons ein neues Gefängnis zu errichten.[493] Aber auch diese Pläne ließ er nicht unkommentiert. Obwohl er unterstrich, dass das neue Gefängnis einige Missstände des alten beheben würde, hätte auch dieses einige offensichtliche Fehler.[494] Er unterließ an dieser Stelle eine genaue Auflistung, bekräftigte aber noch einmal, dass für die Gefangenen auch in dem neuen Gefängnis die Gefahr groß sei, das Fleckfieber zu bekommen.[495]

Aber auch aus den übrigen Gefängnissen hatte *Howard* kaum Positives zu berichten. Aus dem Londoner Gefängnis *Marshalsea* berichtete er, dass es generell viel zu klein und nicht mehr zu reparieren sei.[496] Die Anzahl der vorhandenen Betten reiche auch hier nicht aus, sodass viele Gefangene in der Kapelle oder dem Schankraum schlafen mussten.[497] Hinsichtlich der Sauberkeit betonte *Howard*, dass die Weißwäsche ebenso wenig wie die Räume, ausreichend gereinigt werden würden, eine Krankenstation zur Versorgung der Gefangenen sei überdies nicht vorhanden.[498]

---

489 *Howard*, The State of the Prisons, S. 153.
490 *Howard*, The State of the Prisons, S. 151.
491 *Howard*, The State of the Prisons, S. 151.
492 *Howard*, The State of the Prisons, S. 151 f.
493 *Howard*, The State of the Prisons, S. 152.
494 *Howard*, The State of the Prisons, S. 152.
495 *Howard*, The State of the Prisons, S. 152.
496 *Howard*, The State of the Prisons, S. 206.
497 *Howard*, The State of the Prisons, S. 206.
498 *Howard*, The State of the Prisons, S. 206.

Das *King's Bench* sei bei den Besuchen *Howards* so überfüllt gewesen, dass einige für die Nutzung eines halben Bettes in der Woche fünf Schillinge zahlen würden.[499] Zudem habe er bei mehr als einem Besuch festgestellt, dass einige der Gefangenen die Pocken hatten.[500] *The Savoy*, ein Soldatengefängnis, sei sehr desolat und kaum sicher.[501] Bei seinem Besuch im März 1776 habe er viele Kranke und Sterbende gesehen, durch die sich die Pest in dem Gefängnis verbreitet hätte, und sofern keine gründliche Reinigung durchgeführt werde, würden laut *Howard* noch viele weitere sterben.[502] Als er im Mai desselben Jahres noch einmal das *Savoy* besuchte, hatte sich die Pest ausgebreitet, wobei die Kranken in den gleichen Zellen wie die Sterbenden im März lagen,[503] sodass sich *Howards* Vorhersage vermutlich bewahrheitet hatte.

Das *Hannover Gefängnis*[504] verfügte über 26 Zellen, bei denen in den unteren Etagen die einzige Luftzufuhr durch Öffnungen oberhalb der Türen, die mit schweren Eisenstangen versehen wurden, gewährt wurde.[505] Die Betten bestanden aus Steinen, die mit Stroh bedeckt und mit zwei Bettdecken ausgestattet waren.[506] Durch die direkte Lage am Fluss waren die Zustände im Winter, trotz der Heizung durch kleine Öfen in den unteren Zellen, ungesund für die Gefangenen, was sich in deren körperlichem Zustand manifestierte.[507] Bei seinem Besuch 1781 wurden sieben der unteren Zellen für die „grausamen Verbrecher" genutzt.[508] Insgesamt fand er sieben Gefangene, die mit Ketten an den Füßen an den Wänden festgekettet waren und eine Eisenstange zwischen den Handgelenken angebracht bekommen

---

[499] *Howard*, The State of the Prisons, S. 198.

[500] *Howard*, The State of the Prisons, S. 198.

[501] *Howard*, The State of the Prisons, S. 192.

[502] *Howard*, The State of the Prisons, S. 192.

[503] *Howard*, The State of the Prisons, S. 192.

[504] Die Personalunion zwischen Großbritannien und Hannover im Zeitraum von 1714–1837 hatte zur Folge, dass der König von Hannover personenidentisch mit dem König von Großbritannien war. Aus diesem Grund wird Hannover hier unter den englischen Gefängnissen eingeordnet. Vgl. hierzu *Jakubowski-Tiessen*: Zwischen Union und Devianz. Der Transfer religiöser Ideen im Raum der Personalunion, S. 143.

[505] *Howard*, The State of the Prisons 1784, S. 70.

[506] *Howard*, The State of the Prisons 1784, S. 70.

[507] *Howard*, The State of the Prisons 1784, S. 70.

[508] *Howard*, The State of the Prisons 1784, S. 70.

hatten.[509] Nach *Howard* sei die Anstalt mit steigendem Alter des „kranken“ und „gebrechlichen“ Wärters immer dreckiger geworden.[510] Zudem sei dort zu dieser Zeit noch immer die Folter ausgeübt worden. So auch bei einem Insassen, der bei seiner dritten Befragung letztendlich gestanden hätte und sodann exekutiert worden sei.[511]

Von dem *House of Correction* in *Hannover* hingegen war Howard positiv beindruckt.[512] Es diente der Unterbringung von Kleinkriminellen, Landstreichern und Kindern, insgesamt 94 bei seinem Besuch.[513] Die 58 Kinder waren in ordentliche Uniformen gekleidet, bestehend aus weißem und blauem Beiderwand[514], das in dem Zuchthaus hergestellt wurde.[515] Die Mädchen mussten Baumwolle und Leinen spinnen, ebenso wie die Jungen, die darüber hinaus teilweise kardierten,[516] sowie Schuhe und Teppiche herstellten.[517] Die Insassen bezeichnete *Howard* als sauber und reinlich und das Zuchthaus als ruhig und ordentlich.[518] Diese bei seinem Besuch erst zweijährige Anstalt mache dem Gründer und Leiter, Bürgermeister *Alemann*, große Ehre und sei dabei das beste Denkmal, das ihm je gesetzt werden könne.[519] Für das Zuchthaus habe man zudem eine gute Auswahl an geeigneten Personen getroffen, die den Vorsitz inne hatten und für die Inspektion verantwortlich waren; gerade dies sei laut *Howard* für diese Anstalten von größter Bedeutung.[520]

Insgesamt zeichnen die detaillierten Berichte *Howards* hinsichtlich der einzelnen Anstalten in England und dem zu England gehörenden Hannover ein teilweise divergierendes aber gleichzeitig stets negatives Bild der Zustände zu dieser Zeit.

---

509 *Howard*, The State of the Prisons 1784, S. 70.
510 *Howard*, The State of the Prisons 1784, S. 70.
511 *Howard*, The State of the Prisons 1784, S. 70.
512 *Howard*, The State of the Prisons 1784, S. 71.
513 *Howard*, The State of the Prisons 1784, S. 71.
514 Es handelt sich hierbei um ein schweres Mischgewebe.
515 *Howard*, The State of the Prisons 1784, S. 70.
516 Kardieren ist ein Teil der Gewebeherstellung und beschreibt das Auskämmen von unter anderem Wolle.
517 *Howard*, The State of the Prisons 1784, S. 70.
518 *Howard*, The State of the Prisons 1784, S. 71.
519 *Howard*, The State of the Prisons 1784, S. 71.
520 *Howard*, The State of the Prisons 1784, S. 71.

II. Entwicklungen und Auswirkungen von Howards Arbeit

Anknüpfend an *Howards* Reformbemühungen wurde in England von 1774 bis 1791 eine Reihe von Statuten verabschiedet, die zur Verhinderung der Ausbreitung des Fleckfiebers für Gefängnisse einen Mindeststandard an Sauberkeit und Hygiene vorsahen.[521] Die Gefangenen sollten nicht mehr unabhängig von ihrem Geschlecht gemeinschaftlich, sondern getrennt voneinander untergebracht[522] und durch Arbeit beschäftigt werden.[523]

Aufgrund der von *Howard* gelieferten Informationen über den Zustand der Gefängnisse wurde 1779 der *Penitentiary Act*[524] erlassen.[525] Hierin wurde der Bau von zwei Staatsgefängnissen[526] im Gebiet von *London*[527] festgelegt, wobei das eine über eine Kapazität für 600 Männer und das andere für insgesamt 300 Frauen verfügen sollte.[528] Anstelle der bisher durchgeführten Deportation der Verbrecher sollten diese zu Strafarbeit verurteilt werden.[529] Kernelement dieser neuen Anstalten sollte die Einzelhaft während der Nacht sein, wobei die Gefangenen tagsüber harte Arbeit verrichten mussten und gleichzeitig religiös auf sie eingewirkt werden sollte.[530] Überdies wurde den Gefangenen, die zuvor die eigene, häufig verdreckte und verschlissene Kleidung behalten hatten, neue Bekleidung gestellt.[531]

Nachdem der *Penitentiary Act* zum Gesetz wurde, wählte man *Howard* sowie *John Fothergill* (1712–1780)[532] und *George Whatley* (Schatzmeister des Fin-

---

[521] *Fox*, The Modern English Prison, S. 4.

[522] *Fox*, The Modern English Prison, S. 4.

[523] *Fox*, The Modern English Prison, S. 4.

[524] Penitentiary Act 1779, 19 Geo. III, Cap. LXXIV, London 1779.

[525] *McGowen*, The Well-Ordered Prison: England 1780–1865, S. 80.

[526] *Riemer*, Das Netzwerk der Gefängnisfreunde 1830 bis 1872 Band 2, S. 1166.

[527] *Ignatieff*, A Just Measure of Pain, S. 93.

[528] Penitentiary Act, 19 Geo. III, Cap. LXXIV, S. 66; *Thompson*, The Life of John Howard, Esquire, S. 51; *Friederich*, John Howard und die Strafvollzugsreformen, S. 38.

[529] Penitentiary Act, 19 Geo. III, Cap. LXXIV, S. 75; *Carl*, Proliferation and Implementation of Prison Ombudsmen, S. 116 f.

[530] Penitentiary Act, 19 Geo. III, Cap. LXXIV, S. 79, 82; *Thompson*, The Life of John Howard, Esquire, S. 51; *Ignatieff*, A Just Measure of Pain, S. 93.

[531] Penitentiary Act, 19 Geo. III, Cap. LXXIV, S. 80 f.; *Ignatieff*, A Just Measure of Pain, S. 93 f.

[532] *Jefferson*, Dr. John Fothergill, Physician And Humanist, S. 637 f.

del-hauses)[533] zu den drei Inspektoren, die für den Aufbau dieser Anstalten verantwortlich waren.[534] Der Arzt, Humanist und Sohn von Quäkern[535] *John Fothergill* verstarb bereits 1780 und *Howard* trat von seinem Posten schon kurze Zeit nach seiner Ernennung aufgrund unüberbrückbarer inhaltlicher Differenzen[536] hinsichtlich der Lage der neu zu bauenden Anstalten, zurück, sodass das Projekt ein schnelles Ende nahm.[537] Der *Act* war nur bis 1784 befristet und wurde nicht verlängert.[538] Dennoch verlor der *Penitentiary Act* dadurch nicht seine Wirkung.[539] In den Jahren 1783 und 1784 entschieden viele Magistrate, die sich mit der ansteigenden Überbelegung der Strafanstalten konfrontiert sahen, ihre Anstalten zu erneuern und zu vergrößern; dabei bedienten sie sich des *Penitentiary Act* als Vorbild.[540] Dadurch wurde bereits 1812 über die Hälfte der von *Howard* besuchten Gefängnisse in England seit dessen Bestandsaufnahme umgebaut oder erheblich vergrößert.[541] Hier erhielten die Wärter fortan einen Lohn, die Gefangenen eine ordnungsgemäße Ernährung sowie neue Kleidung und die hygienischen Gegebenheiten wurden verbessert.[542] Indem die Strafanstalten von 1780 bis circa 1865 den lokalen Behörden unterstanden, variierten die Neuerungen je nach Grafschaft, sodass kein einheitliches staatliches Gefängniswesen kreiert wurde.[543] Zudem waren die Reformen sehr kostenintensiv, weshalb nicht alle lokalen Behörden bereit waren, sie umzusetzen.[544]

---

533 Nähere Informationen über seine Person konnten nicht gefunden werden.
534 *Ignatieff*, A Just Measure of Pain, S. 94.
535 *Jefferson*, Dr. John Fothergill, Physician And Humanist, S. 637 f.
536 *Thompson*, The Life of John Howard, Esquire, S. 51 f.
537 *Friederich*, John Howard und die Strafvollzugsreformen, S. 38; *Ignatieff*, A Just Measure of Pain, S. 95; *Thompson*, The Life of John Howard, Esquire, S. 51 f.
538 *Riemer*, Das Netzwerk der Gefängnisfreunde 1830 bis 1872 Band 2, S. 1166.
539 *Ignatieff*, A Just Measure of Pain, S. 96.
540 *Ignatieff*, A Just Measure of Pain, S. 96.
541 *Ignatieff*, A Just Measure of Pain, S. 96.
542 *Ignatieff*, A Just Measure of Pain, S. 96.
543 *McGowen*, The Well-Ordered Prison: England 1780–1865, S. 81.
544 *Fox*, The Modern English Prison, S. 4.

Nach dem Tod *Howards* 1790[545] und durch die Belastung der Revolutionskriege[546] traten weitere Reformbestrebungen in den Hintergrund.[547] Somit blieben die ersten Bemühungen nach einer einheitlichen Reform des gesamten Gefängniswesens vor allem theoretischer Natur, wobei Teilerfolge erzielt werden konnten.[548] Erst rund zwei Jahrzehnte später wurden die Bemühungen zu einer umfassenden Reform des Strafvollzugs wieder vorangetrieben.[549]

B. Deutschland

Auf seinen Reisen besuchte *Howard* auch einige deutsche und dabei insbesondere preußische Gefängnisse und nahm die entsprechenden Zustände in seine Reiseberichte mit auf.[550] *The State of the Prisons* wurde 1780 in einer deutschen Übersetzung herausgebracht und erlangte in Deutschland zunehmend Aufmerksamkeit.[551]

I. Allgemeiner Zustand der deutschen Gefängnisse

1. Howards Bericht

Zu den deutschen Anstalten im Allgemeinen machte *Howard* nur wenige Ausführungen. Er begann seine Beschreibung mit der Feststellung, dass sich die Deutschen der notwendigen Sauberkeit der Anstalten bewusst seien und deswegen Gefängnisse nahe bei Flüssen bauen würden.[552]

Hinsichtlich der Versorgung der Gefangenen hob *Howard* besonders hervor, dass er kein Gefängnis besucht habe, in dem die Gefangenen nur von Wasser und Brot leben müssten.[553] In manchen Gebieten würde eine Person zum Markt gehen, um dort frisches Gemüse für die Gefangenen zu kaufen.[554]

---

545 *Aikin*, Leben, Character und Verdienste John Howard Esq., S. 179.
546 *Riemer*, Das Netzwerk der Gefängnisfreunde 1830 bis 1872 Band 2, S. 1166.
547 *Fasoli*, Zum Strafverfahrensrecht und Gefängniswesen, S. 61; *Fox*, The Modern English Prison, S. 6.
548 *Muntau*, Strafvollzug und Gefangenenfürsorge, S. 15.
549 *Fox*, The Modern English Prison, S. 6.
550 *Howard*, The State of the Prisons, S. 105–119; *Howard*, The State of the Prisons 1784, S. 66–75; S. 129–138.
551 *Krause*, Geschichte des Strafvollzugs, S. 67.
552 *Howard*, The State of the Prisons, S. 105.
553 *Howard*, The State of the Prisons, S. 106.
554 *Howard*, The State of the Prisons, S. 106 f.

Es gäbe jedoch separate Gefängnisse, in denen eine ein- oder zweiwöchige Haft bei Wasser und Brot die einzige Strafe für einige geringfügige Vergehen sei.[555] *Howard* berichtete weiter, dass er keine deutschen Anstalten besucht habe, in denen es den Verbrechern erlaubt gewesen sei, dass die Frauen und Kinder bei ihnen im Gefängnis lebten.[556]

2. Heinrich Balthasar Wagnitz (1755–1838)

Ganz nach *howardschem Vorbild* begann auch in Deutschland die Untersuchung der Zustände in den Gefängnissen.[557] Hierbei ist insbesondere der Theologe[558] *Heinrich Balthasar Wagnitz* (1755–1838)[559] hervorzuheben, der über die von *Howard* nicht besuchten Anstalten berichtete.[560]

Wagnitz wurde 1755 in Halle an der Saale als Sohn eines Kaufmanns geboren.[561] Nach seiner Schulausbildung sowie anschließendem Studium in den *Frankeschen Stiftungen* in Halle begann er bereits 1777 eine Tätigkeit als Geistlicher an der Oberpfarrkirche.[562]

1784 übernahm er dann das Amt des Zuchthauspredigers in *Halle*, welches er bis 1817 innehatte.[563] Durch diese Tätigkeit sah er die Notwendigkeit, sich mit dem Gefängniswesen zu beschäftigen und entsprechende Schriften zu schaffen.[564] Bereits 1787 setzte sich *Wagnitz* mit der moralischen Verbesserung der Zuchthaus-Gefangenen auseinander und veröffentlichte das gleichnamige Buch dazu.[565] In der Vorrede sprach er die Möglichkeiten der Verbesserung der Verbrecher innerhalb von Strafanstalten an und postulierte, dass es sich hierbei um eine menschenfreundliche Idee handele.[566] Er sah es als die Pflicht

---

555 *Howard*, The State of the Prisons, S. 107.
556 *Howard*, The State of the Prisons 1784, S. 68.
557 *Krause*, Geschichte des Strafvollzugs, S. 67 f.
558 *Sieverts*, Zur Geschichte der Reformversuche im Freiheitsstrafvollzug, S. 46.
559 *Krebs*, Freiheitsentzug. Entwicklung von Praxis und Theorie, S. 81.
560 *Krause*, Geschichte des Strafvollzugs, S. 68; *Krebs*, Freiheitsentzug. Entwicklung von Praxis und Theorie, S. 85.
561 *Krebs*, Die Vorschläge von Heinrich Balthasar Wagnitz, S. 84.
562 *Krebs*, Die Vorschläge von Heinrich Balthasar Wagnitz, S. 84.
563 *Krebs*, Freiheitsentzug. Entwicklung von Praxis und Theorie, S. 81, 84.
564 *Krebs*, Freiheitsentzug. Entwicklung von Praxis und Theorie, S. 85.
565 *Wagnitz*, Ueber die moralische Verbesserung der Zuchthaus-Gefangenen, Halle 1787.
566 *Wagnitz*, Ueber die moralische Verbesserung der Zuchthaus-Gefangenen Vorrede, S.2.

des „Menschenfreundes“ an, alles zu tun, um die Besserung der Gefangenen zu erreichen, unabhängig von den Hindernissen, die dem entgegenstünden, die sich aber zwangsläufig aus den Strafanstalten ergeben würden, wie unter anderem die negative Beeinflussung der Verbrecher untereinander.[567] Kritik hegte er dabei an der Verhängung von Zwangsarbeit, da er der Auffassung war, dass Arbeit die Moralität der Gefangenen nicht verbessern könne – eine solche Besserung könne nur im Inneren der Verbrecher erreicht und nicht aufgezwungen werden.[568] Gleichzeitig betonte er, dass die Arbeit der Gefangenen ein gutes Mittel zu deren Besserung sein könne, insoweit sie „zweckmäßig vertheilt und eingerichtet“ sei.[569]

1794 verfasste *Wagnitz* mit *Historische Nachrichten und Bemerkungen über die merkwürdigsten Zuchthäuser in Deutschland*[570] ein weiteres viel beachtetes Werk. Als Grundlage dienten allerdings, anders als bei *Howard*, nicht nur eigene Besuche, sondern vor allem sein Schriftverkehr mit den jeweiligen Verantwortlichen der Strafanstalten.[571] Er empfahl dieses Werk „allen wahrhaftig deutschen Männern, die für Menschenwohl und Menschenelend fühlen“[572] und all jenen, die aufgrund ihres Berufes auf die Zucht- und Gefangenenhäuser Einfluss nehmen könnten.[573] Dies zeigt, dass nicht nur *Howard*, sondern auch *Wagnitz*,[574] der sein Werk dabei explizit dem „Geiste Howards und denen, die er umschwebt“, widmete,[575] nach einer Verbesserung der Gefangenenbehandlung unter Berücksichtigung der Humanität strebte.

Wagnitz zeichnete bereits zu Beginn des Werkes ein sehr negatives Bild von den deutschen Gefängnissen. Er beschrieb dumpfe Höhlen, faules Stroh und Gefangene die von „Ungeziefer halb zerfressen schmachten und ihr Dasein

567 *Wagnitz*, Ueber die moralische Verbesserung der Zuchthaus-Gefangenen, Vorrede, S. 3 f.

568 *Wagnitz*, Ueber die moralische Verbesserung der Zuchthaus-Gefangenen, Vorrede, S. 5.

569 *Wagnitz*, Ueber die moralische Verbesserung der Zuchthaus-Gefangenen, Vorrede, S. 5.

570 *Wagnitz*, Historische Nachrichten und Bemerkungen, Band 1 und 2, Halle 1791/1794.

571 *Krebs*, Freiheitsentzug. Entwicklung von Praxis und Theorie, S. 85.

572 *Wagnitz*, Historische Nachrichten und Bemerkungen, Band 1, S. X f.

573 *Wagnitz*, Historische Nachrichten und Bemerkungen, Band 1, S. XI.

574 *Krebs*, Freiheitsentzug. Entwicklung von Praxis und Theorie, S. 86; *Wagnitz*, Historische Nachrichten und Bemerkungen, Band 1, S. 20.

575 *Wagnitz*, Historische Nachrichten und Bemerkungen, Band 1, Widmung.

verfluchen".[576] Er selbst betonte, dass es nicht wichtig sei, aus welchem Grund die Gefangenen zur Freiheitsentziehung verurteilt wurden, sie seien noch immer Menschen und verdienten eine entsprechende Behandlung.[577] Dabei sah *Wagnitz* eine direkte Verbindung zwischen der Sicherung des Staates und der Besserung des Straftäters, denn gerade die Besserung würde seiner Ansicht nach die Sicherheit gewährleisten.[578]

Mit Blick auf den Strafzweck stellte er heraus, dass Ziel der Strafe die moralische, oder gegebenenfalls physische Unschädlichmachung der Verbrecher sei.[579] Das bedeutete im Hinblick auf den Verbrecher, diesen zu „veredeln und für die Zukunft brauchbar [zu] machen".[580] *Wagnitz* machte deutlich, dass die Strafanstalten weder hinsichtlich der inneren Organisation, noch der räumlichen Gegebenheiten geeignet seien, dieses Ziel zu erreichen.[581] Die Anstalten stammten noch aus der alten Zeit, in der den „Rechten der Menschen" noch keine große Aufmerksamkeit geschenkt wurde und es zudem undenkbar gewesen sei, dass sich Männer der oberen Gesellschaftsschicht in diese Anstalten begeben hätten, um sich ein Bild von den Zuständen zu machen.[582]

Der Zweck der Strafanstalten hätte in der Vergangenheit und noch zum Zeitpunkt als *Wagnitz* sein Werk verfasste, nicht in der von unter anderem ihm geforderten Besserung, sondern vielmehr in der Abschreckung beziehungsweise in der Abhärtung der Verbrecher bestanden.[583] Laut *Wagnitz* rechtfertigte man diesen Umgang mit den Gefangenen mit der Auffassung, dass diejenigen, die ins Zuchthaus gebracht wurden, der „Abschaum der Menschheit" seien.[584] Die Anstalten seien somit vielmehr eine Fabrikanstalt, bei der die Besserung zur Nebensache werde, wirtschaftliche Erwägungen und somit die Arbeitsleistung der Gefangenen im Vordergrund stünden,

---

576 *Wagnitz*, Historische Nachrichten und Bemerkungen, Band 1, S. XI.
577 *Wagnitz*, Historische Nachrichten und Bemerkungen, Band 1, S. XI.
578 *Wagnitz*, Historische Nachrichten und Bemerkungen, Band 1, S. 20.
579 *Wagnitz*, Historische Nachrichten und Bemerkungen, Band 1, S. 4.
580 *Wagnitz*, Historische Nachrichten und Bemerkungen, Band 1, S. 4.
581 *Wagnitz*, Historische Nachrichten und Bemerkungen, Band 1, S. 29.
582 *Wagnitz*, Historische Nachrichten und Bemerkungen, Band 1, S. 29 f.
583 *Wagnitz*, Historische Nachrichten und Bemerkungen, Band 1, S. 30.
584 *Wagnitz*, Historische Nachrichten und Bemerkungen, Band 1, S. 30.

woraus sich wiederum weitere Fehler in puncto der Behandlung der Gefangenen ergäben.[585]

Hinsichtlich etwaiger Veränderungen und Verbesserungen der von ihm aufgezeigten Missstände in den Strafanstalten im 18. Jahrhundert betonte er, dass Reformversuche dahingehend zumeist abgewiesen würden. Dabei fasste er die Ursache für gescheiterte Besserungsversuche der Zustände bis dato wie folgt zusammen: „Dissensus, Unkunde des Localen, Privatabsichten und Meinungen verhindern manches!“[586]

In der Vorrede dieses Werkes betont *Wagnitz*, dass die „Unglücklichen“[587], die in den Anstalten eingesperrt sind, selbst wenn,

> sie die größten Verbrecher [wären], so bleiben sie Menschen, ein Werk des erbarmenden Schöpfers, der seine Sonne scheinen läßt über Gute und Böse, und seinen Regen herabschüttet über Gerechte und Ungerechte.[588]

Damit schließt er sich den Forderungen der Philanthropen an, die den Verbrecher gerade nicht mehr nur als Schädiger angesehen haben, sondern vielmehr als „Unglückliche[n]“[589] und die Machtungleichheit in der Gesellschaft als Grund heranzogen und forderten, dass dem Verbrecher die Möglichkeit zur Besserung gewährleistet werden müsse.[590] *Wagnitz* Forderungen und Berichte schließen sich somit nicht nur durch seine explizite Bezugnahme auf *Howard* an dessen Bestrebungen an, sondern sind den *religiös-philanthropischen Bestrebungen* zuzuordnen, die unter anderem die Gefängnisreform überhaupt erst möglich gemacht haben.[591]

Das bestätigt sich auch in seiner Bewertung der Freiheitsstrafe. Deren allgemeinen Wert erkennt er an, insbesondere mit Blick auf die alternativen Bestrafungsarten. Zudem sah er in der Freiheitsstrafe das „wirksamste Mittel zur Erreichung mehrerer Zwecke“.[592] Durch sie werde „ein unnützes

585 *Wagnitz*, Historische Nachrichten und Bemerkungen, Band 1, S. 30.
586 *Wagnitz*, Historische Nachrichten und Bemerkungen, Band 1, S. 30 f.
587 Die Bezeichnung stammt hier von *Krohne*, Lehrbuch der Gefängniskunde, S. 30.
588 *Wagnitz*, Historische Nachrichten und Bemerkungen, Band 1, S. XI.
589 Die Bezeichnung stammt hier von *Krohne*, Lehrbuch der Gefängniskunde, S. 30.
590 Vgl. hierzu Kapitel 3.
591 *Krohne*, Lehrbuch der Gefängniskunde, S. 28–32.
592 *Wagnitz*, Historische Nachrichten und Bemerkungen, Band 1, S. 24 f.

Mitglied aus der menschlichen Gesellschaft entfernt", die Sicherheit des Staates werde hergestellt, zudem habe die Freiheitsstrafe eine Warnfunktion und ermöglichte dem Gefangenen darüber hinaus durch „Gelegenheit und Ermunterung" sich selbst zu bessern.[593]

Sein erklärtes Ziel war es, durch seine Beobachtungen und Berichte genauso viel zu bewirken, wie es *Howard* in England bereits geschafft hatte.[594] Dabei wollte er ein Streben verbreiten mit dem die Missstände in den Anstalten angegangen und dann auch behoben werde um die Anstalten ihrem „wahren Zwecke" näher zu bringen.[595]

Die Berichte stützte *Wagnitz* insgesamt neben einigen persönlichen Besuchen von Strafanstalten auf seine Kommunikation mit den Zuständigen verschiedener deutscher Anstalten.[596] Aber auch in diesem Zusammenhang zeigte er Unzulänglichkeiten auf, denn einige Antworten, die er auf seine Fragen hinsichtlich der Zustände in den Gefängnissen erhielt, beschränkten sich auf die Mitteilung, dass es den Verantwortlichen nicht erlaubt sei, darüber zu sprechen.[597] Vermehrt erhielt er als Antwort den Hinweis, dass man erst dann über die Anstalt berichten dürfe und würde, wenn die seinerzeit angestrebten Verbesserungen in der jeweiligen Anstalt erreicht worden wären, wobei *Wagnitz* unterstrich, dass es tatsächlich in einigen wenigen Anstalten in Deutschland solche Bemühungen gegeben hatte.[598]

Ähnlich wie *Howard* berichtete auch *Wagnitz* davon, dass die Anstalten nicht von der Außenwelt getrennt waren, sondern vielmehr ein regelmäßiges Ein- und Ausgehen auch von Personen, die außerhalb der Anstalten wohnten, erlaubt war.[599] Nicht nur, dass dadurch ein reger Verkehr ermöglicht werde, auch Krankheiten würden somit in und aus den Anstalten getragen.[600] Um in den Anstalten dennoch eine gewisse Ordnung und Struktur zu gewährleisten, wurden die Gefangenen häufig gefesselt oder in Ketten gelegt, wodurch das

---

593 *Wagnitz*, Historische Nachrichten und Bemerkungen, Band 1, S. 24 f.
594 *Wagnitz*, Historische Nachrichten und Bemerkungen, Band 1, S. III f.
595 *Wagnitz*, Historische Nachrichten und Bemerkungen, Band 1, S. V.
596 *Krebs*, Freiheitsentzug. Entwicklung von Praxis und Theorie, S. 85.
597 *Wagnitz*, Historische Nachrichten und Bemerkungen, Band 1, S. 32.
598 *Wagnitz*, Historische Nachrichten und Bemerkungen, Band 1, S. 32.
599 *Wagnitz*, Historische Nachrichten und Bemerkungen, Band 1, S. 34.
600 *Wagnitz*, Historische Nachrichten und Bemerkungen, Band 1, S. 34.

Leid der Insassen noch verstärkt worden sei.[601] Gleichwohl sei die mangelnde Sicherheit der Anstalten der Grund für häufige Fluchtversuche gewesen, die sich entweder bereits bei ihrer Flucht verletzten oder als Strafe für den Versuch gezüchtigt worden seien.[602] *Wagnitz* forderte aus diesem Grund, dass die Anstalten insgesamt sicherer gemacht werden sollten, damit die Möglichkeit zur Flucht bereits von vornherein ausgeschlossen sei.[603]

Der unzureichende Platz in den Gefängnissen sorgte auch auf deutschem Boden dafür, dass die Insassen unabhängig von Geschlecht und Verbrechen gemeinschaftlich untergebracht wurden. Vor allem diese Art der vermischten Unterbringung stieß bei *Wagnitz* auf vehemente Ablehnung, indem aus ihr nicht nur Schwangerschaften der weiblichen Gefangenen, sondern insbesondere negative Beeinflussung der Insassen auf moralischer Ebene folgen würden.[604]

II. Preußen

1. Preußens Strafanstalten

a) Howards Berichte

Howard besuchte auf seinen Reisen die preußischen Anstalten Berlin und Osnabrück. Hinsichtlich der Ausgestaltung der Strafe in *Preußen* hob *Howard* besonders hervor, dass es, aufgrund der Abschaffung der Folter als grausame Praxis seitens des seinerzeitigen Königs, keinerlei Folterräume mehr geben würde.[605] Das bedeutete aber nicht, dass *Howard* bei seinem Besuchen nicht dennoch mit einer Reihe von Missständen konfrontiert wurde.

Über das Gefängnis von *Osnabrück* berichtete er beispielsweise hinsichtlich der dort herrschenden verheerenden Zustände für die Gefangenen.[606] Dabei hoffte er durch seine Berichte ein Umdenken des verantwortlichen Fürsten zu erreichen.[607]

Das Tor der Anstalt trug die Inschrift: „Zum Zweck der öffentlichen Gerechtigkeit und des Nutzens, indem die Bösen eingesperrt und bestraft

---

601 *Wagnitz*, Historische Nachrichten und Bemerkungen, Band 1, S. 34.
602 *Wagnitz*, Historische Nachrichten und Bemerkungen, Band 1, S. 34.
603 *Wagnitz*, Historische Nachrichten und Bemerkungen, Band 1, S. 34.
604 *Wagnitz*, Historische Nachrichten und Bemerkungen, Band 1, S. 35.
605 *Howard*, The State of the Prisons 1784, S. 99.
606 *Howard*, The State of the Prisons 1784, S. 67.
607 *Howard*, The State of the Prisons 1784, S. 67.

werden".[608] Bei seinem Besuch 1778 fand *Howard* 17 dunkle Zellen vor, die nur durch eine kleine Öffnung über der Tür von außen beleuchtet wurden.[609] Er betonte, dass er erleichtert gewesen sei, dass nur ein einziger Gefangener in diesen Zellen untergebracht worden sei und sie nicht allgemein genutzt würden.[610] Gleichwohl hatte die Anstalt ansonsten keine besseren Zustände vorzuzeigen. Die Frauen, Männer und Kinder, bei denen er die meisten ohne Schuhe und Strümpfe vorfand, beschrieb er als elende und kränkliche Objekte.[611] Die Räume, in denen sie am Spinnrad arbeiteten, waren nach seinen Aufzeichnungen unbeschreiblich dreckig und verschmutzt.[612] Bei seinem Besuch hatte er von den zuständigen Wärtern einige Informationen über die Ernährung verlangt, „das Elend, das in den Gesichtern der Gefangenen zum Ausdruck kam" habe ihn aber dazu gebracht, die Informationen, die er durch Worte erhalten hatte, völlig außer Acht zu lassen.[613]

In dem Berliner Stadtgefängnis fand *Howard* acht Zellen im Erdgeschoss und acht Kerker im Keller vor.[614] Die Kerker wurden für die „grausamen Verbrecher" genutzt, von denen *Howard* bei seinem Besuch mehrere in Eisen gelegt an die Wand gefesselt vorfand.[615] Von 1778 bis 1781 stieg die Anzahl der Gefangenen von 31 auf 58 und verdoppelte sich somit fast.[616] Nach Beendigung des Prozesses durften die Gefangenen für einen Moment nach draußen in den Hof, für Männer bedeutete das dreimal am Tag eine Stunde und für Frauen lediglich eine Stunde am Tag, jeweils zu verschiedenen Uhrzeiten.[617] Für die Unterbringung in der Anstalt vor dem Prozess, wobei dieser Zeitraum maximal drei Monate betragen durfte, mussten die Insassen bei ihrer Entlassung einen Groschen am Tag an den Kerkermeister zahlen und nach dem Prozess einen halben.[618] In der Anstalt gab es sowohl einen Chirurgen, der

---

608 *Howard*, The State of the Prisons 1784, S. 67.
609 *Howard*, The State of the Prisons 1784, S. 67.
610 *Howard*, The State of the Prisons 1784, S. 67.
611 *Howard*, The State of the Prisons 1784, S. 67.
612 *Howard*, The State of the Prisons 1784, S. 67.
613 *Howard*, The State of the Prisons 1784, S. 67.
614 *Howard*, The State of the Prisons 1784, S. 98.
615 *Howard*, The State of the Prisons 1784, S. 98.
616 *Howard*, The State of the Prisons 1784, S. 98.
617 *Howard*, The State of the Prisons 1784, S. 98.
618 *Howard*, The State of the Prisons 1784, S. 99.

ein Gehalt von 50 Kronen erhielt als auch einen Kaplan.[619] Über die Anstalt hatte der Sekretär genauestens Buch zu führen und dabei unter anderem den Grund der Haft, die Herkunft, den Namen des Gefangenen, dessen Alter, Religion etc. zu notieren.[620] Einem der Richter oblag es zudem, das Gefängnis wöchentlich zu besuchen.[621] In einem der Räume der Anstalt, berichtete *Howard*, würden alle Namen und Beschreibungen der Insassen inklusive der zugehörigen Urteile, alphabetisch geordnet aufgehoben, damit denjenigen, die nach ihrer Entlassung erneut eingesperrt werden würden, eine härtere Strafe auferlegt werden könne.[622]

Bei seinem Besuch des *Gerichts-Gefängnisses* in *Berlin* sprach er mit dem Wärter über die Tatsache, dass die Gefangenen in diesem Gefängnis in den einzelnen Zellen bereits im frühen Oktober Holz zur Verfügung gestellt bekämen, um die Öfen anzufeuern.[623] Als er dem Wärter berichtete, dass manche englische Gefängnisse den Insassen keine Öfen im Winter zur Verfügung stellten, fragte ihn dieser, wie die Gefangenen dann den Winter überleben könnten.[624] Diese Frage zeigt erneut den deutlichen Unterschied zwischen der Gefangenenbehandlung in der Praxis und der rein rationalen Bewertung der Zustände. Rational schien jedem – im vorliegenden Fall sicherlich auch in England – bewusst gewesen zu sein, dass die bestehenden Missstände zu dem Tod der Gefangenen führen könnten, aber praktisch hatte dies teilweise keine Konsequenz.

Im *Maison de Travail* in Berlin, das 1758 gebaut worden war, gab es 1778 noch 450 Insassen und 1781 bereits 546 Insassen, mithin eine rapide Erhöhung um knapp 20 % in nur drei Jahren.[625] Hierin zeigte sich die dringende Notwendigkeit, neue Gefängnisse zu errichten, da die Freiheitsstrafe, die nunmehr vermehrt eingesetzt wurde, dazu führte, dass immer mehr Gefangene in den Anstalten untergebracht werden mussten.[626]

---

619 *Howard*, The State of the Prisons 1784, S. 99.
620 *Howard*, The State of the Prisons 1784, S. 99.
621 *Howard*, The State of the Prisons 1784, S. 99.
622 *Howard*, The State of the Prisons 1784, S. 99.
623 *Howard*, The State of the Prisons 1784, S. 99.
624 *Howard*, The State of the Prisons 1784, S. 99.
625 *Howard*, The State of the Prisons 1784, S. 100.
626 Vgl. hierzu auch: *Schmidt*, Geistesgeschichtl. Bedeutung d. Aufklärung für d. Strafjustiz, S. 350; *Muntau*, Strafvollzug und Gefangenenfürsorge, S. 12

Howard betonte, dass er sich bei seinen Besuchen stets über das saubere Äußere der Insassen im *Berliner Arbeitshaus* gefreut hatte. Diejenigen die arbeiten konnten, wurden angestellt, gekleidet und bekamen Nahrung, auf die Kranken und Gebrechlichen wurde ausreichend geachtet und sie wurden entsprechend gepflegt.[627] Wöchentlich erhielten sie frische Wäsche und die Zellen wurden jährlich weiß getüncht, wodurch Frische und Ordentlichkeit erzeugt werden würde.[628] Die Kapelle verfügte über zwei Galerien, sodass die beiden Geschlechter getrennt voneinander untergebracht werden konnten.[629] Morgens noch vor dem Frühstück mussten alle Insassen am Morgengebet teilnehmen und zu diesem sauber erscheinen, bei der Mahlzeit, bei der *Howard* dabei war, wurden überdies Bibelkapitel vorgelesen.[630] Die Einwirkung auf die Gefangenen in religiöser Hinsicht war somit bereits zu diesem Zeitpunkt auch auf deutschem Boden, hier in Preußen, verbreitet.

Die Bewohner, wie *Howard* die Insassen nannte, wurden danach getrennt, ob sie zu den Armen oder den Kriminellen zählten.[631] Die Begrifflichkeit der Bewohner impliziert die bereits dargestellte Problematik der Unterbringung von sowohl Verbrechern aber auch mittellosen Bürgern in den Anstalten. Denn in dieser Anstalt wurden neben Verbrechern, Bettlern und Nichtstuern auch Kleinkriminelle untergebracht.[632]

Grundsätzlich erhielten beide Klassen die gleiche Ernährung, wobei die Ersteren zweimal jede Woche Fleisch erhielten und die Kriminellen lediglich sonntags.[633] Insgesamt fiel das Urteil von *Howard* über diese Anstalt positiv aus. Er verglich sie mit dem *Arbeitshaus* in *Amsterdam*,[634] bewertete sie als ordentlich und hob hervor, dass alle Insassen ausreichend Beachtung erhielten und dadurch Beschwerden bereits im Voraus verhindert würden.[635]

Während das *Arbeitshaus* in *Spandau* laut *Howard* hinsichtlich der Nahrung mit dem *Berliner Arbeitshaus* vergleichbar war, berichtete er, dass in den beiden

627 *Howard*, The State of the Prisons 1784, S. 100.
628 *Howard*, The State of the Prisons 1784, S. 100.
629 *Howard*, The State of the Prisons 1784, S. 100.
630 *Howard*, The State of the Prisons 1784, S. 100.
631 *Howard*, The State of the Prisons 1784, S. 100.
632 *Howard*, The State of the Prisons 1784, S. 100.
633 *Howard*, The State of the Prisons 1784, S. 100.
634 Vgl. hierzu: *Howard*, The State of the Prisons 1784, S. 57–59.
635 *Howard*, The State of the Prisons 1784, S. 100 f.

Gefängnissen *Spandaus* die Gefangenen nur unzureichend untergebracht und beachtet würden.[636] Alle Gefangenen hätten eine Kette an beiden Füßen getragen und diejenigen, die zuvor bereits einen Fluchtversuch unternommen hatten, bekämen zusätzlich einen Eisenkragen umgelegt.[637]

Die Zustände für die Gefangenen hingen somit ausweislich *Howards* Berichten nicht nur von der regionalen Unterbringung ab, sondern auch davon, ob sie in einem Gefängnis oder einem Zucht- und Arbeitshaus untergebracht wurden. Durch *Howards* Berichte wurde zudem deutlich, dass nicht nur diejenigen für die die Anstalten eigentlich gedacht waren, in diesen untergebracht wurden, sondern vielmehr eine Vermischung stattfand. Die Erreichung eines einheitlichen Zwecks der Anstalt war bereits in dieser Hinsicht nicht zu verwirklichen. Es überrascht nicht, dass Anstalten, in denen neben Kleinkriminellen auch Bettler oder Arbeitslose und beide Geschlechter gemeinschaftlich untergebracht wurden, weder nach den absoluten noch nach den relativen Straftheorien den Strafzweck erreichen konnten und vielmehr ein Ort für Krankheiten, Elend und Lehrstätte für neue Verbrecher[638] war.

b) Wagnitz' Berichte

Während sich die Berichte von *Howard* auf nur wenige preußische Gefängnisse beschränkten und somit nicht alle Anstalten abdeckten, berichtete *Wagnitz*[639] unter anderem aus den Gefängnissen *Schlesiens* ausführlich.

Am Ende der *Schlesischen Kriege* 1740–1742 und 1744–1745 verzichteten die Habsburger auf ihre territorialen Ansprüche und Schlesien gehörte fortan zu Preußen.[640] Im *Edikt*[641] von 1747 hatte Schlesien bereits für die Zucht- und Arbeitshäuser in *Brieg* und *Jauer* bestimmt, dass die Besserung der als Diebe,

---

636 *Howard*, The State of the Prisons 1784, S. 101.

637 *Howard*, The State of the Prisons 1784, S. 101.

638 *Nutz*, Strafanstalt als Besserungsmaschine, S. 155.

639 *Wagnitz*, Historische Nachrichten und Bemerkungen über die merkwürdigsten Zuchthäuser Deutschlands, Halle 1791 (Bd. 1), 1792 (Bd. 2.1) 1794 (Bd. 2.2).

640 *Oster*, Preussen – Geschichte eines Königreichs, S. 104–114.

641 Notification und Edict, wegen angelegter und eingerichteter zweyer Armen- Arbeits- und Zucht – Häuser in Schlesien zu Brief und Hauer, Berlin, den 25 ten Mart, 1747, abgedruckt in: Sammlung alter und neuer Schlesischer Provinzial-Gesetze zum täglichen Gebrauche für Richter und Advocaten, Des Zweyten Theils Erste Abtheilung, Breslau, 1772, S. 188–200.

Räuber, Bettler und Gesindel Bezeichneten, im Vordergrund der Zuchtmaßnahmen stehen sollte.[642] Das „müßige und verdächtige Gesindel" sowie „die unverschämte[n] und halsstarrigen Bettler" sollten ausweislich dieses Edikts zum Besten der Allgemeinheit in sicherem Gewahrsam untergebracht und zur Arbeit gezwungen werden.[643] Dabei ist insbesondere die Sicherheit sämtlicher Einwohner des Herzogtums Schlesiens ein wesentliches Interesse, das durch das *Edikt* verfolgt wurde.[644]

Wagnitz lobte das Edikt als in mehr „als einer Hinsicht vortrefflich", betonte aber gleichzeitig, dass dieses nicht ausreichen würde, sodass in den Anstalten in *Brieg* und *Jauer* weiterhin viele Mängel vorzufinden seien.[645] So gäbe es in diesen Anstalten eine große Sterblichkeit, verursacht durch die mangelhafte Unterbringung durch fehlende frische Luft, verschmutzte Räume und der einseitigen Beschäftigung, durch die der Körper malträtiert werden würde.[646] Folgen seien die Verstopfung der Leber sowie Lungensucht.[647] Er kritisierte zudem, dass den Wärtern ein finanzieller Anteil an den Gewinnen, die durch die Arbeit der Gefangenen erwirtschaftet werde, gewährt werde. Dies hätte zur Folge, dass die Insassen bis zum Äußersten wie ein „Lastthier" benutzt wurden.[648]

Die Anstalten in Schlesien seien vielmehr Fabrikanstalten, und der eigentliche Zweck der Anstalten trete in den Hintergrund.[649] Der Platzmangel führte auch dazu, dass die Räume mehr als einer Funktion dienen mussten, sodass sie Schlafzimmer, Arbeits-, und Speisezimmer in einem waren.[650] Das verstärkte das Aufkommen von Krankheiten bei den Insassen, da sie eng aneinander gedrängt schlafen mussten.[651] An Hygiene mangelte es in den Anstalten insgesamt: es fehlte an Waschräumen und der Möglichkeit,

---

642 Edict Armen- Arbeits- und Zucht-Häuser, 1747, S. 188.
643 Edict Armen- Arbeits- und Zucht-Häuser, 1747, S. 188 f.
644 Edict Armen- Arbeits- und Zucht-Häuser, 1747, S. 188.
645 *Wagnitz*, Historische Nachrichten und Bemerkungen, Band 1, S. 289 f.
646 *Wagnitz*, Historische Nachrichten und Bemerkungen, Band 1, S. 290 f.
647 *Wagnitz*, Historische Nachrichten und Bemerkungen, Band 1, S. 290 f.
648 *Wagnitz*, Historische Nachrichten und Bemerkungen, Band 1, S. 291.
649 *Wagnitz*, Historische Nachrichten und Bemerkungen, Band 1, S. 291.
650 *Wagnitz*, Historische Nachrichten und Bemerkungen, Band 1, S. 35.
651 *Wagnitz*, Historische Nachrichten und Bemerkungen, Band 1, S. 35.

dass sich Neuzugänge vor dem Eintreten in die Anstalten waschen konnten, zudem hatte der Dreck in den Räumlichkeiten Ungeziefer zur Folge.[652] Obgleich für die Insassen die Möglichkeit zur Teilnahme am Gottesdienst gegeben war, so waren sie nicht das primäre Zielpublikum. Vielmehr stand es auch Personen von außerhalb der Anstalt frei, den Gottesdienst zu besuchen, sodass die Gefangenen in Ermangelung von ausreichend Platz häufig in einem Kellerraum unterhalb der Kirche sitzen mussten und die Predigt nur durch Gitterstäbe verfolgen konnten.[653]

Sowohl aus den Beschreibungen von *Wagnitz* als auch denen von *Howard* wird deutlich, dass sich die Zustände in den preußischen und englischen Gefängnissen ähnelten und die damit einhergehenden und kritisierten Missstände somit weit verbreitet und bis auf einige regionale Unterschiede im gesamten Staatsgebiet zu beobachten waren. Die herrschende Unsauberkeit, sowie die bedrängten Verhältnisse für die Gefangenen sorgten für viele Krankheiten und verhinderten zudem deren nachhaltige Besserung. Diese wurde seinerzeit durch Reformer, wie unter anderem *Howard*, mit Blick auf die Humanisierung des Strafvollzugs, insbesondere hinsichtlich der Haftbedingungen, gefordert. Wie sich aus den obigen Berichten ergibt, waren diese weiterhin nicht erfüllt und der Prozess zu einem humane(re)n Strafvollzug noch nicht begonnen.

2. Entwicklungen und Auswirkungen von Howards Arbeit

Neben England hatte sich auch auf deutschem Boden während des 18. Jahrhunderts die Strafe weg von der Leibes- und Lebensstrafe hin zur Freiheitsstrafe entwickelt.[654] Durch das *Allgemeine Landrecht*[655] wurde die Freiheitsstrafe 1794 in Preußen zur vorrangig angewandten Strafe.[656]

---

652 *Wagnitz*, Historische Nachrichten und Bemerkungen, Band 1, S. 35.
653 *Wagnitz*, Historische Nachrichten und Bemerkungen, Band 1, S. 36.
654 *Fasoli*, Zum Strafverfahrensrecht und Gefängniswesen im 19. Jahrhundert, S. 62.
655 Allgemeines Landrecht für die Preußischen Staaten von 1794: Textausgabe, Neuwied 1994.
656 *Fasoli*, Zum Strafverfahrensrecht und Gefängniswesen im 19. Jahrhundert, S. 63.

a) Das Allgemeine Landrecht

Mit dem *Allgemeinen Landrecht für die preußischen Staaten*[657] (ALR) trat am 1. Juni 1794 in Preußen ein neues Gesetzbuch in Kraft. Erst durch dieses Gesetz wurden die Vorformen der Freiheitsstrafe, die Festungs- und Zuchthausstrafen, zur hauptsächlichen Bestrafungsart in Preußen.[658] Zudem wurden im Zweiten Teil, 19. Titel, Bestimmungen über Armenanstalten festgelegt, sodass das Bestreben nach einer deutlichen Abgrenzung zwischen Armenhäusern und Gefängnisses sichtbar wird.

Im Zweiten Teil, 17. Titel „Von den Rechten und Pflichten des Staats zum besonderen Schutze seiner Unterthanen" wird zunächst in den allgemeinen Grundsätzen in § 1 geregelt, dass der „Staat [...] für die Sicherheit seiner Unterthanen, in Ansehung ihrer Personen, ihrer Ehre, ihrer Rechte, und ihres Vermögens, zu sorgen verpflichtet [ist]".

In § 2 wird das konkretisiert:

> Dem Staate kommt es also zu, zur Handhabung der Gerechtigkeit, zur Vorsorge für diejenigen, welche sich selbst nicht vorstehn können, und zur Verhütung sowohl, als Bestrafung der Verbrechen, die nöthigen Anstalten zu treffen.

Mit den allgemeinen Grundsätzen über die Rechte und Pflichten des Staates zum besonderen Schutz seiner Untertanen wurde somit zunächst gesetzlich festgeschrieben, dass der Staat sicherstellen musste, dass die Ehre, die Rechte und das Vermögen seiner Untertanen geschützt werden. Hierbei findet keine Beschränkung dieser Verpflichtung hinsichtlich der Verbrechen statt, sondern die Formulierung ist allgemeingültig. Durch § 2 wird vielmehr genauer bestimmt, dass es Aufgabe des Staates sei, die Gerechtigkeit sicherzustellen und dabei Verbrechen zu bestrafen. Ausweislich dieser Formulierung steht hierbei die Sühne des Verbrechens und somit der Tat im Vordergrund und nicht die Bestrafung des Täters.

---

[657] Allgemeines Landrecht für die Preußischen Staaten von 1794: Textausgabe, Mit einer Einführung von Hans Hattenhauer und einer Bibliographie von Günther Bernet, 2. Erw. Auflage, Neuwied 1994.
[658] *Nutz*, Strafanstalt als Besserungsmaschine, S. 100.

Das Strafrecht wurde im ALR im Zweiten Teil, 20. Titel, in über 1.500 Paragrafen geregelt und von dem Professor für Rechtswissenschaft[659] Ernst Ferdinand Klein (1744–1810) verfasst.[660] Grundsätzlich war er Anhänger der *Spezialpräventionstheorie*, aber er sah in der Strafe und dem Strafvollzug zudem eine abschreckende Wirkung.[661] Hinsichtlich der Ausgestaltung des Vollzugs der Gefängnisstrafe finden sich keine konkreten Ausführungen. Allerdings wird ebenfalls im Zweiten Teil, 17. Titel, § 105 bestimmt: „Wem die Criminalgerichtsbarkeit zusteht, der muß sichere und der Gesundheit der Gefangenen unschädliche Gefängnisse besorgen."

Diese Regelung zeigt, dass nunmehr die Gesundheit der Gefangenen den Weg in die Gesetzgebung geschafft hatte. Es ist davon auszugehen, dass hiermit insbesondere die äußere Hygiene in Form der Beachtung ausreichender Nahrung, frischer Luft, medizinischer Versorgung und entsprechender Ausgestaltung der baulichen Gegebenheiten, gemeint ist. Von einer Implikation der Berücksichtigung der inneren Hygiene hinsichtlich der mentalen Gesundheit der Gefangenen wird zu dieser Zeit noch lange nicht die Rede gewesen sein.

Das *Allgemeine Landrecht* gilt als ein Resultat der aufklärerischen Bewegung des 18. Jahrhunderts.[662] Dementsprechend bemühte man sich, das Gefängniswesen an den Ausbau der Freiheitsstrafe anzupassen.[663] Die Einführung der Freiheitsstrafe durch das *Allgemeine Landrecht* konnte allerdings die dahinterstehenden humanitären Erwartungen aufgrund der starken Überbelegung der Strafanstalten nicht erfüllen.[664] Die Zustände in den Gefängnissen zeigten vielmehr, dass sich die

> Humanität, von welcher die Änderung des Strafensystems ausgegangen war, verkehrte […] in eine Grausamkeit, welche die der alten Strafgesetzgebung weit übertraf.[665]

---

[659] DBA, 315–432 (316).
[660] *Fasoli*, Zum Strafverfahrensrecht und Gefängniswesen, S. 52.
[661] *Fasoli*, Zum Strafverfahrensrecht und Gefängniswesen, S. 52.
[662] *Schneiders*, Das Zeitalter der Aufklärung, S. 85.
[663] *Fasoli*, Zum Strafverfahrensrecht und Gefängniswesen im 19. Jahrhundert, S. 62.
[664] *Krohne/Uber*, Die Strafanstalten und Gefängnisse in Preußen, S. VIII.
[665] *Krohne/Uber*, Die Strafanstalten und Gefängnisse in Preußen, S. VIII.

Durch die damaligen Gegebenheiten führte diese Art der Freiheitsstrafe dazu, dass insgesamt mehr Verbrecher an den Folgen starben als zuvor durch die Todesstrafe.[666]

Nach dem Tod des preußischen Königs *Friedrich II.* 1786[667] verlor die Aufklärung an Auftrieb und Unterstützung.[668] Dabei führte die Einführung der Freiheitsstrafe nicht zum bestrebten Schutz der Rechtsordnung, vielmehr nahmen die Straftaten gegen das Eigentum stetig zu, sodass bereits 1799 durch eine Verordnung die Leibesstrafen, die das einst aufstrebende aufklärerische Gedankengut versucht hatte einzudämmen, für eben jene Delikte wieder als Strafart Anwendung fanden.[669]

b) Plan zur Verbesserung des Briegischen Zuchthauses

Für das *Zuchthaus in Brieg* verfasste der *Hofrath D. Glawing*[670], der als Gefängnisarzt in der Anstalt angestellt war, bereits 1788 einen Plan zur Verbesserung.[671]

Der Schwerpunkt dieses Plans lag auf der Verbesserung der Reinlichkeit. Die Reinigung der Arbeitsräume, Säle und der Treppen sollte mindestens einmal in der Woche stattfinden[672] und die Zellen der Gefangenen jährlich mit Kalkfarbe gestrichen werden, um das vorhandene Ungeziefer zu bekämpfen.[673] Die Verschmutzungen, die ein Nährboden für viele Krankheiten darstellten, sollten entfernt werden, ebenso wie die sich auf dem Grundstück befindlichen Schweineställe.[674] Zur Sicherstellung von ausreichend frischer Luft innerhalb der Gebäude postulierte der Kriegsrat die Installation verschiedener Löcher in den Mauern.[675] Neben der Verbesserung äußerer Umstände betonte auch *Glawing* die Notwendigkeit der moralischen

---

666 *Krohne/Uber*, Die Strafanstalten und Gefängnisse in Preußen, S. VIII.
667 *Lausberg*, Preußens Herrscher, S.154.
668 *Schneiders*, Das Zeitalter der Aufklärung, S. 85.
669 *Krohne/Uber*, Die Strafanstalten und Gefängnisse in Preußen, S. VIII.
670 Abgesehen von seiner Arbeit als Arzt in der Strafanstalt Brieg konnte die Verfasserin keine näheren Angaben über seine Person finden.
671 Plan zur Verbesserung des Briegischen Zuchthauses, 1788, dargestellt von *Wagnitz*, Historische Nachrichten und Bemerkungen, Band 1, S. 293–310.
672 *Wagnitz*, Historische Nachrichten und Bemerkungen, Band 1, S. 293.
673 *Wagnitz*, Historische Nachrichten und Bemerkungen, Band 1, S. 294.
674 *Wagnitz*, Historische Nachrichten und Bemerkungen, Band 1, S. 294, 299.
675 *Wagnitz*, Historische Nachrichten und Bemerkungen, Band 1, S. 301.

Besserung der Gefangenen.[676] Diese sei bis dato nicht als Hauptzweck der Anstalt zu erkennen und die Gefangenen würden die Anstalt „verdorbener“ verlassen als sie sie betreten hätten.[677] Durch die Religion könne die Besserung der Gefangenen erreicht werden.[678] Vor allem aber verlangte *Glawing*, wie schon *Howard*, die Trennung der Gefangenen nach ihren Geschlechtern und zudem eine Klassifikation der Gefangenen je nach deren Verbrechen, Alter und Moralität.[679] Die Nichtbeachtung dieser Trennung habe bislang dazu geführt, dass keine Besserung der Gefangenen bewirkt werden könne und die Anstalt Brieg zu einer „Academie des Lasters“ geworden sei.[680] *Glawing* schlug in diesem Zusammenhang vor, dass den Gefangenen Stillschweigen auferlegt und das Sprechen denen vorbehalten sein solle, die sich beanstandungsfrei benahmen.[681] Er wies zudem auf die Arbeit von *Wagnitz* und dessen Vorschläge in seinem Buch *Ueber die moralische Verbesserung der Gefangenen*[682] hin und betonte, dass diese eine gute Leitlinie für die Zuchthausprediger seien.[683] Hinsichtlich etwaiger Strafen der Gefangenen sollte das Hauptaugenmerk immer auf dem Ziel der Besserung liegen und durch ein einzurichtendes Gremium sollte über diese Strafen jeweils entschieden werden.[684] Hinsichtlich der damals herrschenden Zustände in der Strafanstalt *Brieg* berichtete *Glawing* nicht nur von den verheerenden unhygienischen Zuständen, sondern zudem von den verhängten Strafen gegen die Insassen. So waren sowohl eiserne Halsbänder als auch Peitschenhiebe eine gängige Art der Bestrafung, der man sich bediente, sofern die Gefangenen, die ihnen auferlegte Arbeit nicht ordnungsgemäß erbracht hatten.[685]

Im Rahmen seines Plans erwähnte *Glawing* zudem die Berichte Howards,[686] wodurch deutlich wird, dass er diese nicht nur kannte, sondern sich mit dem Inhalt auch direkt auseinandergesetzt hatte. Bereits hier sieht man, dass die

---

676 *Wagnitz*, Historische Nachrichten und Bemerkungen, Band 1, S. 305.
677 *Wagnitz*, Historische Nachrichten und Bemerkungen, Band 1, S. 305.
678 *Wagnitz*, Historische Nachrichten und Bemerkungen, Band 1, S. 306.
679 *Wagnitz*, Historische Nachrichten und Bemerkungen, Band 1, S. 306.
680 *Wagnitz*, Historische Nachrichten und Bemerkungen, Band 1, S. 306.
681 *Wagnitz*, Historische Nachrichten und Bemerkungen, Band 1, S. 306.
682 *Wagnitz*, Ueber die moralische Verbesserung der Zuchthaus-Gefangenen, Halle 1787.
683 *Wagnitz*, Historische Nachrichten und Bemerkungen, Band 1, S. 307.
684 *Wagnitz*, Historische Nachrichten und Bemerkungen, Band 1, S. 308.
685 *Wagnitz*, Historische Nachrichten und Bemerkungen, Band 1, S. 309.
686 *Wagnitz*, Historische Nachrichten und Bemerkungen, Band 1, S. 309.

Arbeit von *Howard* bei den ersten Reformideen auf preußischem Boden nicht unberücksichtigt blieb.

Allerdings kam die Kommission, der *Glawing* seinen Plan präsentierte, zu dem Schluss, dass das Vorhaben nicht vollständig durchführbar sei.[687] Nicht nur, dass zu befürchten war, dass die finanzielle Belastung dazu führen würde, dass die Vorschläge *Glawings* auf die Anstalt einen nachteiligen Einfluss hätten, auch die postulierte Reinlichkeit der Anstalt sei faktisch aufgrund der Anzahl der Gefangenen nicht umzusetzen.[688] Insbesondere die Bauart der Anstalt würde eine Vielzahl der Verbesserungsvorschläge verhindern; gleichwohl nahm die Königliche Kammer einige Vorschläge an, um die Zustände in dem *Zuchthaus in Brieg* zumindest teilweise zu verbessern.[689]

c) Generalplan

Ein Schritt in Richtung einer einheitlichen Gefängnisreform wurde sodann von *Albrecht Heinrich von Arnim* (1744–1805), seit 1798 Justizminister Preußens,[690] angestoßen, der bereits zuvor über die Zustände in den Gefängnissen berichtete,[691] und im Jahr 1803 *Bruchstücke über Verbrechen und Strafe*[692] veröffentlicht hatte.[693] Dieses Werk diente als Grundlage für den preußischen *Generalplan zur allgemeinen Einführung einer besseren Criminalverfassung und zur Verbesserung der Gefängnisse und Strafanstalten*[694], der ein Jahr später verfasst wurde.[695]

Hier wurden die Anstalten als Gefängnis-, Straf- und Besserungsanstalten bezeichnet,[696] wodurch bereits zum Ausdruck kommt, dass der Besserungsgedanke in diesem Plan eine maßgebliche Rolle gespielt hat. Im dritten Abschnitt dieses Generalplans wurden unter anderem die baulichen

687 *Wagnitz*, Historische Nachrichten und Bemerkungen, Band 1, S. 310.
688 *Wagnitz*, Historische Nachrichten und Bemerkungen, Band 1, S. 310 f.
689 *Wagnitz*, Historische Nachrichten und Bemerkungen, Band 1, S. 310–341.
690 *Krebs*, Freiheitsentzug, S. 91; DBA I 33,62–66 (65).
691 *Krohne/Uber*, Die Strafanstalten und Gefängnisse in Preußen, S. X.
692 *Arnim*, Bruchstücke über Verbrechen und Strafen, Frankfurt 1803.
693 *Fasoli*, Zum Strafverfahrensrecht und Gefängniswesen im 19. Jahrhundert, S. 63.
694 Generalplan zur allgemeinen Einführung einer besseren Criminalverfassung und zur Verbesserung der Gefängnisse und Strafanstalten, Berlin, den 16. September 1804, in: GLA 236/2936 S. 20–27.
695 *Fasoli*, Zum Strafverfahrensrecht und Gefängniswesen im 19. Jahrhundert, S. 63.
696 *Wagnitz*, Historische Nachrichten und Bemerkungen, Band 1, S. 162.

Merkmale der Strafanstalten, die in einem Viereck anzulegen waren, wobei im Inneren ein kleiner Hof entstehen sollte, beschrieben.[697] Ebenso wurde bestimmt, dass die Gefangenen täglich drei Mahlzeiten erhalten sollten, die detailliert mit Mengenangaben beschrieben wurden.[698] Zudem wurde die Versorgung mit Wasser festgelegt.[699] Eine Trennung der Strafgefangenen und derjenigen, die nur in Untersuchungshaft waren, sollte vorgenommen werden.[700] Hinsichtlich der Unterbringung der Gefangenen wurde bestimmt, dass die Zellen in der kalten Jahreszeit einfach aufzuheizen sein sollten, ebenso trocken und mit genug Licht versehen, sodass die Gefangenen in den Zellen ihrer Arbeitspflicht nachkommen konnten.[701] Allerdings sollten die Gefangenen für diese Arbeit keinen Lohn erhalten, dieser sollte vielmehr für den Unterhalt der Einrichtung eingesetzt werden.[702] Gefangenen, die besonders fleißig waren, konnten Prämien gewährt werden, während die „trägen" Gefangenen durch den Einsatz von Verweisen, Absonderung bei Wasser und Brot, Züchtigung und das Kettentragen zum Arbeiten gebracht werden sollten.[703] Dabei hatte die Arbeit vor allem den Zweck der Erziehung der Gefangenen.[704]

Der *Generalplan*, der den Besserungsgedanken für die Gefangenen beinhaltete, wurde von *Rudolph Sieverts* zutreffend als „geradezu mustergültig" bezeichnet.[705] Er zeigte insbesondere die schon vom Humanismus angestrebte Besserung des Einzelnen, indem das „Böse" im Menschen zum Guten gewendet werde, wie es schon *Lipsius* gefordert hatte.[706] Die Besserung der allgemeinen Zustände für die Gefangenen und entsprechend deren menschlichere Behandlung ist beispielsweise in der Regel, dass jeder Gefangene eine Matratze aus Stroh sowie ein Kopfpolster und eine Decke für die Nacht erhalten sollte, zu erkennen.[707] Dies stellte einen wesentlichen Unterschied zu

697 Generalplan 1804, fol. 23v, 24r.
698 Generalplan 1804, fol. 25r.
699 Generalplan 1804, fol. 25r.
700 Generalplan 1804, fol. 24v.
701 Generalplan 1804, fol. 24v.
702 Generalplan 1804, fol. 24v.
703 *Wagnitz*, Historische Nachrichten und Bemerkungen, Band 1, S. 169.
704 *Sieverts*, Zur Geschichte der Reformversuche im Freiheitsstrafvollzug, S. 47.
705 *Sieverts*, Zur Geschichte der Reformversuche im Freiheitsstrafvollzug, S. 47.
706 Vgl. hierzu Kapitel 1.
707 *Wagnitz*, Historische Nachrichten und Bemerkungen, Band 1, S. 169.

den bisherigen Umständen dar, bei denen die Gefangenen teilweise auf dem blanken Zellenboden nächtigen mussten. Während nach der Regelung im ALR die Gesundheit der Gefangenen durch die Unterbringung in den Strafanstalten nicht geschädigt werden sollte, wird im Generalplan ausdrücklich auf Aspekte der äußeren Hygiene Bezug genommen und deren Umsetzung gefordert. Es wurden Änderungen mit Blick auf die Architektur der Anstalt, der Ausgestaltung der Zellen sowie der Ernährung der Gefangenen gefordert, die bereits *Howard* in seinem Werk hervorgehoben hatte. Der *Generalplan* hätte entsprechend für die weitere Entwicklung einer Strafvollzugsreform auf deutschem Boden eine weitreichende und vorbildliche Bedeutung haben können, wenn er tatsächlich umgesetzt worden wäre.[708]

Allerdings blieb der *Generalplan* bloße Theorie.[709] Der Krieg gegen Napoleon 1806, aus dem Preußen als Verlierer herausging, hatte zur Folge, dass die für die Reform des Gefängniswesens notwendigen finanziellen Mittel nicht mehr zur Verfügung standen.[710] Auch nach dem Wiederaufbau des Staates wurden die einstigen Ideen aus dem *Generalplan* nicht weiterverfolgt.[711] *Howards* Schriften gaben somit zwar den Anstoß, dass auch in Preußen über die Zustände in den Gefängnissen diskutiert wurde, praktische Konsequenzen hinsichtlich einer allgemeingültigen und tiefgreifenden Reform hatte dies in Preußen zunächst allerdings nicht. Gleichwohl lassen sich wie am Beispiel *Brieg* zu sehen war, schon damals kleinere Veränderungen für einzelne Anstalten finden.[712] Der wesentliche Anstoß für die Reform des Strafvollzuges und deren praktische Umsetzung gelangte erst Mitte des 19. Jahrhunderts über England aus Amerika in die deutschen Staaten und somit auch nach Preußen.[713]

III. Baden

Vorläufer des erst 1806 gegründeten Großherzogtums Baden ist die Markgrafschaft Baden, die von 1535 bis zu ihrer Vereinigung 1771 in die

---

708 Hiermit übereinstimmend: *Schmidt*, Einführung in die Geschichte der deutschen Strafrechtspflege, S. 347.

709 *Sieverts*, Zur Geschichte der Reformversuche im Freiheitsstrafvollzug, S. 47.

710 *Sieverts*, Zur Geschichte der Reformversuche im Freiheitsstrafvollzug, S. 47.

711 *Schmidt*, Einführung in die Geschichte der deutschen Strafrechtspflege, S. 255.

712 *Krause*, Geschichte des Strafvollzugs, S. 68.

713 *Krause*, Geschichte des Strafvollzugs, S. 67.

Markgrafschaften Baden-Durlach und Baden-Baden unterteilt war.[714] Während des 18. Jahrhunderts hatte sich insbesondere Baden-Durlach unter der Herrschaft von Markgraf *Karl Friedrich von Baden* (1728–1811) reformpolitisch hervorgetan.[715]

Karl Friedrich wurde unter anderem von dem Humanisten *Johann Gottfried Herder*, der für seine *Briefe zur Beförderung der Humanität*[716] bekannt ist, gelobt, wobei ihn dieser als „Deutschlands besten Fürsten" bezeichnete.[717] Im Alter von 18 Jahren übernahm der aufgeklärte Absolutist *Karl Friedrich* bereits die Regierung.[718] Er strebte in vielen Bereichen die Reform der bestehenden Gegebenheiten an, so unter anderem auch der Justiz.[719] *Karl Friedrich* entschied sich nach der Wiedervereinigung dazu, jede Religion seiner Untertanen zu respektieren und keine hervorzuheben, solange diese den Menschen von den Tieren abgrenzte und dessen „Gemüth läutert[e] vom Irdischen".[720] In dieser Forderung sind Parallelen zu den Anfängen des Humanismus zu sehen. Die Abgrenzung der Menschen von den Tieren war schon bei den Griechen fester Bestandteil des humanistischen Gedankengutes gewesen.[721]

Besondere Aufmerksamkeit verdient zudem die von *Karl Friedrich* vorangetriebene Abschaffung der Folter 1767 und, nach der Wiedervereinigung von 1771, der Leibeigenschaft im Jahr 1783.[722] Schon *Howard* hatte, in Bezug auf die Folter in Osnabrück, darauf hingewiesen, dass die Humanität und der gute Menschenverstand dazu führen würde, dass die Folter abgeschafft werden würde.[723] *Aloys Schreiber* schrieb in seinem Werk über die badische Geschichte 1817, dass es *Karl Friedrich* war, der, nach der Arbeit von *Beccaria*, erkannte, dass die Todesstrafe abzuschaffen war und dabei bereits vor den Bestrebungen *Howards* im Geiste der Humanität handelte.[724] Alle drei

---

714 *Kohnle*, Kleine Geschichte der Markgrafschaft Baden, S. 9, 82, 187.
715 *Kohnle*, Kleine Geschichte der Markgrafschaft Baden, S. 176.
716 Vgl. Kapitel 1.C.
717 *Kohnle*, Kleine Geschichte der Markgrafschaft Baden, S. 176.
718 *Kohnle*, Kleine Geschichte der Markgrafschaft Baden, S. 178.
719 *Kohnle*, Kleine Geschichte der Markgrafschaft Baden, S. 180.
720 *Schreiber*, Badische Geschichte, S. 249.
721 Vgl. Kapitel 1.A.I.
722 *Schwarzmaier*, Handbuch der baden-württembergischen Geschichte, S. 243.
723 *Howard*, The State of the Prisons 1784, S. 67 Fn. K2.
724 *Schreiber*, Badische Geschichte, S. 239, 243.

Personen wurden maßgeblich durch die Aufklärung geprägt, sodass deren Bemühungen und Arbeit als aus dieser wurzelnd angesehen werden können. Dadurch ergibt sich auch das Bestreben *Karl Friedrichs*, Menschen als Menschen und nicht länger wie Tiere zu behandeln. Mit Blick auf die Ausgestaltung des Strafvollzuges zeigt sich entsprechend das Ziel, dass Gefangene nicht wie Tiere weggesperrt, sondern menschlich behandelt werden sollten. *Karl Friedrichs* Aufklärungsaffinität resultierte darin, dass bereits frühzeitig das aufklärerische Gedankengut Eingang in die Gefängnisverwaltung gefunden hat. Durch den fortschrittlichen Kurfürsten findet sich in Baden hinsichtlich des Menschenbildes, der Ausgestaltung der Strafe und der Auswirkungen auf den Strafvollzug eine andere Ausgangssituation als es in Preußen oder auch England der Fall gewesen ist.

Denn als *Howard* Gefängnisreformen zu erreichen und hierfür auf die Herrscher Europas im Zuge der Humanität einzuwirken versuchte, waren die badischen Gefängnisse bereits aufgrund von Anweisungen von *Karl Friedrich* 1752 bis 1753 zu oberirdischen Anstalten geworden, in denen durch Reinlichkeit, adäquate und ausreichende Nahrung sowie Kleidungsstücke für die Gesundheit der Eingesperrten gesorgt wurde.[725] Er hatte zudem erwogen, die Todesstrafe abzuschaffen, sich aber letztendlich dagegen entschieden. Insgesamt strebte er eine Vereinheitlichung des Rechts im gesamten Territorium an, wobei er dem Leitgedanken folgte, dass im Rahmen der Justiz die Bestrafung der Verbrecher zwar ein wichtiger Faktor sei, aber nicht der einzige und vielmehr ihre Besserung im Fokus stehen müsse.[726] Der Besserungsgedanke ist ein wesentliches Leitmotiv der *Humanität*[727] und mit Blick auf die insgesamt fortschrittlichen Bemühungen von *Karl Friedrich* auch als deren Resultat zu sehen.

Im Großherzogtum Baden wurde 1776, nur wenige Jahre nach der Wiedervereinigung, das Zucht- und Arbeitshaus in *Bruchsal* errichtet, das allerdings nicht nur zur Unterbringung und dem Einsperren von Verbrechern, sondern ebenso als Waisenhaus und Kaserne genutzt wurde.[728] Bereits 1728 gab es

---

725 *Schreiber*, Badische Geschichte, S. 239.
726 *Kohnle*, Kleine Geschichte der Markgrafschaft Baden, S. 180.
727 Vgl. hierzu Kapitel 1.
728 *Riemer*, Das Netzwerk der Gefängnisfreunde 1830 bis 1872, S. 883.

erste Pläne zur Errichtung eines solchen Zucht- und Arbeitshauses – die tatsächliche Umsetzung allerdings zog sich über Jahrzehnte hinweg.[729]

1. Howards Berichte aus dem Maison de Force (Mannheim)

Das einzige Gefängnis, das *Howard* auf seinen Reisen auf badischem Boden besuchte, war das Maison de Force in Mannheim.[730] In seinem Bericht begann er mit einer Darstellung des sogenannten „Bien-Venu" oder auch „Willkommen". Dies bestand darin, dass die Gefangenen in einem ersten Schritt nach der Ankunft in der Strafanstalt in eine Maschine gespannt wurden und je nach Anordnung des Richters zwischen zwölf und 30 Stockschläge erhielten.[731] Die Türschwelle, die die Gefangenen danach übertraten, um ins Gefängnis zu kommen, mussten sie küssen, bevor sie weitergehen durften.[732] Dieses Prozedere wurde für manche Gefangene am Tag ihrer Haftentlassung noch einmal wiederholt.[733] Diese „Zeremonie" wurde auch in anderen deutschen Städten angewandt.[734] Hinsichtlich dieses „Bien-Venu" beließ es *Howard* bei einer rein beschreibenden Darstellung und unterließ eine eigene Wertung.[735]

Insgesamt bezeichnete *Howard* das Mannheimer Gefängnis, in dem er während seines Besuchs 52 Männer und 49 Frauen in verschiedenen Räumen beim Arbeiten antraf, als sauber.[736] Die Gefangenen gingen entweder ihren eigenen Berufen nach, wie beispielsweise als Schumacher, Schneider, Weber, Steinmetz, oder sie arbeiteten für eine der Manufakturen des Hauses, die Stoffe und Karten herstellten.[737] Dabei hob *Howard* hervor, dass er nicht einen Gefangenen angetroffen habe, der untätig gewesen sei, sondern dass alle mit Arbeit beschäftigt waren.[738] Aus den allgemeinen Darstellungen von *Howard* und seiner Auffassung, dass die Gefangenen durch Arbeit gebessert werden

---

729 *Freßle*, Geschichte des Männerzuchthauses Bruchsal, S. 7 f.
730 *Friederich*, John Howard und die Strafvollzugsreformen, S. 164.
731 *Howard*, The State of the Prisons, S. 112; *Friederich*, John Howard und die Strafvollzugsreformen, S. 164.
732 *Howard*, The State of the Prisons, S. 112.
733 *Howard*, The State of the Prisons, S. 112.
734 *Howard*, The State of the Prisons, S. 112.
735 *Howard*, The State of the Prisons, S. 112 f.
736 *Howard*, The State of the Prisons, S. 112.
737 *Howard*, The State of the Prisons, S. 112.
738 *Howard*, The State of the Prisons, S. 112.

könnten, ist zu schließen, dass er in dieser Hinsicht von der Mannheimer Strafanstalt positiv überzeugt gewesen sein wird.

Die geltenden Regeln und Anordnungen bewertete *Howard* als gut.[739] Er hob zwei Regelungen besonders hervor: Hinsichtlich der elften Regel wurde die, auch von *Howard* als besonders dringlich in solchen Anstalten angesehene, Sauberkeit geregelt. Jeder hatte sich sauber zu halten und jedwede Verstöße, unter Androhung von strengem Einschluss bei Wasser und Brot und der strengsten Züchtigung, umgehend dem Inspektor zu melden.[740] Zudem wurde bestimmt, dass zur Verhinderung möglicher Unwissenheit über die Regeln seitens der Gefangenen, jedem ein Exemplar ausgehändigt und ein weiteres in seinem Zimmer aufgehängt werden sollte. Darüber hinaus sollten diese Regeln jeden Sonntagmorgen im Anschluss an den Gottesdienst vorgelesen werden. Insgesamt wurde dabei angeordnet, dass es das Ziel sei, all jene, die ungehorsam seien, zu bestrafen und die fleißigen und pflichtbewussten Gefangenen in ihrem Verhalten zu bestärken.[741]

Weiter berichtete *Howard*, dass die Zellentüren alle nummeriert seien, ebenso wie die dazugehörigen Schlüssel.[742] Die Verpflegung beinhaltete für die Männer zwei Pfund Brot, Suppe und ein Viertel gutes Bier, ergänzt durch ein halbes Pfund Fleisch, wobei auf dieses während der Fastenzeit verzichtet wurde.[743] Die Kranken würden mit Weißbrot und Kalbfleisch verwöhnt werden.[744] Die Wäsche werde wöchentlich ausgetauscht und von den weiblichen Gefangenen gereinigt.[745] Über den Zustand des Hauses hinsichtlich der Anzahl und Gesundheit der Gefangenen werde dem Ratgeber der Regentschaft, *Herrn Babo*, jeden Morgen Bericht erstattet.[746] Ebenfalls allmorgendlich werde durch einen Kapuziner die Messe abgehalten, bei der die Männer und Frauen auf verschiedenen Galerien getrennt untergebracht wurden.[747] Auch die 64 Waisen, die innerhalb des Gefängnisses in einer Art

739 *Howard*, The State of the Prisons, S. 113.
740 *Howard*, The State of the Prisons, S. 113.
741 *Howard*, The State of the Prisons, S. 113.
742 *Howard*, The State of the Prisons, S. 113.
743 *Howard*, The State of the Prisons, S. 113.
744 *Howard*, The State of the Prisons, S. 113.
745 *Howard*, The State of the Prisons, S. 113.
746 *Howard*, The State of the Prisons, S. 113, 114.
747 *Howard*, The State of the Prisons, S. 114.

Hospital untergebracht wurden, nahmen, allerdings von den Gefangenen durch eine Jalousie separiert, teil.[748] Von der Teilnahme an der Messe befreit wurden sämtliche Protestanten und Juden, wobei ihnen private Andachten auferlegt wurden.[749] Die jüdischen Gefangenen wurden zudem am Sabbat von der Arbeit befreit.[750]

Insbesondere hinsichtlich der religiösen Gestaltung zeigte sich die vor allem von *Karl Friedrich* vorangetriebene Akzeptanz und der Respekt gegenüber anderen Religionen, was zu dieser Zeit etwas Besonderes war, und als Ausfluss der religiösen Toleranz in der Aufklärung[751] und der Aufklärungsaffinität des Kurfürsten zu sehen ist. Den Gefangenen wurde somit an dieser Stelle nicht die katholische Religion aufgezwungen, sondern die Praxis der eigenen Religion, insoweit diese der Protestantismus oder das Judentum war, gewährt.

2. Zucht- und Arbeitshaus in Bruchsal

Neben der Strafanstalt Mannheim hat zu dieser Zeit das Zucht- und Arbeitshaus Bruchsal eine besondere Bedeutung, das zudem auf die weitere Entwicklung des deutschen Gefängniswesens einen weitreichenden Einfluss hatte.

Das Zucht- und Arbeitshaus Bruchsal wurde 1776 in einer alten Kaserne untergebracht, wobei die linke Seite des Gebäudes der eigentlichen Funktion als Zucht- und Arbeitshaus diente und die rechte Gebäudeseite zur Unterbringung von Waisen.[752] Zudem wurde die alte Kaserne auch weiterhin für die Stationierung von Soldaten genutzt.[753] Hintergrund für den Bau dieser Anstalt waren neben der dringenden Notwendigkeit mehr Platz für Gefangene zu schaffen – nachdem die Freiheitsstrafe vermehrt eingesetzt wurde – finanzielle Erwägungen, die auf vorteilhaften Erfahrungen bei Zucht- und

---

748 *Howard*, The State of the Prisons, S. 114.

749 *Howard*, The State of the Prisons, S. 114.

750 *Howard*, The State of the Prisons, S. 114.

751 Hierzu: *Meyer*, Die Epoche der Aufklärung, S. 142, 146 f.; *Hilgendorf*, Menschenrechte, Menschenwürde, Menschenbild in: Ders., Handbuch Rechtsphilosophie, S. 403.

752 *Freßle*, Geschichte des Männerzuchthauses Bruchsal, S. 8; Fromme Stiftung, 1785, S. 41.

753 *Freßle*, Geschichte des Männerzuchthauses Bruchsal, S. 8.

Arbeitshäusern gegründet waren.[754] Durch die Verordnung von 1777 wurde bestimmt, dass innerhalb der Anstalt eine Tuchfabrik errichtet werden sollte, in der sowohl die Waisen als auch die Verbrecher arbeiteten.[755]

Die Bruchsaler Anstalt stellte in mancherlei Hinsicht eine Verbesserung der Behandlung der Gefangenen dar. Die Insassen wurden nicht mehr alle gemeinsam, sondern getrennt nach Geschlechtern untergebracht.[756] Hinsichtlich der Überwachung der Anstalt musste der leitende Oberaufseher regelmäßig der Zuchthauskommission Bericht erstatten.[757] Obgleich nach wie vor sowohl Männer als auch Frauen in der Anstalt untergebracht waren, mangelte es vollständig an weiblichem Personal.[758] Damit die Funktion der Anstalt als Tuchfabrik erfüllt werden konnte, arbeiteten in der Anstalt zudem sowohl „ein Wollwerkmeister" als auch „ein Färber und ein Tuchscherer".[759]

Aufschluss über die Organisation der Anstalt gibt insbesondere das Statut[760] der *Frommen Stiftungen* im Hochstifte Speier aus dem Jahr 1785, in dem über die Errichtung und Nutzung der unter dem *Fürstbischof August* stehenden[761] Einrichtung berichtet wurde.[762] Exemplarisch werden im Folgenden die wichtigsten aussagekräftigsten Punkte wiedergegeben:

Ein üblicher Tagesablauf der Gefangenen fing im Sommer um 4 Uhr und im Winter um 5 Uhr morgens an. Bis zum Frühstück, das im Sommer um 6 Uhr und im Winter um 7 Uhr eingenommen wurde, verrichteten die Insassen ihre erste Arbeitsschicht.[763] An den Sonntagen erhielten sie zusätzlich zu der Messe und dem Nachtgebet noch eine weitere Stunde christlichen

754 *Freßle*, Geschichte des Männerzuchthauses Bruchsal, S. 8; Fromme Stiftung, 1785, S. 41 f.

755 Verordnung nach welcher das hochfürstliche Zucht- und Waisenhaus eingerichtet und besorgt werden sollte, Bruchsal den 2. Februar 1777, GLA 133/984; *Freßle*, Geschichte des Männerzuchthauses Bruchsal, S. 8.

756 *Freßle*, Geschichte des Männerzuchthauses Bruchsal, S. 8.

757 *Freßle*, Geschichte des Männerzuchthauses Bruchsal, S. 8.

758 *Freßle*, Geschichte des Männerzuchthauses Bruchsal, S. 9.

759 *Freßle*, Geschichte des Männerzuchthauses Bruchsal, S. 9.

760 Statut über die Organisation der Männeranstalt Bruchsal von den frommen Stiftungen im Hochstifte Speier, 1785, abgedruckt in: Blätter für Gefängniskunde 1868, Vermischtes, S. 40–60.

761 *Freßle*, Geschichte des Männerzuchthauses Bruchsal, S. 8.

762 Fromme Stiftung, 1785, S. 40–60.

763 Fromme Stiftung, 1785, S. 53.

Unterricht.[764] Hinsichtlich der zu erbringenden Arbeitsleistung wurde als ausschlaggebend angesehen, dass der Gefangene durchgängig die bestmögliche Arbeit ablieferte, unabhängig davon, ob er sein eigentliches Tagessoll schon erfüllt hatte.[765] Selbst bei Krankheit oblag es den Gefangenen weiterhin ihrer Arbeitspflicht nachzukommen, es sei denn, dass der Oberaufseher davon Kenntnis hatte und von dem Arzt entschieden wurde, dass er von der Arbeit zu befreien sei.[766] Stellte der Arzt eine solche Arbeitsunfähigkeit fest, so wurde der Gefangene je nach seinem Zustand in die Schlafzimmer, oder direkt in die Krankenzimmer gebracht.[767] Insgesamt mussten die Gefangenen während der Woche, abhängig von der Jahreszeit, entweder 13 oder 14 Stunden arbeiten. Entsprechend der Forderung, dass die Gefangenen dabei stets volle Arbeitsleistung zu erbringen hatten, kann vermutet werden, wie fordernd der Alltag der Gefangenen auch in körperlicher Hinsicht war.

Während der Mahlzeiten herrschte ein striktes Schweigegebot, die Insassen mussten „die Speise still, züchtig und auf eine anständige Art zu sich nehmen".[768] Im Anschluss wurde den Gefangenen frische Luft gewährt, indem einige Fenster im Speiseraum geöffnet wurden; vordergründig diente dies aber dazu „allen Dunst und üblen Geruch" zu beseitigen.[769] Die sonstigen Zimmer sowie Gänge und Treppenhäuser wurden zweimal die Woche und die Arbeitszimmer täglich gelüftet und ausgekehrt.[770] Die Schlafplätze für die Gefangenen waren alle mit einem Strohsack, einer Matratze, einem Kopfkissen und zwei Bettlaken bedeckt, wobei letztere alle sechs Wochen ausgetauscht wurden.[771] Auf die Sauberkeit der Gefangenen wurde Wert gelegt, sodass alle verpflichtet wurden, sich jeden Morgen zu waschen.[772] Den Gefangenen wurde zudem Kleidung zur Verfügung gestellt, für deren Reinlichkeit sie selbst verantwortlich waren.[773] Ansonsten fehlte es in den

764 Fromme Stiftung, 1785, S. 53.
765 Fromme Stiftung, 1785, S. 53 f.
766 Fromme Stiftung, 1785, S. 54.
767 Fromme Stiftung, 1785, S. 54.
768 Fromme Stiftung, 1785, S. 54.
769 Fromme Stiftung, 1785, S. 54.
770 Fromme Stiftung, 1785, S. 55.
771 Fromme Stiftung, 1785, S. 55.
772 Fromme Stiftung, 1785, S. 55.
773 Fromme Stiftung, 1785, S. 55.

Schlafzimmern an Beleuchtung, denn Lichter waren hier ausdrücklich verboten – die einzige Form der Beleuchtung erhielten die Räume über die Wandlaternen in den Gängen.[774]

Der Zugang zur Anstalt für Außenstehende wurde streng beschränkt, und ohne die Erlaubnis und das Vorwissen des Oberaufsehers untersagt.[775] Auch insoweit eine solche Erlaubnis ausgesprochen wurde, durfte eine Kommunikation mit den Gefangenen nur im Beisein eines Wärters erfolgen.[776] Es war den Gefangenen zudem untersagt, miteinander zu sprechen, Briefe zu schreiben oder auch zu empfangen, außer diese wurden zuvor vom Oberaufseher gelesen.[777] Auch die Bestrafung der Gefangenen bei Zuwiderhandlungen gegen die Regelungen wurden in dem Statut deutlich beschrieben. Entsprechend galt unter anderem, dass Ungehorsam oder Widerstand, auch die mindeste Widerrede oder Faulheit bei der Arbeit, ebenso wie das Geringschätzen des Essens unmittelbar bei beziehungsweise nach Begehung mit drei Streichen bestraft und sodann, nach Klärung der Umstände und abhängig davon, ob es sich um eine Wiederholungstat handelte, mit zwölf bis 24 Schlägen im Prügelbock bestraft wurde.[778] Bei Beleidigung eines Vorgesetzten sowohl durch Reden als auch durch Handlungen, wurde dies mit einer Verlängerung der Zuchthausstrafe von einem halben bis zu mehreren Jahren und ebenfalls zwölf bis 24 Schlägen im Prügelbock bestraft.[779] Die Kommunikation der Gefangenen mit dem jeweils anderen Geschlecht wurde in jeglicher Weise unterbunden und bei Zuwiderhandlungen mit einer vierteljährigen Verlängerung der Zuchthausstrafe bestraft.[780] Aber auch generell wurde sämtlicher verbaler Kontakt der Gefangenen, unabhängig von Zeit und Ort, strengstens untersagt.[781] Handelte ein Gefangener diesem Verbot zuwider, wurde er unmittelbar mit Schlägen bestraft, und wenn es sich um eine Wiederholungstat handelte, zudem auf dem Prügelbock gezüchtigt

774 Fromme Stiftung, 1785, S. 55.
775 Fromme Stiftung, 1785, S. 56.
776 Fromme Stiftung, 1785, S. 56.
777 Fromme Stiftung, 1785, S. 56.
778 Fromme Stiftung, 1785, S. 56.
779 Fromme Stiftung, 1785, S. 56.
780 Fromme Stiftung, 1785, S. 57.
781 Fromme Stiftung, 1785, S. 54.

und er erhielt gegebenenfalls eine Strafverlängerung um ein Vierteljahr.[782] Unter Strafe wurde auch das Fluchen gestellt, wofür die Gefangenen mit drei bis vier Streichen und bei einem großen Vergehen zusätzlich mit zwölf bis 14 Schlägen auf dem Prügelbock bestraft wurden.[783] Gefangene, die strafbare Handlungen anderer Insassen anzeigten, konnten eine Hafterleichterung erhalten, indem die Strafzeit verkürzt wurde.[784] Blieben Insassen jedoch untätig, obgleich sie strafbare Handlungen bei anderen Gefangenen bemerkten, so erhielten sie die gleiche Bestrafung, wie diejenigen, die die Handlung begangen hatten.[785]

Ausweislich des Statuts oblag die Überwachung der Gesundheit der Insassen dem Stadtarzt sowie einem Chirurgen.[786] Es wurde verordnet, dass ein täglicher Besuch abgestattet werden musste, bei dem die körperliche Gesundheit zu überprüfen war.[787] Die Überprüfung hatte sowohl hinsichtlich der gesunden als auch der kranken Gefangenen zu erfolgen und umfasste die Entscheidung über die weitere Behandlung und ggf. auch etwaige Vorkehrungen zur Verhütung von Erkrankungen.[788] Bei den bereits Erkrankten, sollte die engmaschige Überprüfung genutzt werden, um zu entscheiden, ob deren Behandlung weiterhin in ihren Schlafräumen, oder besser in den Krankenzimmern fortgesetzt werden sollte, um die vollständige Genesung der Gefangenen erreichen zu können.[789] Die psychische Gesundheit der Insassen wurde dem Hofpfarrer aufgetragen, wobei dieser keine Einschränkungen erhielt, sondern die gesamte Verantwortung hinsichtlich der anzuwendenden Mittel inne hatte.[790] Die Gefangenen wurden hier als „lasterhafte Personen, die zum Teil Auswürflinge des menschlichen Geschlechts“ seien, bezeichnet, bei denen der Pfarrer am besten wisse, wie er mit ihnen umzugehen habe.[791]

---

782 Fromme Stiftung, 1785, S. 57.
783 Fromme Stiftung, 1785, S. 57.
784 Fromme Stiftung, 1785, S. 57.
785 Fromme Stiftung, 1785, S. 57.
786 Fromme Stiftung, 1785, S. 57 f.
787 Fromme Stiftung, 1785, S. 58.
788 Fromme Stiftung, 1785, S. 58.
789 Fromme Stiftung, 1785, S. 58.
790 Fromme Stiftung, 1785, S. 58.
791 Fromme Stiftung, 1785, S. 58.

Interessant in diesem Zusammenhang ist vor allem, dass dem Pfarrer zugestanden wurde, zu wissen, wie er dem Verbrecher „das Gesetz predige"; diese Verantwortung wurde mithin den kirchlichen Vertretern überlassen, ohne dass es hierfür ein entsprechendes Regelwerk gab.[792] Die Formulierung des „Auswürflings des menschlichen Geschlechts" widerspricht dem eigentlich von der Humanismusbewegung angestrebten Mitgefühl für die Unzulänglichkeiten des Einzelnen und ist als eine grundlegende Verurteilung der Gefangenen zu sehen, an denen nach dieser Formulierung keine positiven Merkmale mehr erkannt wurden. Hieraus wird der Widerspruch zu dem erst rund 20 Jahre später verfassten *Achten Organisationsedikt*[793] deutlich. Die Strafe hatte noch einen Vergeltungscharakter, die Gefangenen wurden nicht wie Menschen, sondern als unwürdige Wesen behandelt, denen mit der Bezeichnung „Auswürfling" aber auch in der tatsächlichen oben dargestellten Behandlung das Menschsein vielmehr abgesprochen wurde. Die philanthropischen Ansätze, die sich in den grundlegenden Zielen des Edikts finden lassen, sind somit auch in Baden – trotz der Fortschrittlichkeit des Markgrafen – eine neue Errungenschaft gewesen.

3. Entwicklungen und Auswirkungen von Howards Arbeit

Die Französische Revolution mit den daraus resultierenden Koalitionskriegen zwischen den deutschen Staaten und Frankreich beeinflusste die Politik von *Karl Friedrich* im Weiteren stark.[794] Nachdem Baden 1792 der antifranzösischen Koalition beigetreten war, besetzten französische Truppen bereits 1794 die linksrheinischen Gebiete.[795] Im Juni 1796 marschierten die französischen Truppen sodann in die rechtsrheinischen Gebiete in Baden ein, woraufhin *Karl Friedrichs* Bevollmächtigter, *Sigismund von Reitzenstein*, bereits im Juli 1796 einen Waffenstillstand mit Frankreich schloss.[796] *Reitzenstein* wurde eingesetzt, nachdem *Karl Friedrich* 1796 nach Preußen geflohen war.[797] Im August folgte der Friedensvertrag, in dem Baden verpflichtet wurde, keine

---

792 Fromme Stiftung, 1785, S. 58.

793 Vgl. hierzu den folgenden Abschnitt.

794 *Schreiber*, Badische Geschichte, S. 249–252.

795 *Kohnle*, Kleine Geschichte der Markgrafschaft Baden, S. 191.

796 *Schreiber*, Badische Geschichte, S. 250; *Kohnle*, Kleine Geschichte der Markgrafschaft Baden, S. 192.

797 *Kohnle*, Kleine Geschichte der Markgrafschaft Baden, S. 192.

Partei in dem Krieg gegen Frankreich zu ergreifen und eine Reihe weiterer Zugeständnisse machte, insbesondere territorialer Natur.[798] Aufgrund der profranzösischen Politik *Reitzensteins* war Baden einer der profitierenden Staaten nach dem Sieg Frankreichs im zweiten Koalitionskrieg.[799] Die daraus resultierende territoriale Erweiterung Badens erreichte ihren Höhepunkt mit dem Reichsdeputationshauptbeschluss von 1803, durch den sich Baden verdoppelte und *Karl Friedrich* vom Markgrafen zum Kurfürsten aufstieg.[800]

Das in der Folge erlassene *Achte Organisationsedikt* von 1803 änderte und ergänzte noch im selben Jahr die seinerzeit auch in Baden gültige *Carolina*.[801] Hierdurch sollte die Strafrechtspflege insgesamt vereinheitlicht werden, nachdem neue Länder mit ihrer eigenen Gesetzgebung Teil des Badischen Kurfürstentums geworden waren.[802]

In den Erwägungsgründen des Organisationsedikts wurde darauf Bezug genommen, dass die sich ausbreitende Aufklärung zwar vielerorts zur Veränderung der Praxis geführt habe, diese aber in Ermangelung einer gesetzlichen Regelung nicht einheitlich sei, sodass sogar in der gleichen Justizstelle unterschiedliche richterliche Ermessensentscheidungen getroffen werden würden.[803]

Mit dem *Achten Organisationsedikt*[804] sollte die seit der Einführung der Carolina „merklich vorangeschrittene Aufklärung“, die in der Praxis erzeugt wurde, Eingang in eine einheitliche Kriminalgesetzgebung finden.[805] Das Ziel war die Harmonisierung der Theorie, der damit einhergehenden Erwartung und der willkürlichen Praxis.[806] Diese Gesetzgebung sollte gestützt werden auf:

---

798 *Schreiber*, Badische Geschichte, S. 250.

799 *Kohnle*, Kleine Geschichte der Markgrafschaft Baden, S. 193.

800 *Kohnle*, Kleine Geschichte der Markgrafschaft Baden, S. 194.

801 *Friederich*, John Howard und die Strafvollzugsreformen, S. 166 f., m. w. N.

802 Achtes Organisationsedikt 1803, S. 500 f.

803 Achtes Organisationsedikt 1803, in: Schimke, Regierungsakten des Kurfürstentums und Großherzogtums Baden 1803–1815, Dokument 60, S. 501.

804 Achtes Organisationsedikt über die Strafrechtpflege, Karlsruhe den 05. April 1803, in: *Schimke*, Regierungsakten des Kurfürstentums und Großherzogtums Baden 1803–1815, Dokument 60, S. 500–537.

805 Achtes Organisationsedikt 1803, S. 500 f. und S. 500 Fn. 18; *Friederich*, John Howard und die Strafvollzugsreformen, S. 166 f.

806 Achtes Organisationsedikt 1803, S. 501.

> die Kenntniß der menschlichen Freyheit und ihrer Beschränkung durch Leidenschaften, andererseits auf die Kunde von dem localen climatischen oder gesellschaftlichen Einfluß in die Erzeugung oder Erschwerung gewißer Verbrechen, und dritterseits auf eine richtige Abwägung des Effects, welchen die mancherley mögliche Vorbeugungs- oder Gegenwürkungsmittel nicht blos auf einzelne Gattungen von Verbrechen, sondern vornehmlich auch auf die Bildung oder Misbildung des moralisch politischen Characters des Volks hervorbringen.[807]

Der Strafzweck wird in dem *Achten Organisationsedikt* bereits differenzierter dargestellt und diente nicht mehr dem reinen Vergeltungscharakter der Strafe, der noch mit den absoluten Straftheorien angenommen wurde. Die menschliche Freiheit als Eckpfeiler der Kriminalgesetzgebung entspricht *Feuerbachs* Darstellung der „wechselseitigen Freyheit Aller".[808] Der zweite Aspekt wurde zu dieser Zeit von den Philanthropen postuliert, indem sie die Schuld für Verbrechen nicht mehr nur in dem Einzelnen, sondern vielmehr in der gesellschaftlichen Struktur und der bestehenden Ungleichheit der Klassen sah.[809] Der dritte Aspekt nimmt hingegen die Grundgedanken der relativen Straftheorien in die badische Gesetzgebung mit auf. Die Strafe sollte eine abschreckende Wirkung haben und dabei bereits präventiv auf das Volk einwirken.

Mit dem *Achten Organisationsedikt* griff man somit Aspekte der relativen Straftheorie sowie der Philanthropie auf. Hierin sieht man bereits die aufgebrochenen Reformbestrebungen durch das Einsetzen der philanthropischen Strömung. Zudem zeigt sich in dem Edikt, mit dem der willkürlichen Praxis entgegengewirkt werden sollte, die aufklärerische Orientierung des Kurfürsten.

Für die zu verhängenden Strafen regelte das Edikt, dass weiterhin keine marternden Todesstrafen oder verstümmelnden Leibesstrafen Anwendung finden sollten (§ 25). Als Freiheitsstrafen waren das Zuchthaus (§ 27) und grundsätzlich die Deportation (§ 28) vorgesehen, insofern die Gegebenheiten vorlagen und nur in den Fällen in denen die Verbrecher mindestens zu zehn Jahren Zuchthausstrafe verurteilt wurden, sowie die peinliche Gefängnisstrafe (§ 31).[810] Hinsichtlich des Strafvollzuges beinhaltete das Edikt nur

---

[807] Achtes Organisationsedikt 1803, S. 501.
[808] *Feuerbach*, Lehrbuch 1805, § 8 S. 12 f.
[809] Vgl. hierzu im Einzelnen Kapitel 3, S. 34.
[810] Achtes Organisationsedikt 1803, S. 510.

vereinzelt Regelungen: Für das Zuchthaus wurde in § 27 bestimmt, dass die Verbrecher mit einer körperlichen Züchtigung in dem Zuchthaus „Willkommen geheißen" werden sollten. Mithin fand die von *Howard* bereits beschriebene Praxis des „Bien-Venu" aus dem *Maison de Force* (Mannheim) Eingang in das Organisationsedikt.

Zudem sollte der Gefangene durch Verbrecherkleidung gekennzeichnet und wenn notwendig durch den Zuchtmeister mit Peitschenhieben zur Arbeit und Ordnung gebracht werden; er galt während seiner Haftzeit als „völlig mundtot, mithin des Gebrauchs aller bürgerlichen Rechte unfähig".[811] Abhängig von der begangenen Tat, konnte die Zuchthausstrafe verschärft werden, hierzu konnte das „Willkommen" ein oder mehrfach wiederholt, Fesseln mit Kugel angebracht, ein Zuchthauszeichen auf den Rücken des Verbrechers gebrannt oder die Fesselung des Verbrechers direkt an die Wand, vorgenommen werden.[812] Voraussetzung für diese strafschärfenden Mittel war allerdings, dass diese im Urteil und somit richterlich vorgesehen wurden.[813] Darüber hinaus wurde die Dauer der Zuchthausstrafe beschränkt: Eine lebenslange Haftstrafe war nur für die Fälle möglich, in denen eigentlich die Todesstrafe verhängt worden wäre.[814] Aufgrund des *Achten Organisationsedikts* wurde auch die Reformierung des Gefängniswesens notwendig.[815]

Dadurch hat hinsichtlich der Gefangenenbehandlung unter anderem das Gefängnis der Stadt Mannheim, die im Rahmen des Reichsdeputationsbeschlusses 1802/1803 Teil von Baden wurde,[816] gemeinsam mit dem *Bruchsaler Männerzuchthaus* eine besondere Relevanz in der Strafvollstreckung von Baden.[817] Denn durch das *Achte Organisationsedikt* wurde eine Unterteilung der Strafgefangenen nach der Schwere der Delikte vorgenommen, sodass die Schwerverbrecher nach Mannheim und die übrigen, ebenfalls zur

811 Achtes Organisationsedikt 1803, S. 510.
812 Achtes Organisationsedikt 1803, S. 510.
813 Achtes Organisationsedikt 1803, S. 510.
814 Achtes Organisationsedikt 1803, S. 510.
815 *Freßle*, Geschichte des Männerzuchthauses Bruchsal, S. 17.
816 *Kohnle*, Kleine Geschichte der Markgrafschaft Baden Karte 6.
817 *Friederich*, John Howard und die Strafvollzugsreformen, S. 171.

Zuchthausstrafe verurteilten „leichteren" Verbrecher, nach Bruchsal verbracht wurden.[818]

Es folgte am 28. Januar 1805 die landesherrliche Verordnung „Ueber die Competenz zur Bestrafung der von Züchtlingen und Sträflingen in Zucht- und Arbeits Häusern verübten Vergehen"[819].[820] Hier wurde geregelt, dass strafbare Handlungen von Gefangenen in Form von Ausbruchs- oder Fluchtversuchen, deren tatsächliche Umsetzung und sonstige Handlungen, die als Zuwiderhandlung gegen die Ordnung des Hauses galten, bei Einzelfällen durch die Kurfürstliche Generalarbeitshauskommission zu bestrafen seien.[821] Handelte es sich in diesen Fällen jedoch um ein Komplott der Insassen oder um Verbrechen, so lag die Verantwortlichkeit beim Hofgericht.[822] Ausgelöst durch die *Vorschläge*[823] des Präsidenten des Hofgerichts in Rastatt, *Freiherr Drais von Sauerbronn*, beschloss die Arbeitshauskommission 1805, dass die Besserung der Gefangenen in den Strafanstalten stärker in den Vordergrund gerückt werden sollte.[824]

Diese ersten Bemühungen hinsichtlich einer Reform des Strafvollzugs fanden allerdings durch den Preßburger Frieden 1805 sodann ein vorübergehendes Ende.[825] Während die erste Reformwelle in Baden vor allem durch die Arbeit des Kurfürsten *Karl Friedrich* geprägt war, der bereits vor *Howards* Bemühungen weitreichende Veränderungen bei den badischen Gefängnissen hinsichtlich der äußeren Hygieneaspekte angestoßen hatte,[826] erlangte die Arbeit von *Howard* erst während der in der ersten Hälfte des 19. Jahrhunderts angestoßenen Reformen (zweite Reformwelle) Bedeutung und hatte hierauf maßgeblichen Einfluss.[827]

---

818 *Friederich*, John Howard und die Strafvollzugsreformen, S. 171; *Freßle*, Geschichte des Männerzuchthauses Bruchsals, S. 17 f.

819 Ueber die Competenz zur Bestrafung der von Züchtlingen und Sträflingen in Zucht- und Arbeits Häusern verübten Vergehen, RBl. Baden 1805, Nr. 6, S. 22–24.

820 *Friederich*, John Howard und die Strafvollzugsreformen, S. 171.

821 Verordnung über die Bestrafung von Züchtlingen und Sträflingen, 1805, S. 22 f.

822 Verordnung über die Bestrafung von Züchtlingen und Sträflingen, 1805, S. 23.

823 Vorschläge des Freiherr Drais von Sauerbronn, 28. Juni 1805, GLA 236/2936, S. 75–79.

824 *Freßle*, Geschichte des Männerzuchthauses Bruchsal, S. 19 f.; GLA 236/2936.

825 *Freßle*, Geschichte des Männerzuchthauses Bruchsal, S. 20 f.

826 *Schreiber*, Badische Geschichte, S. 239.

827 Vgl. hierzu *Friederich*, John Howard und die Strafvollzugsreformen, S. 192–196.

C. Nordamerika

Der Gründer des Staates Pennsylvania, *William Penn* (1644–1741),[828] wurde als Sohn des Admiral *William Penn* geboren und erhielt eine auf die Arbeit am englischen Hof ausgerichtete Erziehung und Schuldbildung.[829] Während seiner Zeit am Christ Church College, einer Einrichtung der englischen Hochkirche, nahm er heimlich an Versammlungen und Predigten der zu dieser Zeit in England verachteten Quäker teil.[830] Der Grundgedanke der Quäker war dabei der „Quietism" in Form der Kontemplation.[831] Indem sich die Quäker zu dieser Zeit weigerten, Steuern zur Unterstützung der Kirche von England zu entrichten, wurden viele von ihnen ins Gefängnis gesperrt.[832] *Penn* selbst wurde sodann Mitglied der von *George Fox* 1674 gegründeten Gesellschaft der Freunde (Quäker).[833]

Im Alter von 25 erbte er bereits das große Vermögen seines Vaters, welches unter anderem eine Staatsschuld Englands beinhaltete.[834] Um diese Schuld nicht in Geld erstatten zu müssen, erhielt *Penn* als Kompensation von der englischen Krone ein großes Stück Land in Nordamerika, das direkt am Delaware gelegen war.[835] *Penn* nutze sein Vermögen, um andere Quäker aus den Gefängnissen freizukaufen.[836] Gemeinsam mit ihnen wanderte er nach Nordamerika aus und gründete dort 1681 den Staat Pennsylvania.[837]

Nach dessen Gründung galt auch hier zunächst das strenge englische Strafrecht, das aber schon früh durch die Bemühung von *Penn* nach „den Gesetzen der Menschlichkeit und des Christentums" verändert wurde.[838] Im Jahr 1682 wurde ein entsprechendes Gesetz erlassen,[839] durch das unter anderem die Todesstrafe nur noch für den vorsätzlichen Mord angewendet wurde und die Gefängnisse als Arbeitshäuser nach dem Vorbild der niederländischen

---

[828] *Stoughton*, William Penn, the Founder of Pennsylvania, S. 2, 348.
[829] *Fisher*, The Quaker Colonies, S. 4.
[830] *Fisher*, The Quaker Colonies, S. 4.
[831] *Fisher*, The Quaker Colonies, S. 4.
[832] *Fisher*, The Quaker Colonies, S. 4.
[833] *Muntau*, Strafvollzug und Gefangenenfürsorge, S. 16.
[834] *Muntau*, Strafvollzug und Gefangenenfürsorge, S. 16.
[835] *Muntau*, Strafvollzug und Gefangenenfürsorge, S. 16.
[836] *Muntau*, Strafvollzug und Gefangenenfürsorge, S. 16.
[837] *Muntau*, Strafvollzug und Gefangenenfürsorge, S. 16.
[838] *Muntau*, Strafvollzug und Gefangenenfürsorge, S. 16.
[839] The "Great Law" – December 7, 1682.

Anstalten eingerichtet werden sollten.[840] Allerdings wurde dieses Gesetz nach dem Tod *Penns* 1718[841] von dem strengen englischen Strafrecht wieder verdrängt.[842] Dieses bewehrte 156 Straftaten mit dem Tod, unter anderem durch Erhängen.[843]

Nach der Erklärung der amerikanischen Unabhängigkeit 1776 war es allerdings der Staat *Pennsylvania*, der auf nordamerikanischen Boden zuerst die Umformung des Gefängniswesens anstrebte.[844] Dabei erkannte man, dass die Veränderung des Strafvollzuges nur möglich wäre, wenn das damit untrennbar verbundene Strafrecht komplett erneuert werde.[845] Diese Veränderungen knüpften an das Gesetz von *William Penn* aus dem Jahr 1662 an.[846]

Nach mehreren Gesetzesänderungen ab 1776, durch die die Todesstrafe immer weiter reduziert wurde, kehrte man bis 1790 zu dem Vorbild von *Penn* zurück, wodurch erneut nur der absichtliche Mord mit dem Tod bestraft wurde.[847]

Diese ersten Reformbestrebungen in Nordamerika lassen sich auf zwei Faktoren zurückführen:

Erstens war das 18. Jahrhundert generell von Reformeifer und Fortschrittsglauben geprägt und zweitens beeinflussten die Schriften und Bemühungen von *Beccaria* und *Howard* aus Europa, sowie *Vaux*, *Bradford* und anderen, die direkt aus Pennsylvania stammten, die Entwicklungen ebenfalls.[848] Die Französische Revolution und die mit ihr aufkeimenden Bestrebungen hatten auch in Nordamerika großen Einfluss.[849] Indem die Schriften von *Howard* auch in Pennsylvania Aufmerksamkeit fanden, erfuhren die Amerikaner

[840] *Muntau*, Strafvollzug und Gefangenenfürsorge, S. 16; The "Great Law" – December 7, 1682, Chap. 7.

[841] *Stoughton*, William Penn, the Founder of Pennsylvania, S. 348.

[842] *Krohne*, Lehrbuch der Gefängniskunde, S. 40; *Muntau*, Strafvollzug und Gefangenenfürsorge, S. 16.

[843] *Vaux*, Notices of the Original, and Successive Efforts, S. 7; *Krohne*, Lehrbuch der Gefängniskunde, S. 40.

[844] *Krohne*, Lehrbuch der Gefängniskunde, S. 39.

[845] *Krohne*, Lehrbuch der Gefängniskunde, S. 39.

[846] *Krohne*, Lehrbuch der Gefängniskunde, S. 40.

[847] *Krohne*, Lehrbuch der Gefängniskunde, S. 40.

[848] *Engler*, Strafvollzug in den USA, S. 10 Fn. 1; *Vaux*, Brief Sketch, S. 57 f.; *Kahan*, Seminary of Virtue, S. 2 f., 7 f.

[849] *Engler*, Strafvollzug in den USA, S. 10.

auf diese Weise von der Genter Strafanstalt (*Maison de Force*) und den dort angewandten Methoden.[850]

Bereits 1790 bemühte sich die *Philadelphia Society for Alleviating the Miseries of Public Prisons* auf die Entwicklungen der Gefängnisse hin zu fortschrittlicheren Systemen Einfluss zu nehmen[851] und beeinflusste mit ihrer Arbeit die weiteren Entwicklungen in Nordamerika maßgeblich. Diese 1787[852] gegründete *Society*, die vorrangig aus Quäkern bestand,[853] hatte unter anderem die bekannten Persönlichkeiten *Benjamin Franklin* und den Arzt *Dr. Benjamin Rush* als Mitglieder.[854]

I. Benjamin Rush – Essays

Benjamin Rush (1745–1813) wurde in Bristol im Staat Pennsylvania als Nachfahre von Quäkern geboren, die im Jahr 1683 gemeinsam mit *Penn* nach Amerika gekommen waren.[855] 1760 beendete er sein Studium am *Princeton College* und entschloss sich Mediziner zu werden.[856] Im Jahr 1768 kehrte er mit abgeschlossenem Medizinstudium und Doktortitel aus *Edinburgh* zurück nach Pennsylvania.[857] Bekanntheit gewann er insbesondere durch seine medizinische Darstellung des Gelbfiebers hinsichtlich der Geschichte der Epidemie und der Darstellung der Krankheit selbst im Jahr 1794.[858]

Zudem hatte *Benjamin Rush* 1787 die Auswirkungen der öffentlichen Strafe auf die Gefangenen und auf die Gesellschaft dargestellt und im März dieses Jahres im Haus von *Benjamin Franklin*, der zu diesem Zeitpunkt Präsident von Pennsylvania war,[859] gegenüber der *Society For Promoting Political Enquiries* vorgestellt.[860] In dieser Untersuchung zeigte er auf, dass die öffentliche

---

[850] *Krebs*, Freiheitsentzug. Entwicklung von Theorie und Praxis, S. 55–58.
[851] *Vaux*, Brief Sketch, S. 14.
[852] *Vaux*, Notices of the Original, and Successive Efforts, S. 10.
[853] *Engler*, Strafvollzug in den USA, S. 10.
[854] *Kahan*, Seminary of Virtue, S. 13, 15.
[855] BBA I 954, 267–300, S. 267.
[856] BBA I 954, 267–300, S. 267.
[857] BBA I 954, 267–300, S. 267 f.
[858] BBA I 954, 267–300, S. 270.
[859] *Sparks*, The life of Benjamin Franklin – Vol. II, S. 234.
[860] *Benjamin Rush*, An Enquiry into the Effects of Public Punishment upon Criminals, and upon Society, abgedruckt in: *Rush*, Essays, Literary, Moral and Philosophical, second Edit, Philadelphia 1806, S. 136–163.

Durchführung der Strafe nicht nur für die Gefangenen selbst verheerende Folgen hätte, sondern auch für die Gesellschaft insgesamt.[861] Er begann seine Untersuchung mit der Darstellung des Strafzweckes.

Dieser liege erstens darin, die Person, die bestraft wird, zu bessern, zweitens die Begehung von Verbrechen insgesamt zu verhindern, indem sie die Zuschauer der Bestrafung in Angst und Schrecken versetzt und drittens, die Personen aus der Gesellschaft zu entfernen, die aufgrund ihres Temperaments und ihrer Verbrechen gezeigt hatten, dass sie unfähig seien, in der Gesellschaft zu leben.[862] Dabei erklärte *Rush* weiter, dass schon die ersten Regierungsinstitutionen in jeder Zeit und jedem Land bislang der Auffassung gewesen seien, dass die ersten zwei Strafzwecke nur erfüllt werden könnten, wenn die Strafe öffentlich vollzogen werde.[863] An dieser Auffassung kritisierte *Rush*, dass alle öffentlichen Strafen durch ihren Einfluss auf die Gesellschaft die Menschen schlechter machen und die Verbrechen vermehren würden.[864] Insgesamt sind die Argumentationen und Ausführungen von *Rush* wissenschaftlich geprägt und er versuchte, diese anhand von medizinischen Faktoren hinsichtlich der Funktionsweise des Verstandes zu belegen.[865]

In Bezug auf die öffentlichen Bestrafungen betonte er, dass die damit einhergehende Schande allgemein als schlimmere Bestrafung als der Tod angesehen werde.[866] Hinsichtlich der Todesstrafe führte er weiter aus, dass die wahllose Todesstrafe alle Verbrechen verwischen und nivellieren und das zunehmende Missverhältnis zwischen Verbrechen und Strafe einen Hass auf alles Recht und jede Regierung erzeugen würde.[867] Er stellte klar, dass die von ihm vorgeschlagene Abwendung von der öffentlichen Strafe nicht das Ziel habe, die Strafe als solche abzuschaffen, vielmehr wollte er nur den Ort und die Art der Verhängung der Strafen ändern, um sie für die Besserung

---

[861] *Rush*, Effects of Public Punishment upon Criminals, S. 136 f.
[862] *Rush*, Effects of Public Punishment upon Criminals, S. 136.
[863] *Rush*, Effects of Public Punishment upon Criminals, S. 136.
[864] *Rush*, Effects of Public Punishment upon Criminals, S. 138, an dieser Stelle führt Rush eine Reihe von Gründen für diese Auffassung auf, nachzulesen auf den Seiten 138–139.
[865] Vgl. hierzu zum Beispiel *Rush*, Effects of Public Punishment upon Criminals, S. 144.
[866] *Rush*, Effects of Public Punishment upon Criminals, S. 146.
[867] *Rush*, Effects of Public Punishment upon Criminals, S. 146.

der Verbrecher wirksam und für die Gesellschaft nützlich zu machen.[868] Grundlage seiner Vorschläge waren die folgenden Prinzipien:[869]

***

1. Der menschliche Geist neige dazu, alles zu übertreiben, was zeitlich oder örtlich von ihm entfernt sei.
2. Der menschliche Geist sei gleichermaßen geneigt, nach heiligen Dingen zu forschen und diese zu verherrlichen.
3. Der menschliche Geist schreibe die extremen Eigenschaften immer den Dingen zu, die unbekannt seien; […].
4. Ein gewisses und bestimmtes Übel höre auf, gefürchtet oder vermieden zu werden, wenn man es lange betrachte. Ein Soldat verliere bald aus Gewohnheit die Furcht vor dem Tod in der Schlacht; aber er behalte, wie andere Menschen auch, die Furcht vor dem Tod durch Krankheit oder Ertrinken.
5. Die Verbundenheit mit Verwandten und der Gesellschaft sei eines der stärksten Gefühle des menschlichen Herzens. Die Trennung von ihnen werde daher seit jeher als eine der schwersten Strafen angesehen, die dem Menschen auferlegt werden könne.
6. Die persönliche Freiheit sei allen Menschen so teuer, dass ihr Verlust auf unbestimmte Zeit eine so schwere Strafe sei, dass der Tod ihr oft vorgezogen werde.

***

Anknüpfend an diese Ausführungen stellte *Rush* seine Pläne für eine Reform des Vollzugs dar, wobei er der Auffassung war, dass diese sämtliche Prämissen ausreichend berücksichtigten.[870] Hierbei beschrieb er zunächst, dass ein großes Gebäude in einem geeigneten Teil des Staates errichtet und in einzelne Unterkünfte unterteilt werden solle, und dabei ein großer Raum für den öffentlichen Gottesdienst einzurichten sei.[871] Innerhalb dieses Gebäudes

---

[868] *Rush*, Effects of Public Punishment upon Criminals, S. 149.

[869] *Rush*, Effects of Public Punishment upon Criminals, S. 149 f. Übersetzung der Vorschläge durch die Autorin; sofern nicht anders angegeben sind sämtliche Übersetzungen solche der Autorin.

[870] *Rush*, Effects of Public Punishment upon Criminals, S. 150.

[871] *Rush*, Effects of Public Punishment upon Criminals, S. 150.

seien Einzelzellen zu errichten, die für die Unterbringung derjenigen mit einem widerspenstigen Gemüt zu verwenden seien.[872] Zur Verbesserung der Gesundheit und der Moral der Insassen sei zudem ein Garten anzulegen, in dem die Straftäter gelegentlich arbeiten sollten.[873] Von besonderer Relevanz war seiner Ansicht nach, dass das Haus nicht als Gefängnis oder ähnlich hierzu bezeichnet werde.[874] Die von ihm vorgeschlagenen Anstalten sollten von Menschen geführt werden, die sich durch ihre Redlichkeit, Besonnenheit und Menschlichkeit auszeichneten und dabei jederzeit der Legislative oder den Gerichten der Staaten unterworfen sein sollten.[875]

Als zweiten Punkt forderte *Rush*, dass die verschiedenen Strafarten, die für Verbrechen zu verhängen seien, durch das Gesetz definiert und festgelegt werden sollten.[876] Dabei sollte aber nicht bestimmt werden, welche Strafe auf ein bestimmtes Verbrechen stehe.[877] Auf diese Weise würde seiner Ansicht nach verhindert, dass die Strafe aufgrund der regelmäßigen Konfrontation mit ihr an Schrecken seitens der Gesellschaft verlieren würde.[878] Zudem sollte der Schweregrad der Strafen variiert werden, je nach dem Temperament der Verbrecher oder dem Fortschritt ihrer Besserung.[879]

Um Verbrecher zu „reformieren“ und Verbrechen verhindern zu können, schlug *Rush* drittens vor, dass die Dauer der Strafen für alle Verbrechen begrenzt sein sollte, aber diese Begrenzung unbekannt sein müsse.[880] Durch diese Unwissenheit und die Vorstellungskraft würde stets die höchste Bestrafung für die kleinsten Verbrechen erwartet.[881]

Generell erklärte er weiter, dass die Art, der Grad und die Dauer der Strafen, die über ein gewisses Maß hinausgingen, von einem Gericht zu bestimmen seien, das zu diesem Zweck ordnungsgemäß eingerichtet werde solle und dessen Aufgabe es sein sollte, „das Gefäß“ für Verbrecher ein- oder

---

[872] *Rush*, Effects of Public Punishment upon Criminals, S. 150.
[873] *Rush*, Effects of Public Punishment upon Criminals, S. 150.
[874] *Rush*, Effects of Public Punishment upon Criminals, S. 150.
[875] *Rush*, Effects of Public Punishment upon Criminals, S. 151.
[876] *Rush*, Effects of Public Punishment upon Criminals, S. 151.
[877] *Rush*, Effects of Public Punishment upon Criminals, S. 151.
[878] *Rush*, Effects of Public Punishment upon Criminals, S. 151.
[879] *Rush*, Effects of Public Punishment upon Criminals, S. 151.
[880] *Rush*, Effects of Public Punishment upon Criminals, S. 151.
[881] *Rush*, Effects of Public Punishment upon Criminals, S. 151.

zweimal im Jahr zu besuchen.[882] Hinsichtlich der Bestrafung führte er aus, dass diese aus körperlichen Schmerzen, Arbeit, Wachsamkeit, Einsamkeit und Schweigen bestehen und mit Sauberkeit und einer einfachen Ernährung verbunden sein sollte.[883] Hierbei stellte er klar, dass die Arbeit in der Weise durchzuführen sei, dass sie profitabel für den Staat sei.[884] Weiter forderte er, dass die Gefangenen in den Grundsätzen und Pflichten der Religion unterwiesen würden.[885] Hinsichtlich der Freiheitsstrafe führte er überdies aus, dass diese Art der Bestrafung durch die Reformierung der Gefangenen mit der Zeit verblasse, wobei die öffentliche Strafe dauerhafte Konsequenzen für die Bestraften hätte und ihren Charakter dauerhaft prägen würde.[886] Seine Forderungen sah Rush insbesondere durch die Arbeit von *Howard* unterstützt.[887] *Rush* hat im Rahmen seiner Untersuchung einer Reihe von Vorschlägen zur Verbesserung des Strafsystems gemacht, deren Relevanz sich im Kontext als Mitbegründer der *Society for Alleviating the Miseries of Public Prisons*, die einen weitreichenden Einfluss auf die Entwicklungen in Philadelphia hatte, ergibt. Entsprechend bieten die obigen Forderungen eine Grundlage, um die spätere Arbeit der *Society* und das dahinterstehende Gedankengut unter dem Gesichtspunkt der Humanität bewerten zu können.

II. Society for Alleviating the Miseries of Public Prisons

Am Ende des 18. Jahrhunderts wandten sich Philanthropen und Quäker gegen *die* „grausamen Leibes- und Lebensstrafen, die entehrende Zurschaustellung der Verbrecher in Ketten und Banden und die zucht- und sittenlose Gemeinschaft der Gefangenen".[888] Zu diesem Zweck gründeten die Quäker in Philadelphia *The Philadelphia Society for Assisting distressed Prisoners*, die sich aber aufgrund der englischen Besatzung auflöste.[889] Die *Society* gründete sich nach der erkämpften Unabhängigkeit im Jahr Mai 1787 unter dem

---

882 *Rush*, Effects of Public Punishment upon Criminals, S. 153.
883 *Rush*, Effects of Public Punishment upon Criminals, S. 154.
884 *Rush*, Effects of Public Punishment upon Criminals, S. 154.
885 *Rush*, Effects of Public Punishment upon Criminals, S. 155.
886 *Rush*, Effects of Public Punishment upon Criminals, S. 156 f.
887 *Rush*, Effects of Public Punishment upon Criminals, S. 155.
888 *Krohne*, Lehrbuch der Gefängniskunde, S. 30 f.
889 *Krohne*, Lehrbuch der Gefängniskunde, S. 31.

Namen *Philadelphia Society for Alleviating the Miseries of Public Prisons* neu.[890] Sie bestand aus den „angesehensten und einflußreichsten Männer[n] des Staates", die das Ziel der Verbesserung sowohl des Strafrechts als auch des Strafvollzuges verfolgten.[891]

Wie in ihrer Satzung von 1787 niedergelegt, strebten die Mitglieder der *Society* eine Verbesserung des Gefängniswesens an, die durch Mitgefühl und Humanität erreicht werden sollte:

> When we consider that the obligations of benevolence, which are founded on the percepts and example of the author of Christianity, are not cancelled by the follies or crimes of our fellow creatures; and when we reflect upon the miseries which penury, hunger, cold, unnecessary severity, unwholesome apartments, and guilt, (the usual attendants of prisons,) involve with them, it becomes us to extend our compassions to that part of mankind, who are the subjects of these miseries. By the aids of humanity, their undue and illegal sufferings may be prevented; the links which should bind the whole family of mankind together, under all circumstances, be preserves unbroken; and such degrees and modes of punishment may be discovered and suggested, as may, instead of continuing habits of vice, become the means of restoring our fellow creatures to virtue and happiness. From a conviction of the truth and obligation of these principles, the subscribers have associated themselves.[892]

Die *Society* sprach an dieser Stelle direkt von Humanität, die die Grundlage ihrer Arbeit darstellen sollte. Unter diesem Grundprinzip wollte sie die Besserung der Gefangenen erreichen und deren Elend in den Gefängnissen mindern. Der Begriff der Humanität wurde eng mit christlichen Werten verknüpft und als obligatorisch für die Arbeit und den Dienst an der Menschheit angesehen. Die Gefangenen sollten nicht als geringwertiger angesehen werden. Denn die Grundsätze der Wohltätigkeit verlören nicht an Wirksamkeit, sobald ein Mensch ein Verbrechen begehe und sodann in einem Gefängnis eingesperrt werde, vielmehr wirke sie darüber hinaus ungebrochen weiter. Entsprechend sollte die Strafe auch nicht die bestehenden Laster der Gefangenen weiter intensivieren. Vielmehr war es Ziel der Strafe den jeweiligen Gefangenen durch diese zurück zur Tugend sowie zum Glück zu bringen. Insbesondere die Rückkehr zur Tugend wird in den weiteren Bemühungen

[890] *Krohne*, Lehrbuch der Gefängniskunde, S. 31.
[891] *Krohne*, Lehrbuch der Gefängniskunde, S. 31.
[892] *Vaux*, Notices of the Original, and Successive Efforts, S. 11.

der folgenden Jahrzehnte bei der Reformierung des Strafvollzuges noch eine bedeutende Rolle spielen.

Besonders interessant ist an dieser Stelle, dass die negativen Auswirkungen und Begleiterscheinungen in Form von Hunger, Kälte und unzureichender Unterbringung im Strafvollzug direkt kritisiert und Mitgefühl mit den Gefangenen gefordert wurde. Das Narrativ des „Abschaums“[893] der Gesellschaft sah man zunehmend kritisch, sodass der Mensch hinter dem Verbrechen gesehen wurde und nicht mehr nur seine Stellung als Täter, die teilweise dessen Entmenschlichung zur Folge hatte. Insbesondere hinsichtlich des verlangten Mitgefühls zeigt sich darin die schon von *Herder* im 18. Jahrhundert vorgenommene Definition der Humanität. Dieser hatte Humanität als Mitgefühl für die Mitmenschen, und ebenso als Bestrebung die „Unvollkommenheit ihrer Natur“ zu beseitigen und entsprechend an ihr teilzunehmen, bestimmt.[894] Ebenso lassen sich Elemente von Erasmus hinsichtlich der großen Bedeutung der Religion für den Humanismus, und der Straftheorie von *Grotius*, der die Bestrafung anhand enger Kriterien forderte, die von der Art der Tat und dem Täter abhängig gemacht werden sollte, finden.[895] Letzteres zeigte sich auch im Rahmen der zuvor beschriebenen Proklamationen von *Rush*.

Die *Society* beeinflusste die folgenden Reformen des Gefängniswesens in Nordamerika nachweislich.[896] *Howards* Bemühungen hatten dabei nicht nur einen peripheren Einfluss, vielmehr bestand ein direkter Kontakt zwischen dem Engländer und der *Society*.[897] So hatte sich 1788 die *Society* bei *Howard* für dessen Bemühungen hinsichtlich der Gefängnisreform bedankt und betonte den Einfluss seiner im Zeichen der Humanität stehenden Arbeit.[898] Überdies hatte die *Society Howard* die eigens verfasste Satzung an den Brief angefügt, und die Bitte an ihn herangetragen, sich über deren Inhalte mit ihnen auszutauschen.[899]

---

893 *Wagnitz*, Historische Nachrichten und Bemerkungen, Band 1, S. 30.
894 Vgl. hierzu Kapitel 1.C.
895 Vgl. hierzu Kapitel 1.C.1 und 1.C.4.
896 *Kahan*, Seminary of Virtue, S. 14–20.
897 *Kahan*, Seminary of Virtue, S. 7 f.
898 *Vaux*, Notices of the Original, and Successive Efforts, S. 24 f.
899 *Vaux*, Notices of the Original, and Successive Efforts, S. 24.

Um ihre Forderungen nach harter Arbeit und Vereinzelung der Gefangenen zu bestärken, verfasste die *Society* 1788 einen *Bericht*[900], um über den aktuellen Stand in den Gefängnissen aufzuklären und Empfehlungen auszusprechen.[901] Dieser Bericht hatte große Auswirkungen auf die weiteren Entwicklungen;[902] so wurden die Hauptempfehlungen im März 1789 in den *Act for Amending the Penal Laws of this State* aufgenommen.[903] Dazu zählten sowohl die Einzelhaft als auch die harte Arbeit für die Gefangenen.[904] Um zu verhindern, dass diesen Neuerungen mangelnde Durchsetzbarkeit oder Wirtschaftlichkeit vorgeworfen werden konnte, stützten sich die Mitglieder der *Society* im Weiteren vor allem auf die bereits in England durchgesetzten Veränderungen und konnten somit deren Profitabilität im Vergleich zu den bestehenden Haftanstalten unterstreichen.[905] Die *Society* forderte überdies, dass man die Anstalten in England als Vorbild nehme, und aus den Gefängnissen „penitentiary houses and places of correction“[906] mache.[907]

III. An Act to Reform the Penal Laws of the State

Als Ergebnis aller Bemühungen der *Society* wurde schließlich im Jahr 1790 ein Gesetz[908] erlassen, das den Anfang des *Pennsylvania Systems* darstellte.[909] Dieses Gesetz bestimmte, dass die Einzelhaft der Gefangenen als Verschärfung der Strafe, sowie zum Zwecke der Disziplinierung Anwendung finden sollte.[910] Außerdem regelte es, dass in dem bereits vorhandenen *Walnut Street Jail* ein

---

900 Der Text des Berichts ist abgedruckt in: *Vaux*, Notices of the Original, S. 26–30.
901 *Hentig*, Die Strafe II, S. 191 f.
902 *Vaux*, Notices of the Original and Successive Efforts, S. 31.
903 Act for Amending the Penal Laws of this State, Cap. MCDIX, 27. März 1789, abgedruckt in: The Statutes at Large of Pennsylvania from 1682 to 1801, Vol. XIII 1787–1790, Harrisburg 1908, S. 244–251.
904 Act for Amending the Penal Laws of this State 1789, Cap. MCDIX, S. 245.
905 *The Society*, Extracts and remarks on punishment and reformation, S. 4 f.
906 *The Society*, Extracts and remarks on punishment and reformation, S. 14.
907 *The Society*, Extracts and remarks on punishment and reformation, S. 14.
908 An Act to Reform the Penal Laws of the State, Cap. MDXVI, 5. April 1790, abgedruckt in: The Statutes at Large of Pennsylvania from 1682 to 1801, Vol. XIII 1787–1790, Harrisburg 1908, S. 511–528.
909 *Kahan*, Seminary of Virtue, S. 14.
910 Act to Reform the Penal Laws of the State 1790, S. 511, 515; *Wahlberg*, Die Gesamtentwicklung des Gefängniswesens, S. 93; *Nutz*, Strafanstalt als Besser-ungsmaschine, S.171.

eigener Bereich mit insgesamt 30 Zellen[911] für die Einzelunterbringung der besonders schweren Straftäter errichtet werden sollte.[912] In der *Walnut Street* waren bis dato ebenso verheerende Zustände wie in Europa aufzufinden: Bis zu 30 Gefangene wurden ohne Unterscheidung nach Geschlecht oder Vergehen in einem Raum untergebracht – entsprechend kam es zu stetigen sexuellen Übergriffe zwischen den Gefangenen.[913] Auch hatten die Gefangenen fast unbeschränkten Zugriff auf Alkohol.[914]

Der nunmehr eingerichtete Zellenblock in der *Walnut Street* wurde nach dem Besserungsziel dieser Anstalt benannt, *Penitentiary House*.[915] Die Einzelzellen sollten die Gefangenen zur Selbstbesinnung und dadurch zur Rückkehr zur Moral bewegen.[916] Um eine Störung dieser Ziele zu verhindern, wurde jegliche Arbeit der Gefangenen verboten und ihnen einzig das Studium der Bibel erlaubt.[917] Die Isolation der Gefangenen in dem eigens hierfür errichteten Zellenblock dauerte bis zu zwölf Jahre, ein früheres Ende war nur im Falle eines vorzeitigen Todes oder bei Eintritt einer Geisteskrankheit möglich.[918] Diese Grundprinzipien entwickelte die *Society* bis circa 1825 zu dem bekannten und später sehr einflussreichen *Pennsylvania System* weiter.[919]

D. Zwischenfazit

Erste Bemühungen hinsichtlich der Reform des Strafvollzuges sind somit bereits am Ende des 18. Jahrhunderts zu finden. Während die Arbeit *Howards* in England dazu führte, dass bis 1812 etwa die Hälfte der von ihm besuchten Strafanstalten baulich verändert wurde,[920] konnte zu dieser Zeit in Preußen kein vergleichbarer Erfolg verzeichnet werden. Die Reformbemühungen, die aus dem für seine Zeit sehr fortschrittlichen *Generalplan* und den Schriften

911 *Fasoli*, Zum Strafverfahrensrecht und Gefängniswesen, S. 66.
912 Act to Reform the Penal Laws of the State 1790, S. 515.
913 *Hentig*, Die Strafe II, S. 192.
914 *Hentig*, Die Strafe II, S. 192.
915 *Sieverts*, Zur Geschichte der Reformversuche im Freiheitsstrafvollzug, S. 48.
916 *Sieverts*, Zur Geschichte der Reformversuche im Freiheitsstrafvollzug, S. 48 f.
917 *Fasoli*, Zum Strafverfahrensrecht und Gefängniswesen, S. 66; *Wahlberg*, Die Gesamtentwicklung des Gefängnisswesens, S. 93.
918 *Fasoli*, Zum Strafverfahrensrecht und Gefängniswesen im 19. Jahrhundert, S. 67.
919 *Engeler*, Strafvollzug in den USA, S. 10.
920 *Ignatieff*, A Just Measure of Pain, S. 96.

von *Wagnitz* unter anderem resultierten, blieben aufgrund der politischen Gegebenheiten der Napoleonischen Kriege theoretischer Natur.[921] Auch in Baden, wo dank der Bestrebungen von *Karl Friedrich* die Aufklärung und die Humanität bei Reformen in den Vordergrund gerückt worden waren, konnten sich keine nachhaltigen und weitreichenden Veränderungen hinsichtlich der Reform des Strafvollzuges durchsetzen. Ebenso wie in Preußen hatten die Napoleonischen Kriege auch in Baden einen bremsenden Einfluss auf die angestrebten Reformversuche im Bereich des Strafvollzuges. Allerdings wurde dort anders als in Preußen mit dem Achten Organisationsedikt 1803 eine neue Gesetzesgrundlage geschaffen, durch die der Strafvollzug insgesamt vereinheitlicht werden sollte.[922] Ebenso zeigte sich auch in der Landesherrlichen Verordnung von 1805, dass eine konkrete Reform in Baden angestrebt wurde. Aber wie in Preußen, waren es erneut politische Umwerfungen, hier in Form des Preßburger Friedens, durch die die Reformbemühungen zunächst endeten.[923] Obgleich die Bestrebungen in Baden zeitweise durch politische Umstände beendet wurden, stimmten insbesondere die Projekte des badischen Kurfürsten *Karl Friedrich* als mit dem humanitären Zeitgeist überein.

Fernab von Europa waren *Howards* Schriften in Nordamerika nachweislich bekannt[924] und erhielten durch einsetzende Bestrebungen zur Verbesserung der Menschenrechte zunehmend praktische Relevanz. Anders als in England und in Preußen strebte man bereits gegen Ende des 18. Jahrhunderts auf amerikanischem Boden in *Pennsylvania* nach einem vollkommen neuen Haftsystem und stellte hierfür die ersten Weichen,[925] wobei diese Entwicklungen später internationalen Einfluss hatten.

Die Frage nach dem Einfluss des humanistischen Gedankengutes, beziehungsweise der Humanität im Allgemeinen auf etwaige Reformbestrebungen während des 18. Jahrhunderts und ebenso zu Beginn des Untersuchungszeitraums, lässt sich mit Blick auf die Arbeit der einzelnen Persönlichkeiten, die den vier Fakultäten zugeordnet werden können, beantworten. Denn in der Theorie hatten der Humanismus sowie die ihm immanenten Forderungen

---

921 *Sieverts*, Zur Geschichte der Reformversuche im Freiheitsstrafvollzug, S. 47.
922 Achtes Organisationsedikt 1803, S. 500 f.
923 *Freßle*, Geschichte des Männerzuchthauses Bruchsal, S. 20 f.
924 *Kahan*, Seminary of Virtue, S. 7 f.
925 *Krause*, Geschichte des Strafvollzugs, S. 69.

eine große Auswirkung auf die Arbeit eben dieser und beeinflusste sie, wobei die Praxis mitunter noch weit hinter den theoretischen Forderungen zurückblieb.

Die ersten Reformbemühungen sind in England untrennbar mit dem Philanthropen *John Howard* verbunden. Dabei bewirkte sein Werk *The State of The Prisons* nicht nur, dass die Zustände in den englischen Gefängnissen erstmals weitreichend diskutiert wurden, und daraufhin mit einer Reihe von Statuten ein Mindestmaß an äußerer Hygiene in Form von Sauberkeit der Anstalten und der Gefangenen erreicht werden sollte. Die vor allem durch die Philanthropie angestoßene Bewegung zur Verbesserung der Gefangenenbehandlung hatte zunächst die offensichtlichen Aspekte des Vollzugs im Blick. Dazu gehörten insbesondere die Elemente der äußeren Hygiene wie die Architektur der Anstalt, die Sauberkeit und auch die Ernährung der Gefangenen. Gleichzeitig sollte die Strafe auch weiterhin ihren abschreckenden Charakter nicht verlieren. Insgesamt rückte somit die *Spezialpräventionstheorie* in den Vordergrund. Galt das Christentum im 19. Jahrhundert auch als „Humanitätsreligion“[926] überrascht es nicht, dass die Forderungen der religiös-philanthropischen Bestrebungen mit der *Spezialpräventiontheorie* übereinstimmten, denn diese waren von dem Gedankengut der Humanität maßgeblich geprägt.

Howard bewirkte ferner, dass 1779 der *Penitentiary Act* erlassen wurde, durch den neben weiteren Verbesserungen der von ihm so dringend geforderte Neubau von Strafanstalten in London festgelegt wurde. *Howard* war allerdings nicht nur der Ideengeber für einen besseren Strafvollzug, er wurde zudem zu einem der Inspektoren benannt. Seine Aufgabe bestand hier darin, gemeinsam mit den anderen Inspektoren die praktische Umsetzung des Neubaus zu koordinieren. Dass das Projekt schnell scheiterte, führte dazu, dass es im Hinblick auf seine gründliche Arbeit und die Vielzahl seiner Verbesserungsvorschläge in der Praxis keinen unmittelbaren Einfluss haben konnte. Gleichwohl hatte der *Penitentiary Act* Aspekte der religiösen Erziehung, der harten Arbeit und der neuen sauberen Kleidung enthalten und dadurch die bereits in den Statuten zuvor festgeschriebenen Elemente der Hygiene und Sauberkeit weiter ergänzt. Der als notwendig erachtete Neubau in *London* erfolgte erst mehrere Jahrzehnte später im Rahmen der zweiten Reformwelle.

[926] *Newald*, Probleme und Gestalten des deutschen Humanismus, S. 46 f.

Den Ausgangspunkt der Gefangenenbehandlung in den Strafanstalten auf deutschem Boden hat *Wagnitz* sehr deutlich gemacht. In seinem Werk von 1787 erklärte er, dass der Strafzweck bis dato vorrangig in der Abschreckung und Abhärtung der Verbrecher bestanden habe, wobei die Gefangenen wie „Abschaum der Menschheit" behandelt wurden.[927]

Vorrangig durch die Aufklärung angestoßen, wurde in Preußen mit dem ALR 1794 die Todesstrafe weitgehend abgeschafft und durch die Freiheitsstrafe ersetzt. Im dem ALR zeigt sich deutlich, dass der Verfasser *Ernst Klein* Befürworter der *Spezialpräventionstheorie* war und gleichzeitig die abschreckende Wirkung der Strafe anerkannte. Gleichzeitig stellt die Bestimmung des Staatszweckes als Gewährleistung der Gerechtigkeit eine Forderung dar, die schon *Kant* aufstellte. Darüber hinaus hat die äußere Hygiene durch die ausdrückliche Festlegung, dass die Strafanstalten die Gesundheit der Gefangenen nicht schädigen dürfe, einen wesentlichen Aspekt der von *Howard* kritisierten Missstände in den Strafanstalten. Durch den Tod von *Friedrich II.* traten die aufklärerischen Bemühung allerdings in den Hintergrund und es kam zu keinen weiteren Reformen. Zudem hat die Einführung des ALR in der Theorie zwar Elemente der äußeren Hygiene enthalten, die humanitären Erwartungen wurden in der Praxis aber durch die starke Überbelegung der Anstalten und die daraus resultierenden Missstände nicht erfüllt.

In dem von *Glawing* verfassten *Plan zur Verbesserung der Strafanstalt Brieg* zeigt sich seine Zugehörigkeit zu der Fakultät Medizin durch die weitreichenden Forderungen hinsichtlich der Hygiene in den Anstalten, der Versorgung der Anstalt mit ausreichend frischer Luft sowie der generellen Forderung nach Verbesserung der äußeren Hygiene. Allerdings beschränkte er sich nicht nur darauf, sondern legte einen weiteren Schwerpunkt auf die moralische Besserung der Gefangenen, wobei er auch einen Zuchthausprediger für notwendig erachtete.

Der Generalplan beinhaltete die im ALR nur oberflächlich als Gesundheit bezeichneten Aspekte der äußeren Hygiene im Detail und hätte dadurch einen wesentlichen Einfluss die konkrete Ausgestaltung des Strafvollzuges haben können, insbesondere mit Blick auf die Unzulänglichkeiten, die das ALR in den preußischen Anstalten wegen der Überfüllung nicht hatte verhindern können.

---

[927] *Wagnitz,* Historische Nachrichten und Bemerkungen, Band 1, S. 30.

Sowohl das ALR als auch der Generalplan wurde von Juristen verfasst, ergänzen sich hinsichtlich der konkreten Ausgestaltung der Anstalten und zeigen gleich gelagert den Schwerpunkt auf die äußere Hygiene. Aber auch der von einem Arzt formulierte *Plan zur Verbesserung der Strafanstalt zu Brieg* beinhaltet eben diese Aspekte. Eine wesentliche Unterscheidung der geforderten und angestrebten Reformen anhand der Zugehörigkeit der jeweils handelnden Persönlichkeiten zu einer Fakultäten ergeben sich in Bezug auf Preußen zu diesem Zeitpunkt noch nicht. Allerdings haben sich hinsichtlich des ALR und des Generalplans gezeigt, dass sich die Verfasser auf den Strafzweck beziehen und diesen im Rahmen der Ausgestaltung der jeweiligen Projekte auch berücksichtigten.

***

In Baden hatte die Aufklärung durch den Kurfürsten *Karl Friedrich* bereits früh Einzug erhalten und sich in der Abschaffung von Folter und der Todesstrafe manifestiert.

Obwohl die Aufklärung in Baden stark verankert war, stand das Zucht- und Arbeitshaus 1776 noch unter der Leitung des *Fürstbischofs August*. Um die positiven finanziellen Erfahrungen, die man mit der Arbeitskraft der Gefangenen gemacht hatte, auch hier umzusetzen, wurde in der Anstalt eine Tuchfabrik eingerichtet.[928] Während in der Anstalt die äußere Hygiene in Form der bedarfsdeckenden Ernährung, der angepassten Schlafsituation und der generellen Sauberkeit der Gefangenen einige positive Aspekte aufgriff, verbat man die gesamte Kommunikation der Gefangenen und bediente sich körperlicher Züchtigung als Strafmittel. Die körperliche Gewalt wurde aber nicht nur anlassbezogen, sondern auch als „Begrüßung" in der Anstalt angewandt.

Diese Einwirkung auf den Gefangenen, nicht nur auf dessen Moral, sondern auch auf seinen Körper lässt sich durch das von *Gerhard Oestreich* entwickelte *Konzept der Sozialdisziplinierung*,[929] das später auch von *Michel Foucault*[930] aufgegriffen wurde, erklären.

[928] *Freßle*, Geschichte des Männerzuchthauses Bruchsal, S. 8.

[929] *Gerhard Oestreich*, Strukturprobleme des europäischen Absolutismus, S. 179–197.

[930] *Michel Foucault*, Überwachen und Strafen – Die Geburt des Gefängnisses, Frankfurt am Main 1994.

Der Begriff „Sozialdisziplinierung“ trägt dem Umstand Rechnung, dass bei der Untersuchung historischer Entwicklungen sämtliche Umstände als ein Gesamtphänomen betrachtet werden müssen. Er bringt dabei

> historische Ereignisse des geistigen und materiellen Lebens, religiös-ethische Vorstellungen sowie die rechtliche und ökonomisch-soziale Wirklichkeit auf einen abstrakten Nenner.[931]

Insgesamt bezeichnet der Begriff somit ein

> historisches Epochenverständnis, das sich zugleich auf das zeitgenössische Epochenbewusstsein einer fortschreitenden Disziplinierung berufen kann.[932]

Der allgemeine Disziplinierungsprozess

> formte, bestimmte und reglementierte Haltung und Handlung auch des einfachen Untertanen. Er bewirkte mehr oder weniger gewaltsam eine strukturelle Veränderung in allen Schichten.[933]

Das Prinzip der Disziplinierung lässt sich direkt auf das Konzept der Freiheitsstrafe übertragen und findet sich zudem in diesem wieder. Denn durch die Gefängnisstrafe sollte die zwangsweise Veränderung des Verbrechers stattfinden: er sollte gebessert werden.[934] Bereits in den ersten Reformbemühungen der Strafanstalten und deren Ausgestaltung lassen sich dabei verschiedene Mittel finden, auf die man zurückgriff, um eben dieses Besserungsziel zu erreichen. Neben der religiösen und moralischen Einflussnahme auf den Gefangenen, trat das Mittel der Arbeit und auch der körperlichen Züchtigung. Das „Bien-Venue“ ist in diesem Kontext somit als ein Aspekt der Umformung des Verbrechers während der Freiheitsstrafe in Baden zu sehen. Den Gefangenen wurde somit bereits bei Eintritt in die Strafanstalt vor Augen geführt, dass in der Anstalt Zucht und Ordnung herrschen sollte. Er erhielt somit in den ersten Momenten einen Einblick in die Disziplinierung in der Strafanstalt. Diese konnte dabei verschiedene Ausgestaltungen haben – eine

---

931 *Schulze*, Gerhard Oestreichs Begriff „Sozialdisziplinierung“, S. 266.
932 *Schulze*, Gerhard Oestreichs Begriff „Sozialdisziplinierung“, S. 266.
933 *Oestreich*, Strukturprobleme des europäischen Absolutismus, S. 181.
934 *Foucault*, Überwachen und Strafen, S. 297.

dieser Disziplinierungsmaßnahmen ist die hier in Baden angewandte körperliche Züchtigung.

Gleichzeitig ist hier zu vermerken, dass entsprechend der *Feuerbachschen Straftheorie* jedem Gefangenen ein Exemplar des Regelwerks ausgehändigt und zudem ein Exemplar in deren Zimmer aufgehängt wurde. Damit sollte der etwaigen Unkenntnis einer Strafe vorgebeugt werden. Hierin zeigt sich in Ansätzen das Prinzip *Ohne Gesetz keine Strafe*. Die psychische Gesundheit der Gefangenen wurde gänzlich in die Hände des Hofpfarrers gelegt, was zum einen mit der schlichten Nichtexistenz der medizinischen Psychiatrie aber auch mit der angestrebten Besserung der Gefangenen unter religiöser Unterweisung erklärt werden kann. Im Ergebnis konnte man in Baden aber auch in Preußen mit den Reformen in der Theorie keine vollständige Veränderung in der Praxis herbeiführen. Erstmalig wurden aber auch hier die Umstände der äußeren Hygiene beachtet und auf eine Besserung der Gefangenen hingearbeitet.

Die Aufklärung führte in Baden zu dem *Achten Organisationsedikt* 1803, durch das das Gedankengut der Aufklärung ins Gesetz aufgenommen und eine einheitliche Gesetzeslage geschaffen werden sollte. Aber wie in Preußen mit dem ALR blieben die Auswirkungen in der Praxis auch bei diesem ersten Gesetzesvorstoß hinter den Erwartungen zurück. Die Bestimmungen in dem *Organisationsedikt* waren nicht vereinheitlichend genug, sodass keine einheitliche Anwendung der Strafvorschriften erreicht werden konnte.[935]

Die ersten Reformen in Nordamerika sind maßgeblich durch die Quäker geprägt. Der Mitbegründer der vorrangig aus Quäkern bestehenden *Society*, *Benjamin Rush* strebte neben der Besserung der Gefangenen, die Prävention und den Schutz der Gesellschaft durch das Entfernen der Straftäter aus der Gesellschaft an. Anders als in der vom Fürstbischof geführten Anstalt in Bruchsal war das Arbeiten in der *Walnut Street* dem Prinzip des *Quietism* entsprechend vollumfänglich verboten. Gleichzeitig forderte der Quäker und Mediziner *Rush*, dass das gesamte Anstaltspersonal den Gerichten und Gesetzen unterworfen werden sollte. Hinsichtlich der in Baden hervorgehobenen Sicherstellung der Kenntnis des Verbotenen und der Strafe sah *Rush*

[935] Vgl. hierzu im Detail: Achtes Organisationsedikt, S. 501 f., Fn. 19.

die Unwissenheit als wesentliches Mittel um das Ziel der Abschreckung zu erreichen.

Die *Society* legte ausweislich ihrer Satzung ein besonderes Augenmerk auf das Wohl der Gefangenen das sie im Namen der Humanität angehen und den Begriff hier ausdrücklich verwenden. Dabei wurde der Gefangene nunmehr als Mensch wahrgenommen und Mitgefühl für sein Elend entwickelt. Das ist ein wichtiger Kerngedanke in der Humanität und zeigte sich auch in den wesentlichen Aspekten. Wie auch in den anderen untersuchten Gebieten trat zunächst die äußere Hygiene in den Fokus der Reformer. Dabei steht die strenge Disziplinierung der Gefangenen nicht zwangsläufig im Widerspruch mit der Humanität. Vielmehr ist sie als eine Fortbildung des quäkerischen Gedankens und des Prinzips des *Quietism* zu sehen sowie als Ausdruck der damaligen Zeit.

Insgesamt zeigte sich aber, dass die positiv zu bewertenden Theorien, beziehungsweise theoretischen Forderungen im Geiste des Humanismus standen und im Namen dieser Veränderungen forderten. Entsprechend wurde die bessere Behandlung der Gefangenen und die Verbesserung der Haftbedingungen proklamiert, worin sich neben Einflüssen der Humanismusbewegung insbesondere der Gedanke der Humanität in Form der menschlicheren Behandlung sowie des Mitgefühls für die Inhaftierten widerspiegelte.

Man strebte zudem nicht nur die Besserung der architektonischen Gegebenheiten der Strafanstalten an, sondern vor allem auch die Besserung der Gefangenen. Mithin sollten diese in den Anstalten nicht mehr nur aufbewahrt, sondern durch Einwirken von außen insgesamt gebessert werden. Dieses Einwirken war insbesondere religiös geprägt und zeigt die ersten Tendenzen des aufkeimenden Besserungsgedanken durch die *Spezialpräventionstheorie*, denn bereits zu dieser Zeit begann man die Gefangenen wieder zu wertvollen Mitgliedern der Gesellschaft, insbesondere für die Zeit nach deren Entlassung, formen zu wollen. Mithin sollten nicht nur die äußeren Bedingungen der Strafanstalten, wie die Ernährung der Gefangenen, die Reinlichkeit, sondern auch die Gefangenen selbst verbessert, folglich eine menschlichere Behandlung erreicht werden. Die bereits im *Calvinismus* relevant gewordene Arbeitskraft der Gefangenen wurde hierzu ebenfalls verwendet, obgleich die Erlöse der Arbeit nunmehr den Zweck hatten die Anstalten selbst zu finanzieren. Die Arbeit sollte somit nicht nur die Besserung der

Gefangenen unterstützen, sondern gleichzeitig die Profitabilität der Strafanstalt sicherstellen, beziehungsweise deren Kosten verringern.

Eine nachhaltige, allgemeingültige und disruptive Reform des Strafvollzuges konnte allerdings zu diesem Zeitpunkt noch nicht erreicht werden. Wie sich ausweislich der verwendeten Quellen ergeben hat, waren die Bemühungen am Ende des 18. Jahrhunderts erstmals auf die Verbesserung der Gefangenenbedingungen gerichtet und wollten an die Arbeit von *Howard*, der vorliegend als Humanist angesehen wird, anknüpfen. Dabei wurde der Grundstein für weitere und tiefgreifende Reformen im 19. Jahrhundert gelegt. Es hat sich gezeigt, dass die jeweiligen Reformen stark von den handelnden Persönlichkeiten geprägt waren. Es lässt sich noch kein wesentlicher Unterschied hinsichtlich der Reformen aufgrund ihrer Zugehörigkeit zu den jeweiligen Fakultäten feststellen – vor allem die Konzeption des Begriffs Humanität wurde noch nicht unterschiedlich verwendet, sondern war noch stark von den direkten Auswirkungen der Humanität abhängig und erfolgte verbreitet in direkter Konzeption von *Howards* Werk.

Während es in England und Nordamerika vorrangig Persönlichkeiten mit starker religiöser Prägung und in Ergänzung in Nordamerika ein Mediziner waren, hatten wir in Preußen und Baden stark aufgeklärte Herrscher. In Preußen handelten sodann Juristen und Mediziner und in Baden neben dem Gesetzgeber ein Fürstbischof. Im Ergebnis hatten sämtliche Reformen zwar zunächst vorrangig die äußere Hygiene zum Ziel, diskutiert wurden aber auch erste Ansätze zur inneren Hygiene durch die religiöse Unterweisung und den Arbeitszwang der Gefangenen. Die von den Theologen in Nordamerika und England angestrebte religiöse Unterweisung, die sich auch in Preußen finden ließ, wurde in Baden durch den Arbeitszwang ergänzt.

Baden sticht aber nicht nur aus diesem Grund aus den hier untersuchten Gebieten hervor. Die Grundlagen für etwaige Strafvollzugsreformen waren durch den aufgeklärten Fürsten bereits deutlich fortschrittlicher als in den anderen Staaten, sodass sich die äußere Hygiene nicht nur auf Sauberkeit bezog, sondern auch die Schlafsituation und die ärztliche Versorgung in den Gefängnissen berücksichtigte. Allerdings bediente man sich in der Strafanstalt zu Bruchsal der körperlichen Züchtigung und verbat den Gefangenen jegliche Kommunikation untereinander. Diese Form der insbesondere körperlichen Zusatzbestrafung während der Zeit in den Strafanstalten, mithin das

Gewaltproblem in der Strafanstalt, wird sich auch in den weiteren Reformen immer wieder zeigen und Ausgangspunkt einer vehementen Debatte über die Gefangenenbehandlung in Nordamerika und Europa anstoßen. Es ist dabei aber als Beispiel und Element des Disziplinierungsprozesses zu verstehen, durch den die Umerziehung der Gefangenen erreicht werden sollte.[936]

Howard hatte somit erreicht, dass die Gefangenenbehandlung generell und damit im Hinblick auf sowohl die Menschenrechte als auch die Menschenwürde und somit unter dem Aspekt der Humanität debattiert wurde und zu ersten Reformen mit Fokus auf die äußere Hygiene führte.[937] Darin hat sich insbesondere der Wandel des Strafzweckes zu dieser Zeit gezeigt, denn in Abgrenzung zu den absoluten und auch der von *Feuerbach* vertretenen Straftheorie, die ein moralisches Einwirken auf die Gefangenen in Form der religiösen Unterweisung und harten Arbeit noch ablehnten, rückten diese Aspekte durch den Einfluss der *Spezialpräventionstheorie* und der religiös-philanthropischen Bestrebung am Ende des 18. Jahrhunderts in den Vordergrund. Durch die Spezialprävention wurde vor allem die für die Strafvollzugsreformen besonders ausschlaggebende erzwungene Besserung des Verbrechers angestrebt, die unter dem Gesichtspunkt der *Humanität* erreicht werden sollte. Denn Kernelement der *Humanität* war die Besserung der Verbrecher eben durch Erziehung und Unterweisung. Das der *Humanität* ebenfalls immanente Element des Mitgefühls zeigte sich zwar bei *Howard* in seinem Werk, in der Gesetzgebung später lässt sich diese hingegen nicht erkennen.

Allerdings stagnierten diese Reformbemühungen durch politische Umwerfungen vielerorts und die Praxis blieb insbesondere in Europa weit hinter der Theorie zurück. Gleichwohl sind die ersten Bemühungen, die allerdings noch keine, beziehungsweise nur beschränkt faktische und weitreichenden Auswirkungen hatten, in den untersuchten Staaten, mit Blick auf die dahinterstehende Theorie, wesentlich durch die *Spezialpräventionstheorie* sowie als initial von dem Gedankengut der Humanität geprägt anzusehen und sollten die weiteren Entwicklungen maßgeblich beeinflussen.

---

[936] Vgl. hierzu: *Oestreich,* Strukturprobleme des europäischen Absolutismus, insbesondere S. 181, 188–196.

[937] Hiermit übereinstimmend: *Muntau*, Strafvollzug und Gefangenenfürsorge, S. 15.

Der Beginn der zweiten Reformwelle (1818–1871)

Das Mittel zur Disziplinierung: Solitary System oder Silent System?

Ausgehend von den Bemühungen der *Society* ab dem Ende des 18. Jahrhunderts entwickelten sich in Nordamerika, nach der Einführung der Einzelhaft in der *Walnut Street*,[938] zwei Haftsysteme.[939] Neben das *Pennsylvania System* (*Solitary System*) trat im Staate New York das *Auburn System* (*Silent System*).[940]

A. Eastern State Penitentiary und das Pennsylvania System (Solitary System)

Die Isolation der Gefangenen im *Pennsylvania System* sollte die drohende gegenseitige Beeinflussung der Gefangenen im Gefängnis verhindern.[941] Aufgrund dieser vollständigen Isolierung der Gefangenen wird es auch als *Solitary System* bezeichnet.[942]

Die baldige Überfüllung der Strafanstalt in der *Walnut Street* führte 1804 zum Bau einer neuen Strafanstalt in der *Arch Street*, wo die absolute Isolation aller Gefangenen durchgeführt wurde.[943] Bereits 1818 wurde in Pennsylvania anknüpfend hieran der Bau von zwei eigens für die Einzelunterbringung zu errichtenden Strafanstalten beschlossen.[944]

---

938 *Fasoli*, Zum Strafverfahrensrecht und Gefängniswesen, S. 66.
939 *Krebs*, Denkweise von „Poenologen" über die „Einzelhaft", S. 476.
940 *Engeler*, Strafvollzug in den USA, S. 10–13.
941 *Krebs*, Denkweise von „Poenologen" über die „Einzelhaft", S. 476.
942 *Krause*, Geschichte des Strafvollzugs, S. 69.
943 *Wahlberg*, Die Gesamtentwicklung des Gefängnisswesens, S. 94.
944 *Wahlberg*, Die Gesamtentwicklung des Gefängnisswesens, S. 94.

Das erste dieser beiden Bauwerke, das *Western State Penitentiary*, wurde 1826 fertiggestellt.[945] Die bauliche Gestaltung griff Aspekte der panoptischen Bauweise auf, wie sie von *Jeremy Bentham* in seinen *Entwürfen*[946] entwickelt wurde.[947] *Bentham* selbst gilt als Vertreter der Aufklärung und entwickelte die *ökonomische Liberalismustheorie* von *Adam Smith* in utilitaristischer und auch positivistischer Hinsicht weiter und hatte dadurch einen erheblichen Einfluss auf die Sichtweise im 19. Jahrhundert.[948] *Smith* proklamierte, dass jeder Mensch einen natürlichen Erwerbstrieb habe, wobei die sich aus diesem Trieb ergebende Arbeit nicht nur der Ausgangspunkt, sondern auch der Maßstab jedweder Art von Reichtum sei.[949]

Im Panopticon sah *Bentham* weit mehr als einen architektonischen Plan:

> Morals reformed – health reserved – industry invigorated – instruction diffused – public burthens lightened – Economy seated as it were upon a rock – the Goardian knot of the Poor-Laws not cut but untied – all by a simple idea in Architecture![950]

Im Gegensatz zu den Plänen von *Bentham* waren die Zellen des *Western State Penitentiary* sehr dunkel[951] und verfügten darüber hinaus über keinen Außenbereich, der den Gefangenen die Möglichkeit für Bewegung gewährleistet hätte,[952] weshalb die Einzelhaft nicht konstant durchgeführt werden konnte.[953] Die negativen Auswirkungen auf die Psyche und die körperliche Konstitution der Gefangenen durch die fehlende Beschäftigung und die mangelnde Bewegung wurden schnell deutlich,[954] sodass das Gefängnis bereits 1833 abgerissen werden musste.[955]

---

945 *Krohne*, Lehrbuch der Gefängniskunde, S. 43 f.
946 *Bentham*, Panopticon or the Inspection-House, Band 1 und 2, London 1791.
947 *Laubenthal*, Strafvollzug, Rn. 101.
948 *Schneiders*, Das Zeitalter der Aufklärung, S. 36 f.
949 *Schneiders*, Das Zeitalter der Aufklärung, S. 36.
950 *Bentham*, Panopticon or the Inspection, Bd. 2, S. i.
951 Fifth Annual Report of the Prison Discipline, 1830, S. 34.
952 *Engeler*, Strafvollzug in den USA, S. 14.
953 Fifth Annual Report of the Prison Discipline, 1830, S. 34.
954 Fifth Annual Report of the Prison Discipline, 1830, S. 34.
955 *Fasoli*, Zum Strafverfahrensrecht und Gefängniswesen, S. 67.

Während die vollständige Isolierung Gefangener kontrovers gesehen wurde, hatte sich in *Auburn, New York* ein konkurrierendes Haftsystem entwickelt.[956] Anders als im *Pennsylvania System* beschränkte sich hier die Vereinzelung der Gefangenen auf die Nacht, während sie tagsüber gemeinschaftliche Arbeit erbringen mussten.[957] Die hieraus resultierende Konkurrenzsituation bewegte die Verfechter des *Pennsylvania Systems* dazu, ihr eigenes System zu optimieren.[958] Zwar wurde an der Einzelhaft der Gefangenen, sowohl bei Tag als auch bei Nacht, festgehalten, doch mussten die Gefangenen fortan in ihren Zellen Arbeitsleistung erbringen.[959]

Diese Änderungen wurden in dem zweiten, 1829 fertiggestellten und in rein panoptischer Bauweise errichteten, *Eastern State Penitentiary*, nach den Entwürfen des Architekten[960] *John Haviland*,[961] umgesetzt.[962] Die strahlenförmige Bauweise des Panopticon[963] ermöglichte die Überwachung aller Zellen von einem zentralen Punkt aus.[964] An die Zellen wurde ein überdachter Außenbereich von viereinhalb Metern angeschlossen, der zur körperlichen Bewegung der Insassen diente und den sie täglich eine Stunde nutzen durften.[965] Anders als sein Vorgänger hatte das *Eastern State Penitentiary* bis ins 20. Jahrhundert Bestand, wobei die Isolation der Gefangenen mit der Zeit stetig abgemildert wurde.[966]

---

956 *Krause*, Geschichte des Strafvollzugs, S. 69.
957 *Engeler*, Strafvollzug in den USA, S. 12; *Krause*, Geschichte des Strafvollzugs, S. 69.
958 *Krause*, Geschichte des Strafvollzugs, S. 69.
959 *Krause*, Geschichte des Strafvollzugs, S. 69.
960 BBA I 528, 143–147, S. 143.
961 *Krohne*, Lehrbuch der Gefängniskunde, S. 43.
962 *Krause*, Geschichte des Strafvollzugs, S. 69.
963 Das Panopticon wurde unter anderem von *Foucault* scharf kritisiert: Das Panopticon „programmiert auf der Ebene eines einfachen und leicht zu übertragenden Mechanismus das elementare Funktionieren einer von Disziplinarmechanismen vollständig durchsetzten Gesellschaft". Es ist ein „Entwurf subtiler Zwangsmittel für eine künftige Gesellschaft". *Foucault*, Überwachen und Strafen, S. 268 f. Er sah in dieser architektonischen Lösung eine Entlarvung der Humanität, deren Ziel es war, die geplante Menschenoptimierung zu verhüllen; genauer: *Gehring*, Das invertierte Auge – Panopticon und Panoptismus, S. 22.
964 *Fasoli*, Zum Strafverfahrensrecht und Gefängniswesen im 19. Jahrhundert, S. 67.
965 *Engeler*, Strafvollzug in den USA, S. 32.
966 *Engeler*, Strafvollzug in den USA, S. 14.

I. Gesetz zur Reform des Strafrechts – An Act to Reform the Penal Laws (1829)

Der Hintergrund für den Umstand, dass das *Western State Penitentiary* nur wenige Jahre Bestand hatte, war insbesondere das pennsylvanische Gesetz vom 23. April 1829[967], durch das gefordert wurde, dass auch diese Strafanstalt nach dem Prinzip der vollständigen Isolation bei harter Arbeit ausgerichtet werden sollte.[968] Die baulichen Gegebenheiten, insbesondere mit Blick auf die unzureichende Ausgestaltung der Zellen, ließ die Durchführung dieses nunmehr gesetzlich bestimmten Prinzips im *Western State Penitentiary* nicht zu und das *Western Penitentiary* wurde bereits 1833 abgerissen.[969] Das Gesetz bestimmte dabei nicht nur die Grundlagen für das *Western State Penitentiary*, sondern auch für das *Eastern State Penitentiary*, das noch im Jahr 1829 den Betrieb aufgenommen hatte.[970]

Neben der Regelung, dass die Gefangenen fortan in getrennter, beziehungsweise vollständiger Einzelhaft untergebracht werden sollten,[971] wurde festgelegt, dass die Gefangenen ihre Arbeit getrennt oder isoliert in den Zellen oder den Arbeitshöfen der Staatsgefängnisse erbringen sollten.[972] Die Arbeit, die der Gefangene während seiner Haftzeit zu erbringen hatte, sollte dabei eine Erleichterung der Strafe und keine Verschärfung darstellen.[973]

Während ihrer Haftzeit sollte der Zugang zu den Gefangenen für Jedermann untersagt sein, mit Ausnahme der Inspektoren und Beamten der Strafanstalt sowie der offiziellen Besucher, die durch das Gesetz ausdrücklich bestimmt wurden und solchen Personen, denen der Zugang aus dringenden Gründen zu gestatten war.[974]

Die Aufgaben und Pflichten der Inspektoren wurden hierbei in *Article I* geregelt. Hiernach oblag es den Inspektoren des Gefängnisses, halbjährlich

---

967 A further Supplement to an act entitled "An act to reform the penal laws of this commonwealth.", Chap. 6517, 23. April 1829, abgedruckt in: Laws of the Commonwealth of Pennsylvania, Band 10, S. 430–455.

968 Gesetz vom 23. April 1829, Chap. 6517, S. 430 f.

969 *Fasoli*, Zum Strafverfahrensrecht und Gefängniswesen, S. 67; Fifth Annual Report of the Prison Discipline, 1830, S. 34.

970 *Krause*, Geschichte des Strafvollzugs, S. 69.

971 Gesetz vom 23. April 1829, Chap. 6517, S. 430 f.

972 Gesetz vom 23. April 1829, Chap. 6517, S. 431.

973 *Smith*, A defence of the system of solitary confinement, S. 24.

974 Gesetz vom 23. April 1829, Chap. 6517, S. 431.

einen Gefängnisdirektor, einen Arzt und einen Kleriker einzusetzen sowie deren Gehälter und die der sonstigen Wärter und Aufseher festzulegen.[975] Den Aufgaben als Inspektoren sollten diese Personen ohne jede finanzielle Entschädigung nachkommen und hatten dabei die Pflicht, jede Woche mindestens zweimal das Gefängnis zu besuchen um sicherzustellen, dass die verschiedenen Beamten und Bediensteten ihrerseits die ihnen auferlegten Pflichten erfüllten und zudem zur Verhinderung jeder Unterdrückung, Bestechung, Missbräuche und jeglicher Misswirtschaft in dem Gefängnis beitrugen.[976] Hinsichtlich der inneren Verwaltung hatten die Inspektoren die Befugnis, Regeln unter der Prämisse zu erlassen, dass diese im Einklang mit der angeordneten Einzelhaft standen und deren Grundsätze nicht entgegenstanden.[977] Auch die gebotene religiöse Unterweisung der Gefangenen sollte durch die Inspektoren gesichert werden, indem diese eine geeignete Person auswählten, die ebenfalls unentgeltlich arbeiten sollte.[978] Einmal jährlich, genauer im Januar jeden Jahres, mussten die Inspektoren die Legislatur schriftlich in Berichtsform über den Zustand der Gefängnisse informieren.[979]

Im Rahmen ihrer wöchentlichen Besuche in der Strafanstalt sollten die Inspektoren mit jedem Sträfling ohne die Anwesenheit eines Beamten sprechen, um sich über etwaige Beschwerden, Misshandlungen oder schlechtes Benehmen der Beamten zu informieren.[980] Deren Aufgabenbereich erstreckte sich in dieser Hinsicht zudem auf die Aufklärung des Sachverhalts und die Überprüfung des Wahrheitsgehalts dieser Vorwürfe.[981] Den Inspektoren, ebenso wie dem Direktor, war es strengstens untersagt, von den Gefangenen jedwede materielle Zuwendung anzunehmen, unabhängig davon, ob diese in Form von Gegenständen oder in finanziellen Mitteln bestand, als Geschenk oder als Zeichen der Dankbarkeit. Bei Zuwiderhandlungen konnte eine Geldstrafe von bis zu 500 Dollar verhängt werden.[982] Diese Regelung ist als Mittel zur Verhinderung etwaiger Besserbehandlung von Gefangenen

[975] Gesetz vom 23. April 1829, Chap. 6517, S. 445.
[976] Gesetz vom 23. April 1829, Chap. 6517, S. 445.
[977] Gesetz vom 23. April 1829, Chap. 6517, S. 445.
[978] Gesetz vom 23. April 1829, Chap. 6517, S. 445.
[979] Gesetz vom 23. April 1829, Chap. 6517, S. 446.
[980] Gesetz vom 23. April 1829, Chap. 6517, S. 446.
[981] Gesetz vom 23. April 1829, Chap. 6517, S. 446.
[982] Gesetz vom 23. April 1829, Chap. 6517, S. 446.

aufgrund von Bestechung und damit einhergehender Korruption seitens der Inspektoren als auch des Direktors zu bewerten. Diese Vorschrift ist somit als weitere Maßnahme neben den angeordneten Besuchen der Inspektoren zu sehen, durch die Bestechung verhindert werden sollte.

Der Gefängnisdirektor (*Warden*) hatte ausweislich *Article II* die Pflicht, jeden der Gefangenen täglich aufzusuchen. Er hatte ein Tagebuch[983] zu führen, in dem er die Aufnahme, die Entlassung, den Tod, die Begnadigung oder die vorgebrachten Beschwerden und Strafen, die aufgrund des Verstoßes gegen die Gefängnisdisziplin verhängt wurden, zu dokumentieren hatte, einschließlich der Besuche der Inspektoren und des Arztes, sowie Vorkommnisse, die den Zustand des Gefängnisses betrafen.[984] Den Aufsehern wurde ausweislich *Article III* auferlegt, jeden Gefangenen dreimal täglich zu kontrollieren, um sicherzustellen, dass diese regelmäßig ihre Mahlzeiten einnahmen und ihre Arbeit ordnungsgemäß verrichteten.[985] Es war zudem die Pflicht der Aufseher, im Falle einer Krankheit der Gefangenen, oder bei erforderlicher ärztlicher Hilfe, den Gefängnisdirektor und den Arzt unverzüglich zu benachrichtigen.[986] Dabei wurde den Aufsehern jeweils eine bestimmte Anzahl von Gefangenen zugewiesen, sodass diese unter ihrer Obhut standen.[987] Auch die Aufseher durften keinerlei Zuwendungen seitens der Gefangenen annehmen oder erhalten, ansonsten drohte ebenfalls eine Geldstrafe.[988] Hiermit sollte die Gefahr einer Korrumpierung nicht nur von Inspektoren und Direktoren, sondern auch von den Aufsehern in der Anstalt verhindert werden.

Der Gefängnisarzt sollte ausweislich *Article IV* die Gefangenen in ihren Zellen zwei Mal in der Woche aufsuchen und diejenigen Gefangenen, die in dem Krankenflügel untergebracht waren, täglich.[989] Es war die Aufgabe des Anstaltsarztes etwaige Anweisungen für die Gesundheit und Sauberkeit der Gefangenen zu geben, allerdings nur im Rahmen dessen, was mit den Grundsätzen der sicheren Verwahrung der Gefangenen und den

---

983 Vgl. hierzu den Abschnitt zu *Warden's Daily Journal*, Kap. 6.A.III.
984 Gesetz vom 23. April 1829, Chap. 6517, S. 446 f.
985 Gesetz vom 23. April 1829, Chap. 6517, S. 447.
986 Gesetz vom 23. April 1829, Chap. 6517, S. 447.
987 Gesetz vom 23. April 1829, Chap. 6517, S. 447.
988 Gesetz vom 23. April 1829, Chap. 6517, S. 447.
989 Gesetz vom 23. April 1829, Chap. 6517, S. 448.

Regelungen des Gesetzes vereinbar war.[990] Der Arzt musste die Gefangenen sowohl in körperlicher als auch mentaler Hinsicht untersuchen.[991] Sofern er Grund zur Annahme hatte, dass entweder der Körper oder der Geist des Gefangenen durch die Behandlung oder Ernährung beeinträchtigt werde, hatte er zunächst den *Warden* zu informieren und seine Beobachtungen in das von ihm zu führende Tagebuch einzutragen.[992] Dieses Tagebuch diente als Grundlage für die vom Direktor zu erlassenden Anweisungen über die Anstaltsdisziplin, die Behandlung und Ernährung der Gefangenen, bis zur nächsten Sitzung der Inspektoren, durch die der Fall untersucht und finale Anordnungen getroffen werden sollten.[993]

Auch hinsichtlich der Aufnahme der Gefangenen in die Strafanstalt enthielt das Gesetz in *Article V* eine Reihe von Regelungen.[994] So wurde bestimmt, dass Angeklagte, die zu einer Freiheitsstrafe verurteilt wurden, unmittelbar in die Strafvollzugsanstalt überführt werden sollten.[995] Bei der Ankunft in der Anstalt wurde deren Gesundheitszustand durch den Arzt überprüft, sodann sollte der Gefangene entkleidet, gebadet und gereinigt und dann mit seiner Gefängnisuniform bekleidet werden.[996] Damit sich die Beamten ein Bild von seiner Person machen konnten, wurde er von so vielen Aufsehern wie möglich, neben dem *Kleriker* und dem *Direktor*, untersucht, wobei alle seine körperlichen Merkmale festgestellt wurden, die später seiner Identifizierung dienen könnten.[997] Dem Insassen wurde seine gesamte persönliche Habe abgenommen und erst nach seiner Entlassung in die Freiheit zurückgegeben.[998] Die Gefängnisuniform wurde zweimal in der Woche gewechselt.[999] Der Konsum von Tabak oder alkoholischen Getränken war verboten, es drohte hier eine Geldstrafe für jeden, der einem der Gefangenen Zugriff auf eins davon gewährte, einzige Ausnahme hiervon war, wenn dies auf ärztliche

990 Gesetz vom 23. April 1829, Chap. 6517, S. 448.
991 Gesetz vom 23. April 1829, Chap. 6517, S. 448.
992 Gesetz vom 23. April 1829, Chap. 6517, S. 448.
993 Gesetz vom 23. April 1829, Chap. 6517, S. 448.
994 Gesetz vom 23. April 1829, Chap. 6517, S. 449.
995 Gesetz vom 23. April 1829, Chap. 6517, S. 449.
996 Gesetz vom 23. April 1829, Chap. 6517, S. 449.
997 Gesetz vom 23. April 1829, Chap. 6517, S. 449.
998 Gesetz vom 23. April 1829, Chap. 6517, S. 449.
999 Gesetz vom 23. April 1829, Chap. 6517, S. 449.

Anordnung erfolgte.[1000] Nach seiner Ankunft in der Strafanstalt wurde der Gefangene zunächst der üblichen Untersuchung, Waschung und ärztlichen Begutachtung unterzogen, um sodann bekleidet und mit verbundenen Augen in seine Zelle geführt zu werden.[1001]

Die Genehmigung zum Besuch der Anstalt war offiziellen Besuchern vorbehalten, diese waren: der Gouverneur, der Sprecher und die Mitglieder des Senats, der Sprecher und die Mitglieder des Repräsentantenhauses, der Sekretär des Commonwealths, die Richter des Obersten Gerichtshofs, der Generalstaatsanwalt und seine Stellvertreter, der Präsident und Richter aller Gerichte des Staates, der Bürgermeister und der jeweilige Stadtrat der Städte *Philadelphia*, *Lancaster* und *Pittsburgh*, die Kommissare und Sheriffs der verschiedenen Bezirke und das amtierende Komitee der *Society*.[1002] Ansonsten war es niemandem erlaubt die Gefangenen zu besuchen sowie Briefe und Nachrichten an die Gefangenen zu überbringen oder von diesen zu empfangen.[1003]

Bei der Entlassung sollten Gefangene, soweit möglich, noch einmal nach ihrer Geschichte und den literarischen, moralischen und religiösen Unterweisungen gefragt werden, die sie in ihrer Zeit im Gefängnis genossen hatten.[1004] Ebenso sollten sie nach den früheren Gründen für ihr Verbrechen, wie in etwa „bösen" Verbindungen, allgemeinen Gewohnheiten oder Leidenschaften, sowie zudem nach den Zukunftsplänen, beispielsweise hinsichtlich des künftigen Wohnsitzes, befragt werden.[1005] Diese Angaben waren sodann, gemeinsam mit dem Namen, dem Alter und dem Zeitpunkt der Entlassung von dem Kleriker zu dokumentieren.[1006] Sofern sich der Inspektor und der Direktor von der Sittlichkeit, dem Fleiß und der Ordnung des Gefangenen überzeugt hatten, erhielt er sein entsprechendes Entlassungszeugnis und wurde mit insgesamt vier Dollar aus dem Gefängnis entlassen.[1007] Hierdurch

---

[1000] Gesetz vom 23. April 1829, Chap. 6517, S. 449.
[1001] Gesetz vom 23. April 1829, Chap. 6517, S. 449.
[1002] Gesetz vom 23. April 1829, Chap. 6517, S. 450.
[1003] Gesetz vom 23. April 1829, Chap. 6517, S. 450.
[1004] Gesetz vom 23. April 1829, Chap. 6517, S. 450.
[1005] Gesetz vom 23. April 1829, Chap. 6517, S. 450.
[1006] Gesetz vom 23. April 1829, Chap. 6517, S. 450.
[1007] Gesetz vom 23. April 1829, Chap. 6517, S. 450.

sollten mögliche Verbrechen, die umgehend nach der Entlassung aufgrund des Mangels an finanziellen Mitteln verübt wurden, verhindert werden.[1008]

Die moralischen und religiösen Unterweisungen wurden in der Strafanstalt gemäß *Article IX* dem Religionslehrer übertragen, wobei sie so ausgestaltet sein sollten, dass die Haftzeit ein Mittel zur Besserung der Gefangenen darstellte, sodass sich diese nach ihrer Entlassung als „ehrliche, fleißige und nützliche Mitglieder der Gesellschaft [...] erweisen" würden.[1009] Im Rahmen der gesetzlichen Vorgaben hatten der Direktor und die Aufseher die Pflicht, den Religionslehrer in jeder Hinsicht zu unterstützen, insoweit er das für erforderlich hielt, um das gesetzte Ziel der moralischen Besserung der Gefangenen zu erreichen.[1010] Die Kosten für die Gefängnisse waren von den jeweiligen Bezirken zu tragen, in denen die Gefangenen verurteilt wurden.[1011]

Besonders beachtenswert an diesem Gesetz ist, dass den entlassenen Gefangenen finanzielle Mittel für einen Neustart in die Freiheit gewährt wurden. Hierdurch sollten ausweislich des Gesetzes Wiederholungstaten verhindert werden, sodass sich dieses Vorgehen als Ausgestaltung des für diese Zeit typischen Präventionsdenkens bezeichnen lässt. Gesamtgesellschaftlich wurde durch die Verhinderung von Wiederholungstaten der schon im 16. Jahrhundert geforderte Schutz der Gesellschaft erneut angestrebt, gleichzeitig gab es dem einstigen Gefangenen die Möglichkeit, in ein besseres und rechtschaffeneres Leben zu starten. Allerdings ist zu beachten, dass die Summe von vier Dollar nicht ausreichen konnte, um einen tatsächlichen Neustart zu gewährleisten, sondern vielmehr lediglich als Überbrückung für wenige Tage dienen konnte. Überträgt man den Wert von vier Dollar im Jahr 1829 auf die heutige Zeit, so ergibt sich eine Summe von ungefähr 140 Dollar.[1012] Gleichwohl ist zu berücksichtigen, dass es nicht als Aufgabe des Staates oder des Strafvollzuges anzusehen war, dem Gefangenen nach dessen Entlassung ausreichend hohe Finanzmittel zur Verfügung zu stellen, damit dieser für einen längeren Zeitraum ausgesorgt hatte. Vielmehr ist die Summe von vier Dollar als eine Unterstützung zu werten, sodass der „gebesserte" Gefangene

---

[1008] Gesetz vom 23. April 1829, Chap. 6517, S. 450.
[1009] Gesetz vom 23. April 1829, Chap. 6517, S. 450.
[1010] Gesetz vom 23. April 1829, Chap. 6517, S. 451.
[1011] Gesetz vom 23. April 1829, Chap. 6517, S. 451.
[1012] Berechnung mit dem CPI Calculator – https://www.officialdata.org/us/inflation/1829?amount=4, Stand November 2025.

für die ersten Mahlzeiten und eine etwaige Reise zu seinem zukünftigen Wohnort versorgt war. Insbesondere mit Blick auf die Tatsache, dass noch wenige Jahrzehnte vorher von den Gefangenen bei deren Entlassung Geldsummen bezahlt werden mussten, um den Aufenthalt im Gefängnis zu begleichen, handelte es sich hier um eine wesentliche Verbesserung für die Gefangenen, die – obgleich primäres Ziel in der Verhinderung von Wiederholungstaten lag – auch als „Mitgefühl" und somit als humanistisch angesehen werden kann. Zudem hatte man aus den vorherigen Fehlern in der *Walnut Street* gelernt und sperrte die Gefangenen nicht mehr isoliert und ohne Beschäftigung in Einzelzellen, sondern gab ihrem Alltag durch die Arbeitspflicht eine gewisse Struktur und Ablenkung.

Gleichwohl zeigt der Umstand, dass mit dem Gefangenen in der Strafanstalt direkt ein Gespräch geführt wurde, das sowohl seine Geschichte und sein Verbrechen als auch den mit der Bestrafung vorgesehenen Plan zu Erreichung der Besserung zum Inhalt hatte,[1013] die Ausprägung des Besserungsziels. Dabei hatte das Gedankengut der Quäker noch immer einen maßgeblichen Einfluss, denn danach sollte er „der Einsamkeit, den Ängsten und Gewissensbissen überlassen" werden, die durch das Nachdenken in der Einsamkeit entstehen würden.[1014] Hierin ist der von den Quäkern praktizierte *Quietism* zu sehen, der als Grundlage, der auch in Pennsylvania mit der Freiheitsstrafe bezweckten Umformung des Gefangenen zu sehen ist.

In der strengen Regelung der Aufgaben der Anstaltsbeamten und dem Kontrollinstrument der alleinigen Gespräche mit den Gefangenen zur Aufdeckung etwaiger Misshandlungen sind zudem die Forderungen von *Benjamin Rush* wiederzufinden. Dieser hatte bereits Ende des 18. Jahrhunderts gefordert, dass das Personal der Strafanstalten den Gerichten und der Gesetzgebung unterworfen sein solle. Zur Umsetzung dieser Forderung war es notwendig, dass die Regeln geschaffen und etwaige Verstößen gegen sie aufgedeckt werden. Die mit der Freiheitsstrafe bezweckte Disziplinierung des Gefangenen sollte somit nicht willkürlich, sondern auf rechtlicher Grundlage erfolgen. Insgesamt wurde die Gefängnisdisziplin in dem Gesetz von 1829 ausdrücklich geregelt.

1013 *Smith*, A Defence of the System of Solitary Confinement, S. 24.
1014 *Smith*, A Defence of the System of Solitary Confinement, S. 24.

In den Aufgaben der Aufseher sind die Aspekte der äußeren Hygiene besonders deutlich geworden. Die Gesundheit und Sauberkeit der Gefangenen wurde ausdrücklich geregelt und ist dabei als Fortsetzung der ersten Reformbemühungen zu sehen. In diesen waren es insbesondere diese Punkte der Hygiene gewesen, die in den untersuchten Gebieten zunächst gefordert wurden.

Der Einsatz der Arbeit ist hingegen, anders als in Baden, wo es vorrangig um den daraus zu ziehenden finanziellen Vorteil ging, hier als Mittel zur Beschäftigung der Gefangenen dargestellt. Die Erkenntnisse aus den ersten Bemühungen zur Reform des Strafvollzuges in der *Walnut Street* wurden nunmehr verwendet, um aus den erkannten Defiziten Rückschlüsse für künftige Reformen zu ziehen. Daraus lässt sich schließen, dass das Reformprogramm in Pennsylvania nicht unumstößlich verfolgt, sondern im Laufe der Zeit korrigiert wurde. Insbesondere mit Blick auf die verheerenden Folgen, die die vollständige Isolation der Gefangenen, auf deren Geist hatte, sind diese Entwicklungen bereits aus damaliger Sicht positiv zu bewerten. Gleichzeitig ist auch das Konzept der Arbeit während der Freiheitsstrafe als ein Aspekt der Umformung der Gefangenen zu sehen.[1015]

Aus dem Gesetz ergibt sich somit in der Gesamtschau, dass es tatsächlich um die Besserung der Gefangenen ging und dabei die Gefangenen als Menschen Beachtung fanden. Sowohl ihre äußere als auch ihre innere Hygiene durch religiöse und moralische Unterweisung sowie die Beschäftigung der Gefangenen wurden dabei berücksichtigt. Diese Aspekte der inneren Hygiene zeigen dabei erneut die Auswirkungen der *Spezialpräventionstheorie*, indem die Gefangenen hier umerzogen werden sollten.

II. Bericht der Gefängnisinspektoren – Second Annual Report (1830)

Ausweislich des *Article I* des Gesetzes vom 23. April 1829 hatten die Inspektoren die Pflicht, das Parlament einmal im Jahr über den Zustand der Gefängnisse zu informieren.[1016]

1015 *Foucault*, Überwachen und Strafen, S. 307–313.

1016 Gesetz vom 23. April 1829, Chap. 6517, S. 446.

Im Rahmen des *Second Annual Reports*[1017] für das Jahr 1830 erklärten die Inspektoren, dass der Präsident der Inspektoren *Charles Sidney Coxe* das *Western State Penitentiary* besucht habe, um sich über die dortige Disziplin zu informieren und die Funktionsweise des *Eastern State Penitentiary* besser beurteilen zu können.[1018] Sie betonten, dass das *Western State Penitentiary* unter der Prämisse der Einzelhaft der Gefangenen ohne Arbeit gebaut wurde und dementsprechend die Zellenreihen zu klein und nicht ausreichend belüftet oder beleuchtet seien, um auch für die Verrichtung der Arbeit genutzt werden zu können.[1019] Zudem verfüge das *Western State Penitentiary* nicht über getrennte Höfe, die notwendig wären, um den Gefangenen die körperliche Ertüchtigung an der frischen Luft zu gewähren, ohne die Prämisse der strikten Trennung der Insassen untereinander zu verletzen.[1020] Aus den Zuständen im *Western State Penitentiary* zogen die Inspektoren die Konsequenz, dass das *Eastern State Penitentiary* nur dann erfolgreich sein könnte, wenn die Gefangenen eine separate Zelle mit ausreichender Größe und mit genug Licht erhielten, die unmittelbar an einen separaten Hof angeschlossen sei, in dem sie sich bewegen und Frischluft erhalten könnten.[1021] Die Inspektoren waren der Überzeugung, dass die Unzulänglichkeiten des bisherigen Gefängnissystems vor allem auf die baulichen Mängel zurückzuführen waren und durch das *Eastern State Penitentiary* erstmals die Möglichkeit eines erfolgreichen Systems, das die Bestrafung und Resozialisierung der Gefangenen vereinen könnte, bestand.[1022]

Seitens der Inspektoren wurde weiter betont, dass es ihre Aufgabe sei, ein fundiertes Urteil über die Einzelhaft abzugeben.[1023] Die Aussage des Gefängnisdirektors stimme mit der des Anstaltsarztes dahingehend überein, dass weder mentale noch körperliche Erkrankungen der Gefangenen durch

---

[1017] Second Annual Report for the year 1830, January 1831, erschienen in: First and Second Annual Reports of the Inspectors of the Eastern State Penitentiary of Pennsylvania, Made to the Legislature at the Seasons 1829–1830 and 1830–31, Philadelphia 1831, S. 8–12.

[1018] Second Annual Report für das Jahr 1830, S. 8.

[1019] Second Annual Report für das Jahr 1830, S. 8.

[1020] Second Annual Report für das Jahr 1830, S. 8.

[1021] Second Annual Report für das Jahr 1830, S. 8.

[1022] Second Annual Report für das Jahr 1830, S. 8.

[1023] Second Annual Report für das Jahr 1830, S. 8 f.

die „mitigated solitude“ hervorgerufen werden würden.[1024] Eine absolute Isolation, ohne Arbeit, moralische oder religiöse Unterweisung aber, verurteilten die Inspektoren als „cruel“, da sie die moralischen und physischen Kräfte der Gefangenen beschädigen würden.[1025] Zudem sei es auch aufgrund politischer Überlegungen erstrebenswert, dass der Gefangene nicht in absoluter Isolation untergebracht werde, nicht nur, dass ihm diese Art der Haft eher schaden würde, als ihn zu verbessern, sondern auch weil es für die Gesellschaft förderlich sei, wenn der Gefangene durch die Arbeit in seinen Zellen zu seinem Unterhalt in der Strafanstalt beitragen würde.[1026] Der Wert der Gefangenenarbeit habe seit der Ankunft des ersten Gefangenen in der Haftanstalt die Höhe aller laufenden Kosten, mit Ausnahme der Gehälter der *Officers*, für das Gefängnis überschritten.[1027]

Die Inspektoren hatten selbst Gelegenheit, sich von den negativen Auswirkungen der vollständigen Isolierung der Gefangenen zu überzeugen: Sie berichteten von einem kräftigen Insassen, bei dem aufgrund seines Ungehorsams das Licht in seiner Zelle abgeschaltet wurde. Bereits nach kurzer Zeit war dieser Gefangene in seinem „Geist gebrochen“ und hätte um Arbeit sowie die Zurverfügungstellung einer Bibel „gebettelt“, um die Einsamkeit zu vertreiben.[1028] Ein ähnliches Phänomen sei zu beobachten, wenn man die Gefangenen nach deren Ankunft im Gefängnis in ihrer Zelle allein ließe. Nach dem Bericht der Inspektoren würden nur ein bis zwei Tage vergehen, bis die Gefangenen bereits nach einer Bibel fragten, oder um eine Beschäftigung bitten würden.[1029] Dementsprechend funktioniere die Einzelhaft in dieser Hinsicht nach dem Prinzip, dass sowohl die Arbeit als auch die moralischen und religiösen Bücher als Privilegien angesehen wurden, wobei deren Entzug eine Form der Strafe darstellte.[1030]

Ziel der Strafanstalt sei es, dass sich der Gefangene mit sich selbst auseinandersetze, wobei man davon überzeugt war, dass die Einsamkeit eine

1024 Second Annual Report für das Jahr 1830, S. 9.
1025 Second Annual Report für das Jahr 1830, S. 9.
1026 Second Annual Report für das Jahr 1830, S. 9.
1027 Second Annual Report für das Jahr 1830, S. 12.
1028 Second Annual Report für das Jahr 1830, S. 9.
1029 Second Annual Report für das Jahr 1830, S. 9.
1030 Second Annual Report für das Jahr 1830, S. 9.

weitreichende Hilfe sei, um zur Selbstreflexion anzuregen.[1031] Durch die Einsamkeit und die große Strenge würden auch die reuelosen und unverbesserlichen Gefangenen die positiven Wirkungen durch moralische und religiöse Besinnung erkennen und dabei verstehen, dass diese Prinzipien sich vorteilhaft auf ihre mentalen und körperlichen Kräfte auswirken werden.[1032] Diese Erkenntnis führe dazu, dass die einsame Zelle des Gefangenen an Schrecken verlieren und für den Gefangenen weniger schlimm wirken würde.[1033] Während seiner Haftzeit sei entsprechend jeglicher Kontakt nach außen und untereinander verboten, sodass der Gefangene bei seiner Entlassung keinen Kontakt mehr zu seinen ursprünglichen „Verbrechensgefährten" habe und hoffnungsvoll in seine Zukunft blicken könne.[1034]

Die Inspektoren kamen zu dem Schluss, dass die Einzelhaft für den Gefangenen keine unzumutbare Haftbedingung darstellen, sondern vielmehr gerecht und weise auf diesen einwirken würde.[1035] Im Rahmen des *Report* wird ausdrücklich auf die langjährige Erfahrung der meisten Inspektoren in der praktischen Anwendung der Strafgesetze und der Gefängnisdisziplin hingewiesen. Gemeinsam mit den „besonderen Kenntnissen" des Vorstandes würden sich diese hinsichtlich der tatsächlichen Auswirkungen dieser Strafanstalten auf sowohl die moralische und körperliche Verfassung der Insassen als auch die öffentlichen Interessen hinsichtlich ihrer „Überzeugung von der Humanität und Vortrefflichkeit dieses Strafvollzugssystems" positiv auswirken.[1036] Die dauerhafte Einrichtung und Durchführung dieses Systems bejahten die Inspektoren nicht nur, sondern empfahlen sie sogar, mit der weiteren Begründung, dass sie im Einklang mit den reinsten Prinzipien der Philanthropie stehen und dabei die Interessen, aber auch den erhabenen Charakter des Commonwealth von Pennsylvania fördern würden.[1037]

Aus dem *Report* ergibt sich generell, dass es nicht nur reine Menschenfreundlichkeit war, die die Arbeit in den Gefängnissen ermöglichte, sondern zudem monetäre Erwägungen eine wichtige Rolle gespielt haben, die schon

---

[1031] Second Annual Report für das Jahr 1830, S. 10.
[1032] Second Annual Report für das Jahr 1830, S. 10.
[1033] Second Annual Report für das Jahr 1830, S. 10.
[1034] Second Annual Report für das Jahr 1830, S. 10.
[1035] Second Annual Report für das Jahr 1830, S. 10.
[1036] Second Annual Report für das Jahr 1830, S. 12.
[1037] Second Annual Report für das Jahr 1830, S. 12.

im 17. Jahrhundert an Relevanz gewonnen hatten.[1038] Insoweit hatte man aus den verheerenden Auswirkungen der vollständigen Isolierung der Gefangenen einiges gelernt, gleichzeitig dies aber nicht zum Anlass genommen, die Isolation an sich in Frage zu stellen, sondern vielmehr durch eine – unter anderem auch für den Staat profitable – Arbeitsleistung der Gefangenen zu ergänzen. So wurden die Zustände für die Gefangenen zwar grundsätzlich im Vergleich zur vollständigen Isolierung ohne Arbeit verbessert, aber damit einhergehend eine Einnahmequelle für den Staat geschaffen. In ihrem Bericht argumentierten die Inspektoren mithin mit der Humanität, um die Daseinsberechtigung des *Solitary Systems* zu begründen. Dabei bezogen sie sich darauf, dass die körperliche und die mentale Verfassung der Gefangenen nicht geschädigt werden würde und aus diesem Grund im Lichte der Humanität bejaht werden könne.

Man könnte diese Begründung zunächst so deuten, dass man die Humanität bereits dann bejahte, wenn dem Menschen, hier dem Gefangenen, kein offenkundiger Schaden zugefügt wurde. Wie bereits *Wolf* formulierte, ist die Humanität immer dann von besonderer Relevanz, wenn sie missachtet oder gegen sie verstoßen wird.[1039] Demnach wäre alles, das nicht direkt als Verstoß oder Missachtung der Humanität gewertet wird, human. Das hingegen würde die Bedeutung der Humanität und die dahinterstehenden eklatant wichtigen Gedanken abkürzen und in ihrer allgemeinen Wichtigkeit schmälern. Allerdings setzt ein humanes beziehungsweise mit der Humanität vereinbares Handeln hier vielmehr ein Bestreben zur Besserbehandlung der Gefangenen voraus und kann nicht bereits bei dem bloßen Fehlen einer unmittelbaren und ggf. ebenfalls aktiven Missachtung der Gefangenenbedürfnisse bejaht werden.

Gleichwohl muss hier berücksichtigt werden, dass die Verbesserung der Gefangenenbedingungen an sich, hier im Besonderen durch die Abschaffung der vollständigen Isolierung ohne Arbeit der Gefangenen, eine aktive Initiierung im humanitären Sinne darstellte. Mit der Feststellung, dass die absolute Isolierung der Gefangenen negative Auswirkungen hatte, und zudem die fehlende frische Luft die körperliche Verfassung der Gefangenen verschlechterte, suchte man nach einer Möglichkeit, dies zu verbessern. Obgleich nicht

[1038] *Laubenthal*, Strafvollzug Rn. 95.
[1039] *Wolf*, Humanität, S. 17.

die Bestrebung nach einer Besserung für die Gefangenen allein, sondern im Zusammenspiel mit monetären Erwägungen, der Grund für die Einführung der Arbeit in den Zellen war, so kann nicht unberücksichtigt bleiben, dass man sich mit den Zuständen für die Gefangenen erneut auseinandergesetzt hatte. Dies zeigt die wachsende Achtsamkeit für die Behandlung der Gefangenen sowie ihre körperliche und mentale Unversehrtheit. Der reine Vergeltungscharakter der Strafe stand somit nicht mehr im Vordergrund. Der Entzug der Freiheit selbst war die Strafe, wobei der Zweck der Besserung der Gefangenen als großes Ziel verfolgt wurde. Die Strafe sollte dabei nicht durch eine beabsichtigte schlechte Behandlung der Gefangenen verschärft, sondern vielmehr zur Disziplinierung der Gefangenen genutzt werden. Entsprechend hatte auch die Ablehnung der vollständigen Isolation den Zweck die angestrebte Besserung der Gefangenen durch eine Modifikation des Systems zu erreichen. Dabei wurde die inneren Einkehr der Gefangenen in ihre Isolation durch die arbeitsinduzierte Erziehung des Gefangenen ergänzt. Beide Aspekte stellen dabei Disziplinierungsmaßnahmen dar, um den Gefangenen zu einem besseren Mensch zu formen.

III. Aufzeichnungen des Gefängnisdirektors – Warden's Daily Journal (1833)

Die *Warden's Daily Journal* könnten einen Eindruck über die Struktur des *Eastern State Penitentiary* und insbesondere über die alltäglichen Geschehnisse geben. Hintergrund ist, dass der Gefängnisdirektor ausweislich *Article II* des Gesetzes vom 23. April 1829 dazu verpflichtet war, ein solches *Journal*[1040] zu führen. Beispielhaft wird im Weiteren der Inhalt des *Journal* aus dem Jahr 1833 und mit Blick auf die dort aufgezeichneten Bestrafungen ausgewertet. Es ergibt sich dabei jedoch schnell, dass es sich hier nur um oberflächliche Angaben handelt, die weder den Kern der Bestrafung noch deren Hintergründe aufzeigen.

Für den 18. Januar 1833 wurde zum Beispiel notiert, dass der Gefangene No. 32 eine Mixtur trank, die eine große Menge Opium enthalten hatte, wodurch seine Gesundheit gefährdet gewesen sei. Am nächsten Tag wurde schlicht vermerkt, dass keine Gefahr mehr bestünde. Angaben, ob der Gefangene wegen dieser Tat bestraft oder seelisch betreut wurde, oder ob

---

1040 Eastern State Penitentiary, Wardens' Daily Journals, Volume 1, 1829–1855, Roll 7016.

seine mentale Gesundheit gefährdet war, fanden sich hingegen nicht.[1041] Am 6. Februar notierte der Direktor, dass der Gefangene No. 158 aus der Bestrafung geholt wurde, ohne dass es Angaben gab, die die näheren Umstände beschrieben. Am gleichen Tag wurde No. 94 in eine Dunkelzelle verbracht. Für beide Vorkommnisse fehlt es an genaueren Angaben dazu, aus welchem Grund der Gefangene bestraft wurden.[1042] Zwei Tage später wurde notiert, dass der Gefangene No. 148 ein wenig stur gewesen und deswegen für mehrere Stunden in eine Zwangsjacke gesteckt worden sei.[1043] Am 18. Mai 1833 unternahm ausweislich des *Wardens' Daily Journals* ein Gefangener einen Ausbruchsversuch, der zunächst erfolgreich gewesen ist. Der Gefangene sei aber in der Stadt wieder ergriffen worden. Allerdings fehlt es auch hier an der Aufzeichnung der hierfür verhängten Bestrafung des Gefangenen.[1044]

Am 4. Juni 1833 wurde notiert, dass der Insasse No. 69 in die Dunkelzelle eingesperrt worden sei, weil er andere[1045] verhöhnt habe.[1046] Nur vier Tage später, am 8. Juni 1833 sei der Gefangene No. 105 wegen Impertinenz gegenüber einem *Keeper* ebenfalls in eine dunkle Zelle gesperrt worden.[1047] Der Gefangene No. 87 habe sich am 24. August 1833 „so wild" benommen, dass er in eine dunkle Zelle verbracht worden sei.[1048] Erstmalig am 30. September 1833 wurde in diesem Jahr über den Gesundheitszustand eines Gefangenen geschrieben. Der Gefangene No. 117 habe sich nicht wohlgefühlt, sodass er von dem *Warden* ins Hospital geschickt worden sei.[1049] Am 29. Oktober sei der Gefangene No. 132 in eine Zelle bei Brot und Wasser gesperrt worden, weil er laut in seiner Zelle gewesen sei und zudem seine „uppers"[1050] zerschnitten

---

1041 Wardens' Daily Journals, Vol. 1, 1829–1855, Roll 7016, 1833.
1042 Wardens' Daily Journals, Vol. 1, 1829–1855, Roll 7016, 1833.
1043 Wardens' Daily Journals, Vol. 1, 1829–1855, Roll 7016, 1833.
1044 Wardens' Daily Journals, Vol. 1, 1829–1855, Roll 7016, 1833.
1045 Die Quelle ist an dieser Stelle nicht deutlich lesbar – es könnte „the ministers" heißen: Die Urschrift ist für eine definitive Aussage allerdings zu unlesbar. An dieser Stelle dürfte das keinen großen Unterschied machen.
1046 Wardens' Daily Journals, Vol. 1, 1829–1855, Roll 7016, 1833.
1047 Wardens' Daily Journals, Vol. 1, 1829–1855, Roll 7016, 1833.
1048 Wardens' Daily Journals, Vol. 1, 1829–1855, Roll 7016, 1833.
1049 Wardens' Daily Journals, Vol. 1, 1829–1855, Roll 7016, 1833.
1050 Das Wort „uppers" kann verschieden übersetzt werden, wird nach Auffassung der Verfasserin hier aber wahrscheinlich für Oberbekleidung stehen.

habe.[1051] Am Morgen des 9. November sei der Gefangene No. 196 in seiner Zelle widerspenstig und laut gewesen, sodass der *Warden* es als das Beste erachtet habe, ihn in eine dunkle Zelle zu stecken. Dabei notierte der *Warden*, dass sich der Gefangene, wenn er nicht verrückt sei, gut benehmen würde.[1052] Direkt dahinter ist notiert, dass der Gefangene das Oberlicht zerstört und sehr viel Lärm gemacht habe.[1053]

Es lässt sich also an dieser Stelle kurz festhalten, dass die Ausführungen im *Warden's Daily Journal* zu allgemein gehalten sind, um Kenntnis über die tatsächlichen Vorgänge in der Strafanstalt sowie die Behandlung und Bestrafung der Gefangenen im Jahr 1833 zu geben.

Aus den Aufzeichnungen besonders hervorzuheben ist hingegen der im Weiteren genauer dargestellte Todesfall des Gefangenen *Matthias Maccumsey*, auf den deshalb im Verlauf dieser Arbeit noch explizit und ausführlicher eingegangen wird.[1054]

Für den 27. Juni 1833 wurde notiert, dass der Gefangene No. 102 (*Matthias Maccumsey*)[1055] seinen Zellennachbarn mehrfach dazu gebracht habe, mit ihm zu sprechen. Als Bestrafung hierfür sei ihm gegen 8 Uhr die Zwangsjacke und *the Gag* angezogen worden.[1056] Circa eine Stunde später wurde der *Warden* informiert, dass der Gefangene leblos in seiner Zelle aufgefunden worden sei. Der *Warden* habe sich dann unverzüglich zu ihm begeben, habe bei ihm allerdings keinen Puls mehr feststellen können und auch der hinzugerufene Arzt habe nichts mehr für *Maccumsey* tun können.[1057] Am Folgetag findet sich in dem *Journal* lediglich eine Notiz, dass bei der *post mortem* Obduktion des Gefangenen als Todesursache eine Apoplexie[1058] festgestellt worden sei.[1059]

[1051] Wardens' Daily Journals, Vol. 1, 1829–1855, Roll 7016, 1833.
[1052] Wardens' Daily Journals, Vol. 1, 1829–1855, Roll 7016, 1833.
[1053] Wardens' Daily Journals, Vol. 1, 1829–1855, Roll 7016, 1833.
[1054] Vgl. Hierzu den entsprechenden Abschnitt: Der Todesfall Matthias Maccumsey, Kapitel 6.A.IV.2.
[1055] Eastern State Penitentiary: Descriptive Registers (Roll 400), S. 67.
[1056] Wardens' Daily Journals, Vol. 1, 1829–1855, Roll 7016, 1833.
[1057] Wardens' Daily Journals, Vol. 1, 1829–1855, Roll 7016, 1833.
[1058] Unter einer Apoplexie versteht man einen Schlaganfall.
[1059] Wardens' Daily Journals, Vol. 1, 1829–1855, Roll 7016, 1833.

Bei dem angewandten *Gag* ist davon auszugehen, dass es sich um den *Iron Gag* handelte, eine der acht angewandten Disziplinarstrafen.[1060] Diese war ein grobes Eiseninstrument, das Ähnlichkeiten mit dem groben steifen Mundstück eines Zaumzeuges hatte und in der Mitte über eine eiserne Platte von circa einem Zoll verfügte.[1061] An der Platte waren beidseits Ketten angebracht, die um den Hals gelegt und hinten im Nacken befestigt wurden.[1062] Dabei beschreibt *McElwee*[1063] diesen Knebel als Instrument, das dem Gefangenen in den Mund gesteckt, die Eisenplatte über die Zunge gelegt, das Gebiss so weit wie möglich hineingedrückt und die Ketten um die Kiefer bis zum Halsansatz geführt wurde.[1064] Das Ende der einen Kette wurde durch den Ring im Ende der anderen Kette geführt, bis zum „vierten Glied" festgezogen und mit einem Schloss befestigt. Die Hände des Gefangenen wurden dann in Lederhandschuhe gezwängt, in denen sich Eisenklammern befanden und hinter seinem Rücken gekreuzt.[1065] Die Lederriemen wurden durch die gerade beschriebenen Klammern geführt und von dort aus um die Ketten des Knebels zwischen seinem Hals und den Ketten.[1066] Anschließend wurden die Riemen straff gezogen und die Hände zum Kopf hinaufgedrückt. Der Druck wirkte folglich auf die Ketten, die auf die Kiefer und die Halsvenen drückten, was laut *McElwee* „unerträgliche" Schmerzen hervorgerufen und einen gefährlichen Bluterguss im Kopf verursacht habe.[1067]

Wie bereits erwähnt, gehörte es ausweislich *Article II* des Gesetzes von 1829 zu den Aufgaben des *Warden* ein Daily Journal zu führen in das unter anderem sämtliche Beschwerden sowie Bestrafungen für begangene Verstöße gegen die Gefängnisdisziplin einzutragen waren.[1068] Aus den obigen Aufzeichnungen für das Jahr 1833 ergeben sich allerdings keine ausführlichen Angaben über die Bestrafungen beziehungsweise Verstöße, sondern sämtliche

---

[1060] *McElwee*, A Concise History of the Eastern Penitentiary of Pennsylvania, Vol. I, S. 16, 18.

[1061] *McElwee*, A Concise History of the Eastern Penitentiary of Pennsylvania, Vol. I, S. 18.

[1062] *McElwee*, A Concise History of the Eastern Penitentiary of Pennsylvania, Vol. I, S. 18.

[1063] Zu seiner Person und seiner Arbeit siehe nächster Abschnitt: Untersuchungen gegen Wood.

[1064] *McElwee*, A Concise History of the Eastern Penitentiary of Pennsylvania, Vol. I, S. 18.

[1065] *McElwee*, A Concise history of the Eastern Penitentiary of Pennsylvania, Vol. I, S. 18.

[1066] *McElwee*, A concise history of the Eastern Penitentiary of Pennsylvania, Vol. I, S. 18.

[1067] *McElwee*, A concise history of the Eastern Penitentiary of Pennsylvania, Vol. I, S. 18.

[1068] Gesetz vom 23. April 1829, Chap. 6517, S. 447.

Ausführungen wurden eher kurzgehalten. Um die Vertrauenswürdigkeit dieser Angaben zu überprüfen, werden an dieser Stelle Berichte aus der Praxis herangezogen und mit den obigen Angaben sowie den theoretischen Vorgaben im Weiteren verglichen.

IV. Bestrafung und Behandlung der Gefangenen in der Praxis

Grundsätzlich könnte man davon ausgehen, dass durch die strenge Absonderung der Gefangenen untereinander nur eine geringe Menge an Regelverstößen im *Eastern State Penitentiary* stattgefunden haben und mithin nur selten eine Bestrafung der Gefangenen notwendig war. Allerdings kam es auch hier zu verschiedenen Zuwiderhandlungen seitens der Gefangenen.[1069] Dabei war das Spektrum der Übertretungen breit und reichte von trivialen bis hin zu ernsthaften Verstößen.[1070] Am unteren Ende standen beispielsweise die unzureichende Reinigung des Geschirrs oder der Zelle, bedeutsamer eingestuft wurden hingegen Zuwiderhandlungen in Form von Lärmen in der Zelle oder der Versuch mit Mitgefangenen zu kommunizieren.[1071] Besonders relevant war die Arbeitsverweigerung, das Zerstören der Zelleneinrichtung, der Angriff auf einen Aufseher oder Wärter, Fluchtversuche oder der Versuch einen anderen Gefangenen beziehungsweise einen *Guard* zu verletzen oder sogar zu töten.[1072] Grundsätzlich stimmten die damaligen Berichte darin überein, dass die Bestrafungen der Gefangenen im *Eastern State Penitentiary* vergleichsweise mild ausfielen.[1073] Gleichwohl wurde auf Ungehorsam bei den Gefangenen manchmal mit großer Gewalt reagiert, teilweise so weitgehend, dass die Gefangenen durch die Bestrafung starben.[1074]

Unter anderem auf diese Missstände hatte *Louis Dwight*, der *active secretary* der *Prison Discipline Society of Boston*, der als entschlossenster Gegner des *Pennsylvania Systems* bezeichnet wird, hingewiesen.[1075] Bereits ab 1827 hatte er in den *Reports of the Boston Prison Discipline Society* mehrfach die Einführung des *Solitary Confinement* kritisiert und auf Unzulänglichkeiten dieses Systems

[1069] *Johnston*, in: Crucib. Good Intentions, S. 47 (61).
[1070] *Johnston*, in: Crucib. Good Intentions, S. 47 (61).
[1071] *Johnston*, in: Crucib. Good Intentions, S. 47 (61).
[1072] *Johnston*, in: Crucib. Good Intentions, S. 47 (61).
[1073] *Johnston*, in: Crucib. Good Intentions, S. 47 (61).
[1074] *Kahan*, Seminary of Virtue, S. 24.
[1075] *Thibault*, To Pave the Way to Penitence, S. 189.

aufmerksam gemacht. Im Rahmen des *Second Report*[1076] aus dem Jahr 1827 monierte er beispielsweise, dass die Öffnungen für die warme Luftzufuhr in den Zellen wahrscheinlich den Gefangenen eine Möglichkeit der Kommunikation untereinander schaffen würde, die aufgrund der verschlossenen Türen und der Entfernung der Wärter von den Zellen nicht auffallen und mithin der Versuch die Kommunikation zu verhindern korrumpiert werden würde.[1077] In diesem Falle betonte er, dass man mehr Wärter als Gefangene bräuchte, um diese Kommunikation der Gefangenen untereinander wirksam unterbinden zu können.[1078]

Nach einem Besuch der Strafanstalt berichtete er im Rahmen des *Third Report*[1079] 1828, dass er bei einem Experiment festgestellt habe, dass eine Kommunikation der Gefangenen untereinander, obgleich sowohl die Türen zum Außenbereich als auch zum Flur geschlossen waren, ohne Probleme möglich sei.[1080] Das gleiche gelte auch, nachdem sie die jeweiligen Einzelzellen verlassen und den Außenbereich betreten würden – eine Kommunikation könne auch dort ohne besondere Hindernisse erfolgen.[1081] Diese Tatsache wurde sodann als das perfekte Versagen beim Bauplan bezeichnet.[1082]

1. Untersuchungen gegen den Direktor Samuel R. Wood u. a. (1834/1835)

Im Sommer 1833 wurden von mehreren Aufsehern sowie anderen Beschäftigten des *Eastern State Penitentiary* bei dem damals amtierenden Vorsitzenden des Inspektionsausschusses *Richter Cox*, Beschwerden gegen den Direktor *(Warden) Samuel R. Wood* und andere Personen wegen Missständen in der Einrichtung eingereicht.[1083] Aufgrund dieser Beschwerden wurden Vernehmungen der Beschwerdeführer durch den Inspektionsausschuss vorgenommen,

---

1076 Second Annual Report of the Board of Managers of the Prison Discipline Society, Boston, June 1, 1827.

1077 Second Report, Prison Discipline Society Boston, 1827, S. 122.

1078 Second Report, Prison Discipline Society Boston, 1827, S. 122.

1079 Third Annual Report of the Board of Managers of the Prison Discipline Society, Boston, 1828.

1080 Third Report, Prison Discipline Society Boston 1828, S. 189 f.

1081 Third Report, Prison Discipline Society Boston 1828, S. 190.

1082 Third Report, Prison Discipline Society Boston 1828, S. 190.

1083 *McElwee*, A Concise History of the Eastern Penitentiary of Pennsylvania, Vol. I, S. 28.

deren Aussagen im Wesentlichen denen der Zeugenaussagen vor dem Ausschuss entsprachen.[1084] Die Männer, die gegen *Mr. Wood* ausgesagt hatten, wurden daraufhin entlassen, oder ihre Situation verschlechterte sich derart, dass sie kündigten, und Richter Cox selbst zog sich nach *McElwee* aus der Anstalt zurück, „in despair of being able to effectuate any good".[1085]

Das Repräsentantenhaus von Pennsylvania berief am 20. Dezember 1833 ein fünfköpfiges Komitee ein, um die Anstalt zu besuchen, und erhob Anklage gegen den Direktor und andere unter anderem wegen Amtsmissbrauchs.[1086] Diese Anschuldigungen wurden aufgrund der informellen Art und Weise, in der sie vorgetragen wurden, nicht weiterverfolgt und somit vorerst unterdrückt.[1087] Entsprechend fiel der Bericht des *Committee* an das Parlament, wie in solchen Fällen üblich, sehr lobend für die Einrichtung und die leitenden Beamten aus.[1088]

In seinem Buch *A Consice History of the Eastern Penitentiary of Pennsylvania*[1089] hat *Thomas B. McElwee*,[1090] als einziges abweichendes Mitglied des Ausschusses, im Wesentlichen einen Minderheitenbericht über die Untersuchung von 1834–1835 veröffentlicht. Er druckte zudem den weiteren Verlauf der Untersuchungen, die im Winter 1834/35 in der Stadt *Philadelphia* stattfanden, ab, darin unter anderem die Berichte des *Committee* und die Zeugenaussagen enthalten.[1091] Dadurch stellt das Werk von *McElwee* eine wichtige Quelle dar, um die Behandlung der Gefangenen zu dieser Zeit bewerten zu können.

Im Rahmen des *Report of the Joint Committee of the Legislature of Pennsylvania relative of the Eastern State Penitentiary*[1092] wurden zunächst die im

---

1084 *McElwee*, A Concise History of the Eastern Penitentiary of Pennsylvania, Vol. I S. 28.
1085 *McElwee*, A Concise History of the Eastern Penitentiary of Pennsylvania, Vol. I, S. 28.
1086 *McElwee*, A Concise History of the Eastern Penitentiary of Pennsylvania, Vol. I, S. 28.
1087 *McElwee*, A Concise History of the Eastern Penitentiary of Pennsylvania, Vol. I, S. 28.
1088 *McElwee*, A Concise History of the Eastern Penitentiary of Pennsylvania, Vol. I, S. 28.
1089 *McElwee*, Thomas B., A Concise History of the Eastern Penitentiary of Pennsylvania, Together with a Detailed Statement of the Proceedings of the Committee, Appointed by the Legislature, December 6th, 1834, for the Purpose of Examining into the Economy and Management of That Institution, Embracing the Testimony Taken oft That Connected Therewith, Philadelphia 1835.
1090 Konkrete Angaben über McElwee und sein Leben konnte die Verfasserin nicht finden.
1091 *McElwee*, A Concise History of the Eastern penitentiary of Pennsylvania, Vol. I, S. 28.
1092 Report of the Joint Committee of the Legislature of Pennsylvania, relative to the Eastern State Penitentiary at Philadelphia, read in the House of Representatives, March

Rahmen seiner jährlichen Mitteilung an die Generalversammlung von dem Gouverneur zusammengefassten Anschuldigungen wiedergegeben:

> Häufige missbräuchliche Verwendung des öffentlichen Eigentums und der öffentlichen Arbeitskraft zum privaten Vorteil verschiedener Personen, die mit der Anstalt in Verbindung stehen; grausame und ungewöhnliche Strafen für widerspenstige Sträflinge; Nachsicht mit großen Unregelmäßigkeiten und grobe Unsittlichkeiten seitens derjenigen, die mit der Leitung und der allgemeinen Aufsicht der Anstalt befasst sind.[1093]

Insgesamt wurden fünf Anschuldigungen gegen den *Warden*, die *Officers* und *Agents* des *Eastern State Penitentiary* erhoben, die Gegenstand der Untersuchungen wurden:[1094]

1. Sitten und Gebräuche unter den Beamten, Bediensteten und Frauen, die unzüchtig und unmoralisch seien, was durch unanständige Gespräche, grobe persönliche Vertrautheit, Geschlechtsverkehr und das Vorhandensein einer schmutzigen Krankheit bezeugt werde; Dies war dem Aufseher, einem *John Holloway*, einem *Richard Blundin*[1095] und seiner Frau und anderen Unbekannten bekannt, wobei sie daran auch teilgenommen hätten.

2. Veruntreuung und Missbrauch öffentlicher Mittel und öffentlichen Eigentums sowie der öffentlichen Arbeitskraft zum privaten und unbefugten Gebrauch und Vorteil verschiedener Personen, die mit der Anstalt in Verbindung stünden, und anderer, die nicht mit ihr in Verbindung stünden, insbesondere seitens der besagten Ehefrau von *Richard Blundin* und mit Wissen und Duldung des Aufsehers; sowie zum Gebrauch und Vorteil des Aufsehers für die Verbesserung und den Betrieb eines Bauernhofs und einer Fabrik, die ganz oder teilweise dem besagten Aufseher gehören würden.

3. Grausame und unübliche Bestrafung von widerspenstigen Sträflingen auf Anordnung des Aufsehers; beispielhaft dargestellt in den beiden folgenden Fällen: der Fall eines *Seneca Plumly*, der im tiefsten Winter an den Handgelenken gegen die Wand seiner Zelle gefesselt worden sei, während ein Eimer mit

26, 1835, abgedruckt in: *McElwee*, A Concise History of Eastern State Penitentiary of Pennsylvania, Vol. I, S. 30–70.

1093 Report of the Joint Committee of the Legislature of Pennsylvania, S. 31.

1094 Anschuldigungen frei übersetzt von der Verfasserin, siehe hierzu: Report of the Joint Committee of the Legislature of Pennsylvania, S. 34 f.

1095 Richard Bludin war ein von Wood eingestellter underkeeper, vgl. hierzu Report of the Joint Committee of the Legislature of Pennsylvania, S. 35.

extrem kaltem Wasser aus großer Höhe auf ihn geworfen wurde, das teilweise auf seinem Kopf und seinem Körper gefroren sei; er wurde kurz darauf als unheilbar geisteskrank entlassen. Zudem der Fall von *Matthias Maccumsey*, in dessen Mund eine Eisenstange oder ein Knebel so gewaltsam befestigt worden sei, dass sich sein Blut sammelte und in seinem Gehirn aufgestiegen und er plötzlich während dieser Maßnahme gestorben sei.

4. Bekannte Praktiken und Gewohnheiten, die mit dem Zweck und den Grundsätzen einer Strafvollzugsanstalt und ihrem System unvereinbar seien und ihre Ordnung, Regelmäßigkeit und Sicherheit untergraben würden, wie z. B. die Veranstaltung von großen Unterhaltungen innerhalb des Gefängnisses durch den Direktor, Zechgelage und Tanzen bis spät in die Nacht in den Wohnungen der besagten Frau von *Richard Blundin* innerhalb der Mauern, häufige Trunkenheit, gewohnheitsmäßiger Umgang mit unzüchtigen und verdorbenen Personen und unregelmäßige Arbeitszeiten auch seitens der besagten Frau von *Richard Blundin*, und mit Wissen und Duldung des Aufsehers.

5. Eine häufige und ungesetzliche Praxis in der Behandlung von Sträflingen durch den Direktor, von den Urteilen der Gerichte abzuweichen und diese faktisch zu missachten, indem er ihre Strenge abmildern, ihre Strafen umwandeln oder ihre tatsächliche Bedeutung umgehen würde, und so seine individuelle Laune oder sein Ermessen an die Stelle der Entscheidungen des Gesetzes setzt und die Regelmäßigkeit und Präzision, die das Strafvollzugssystem kennzeichnen sollten, zunichte machen würde.[1096]

***

Aufgrund der gebotenen Kürze innerhalb dieser Arbeit wird im Weiteren nicht auf sämtliche Vorwürfe eingegangen, vielmehr werden die folgenden Ausführungen auf die wichtigsten Aspekte beschränkt. Hierfür wird vorrangig der Fall *Maccumsey* als Beispiel herangezogen.

2. Der Todesfall Matthias Maccumsey (1833)

In den *Warden's Daily Journal* wurde die Todesursache des Gefangenen No. 102 – *Matthias Maccumsey*, als Apoplexie, mithin eine zumeist natürliche

[1096] Anschuldigungen frei übersetzt von der Verfasserin, siehe hierzu Report of the Joint Committee of the Legislature of Pennsylvania, S. 34 f.

Todesursache, beschrieben.[1097] *McElwee* hingegen berichtete, dass *Maccumsey* durch die Verwendung des *Iron Gags*, welches er als „höllische[s] Mittel“[1098] bezeichnete, seines Lebens „beraubt“ und, wie viele andere, bis zur „Unerträglichkeit“ gefoltert worden sei.[1099] Deswegen forderte er, dass die Anwendung dieses Züchtigungsmittels endgültig abgeschafft werden sollte, wobei er darauf verwies, dass selbst die spanische Inquisition keine schrecklichere Foltermethode habe vorweisen können.[1100]

Im Rahmen der Untersuchungen gegen *Wood* wurden hinsichtlich der dritten Anschuldigung (siehe zuvor) mehrere Zeugen zu den Vorkommnissen rund um den Tod von *Matthias Maccumsey* vernommen, um die tatsächlichen Umstände seines Todes zu rekonstruieren.[1101] Während das Gesetz von 1829 noch den Eindruck vermittelt hat, dass sich das *Solitary System* vorrangig durch moralisches Einwirken auf den Gefangenen auszeichnete und dabei der *Quietism* zum Ausdruck gekommen ist, haben die Aufzeichnung des *Warden* bereits gezeigt, dass auch in diesem System die Verletzung der körperlichen Integrität durch Züchtigung der Gefangenen an der Tagesordnung war. Allerdings finden sich hier nur allgemeine Angaben und die Betrachtung eines konkreten Falls der körperlichen Züchtigung und des daraus resultierenden Todes eines Gefangenen kann einen guten Blick auf die tatsächlich praktizierte Humanität im Strafvollzug geben. Hatte man die Abschaffung der vollständigen Isolation noch damit begründet, dass die psychische Gesundheit der Gefangenen durch sie geschädigt werden würde, wurde erklärt, dass das abgeschwächte Isolationssystem keine Schäden bei den Gefangenen anrichten würde. Insoweit die körperliche Züchtigung aber zum Tod eines Gefangenen führen konnte, wurde versucht die Besserung mit Mitteln zu erreichen, die weit über religiöse und moralische Belehrungen des Gefangenen hinausgingen.

1097 Wardens’ Daily Journals, Vol. 1, 1829–1855, Roll 7016, 1833.

1098 Frei übersetzt von der Autorin.

1099 *McElwee*, A Concise History of the Eastern Penitentiary of Pennsylvania Vol. I, S. 18.

1100 *McElwee*, A Concise History of the Eastern Penitentiary of Pennsylvania Vol. I, S. 18.

1101 *McElwee*, A Concise History of the Eastern Penitentiary of Pennsylvania, Vol. I, S. 144–283, Vol. II, S. 3–96.

Im Folgenden werden einige dieser Aussagen beispielhaft wiedergegeben.

***

Der Zeuge *Phleger*, der in der Schmiede des *Eastern State Penitentiary* gearbeitet habe und bei dem Vorfall zugegen gewesen sei, berichtete, dass er sich an *Maccumseys* Todestag erinnern würde und *Wood* die Anwendung des Eisernen Knebels (*Iron Gag*) angeordnet habe.[1102] Er erklärte, dass er durch *Wood* am Morgen des besagten Tages aufgefordert worden sei, ihm bei dem Anlegen des *Iron Gags* zu assistieren. Gemeinsam mit *Baen* und *Blundin* habe er die Zelle betreten, der Gefangene sei durch *Blundin* aufgefordert worden, sich auf einen Stuhl zu setzen und den Mund weit zu öffnen. Laut *Phleger* habe dieser den Mund so weit geöffnet wie er konnte, allerdings nicht so weit, wie *Blundin* es verlangte habe. Daraufhin sei der Gefangene *Maccumsey* von *Blundin* mit der Faust unter das Kinn geschlagen worden. Durch den Schlag habe dieser sich auf die Zunge gebissen und sein Mund habe zu bluten begonnen. Insgesamt sei der der Gefangenen durch *Blundin* drei Mal geschlagen worden, obwohl *Phleger* ihn jedes Mal dazu aufgefordert habe, dies zu unterlassen.[1103]

Währenddessen sei auch *Wood* hinzugekommen und habe gefordert: „gib es ihm, dem Schlingel, gib es ihm ordentlich".[1104] *Blundin* habe sodann erklärt, dass er diesmal das vierte Glied des *Iron Gags* verwenden würde. Daraufhin sei dem Gefangenen der Knebel in der Weise angezogen worden, dass durch den Riemen die Hände und der Kopf auf dem Rücken zusammengezogen worden waren.[1105] *Phleger* habe daraufhin die Zelle verlassen. Ungefähr 25 Minuten später sei er von *Steel*, der zu dieser Zeit in der Zelle von *Maccumsey* gewesen sei, in die Zelle gerufen worden. Dort habe er *Maccumsey* auf den Knien bettelnd vorgefunden, dass ihm der Knebel abgenommen werde.[1106] Er selbst habe sich nicht in der Position gesehen, den Knebel zu lösen und entsprechend gegenüber dem Gefangenen erklärt, dass er *Baen*, der für *Maccumsey* zuständig gewesen sei, suchen würde.[1107] *Baen* wiederum habe geäußert, dass auch er darüber nicht entscheiden dürfe und sich an *Blundin* wenden würde.

1102 *McElwee*, A Concise History of the Eastern Penitentiary of Pennsylvania, Vol. I, S. 148.
1103 *McElwee*, A Concise History of the Eastern Penitentiary of Pennsylvania, Vol. I, S. 149.
1104 *McElwee*, A Concise History of the Eastern Penitentiary of Pennsylvania, Vol. I, S. 149.
1105 *McElwee*, A Concise History of the Eastern Penitentiary of Pennsylvania, Vol. I, S. 149.
1106 *McElwee*, A Concise History of the Eastern Penitentiary of Pennsylvania, Vol. I, S. 149.
1107 *McElwee*, A Concise History of the Eastern Penitentiary of Pennsylvania, Vol. I, S. 149.

Phleger habe die Angelegenheit sodann *Baen* überlassen und sei zu seiner eigentlichen Tätigkeit zurückgekehrt.[1108]

Eine Viertelstunde später habe er *Steel* und *Griffith* in die Zelle des Gefangenen eilen sehen und sei ihnen gefolgt, da er gedacht habe, dass sich der Gefangenen möglicherweise befreien und die Wärter angreifen würde. Als er in die Zelle gekommen sei, habe er *Maccumsey* leblos am Boden liegen sehen – man habe versucht ihn durch Schläge auf die Wangen wieder zu Bewusstsein zu bringen.[1109] Als er am Schauplatz des Geschehens angekommen sei, sei der Knebel bereits abgenommen worden, und an der Stelle, an der sich vormals der Knebel befunden hatte, sei der Nacken lila verfärbt gewesen.[1110] Alle Beschäftigten hätten sich daraufhin aus der Zelle zurückgezogen, *Phleger* glaubte, dass auch *Wood* zugegen gewesen war. Einzig *Steel* und *Phleger* seien noch in der Zelle geblieben und hätten eine Stunde versucht *Maccumsey* wiederzubeleben.[1111] Weiter berichtete der Zeuge, dass *Wood*, bevor er die Zelle verlassen habe, gegenüber den Männern Verschwiegenheit eingefordert habe, bis er sich über das weitere Vorgehen sicher sei.[1112]

Laut den Ausführungen von *Phleger* handelte es sich bei *Maccumsey* um einen circa 50-jährigen Mann, der eine Familie mit acht Kindern gehabt habe. Er sei ein kräftiger und körperlich gesunder Mann gewesen, der allerdings geistig verwirrt gewirkt habe.[1113]

In der Vergangenheit sei der Knebel bei *Maccumsey* bereits für insgesamt neun Stunden angewandt worden, da er durch das Gitter mit einem anderen Gefangenen gesprochen habe.[1114] *Maccumsey* habe sich zu keiner Zeit mit Gewalt gegen die Beamten der Anstalt gewehrt oder sei, soweit er dies wisse, beleidigend in seiner Sprache gewesen.[1115]

Laut *Phleger* sei der Leichnam des Verstorbenen bei Dunkelheit abgeholt worden, nachdem alle Männer gegangen seien. Während im *Warden's Daily*

1108 *McElwee*, A Concise History of the Eastern Penitentiary of Pennsylvania, Vol. I, S. 149.

1109 *McElwee*, A Concise History of the Eastern Penitentiary of Pennsylvania, Vol. I, S. 149.

1110 *McElwee*, A Concise History of the Eastern Penitentiary of Pennsylvania, Vol. I, S. 149.

1111 *McElwee*, A Concise History of the Eastern Penitentiary of Pennsylvania, Vol. I, S. 149 f.

1112 *McElwee*, A Concise History of the Eastern Penitentiary of Pennsylvania, Vol. I, S. 150.

1113 *McElwee*, A Concise History of the Eastern Penitentiary of Pennsylvania, Vol. I, S. 150.

1114 *McElwee*, A Concise History of the Eastern Penitentiary of Pennsylvania, Vol. I, S. 150.

1115 *McElwee*, A Concise History of the Eastern Penitentiary of Pennsylvania, Vol. I, S. 150.

Journal vermerkt ist, dass bei der Obduktion die Todesursache Apoplexie festgestellt wurde,[1116] sagte *Phleger* aus, dass zu keiner Zeit eine gerichtsmedizinische Untersuchung stattgefunden habe.[1117] Nach dem Tod von *Maccumsey* seien die Inspektoren herbeigerufen worden, die laut *Phleger* von den Vorkommnissen wussten. Er selbst habe es nicht für seine Aufgabe gehalten, die Polizei über die Geschehnisse zu informieren, zu den Vorkommnissen aber gegenüber Männern berichtet, die im Inneren des Gefängnisses arbeiteten.[1118] Im Ergebnis erklärte *Phleger*, dass er den Einsatz des eisernen Knebels als Ursache für den gewaltsamen Tod *Maccumseys* halte.[1119]

Steel, der ebenfalls bei den zuvor dargestellten Vorkommnissen rund um *Maccumseys* Tod zugegen und dessen Aufgabe die Ausgabe von verordneten Medikamenten an die Gefangenen gewesen sei, sagte ebenfalls aus.[1120] Das Erste, woran er sich hinsichtlich der Umstände zum Tod des Gefangenen erinnern könne, sei, dass er von *Bain*[1121] zur Zelle des Gefangenen gerufen worden sein. *Maccumsey* habe er dort kniend und gefesselt mit dem *Iron Gag* vorgefunden, wobei er von einem „erbärmlichen Zustand" des geknebelten Gefangenen sprach.[1122] Die Blutgefäße seines Halses hätten aufgebläht gewirkt und die Haut, die er gesehen habe, habe nach geronnenem oder gestautem Blut ausgesehen.[1123] Er sagte weiter aus, dass der Gefangene geweint und versucht habe zu sprechen, aber aufgrund des Drucks des Knebels nicht deutlich zu verstehen gewesen sei. Er gehe davon aus, dass der Gefangene gefleht habe. Auf die Nachfrage von *Bain* erklärte *Steel*, dass er glaube, dass der Gefangene in großer *Agony*[1124] sei.[1125]

1116 Wardens' Daily Journals, Vol. 1, 1829–1855, Roll 7016, 1833.

1117 *McElwee*, A Concise History of the Eastern Penitentiary of Pennsylvania, Vol. I, S. 150.

1118 *McElwee*, A Concise History of the Eastern Penitentiary of Pennsylvania, Vol. I, S. 153.

1119 *McElwee*, A Concise History of the Eastern Penitentiary of Pennsylvania, Vol. I, S. 153.

1120 *McElwee*, A Concise History of the Eastern Penitentiary of Pennsylvania, Vol. I, S. 158.

1121 In der Zeugenaussage von Steel wird von Mr. Bain geschrieben, es kann allerdings davon ausgegangen werden, dass hier die gleiche Person wie von Mr. Phleger (Baen) gemeint ist und es sich hier vielmehr um Tippfehler handelt.

1122 *McElwee*, A Concise History of the Eastern Penitentiary of Pennsylvania, Vol. I, S. 158.

1123 *McElwee*, A Concise History of the Eastern Penitentiary of Pennsylvania, Vol. I, S. 158.

1124 *Agony* kann hier sowohl mit Qualen als auch mit Todesangst übersetzt werden, wobei beide Wörter die Dringlichkeit hinter der Forderung des Gefangenen nach der Befreiung von dem Knebel deutlich machen.

1125 *McElwee*, A Concise History of the Eastern penitentiary of Pennsylvania, Vol. I, S. 158.

Im weiteren Verlauf decken sich die Aussagen von *Steel* mit denen von *Phleger* dahingehend, dass der Gefangene in der Zelle am Boden gelegen habe, und man versuchte ihn wiederzubeleben. Auch *Steel* erklärte, dass *Wood* in einer eiligen Art und Weise die Zelle verlassen habe und etwas in der Art von: „behaltet eure eigenen Geheimnisse" und „rettet ihn, wenn ihr könnt" sagte.[1126] Allerdings berichtete Steel, dass eine Untersuchung des Leichnams durch die Öffnung und Untersuchung des Kopfes des Verstorbenen am nächsten Tag durchgeführt worden sei. Die Todesursache konnte *Steel* nicht mitteilen. Seines Wissens habe *Maccumsey* unter keinen relevanten Krankheiten gelitten und sei insgesamt ein stämmiger Mann gewesen.[1127] Auch diese Beschreibung des Gefangenen stimmt mit der von *Phleger* überein.

Der Zeuge *Griffith* sagte hinsichtlich der Behandlung des Gefangenen *Maccumsey* zudem aus, dass dieser von *Wood* bereits bei früherer Gelegenheit verletzt worden sei. Im April 1832 sollte der Gefangene aufgrund eines Vergehens, das darin bestanden habe auf die Hofmauer geklettert zu sein und zu einem anderen Gefangenen hinüber geschaut zu haben, in die Dunkelzelle gebracht werden.[1128] Als der Gefangene sich nicht schnell genug seine Kleidung angezogen habe, wurde er von *Wood* mit einem Brett (Abmessungen 3–4 cm x 35–70 cm) geschlagen.[1129] Nachdem der Gefangene die Maske, durch die das gesamte Gesicht verdeckt wurde, angezogen bekommen habe, hätten sie die Zelle verlassen. Bei jedem Versuch die Maske zu entfernen, habe *Wood* abermals auf den Gefangenen eingeschlagen, diesmal mit einem Brett, das circa einen Meter lang gewesen sei. Hiermit habe er *Maccumsey* kräftig auf den Kopf, die Schultern und die Arme geschlagen.[1130]

Maccumsey habe ausweislich der Aussage von *Griffith* nicht in die dunkle Zelle gebracht werden wollen, und als die Gefängnismitarbeiter nacheinander die Zelle verließen, habe er das Bein eines der Aufseher umklammert und festgehalten, wobei es ihm gelungen sei, seine Hände nach draußen zu bekommen und den Türpfosten zu ergreifen. Als *Steel* seinen Griff brechen und ihn zurück in die Zelle schieben wollte, habe *Wood* gesagt, dass er „den

1126 *McElwee*, A Concise History of the Eastern Penitentiary of Pennsylvania, Vol. I, S. 159.
1127 *McElwee*, A Concise History of the Eastern Penitentiary of Pennsylvania, Vol. I, S. 159.
1128 *McElwee*, A Concise History of the Eastern Penitentiary of Pennsylvania, Vol. I, S. 177.
1129 *McElwee*, A Concise History of the Eastern Penitentiary of Pennsylvania, Vol. I, S. 177.
1130 *McElwee*, A Concise History of the Eastern Penitentiary of Pennsylvania, Vol. I, S. 177.

Strolch“ herauskommen lassen solle.[1131] *Wood* habe begonnen, ihn mit dem Stück Brett, das er in der Hand gehalten habe, zu schlagen. *Griffith* selbst habe ihn mehrere Male zu Boden geworfen, wann immer er gedacht habe, dass *Maccumsey* einen der anderen Anstaltsbeamten schlagen könnte. Sobald *Maccumsey* am Boden lag, habe sich der Wachmann auf ihn gestürzt, und *Wood* habe begonnen ihn zu treten und ihm ins Gesicht zu stampfen.[1132] Nachdem *Wood* selbst erschöpft gewesen sei, habe er das Brett *Griffith* angeboten, damit dieser es dem Schurken „gut gehen lassen könne“.[1133] Diesbezüglich sagte Griffith aus, dass er sich geweigert habe dieser Aufforderung zu entsprechen.[1134] Bis die Wächter und *Wood* erschöpft die Zelle verließen, habe es circa 15–20 Minuten gedauert.[1135] *Griffith* berichtete weiter, dass das Gesicht des Gefangenen am nächsten Morgen so schwarz wie sein Haar und seine Augen völlig zugeschwollen gewesen waren, sodass dieser mehrere Tage nichts mehr habe sehen können.[1136] *Griffith* sagte weiter aus, dass er sich nicht erinnern könne, dass der Gefangene einen von ihnen geschlagen noch eine Waffe in der Hand oder in Reichweite gehabt habe. Insgesamt berichtete Griffith, dass *Maccumsey* für mindestens zwei Wochen in der dunklen Zelle gehalten worden sei; währenddessen hätten ihm lediglich acht Unzen Brot (ca. 230 Gramm) und Wasser zur Verfügung gestanden.[1137]

Im *Wardens' Daily Journal* für das Jahr 1832 finden sich weder für den Monat April noch den Rest des Jahres Aufzeichnungen zu den von *Griffith* vorgebrachten Vorkommnissen im Zusammenhang mit *Maccumsey* (Gefangener No. 102).[1138]

Hinsichtlich des Todes von *Maccumsey* berichtete auch *Griffith*, dass *Wood* Stillschweigen zu den Vorkommnissen verlangt habe. Nachdem *Wood* die Zelle nach *Maccumseys* Tods verlassen habe, sei ihm *Griffith* gefolgt und habe ihm gesagt, dass es hierzu eine Untersuchung geben müsse, woraufhin *Wood* geantwortet habe, dass er dazu nichts sagen könne, bis er mit den Inspektoren

---

1131 *McElwee*, A Concise History of the Eastern Penitentiary of Pennsylvania, Vol. I, S. 177.
1132 *McElwee*, A Concise History of the Eastern Penitentiary of Pennsylvania, Vol. I, S. 177.
1133 *McElwee*, A Concise History of the Eastern Penitentiary of Pennsylvania, Vol. I, S. 177.
1134 *McElwee*, A Concise History of the Eastern Penitentiary of Pennsylvania, Vol. I, S. 177.
1135 *McElwee*, A Concise History of the Eastern Penitentiary of Pennsylvania, Vol. I, S. 177.
1136 *McElwee*, A Concise History of the Eastern Penitentiary of Pennsylvania, Vol. I, S. 177 f.
1137 *McElwee*, A Concise History of the Eastern Penitentiary of Pennsylvania, Vol. I, S. 178.
1138 Wardens' Daily Journals, Vol. 1, 1829–1855, Roll 7016, 1832.

gesprochen habe.[1139] Laut des Zeugenberichtes von Griffith hätten *Dr. Franklin Bache*[1140] und die Inspektoren *Hood*, *Bacon* und *Richter Coxe* die Zelle nacheinander betreten. Allerdings hätten die Inspektoren nicht das Gespräch mit *Griffith* gesucht.[1141] Zu einem späteren Zeitpunkt sei *Wood* noch einmal an ihn herangetreten und habe ihn erneut um Stillschweigen über die Geschehnisse gebeten.[1142] Zuletzt erklärte *Griffith*, dass *Dr. Franklin Bache* am nächsten Tag gemeinsam mit *Steel* den Leichnam untersucht habe.[1143]

Während es Unklarheiten bei den Zeugenaussagen über die Obduktion des Leichnams gibt, so stimmen die Aussagen hinsichtlich des Ablaufs der Geschehnisse überein. Der Verdacht, dass die Verwendung des *Iron Gag* körperliche Schäden bei den Gefangenen hervorgerufen haben könnte, findet sich ebenfalls in den dargestellten Zeugenaussagen. Gleichwohl reichen die Aussagen nicht aus, um festzustellen, dass die alleinige Todesursache in der Verwendung des *Iron Gags* lag. Dennoch kann aus den obigen Aussagen, insbesondere hinsichtlich der Verfärbung des Nackens des Gefangenen, geschlossen werden, dass der *Iron Gag* mutmaßlich schmerzhafte Verletzungen des Weichteilgewebes bei dem Gefangenen hervorgerufen hatte, die wiederum zu den beschriebenen panikartigen Zuständen bei dem Gefangenen geführt haben dürften. Durch die Zeugenaussagen ist es möglich, aus heutiger Sicht eine Vorstellung über die Abläufe rund um den Tod des Gefangenen *Maccumsey* zu erhalten. Demnach sahen sich die beteiligten Anstaltsbeamten nicht in der Position, den Gefangenen von dem Knebel zu befreien und schoben die Verantwortung jeweils weiter. Obgleich nicht festgestellt werden kann, ob der Knebel selbst den Tod des Gefangenen herbeigeführt hat, so lässt sich dennoch konstatieren, dass in einer Position, in der der Gefangene auch durch die umstehenden Beamten als hilflos und ausgeliefert identifiziert wurde, keiner der Beamten das Notwendige getan hatte, um diesen zu befreien. Es scheint so, als sei die Einhaltung der Entscheidungshierarchie beziehungsweise die Befolgung der Anweisung, dass der Gefangene in Knebeln zu halten sei, dem Wohl des Gefangenen vorgezogen worden. Einer der Zeugen sagte

---

1139 *McElwee*, A Concise History of the Eastern Penitentiary of Pennsylvania, Vol. I, S. 178.

1140 Franklin Bache war der Gefängnisarzt im Eastern State Penitentiary, vgl. hierzu: *Thibault*, To Pave the Way to Penitence, S. 189 Fn. 11.

1141 *McElwee*, A Concise History of the Eastern Penitentiary of Pennsylvania, Vol. I, S. 178 f.

1142 *McElwee*, A Concise History of the Eastern Penitentiary of Pennsylvania, Vol. I, S. 178.

1143 *McElwee*, A Concise History of the Eastern Penitentiary of Pennsylvania, Vol. I, S. 179.

aus, dass er gesehen habe, dass der Gefangene Todesangst gehabt habe, dennoch habe er ausweislich seiner Aussage die Zelle verlassen und die weitere Entscheidung seinem Kollegen überlassen.

Das Wohlergehen des Gefangenen hier sehenden Auges zu riskieren, spricht zwar zunächst nicht für einen menschlichen und von Mitgefühl geprägten Umgang mit den Gefangenen, sondern scheint diesem vielmehr gegensätzlich zu sein. Das bestätigt sich auch mit Blick auf die Aussage von *Griffith*, der von dem gewaltsamen Umgang mit dem Gefangenen in einer anderen Situation sprach. Allerdings ist hierbei zu berücksichtigen, dass die Anwendung des *Iron Gag* und auch sonstiger körperlicher Züchtigung zu dieser Zeit noch allgemein üblich war und die körperliche Integrität der Gefangenen noch nicht dem heutigen Verständnis entsprach. Die Verwendung von Züchtigungsmitteln ist vielmehr als Resultat der mit der Freiheitsstrafe insgesamt bezweckten Besserung der Gefangenen anzusehen. Die Einwirkung auf die Gefangenen erfolgte dabei nicht nur durch die architektonische Besonderheit des Panopticon und das Grundkonzept der Isolation, sondern wurde mitunter auch gewaltsam durchgesetzt. Die Besserung sollte durch die Gefängnisdisziplin erreicht werden. Bei Verstößen gegen diese Disziplin wurden Strafen verhängt, um die Gefangenen von künftigen Verstößen abzuhalten aber gleichzeitig auch um diese zu bestrafen. Das hier von den Anstaltsbeamten gewählte Mittel hingegen (Treten ins Gesicht, verprügeln mit einem Stück Holz) stieß jedoch auch damals bereits auf Kritik. Das zeigt sich in der Ablehnung von beispielsweise *Griffith* an der gewaltsamen Behandlung des Gefangenen teilzunehmen.

Einen Hinweis auf die Außendarstellung der obigen Vorkommnisse bietet der *Report of the Joint Committee of the Legislature of Pennsylvania*.[1144]

Hinsichtlich des allgemeinen Vorwurfs irregulärer Bestrafungen der Gefangenen wird im Rahmen des *Report* zunächst darauf hingewiesen, dass es sich bei den Gefangenen um bewiesenermaßen widerspenstige Persönlichkeiten handele.[1145] Es wurde zudem daran erinnert, dass der Strafvoll-

---

[1144] *Report of the Joint Committee of the Legislature of Pennsylvania, relative to the Eastern State Penitentiary*, at Philadelphia by Mr. Anderson of Delaware, read in the House of Representatives, March 26, 1835, abgedruckt in *McElwee*, A Concise History of the Eastern Penitentiary in Pennsylvania, Vol. I S. 30–70.

[1145] Report of the Joint Committee of the Legislature of Pennsylvania, S. 41.

zug zwar die Besserung der Sträflinge zum Ziel habe, dass es sich aber bei den Gefangenen um Männer mit „müßigen Gewohnheiten, lasterhaften Neigungen und verdorbenen Leidenschaften handele".[1146] Um das Ziel der Besserung der Gefangenen zu erreichen, müsse zunächst deren Gehorsam erreicht werden. Dabei wären sanfte Mittel nicht ohne Wirkung, aber selten ausreichend, um das Ziel zu erreichen.[1147] Aus diesem Grund sei es notwendig, Strafen zu verhängen, die über die eigentliche Strafe hinausgingen, wodurch erreicht werde, dass sich der Gefangene seiner Verurteilung unterwerfe.[1148] Insoweit man die Widerspenstigkeit gegen die Ordnung der Anstalt gestatten würde, würde das nicht nur für diese Gefangenen nachteilig sein, sondern allgemein eine negative Einstellung erzeugen.[1149] Das System des *Eastern State Penitentiary* beruhe nicht nur auf dem Prinzip der Arbeit, sondern vor allem auf der Einsamkeit, durch die die Gefangenen zur Besinnung und zum Nachdenken gebracht werden sollten.[1150] Dabei könne nicht erlaubt werden, dass Gefangene das System der Einsamkeit durch „aufmüpfigen Lärm", durch Verweigerung der Arbeit oder durch sonstigen Ungehorsam konterkarierten und nicht bedingungslos gehorsam seien.[1151]

An dieser Stelle wurde im Bericht darauf hingewiesen, dass in sämtlichen Strafanstalten der Vereinigten Staaten körperliche Strafen eingesetzt würden. In einigen von ihnen sei die Peitsche verwendet worden, um den unerlässlichen, bedingungslosen Gehorsam zu erreichen, so zum Beispiel im konkurrierenden System in *Auburn, Sing-Sing*.[1152] Ohne allerdings eine belastbare Begründung auszuführen, wurde auf die generelle Ablehnung dieser Bestrafung hingewiesen und erklärt, dass man sich vorzugsweise der Reduzierung des Essens, der Verwendung von Dunkelzellen, Arbeitsentzug, und dem Gebrauch der Zwangsjacke und des Knebels als notwendige Maßnahmen, bedienen würde.[1153] Der Einsatz erfolge dabei aufgrund der jeweiligen Gegebenheiten und entsprechend aus der Notwendigkeit, dabei

---

1146 Report of the Joint Committee of the Legislature of Pennsylvania, S. 41.
1147 Report of the Joint Committee of the Legislature of Pennsylvania, S. 41.
1148 Report of the Joint Committee of the Legislature of Pennsylvania, S. 41.
1149 Report of the Joint Committee of the Legislature of Pennsylvania, S. 41.
1150 Report of the Joint Committee of the Legislature of Pennsylvania, S. 41.
1151 Report of the Joint Committee of the Legislature of Pennsylvania, S. 41.
1152 Report of the Joint Committee of the Legislature of Pennsylvania, S. 41.
1153 Report of the Joint Committee of the Legislature of Pennsylvania, S. 41.

gäbe es keine festen Regelungen aus denen sich die Anwendung direkt ergeben würde. Entsprechende Regelungen aufzustellen, sei „einleuchtender Weise“ sehr schwer, sodass der *Warden* und *Superintendent* über einen großen Ermessensspielraum verfügen würden.[1154]

Der obige Abschnitt vermittelt einen guten Eindruck des Komitees über sowohl die Meinung zu den Gefangenen selbst als auch deren Behandlung. Während sich unter dem Gesichtspunkt der Humanität zunächst ergibt, dass die Unzulänglichkeiten der Gefangenen akzeptiert und ihnen vielmehr mit Mitgefühl[1155] begegnet werden sollte, um eine Besserung zu erreichen, wird hier auf strengen Gehorsam und bedingungslose Disziplin gesetzt. Fraglich ist, ob der Eingriff in die körperliche Integrität der Gefangenen durch die Züchtigung mit dem Argument der Humanität vereinbar ist oder ob es dabei aus damaliger Sicht vielmehr auf das verwendete Mittel ankam.

Grundsätzlich ist Disziplin im Gefängnis nicht verwerflich, da auch das Zusammenleben im Gefängnis, ebenso wie im normalen Leben nur funktionieren kann, wenn ein jeder bestimmte Regeln einhält. Allerdings zeigte sich in diesen Aussagen auch, dass der bedingungslose Gehorsam der Gefangenen im Vordergrund stand, wodurch der Eindruck entsteht, dass die angestrebte Besserung der Gefangenen im Sinne des Humanismus und deren menschlichen Behandlung wie es die Humanität verlangte, den Eingriff in die körperliche Integrität ggf. nicht vollumfänglich ausgeschlossen hat und die Besserung oder auch der Gehorsam mitunter auch gewaltsam durchgesetzt wurde. Während sich das Komitee gegenüber der Anwendung der Peitsche ablehnend zeigte, zog dieses die Verwendung von Knebel und Zwangsjacke vor, um widerspenstiges Verhalten zu sühnen, wenngleich eine relative Milde oder ein humanerer Umgang durch Knebel und Zwangsjacke fraglich bleibt. Das bedeutet, dass eine Auseinandersetzung mit den zur Verfügung stehenden Mitteln zur Durchsetzung der Disziplin im Gefängnis stattgefunden hat und man sich für die „milderen“ Mittel entschied.

Insbesondere die Verwendung des Knebels könnte zunächst als nicht mit der menschlichen Behandlung der Gefangenen und ihren Bedürfnissen vereinbar zu bewerten sein. Allerdings ist zu berücksichtigen, dass die Quäker, deren Gedankengut bereits von Beginn an einen starken Einfluss auf die

---

1154 Report of the Joint Committee of the Legislature of Pennsylvania, S. 41 f.

1155 so Herder in seinen Briefen zur Beförderung der Humanität, vgl. Kapitel 1.C.

Konzeption des Strafvollzugs in Pennsylvania hatte, die innere Einkehr und das Schweigen i. S. d. *Quietism* selbst praktizierten. Durch den Knebel wird der Gefangene am Sprechen gehindert und zur Stille und somit ggf. auch zur inneren Einkehr gezwungen.

Hintergrund der grundsätzlichen Akzeptanz dieser Strafmittel kann zudem in der Einstellung des Komitees gegenüber den Gefangenen gesehen werden. Dieses sah die Inhaftierten als widerspenstige Menschen an, denen Lasterhaftigkeit vorgeworfen wurde. Das bestätigte sich auch in den obigen Zeugenaussagen, aus denen sich ergibt, dass der Direktor *Wood* hier einen groben Umgang mit den Gefangenen verlangte und die Wärter es „dem Schuft zeigen sollten".[1156] Gleichzeitig wurde schon im Rahmen der *Spezialpräventionstheorie* das Aufzwingen der Besserung durch den Staat anerkannt. In der gewaltsamen Durchsetzung des Redeverbots ist somit vielmehr ein Mittel zu sehen, um das angestrebte Ziel der Besserung zwangsweise durchzusetzen. Bei dieser Durchsetzung wurde dem Direktor zu dieser Zeit noch ein großer Spielraum gewährt. Die bei dem Fall *Maccumsey* angewandten Mittel in Form der viertelstündigen Schläge mit einem Brett und der Tritt ins Gesicht, widersprechen dem vom Gedankengut der Humanität geprägten Konzeption der Gefangenenbehandlung zu dieser Zeit. Wollte man mit der Disziplinierung der Gefangenen eine strenge Besserung der Gefangenen erreichen, ist in der Behandlung von *Maccumsey* durch die Anstaltsbeamten eher eine Art der Machtdemonstration zu sehen, bei denen die Anstaltsbeamten ihre Position ausnutzten und den Gefangenen brutal behandelten.

Das Knebeln eines Gefangenen, sowie die Verwendung der Zwangsjacke schränkten diesen immens in seiner Freiheit ein, gleichzeitig wird durch den bedingungslosen Gehorsam nicht nur die Freiheit des Geistes, sondern durch die Anwendung der Zwangsmittel zudem die körperliche Freiheit der Gefangenen elementar und weit über die einfache Freiheitsentziehung hinausgehend, beschnitten. Die zu dieser Zeit vorherrschenden aufklärerischen Gedanken wurden insbesondere durch die Bestrebung der Freiheit des Menschen geprägt, die hier vorliegend bei den Gefangenen auf mehreren Ebenen eingeschränkt wurde. Diese Einschränkung ist aber mit Blick auf die Konzeption des Strafvollzugs in Pennsylvania in Form der Besserung des Gefangenen differenziert zu betrachten und könnte vielmehr als Mittel

---

[1156] *McElwee*, A Concise History of the Eastern Penitentiary of Pennsylvania, Vol. I, S. 149.

zur Umerziehung des Gefangenen gesehen werden. Dabei ist aber strikt zwischen einer von dem Gedankengut der Humanität angestrebten Disziplinierung der Gefangenen und reiner Brutalität zu unterscheiden, wie sie im Fall von *Maccumsey* durch die Anstaltsbeamten stattgefunden hatte. Das gleiche ergibt sich mit Blick auf den Knebel, denn auch wenn es sich um ein anerkanntes Mittel handelte, so dürfte die sachgemäße und dem Gefangenen keinen Schaden zufügende Behandlung auch damals bereits die Grenze des Erlaubten dargestellt haben.

Trotz der sich aus den Zeugenaussagen ergebenden Zweifel an *Wood* und dessen Umgang mit den Gefangenen, erklärte das Komitee in seinem Bericht weiter, dass der seinerzeitige Aufseher bei seiner Benennung über große Erfahrungen und „einen bewährten Charakter in Bezug auf Menschlichkeit, Festigkeit und Verschwiegenheit verfügte".[1157] Aus diesem Grund sei ihm damals ein großer Ermessensspielraum bei der Führung der Anstalt zugesprochen worden, ohne dass konkrete Regeln festgelegt worden waren.[1158] Das Komitee knüpft somit die Frage nach der Behandlung der Gefangenen direkt an die Person *Wood*, und argumentiert somit *ad persona*. Es scheint bereits ausreichend, dass die Person an sich einen bewährten Charakter habe und im Sinne der Menschlichkeit handele. Die Frage der menschlichen Behandlung der Gefangenen wurde durch das Komitee somit direkt an *Wood* selbst und nicht an seinen Handlungen oder den untersuchten Vorwürfen gemessen. Zur Bejahung der menschlichen Behandlung wurde die positive Bewertung der handelnden Person herangezogen und man stützte sich vorrangig auf diese.

Hinsichtlich der Vorkommnisse rund um den Tod des Gefangenen *Maccumsey* hielt es der Bericht für bewiesen, dass dessen Verhalten sowohl bei dieser Gelegenheit als auch bereits bei zahlreichen früheren sehr „empörend" gewesen sei.[1159] Kurz nachdem ihm der Knebel angelegt worden war, habe man festgestellt, dass er bewusstlos geworden sei, woraufhin man ihm den Knebel abgenommen und versucht habe ihn wiederzubeleben – die Versuche allerdings erfolglos blieben.[1160] Das Komitee erklärte weiter, dass dieser

---

[1157] Report of the Joint Committee of the Legislature of Pennsylvania, S. 42.
[1158] Report of the Joint Committee of the Legislature of Pennsylvania, S. 42.
[1159] Report of the Joint Committee of the Legislature of Pennsylvania, S. 43.
[1160] Report of the Joint Committee of the Legislature of Pennsylvania, S. 43.

„unglückliche Umstand" viele Gemüter erregt habe, und zu der Annahme führte, dass der Tod des Gefangenen durch den Gebrauch des Knebels verursacht worden sei.[1161]

Bezüglich des Vorwurfes, dass es sich um irreguläre Bestrafungen handelte, wurde zunächst ausgeführt, dass die Verwendung des Knebels nicht ungewöhnlich sei, sondern vielmehr in der Navy, im *Walnut Street Penitentiary* und auch im *Eastern State Penitentiary* verbreitet sei und bis dato zu keiner schädlichen Wirkung geführt hätte.[1162]

Interessant an dieser Stelle ist insbesondere die Argumentation des Komitees, dass es sich um keine ungewöhnliche Strafe handele und sie somit nicht als grausame Strafe angesehen werde.[1163] Das werde vor allem dadurch bestätigt, dass noch vor den Geschehnissen rund um den Tod von *Maccumsey* der Anstaltsarzt, der sich durch seine Menschlichkeit, Intelligenz und Wissenschaft gleichermaßen auszeichne und diese Art der Bestrafung nicht für unangemessen hielt, eine Verbesserung der Art und Weise vorgeschlagen hatte, mit der der Knebel angebracht werden sollte.[1164] Dieser Umstand sei überaus weitreichend und führe sogar dazu, dass die Anwendung des Knebels von jeglicher vorsätzlichen Grausamkeit seitens desjenigen, der sie verhängte, freigesprochen werde.[1165]

Die hier vorgenommene Argumentation ist dahingehend zusammenzufassen, dass etwas, das verbreitet angewendet wird, nicht grausam sein könne. Es handelt sich hier um einen Zirkelschluss.

Sie ist wie folgt zu verstehen: Etwas, das bereits verbreitet angewandt wird, mithin hier die Verwendung des *Iron Gag*, wird nicht als grausam angesehen und da es nicht grausam ist, diese Strafe zu verwenden, könne sie verbreitet angewendet werden. Auch der Argumentation, dass die Verbesserungen seitens des Arztes keinen Hinweis darauf lieferten, dass es sich hier um eine Art der Strafe handele, die unangemessen und grausam sei, sondern vielmehr ein Beweis dafür, dass sie mit den Grundsätzen der Wissenschaft und Menschlichkeit vereinbar sei, verdeutlicht das. Es handelt sich hier folglich um ein

---

1161 Report of the Joint Committee of the Legislature of Pennsylvania, S. 43.
1162 Report of the Joint Committee of the Legislature of Pennsylvania, S. 43.
1163 Report of the Joint Committee of the Legislature of Pennsylvania, S. 43.
1164 Report of the Joint Committee of the Legislature of Pennsylvania, S. 43.
1165 Report of the Joint Committee of the Legislature of Pennsylvania, S. 43.

gutes Beispiel für eine Argumentation bei der die Humanität, beziehungsweise das Gedankengut des Humanismus herangezogen wird, um etwas zu begründen, beziehungsweise zu rechtfertigen. Die Meinung über den Arzt und den *Warden*, die als Menschenfreunde angesehen wurden, beziehungsweise deren Menschlichkeit als gegeben gewertet wurde, wird herangezogen, um die Vorgehensweise zu begründen. Die Frage nach der Humanität wird folglich an dieser Stelle unter anderem an die Persönlichkeit des Arztes und des Direktors geknüpft, die als human angesehen werden. Mithin sah man es bereits zur Bejahung des Vorliegens eines humanistischen Handelns als ausreichend an, dass ein Humanist handelte, ohne dass der Fokus dabei auf die Handlung, beziehungsweise hier Behandlung der Gefangenen gelegt wurde.

Die Frage danach, ob der Tod des Gefangenen tatsächlich durch den Knebel verursacht wurde, ist laut dem Bericht untersucht worden. Um zu belegen, dass hier kein Zusammenhang vorlag, bezog man sich auf die Obduktion des Leichnams.[1166] Dabei habe die Sezierung des Kopfes „eindeutig" ergeben, dass er an einer Erkrankung des Hirns verstorben war.[1167] Die Obduktion habe überdies gezeigt, dass *Maccumsey* unter einer chronischen und bereits seit langer Zeit bestehenden Krankheit litt, die zu dem Zeitpunkt, als ihm der Knebel angelegt wurde, zu einem Schlaganfall und letztlich zu seinem Tod führte.[1168] Dieses Ergebnis werde vor allem durch die im Vorfeld aufgetretenen zahlreichen Symptome des Wahnsinns und das gewalttätige und unvernünftige Verhalten des Gefangenen bestätigt.[1169] Damit widerspricht das Komitee den Zeugenaussagen, nach denen kein gewalttätiges Verhalten des Gefangenen vorgekommen sei. Dass bei diesem als Bestrafung der Knebel angewendet wurde, obwohl Symptome des Wahnsinns bei dem Gefangenen aufgetreten waren, zeigt den Umgang mit psychischen Erkrankungen zu dieser Zeit. Der Gefangene wurde nicht medizinisch beziehungsweise psychiatrisch behandelt, sondern vielmehr bestraft, wobei Gewalt das Problem des Wahnsinns lösen sollte.[1170]

1166 Report of the Joint Committee of the Legislature of Pennsylvania, S. 43 f.
1167 Report of the Joint Committee of the Legislature of Pennsylvania, S. 43 f.
1168 Report of the Joint Committee of the Legislature of Pennsylvania, S. 44.
1169 Report of the Joint Committee of the Legislature of Pennsylvania, S. 44.
1170 Einen guten Überblick über die Entwicklungen der Psychiatrie (insbesondere hinsichtlich Straftätern) bietet: *Ylva Greve,* Verbrechen und Krankheit, Köln 2004.

Auch *Steel* hatte in seiner Zeugenaussage über den Gefangenen ausgesagt, sich zu erinnern, dass der Gefangene an einem vergangenen Sonntag wie im Delirium gewesen sei. Während der Predigt habe man große Mühe gehabt, ihn unter Kontrolle zu haben, er habe gestöhnt und laute Geräusche von sich gegeben, wobei es nicht schien, als würde er das zu ihm Gesagte wahrnehmen.[1171] Mithin liegen Anhaltspunkte vor, dass der Gefangene unter einer vorübergehenden oder dauerhaften mentalen Störung gelitten hat, die sich in seinem Verhalten manifestierte. Allerdings können hier lediglich Vermutungen dazu angestellt werden. Dabei ist vor allem zu beachten, dass in der damaligen Zeit die Behandlung von Geisteskrankheiten oder vorübergehenden Geistesstörungen noch in den Anfängen steckte, und Störungen häufig unerkannt blieben. Das Verhalten der Gefangenen wurde, anstatt sie zu behandeln, vielmehr als verbotswidrig angesehen, woraufhin sie bestraft wurden. Dieser Umstand ist vor allem dem fehlenden flächendeckenden und allgemeingültigen Wissen zu dieser Zeit zuzuschreiben. Die Aufklärung führte dazu, dass Ärzte psychische Störungen als Krankheiten diagnostizierten und diese nicht länger als von „bösen Mächten" hervorgerufen ansahen.[1172] Gleichwohl war es im 18. Jahrhundert noch verbreitete Praxis, dass Geisteskranke in den Irrenanstalten wie „Tiere" behandelt und dementsprechend gezüchtigt oder auch in Ketten gelegt wurden.[1173] Es ist somit nicht verwunderlich, dass eine ähnliche Behandlung auch in den Strafanstalten der damaligen Zeit auf geisteskranke Insassen Anwendung fand.

Der Bericht bezieht sich weiter darauf, dass Chirurgen, Ärzte sowie Professoren der medizinischen Hochschulen sowohl im In- als auch Ausland bereits bewiesen hätten, dass der Knebel, so wie er im vorliegenden Fall angelegt wurde, nicht von Natur aus zum Tode führen würde.[1174] Anatomisch sei es nicht möglich, dass durch den Knebel eine Strangulierung oder eine Unterbrechung des Blutkreislaufes erfolgen würde. Der Knebel sei aus diesem Grund vorliegend lediglich ein zufälliger Umstand gewesen, nicht jedoch Ursache und Wirkung des Todes.[1175] Diskutabel wäre an dieser Stelle

---

1171 *McElwee*, A Concise History of the Eastern Penitentiary of Pennsylvania, Vol. I, S. 159.
1172 *Schönpflug*, Geschichte und Systematik der Psychologie, S. 181.
1173 *Schönpflug*, Geschichte und Systematik der Psychologie, S. 181.
1174 Report of the Joint Committee of the Legislature of Pennsylvania, S. 44.
1175 Report of the Joint Committee of the Legislature of Pennsylvania, S. 44.

lediglich, ob durch den Knebel die bestehende Krankheit in ihrer Endgültigkeit hervorgerufen wurde, allerdings sei auf solche Spekulationen aufgrund der damit verbundenen Ungewissheit zu verzichten.[1176] Zudem wurde darauf hingewiesen, dass selbst wenn der Knebel die auslösende Ursache für die Verschlimmerung der Krankheit gewesen sei, darin noch kein Beweis für die Schuld der Beteiligten liegen würde. Grund hierfür sei vorrangig, dass das gleiche Ergebnis auch durch das Hervorrufen anderweitiger Emotionen wie beispielsweise Wut oder durch einen Kampf seitens des Gefangenen hätte hervorgerufen werden können.[1177]

Während *McElwee* ausdrücklich erklärt hatte, dass durch die Anwendung des *Iron Gag* als „höllische[s] Mittel[s]“[1178] *Maccumsey* seines Lebens beraubt wurde und er wie viele andere bis zur „Unerträglichkeit“ gefoltert wurde,[1179] kam der Ausschuss zu einem gegenteiligen Ergebnis. Hinsichtlich des Vorwurfs der irregulären Bestrafung und der Verursachung des Todes des Gefangenen *Maccumsey* entschied der Ausschuss „mit großer Genugtuung“, dass die beteiligten Personen von jeder krimineller Absicht freigesprochen werden könnten. Gleichwohl kommen sie zu dem Ergebnis, dass der *Warden* zu Recht die Verwendung des Knebels nach dem Tod von *Maccumsey* beendet hatte.[1180]

Im Rahmen des Berichts sah der Ausschuss die Vorwürfe hinsichtlich irregulärer Bestrafungspraxis als nicht bewiesen an und erklärte, dass sie auch bei dem Tode von *Maccumsey* keine Rolle gespielt habe. Eine negative Beurteilung der Vorkommnisse unterblieb entsprechend. Es bestand mithin ein eklatanter Dissens zwischen der Darstellung von *McElwee* sowie den Zeugenaussagen und dem Bericht des Ausschusses. Dies spricht dafür, dass man das *Pennsylvania System* zu dieser Zeit schadlos vor etwaigen Vorwürfen halten wollte, um dessen Entwicklung zu gewährleisten.

Hinsichtlich der Bestrafung der Gefangenen ist zusammenfassend zu sagen, dass obgleich das *Pennsylvania System* selbst nach außen als humanes System aufgetreten ist und einen großen Wert auf die religiöse und moralische Bildung der Gefangenen sowie damit einhergehend die Besserung der

---

1176 Report of the Joint Committee of the Legislature of Pennsylvania, S. 44.
1177 Report of the Joint Committee of the Legislature of Pennsylvania, S. 44.
1178 Frei übersetzt von der Autorin.
1179 *McElwee*, A Concise History of the Eastern Penitentiary of Pennsylvania Vol. I, S. 18.
1180 Report of the Joint Committee of the Legislature of Pennsylvania, S. 44.

Gefangenen gelegt hatte, die Brutalität durch Anstaltsbeamte dadurch nicht ausgeschlossen wurde; vielmehr konnten diese beiden Aspekte zumindest im *Eastern State Penitentiary* koexistieren.[1181] Obwohl bestimmte Rahmenbedingungen, beispielsweise in Form der Anerkennung des *Iron Gag*, aus heutiger Sicht nicht mit einem humanen Strafvollzug vereinbar sind, ist gleichzeitig zu beachten, dass die eigentlich humanen Bestrebungen nach Verbesserung der Gefangenenbedingungen sowie der Gefangenen selbst von den Anstaltsbeamten stark abhängig waren. Waren es auf der einen Seite einzelne Persönlichkeiten, die die Bestrebungen nach Verbesserungen erst hervorgerufen hatten, konnten auch einzelne Persönlichkeiten, die eine Funktion in der Strafanstalt hatten, diese Bestrebungen konterkarieren. Einem möglichen „sadistischen Verhalten" seitens der Anstaltsbeamten wurden keine effektiven Grenzen gesetzt, sodass die eigentlich positiven Bestrebungen in der Theorie des *Pennsylvania Systems* hin zu einem humaneren Strafvollzug durch die individuellen Verhaltensweisen von Verantwortlichen in den Strafanstalten aufgehalten und zum Teil unterlaufen wurden. Dies zeigt sich auch in den Darstellungen und Beschreibungen zum Todesfall *Maccumsey*, wo zumindest die Art der Durchsetzung von Bestrafungen (u. a. treten und ins Gesicht stampfen) als überzogen und mit der Humanität als nicht vereinbar zu werten ist. Dass grobe Gewalt zu dieser Zeit nicht zwingend zur Normalität gehörte, zeigte sich auch in den Regelungen im *Auburn Prison* in *New York*, wo es zu dieser Zeit den Aufsehern bereits untersagt war, einen Rohrstock, eine Stange oder eine andere Waffe sowie Fäuste und Füße zu gebrauchen. Folgerichtig war diese Art der Bestrafung dort durch ein Komitee als „äußerst grausam und als unvereinbar mit der guten Disziplin des Gefängnisses" bezeichnet worden „da sie gegen jedes Prinzip der Menschlichkeit verstoße".[1182]

Darüber hinaus zeigte sich im Todesfall *Maccumsey*, dass die Gefangenen mitunter brutal behandelt wurden, ohne dass es hierbei Konsequenzen beziehungsweise eine negative Außendarstellung durch das eingesetzte Komitee gegeben hatte. Es ist davon auszugehen, dass hier ein Zusammenhang mit dem zu dieser Zeit schon herrschenden Streit zwischen den Gefängnissystemen bestand und man den Gegnern durch eine negative Außendarstellung eine breite Angriffsfläche geboten hätte. Zudem lag keine Einsicht über die

---

1181 So auch: *Kahan*, Seminary of Virtue, S. 25.

1182 AD, 1833, No. 199, S. 10; vgl. hierzu den Abschnitt Kapitel 6.B.II.1.

Gefahren, die mit der Verwendung des *Iron Gags* verbunden waren, vor. Vielmehr wurde dieses Strafmittel als allgemein üblich angesehen und entsprechend nach Außen keine Kritik daran geäußert.

V. Charles Dickens Bericht nach seinem Besuch des Eastern State Penitentiary (1842)

Einen weiteren Einblick in die Realität des Lebens eines Gefangenen im *Eastern State Penitentiary* erhält man durch die Berichte von *Charles Dickens* (1812–1870),[1183] der für sein Mitgefühl für die Leiden der englischen Gefangenen, bekannt war.[1184]

Als *Dickens* gerade einmal zwölf Jahre alt war wurde sein Vater aufgrund seiner Schulden inhaftiert. *Dickens* wurde somit schon früh mit dem Gesetz und seinen Auswirkungen konfrontiert, wodurch er ein lebenslanges Interesse an Rechtsfragen, dem Justizsystem und allgemeinen Fragen der Gerechtigkeit haben sollte.[1185] Während der Bau des *Eastern State Penitentiary* nach *Rothman* eine ruhige, effiziente, gut organisierte, reformatorische und vor allem humanistische Strafanstalt zu werden versprach,[1186] wurde die Hoffnung auf eine entsprechende Außenwahrnehmung durch die Bewertung des bekannten Schriftstellers *Charles Dickens* getrübt.[1187] Dieser hatte die Anstalt 1842 während seiner Reise durch Nordamerika aus Interesse[1188] besucht und seine dort gesammelten Eindrücke in seinem Buch *American Notes for General Circulation*[1189] veröffentlicht. Obwohl er die Bestrebungen hinter der Isolation, bezogen auf die Güte, Menschlichkeit und den Besserungsgedanken würdigte,[1190] beschrieb *Dickens* die Isolation als Folter, die jede körperliche Misshandlung übertreffe.[1191] Er war davon überzeugt, dass die Absicht hinter dem *Pennsylvania System* gütig und human sei und es der Besserung dienen solle, allerdings war er sich sicher, dass diejenigen, die sich dieses System der

1183 *Quabeck*, Charles Dickens, Rn. 1.
1184 *Smith*, Prison and the American Imagination, S. 60.
1185 *Quabeck*, Charles Dickens, Rn. 1.
1186 *Rothman*, The Discovery of the Asylum, S. 86.
1187 *Smith*, Prison and the American Imagination, S. 60.
1188 *Slater*, Charles Dickens, S. 177–183, 184.
1189 Charles Dickens, American Notes for General Circulations, New York 1842.
1190 *Dickens*, American Notes for General Circulation, S. 238.
1191 *Dickens*, American Notes for General Circulation, S. 239.

Gefängnisdisziplin ausgedacht hatten, und die „benevolent gentlemen", die es ausführten, nicht wussten, was sie taten.[1192] Das System der Einzelhaft sei für ihn als rigide, streng und hoffnungslos sowie insgesamt als falsch und grausam zu bezeichnen.[1193] *Dickens* glaubte, dass nur sehr wenige Menschen überhaupt in der Lage seien zu verstehen, welches Ausmaß an Folter und Qualen die jahrelang andauernde Isolation für die Gefangenen bedeuten würde.[1194] Er war davon überzeugt, dass es niemandem möglich sei, die tatsächliche Tragweite des dadurch verursachten Leids nachzuvollziehen, außer den Gefangenen selbst.[1195] Deren vollständige Isolation hielt er für eine „langsame und tägliche Manipulation mit den Geheimnissen des Gehirns" und „für unermesslich schlimmer als jede Folter des Körpers", dabei seien die Auswirkungen, anders als die Narben, die durch körperliche Züchtigungen entstehen würden, noch viel verwerflicher, denn es sei quasi eine geheime Strafe, die niemand hören oder sehen würde.[1196] Er selbst habe sich darüber Gedanken gemacht, ob die vollständige Isolation jemals genutzt werden sollte, und kam zu der Überzeugung, dass dies, egal für welche Zeitspanne, zu verneinen sei und er selbst niemals dafür verantwortlich sein wollen würde.[1197] Über seinen Besuch selbst berichtete er, dass er von zwei Herren begleitet wurde, die offiziell mit der Leitung des Gefängnisses betraut seien. Er sei von Zelle zu Zelle gegangen, um mit den Insassen sprechen zu können.[1198] Während seines Aufenthalts im Gefängnis habe er die größtmögliche Höflichkeit erfahren und erhielt uneingeschränkten Einblick, ohne dass ihm Informationen vorenthalten wurden, vielmehr seien ihm diese freimütig und offen mitgeteilt worden.[1199] Dies entsprach auch der Hoffnung, dass *Dickens* einen positiven Bericht von dem Gefängnis schreiben und somit der Außendarstellung der Anstalt helfen würde.

1192 *Dickens*, American Notes for General Circulation, S. 238.
1193 *Dickens*, American Notes for General Circulation, S. 238.
1194 *Dickens*, American Notes for General Circulation, S. 238.
1195 *Dickens*, American Notes for General Circulation, S. 238.
1196 *Dickens*, American Notes for General Circulation, S. 238 f.
1197 *Dickens*, American Notes for General Circulation, S. 239 f.
1198 *Dickens*, American Notes for General Circulation, S. 240.
1199 *Dickens*, American Notes for General Circulation, S. 240.

Zu dieser Zeit war man sich bereits darüber bewusst, dass die Anstalt insgesamt mit kontroversen Beurteilungen konfrontiert wurde.[1200] Aus diesem Grund führte man *Dickens* durch die gesamte Anstalt und beantwortete alle Fragen.[1201] Zum „Leidwesen"[1202] der *Pennsylvanisten* waren die negativen Ausführungen des Autors hinsichtlich der Realität der Isolation der Gefangenen jedoch das Gegenteil des Erhofften.[1203] Während er die Auswirkungen der Isolierung auf die Gefangenen scharf kritisierte, lobte er doch die perfekte Ordnung des Gebäudes und die „ausgezeichneten Motive" aller, die unmittelbar an der Verwaltung des Systems beteiligt seien.[1204] Somit wurde zumindest die Hoffnung der *Pennsylanisten*, dass *Dickens* die Ordnung und Sauberkeit des *Eastern State Penitentiary* bewundern würde, erfüllt.[1205]

Weniger positive Worte fand er hingegen bezüglich der tatsächlichen Umstände. Er erzählte, dass, wenn man „in der Mitte steht und in diese trostlosen Gänge hinunterschaut, [...] die dumpfe Ruhe und Stille, die dort herrscht, schrecklich [sei]".[1206] Nur gelegentlich sei ein dumpfes Geräusch von einem Weberschiffchen oder einer Schusterleiste zu hören, das aber durch die schweren Kerkertüren erstickt und dadurch die allgemeine Stille verstärkt würde.[1207]

Er bezeichnete die schwarze Kapuze, die der Gefangene bei Eintritt in das *Penitentiary* auf dem Weg in seine Zelle, die er erst am Tage seiner Entlassung wieder verlassen würde, über den Kopf gezogen bekam, als „Leichentuch, das den Vorhang zwischen ihm und der Welt der Lebenden versinnbildlicht".[1208] Der Gefangene erfahre während seiner Haftzeit nichts von seiner Frau oder seinen Kindern, aus seiner Heimat, oder von Freunden, auch nicht von dem Tod oder dem Leben eines anderen.[1209] Mit Ausnahme von den Gefängniswärtern höre er in seiner gesamten Haftzeit keine menschliche Stimme.

1200 *Smith*, Prison and the American Imagination, S. 60.
1201 *Smith*, Prison and the American Imagination, S. 60.
1202 *Engeler*, Strafvollzug in den USA, S. 13
1203 *Smith*, Prison and the American Imagination, S. 60.
1204 *Dickens*, American Notes for General Circulation, S. 240.
1205 *Smith*, Prison and the American Imagination, S. 60.
1206 *Dickens*, American Notes for General Circulation, S. 241.
1207 *Dickens*, American Notes for General Circulation, S. 241.
1208 *Dickens*, American Notes for General Circulation, S. 241 f.
1209 *Dickens*, American Notes for General Circulation, S. 242.

Dabei sei er auch für diese Wärter nur eine Nummer, die abgesehen von den Aufzeichnungen des Direktors und den Unterlagen des Religionslehrers nur an der Tür seiner Zelle angebracht sei, sein Name, sein Verbrechen sowie die Dauer seiner Haftzeit seien dem Offizier unbekannt, der ihm täglich sein Essen bringe.[1210] Er erfahre während seiner Haftzeit zu keinem Zeitpunkt wer in der Zelle neben ihm untergebracht werde, oder in welchem Bereich des Gefängnisses er selbst untergebracht sei.[1211] Der Gefangene habe in seiner Zelle lediglich eine Bibel, eine Schiefertafel und einen Bleistift, unter gewissen Einschränkungen manchmal auch andere Bücher, Feder und Tinte zur Verfügung. Darüber hinaus verfüge er in seiner Zelle über diejenigen Gerätschaften, die er für die Ausführung seiner Arbeit benötige, wie etwa einen Webstuhl, ein Rad oder ähnliches.[1212]

Dickens berichtete darüber hinaus von den Gefangenen, die er angetroffen und mit denen er teilweise auch gesprochen hatte: So saß der erste Mann, den er antraf, an seinem Webstuhl und arbeitete.[1213] Er war bereits seit 6 Jahren in der Strafanstalt und hatte noch drei weitere vor sich. Der Gefangene war wegen Hehlerei verurteilt worden, beteuerte aber auch nach 6 Jahren Haftzeit seine Unschuld.[1214] *Dickens* berichtete weiter, dass der Gefangene seine Arbeit eingestellt habe, als er die Zelle betrat und ihm auf die Fragen freimütig antwortete. Allerdings bemerkte *Dickens* dabei, dass der Insasse mit einer „seltsamen Pause und mit tiefer, nachdenklicher Stimme" sprach.[1215] Eine der Begleitpersonen von *Dickens* fügte hinzu, dass dieser sich nunmehr seinem Schicksal ergeben habe, was dieser sofort bestätigte. Allerdings beschrieb *Dickens* hierbei ein „hoffnungsloses" Seufzen des Gefangenen.[1216] Auf die Frage, ob er inzwischen ein besserer Mann geworden sei, antwortete der Insasse, dass er das hoffe. Die Aussage eines der Anwesenden, dass die Zeit in der Haft schnell verginge, aber verneinte er und erklärte, dass sie in diesen vier Wänden vielmehr sehr langsam vergehen würde.[1217] In einer anderen

1210 *Dickens*, American Notes for General Circulation, S. 242.
1211 *Dickens*, American Notes for General Circulation, S. 242.
1212 *Dickens*, American Notes for General Circulation, S. 243.
1213 *Dickens*, American Notes for General Circulation, S. 243.
1214 *Dickens*, American Notes for General Circulation, S. 243 f.
1215 *Dickens*, American Notes for General Circulation, S. 244.
1216 *Dickens*, American Notes for General Circulation, S. 245.
1217 *Dickens*, American Notes for General Circulation, S. 245.

Zelle traf *Dickens* einen Deutschen an, der wegen Diebstahls zu fünf Jahren Haft verurteilt worden war, wobei zwei dieser Jahre bereits abgelaufen waren. *Dickens* bezeichnete ihn als ein niedergeschlagenes, herzzerreißendes, unglückliches Geschöpf, das man sich nur schwer vorstellen könnte. Der Schriftsteller erklärte, dass er so viel Leid, wie das Elend des Mannes, noch nie gesehen oder davon gehört habe.[1218]

Insgesamt lässt sich die Meinung von *Dickens* über das *Eastern State Penitentiary* gut anhand seiner folgenden Ansicht zusammenfassen: Für ihn waren die Gefangenen während ihrer Haft lebendig begraben und für alles tot, außer für ihre quälende Angst und schreckliche Verzweiflung.[1219]

Die im *Eastern State Penitentiary* angewandte Isolierung der Gefangenen rufe seelische Qualen hervor, die den Geist in einen krankhaften Zustand versetze, der ihn für die Arbeit untauglich mache. Diejenigen, die diese Art der Strafe durchlebt hatten, müssten nach *Dickens* moralisch ungesund und krank sein. Dass es kaum bis gar keine Selbstmorde geben würde, könne dabei nicht als Argument für die Bejahung dieses Haftsystems herangezogen werden.[1220] Dabei betonte er, dass jeder, der sich mit Geisteskrankheiten befasst habe, wisse, dass eine so extreme Depression und Verzweiflung, die den ganzen Charakter verändert und alle Kräfte des Selbstwiderstandes niederschlage, im Menschen toben könne, ohne dass dieser Suizid begehe.[1221] Er ging davon aus, dass die Verbrecher, die schon lange Haftzeiten verbüßt hatten, taub waren. Diese Auffassung, wurde zunächst seitens der Wärter nicht ernst genommen, aber als sie einen Gefangenen danach befragten, ohne dass dieser wusste, dass *Dickens* dies gesagt hatte, bestätigte er die Vermutung und teilte mit, dass er während seiner Haftzeit schwerhörig geworden sei.[1222]

Das Bild, das *Dickens* mit seinem Besuchsbericht vom *Eastern State Penitentiary* zeichnete, ist als sehr negativ zu bewerten. *Caleb Smith*[1223] geht in diesem Zusammenhang einen Schritt weiter und erklärt, dass *Dickens* bei

---

1218 *Dickens,* American Notes for General Circulation, S. 246 f.

1219 *Dickens,* American Notes for General Circulation, S. 242.

1220 *Dickens,* American Notes for General Circulation, S. 261 f.

1221 *Dickens,* American Notes for General Circulation, S. 262 f.

1222 *Dickens,* American Notes for General Circulation, S. 263.

1223 *Caleb Smith,* Professor of English and of American Studies, Yale University. In seinem Buch „The Prison and the American Imagination“ zeichnet er eine „Genealogy of the penitentiary system from its origins in in enlightenment reforms to the prison seinem Besuch Zeuge einer schrecklichen Szenerie von Geisteskrankheit und lebendem Tod gewesen sei, die zu keiner Besserung der Gefangenen, sondern zu deren Entmenschlichung geführt habe.[1224] Unter Berücksichtigung der zuvor wiedergegebenen Ausführungen von *Dickens* ist dieser Darstellung von *Smith* zuzustimmen. *Dickens* vermittelte durch sein Werk ein sehr bedrückendes Gefühl von der Anstalt und die Wiedergabe seiner Gespräche mit den Gefangenen zeigen auf, dass nicht nur die schlichte Tatsache der Freiheitsstrafe, sondern überdies der vollständigen Einsamkeit auf die mentale Gesundheit einwirkte.

VI. Kurzer Überblick über die weitere Entwicklung des Systems bis 1913

Während von 1829 bis 1842 das *Solitary System* in seiner Schärfe durchgeführt wurde, bemühte man sich bereits ab 1842 bis 1866 darum, den noch immer in Einzelhaft untergebrachten Gefangenen mehr Beschäftigung zuzugestehen und deren „moralische Unterweisung“[1225] zu stärken, sodass die Isolierung nur noch auf den Kontakt mit anderen Mithäftlinge beschränkt wurde.[1226] Von 1866 bis 1913 wurde das sogenannte *Individual Treatment System* eingeführt.[1227] Grund für die Einführung dieses Systems war vor allem der Mangel an ausreichenden Zellen für die Insassen, weshalb die gewünschte Einzelunterbringung nicht mehr möglich war, sondern die Gefangenen teilweise gemeinschaftlich untergebracht werden mussten.[1228]

Für die Entwicklung des *Einzelhaftsystems* ist das *Eastern State Penitentiary* jedoch von großer Bedeutung gewesen,[1229] zumal dieses Gefängnis als das erste wahre Gefängnis bewertet wird.[1230]

---

industrial complex.“ Siehe hierzu: https://english.yale.edu/people/tenured-and-tenure-track-faculty-professors/caleb-smith.

1224 *Smith*, Prison and the American Imagination, S. 60.

1225 *Engeler*, Strafvollzug in den USA, S. 14.

1226 *Engeler*, Strafvollzug in den USA, S. 14.

1227 *Engeler*, Strafvollzug in den USA, S. 14.

1228 *Engeler*, Strafvollzug in den USA, S. 14.

1229 *Krohne*, Lehrbuch der Gefängniskunde, S. 43.

1230 *Dolan*, Eastern State Penitentiary, S. 12.

B. Auburn Prison und das Silent System[1231] (New York)

Der Staat New York hatte, dem Vorbild von *Pennsylvania* folgend, das herrschende englische Strafrecht ebenfalls abgeschafft und durch ein eigenes ersetzt.[1232] Übereinstimmend mit dem *Einzelhaftsystem* aus *Pennsylvania* wurde auch in *New York* die Ansicht vertreten, dass eine gemeinschaftliche Unterbringung der Gefangenen nachteilig für deren Besserung sei.[1233]

Die Einzelhaft wurde in *New York* erstmals 1819 bis einschließlich 1821 in dem bekannten Gefängnis *Sing-Sing* angewendet und sodann in das *Auburn*-Gefängnis, ebenfalls in *New York*, verlegt.[1234] Anders als in Pennsylvania verzichtete man im *Auburn*-Gefängnis auf die Errichtung als Panoptikon, um die gewünschte Abgrenzung zu dem System in Pennsylvania deutlich zu machen.[1235] Angelehnt an das irische Stufenstrafsystem, wurden in Auburn zudem ab 1821 unterschiedliche Klassen der Gefangenen eingeführt.[1236]

Die erste Klasse umfasste die Gefangenen, die die schwersten Verbrechen begangen hatten und bei denen nicht von einer Besserung ausgegangen wurde.[1237] Für diese Insassen wurden, wie zuvor in der *Walnut Street*, Einzelzellen errichtet, in denen die Gefangenen vollständig abgeschottet und ohne Beschäftigung eingesperrt waren.[1238] Bei den Gefangenen aus der zweiten Klasse, bei denen die Hoffnung bestand, dass sie sich bessern ließen, wurde zwischen der Einzelhaft und einer Beschäftigung mit Arbeit als Ausgleich gewechselt.[1239] Die Insassen, die als hoffnungsvoll angesehen und somit der dritten Klasse zugeordnet wurden, mussten die Nacht in Einzelhaft verbringen und wurden tagsüber gemeinschaftlich untergebracht.[1240] Allerdings

---

[1231] Im Rahmen einer Forschungsreise hat die Verfasserin das New York State Archive in Albany besucht und hat hier Einblick in alle noch verfügbaren und im Besitz des Archivs befindlichen Unterlagen aus dem Auburn State Prison erhalten. Die Unterlagen sind insgesamt sehr unvollständig, sodass eine vollständige Rekonstruieren sämtlicher Vorgänge in dem Gefängnis nicht möglich ist.

[1232] *Krohne*, Lehrbuch der Gefängniskunde, S. 46.

[1233] *Krohne*, Lehrbuch der Gefängniskunde, S. 46.

[1234] *Engeler*, Strafvollzug in den USA, S. 12 Fn. 2.

[1235] *Laubenthal*, Strafvollzug, Rn. 102.

[1236] *Engeler*, Strafvollzug in den USA, S. 12.

[1237] *Engeler*, Strafvollzug in den USA, S. 12.

[1238] *Krohne*, Lehrbuch der Gefängniskunde, S. 46; *Engeler*, Strafvollzug in den USA, S. 12.

[1239] *Engeler*, Strafvollzug in den USA, S. 12.

[1240] *Engeler*, Strafvollzug in den USA, S. 12.

musste schnell festgestellt werden, dass die absolute Isolation der Gefangenen sowohl an der Psyche als auch dem körperliche Wohlbefinden einen großen Schaden anrichtete, sodass neben den gesundheitlichen Schwierigkeiten ebenso „kaum zu bewältigende disziplinarische Schwierigkeiten“ entstanden waren.[1241] Das führte dazu, dass man die bislang in strikter Isolation untergebrachten Gefangenen aus der ersten Klasse in die Freiheit entließ.[1242] Fortan wurde in Auburn das absolute *Einzelhaftsystem* nicht mehr angewandt, sondern die Isolation auf die Nacht und die arbeitsfreie Zeit beschränkt.[1243] Dieses Prinzip der Gefangenenunterbringung fand bereits in der von *Howard* gelobten[1244] *Maison de Force* in *Gent* Anwendung.[1245]

Um die befürchtete negative Beeinflussung der Gefangenen während der gemeinschaftlichen Arbeit zu verhindern, wurde in *New York* ein absolutes Schweigegebot der Gefangenen eingeführt.[1246] Das Kommunikationsverbot unterband dabei nicht nur jede Art der verbalen Verständigung, sondern auch Gebärden und das Winken.[1247] Zuwiderhandlungen hatten stets strenge Konsequenzen zur Folge.[1248] Die Aufseher bedienten sich zur körperlichen Bestrafung der Insassen, unter anderem der Peitsche, wobei die Strafen nach jedem erneuten Verstoß stärker wurden.[1249]

I. Struktur der Anstalt – Gershom Powers Bericht (1828)

Einen guten Eindruck in die Struktur der Anstalt gibt der vom Verwalter, Wärter des *Auburn*-Gefängnisses und Juristen[1250] *Gershom Powers* im Jahr

---

1241 *Engeler*, Strafvollzug in den USA, S. 12 f.

1242 *Krohne*, Lehrbuch der Gefängniskunde, S. 46; *Engeler*, Strafvollzug in den USA, S. 12 f.

1243 *Fasoli*, Zum Strafverfahrensrecht und Gefängniswesen, S. 68; *Krohne*, Lehrbuch der Gefängniskunde, S. 46.

1244 *Howard*, The State of the Prisons, S. 139–144.

1245 *Fasoli*, Zum Strafverfahrensrecht und Gefängniswesen, S. 60.

1246 *Krohne*, Lehrbuch der Gefängniskunde, S. 46.

1247 *Fasoli*, Zum Strafverfahrensrecht und Gefängniswesen, S. 69.

1248 *Fasoli*, Zum Strafverfahrensrecht und Gefängniswesen, S. 69.

1249 *Jagemann*, Zur Rechtsbegründung und Verwirklichung der Einzelhaft, S. 34.

1250 Gershom Powers (1789–1831) war ein Abgeordneter aus New York, der nach seinem Jurastudium in den Jahren 1823–1828 als Richter arbeitete. Eine Kurzbiographie ist abrufbar über: https://bioguide.congress.gov/search/bio/P000489 (Zugriff zuletzt Juni 2026).

1828 verfasste *Bericht*[1251]. Als Anstaltsleiter oblagen ihm alle organisatorischen Aufgaben, wie der Abschluss von Verträgen, Käufen, Verkäufen und steuerliche Fragen.[1252] In seiner Funktion als Wärter hatte er zudem die Aufsicht über alle angestellten und untergeordneten *Keepers* und *Guards*, sowie die Polizei der Anstalt zu managen und zu organisieren – dabei trug er die Verantwortung für sämtliche Handlungen seiner untergeordneten Beamten.[1253] Er beschrieb zunächst die bauliche Struktur der Anstalt, wobei deutlich wird, dass insbesondere die Arbeitsplätze der Strafgefangenen durch viele mit Glas verkleidete Öffnungen gut einsehbar und mit ausreichend Beleuchtung ausgestattet waren.[1254] Seiner Ansicht nach war die Möglichkeit der Überwachung der Gefangenen Kern-, und gleichzeitig auch Erfolgselement einer Strafanstalt.[1255] In Gefängnissen sei es besonders wichtig, sämtliche Versuchungen zur Begehung einer Straftat für die Insassen zu entfernen, insoweit dies möglich sei.[1256] Er verwies an dieser Stelle auch darauf, dass nur so das Schweigegebot sinnvoll wirken könne, denn wenn den Gefangenen bewusst sei, dass ein Verstoß gegen unter anderem dieses Gebot aufgrund engmaschiger Kontrollen nicht unentdeckt bleiben würde, die Wahrscheinlichkeit der Begehung von Verstößen gegen Regeln generell geringer sei.[1257] Ein Ergebnis der ständigen Präsenz und baulichen Gegebenheiten, die eine Überwachung der Gefangenen möglich machten, sei es, dass die Anzahl der Bestrafungen enorm gesunken seien. So habe es innerhalb von drei Monaten

---

[1251] The Report of Gershom Powers, agent and keeper of the state prison at Auburn, January, 7, 1828.

[1252] *Powers*, Report of Gershom Powers, Agent and Keeper of the State Prison at Auburn, S. 14 f.

[1253] *Powers*, Report of Gershom Powers, Agent and Keeper of the State Prison at Auburn, S. 15.

[1254] *Powers*, Report of Gershom Powers, Agent and Keeper of the State Prison at Auburn, S. 9–12.

[1255] *Powers*, Report of Gershom Powers, Agent and Keeper of the State Prison at Auburn, S. 13.

[1256] *Powers*, Report of Gershom Powers, Agent and Keeper of the State Prison at Auburn, S. 13.

[1257] *Powers*, Report of Gershom Powers, Agent and Keeper of the State Prison at Auburn, S. 13.

in einer der Arbeitsstätten, in denen 70 Gefangene beschäftigt wurden, nicht eine einzige Bestrafung gegeben.[1258]

Die Arbeitszeit der Gefangenen richte sich jeweils nach der Jahreszeit und dauere während der Sommermonate von halb fünf morgens bis abends um 6 Uhr und in den Wintermonaten während des Tageslichts an.[1259] Somit waren die Arbeitsstätten am Tag bis zu 13 ½ Stunden geöffnet, was mit den Arbeitszeiten in der Bruchsaler Anstalt [1260] am Ende des 18. Jahrhunderts vergleichbar ist.

Das Frühstück erhielten die Gefangenen täglich zwischen sieben und acht Uhr morgens.[1261] Im Krankheitsfall mussten sie sich morgens beim Wärter melden, der ihre Namen notierte und beim Eintreffen des Arztes um 9 Uhr nach den Kranken schicken ließ, die sich zu diesem Zeitpunkt in der Arbeitsstätte befanden. Sie hatten dementsprechend nicht die Möglichkeit in ihren Zellen auf die Untersuchung zu warten.[1262] Erst nach der Untersuchung wurden sie, soweit der Arzt das für notwendig hielt, im Krankenflügel behalten, die anderen jedoch zurück in die Arbeitsstätte gesendet, ggf. unter der Auflage, an diesem Tag nur leichtere Arbeit zu verrichten.[1263]

Die Gefangenen mussten sich an strenge Regeln halten: Ihnen war es untersagt, miteinander zu sprechen, zu tanzen, zu pfeifen, zu rennen, zu springen oder irgendetwas tun, was die geringste Tendenz hatte, die Ruhe im Gefängnis zu stören oder dieses in Alarm zu versetzen.[1264] Jede ihrer Bewegungen und ihr gesamtes Verhalten musste in strikter Übereinstimmung

---

[1258] *Powers*, Report of Gershom Powers, Agent and Keeper of the State Prison at Auburn, S. 13.

[1259] *Powers*, Report of Gershom Powers, Agent and Keeper of the State Prison at Auburn, S. 27.

[1260] Vgl. hierzu den entsprechenden Abschnitt, Kapitel 8.B.I.1.

[1261] *Powers*, Report of Gershom Powers, Agent and Keeper of the State Prison at Auburn, S. 28 f.

[1262] *Powers*, Report of Gershom Powers, Agent and Keeper of the State Prison at Auburn, S. 29.

[1263] *Powers*, Report of Gershom Powers, Agent and Keeper of the State Prison at Auburn, S. 29.

[1264] *Powers*, Report of Gershom Powers, Agent and Keeper of the State Prison at Auburn, S. 24.

mit der Ordnung und der Situation, in der sie sich befanden, sein.[1265] Diese Ordnung bezeichnete *Powers* als „vollkommen".[1266] Betreffend der Zellen der Gefangenen wurde einem *Hilfswärter* die Aufgabe übertragen, die Krankenstation, die Zellen, das Bettzeug und die Galerien reinlich zu halten und ebenso gut zu lüften; zu diesem Zweck wurden zudem einige der Gefangenen beschäftigt.[1267] Das gesamte Gebäude wurde jeden Tag nass gewischt und wöchentlich gründlich mit Seife gereinigt.[1268]

Die Aufgabe der Bestrafung fiel den sog. *Assistant Keepers* oder auch Hilfswärtern zu, die die Sträflinge für Pflichtverletzungen durch Schläge mit einer Rohlederpeitsche bestrafen mussten, die so auf den Rücken auszuführen war, dass Kopf, Gesicht und Augen geschützt und die Gesundheit oder die Gliedmaßen der Sträflinge nicht gefährdet wurden.[1269] Außer im Falle der Selbstverteidigung war es ihnen untersagt, einen Rohrstock, eine Stange oder eine andere Waffe zu gebrauchen, auch der Einsatz von Fäusten und Füßen war nicht erlaubt.[1270]

Powers betonte hierbei, dass es sich um ein hohes und sensibles Vertrauen handele, sodass die Hilfswärter oft ermahnt würden, die Bestrafungen der Gefangenen stets mit „humanity" und Diskretion und ohne jegliche Leidenschaft auszuüben. Dabei sollten ihre Handlungen den Übeltäter davon überzeugen, dass die Züchtigung einzig zu seinem Wohl und als Beispiel für andere vollzogen werde und vor allem, dass es für den Beamten selbst eine äußerst schmerzhafte Pflicht darstelle.[1271]

[1265] *Powers*, Report of Gershom Powers, Agent and Keeper of the State Prison at Auburn, S. 24.

[1266] *Powers*, Report of Gershom Powers, Agent and Keeper of the State Prison at Auburn, S. 24.

[1267] *Powers*, Report of Gershom Powers, Agent and Keeper of the State Prison at Auburn, S. 27.

[1268] *Powers*, Report of Gershom Powers, Agent and Keeper of the State Prison at Auburn, S. 38.

[1269] *Powers*, Report of Gershom Powers, Agent and Keeper of the State Prison at Auburn, S. 22.

[1270] *Powers*, Report of Gershom Powers, Agent and Keeper of the State Prison at Auburn, S. 22.

[1271] *Powers*, Report of Gershom Powers, Agent and Keeper of the State Prison at Auburn, S. 22.

In schweren Fällen wurde auf Anweisung des *Keepers* oder des *Deputy* die Strafe mit der sogenannten *Cat*[1272] auf den nackten Rücken des Sträflings ausgeführt, die aus sechs Strängen dünner Schnur bestand.[1273] *Powers* rechtfertigte die körperliche Züchtigung damit, dass er der Meinung war, dass die vorbezeichneten Regeln und Vorschriften auf dem Grundsatz beruhten, dass die Beamten der Strafanstalt in der gleichen Beziehung zu den Gefangenen stünden, wie auch der Meister zu seinem Lehrling oder auch der Lehrer zu seinen Schülern. Hieraus ergab sich, dass derjenige, der die unmittelbare Aufsicht über das Verhalten und eben auch die Arbeit der Strafgefangenen habe, sich der gleichen rechtmäßigen Mittel bedienen dürfe, wie es auch der Lehrer oder Meister mache, um die „bösartigen und aufrührerischen Praktiken" der Sträflinge zu verhindern.[1274] Hinsichtlich der Notwendigkeit beziehungsweise Vorteile der körperlichen Züchtigung erklärte *Powers*, dass diese Art der Bestrafung den verurteilten Gefangenen weniger persönliches Leid zufügen, und zudem weniger Zeitverlust bedeuten würde, als jede andere Art der Bestrafung, die man alternativ anwenden könnte. Vor allem sei die Verhinderung von Verbrechen besser als etwaige nachträgliche Bestrafungen, die als Wiedergutmachung für das Verbrechen vollzogen werden würde. *Powers* war dabei so von den Vorteilen des *Auburn Systems*, beziehungsweise der von ihm beschriebenen Regeln überzeugt, dass er deren Anwendung im ganzen Land forderte.[1275] Insbesondere, da die Bestrafung unmittelbar und mit Sicherheit direkt auf das Vergehen folge, würde sie selten vorkommen.[1276]

[1272] Cat meint in diesem Zusammenhang cat o' nine tail; deutsch: Neunschwänzige Katze, es handelt sich hierbei um eine mehrschwänzige Peitsche, die auch im Deutschen zum Teil als Katze abgekürzt wurde.

[1273] *Powers*, Report of Gershom Powers, Agent and Keeper of the State Prison at Auburn, S. 23.

[1274] *Powers*, Report of Gershom Powers, Agent and Keeper of the State Prison at Auburn, S. 23.

[1275] *Powers*, Report of Gershom Powers, Agent and Keeper of the State Prison at Auburn, S. 23.

[1276] *Powers*, Report of Gershom Powers, Agent and Keeper of the State Prison at Auburn, S. 23.

II. Untersuchung der Gefängnisse in Auburn und Mount Pleasant (Sing-Sing)

1. Assembly Documents (1833)

Der Sonderausschuss des New York State Assembly, der gemäß einer Resolution der Assembly vom 27. März 1832 eingesetzt wurde, um den Zustand der Gefängnisse in *Mount Pleasant* (auch *Sing-Sing* genannt) und *Auburn* zu untersuchen, erklärte in seinem *Bericht*[1277] vom 26. Februar 1833, dass er keine Empfehlungen hätte, um den Charakter des „bewundernswerten Strafvollzugssystems", wie es in *Auburn* durchgeführt würde, zu verbessern.[1278] Basis dieser Feststellung seien laut des Ausschusses sowohl die Sparsamkeit, Dauerhaftigkeit und Sicherheit der Anstalt, als auch der „humane regard" der einen angemessenen Einfluss auf die Gesundheit und das Wohlbefinden der Strafgefangenen habe.[1279]

Ihrem Bericht stellt das Komitee zunächst eine Empfehlung voran: den Dächern der gesamten Haftanstalt solle besondere Aufmerksamkeit geschenkt werden. Die Dächer bestünden aus Schindeln, die durch die Schornsteine dem Feuer ausgesetzt seien. Nicht nur mit Blick auf die Sicherheit, sondern auch auf die Wirtschaftlichkeit sollten diese durch dünnen Schiefer ersetzt werden. Respektive der Kostenfrage verweist das Komitee darauf, dass die durch die Arbeit der Gefangenen erzielten Gewinne des laufenden Jahres, sowie der vorhandenen überschüssigen Geldmittel des Gefängnisses einen wesentlichen Beitrag leisten werden.[1280] Der Profit, der durch die Gefangenenarbeit erwirtschaftet wurde, sollte mithin dazu genutzt werden das Gefängnis hinsichtlich seiner baulichen Gegebenheiten zu verbessern.

In ihren *Assembly Documents* verglich das Komitee 1833 die Zustände, die es in *Auburn* und in *Mount Pleasant (Sing-Sing)* vorgefunden hatte. Über die Gefangenen im *Auburn-Gefängnis* berichtete das Komitee, dass diese sich anscheinend mit ihrem Schicksal abgefunden hatten, reumütig hinsichtlich ihrer Taten und von demütiger Gesinnung waren.[1281] Zudem seien sie, soweit

---

[1277] Report of the select committee, appointed pursuant to a resolution of the Assembly, passed March 27, 1832, to examine into the state of the prisons at Mount-Pleasant and Auburn, Assembly Document of the State of New-York, February 26, 1833, No. 199.

[1278] AD, 1833, No. 199, S. 5.

[1279] AD, 1833, No. 199, S. 5.

[1280] AD, 1833, No. 199, S. 5.

[1281] AD, 1833, No. 199, S. 9.

das Komitee in der Lage sei, die großen bewegenden Prinzipien menschlichen Handelns zu beurteilen, entschlossen, nach Ablauf ihrer Haftzeit alle Anstrengungen zu unternehmen, um sich wieder in das Wohlwollen der Gesellschaft zu bringen und in Freiheit ein ehrliches und aufrechtes Leben zu führen.[1282]

Das Komitee erklärte zunächst, dass man insbesondere aufgrund der Tatsache eingesetzt wurde, dass etwa 1.500 oder 1.800 Mitmenschen in den einsamen Mauern in *Sing-Sing* eingesperrt und von der Gesellschaft ausgeschlossen seien, ohne dass sie sich bei jemandem über eine grausame oder unterdrückende Behandlung im Gefängnis beschweren könnten, außer bei eben denjenigen, die die Regeln der Menschlichkeit missachten würden.[1283] Hieraus folge, dass die Legislative zwingende Untersuchungen von sowohl der Lage als auch der dortigen Behandlung vornehmen müsste.[1284]

Um eine sinnvolle Untersuchung durchführen zu können, befragte das Komitee im *Auburn Prison* die Gefangenen getrennt von den Beamten des Gefängnisses. Hintergrund hiervon war insbesondere, dass mehrere der Sträflinge vor ihrem Transfer in das *Auburn*-Gefängnis in *Mount Pleasant* eingesessen hatten, und dementsprechend über die dortigen Zustände aus erster Hand berichten könnten.[1285] Es wurde jeweils ein Gefangener aus jeder Arbeitsstätte und jeder Abteilung hierzu befragt.[1286] Das Komitee betonte, dass es keine Anhaltspunkte gegeben habe, aufgrund derer es davon ausgehen musste, dass die Häftlinge über den Zweck des Sonderausschusses und deren Untersuchungen unterrichtet waren.[1287] Unter dieser Prämisse können die Aussagen der Gefangenen grundsätzlich als unabhängig von sonst entstehenden Beeinflussungen gewertet werden.

Die Gefangenen waren sich hinsichtlich der strengen und harten Behandlung in *Sing-Sing* einig und bezeugten die „freundliche und wohlwollende Behandlung" im *Auburn*-Gefängnis.[1288] Hauptgrund für die Beschwerden an der Anstalt *Sing-Sing* war zunächst, dass die Insassen keine ausreichende

1282 AD, 1833, No. 199, S. 9.
1283 AD, 1833, No. 199, S. 9.
1284 AD, 1833, No. 199, S. 9.
1285 AD, 1833, No. 199, S. 10.
1286 AD, 1833, No. 199, S. 9.
1287 AD, 1833, No. 199, S. 9 f.
1288 AD, 1833, No. 199, S. 10.

Nahrung erhielten um den täglichen Bedarf zu decken, beziehungsweise den Hunger zu stillen.[1289] Sie berichteten zudem, dass sie für kleine Vergehen gegen die Gefängnisordnung bereits mit großer körperlicher Gewalt bestraft worden seien und hierfür nicht die eigentlich anzuwendende *Cat* benutzt wurde, sondern die Wärter mit ihren üblichen Spazierstöcken auf den Kopf und andere Körperteile der Insassen geschlagen hätten.[1290] Damit handelten die Wärter entgegen der ausdrücklichen Regel, dass mit Ausnahme von einem Fall Selbstverteidigung weder ein Rohrstock, eine Stange, eine andere Waffe, oder auch Fäusten und Füßen nicht benutzt werden durften.[1291]

Diese Art der Bestrafung bezeichnete das Komitee als „äußerst grausam und als unvereinbar mit der guten Disziplin des Gefängnisses [...]; da sie gegen jedes Prinzip der Menschlichkeit verstoße".[1292] Demgegenüber berichtete der Sonderausschuss von dem äußerst positiven Zeugnis, sowohl über die Freundlichkeit, die Mäßigung und vor allem das Wohlwollen der Behandlung der Gefangenen im *Auburn Prison*.[1293] Die befragten Gefangenen hätten angegeben, dass ihre Verpflegung und Kleidung nicht nur gesund, angenehm und bequem, sondern auch jederzeit reichlich vorhanden sei.[1294] In puncto körperlicher Strafen berichtete der Sonderausschuss in seinem Bericht, dass die meisten Gefangenen seit ihrer Inhaftierung in *Auburn* nicht körperlich bestraft worden waren und diejenigen, bei denen das erfolgt sei, übereinstimmend zugegeben hätten, dass sie diese Behandlung als gerecht empfanden.[1295]

2. Senate Documents (1840)

Ungeachtet der sehr wohlwollenden und positiv ausfallenden Wertung des Komitees der New Yorker Vollversammlung im Rahmen der Assembly Documents hinsichtlich der Züchtigung der Gefangenen in den New Yorker Gefängnissen *Auburn Prison* und *Sing-Sing* ergeben sich allerdings aus den im Weiteren dargestellten *Senate Documents* aus dem Jahr 1840 diesbezüglich bereits konkrete

---

[1289] AD, 1833, No. 199, S. 10.
[1290] AD, 1833, No. 199, S. 10.
[1291] *Powers*, Report of Gershom Powers, Agent and Keeper of the State Prison at Auburn, S. 22.
[1292] AD, 1833, No. 199, S. 10.
[1293] AD, 1833, No. 199, S. 10.
[1294] AD, 1833, No. 199, S. 10.
[1295] AD, 1833, No. 199, S. 10.

und erhebliche Zweifel. Gleiches gilt auch für die im Rahmen seines *Reports* dargestellte Auffassung von *Powers*, dass es aufgrund der Ausgestaltung des Haftsystems nur gelegentlich zu Bestrafungen der Gefangenen gekommen sei.

Voraussetzung ordnungsgemäßer und gerechtfertigter körperlicher Züchtigung ist grundsätzlich, dass diese mit der zum damaligen Zeitpunkt geltenden Rechtsordnung übereinstimmte. Die grundlegenden Regeln hinsichtlich der Staatsgefängnisse *Auburn* und *Mount Pleasant* wurden durch den Staat New York im Chap. 302 – *An Act in relation of the State Prison*,[1296] im Jahr 1835 festgelegt.

Ausweislich § 1 dieses *Act* standen die Staatsgefängnisse unter der Aufsicht von jeweils fünf Inspektoren.[1297] Diese hatten die Kompetenz, Regeln und Vorschriften für die Leitung und das Verhalten aller im Gefängnis angestellten Personen zu erlassen (§ 4).[1298] Den *Assistant Keeper* wurde gemäß § 6 die Aufgabe übertragen, bei den ihnen unterstellten Sträflingen für eine angemessene Disziplin zu sorgen. Sie durften diese nach eigenem Ermessen für etwaiges Fehlverhalten bestrafen. Diese Bestrafung sollte vorbehaltlich der vom *Inspektionsausschuss* erlassenen Vorschriften erfolgen. Dabei oblag es den Wärtern, die jeweiligen Züchtigungen der Gefangenen am nächsten Tag dem *Agent* oder *Deputy Keeper* mit einem schriftlichen Vermerk, der von dem *Assistant Keeper* zu unterschreiben war, zu melden und darin das begangene Vergehen und die darauffolgende Bestrafung zu bezeichnen. Nähere Konkretisierungen erhielt das Gesetz bezüglich der Bestrafung der Gefangenen nicht. Die Bestrafung der Gefangenen lag somit grundsätzlich im Ermessen der *Assistant Keeper*.[1299]

***

Im Februar 1840 veröffentlichte sowohl *The Majority of the Committee* als auch *The Minority of the Committee* das vom Senat zum Zwecke der Untersuchung der Angelegenheiten der Staatsgefängnisse in *Auburn* und *Sing-Sing* eingesetzt wurde, ihren Bericht.[1300] Dabei bestand *The Minortiy*, mithin die Minderheit

---

1296 Chap. 302, An Act in relation to the State Prisons, Mai 1835.

1297 Chap. 302, An Act in relation to the State Prisons, Mai 1835, S. 341.

1298 Chap. 302, An Act in relation to the State Prisons, Mai 1835, S. 341 f.

1299 Chap. 302, An Act in relation to the State Prisons, Mai 1835, S. 342.

1300 Report of the minority of the committee appointed by the Senate, to investigate the affairs of the State Prisons at Auburn and Sing-Sing, Senate Documents of the State of New-York, February 15, 1840, No. 38, S. 1–12.

des Komitees, in diesem Zusammenhang einzig aus dem Senatsmitglied *Henry A. Livingston*[1301].[1302]

Den *Minority-Bericht* begann dieser mit der Feststellung, dass es sich bei den Gefängnisinsassen um die „schlimmsten, verdorbensten, verzweifeltsten und im Allgemeinen unwissendsten Menschen“ handeln würde.[1303] Sie seien darin verbunden, dass sie die Gesetze und die Gesellschaft, die sie durch die gerechten Gerichte des Landes zu ihrer Strafe verurteilt hatte, hassen würden.[1304] Vor diesem Hintergrund bedürfe die Sicherstellung der Ordnung in den Gefängnissen und die Unterordnung der Gefangenen einer Reihe von Zwangsmaßnahmen, die durch den verdorbenen Zustand der Gefangenen gerechtfertigt werden könnten.[1305] *Livingston* legte zunächst dar, dass das Komitee hinsichtlich der Schwere der Strafen, die gegen Verurteilte zu verhängen seien, zu unterschiedlichen Schlussfolgerungen gekommen sei. Er machte deutlich, dass ein eklatanter Unterschied zwischen einer heilsamen Strafe und absoluter Grausamkeit bestehe.[1306] Während die erste sanktionierender Natur sei, widerstrebe die zweite der Natur des Menschen.[1307] Besondere Aufmerksamkeit an dieser Stelle verdient die Auffassung, die *Livingston* hinsichtlich der Behandlung der Gefangenen im Allgemeinen und deren Bestrafung im Rahmen seines Berichts mitteilte:

> These criminals are human beings, and if, by their crimes and misdeeds, they have incurred the heavy penalties of our laws, no other or additional punishment should be inflicted than what those laws have condemned them to suffer; they should not be at the mercy of every deputy keeper. When once cruelty is apparent, then our sympathies are aroused, and we forget the crimes that brought these men into their present situation, and think only upon their sufferings.[1308]

1301 Über die Person Henry A. Livingston konnte die Verfasserin nur wenig Informationen finden. Im Jahr 1827 war er in der Assembly und von 1838–1841 im Senat des Staates New York. Er war der Sohn eines Geistlichen und verstarb 1849; vgl. hierzu: ABA, I 981, 294.

1302 SD, 1840, No. 38, S. 12.

1303 SD, 1840, No. 38, S. 1.

1304 SD, 1840, No. 38, S. 1 f.

1305 SD, 1840, No. 38, S. 1.

1306 SD, 1840, No. 38, S. 2 f.

1307 SD, 1840, No. 38, S. 3.

1308 SD, 1840, No. 38, S. 3.

Obgleich *Livingston* bereits im nächsten Absatz betonte, dass er mit seiner Auffassung die Beobachtungen seiner Kollegen nicht in Misskredit bringen wolle und es sich hierbei vielmehr um seine persönliche Meinung handele, die er anhand der vorgefundenen Umstände und Fakten gebildet habe, mit denen der Ausschuss im Rahmen seiner Untersuchungen konfrontiert wurde, so beinhaltete diese Aussage bereits Ansätze, die erst viele Jahrzehnte später maßgeblich wurden. Er forderte hier, dass die Gefangenen ausschließlich auf Grundlage der geltenden Gesetze bestraft werden und vor allem nicht von der Gnade eines Wärters des Gefängnisses abhängig sein dürften. Eine willkürliche Behandlung der Gefangenen sollte entsprechend nicht stattfinden, sondern diese nur im gesetzlich festgelegten Rahmen erfolgen.

Wie aus den obigen Berichten deutlich wird, galt der Freiheitsentzug der Gefangenen nicht als eigentliche und einzige Bestrafung der Straftäter. Vielmehr wurden die Gefangenen während ihrer Strafe – mithin der Haftzeit in den Gefängnissen – zusätzlich anhand strenger Regeln, teils schlechter Behandlung, oder körperlicher Strafe bestraft. Die Ansätze, die sich in der Aussage von *Livingston* finden lassen, sind beispielsweise erst Ende des 19. Jahrhunderts in England im Rahmen des *Gladstone Reports* festgelegt worden, wonach die Freiheitsentziehung selbst die Strafe war und sie nicht dazu dienen sollte, die Täter in den Gefängnissen zusätzlich zu bestrafen.[1309]

Die deutliche Klarstellung, dass es sich auch bei Verbrechern um menschliche Wesen handele, entspricht den humanistischen Bestrebungen, wonach auch die negativen Taten eines Menschen, oder deren Unzulänglichkeiten nicht zu deren Entmenschlichung führen, sondern vielmehr von der Gesellschaft akzeptiert werden müssten.[1310] Nach Auffassung von *Livingston* waren die damals bestehenden Gesetze in Bezug auf die Gefängnisdisziplin offensichtlich mangelhaft, dazu kam aber noch, dass sie nicht befolgt wurden.[1311] Diese Tatsache verdeutliche sich bei der Durchsicht der Zeugenaussagen und dem Vergleich des Verhaltens der Inspektoren, Agenten und untergeordneten Beamten der Gefängnisse mit den Anforderungen der Gesetze, die deren Verhalten eigentlich regeln und steuern sollten.[1312] Hinsichtlich der

1309 *Wright*, Making Good: Prisons, Punishment and Beyond, S. 119.
1310 Vgl. Kapitel 1.C.; *Herder*, Brief 28, S. 149.
1311 SD, 1840, No. 38, S. 5.
1312 SD, 1840, No. 38, S. 5.

Bestrafung der Gefangenen beschrieb *Livingston*, dass es in der Verwaltung in *Sing-Sing* die gröbsten Unregelmäßigkeiten und zuweilen die „abscheulichste Unmenschlichkeit“ geben würde.[1313] Es sei berichtet worden, dass die stellvertretenden Wärter bei der Bestrafung der Gefangenen sich selbst und ihrer eigenen Leitung überlassen wurden und aus diesem Grund häufig mit äußerster Härte und Gewalt zuschlugen und die Schläge selbst nicht zählten.[1314] Der eigentlich von ihnen abzulegende Bericht über die Bestrafungen wurde ignoriert, vergessen oder als unzulänglich bewertet.[1315] Zudem hätten Wärter, die eigentlich keine Befugnisse zur Bestrafung der Insassen hatten, genau dies getan und dabei eine „der verwerflichsten Züchtigungen“ vorgenommen, die der Ausschuss während der Untersuchungen beobachtete.[1316] Ein Vertreter eines Bauunternehmers, ebenfalls nicht dazu berechtigt einen Gefangenen zu bestrafen oder zu züchtigen, habe die Hand eines Mannes in einen eisernen Schraubstock eingespannt und ihm dann mit der *Cat*[1317] den Rücken „zerfleischt“.[1318]

Livingston rügte hierbei sowohl die Art und Weise der Bestrafung derjenigen Personen, die die Strafen verhängt hatten, als auch die unzureichende Beachtung und Umsetzung der gesetzlichen Vorschriften, nach denen das Strafmaß und die Art der begangenen Vergehen in Form eines Berichts mitzuteilen war.[1319] Zudem würde es an einer zufriedenstellenden Maßregelung dieser Vorgänge durch die eigentlich mit der Aufgabe betrauten Personen, welche sowohl die untergeordneten Beamten als auch die Gefangenen zu überwachen hatten, fehlen.[1320] *Livingston* berichtete weiter, dass er von mehreren Fällen erfahren habe, in denen die von den stellvertretenden Wärtern und anderen Personen verhängten Strafen nicht in Relation zu den Verbrechen standen, die den Gefangenen vorgeworfenen wurden.[1321] Diese „willkürliche“

1313 SD, 1840, No. 38, S. 5.
1314 SD, 1840, No. 38, S. 5.
1315 SD, 1840, No. 38, S. 5.
1316 SD, 1840, No. 38, S. 5.
1317 Cat meint in diesem Zusammenhang cat o’ nine tail; deutsch: Neunschwänzige Katze, es handelt sich hierbei um eine mehrschwänzige Peitsche, die auch im Deutschen zum Teil als Katze abgekürzt wurde.
1318 SD, 1840, No. 38, S. 5.
1319 SD, 1840, No. 38, S. 5 f.
1320 SD, 1840, No. 38, S. 5 f.
1321 SD, 1840, No. 38, S. 6.

Vorgehensweise bei der Bestrafung der Gefangenen wurde von *Livingston* aufs Schärfste verurteilt. In diesem Zusammenhang forderte er eine Änderung der bestehenden Gesetze, um die Gefängnisdisziplin ausreichend zu normieren.[1322] Er forderte die Einführung fester Verwaltungsregeln für die Gefängnisse, und, dass der Rechtsgehorsam der Beamten entschieden durchgesetzt werde.[1323] *Livingston* wies dabei insbesondere auf die massive Gefahr des Missbrauchs des Ermessensspielraums innerhalb der Gefängnisse und der Bestrafung der Gefangenen hin, die eine gesetzliche Maßnahme erforderlich machen würde.[1324] Wie sich aus den gesetzlichen Vorgaben des *Act* von 1835 ergibt, oblag das Ermessen über die Art und Schwere der Bestrafung grundsätzlich dem *Assistant Keeper*, insoweit es keine anderweitigen Vorgaben seitens der Inspektoren gegeben hatte.[1325]

Obgleich es sich bei den Beobachtungen um solche aus dem *Sing-Sing* Prison handelte, betonte *Livingston*, dass für das *Auburn Prison* die gleichen allgemeinen Beobachtungen gelten würden, allerdings vor dem Hintergrund, dass sich das Fehlverhalten der Beamten des Gefängnisses anders zeige.[1326] Im Rahmen der Untersuchungen hatte das Komitee auch im *Auburn Prison* eine Reihe von „Grausamkeiten“ aufgedeckt.[1327] Laut *Livingston* verfügte das *Auburn Prison*, wie auch das *Sing-Sing Prison*, entgegen der gesetzlichen Vorschriften, über kein ordnungsgemäßes Mittel zur Aufzeichnung der Beschwerden der Gefangenen.[1328] In § 4 des *Act*[1329] war allerdings festgesetzt worden, dass der *Agent* oder *Deputy Keeper* täglich Protokoll über die Vorgänge in der Strafanstalt zu führen hatte.[1330] In diesem sollte auch jede ihm zur Kenntnis gelangte Übertretung der Regeln oder der Vorschriften der Strafanstalt durch einen ihrer Bediensteten, sowie jede Beschwerde eines Insassen über schlechte oder auch unzureichende Verpflegung, mangelnde Kleidung oder auch grausame und ungerechte Behandlungen durch die

1322 SD, 1840, No. 38, S. 6.
1323 SD, 1840, No. 38, S. 6.
1324 SD, 1840, No. 38, S. 6.
1325 Chap. 302, An Act in relation to the State Prisons, Mai 1835, S. 342.
1326 SD, 1840, No. 38, S. 7.
1327 SD, 1840, No. 38, S. 7.
1328 SD, 1840, No. 38, S. 8.
1329 Chap. 302, An Act in relation to the State Prisons, Mai 1835.
1330 Chap. 302, An Act in relation to the State Prisons, Mai 1835, S. 341 f.

Wärter eingetragen werden. Dieses Protokoll sollte den jeweiligen Inspektoren bei jeder erklärten Versammlung vorgelegt werden.[1331] Seitens des Gesetzgebers war mithin vorgesehen, dass auftretende Missstände protokolliert und dann an die zuständigen Stellen, hier die Inspektoren, herangetragen werden sollten.

Livingston konstatierte, dass *The Majority* in ihrem *Bericht*[1332] die Beschwerden oder die Darstellungen von den Verurteilten ausgeschlossen hatte und ignorieren würde, wodurch diese Handlungsweise dem Zweck der oben bezeichneten Bestimmung über die Pflicht eines Buches in dem auch die Beschwerden der Gefangenen aufgenommen werden sollten, entgegenlaufen und den Zweck dessen konterkarieren würde.[1333] Zudem kritisierte *Livingston* in diesem Zusammenhang, dass *The Majority* die Aussagen von Gefangenen oder deren Darstellungen als Beweismittel nur zum Zwecke der Entlastung der Strafvollzugsbeamten zuließen, allerdings nicht um diese aufgrund ihres Verhaltens, mitunter gegenüber der Gefangenen, zu belasten.[1334] Obgleich die gesetzliche Bestimmung ausdrücklich vorsah, dass den Aussagen der Gefangenen eine gewisse Bedeutung zugeschrieben wurde, sodass sie an die Inspektoren heranzutragen waren, damit diese dann entscheiden könnten, wie mit den Vorwürfen weiterverfahren werden sollte, verwundert die stark divergierende Auffassung über die Verwertbarkeit und Bedeutung dieser zwischen *Livingston* und *The Majority*.

Livingston berichtete weiter, dass bei den Untersuchungen des *Komitees* festgestellt worden sei, dass einer der Wärter bei seinem Dienstantritt weder gedruckte noch sonstige Anweisungen erhalten habe. Ihm sei lediglich vom *Agent* erklärt worden, dass er einen Sträfling, der gegen die Regeln verstieß, aufzurufen und sodann zu bestrafen habe.[1335] Dabei seien ihm weder eine Anzahl der Schläge noch sonstige Richtlinien mitgeteilt worden, an denen er die Bestrafung zu orientieren hatte.[1336] *The Majority* hingegen nutzte laut

---

[1331] Chap. 302, An Act in relation to the State Prisons, Mai 1835, S. 341 f.

[1332] Report of the majority of the committee appointed under a resolution of the Senate, of the 25th April, 1839, to investigate the affairs of the Auburn and Mount-Pleasant State, Senate Documents of the State of New-York, February 15, 1840, No. 37, S. 1–102.

[1333] SD, 1840, No. 38, S. 8.

[1334] SD, 1840, No. 38, S. 8.

[1335] SD, 1840, No. 38, S. 9.

[1336] SD, 1840, No. 38, S. 9.

Livingston die Tatsache, dass ein Wärter erst seit Kurzem in dem Gefängnis beschäftigt wurde, als Begründung für dessen zu stark ausgefallene Bestrafung eines Gefangenen.[1337] Eine Auseinandersetzung mit den nach *Livingston* als unzulänglich zu bewertenden Einführungen der Wärter, fand hingegen nicht statt.

Während *Livingston* weiter ausführte, dass in einem anderen Fall ein Wärter dem *Agent* den Bericht über eine von ihm durchgeführte Bestrafung, wie es ausweislich § 6 seine Pflicht war, übergeben hatte und der *Agent* diesen umgehend mit der Bemerkung zerriss, dass ein solcher nicht notwendig sei, egal ob in Schriftform oder mündlich,[1338] stützte sich die *Majority* auf die Punishment Reports[1339] zur Bewertung des Bestrafungssystems unter dem *Agent Captain Lynds*.[1340] Hierüber kam die *Majority* zu dem Schluss, dass unter dessen Führung die Bestrafungen seltener und weniger stark als bei seinem direkten Vorgänger, beziehungsweise dem seinerzeit amtierenden *Agent* gewesen seien.[1341]

Ein angestellter Wärter berichtete hingegen im Zuge der Untersuchungen des Komitees, dass er bei mehreren Gelegenheiten gesehen habe, dass die maximale Anzahl der Schläge von sechs überschritten worden sei.[1342] Er erklärte zudem, dass *Captain Lynds*, als ihm ein Wärter seinen Bericht übergab, er diesen zerrissen habe, und darüber hinaus betont habe, dass er keine Männer wolle, die die Schläge zählen würden.[1343] Als ein Wärter den *Agent* bei einer anderen Gelegenheit darüber informierte, dass die Gefangenen in ihren Zellen Lärm machen würden, somit gegen die Regeln des Gefängnisses verstoßen und generell Schwierigkeiten bereiten würden, berichtete *Livingston*, dass der *Agent* angeordnet habe, zwischen 15 und 25 der Gefangenen aus diesem Bereich aus der Zelle zu holen und alle auspeitschen zu lassen. Dabei war seine Maxime, dass durch diese Anzahl auf

---

1337 SD, 1840, No. 37, S.19
1338 SD, 1840, No. 38, S. 9.
1339 Siehe hierzu den entsprechenden Abschnitt: Kapitel 6. B.III.
1340 SD, 1840, No. 37, S. 20.
1341 SD, 1840, No. 37, S. 20.
1342 SD, 1840, No. 48, S. 48.
1343 SD, 1840, No. 48, S. 48.

jeden Fall der richtige Störer erwischt werden würde.[1344] *Livingston* stellte an dieser Stelle die Frage, ob es überhaupt möglich wäre, dass es nicht ständig zu Missbräuchen und Grausamkeiten an den Gefangenen kommen würde, wenn der *Agent* diese Vorgehensweise einer großen Anzahl an Wärtern mitteilte.[1345] Daraus kann vielmehr geschlussfolgert werden, dass einer Willkür seitens der Anstaltsbeamten durch die Vorgesetzten ein großer Spielraum eingeräumt wurde.

Wie sich bereits aus den von *Livingston* knapp angerissenen Beispielen zeigt, kann davon ausgegangen werden, dass es sich hierbei nicht um Einzelfälle gehandelt hat und die Bestrafungen der Gefangenen häufiger in dieser Art und Weise stattgefunden haben. Das wird insbesondere durch ein weiteres von *Livingston* angebrachtes Beispiel untermauert: Hier sei ein Insasse namens *O'Reilly* für ein Kavaliersdelikt nackt ausgezogen und mit mindestens 50 Peitschenhieben bestraft worden, bis der Rücken „wie ein rohes Beefsteak" ausgesehen hatte, und sodann ins Krankenhaus gebracht worden, wo er mehrere Tage verbleiben musste, bevor er seine übliche Arbeit im Gefängnis wieder ausführen konnte.[1346] Das Delikt, das diese harte Bestrafung ausgelöst hatte, sei der Vorwurf gewesen, dass er während seiner Vorbereitung zum Fegen des Bodens mit einem anderen Sträfling geredet beziehungsweise diesen mit Wasser bespritzt hatte.[1347] Wie von *Livingston* richtig festgestellt, rechtfertigte dieser Vorwurf beziehungsweise die Begehung dieses Vergehens in keiner Weise die darauffolgende Bestrafung durch den Wärter. Ein Wärter bezeugte, dass der Häftling unter Anfällen litt, die seine Sinne beeinträchtigt hatten, wobei er über diesen Umstand zuvor nicht Bescheid wusste.[1348] Für *Livingston* war dies allerdings keine Rechtfertigung, sondern vielmehr ein weiterer Beweis für die herrschenden Missstände in den Gefängnissen, die sich in der Ignoranz gegenüber den Gefangenen und der Missachtung von geltenden Gesetzen und den damit verbundenen unmenschlichen Konsequenzen für die Gefangenen zeigen würden.[1349]

1344 SD, 1840, No. 38, S. 9.
1345 SD, 1840, No. 38, S. 9.
1346 SD, 1840, No. 38, S. 9.
1347 SD, 1840, No. 38, S. 9.
1348 SD, 1840, No. 38, S. 9.
1349 SD, 1840, No. 38, S. 9.

Der Bericht hob zudem die Behandlung von Strafgefangenen mit dem Verdacht einer Geisteskrankheit hervor. Bei dieser fehle es an Menschlichkeit und angemessener Rücksichtnahme.[1350] Häufig werde davon ausgegangen, dass der Gefangene eine etwaige Geisteskrankheit vortäuschen würde, weshalb der Verdacht durch die Verwendung der Peitsche überprüft wurde.[1351] Die dabei bestehende Unsicherheit, sowie die damit verbundene Grausamkeit, wird im Rahmen des *Minority Report* als offensichtlich bezeichnet.[1352] So wurde ein Gefangener in *Auburn*, der zuvor bereits zweimal versucht hatte, sich durch Erhängen das Leben zu nehmen und abgeschnitten werden musste, an einen Pfahl gebunden und für eine halbe bis dreiviertel Stunde ausgepeitscht.[1353] Die Auspeitschung sei fortgesetzt worden, bis der Gefangene erschöpft und ohnmächtig gewirkt habe und sein Körper von den Schultern bis zu seinen Fersen durch die Peitschenhiebe zerschnitten war.[1354] Trotz der formalen Dokumentationspflicht wurde diese Bestrafung des nach *Livingston* offenkundig geisteskranken Sträflings in den Büchern des Gefängnisses nicht nur nicht ordnungsgemäß sondern überhaupt nicht dokumentiert.[1355]

Der Wärter *Hagemann* berichtete des Weiteren von dem Gefangenen *Jackson*, der sich bei kalten Temperaturen im Dezember beim Arbeiten seine Füße nass gemacht und um diese zu trocknen die Nähe zum Feuer gesucht habe. Obwohl ihm das untersagt worden sei, sei er im Laufe des Tages wieder zum Feuer gegangen und sei daraufhin ausgepeitscht worden. Wenige Tage nach seiner Auspeitschung habe er bei seiner Arbeit nicht die Möglichkeit erhalten sich am Feuer zu wärmen, beziehungsweise es gab an seinem Arbeitsplatz zeitweise überhaupt kein Feuer, sodass ihm die Füße abfroren.[1356] Der Wärter erzählte überdies von einem weiteren Dutzend Gefangener, die das gleiche erlitten und von mehreren weiteren Insassen, die leichte Erfrierungen davongetragen hätten.[1357]

[1350] SD, 1840, No. 38, S. 6.
[1351] SD, 1840, No. 38, S. 6.
[1352] SD, 1840, No. 38, S. 6.
[1353] SD, 1840, No. 38, S. 10.
[1354] SD, 1840, No. 38, S. 10.
[1355] SD, 1840, No. 38, S. 10.
[1356] SD, 1840, No. 48, S. 49.
[1357] SD, 1840, No. 48, S. 49.

3. Der Todesfall Von Eck (1839)

The Majority[1358] des Komitees des Senats erörterte im Rahmen seiner Untersuchung von den Staatsgefängnissen auch den Todesfall des Insassen *Louis Von Eck*, der am 8. April 1839 im *Auburn Prison* verstorben war.[1359]

Es wurde berichtet, dass die Inspektoren, die sich nach dem Tod von *Von Eck* versammelt hatten, gemeinsam mit dem *Agent* und dem Arzt den Fall untersucht hatten und übereinstimmend der Auffassung waren, dass dieser keiner weitergehenden Untersuchung durch den Gerichtsmediziner bedürfe.[1360] Eine post mortem Untersuchung des Verstorben wurde dennoch durchgeführt, nachdem einer der Bürger des Dorfes den Gerichtsmediziner zu diesem Zwecke geholt hatte.[1361] Das Urteil der gerichtsmedizinischen Untersuchung, die von mehreren hochangesehenen Ärzten durchgeführt worden sei, lautete:

> Dass [Von Eck] an einer Krankheit starb, deren tödliches Ende durch Auspeitschen, Arbeit und allgemein harte Behandlung durch den Agenten Elam Lynds und Galen O. Weed, einen der Wärter, sowie durch unentschuldbare Vernachlässigung und mangelnde Pflege seitens des Arztes Lansingh Briggs, der ihn von Zeit zu Zeit gesund meldete, obwohl er krank war, beschleunigt wurde.[1362]

Hinsichtlich der Krankheit, an der der Gefangene verstorben war, konnten die beteiligten Ärzte keinen Konsens bilden.[1363] Das kann an dieser Stelle allerdings dahinstehen, da die Art der Erkrankung nicht ausschlaggebend für die folgenden Erwägungen ist.

Grundlage der Untersuchung der *Majority* war die Frage, ob der Tod von *Von Eck* durch die unsachgemäße Behandlung der Bediensteten des Gefängnisses herbeigeführt oder beschleunigt worden war und wenn das der Fall war, ob dies in voller Kenntnis der Krankheit des Gefangenen erfolgte, die ihn

---

1358 Report of the majority of the committee appointed under a resolution of the Senate, of the 25th April, 1839, to investigate the affairs of the Auburn and Mount-Pleasant State, Senate Documents of the State of New-York, February 15, 1840, No. 37, S. 1–102.

1359 SD, 1840, No. 37, S. 5 f.

1360 SD, 1840, No. 37, S. 6.

1361 SD, 1840, No. 37, S. 6.

1362 SD, 1840, No. 37, S. 6.

1363 SD, 1840, No. 37, S. 6.

am Ende das Leben kostete.[1364] Nach dem Bericht der *Majority* wurde *Von Eck* mit der Ausnahme von zwei oder drei Wochen, in denen er in der Schmiede eingesetzt wurde, als körperlich nicht geeigneter Gefangener angesehen und dementsprechend behandelt. So soll er auch regelmäßig von Pflichten entbunden worden sein, die normalerweise den kranken Gefangenen zugeteilt wurden, so beispielsweise „picking wool".[1365]

Der *Agent* habe angegeben, dass er sich nicht darüber bewusst sei, den Gefangenen jemals zur Arbeit gezwungen zu haben.[1366] Aus diesem Grund ging das Komitee davon aus, dass es keinen Beweis dafür gegeben habe, dass er zu harter und gesundheitsschädlicher Arbeit gezwungen worden sei, oder dafür, dass die körperlichen Bestrafungen in der gleichen Weise vorgenommen worden waren, wie sie bei einem körperlich gesunden Mann angewendet worden wären.[1367]

Die erste körperliche Strafe, die *Von Eck* erhalten habe, wurde mit der *Cat* durchgeführt und verhängt, da sich der Gefangene vermehrt im Krankenhaus gemeldet habe, um Medikamente zu erhalten, ohne dass der Arzt, der ihn untersuchte, eine Krankheit feststellen konnte, die eine medikamentöse Behandlung notwendig gemacht hätte.[1368] In seiner *Aussage*[1369] gab der behandelnde Arzt *Briggs* an, dass sich der Gefangene mehrfach in das Krankenhaus begeben habe und dabei teilweise über Appetitverlust und darüber, keine Nahrung bei sich halten zu können, geklagt habe. Er habe ihn dann, sowohl in den Fällen in denen er eine medikamentöse Behandlung für notwendig erachtete als auch in solchen, in denen er hierfür keine Veranlassung sah, mit Medikamenten versorgt, wobei er ihn darauf hinwies, dass er keine brauchen würde.[1370] Nach mehrmaligem Hinweis, dass es sich bei diesem Verhalten um ein sanktionswürdiges Vergehen handele, erhielt *Von Eck* seine erste

---

[1364] SD, 1840, No. 37, S. 7.

[1365] SD, 1840, No. 37, S. 7; „picking wool" meint hier wahrscheinlich den Prozess des Zupfens von Wolle.

[1366] SD, 1840, No. 37, S. 7.

[1367] SD, 1840, No. 37, S. 7.

[1368] SD, 1840, No. 37, S. 7.

[1369] Testimony – Taken by the committee appointed by the Senate, to investigate the affairs of the Auburn and Mount-Pleasant State-Prisons, February 17, 1840, Senate Document, No. 48, S. 24–32.

[1370] SD, 1840, No. 48, S. 26.

Strafe, wobei diese nach den Aussagen der Beamten und allen, die sie gesehen hatten, eine leichte Strafe gewesen war.[1371] *Captain Lynds* gab in seinem Zeugnis[1372] an, dass er dem Gefangenen hierzu befohlen hatte, sein Oberteil auszuziehen und ihn sodann durch fünf oder sechs Schläge mit der *Cat* auf den nackten Rücken gezüchtigt habe.[1373] Auf die Rückfrage, wieso der Arzt dem Gefangenen auch teilweise ohne Indizierung Medikamente verabreichte, antwortete dieser, dass er *Von Eck* vor der ansonsten drohenden körperlichen Züchtigung habe schützen wollen.[1374]

Als der Gefangene zu einem anderen Zeitpunkt behauptete, paralysiert zu sein, wurde er daraufhin ärztlich untersucht, wobei der Arzt allerdings der Auffassung war, dass *Von Eck* diese Lähmung nur vortäuschen würde und daraufhin die körperliche Züchtigung empfahl.[1375] *Von Eck* sollte seine Zelle verlassen und als er dies nicht tat, habe ihn der *Agent Captain Lynds* drei bis fünfmal mit der *Cat* auf die Füße und Knöchel geschlagen.[1376] Als *Von Eck*, der Aufforderung des *Agents* folgend, versuchte, die Zelle zu verlassen und dabei ein- bis zweimal auf die Knie und Hände gefallen war, habe ihm *Captain Lynds* mit der *Cat* auf die Hand geschlagen.[1377] Auf Rückfrage erklärte der *Captain*, dass die Schläge seiner Erinnerung nach nicht zu blutigen Wunden geführt hätten und nachdem er sah, wie *Von Eck* zur Arbeitsstätte gegangen war, sei er der sicheren Überzeugung gewesen, dass der Gefangene die Lähmung nur vorgetäuscht habe.[1378] Auf Nachfrage des Arztes am nächsten Tag habe der Gefangene gesagt, dass es ihm gut beziehungsweise gut genug gehen würde.[1379]

Es wurde weiterhin berichtet, dass er bei einer anderen Gelegenheit, nachdem er behauptet habe, dass er geisteskrank sei, von *Captain Lynds* in seiner Zelle in einem ungepflegten und schmutzigen Zustand, die Hose nur halb

---

1371 SD, 1840, No. 37, S. 7.

1372 Senate Document, Testimony – Taken by the committee appointed by the Senate, to investigate the affairs of the Auburn and Mount-Pleasant State-Prisons, February 17, 1840, Senate Document, No. 48, S. 32–38.

1373 SD, 1840, No. 48, S. 33.

1374 SD, 1840, No. 48, S. 27.

1375 SD, 1840, No. 37, S. 7; SD, 1840, No. 48, S. 25.

1376 SD, 1840, No. 48, S. 33.

1377 SD, 1840, No. 48, S. 33.

1378 SD, 1840, No. 37, S. 7 f.

1379 SD, 1840, No. 37, S. 8.

angezogen, aufgefunden worden sei.[1380] Der Arzt, der wieder dazu gerufen wurde, gab erneut an, dass der Gefangene die Unzurechnungsfähigkeit nur vortäuschen würde, sodass *Captain Lynds Von Eck* aufgefordert habe, sich mit seiner Hose zu bekleiden.[1381] Seine Weigerung hierzu hatte zur Folge, dass der *Agent* aus einer Kiste ein „shaving of a hooppole“[1382] holte, um damit auf das nackte Bein und den Oberschenkel des Gefangenen zu schlagen, bis dieser sich bekleidete.[1383] Der Gefangene habe zu diesem Zeitpunkt bereits seine Exkremente in seine Zelle entleert und seine Kleidung, sich selbst, sein Bettzeug und seine Zelle damit beschmiert.[1384]

Laut der Untersuchungen des Komitees handelte es sich bei den beschriebenen Vorfällen, abgesehen von einem Tritt des *Agent* dessen Schwere allerdings nicht bekannt sei, und einer Situation, in der der Wärter *Weed* ihn in seiner Zelle mit drei bis fünf Schlägen mit einer Rohlederpeitsche schlug, um sämtliche körperlichen Bestrafungen des Gefangenen *Von Eck*.[1385]

Die *Majority* kam zu dem Schluss, dass sie nicht befugt sei zu sagen, dass die dem Gefangenen auferlegte Arbeit, oder die körperlichen Strafen, die er im Gefängnis erhielt, dessen Tod herbeigeführt hatten.[1386] Es stehe ihnen auch nicht zu, daraus zu schließen, dass der tödliche Ausgang seiner Krankheit durch die Behandlung im Gefängnis wesentlich beschleunigt wurde, ohne dass die *Majority* diesen Umstand vollständig ausschloss.[1387] Der Anstaltsarzt gab gegenüber dem *Komitee* an, dass er, nachdem *Von Eck* in das Gefängnis gekommen war, ihn für schwindsüchtig gehalten habe und vermutete, dass sich sogar Tuberkel bilden könnten; gleichwohl habe er sich nie über irgendwelche Symptome beklagt, die darauf hingedeutet hätten, dass die Lungenkrankheit Fortschritte gemacht hätte.[1388] Im Winter habe man *Von Eck* wegen einer Lungenentzündung ins Krankenhaus eingeliefert, wo er vom

---

[1380] SD, 1840, No. 37, S. 8; SD, 1840, No. 48, S. 34.
[1381] SD, 1840, No. 37, S. 8.
[1382] Es lässt sich nicht genau rekonstruieren um was für einen Gegenstand es sich bei einem „hooppole“ handelt, mutmaßlich handelt es sich hierbei um ein Holzstück.
[1383] SD, 1840, No. 37, S. 8.
[1384] SD, 1840, No. 48, S. 34.
[1385] SD, 1840, No. 37, S. 8.
[1386] SD, 1840, No. 37, S. 8.
[1387] SD, 1840, No. 37, S. 8.
[1388] SD, 1840, No. 37, S. 8.

Anstaltsarzt Medikamente verschrieben bekommen habe und von diesem, seines Erachtens nach, geheilt worden war.[1389] Der Aussage des Arztes nach, hatte diese Lungenentzündung nichts mit der ursprünglichen Krankheit, die er bei dem Gefangenen bei dessen Überstellung in das Gefängnis festgestellt hatte, zu tun.[1390] Während seiner Haftzeit sei *Von Eck* aufgrund einer Ohnmacht zweimal in das Krankenhaus gebracht worden, wobei der Arzt allerdings aufgrund seiner sonstigen körperlichen Konstitution und der Regelmäßigkeit seines Pulses vermutete, dass es sich erneut um eine Vortäuschung gehandelt habe.[1391]

Die *Majority* erklärte weiter, dass es somit drei Gelegenheiten gegeben habe, in denen sich der Arzt, sowie der *Agent* davon überzeugen konnten, dass der Gefangene seine Beschwerden nur vorgetäuscht habe, und diese nicht tatsächlich existiert hatten und er insgesamt die Angewohnheit hatte, leichtfertig Beschwerden anzuzeigen.[1392]

Gegenüber einer Krankenschwester habe er zudem bestätigt, dass er vor seiner letzten Einlieferung in das Krankenhaus vier Tage und neun Stunden auf sämtliche Nahrung verzichtet hatte.[1393] Auch nach seiner Ankunft in dem Krankenhaus habe er weiterhin die Nahrungsaufnahme verweigert.[1394] Er erklärte gegenüber der Krankenschwester zudem, dass es seine Absicht sei zu sterben, da er nicht länger leben wolle und hoffe, dass sämtliche Medikamente, die er vom Arzt erhielt, wirkungslos blieben.[1395] Zudem sei er besseres Essen gewöhnt und er würde lieber sterben als im Gefängnis zu leben.[1396]

Aus Sicht des Arztes sei es unzweifelhaft, dass das Hungern die prädisponierende Ursache für die Krankheit sei, die den Gefangenen das Leben gekostet habe.[1397] Der Arzt war zudem der Auffassung, dass bei *Von Eck* keine medizinischen Gründe für die Verweigerung der Nahrung vorgelegen hätten,

---

[1389] SD, 1840, No. 37, S. 8.
[1390] SD, 1840, No. 37, S. 8.
[1391] SD, 1840, No. 48, S. 24 f.
[1392] SD, 1840, No. 37, S. 9.
[1393] SD, 1840, No. 48, S. 28.
[1394] SD, 1840, No. 48, S. 28.
[1395] SD, 1840, No. 37, S. 9.
[1396] SD, 1840, No. 37, S. 9.
[1397] SD, 1840, No. 37, S. 9.

sodass es sich um eine freiwillige Weigerung handelte, obgleich der Gefangene subjektiv eine solche Unfähigkeit der Nahrungsaufnahme angab.[1398]

Aus diesen Gründen hielt die *Majority* es für nachvollziehbar, dass der Arzt auf die Aussagen des Gefangenen kein Vertrauen mehr hatte und daher mit vollem Recht annehmen konnte, dass er verschiedene Mittel ergreifen würde, um über seinen medizinischen Zustand zu täuschen.[1399] Grund dafür, dass ihm sodann hinsichtlich einer etwaigen latenten Krankheit, die sein Leben bedrohte, kein Glaube mehr geschenkt wurde, lag daher aus Sicht der *Majority* nicht in der Unaufmerksamkeit oder fehlenden Kompetenz des Arztes, sondern vielmehr an *Von Ecks* eigenem unvorsichtigen Verhalten.[1400] Insofern seine Todesursache hingegen das kongestive Typhusfieber war, was nach der *Majority* die höchstwahrscheinliche Todesursache gewesen sei, so wäre dies auf die Nahrungsenthaltung, für die er sich „freiwillig" entschieden hatte, zurückzuführen.[1401]

Gleichzeitig schloss es die *Majority* nicht aus, dass sich der Arzt und auch der *Agent* über den tatsächlichen Zustand *Von Ecks* geirrt hatten.[1402] Es habe mehrere Krankheiten gegeben, bei denen der Arzt auf die Aussagen des Patienten noch mehr angewiesen sei, als auf die eigenen Beobachtungen, um die Tragweite der Krankheit feststellen zu können.[1403] Um solche Krankheiten habe es sich auch bei *Von Eck* gehandelt, sodass dessen Aussagen besonders relevant gewesen seien, obgleich es sich anscheinend um Krankheiten gehandelt habe, die wahrscheinlich nicht schwer zu erkennen gewesen wären.[1404] Es sei möglich, dass der Arzt auf die Aussagen des Gefangenen nicht ausreichend vertraut und sich vielmehr auf seine eigenen Beobachtungen verlassen hatte – trotzdem war die *Majority* der Ansicht, dass sie nicht zu dem Schluss kommen könnte, dass dem Arzt ein unentschuldbares Versäumnis zu Lasten gelegt werden könne.[1405] Denn für den Arzt sei es weitaus schwieriger, die Krankheiten eines Gefangenen zu diagnostizieren und zu behandeln, als

1398 SD, 1840, No. 37, S. 9.
1399 SD, 1840, No. 37, S. 9.
1400 SD, 1840, No. 37, S. 9.
1401 SD, 1840, No. 37, S. 9 f.
1402 SD, 1840, No. 37, S. 10.
1403 SD, 1840, No. 37, S. 10.
1404 SD, 1840, No. 37, S. 10.
1405 SD, 1840, No. 37, S. 10.

es bei einem gewöhnlichen Patienten der Fall wäre.[1406] Der gewöhnliche Patient hätte als einziges Ziel seines Arztbesuches, seinen wirklichen Zustand gegenüber dem Arzt anzugeben, sodass dieser ihn bestmöglich behandeln könne, während ein Strafgefangener vielmehr über seinen Zustand täuschen könnte, um der von ihm zu verrichtenden Arbeit zu entgehen, oder aber im Krankenhaus aufgenommen zu werden, wo es ihm besser als in seiner Zelle gehen würde und vielleicht sogar um eine Begnadigung aufgrund seines Gesundheitszustands zu erhalten.[1407] Aufgrund dieser Tatsache sei der Arzt häufig gezwungen sich auf sein eigenes Urteil und fachliches Können zu verlassen und nicht auf die Aussagen des Gefangenen als Grundlage für die Behandlung des Gefangenen zu vertrauen.[1408]

Zusammenfassend lässt sich somit an dieser Stelle sagen, dass die *Majority* zwar auch die problematischen Aspekte der Behandlung von *Von Eck* im *Auburn Prison* beschrieb, allerdings in Ermangelung vermeintlich stichhaltiger Beweise eine unangemessene Behandlung des Gefangenen beziehungsweise einer unzureichenden Behandlung durch den Arzt verneinte. Hinsichtlich der Behandlung von Geisteskranken schloss sich auch hier die Argumentation der *Majority* an, die in einem anderen Zusammenhang feststellte, dass es die Pflicht des Gerichts sei Geisteskranke zu erkennen und unwahrscheinlich sei, dass ein Insasse mehrfach unerkannt geisteskrank zu einer Haftstrafe verurteilt werden würde.[1409] Hieraus lässt sich schließen, dass man davon ausging, es sei unwahrscheinlich gewesen, dass *Von Eck* unerkannt an einer Geisteskrankheit gelitten habe – weshalb die Behandlung als korrekt erachtet und entsprechend keine Notwendigkeit für eine andere Behandlung des Gefangenen gesehen wurde.

Aus heutiger Sicht ist es nahezu unverständlich, dass ein Mann, der versucht hat, sich durch freiwilligen Verzicht auf sämtliche Nahrungsmittel, das Leben zu nehmen, nicht als suizidal und somit als potenziell psychisch labil galt, sondern vielmehr als jemand, der gegenüber den Ärzten täuschte, um seine Position im Gefängnis zu verbessern, sei es durch Erlass der Arbeit oder durch Begnadigung. Allerdings reiht sich der Fall *Von Eck* in die damals

---

1406 SD, 1840, No. 37, S. 10.
1407 SD, 1840, No. 37, S. 10.
1408 SD, 1840, No. 37, S. 10.
1409 SD, 1840, No. 37, S. 19.

übliche Behandlung von Geisteskranken aufgrund des Mangels an Erfahrung und Wissen über die menschliche Psyche ein.[1410]

Man könnte also an dieser Stelle zugunsten der Wärter und auch des Komitees davon ausgehen, dass es damals schlicht normal war, dass eine psychische Störung bei Strafgefangenen nicht ordnungsgemäß erkannt und behandelt wurde. Insofern haben sich die Anstaltsbeamten auf die „Expertise“ des Arztes verlassen und sind somit von einer Täuschung seitens des Gefangenen ausgegangen und bestraften diesen dann, wie es für ein solches Vergehen üblich war. Hierzu hatte *Captain Lynds* in seiner Aussage bereits zu Protokoll gegeben, dass er sich hinsichtlich der Gesundheit der Gefangenen stets auf die Aussagen des Arztes verlassen hatte und dieses Vorgehen auch von seinen Wärtern verlangte.[1411] Allerdings zeigt sich durch den Bericht von *Livingston*, dass auch schon damals die Auffassung des Arztes und der *Majority* kritisch gesehen wurde und es somit vielmehr auf die Würdigung der Geschehnisse ankam. *Livingston* ging in seinem Bericht ebenfalls kurz auf den Fall *Von Ecks* ein, kam aber zu einem anderen Ergebnis und beurteilte diesen entsprechend anders: Laut *Livingston* sei dessen Tod auf die irrtümliche Bestrafung im Gefängnis zurückzuführen. Er gab an, dass *Von Eck* schwer bestraft worden sei, weil er sich aufgrund einer Krankheit und einer Erkältung in das Krankenhaus begeben hatte. Überdies war er der Auffassung, dass der Insasse geisteskrank gewesen war, und die stets härter werdende Bestrafung des Insassen zu einer Verstärkung seiner Geisteskrankheit geführt hatten.[1412]

Das Ergebnis des Komitees war somit nicht einstimmig, sondern ist von *Livingston* in vielerlei Hinsicht, wie sich auch bei dem Fall *Von Eck* zeigte, kritisiert worden.

Gleichwohl stellte die *Majority* am Ende des Berichts fest, dass der Gefangene zwar grundsätzlich seine Position und seinen Zustand kennen und auch fühlen solle, er aber trotzdem, unabhängig davon „wie niederträchtig und entwürdigt er auch sein mag“, Rechte besitze, auch wenn er den Regeln des Gefängnisses unterworfen sei.[1413] Daraus ergibt sich hier, dass es zu keiner Entrechtung des Gefangenen aufgrund seiner Stellung

---

1410 Vgl. hierzu *Schönpflug*, Geschichte und Systematik der Psychologie, S. 180.

1411 SD, 1840, No. 48, S. 37.

1412 SD, 1840, No. 38, S. 10.

1413 SD, 1840, No. 37, S. 92.

als Insasse eines Gefängnis führen sollte. Dies spricht grundsätzlich dafür, dass man ihn aufgrund seiner Stellung als Gefangener nicht vollständig entrechten wollte. Die *Majority* stellt dabei klar, dass auch bei den schwierigsten Gefangenen nur das Maß an Bestrafung angewandt werden dürfe, das auch tatsächlich zur Unterwerfung der Insassen notwendig sei.[1414] Andernfalls handele es sich um eine Grausamkeit, über die sich jeder „Freund der Humanität" zu Recht beschwere.[1415] Wenn es sich aber um eine angemessene Strafe handeln würde, könne sich das Mitleid lediglich auf die schlechte Veranlagung des Gefangenen beziehen, nicht aber auf die notwendige Strafe, durch die die Disziplin gesichert werde.[1416] Die richtige Waage zwischen der Art und Weise der Strafe zur Erhaltung der Disziplin und gleichzeitiger Verhinderung der Grausamkeit bezeichnete die *Majority* als prekärstes Thema für den *Agent* und die Gefängnisinspektoren. Dies sei auch der Grund, weshalb sich verschiedene Gefängnissysteme entwickelt hätten.[1417]

Hinsichtlich der Ausgestaltung der verschiedenen Gefängnisse wurde ausgeführt, dass während in Vermont die Einzelhaft in den staatlichen Gefängnissen angewandt werden würde, in New-Hampshire die Einzelhaft, das Fesseln und die Peitsche, in Maine, Connecticut, Massachusetts und Maryland die Einzelhaft, in New York hauptsächlich die Peitsche, Anwendung finden würde.[1418] Nach ihrer Auffassung, handele es sich bei der Bestrafung mit der Peitsche um die wirksamste Form. Das ergebe sich bereits aus der Tatsache, dass diese Bestrafung in mehreren Gefängnissen angewandt werden würde um die Sträflinge gefügig zu machen.[1419] Zwar sehe die *Majority* auch, dass die Anwendung der Auspeitschung als Bestrafung den größten Schmerz hervorrufen würde, diese würde aber nur eine kurze Dauer anhalten und den Gefangenen nicht daran hindern, seine Arbeit danach fortzusetzen. Darüber hinaus werde dadurch seine Konstitution nicht nachhaltig geschädigt.[1420]

1414 SD, 1840, No. 37, S. 92.
1415 SD, 1840, No. 37, S. 92.
1416 SD, 1840, No. 37, S. 92.
1417 SD, 1840, No. 37, S. 92.
1418 SD, 1840, No. 37, S. 92 f.
1419 SD, 1840, No. 37, S. 93.
1420 SD, 1840, No. 37, S. 93.

Demgegenüber hegte die *Majority* Zweifel daran, ob nicht bereits die kurze Einzelhaft die Konstitution nachhaltig schädigen könne.[1421]

Das einzige Übel, das die *Majority* in der Anwendung der körperlichen Züchtigung durch die Peitsche sah, war, dass die Wärter bei ihrer Anwendung unvorsichtig sein könnten und dadurch eine zu strenge Art der Bestrafung für das Vergehen der Gefangenen vorgenommen werden würde. Insoweit aber diese Unzulänglichkeit beseitigt sei, handele es sich bei dieser um die beste Art der Bestrafung.[1422] Dabei wies die *Majority* darauf hin, dass diese Bestrafung sowohl in der Marine als auch in der Armee angewandt werden würde, ohne dass diese dabei mit Schande oder Grausamkeit verknüpft werden würde und somit kein Grund vorliegen würde, wieso Gefangene besser behandelt werden sollten als diejenigen Soldaten und Matrosen, die für das Land kämpfen würden.[1423] In dieser Argumentation lässt sich in Grundzügen die *Lehre vom besonderen Gewaltverhältnis*[1424] erkennen, indem hier von einer vergleichbaren Stellung von Soldaten und Gefangenen gegenüber dem Staat ausgegangen wird. Durch dieses besondere Verhältnis zum Staat wurde später die Andersbehandlung von Gefangenen gegenüber den sonstigen Bürgern und vor allem die Einschränkung der Grundrechte gerechtfertigt. Allerdings könnte dies der vorherigen Aussage der *Majority*, dass es zu keiner Entrechtung der Gefangenen auf Grund ihrer Gefangenenstellung kommen solle, widersprechen. Es liegt hier aber keine vollständige Entrechtung, sondern vielmehr eine Beschränkung dieser durch die Anwendung körperlichen Zwangs vor.

Es zeigt sich darüber hinaus die bereits oben beschriebene Argumentation, dass an etwas, das verbreitet Anwendung findet, kein Anstoß genommen wurde. Es wird keine Kritik an der Anwendung beziehungsweise Existenz der körperlichen Züchtigung sowohl in der Marine als auch im Gefängnis genommen, sondern vielmehr darauf verwiesen, dass es keine Besserbehandlung von Gefangenen geben dürfe. In dem Vergleich mit der Behandlung von Marinesoldaten zeigt sich, wie soeben festgestellt, dass hier von einem besonderen Verhältnis zwischen dem Gefangenen und dem Staat ausgegangen wurde.

1421 SD, 1840, No. 37, S. 93.

1422 SD, 1840, No. 37, S. 93.

1423 SD, 1840, No. 37, S. 93.

1424 Vgl. hierzu den entsprechenden Abschnitt unter: Kapitel 11.B.

Obgleich oben betont wurde, dass die Gefangenen nicht durch ihren Status als Gefangene entrechtet werden sollten, wird hier anscheinend dennoch von einer Sonderstellung ausgegangen.

Gleichwohl hatte die *Majority* erklärt, dass auch sie geneigt sei zu glauben, dass es Fälle gebe, in denen die Strafe zu streng gewesen sei. Dies sei aber nicht verwunderlich, indem das Gesetz den *Assistant Keeper* einen Ermessensspielraum eingeräumt habe. Dementsprechend forderte sie, dass das Gesetz selbst keine unbegrenzte Ermessensbefugnis in die Hände von so vielen Wärtern legen sollte, da hierdurch ein jederzeitiger Missbrauch möglich sei, weshalb dies entsprechend geändert werden sollte.[1425] Um die eigenen im Bericht niedergeschriebenen Meinungen umzusetzen, bereitete die *Majority des Ausschusses* einen Gesetzesentwurf[1426] vor, deren Umsetzung sie erbat.[1427]

4. Act for the better regulation of the state prisons – Gesetz vom 20. Mai 1840

Am 20. Mai 1840 wurde sodann ein neuer *Act for the better regulation of the state prisons at Auburn and Mount Pleasant*[1428] verabschiedet. Durch dieses Gesetz wurde die Aufgabenverteilung innerhalb der Gefängnisverwaltung abgeändert.

Das Amt des *Agent*, des *Principal Keeper*, und des *Deputy Keeper*, wurden ausweislich § 1 abgeschafft.[1429] Die Aufgaben, die bisher dem *Agent* and *Deputy Keeper* oblagen, sollten von einem *Agent* und einem *Keeper* wahrgenommen werden, die vom Inspektionsausschuss zu ernennen waren, § 2.[1430] Die bislang bestehende Struktur hinsichtlich der Aufgabenverteilung wurde somit geändert, wobei der Inspektionsausschuss hinsichtlich der Personalien weitreichende Entscheidungsbefugnis zugesprochen bekam.

[1425] SD, 1840, No. 37, S. 78.
[1426] Die Verfasserin geht davon aus, dass es sich hier um den Gesetzesentwurf für den Act for the better regulation of the state prisons at Auburn and Mount-Pleasant, Mai 1840, handelt.
[1427] SD, 1840, No. 37, S. 93.
[1428] An Act for better regulation of the state prisons at Auburn and Mount-Pleasant, passed May 20, 1840, Chap. 204.
[1429] An Act for better regulation 1840, Chap. 204, S. 157.
[1430] An Act for better regulation 1840, Chap. 204, S. 157.

Der *Keeper* hatte gemäß § 4 im Gefängnis zu wohnen und dort ständig anwesend zu sein, um die allgemeine Aufsicht über die Verwaltung, Disziplin und Polizei des Gefängnisses auszuüben. Das bedeutet im Einzelnen, dass er die Disziplin anzuordnen hatte, den Wärtern entsprechende Anweisungen zu erteilen und zu überprüfen hatte, ob diese ihren Verpflichtungen ordnungsgemäß nachkamen und diese sorgfältig erfüllten.[1431] Der *Keeper* hatte täglich den Zustand des Gefängnisses sowie die Gesundheit, das Verhalten und die Sicherheit der Gefangenen zu überprüfen. Bezüglich der von den Gefangenen zu erbringenden Arbeit oblag es nach diesem *Act* dem *Keeper*, sämtliche ihm zur Verfügung stehenden Mittel anzuwenden, um den Gefangenen eine Beschäftigung zu besorgen, die ihren etwaigen Fähigkeiten entsprach und dabei der Gesellschaft den bestmöglichen Nutzen bringen würde.[1432]

Während der *Agent* gegenüber der Legislatur einen jährlichen Bericht über das Gefängnis zu erstatten hatte, wurde es dem *Keeper* übertragen ein Tagebuch zu führen, in das er sämtliche Vorgänge des Gefängnisses einzutragen hatte, wobei dieses Buch stets offen zu liegen und von den Inspektoren einsehbar zu sein hatte. Dabei konkretisiert der Wortlaut des § 6, dass dabei sämtliche Vorgänge vollständig und korrekt wiederzugeben waren.[1433]

Die Aufnahme dieser Konkretisierung hinsichtlich des Inhaltes des *Daily Journals* spricht dafür, dass man sich nach den Berichten des Komitees darüber im Klaren war, dass die bloße Anordnung, dass ein *Daily Journal* geführt werden sollte, nicht ausreichte, um auch sicherstellen zu können, dass dieses auch den tatsächlichen Umständen entsprach und sämtliche Informationen enthielt. Das unterstrich bereits die Aussage von *Captain Lynds*, der testierte, dass es kein Buch gebe, in dem die Beschwerden der Gefangenen aufgezeichnet werde.[1434]

Es scheint mithin, als wäre eine Konkretisierung, dass die Vorgänge vollständig und korrekt zu erfolgen haben, eine Erinnerung an die *Keeper* diese Aufgabe ernst zu nehmen, sodass die Berichte später als verwendbares Material herangezogen werden könnten und nicht aufgrund von Lücken und ihrer Unvollständigkeit keine Grundlage für eine Argumentation bilden

1431 An Act for better regulation 1840, Chap. 204, S. 158.
1432 An Act for better regulation 1840, Chap. 204, S. 158.
1433 An Act for better regulation 1840, Chap. 204, S. 158.
1434 SD, 1840, No. 48, S. 35.

könnten. Allerdings wird in diesem *Act* nicht ausdrücklich auf insbesondere die Erfassung sämtlicher Bestrafungen der Gefangenen eingegangen. Vor dem Hintergrund der beiden obigen Senatsdokumente erscheint es allerdings wahrscheinlich, dass genau das der Erwägungsgrund des Senats für die Aufnahme dieser Formulierung war. Gleichwohl finden sich in § 1 und § 4 Angaben sowie Regelungen durch die der Inspektionsausschuss sowie der *Keeper* eine gewisse Kontrollinstanz bildeten – eine gesetzliche Regelung von Bestrafungspraxen unterblieb allerdings weiterhin.

Eine weitere Neuerung im Rahmen dieses Gesetzes war, dass der *Agent* und der *Keeper* nach § 7 den in Artikel 6 Absatz 1 der Verfassung des Staates New York notierten Schwur ablegen mussten, dessen Wortlaut wie folgt lautete:

> I do solemnly swear (or affirm, as the case may be) that I will support the Constitution of the United States, and the Constitution of the state of New York; and that I will faithfully discharge the duties of the office of ____ according to the best of my ability.[1435]

Diesen Schwur mussten der *Agent* und der *Keeper* somit sowohl auf die Verfassung der Vereinigten Staaten als auch auf die Verfassung des Staates *New York* leisten. Durch den achten Zusatzartikel der Verfassung der Vereinigten Staaten aus dem Jahr 1791 wurde bestimmt, dass keine überhöhten Kautionen verlangt, keine überhöhten Geldstrafen und keine grausamen und ungewöhnlichen Strafen verhängt werden durften.[1436]

Hinsichtlich der Bürgerrechte bestimmte die Verfassung von New York zusätzlich, dass kein Mitglied dieses Staates entrechtet oder der Rechte oder Privilegien beraubt werden dürfe, die einem Bürger dieses Staates zustünden, es sei denn dies geschehe durch das Gesetz des Landes oder das Urteil seinesgleichen.[1437] Durch den Schwur auf beide Verfassungen versicherten der *Agent* und der *Keeper* somit diese Grundsätze bei der Erfüllung seiner Aufgaben zu achten und zu wahren.

Auch hier handelte es sich bei den neuen Vorschriften im Rahmen des *Acts for better regulation of the state prisons at Auburn and Mount Pleasant* wohl eher um generelle und gegebenenfalls sogar rein symbolische Regelungen,

---

[1435] The Second Constitution of New York, 1821.

[1436] Constitution of the United States, 8th Amendment.

[1437] The Second Constitution of New York, 1821, Article VII. Section 1.

die keine expliziten Vorgaben für die Arbeit der *Agent* und *Keeper* und mithin die Verwaltung der Gefängnisse hatten. Insbesondere gab es weder eine Korrektur hinsichtlich der konkret anzuwendenden körperlichen Bestrafungen der Gefangenen noch eigene Vorschriften über die maximale Anzahl oder die Art der Bestrafung, durch die das Ermessen seitens der Gefängnisbeamten konkret eingeschränkt worden wäre. Mithin blieben die Sicherstellung der Disziplin durch körperliche Züchtigung dem Grunde nach weiterhin in dem schon 1835 in § 6 festgelegten Ermessen[1438] der *Assistant Keeper* und das, obwohl sich auch die *Majority* im Rahmen ihres Berichtes dazu geäußert hatte, dass die ordnungsgemäße Durchführung der körperlichen Züchtigung elementar sei.

Auf Gesetzesebene hatten die vor allem in dem Bericht der *Minority* aber auch der *Majority* aufgezeigten Unzulänglichkeiten der Gefängnisse mit Blick auf die drohenden Gefahren der körperlichen Züchtigung trotz der untersuchten Todesfälle der Insassen offenbar keine direkten Auswirkungen im Kontext expliziter Normierungen. Gleichwohl ist insbesondere die Feststellung, dass die Bürgerrechte nicht automatisch erlöschen würden, sondern nur aufgrund eines Gesetzes oder Urteils, hinsichtlich der in Deutschland zu dieser Zeit beginnenden Diskussion über die Rechte und vor allem die Stellung von Gefangenen gegenüber dem Staat besonders relevant. Auch die Bestimmung, dass keine grausamen Strafen verhängt werden dürften, ist dahingehend zu bewerten, dass es sich hier um einen Umkehrschluss aus der Humanität handeln könnte. Damit gemeint ist, dass die Grausamkeit, die durch den Humanismus und insbesondere die Humanität abgeschafft werden sollte, hier ebenfalls explizit im Rahmen eines Gesetzes Eingang gefunden hatte. Hingegen ist die Festlegung, dass keine ungewöhnlichen Strafen verhängt werden dürften, differenziert zu bewerten. Waren zu dieser Zeit doch körperliche Züchtigungen, wie es auch der *Majority Report* hinsichtlich deren Anwendung in der Marine deutlich machte, nicht ungewöhnlich. Ein Abrücken von dieser gewaltsamen Praxis ist durch den *Act* somit nicht erkennbar, lässt sich aber mit Blick auf den Zweck der Strafe erklären. Mit dem Konzept der Freiheitsstrafe wurde die „Umformung der Individuen"[1439] angestrebt. Die Strafe sollte somit nicht nur in der bloßen Entziehung der

1438 Vgl. hierzu Anfang des Abschnitts Kapitel 6.B.II.4.

1439 *Foucault*, Überwachen und Strafen, S. 297.

Freiheit bestehen, sondern war mit der moralischen Besserung oder auch Umerziehung des Einzelnen verknüpft.[1440] Diese Umerziehung wurde, wenn notwendig, auch gewaltsam vorgenommen.[1441]

III. Körperliche Züchtigung als Mittel der Bestrafung – Punishment Reports

Anknüpfend an den Fall *Von Eck*, werden im nächsten Schritt die *Punishment Reports und Registers*[1442] aus dem *Auburn Prison* betrachtet, denn durch diese könnte ein Eindruck über die weiteren Entwicklungen der körperlichen Züchtigung der Gefangenen und deren Häufigkeit der Anwendung gewonnen werden.[1443] Dies scheint insbesondere mit Blick auf das obige Gesetz und die Frage danach, ob die Strafen dadurch geringer wurden, geboten.

Bereits auf der ersten Seite des *Punishment Reports* aus den Jahren 1836–1846 zeigte sich, dass die körperliche Bestrafung für jegliches Zuwiderhandeln der Insassen verwendet wurde. So erhielt beispielsweise am 8. November 1836 ein Gefangener wegen Sprechens zehn Schläge mit der *Cat*[1444], einen Tag später wurde ein Insasse fünfmal mit der *Cat* geschlagen, weil er seine „Arbeit verdorben hatte" und ein weiterer Gefangener wurde am 10. November 1836 dreimal mit der *Cat* geschlagen, weil er nicht gehorcht hatte.[1445] Ein weiteres Beispiel für die Reichweite der körperlichen Strafen zeigte sich am 21. November 1837, als ein Insasse mit sechs Schlägen mit der *Cat* gezüchtigt wurde, weil er zum Schlafen nachts seine Kleidung anbehalten hatte und sein Verhalten als Unverschämtheit empfunden worden sei.[1446] Aus dem Report ergibt

---

[1440] Vgl. hierzu *Foucault,* Überwachen und Strafen, S. 297–329.

[1441] *Oestreich,* Strukturprobleme des europäischen Absolutismus, S. 181.

[1442] NYStA A0780-80 Auburn Prison Daily Punishment Reports, 1836–1846.

[1443] New York State Archives ist Inhaber sämtlicher noch vorhandener Unterlagen aus dem Auburn Prison aus dem 19. Jahrhundert. Diese sind insgesamt unvollständig, sodass sie keinen Aufschluss über den gesamten Zeitraum geben können und teilweise nur hinsichtlich bestimmter Aspekte herangezogen werden können. Die Verfasserin hat im Rahmen ihrer Reise nach Nordamerika durch das New York State Archives Einblick in alle sich im Besitz des Archivs befindlichen Archivalien erhalten.

[1444] Cat meint in diesem Zusammenhang cat o' nine tail; deutsch: Neunschwänzige Katze, es handelt sich hierbei um eine mehrschwänzige Peitsche, die auch im Deutschen zum Teil als Katze abgekürzt wurde.

[1445] NYStA, Auburn Prison Daily Punishment Reports, A0780-80.

[1446] NYStA, Auburn Prison Daily Punishment Reports, A0780-80.

sich, dass die körperliche Bestrafung der Gefangenen angewandt wurde, um Fehlverhalten, das im direkten Zusammenhang mit unzureichender Arbeitsleistung stand oder aber einen Verstoß gegen das Schweigegebot darstellte, zu ahnden.[1447]

Hinsichtlich der Häufigkeit der vollstreckten Strafen finden sich im *Punishment Report* für die Jahre Dezember1843 bis November 1844 die folgenden Angaben[1448]:

Tabelle 1: Vollstreckte Strafen im Auburn Prison von Dezember 1843 bis November 1844 ausweislich des Punishment Reports NYStA, Auburn Prison Daily Punishment Reports, A0780-80

Monat	Jahr	Aufgezeichnete vollstreckte Strafen
Dezember	1843	52 Strafen
Januar	1844	87 Strafen
Februar	1844	59 Strafen
März	1844	112 Strafen
April	1844	74 Strafen
Mai	1844	67 Strafen
Juni	1844	69 Strafen
Juli	1844	73 Strafen
August	1844	114 Strafen
September	1844	77 Strafen
Oktober	1844	66 Strafen
November	1844	49 Strafen

Ausweislich obiger Auflistung ergibt sich, dass innerhalb von zwölf Monaten 899 Strafen vollzogen wurden, mithin durchschnittlich zweieinhalb Strafen pro Tag. Der Grund für diese Strafen lag ausweislich der Unterlagen im Jahr 1844 hauptsächlich in der Ahndung von Verstößen gegen das Schweigegebot und generellem Ungehorsam der Gefangenen. Am 16. Januar 1844 wurde beispielsweise ein Insasse mit 4 Schlägen mit der *Cat* bestraft, weil er gesprochen hatte und zwei Tage später wurde ein anderer ebenfalls fürs Sprechen

1447 Vgl. hierzu NYStA, Auburn Prison Daily Punishment Reports, A0780-80.

1448 NYStA, Auburn Prison Daily Punishment Reports, A0780-80.

und Geräusch in seiner Zelle mit drei Schlägen mit der *Cat* bestraft.[1449] Ein Gefangener erhielt am 19. Februar 1844 vier Schläge mit der *Cat* weil er in seiner Zelle gesungen hatte.[1450] War es ausweislich des Berichts von *Powers* 1828 noch die Ausnahme,[1451] dass die *Cat* als Bestrafungsmittel angewendet wird, so zeigt sich anhand des *Punishment Reports*, dass diese in den dreißiger und vierziger Jahren des 19. Jahrhunderts anscheinend zur üblichen Bestrafung sämtlicher Gefangener genutzt wurden; dies stellt mithin eine Verschärfung der körperlichen Züchtigung der Gefangenen dar. Obgleich aus heutiger Sicht jegliche körperliche Züchtigung von Gefangenen, oder Körperstrafen im Allgemeinen, jeglicher Grundlage entbehren, vermittelt der Punishment Report, dass die Bestrafungen der Gefangenen vergleichsweise geringgehalten wurden und mit durchschnittlich „nur" 3–6 Schlägen pro jeweiligem Fehlverhalten geahndet wurde. Das ist im Vergleich zum Fall *Von Eck*, bei dem noch mehr als 50 Peitschenhiebe als Bestrafung ausgeführt wurden, als eine „positive" Entwicklung zu bewerten. Dass zu dieser Zeit die körperliche Bestrafung noch nicht vollständig abgeschafft wurde, überrascht hingegen nicht. In irgendeiner Art und Weise wollte man das *Auburn System* effektiv durchführen und das gelang nach damaliger Einschätzung nur durch die Unterbindung der Kommunikation. Die Reduzierung der Hiebe und die teilweise Kontrolle durch den *Keeper* und den Inspektionsausschuss ist als positiver, wenn auch kleiner, Schritt in die Richtung einer stärkeren Beachtung humanitärer Ziele im Strafvollzug zu werten und der Aufwertung der körperlichen Integrität der Gefangenen.

Betrachtet man den *Punishment Report* abgetrennt von dem Bericht von *Livingston*, scheint die Organisation des *Auburn Prisons* hinsichtlich der vorgenommenen Züchtigung der Gefangenen gut organisiert und für damalige Zeiten noch im Rahmen des Erlaubten gewesen zu sein.

Der Bericht von *Livingston* rückte diese Quelle zwar in ein anderes Licht, jedoch muss die Auffassung von *Livingston* eingeordnet werden. Dieser war das einzige Senatsmitglied, das sich gegen den Bericht der *Majority* gestellt und einen eigenen verfasst hatte, in dem er die Zustände in den

---

1449 NYStA, Auburn Prison Daily Punishment Reports, A0780-80.

1450 NYStA, Auburn Prison Daily Punishment Reports, A0780-80.

1451 *Powers*, Report of Gershom Powers, Agent and Keeper of the State Prison at Auburn, S. 23.

Staatsgefängnissen in New York scharf kritisierte und anscheinend ungefiltert darstellte. Obgleich *Livingston* die Zustände entsprechend anders bewertete, sah auch die *Majority* in ihrem Bericht die möglichen Gefahren, die bei der körperlichen Züchtigung durch die Peitsche bei unsachgemäßer Ausführung und Entscheidung über Art und Umfang dieser Bestrafung entstehen könnten. Wie sich aus den obigen Ausführungen ergibt, hatten diese Berichte aber zunächst keine weitreichenden und faktischen Konsequenzen, weder tatsächlicher noch gesetzlicher Natur.

Der Rückschritt zur körperlichen Züchtigung, wie sie im *Auburn System* angewandt wurde, wird von *Jagemann* als unvereinbar mit dem zu diesem Zeitpunkt andauernden humanistischen Zeitalter beschrieben, durch das diese Art der Bestrafung eigentlich abgelehnt wurde.[1452] Als wesentlichen Hintergrund der in den Staatsgefängnissen von New York zu dieser Zeit bestehenden Unregelmäßigkeiten, der unangemessene Schärfe der Bestrafungen der Gefangenen, der mangelhaften Disziplin, des gelegentlichen Aufbegehrens der Sträflinge und des Fehlens der dringend benötigten Reform des Gefängnissystems, die durch die Gefängnisverwaltung eigentlich angestrebt werden sollte, sowie der Tatsache, dass das *Auburn System* trotzdem angewandt und entsprechend beliebt war, sah *Livingston* die Gewichtung der Gefangenenarbeit.[1453] Hiernach betrachtete man die mit der Arbeit der Sträflinge zu erzielenden Einkünfte als die primäre und alles entscheidende Angelegenheit und sah die Sträflinge als bloße Instrumente an.[1454]

Hierin kann man eine Kollision mit der eigentlich vor allem durch das humanitäre Gedankengut angestrebte Besserung der Gefangenen durch die arbeitsinduzierte Disziplinierung und ökonomische Effizienz der Gefangenenarbeit erkennen. Dabei ist aber auch zu berücksichtigen, dass die mit der Gefangenenarbeit erzielten Gewinne mitunter zum Erhalt und der Verbesserung der baulichen Gegebenheiten der Anstalt genutzt wurden. Aus diesem Grund ist die nicht unbedeutende ökonomische Effizienz differenziert zu sehen. Zunächst sollte die Arbeit in den Strafanstalten die Disziplinierung und Besserung der Gefangenen erreichen. Als dann Gewinne erwirtschaftet werden konnten, sollten diese auch weiterhin generiert werden, um nicht

[1452] *Jagemann*, Zur Rechtsbegründung und Verwirklichung der Einzelhaft, S. 34.
[1453] SD, 1840, No. 38, S. 10.
[1454] SD, 1840, No. 38, S. 10.

nur eine kostendeckende Anstalt zu haben. Dass diese Gewinne aber für die Anstalt selbst genutzt wurden, macht deutlich, dass das Bestreben nach Effizienz und Profit nicht zwangsläufig dem Gedankengut der Humanität entgegenstand. Denn die Neuerungen und Reformen hatten damals wie heute ein gemeinsames Hindernis, an dem bereits einige Reformen in der Vergangenheit gescheitert waren: hohe Kosten.

Somit hatte das *Auburn System* im Vergleich zum *Pennsylvania System* einen entscheidenden Vorteil.[1455] Weil die Gefangenen ihre Arbeit in großen Räumen gemeinschaftlich erbringen mussten, konnten zudem Maschinen eingesetzt und somit die Produktivität gesteigert werden.[1456] Als Resultat hieraus waren Gefängnisse, die das *Auburn System* anwendeten, überaus profitabel.[1457] Dass dies einer der wesentlichen Beweggründe, auch auf Ebene des Gesetzgebers, war, zeigte sich in der Regelung, dass der *Keeper* die Gefangenen derart zu beschäftigen hatte, dass diese ihren Fähigkeiten entsprechend eingesetzt werden und dabei der Gesellschaft den größtmöglichen Nutzen erbringen konnten.[1458] Die Arbeit diente somit – anders als im *Pennsylvania System* zunächst proklamiert wurde – nicht der Belohnung beziehungsweise Erleichterung der Haft für die Gefangenen – sondern entsprach vielmehr fiskalischen Beweggründen. Diesbezüglich hatte der seinerzeit amtierende *Agent S. C. Dunham* in seinem Bericht an die *Assembly* 1834[1459] berichtet, dass es zum höchsten Ziel geworden sei, die notwendige Bestrafung der Gefangenen mit deren profitabler Beschäftigung zu kombinieren, um den Staat von der Last seiner Unterstützung zu befreien. Dabei wäre dieses Ziel konsequent und mit Erfolg verfolgt worden.[1460]

Die *Punishment Reports*, die zunächst einen guten Eindruck über die in dem *Auburn Prison* angewandte Häufigkeit der Bestrafungen der Gefangenen zu geben scheinen, sind bereits ausweislich des ausführlichen Berichts von *Livingston* unvollständig. Darüber hinaus ist mit Blick auf den Gefangenen

---

[1455] *Fasoli*, Zum Strafverfahrensrecht und Gefängniswesen, S. 69 f.
[1456] *Fasoli*, Zum Strafverfahrensrecht und Gefängniswesen, S. 69 f.
[1457] *Fasoli*, Zum Strafverfahrensrecht und Gefängniswesen, S. 70.
[1458] An Act for better regulation of the state prisons at Auburn and Mount-Pleasant, passed May 20, 1840, Chap. 204, S. 157, § 4.
[1459] Communication from the Agent of the Auburn State Prison, In Assembly, March 27, 1834, No. 341.
[1460] AD, 1834, No. 341, S. 12.

Von Eck weder dessen Tod noch die zuvor, laut des Berichts des Committees, erfolgten körperlichen Bestrafungen in dem *Punishment Report* für den Haftzeitraum von November 1838 bis zu seinem Tod am 8. April 1839 verzeichnet.[1461] Mithin können die *Punishment Reports* somit nicht als ausreichende Quelle herangezogen werden, sondern müssen vielmehr als das Minimum des tatsächlich Geschehenen angesehen werden.

C. Systemstreit

Die beiden zu dieser Zeit entstandenen (nordamerikanischen) Haftsysteme werden zwar grundsätzlich als sich widersprechend bezeichnet,[1462] gleichwohl lassen sich einige Parallelen finden. Denn beide Systemen verfolgten das Ziel, die drohende gegenseitige Beeinflussung der Gefangenen durch Trennung zu verhindern.[1463] Dabei sollte nicht nur die verbale Kommunikation verhindert, sondern ebenfalls jeglicher sexueller Kontakt der Insassen abgewendet werden.[1464] Die Besserung der Gefangenen sollte darüber hinaus durch Arbeit und Religion gefördert werden.[1465] Ungeachtet der Tatsache, dass mit beiden Systemen das gleiche Ziel verfolgt wurde,[1466] wurde zwischen den Verfechtern der jeweiligen Systeme ein Streit über die Vorzüge und Nachteile des jeweils anderen Haftsystems geführt.[1467] Beide Seiten versuchten davon zu überzeugen, dass nur das eigene System zielführend sei.[1468]

Dabei stützten sich die Gegner des *Solitary System* insbesondere auf die psychischen Schäden, die ihrer Ansicht nach durch die vollständige Isolation entstünden.[1469] Dennoch blieben die Verfechter des *Solitary System* weiterhin der Überzeugung, dass ihr eigenes System zur „Besinnung, Reue und Buße“[1470] bei den Gefangenen führe und somit eine Besserung jener in sowohl

---

[1461] NYStA, Auburn Prison Daily Punishment Reports, A0780-80.
[1462] *Krebs*, Denkweise von „Poenologen“ über die „Einzelhaft“, S. 476.
[1463] *Krohne*, Lehrbuch der Gefängniskunde, S. 46.
[1464] *Henze*, Strafvollzugsreformen im 19. Jahrhundert, S. 64.
[1465] *Henze*, Strafvollzugsreformen im 19. Jahrhundert, S. 64.
[1466] *Henze*, Strafvollzugsreformen im 19. Jahrhundert, S. 26.
[1467] *Wahlberg*, Gesamtentwicklung des Gefängniswesens und der Haftsysteme, S. 94 f.
[1468] *Engeler*, Strafvollzug in den USA, S. 13.
[1469] *Schwind*, Zur historischen Entwicklung des Strafvollzugs, S. 18.
[1470] *Engeler*, Strafvollzug in den USA, S. 13.

religiöser als auch moralischer Hinsicht erreicht werde.[1471] Dabei versuchten sie den Gegnern ihres Systems zu beweisen, dass die Einzelhaft weder für die körperliche, noch die seelische Verfassung der Gefangenen abträglich sei.[1472]

Zur Überprüfung dieser Behauptung wurden an dieser Stelle die Sterbestatistiken aus sowohl dem *Eastern State Penitentiary* als auch dem *Auburn Jail* herangezogen. Ausweislich dieser betrug die Sterberate zwischen 1833 und 1842 im *Eastern State* rund 3,96 %,[1473] wohingegen zwischen 1828 und 1841 in *Auburn* „lediglich" 1,9 % der Insassen verstarben.[1474]

Diesen Zahlen entgegneten die Verfechter des *Solitary Systems*, dass ein direkter Vergleich der Anstalten bereits aufgrund der unterschiedlich langen Haftzeiten nicht vorgenommen werden und folglich nicht aussagekräftig sein könne.[1475] Außerdem beriefen sich Vertreter dieses Systems auf den Vergleich des neuen *Eastern State Penitentiarys* mit dem Gefängnis in der *Walnut Street*.[1476] Während in letzterem die Sterblichkeit über einen Zeitraum von 10 Jahren rund 6 % betrug, verringerte sich diese im *Eastern State Penitentiary* auf 3,96 %, sodass von einer Verbesserung der Gefangenenbedingungen auszugehen sei.[1477] Hinsichtlich des Vorwurfs, dass die Einzelhaft für die Psyche der Gefangenen besonders schädlich sei, wurde entgegnet, dass die höhere Anzahl der bekannten psychischen Erkrankungen im *Pennsylvania System* rein der besseren medizinischen Versorgung der Gefangenen und nicht dem Haftsystem als solchem geschuldet sei.[1478]

Darüber hinaus wurde an dem *Solitary System* insbesondere hinsichtlich der Kostenlast Kritik geäußert.[1479] So wurde diesem System vorgeworfen, dass nicht nur der Bau von entsprechenden Gefängnissen große Kosten verursache, sondern dass im Gegensatz zum *Auburn System* keine Gewinne durch die Gefangenenarbeit erwirtschaftet würden.[1480]

[1471] *Engeler*, Strafvollzug in den USA, S. 13.
[1472] *Engeler*, Strafvollzug in den USA, S. 13.
[1473] *Würth*, Die neuesten Fortschritte des Gefängnißwesens, S. 307.
[1474] *Würth*, Die neuesten Fortschritte des Gefängnißwesens, S. 309.
[1475] *Würth*, Die neuesten Fortschritte des Gefängnißwesens, S. 309.
[1476] *Würth*, Die neuesten Fortschritte des Gefängnißwesens, S. 309.
[1477] *Würth*, Die neuesten Fortschritte des Gefängnißwesens, S. 309.
[1478] *Julius*, Nordamerikas sittliche Zustände Band 2, S. 310.
[1479] *Julius*, Nordamerikas sittliche Zustände Band 2, S. 322.
[1480] *Julius*, Nordamerikas sittliche Zustände Band 2, S. 322, 325.

Demgegenüber führten die Anhänger des *Pennsylvania Systems* an, dass die Haftdauer im *Solitary System* aufgrund der scharfen Haftbedingungen gekürzt werden könne, was hingegen beim *Auburn System* nicht der Fall wäre, und somit die Kosten reduziert werden könnten.[1481] Zudem bedürfe es in *Pennsylvania* nur eines Aufsehers je 35 Gefangenen, während in *Auburn* ein Aufseher je 19 Insassen benötigt werde, um die verbotene Kommunikation zu unterbinden.[1482] Im Mittelpunkt der Kritik gegenüber dem *Auburn System* stand insbesondere das Schweigegebot und die damit verbundene körperliche Bestrafung der Gefangenen bei Nichtbefolgung.[1483] Das Einsetzen einer körperlichen Bestrafung stelle darüber hinaus eine Verschärfung der für die Gefangenen bereits unerträglichen Strafe dar, die laut *Jagemann* jeder erkennen müsse.[1484] Zudem untersage dieses Kommunikationsverbot den „mächtigsten aller menschlichen Triebe“[1485] und sei vor allem in den Fällen besonders einschränkend, in denen ein Kontakt zu Mithäftlingen, beispielsweise bei der gemeinschaftlichen Arbeit, nicht gänzlich versagt sei.[1486] Dadurch entstünde eine höhere Qual als im *Pennsylvania System*, in dem überhaupt kein Kontakt vorhanden sei.[1487]

Die Befürworter beider Seiten führten somit einen Disput um das Obsiegen des eigenen Systems; Resultat hieraus war jedoch, dass weitere Reformbestrebungen in Nordamerika währenddessen gehemmt wurden weil man auf den Ausgang des Streites wartete.[1488] Der Streit um das „richtige“ System ebbte ab 1845 durch einen Bericht aus Boston langsam ab, in dem sich dahingehend geäußert wurde, das die schlimmsten Fehler beider Systeme bereits behoben worden waren, und es nunmehr um eine Annäherung beider Systeme mit gegenseitigen Zugeständnissen geben müsste.[1489]

1481 *Julius*, Nordamerikas sittliche Zustände Band 2, S. 322 f.
1482 *Julius*, Nordamerikas sittliche Zustände Band 2, S. 324.
1483 *Jagemann*, Zur Rechtsbegründung und Verwirklichung der Einzelhaft, S. 34.
1484 *Jagemann*, Zur Rechtsbegründung und Verwirklichung der Einzelhaft, S. 34.
1485 *Jagemann*, Zur Rechtsbegründung und Verwirklichung der Einzelhaft, S. 34.
1486 *Schück*, Wahnsinn im Zuchthaus, S. 279 f.
1487 *Schück*, Wahnsinn im Zuchthaus, S. 279 f.
1488 *Krohne*, Lehrbuch der Gefängniskunde, S. 47 f.
1489 *Wahlberg*, Die Gesamtentwicklung des Gefängnisswesens und der Haftsysteme, S. 95.

Am Ende des Streites behauptete sich das *Auburn System* und wurde zum allgemeingültigen nordamerikanischen Strafvollzugssystem.[1490] Einzig in Pennsylvania wurde das *Solitary System* bis ins 20. Jahrhundert fortgesetzt.[1491] Bei der Überprüfung der Beweggründe, das *Einzelhaftsystem* fast vollends gegen das *Silent System* auszutauschen, muss der damals herrschende Arbeitskräftemangel,[1492] ebenso wie der Umstand, dass die Gefangenen von dem im 13. Verfassungszusatz geregelten Verbot der Sklaverei und unfreiwilligen Knechtschaft nicht explizit umfasst waren, berücksichtigt werden.[1493] Mithin wurde die Gefangenenarbeit zu dieser Zeit zu einem integralen Bestandteil des Systems,[1494] wobei durch das *Auburn System* die Gefangenen in „größter industrieller Effizienz organisiert" wurden.[1495] Somit wurden die Gefängnisse zu profitablen Fabriken[1496] und die Insassen zu den dringend benötigten Arbeitskräften.[1497]

D. Humanität

Sowohl die Verfechter des *Pennsylvania System* als auch die *Auburnisten* versuchten mit ihrem Gefängnissystem die Besserung der Gefangenen zu erreichen.

Dabei war Ausgewogenheit zwischen der Art und Weise der Strafe zur Erhaltung der Gefängnisdisziplin, ohne die Verbrecher grausam zu behandeln, von der *Majority* bereits zutreffend als das prekärste Thema zu dieser Zeit bezeichnet worden.[1498] Die beiden sich gegenüberstehenden Gefängnissysteme lassen sich in dieser Hinsicht als verschiedene Ansätze bewerten, um durch Sicherstellung der Gefängnisdisziplin sowie der generellen Disziplinierung der Gefangenen, deren Besserung zu erreichen.

1490 *Rusche/Kirchheimer*, Sozialstruktur und Strafvollzug, S. 182; *Fasoli*, Zum Strafverfahrensrecht und Gefängniswesen, S. 70.
1491 *Engeler*, Strafvollzug in den USA, S. 14.
1492 *Rusche/Kirchheimer*, Sozialstruktur und Strafvollzug, S. 178 f.
1493 *McLennan*, The Crisis of Imprisonment, S. 85.
1494 *McLennan*, The Crisis of Imprisonment, S. 85.
1495 *Rusche/Kirchheimer*, Sozialstruktur und Strafvollzug, S. 182.
1496 *Rusche/Kirchheimer*, Sozialstruktur und Strafvollzug, S. 182.
1497 *Rusche*, Arbeitsmarkt und Strafvollzug, S. 75.
1498 SD, 1840, No. 37, S. 92.

Indem sowohl die Schriften von *Howard* und *Beccaria* als auch die der Nordamerikaner Vaux und Bradford zu Bestrebungen in Richtung eines reformierten Strafvollzug in Nordamerika führten,[1499] versuchten die Mitglieder der *Society* mit der Einzelhaft die in den amerikanischen Gefängnissen bestehenden Missstände zu beheben und die Bedingungen für die Gefangenen zu verbessern.[1500] Durch den direkten Kontakt mit *Howard* schlossen sich deren Bestrebungen an dessen Forderungen nach einem menschlicheren Strafvollzug, der die Besserung und Erziehung der Gefangenen zum Gegenstand haben sollte, unmittelbar an.[1501] Dabei sollte die Einführung der Einzelhaft die Zustände in den Gefängnissen und somit vor allem die Bedingungen für die Gefangenen verbessern.[1502] Während man sich in *Pennsylvania* vorrangig auf die Prinzipien des Quäkertums in Form der stillen Einkehr und des Alleinseins stützte, sollte die Besserung der Gefangenen in *Auburn* vorrangig durch die Unterbindung der Kommunikation der Gefangenen untereinander, während der gemeinschaftlich zu erbringenden Arbeit, erreicht werden.

Die Verfechter des *Einzelhaftsystems* versuchten somit durch aufgezwungene Buße der Gefangenen eine Rückkehr zur Tugend und der Moral zu erreichen.[1503] Die Einführung der Isolation wurde als maßgeblicher Bestandteil der angestrebten Strafvollzugsreform[1504] und die Abwendung von der gemeinschaftlichen Unterbringung hin zur Einzelhaft als Mittel zur Erreichung der von der Aufklärung postulierten moralischen und humanen Strafe angesehen.[1505] Wie sich oben gezeigt hat, stimmten allerdings diese Intentionen und die tatsächlichen Gegebenheiten für die Gefangenen nicht überein. Die vollständige Isolation der Gefangenen sollte grundsätzlich die drohende „Ansteckung“ untereinander verhindern, führte aber vielmehr zur absoluten Vereinsamung der Gefangenen, die beispielsweise von *Dickens* als Folter und Qual bezeichnet wurde.[1506]

[1499] *Vaux*, Brief Sketch of the Origin and History of the State Penitentiary, S. 57 f.
[1500] *Engeler*, Strafvollzug in den USA, S. 11 f.
[1501] *Friederich*, John Howard und die Strafvollzugsreformen, S. 62, 76.
[1502] *Engeler*, Strafvollzug in den USA, S. 11 f.
[1503] *Sieverts*, Zur Geschichte der Reformversuche im Freiheitsstrafvollzug, S. 48 f.; *Bretschneider*, Gefangene Gesellschaft, S. 419.
[1504] *Smith*, Prison and the American Imagination, S. 83.
[1505] *Bretschneider*, Gefangene Gesellschaft, S. 420.
[1506] *Dickens*, American Notes for General Circulation, S. 238 f.

Den möglichen und sich aus heutiger Sicht aufdrängenden Gefahren für die Psyche der Gefangenen wurde zunächst nicht ausreichend Beachtung geschenkt. Könnte man diesen Umstand vor allem darauf zurückführen, dass Erkenntnisse über psychiatrische Erkrankungen zu dieser Zeit noch nicht gänzlich ausgereift waren,[1507] zeigte sich in der Aussage *Dickens*, dass durchaus auch zu dieser Zeit ein beginnendes Verständnis für einen entsprechenden psychischen Schaden bei den Gefangenen vorhanden war. Das zeigte sich insbesondere indem er darauf hinwies, dass derjenige, der sich mit Geisteskrankheiten befasse, wisse, dass ein Mensch unter „extreme depression and despair" leiden könne, ohne dass er den Schritt in Richtung Suizid gehe.[1508] Entsprechend könne man nicht auf die Statistiken vertrauen, die nur einen Einblick in die tatsächlich vorgenommenen Selbsttötungen gäben, um die psychischen Schäden bei den Gefangenen messen zu können. Hinsichtlich der Realität für die Gefangenen kann an dieser Stelle auf *Caleb Smith* verwiesen werden, der feststellt, dass im *Eastern State Penitentiary* keine Besserung der Gefangenen erreicht wurde, sondern die Umstände dort vielmehr zur Entmenschlichung der Gefangenen führten.[1509]

Denn obgleich das pennsylvanische Gesetz von 1829 zunächst den Eindruck vermittelt hat, dass sich das *Solitary System* vorrangig durch moralisches Einwirken auf den Gefangenen auszeichnete und dabei der *Quietism* zum Ausdruck gekommen ist, zeigte die Aufzeichnung des *Warden*, dass auch in diesem System die Verletzung der körperlichen Integrität durch Züchtigung der Gefangenen stattfand. Zuvor hatte man die Abschaffung der vollständigen Isolation noch mit Blick auf die psychische Gesundheit der Gefangenen abgelehnt und erklärt, dass das abgeschwächte Isolationssystem keine Schäden in mentaler oder körperlicher Hinsicht bei den Gefangenen anrichten würde. Die Gefangenen wurden aber auch im Rahmen dieses Systems zum Zwecke der Disziplinierung körperlich gezüchtigt, wobei die *Majority* ausdrücklich darauf hinwies, dass es sich nicht um grausame oder ungewöhnliche Strafen handeln würde. Man könnte nunmehr der Auffassung sein, dass körperliche Züchtigung immer als eine grausame Strafe angesehen werden müsste. Allerdings ist im historischen Gesamtkontext zu berücksichtigen, dass die

[1507] Hierzu im Detail insbesondere: *Ylva Greve*, Verbrechen und Krankheit, Köln 2004.
[1508] *Dickens*, American Notes for General Circulation, S. 262 f.
[1509] *Smith*, Prison and the American Imagination, S. 60.

Formulierung vielmehr dem *8. Amendment der amerikanischen Verfassung* entspricht. Denn hier wurde 1791 festgelegt:

> Excessive bail shall not be required, nor excessive fines imposed, nor cruel and unusual punishments inflicted.[1510]

Die körperliche Züchtigung der Gefangenen war somit nicht in Gänze ausgeschlossen, sondern beschränkte sich vielmehr auf die Formulierung, dass diese nicht grausam oder ungewöhnlich sein dürfe. Mithin handelten die Beamten im Strafvollzug grundsätzlich im Rahmen des rechtlich Erlaubten bei der Vornahme körperlicher Züchtigungen der Gefangenen. Was genau *cruel* oder auch *unusual* ist, wurde dabei häufig den Anstaltsbeamten überlassen. Im Zusammenhang mit den Untersuchungen zum Todesfall *Maccumsey* (*Eastern State Penitentiary*) war die Beantwortung dieser Frage noch mit dem positiven Charakter des Gefängnisdirektors begründet und deshalb eine Grausamkeit verneint worden. Insoweit somit ein Beamter handelte, der wegen seiner Menschlichkeit bekannt war, konnte die Behandlung nicht als *cruel* oder *unusual* angesehen werden – die Argumentation erfolgte somit ad persona. Unberücksichtigt blieb hier aber ob der Knebel sachgemäß angewandt wurde.

Trat das *Pennsylvania System* also nach außen hin als humanes System auf, in dem man großen Wert auf die religiöse und moralische Bildung der Gefangenen und damit einhergehend die Besserung der Gefangenen gelegt hatte, wurde die Brutalität durch Anstaltsbeamte dadurch nicht ausgeschlossen; vielmehr konnten diese beiden Aspekte zumindest im *Eastern State Penitentiary* koexistieren.[1511] Die im Rahmen des Systemstreits vehement angeprangerte körperliche Züchtigung in *Auburn* wurde in der Praxis trotz der vollständigen Isolation der Gefangenen auch in *Pennsylvania* angewandt.

Eine ähnliche Argumentation wie hinsichtlich *Wood* lässt sich bei der allgemeinen Anerkennung des *Iron Gag* finden. Auch wenn aus heutiger Sicht dessen Anwendung als absolut unvereinbar mit einem humanen Strafvollzug angesehen wird, ist zu beachten, dass die eigentlich humanen Bestrebungen nach der Verbesserung der Gefangenenbedingungen die Disziplinierung der

---

1510 Constitution of the United States, 8th Amendment.

1511 So auch: *Kahan*, Seminary of Virtue, S. 25.

Gefangenen unmittelbar einschloss. Die Gefängnisdisziplin wurde ausdrücklich in Gesetzen aufgenommen und sollte durch die körperliche Züchtigung vielmehr erhalten und sichergestellt werden. Gleichwohl zeigt sich am Tod von *Maccumsey*, dass auch wenn die Anwendung des *Iron Gag* oder auch der allgemeinen körperlichen Züchtigung als Disziplinierungsmaßnahmen im Rahmen des rechtlich Erlaubten waren, die Herbeiführung des Todes eines Gefangenen sicherlich nicht mehr von dem humanitären Gedankengut mitgetragen werden konnte.

Allerdings kommt es bei der Frage nach der praktischen Umsetzung der humanitären Bestrebungen im Strafvollzug nicht nur auf die einzelnen dort tätigen Persönlichkeiten an, sondern auf das Gesamtkonzept des Strafvollzugs.

Durch einzelne Persönlichkeiten, die eine Funktion in der Strafanstalt hatten, war es möglich diese Bestrebungen zu konterkarieren. Zu kritisieren in diesem Zusammenhang ist somit vielmehr, dass den Anstaltsbeamten keine klaren Leitlinien hinsichtlich der Disziplinierungsmaßnahmen der Gefangenen vorgegeben wurden. Einem möglichen „sadistischen Verhalten" seitens der Anstaltsbeamten wurden keine effektiven Grenzen gesetzt, sodass die eigentlich positiven Bestrebungen in der Theorie des *Pennsylvania Systems* hin zu einem humaneren Strafvollzug, durch die individuellen Verhaltensweisen von Verantwortlichen in den Strafanstalten aufgehalten und zum Teil unterlaufen wurden.

Darüber hinaus zeigte sich im Todesfall *Maccumsey*, dass die Gefangenenbehandlung mitunter über die reine Disziplinierung der Gefangenen hinausging und vielmehr den Eindruck einer Quälerei der Gefangenen erweckt, die letztlich keine Konsequenzen beziehungsweise eine negative Außendarstellung durch das eingesetzte Komitee zur Konsequenz hatte.

Mit Blick auf die Frage nach der Realität der Humanisierung des Strafvollzuges in Pennsylvania kann an dieser Stelle zudem auf die mit *Smith* übereinstimmende Meinung von *Lafayette* Bezug zurückgegriffen werden:

> The People of Pennsylvania think, said he, that the system of solitary confinement is a new idea, a new discovery; not so- it is only the revival of the system of the Bastile. The State of Pennsylvania, which has given to the world an example of humanity, and whose code of philanthropy has been quoted and canvassed by all Europe, is now about

> to proclaim to the world the inefficacy of the system, and revive and restore the cruel code of the most barbarous and unenlightened age. [...][1512]

Diese Beschreibung fasst die oben gewonnen Erkenntnisse sehr gut zusammen. Die Verfechter des *Eastern State Systems* waren von sich selbst und ihrem sich auf die humane Behandlung der Gefangenen – insbesondere durch die Ablehnung der körperlichen Züchtigung und deren moralische Besserung– stützenden System überzeugt und der Auffassung, dass sie damit einen gänzlichen neuen Weg gingen. Waren die Motive dabei, wie oben herausgearbeitet, zunächst auf die Humanität zurückzuführen und auf die tatsächliche Besserung gerichtet, so kann die Umsetzung des Systems vielmehr als gescheitert angesehen werden. Nicht nur, dass, wie sich aus dem *Third Report*[1513] ergibt, die Kommunikation untereinander faktisch nicht verhindert werden konnte, und dementsprechend eine Reihe von Strafen für die Kommunikation der Gefangenen untereinander verhängt wurde, auch führte die strikte Isolation der Gefangenen nicht zu einer tatsächlichen Besserung, sondern vielmehr zu der von *Beccaria* schon gewarnten Heuchelei. Die Gefangenen sollten bedingungslos gehorsam sein. Während sich die *Pennsylvanisten* im Systemstreit insbesondere darauf stützten, dass das *Auburnsche System* brutal und voller Gewalt gegenüber den Gefangenen war, zeigte sich an den Untersuchungen in den dreißiger Jahren, dass die Anwendung des *Eastern State Systems* nicht dazu führte, dass sämtliche Gewalt gegenüber den Gefangenen unterblieb. Obgleich die Peitsche hier anders als in *Auburn* nicht die übliche Bestrafungsart war, legte der *Fall Maccumsey* dar, dass auch dort die körperliche Züchtigung nicht ausgeblieben war und die Anwendung des Knebels massive körperliche Schädigungen hervorrufen und sogar zum Tod führen konnte. Mit Blick auf diesen Todesfall ist festzustellen, dass ein eigentlich in der Theorie die Humanisierung anstrebendes System nur so effizient sein konnte, wie seine Umsetzung und vor allem die Verhinderung von individuellen Missbräuchen war. Entsprechend waren nicht nur die theoretischen Grundlagen des Gefängnissystems von großer Bedeutung, sondern ebenso die Auswahl und Überwachung der Anstaltsbeamten.

Dass nach den ersten Erfahrungen mit den negativen Auswirkungen der absoluten Isolierung der Gefangenen die Arbeitspflicht eingeführt wurde,

---

1512 Third Report, Prison Discipline Society Boston, 1828, S. 190 f.

1513 Third Report, Prison Discipline Society Boston, 1828.

darf nicht nur als Akt der Humanität angesehen werden, der einzig darauf zielte die Gefangenen besser zu behandeln. Vielmehr waren es hier politische und fiskalische Erwägungen, aufgrund derer man erkannte, dass die Isolation der Gefangenen für diese zwar schädlich war, aber die Gefangenen durch die Arbeitspflicht nicht nur zum Unterhalt der Strafanstalt einen wesentlichen Beitrag leisten konnten, sondern der Gewinn aus deren Arbeitsleistungen die Unterhaltskosten mitunter sogar überstieg.[1514]

Auch die *Auburnisten* versuchten mit ihrem System in New York, durch das die Gefangenen am Tag Kontakt zu anderen Insassen hatten, den Strafvollzug zu reformieren, bedienten sich hierzu jedoch offener als die *Pennsylvanisten* der körperlichen Gewalt gegen die Insassen.[1515] Dabei war das *Auburn System* eine Reaktion auf die negativen Auswirkungen der vollständigen Isolation.[1516] Die Anwendung der körperlichen Züchtigung durch die *Auburnisten* wurde dabei unter anderem von *Jagemann* als unvereinbar mit der Humanität bezeichnet.[1517] Während dieser Aussage aus heutiger Sicht bedingungslos zuzustimmen ist, bedarf es einer differenzierten Bewertung in der damaligen Situation. Denn es ist nicht ausschlaggebend, ob es auf Grundlage unserer heutigen Rechtsanschauung mit dem Argument der Humanität vereinbar wäre, sondern vielmehr was die damals handelnden Personen erreichen wollten und ob sie im Rahmen der gesetzlichen Vorgaben handelten oder diese aktiv und mit falschen Intentionen überschritten.

Wollte man in *Auburn* zwar psychische Schäden der Gefangenen durch die strikte Trennung der Gefangenen wie im *Eastern State Penitentiary* verhindern, so konnte das Schweigesystem nicht ohne eine Vielzahl von Bestrafungen effektiv durchgesetzt werden. Wie sich am Fall *Von Eck* gezeigt hat, konnte auch hier der Umgang mit den Gefangenen brutal sein und zum Tod führen.

Obgleich die Hilfswärter dazu ermahnt wurden, dass die Bestrafung der Gefangenen mit Humanität und Diskretion vorgenommen werden solle,[1518] kann die körperliche Züchtigung losgelöst von dem Besserungsziel nicht als ein zwingender Bestandteil eines humanen Strafvollzuges angesehen werden.

[1514] Second Annual Report für das Jahr 1830, S. 12.

[1515] *Fasoli*, Zum Strafverfahrensrecht und Gefängniswesen, S. 69 f.

[1516] *Krause*, Geschichte des Strafvollzugs, S. 69.

[1517] *Jagemann*, Zur Rechtsbegründung und Verwirklichung der Einzelhaft, S. 34.

[1518] *Powers*, Report of Gershom Powers, Agent and Keeper of the State Prison at Auburn, S. 22.

Eine körperliche Züchtigung mit Humanität vorzunehmen, könnte man zunächst insofern bewerten, dass es den Begriff der Humanität *ad absurdum* führe. Diese Formulierung ist allerdings, ähnlich wie bereits im *Pennsylvania System* aufgezeigt, auf das *8. Amendment der amerikanischen Verfassung* zurückzuführen. Der explizite Verweis auf die Humanität beziehungsweise den Humanismus greift das Verbot einer Bestrafung, die *unusual* und *cruel* ist, auf und scheint eine Art Ermahnung zu sein, bei den im Rahmen des rechtlich Erlaubten durchgeführten körperlichen Züchtigungen die Humanität nicht aus den Augen zu verlieren. Gleichzeitig wird durch die Verwendung des Begriffs Humanität die unmenschliche Behandlung von Gefangenen, die auch zum Tod führen konnte, durch den Eingriff in die körperliche Unversehrtheit verschleiert und für einen Außenstehenden als humanistisch dargestellt.

Dass die Außendarstellung häufig nicht mit der Realität übereinstimmte, hat sich sowohl für das *Eastern State Penitentiary* als auch das *Auburn Prison* gezeigt. Mit beiden Arten der Isolation sollte die moralische Besserung der Gefangenen erreicht werden. Dabei sind sowohl das abgeschwächte Isolationssystem in *Pennsylvania* als auch das *Auburn System* als Reaktion auf die gescheiterten ersten Versuche der vollständigen Isolation zu bewerten. Mit beiden Systemen wurden unterschiedliche Ansätze entwickelt, um die Gefängnisdisziplin sicherzustellen, die als notwendig angesehen wurde, um letztlich die schon von *Howard* geforderte und auch mit Blick auf die Forderungen des humanitären Gedankenguts notwendige Besserung der Gefangenen zu erreichen.

Dabei sind die Bestrebungen im historischen Kontext ausweislich des geführten Systemstreits initial als Bemühungen in Richtung Fortschritt und Reform zu bewerten.[1519] Beide Seiten versuchten im Rahmen des Streits ihre Gegner davon zu überzeugen, dass das eigene System hinsichtlich der Vereinbarkeit mit der Humanität vorzugswürdig sei.[1520] Dabei zeigte die Entwicklung, dass bereits nach den ersten Erfahrungen mit den Auswirkungen der vollständigen Isolation, sowohl im *Pennsylvania System* als auch durch die Versuche im *Auburn-Gefängnis*, der ursprüngliche Gedanke von Verbesserung der Haftbedingungen nicht mehr zu überzeugen schien und

1519 *Engeler*, Strafvollzug in den USA, S. 12; *Janzen*, Hinter Gittern, S. 10.
1520 *Engeler*, Strafvollzug in den USA, S. 13.

stetig an Kritikern gewann. Denn bereits der schnelle Abriss des *Western State Penitentiary*, wie auch die im Rahmen des Systemstreits aufgezeigten immer mehr an Aufmerksamkeit gewinnenden negativen Auswirkungen, sowohl des Kommunikationsverbots als auch der Isolierung, waren hierfür weit mehr als nur Indizien. Mit Blick auf das *Pennsylvania System* ist an dieser Stelle hervorzuheben, dass die strenge Isolationshaft dieses Systems nicht den gewünschten Erfolg erzielen konnte.[1521] Anstatt der angestrebten Besserung der Gefangenen und Rückkehr zu Gott, folgte der Einzelhaft eine Entfremdung der Insassen von dem Leben außerhalb der Gefängnismauern.[1522] Das Prinzip der vollständigen Isolation führte somit bei den Gefangenen zu „Resignation, Widerstand oder Heuchelei".[1523] Die Heuchelei, vor der schon *Beccaria* gewarnt[1524] und entsprechende Besserung der Gefangenen gefordert hatte, war somit eine Gefahr des *Pennsylvania Systems*.[1525] Die angestrebte Rückkehr zur Moral und Besserung der Gefangenen durch die vollständige Isolation konnte das Ziel des humanen Strafvollzugs, wie *Beccaria*[1526] und dann auch *Howard*[1527] ihn gefordert hatten, nicht erreichen. Indem es darüber hinaus merkantilistische Bestrebungen waren, die den Ausschlag für das *Auburn System* gegeben und somit das nordamerikanische Haftsystem für das 19. Jahrhundert mitgestaltet haben, rückten die initialen humanistischen Bestrebungen in den Hintergrund. Gleichwohl das obsiegende *Auburn System*, hinsichtlich der Isolation bei Nacht und der gemeinschaftlichen Arbeit bei Tag, Aspekte des von *Howard* als vorbildlich bezeichneten *Maison de Force* in *Gent* beinhaltete,[1528] widersprach das Schweigegebot und die körperliche Züchtigung den Forderungen *Howards*[1529] nach einem humaneren Strafvollzug und ist insbesondere nicht als eine menschliche Behandlung der

---

1521 *Janzen*, Hinter Gittern, S. 10.

1522 *Janzen*, Hinter Gittern, S. 10.

1523 *Janzen*, Hinter Gittern, S. 10.

1524 *Beccaria*, Über Verbrechen und Strafen, S. 108.

1525 *Janzen*, Hinter Gittern, S. 10.

1526 *Beccaria*, Über Verbrechen und Strafen, S. 107 f.

1527 *Friederich*, John Howard und die Strafvollzugsreformen, S. 62, 76; *Krebs*, Freiheitsentzug. Entwicklung von Praxis und Theorie, S. 42.

1528 *Fasoli*, Zum Strafverfahrensrecht und Gefängniswesen, S. 60; *Howard*, The State of the Prisons, S. 139–144.

1529 *Friederich*, John Howard und die Strafvollzugsreformen, S. 62, 76; *Krebs*, Freiheitsentzug. Entwicklung von Praxis und Theorie, S. 42.

Gefangenen im Sinne der Humanität zu bezeichnen. Dennoch ist zu beachten, dass die Haftanstalten wesentlich besser strukturiert waren als die ursprünglichen Anstalten, in denen die Gefangenen häufig auf dem Zellenboden schlafen mussten und in unsauberen Gemeinschaftszellen untergebracht wurden. Die bereits in den ersten Reformbemühungen veränderten Aspekte der äußeren Hygiene wurden durch den Bau neuer Anstalten und Konkretisierungen hinsichtlich der Ausgestaltung der Zellen, der Mahlzeiten der Gefangenen, aber auch der Sauberkeit aufgegriffen und weiterentwickelt.

Obwohl sich im Verlauf zeigte, dass die in der Praxis angewandte Isolation der Gefangenen in den beiden dargestellten Ausgestaltungen, Gefahren für deren körperliche und geistige Verfassung darstellte, so waren die ursprünglichen Theorien hinter den Haftsystemen sowie die ersten praktischen Reformen, aus damaliger Sicht darauf gerichtet, die Haftbedingungen in den Gefängnissen zu verbessern und die unter anderem durch *Beccaria* und *Howard* angestrebten humanistischen Reformen, in Form der Besserung der Gefangenen aber auch der Umsetzung der inneren und äußeren Hygiene, umzusetzen. Während die äußere Hygiene in beiden System übereinstimmend umgesetzt wurde und nicht mehr Gegenstand des Diskurses war, verlagerte sich der Fokus der Debatte um die richtige Gefangenenbehandlung vielmehr auf das Schlüsselelement der Disziplin im Rahmen der inneren Hygiene. Dabei war es vor allem die Durchsetzung der Gefängnisdisziplin, der hier im Wege der beiden Konzepte begegnet wurde.

Während in *Pennsylvania* zunächst noch die nicht zu unterschätzende Arbeit der Quäker in Form des Prinzips des *Quietism* wesentlichen Einfluss hatte und ein maßgeblicher Faktor in der Isolation der Gefangenen und der religiösen Erziehung war, zeigt sich anhand der jeweiligen Untersuchungen rund um die Todesfälle ein unbestreitbarer gleicher Aspekt beider Systeme.

In beiden Systemen wurden im Rahmen der Todesfälle *Maccumsey* und auch *Von Eck* nicht nur die Umstände, die zum Tod führten, sondern auch die Frage nach der Rechtmäßigkeit der körperlichen Züchtigung der Gefangenen beurteilt.

Die jeweiligen Ausschüsse kamen dabei in beiden Systemen zu dem Ergebnis, dass die Anwendung dieses Disziplinarmittels nicht gesetzeswidrig erfolgte. Diese Auffassung mag aus heutiger Sicht zwar überraschen, widerspricht aber zumindest nicht dem Wortlaut des 8. Zusatzartikels der amerikanischen Verfassung. Denn gemessen an dem durch den Zusatzartikel geschaffenen rechtlichen Rahmen für Eingriffe in die körperliche Integrität waren die körperlichen Züchtigungen im Allgemeinen vom Recht gedeckt.

Die Disziplinierung der Gefangenen ist dadurch vielmehr als Akt der Sozialdisziplinierung anzusehen und somit nicht als notwendigerweise gegenläufig zur Humanität, sondern vielmehr als Mittel, um das auch von der Humanität mitgetragene angestrebte Ziel der Besserung der Gefangenen zu erreichen. Das gilt allerdings nicht für die verursachten Todesfälle in beiden Haftsystemen sowie der aufgezeigten Überschreitungen bei der Durchsetzung einer Disziplinierung.

Mit Blick auf die Humanitätskonzepte in Nordamerika ist zusammenfassend zu sagen, dass in *Pennsylvania* der theologische Ansatz der Quäker in Form des *Quietism* einen wesentlichen Einfluss hatte. Trotz des vehementen Streits um das richtige System zeigt sich, dass letztlich die von beiden Systemen als wesentlicher Bestandteil der Besserung notwendige Disziplinierung durch die Juristen zu dieser Zeit als im Rahmen des rechtlich Erlaubten und somit als nicht verwerflich angesehen wurde. Hierdurch ist der Eingriff auf die körperliche Integrität insgesamt als mit dem Konzept der Humanität im Strafvollzug vereinbar zu bewerten.

Die dargestellten Unzulänglichkeiten beider Systeme stießen in Nordamerika im weiteren Verlauf bereits Ende des 19. Jahrhunderts erneute Reformen an.[1530]

[1530] *Krüger*, Systeme und Konzepte des progressiven Strafvollzugs, S. 48.

Die amerikanischen Systeme als Grundlage für das englische Progressivsystem?

Die Entwicklungen rund um die Gefängnissysteme in Nordamerika erregten in den 1820er Jahren internationale Aufmerksamkeit.[1531] Aus ganz Europa besuchten Gesandte der Regierungen die Haftanstalten in Amerika und evaluierten das jeweils vorgefundene System, darunter sowohl *William Crawford* aus England als auch *Nikolaus Heinrich Julius* aus Preußen.[1532] Die zahlreichen Besuche aus Europa führten dazu, dass die amerikanischen Haftsysteme schon in den 1830iger-Jahren zunehmend an Bekanntheit gewannen.[1533]

A. Entwicklungen und das Petonville Gefängnis (London)

Howard hatte in England zwar erreicht, dass ab dem Ende des 18. Jahrhunderts über das Erfordernis einer Gefängnisreform diskutiert wurde, dennoch blieb das englische Strafrecht mit dem Zweck nach „Vernichtung, Beseitigung und Abschreckung“[1534], vorerst bestehen.[1535] Auch die Deportation Gefangener, die schon seit dem 17. Jahrhundert[1536] betrieben wurde, blieb Anfang des 19. Jahrhunderts fester Bestandteil des Strafwesens.[1537]

1531 *Riemer*, Netzwerk der Gefängnisfreunde, S. 153 f.
1532 *Rothman*, The Discovery of the Asylum, S. 81.
1533 *Rothman*, The Discovery of the Asylum, S. 81.
1534 *Krohne*, Lehrbuch der Gefängniskunde, S. 53.
1535 *Krohne*, Lehrbuch der Gefängniskunde, S. 53.
1536 *Holtzendorff*, Die Deportation als Strafmittel in alter und neuer Zeit, S. 165.
1537 *Krohne*, Lehrbuch der Gefängniskunde, S. 53.

Indem der *Penitentiary Act* von 1779 bestimmt hatte, dass anstatt der zuvor angewandten Deportation[1538], Verbrecher nunmehr auch zur Zwangsarbeit in Strafanstalten verurteilt werden konnten, stieg der Bedarf an Gefängnissen.[1539] Während das Strafrecht im 19. Jahrhundert einigen Änderungen unterzogen wurde, scheiterte eine einheitliche Regelung des Strafvollzugs bereits an der Tatsache, dass die Zuständigkeit nicht beim Staat, sondern bei den örtlichen Behörden lag.[1540] Gleichwohl wurde 1812 auf die Idee zum Bau eines staatlichen Gefängnisses zurückgegriffen.[1541] So wurde unter dem Einfluss von unter anderem *Jeremy Bentham* in London das *National Penitentiary* in *Milbank*[1542] gebaut, in dem bis zu 1.000 Gefangene gleichzeitig untergebracht werden konnten.[1543] Zweck dieser Anstalt war die Unterbringung jener Gefangenen, die nunmehr nicht mehr deportiert, sondern zur Zwangsarbeit verurteilt wurden.[1544]

Die Gefangenen mussten tagsüber gemeinschaftlich ihre Arbeit verrichten, wobei sie bei Nacht in Einzelhaft untergebracht wurden.[1545] Mit diesem System sollte die befürchtete gegenseitige Beeinflussung der Gefangenen verhindert und gleichzeitig deren Besserung erreicht werden.[1546]

Als in den dreißiger Jahren des 19. Jahrhunderts aufgrund der Verschiebung des Machtgefüges erstmals die Möglichkeit bestand, eine einheitliche Regelung des Gefängniswesens anzustreben, setzte man 1835 zunächst fünf Gefängnisinspektoren ein.[1547] Nachdem der Bau der neuen Gefängnisse erhebliche Kosten verursacht hatte, die mangels Stringenz hinsichtlich des Gefängnissystems keine tatsächlichen Erfolge verzeichnen konnten, wurden

---

1538 Zur Geschichte der Deportation wird auf: *Franz von Holtzendorff*, Die Deportation als Strafmittel in alter und neuer Zeit und die Verbrechercolonien der Engländer und Franzosen, Leipzig 1859, verwiesen.

1539 *Carl*, Proliferation and Implementation of Prison Ombudsmen, S. 117.

1540 *Krohne*, Lehrbuch der Gefängniskunde, S. 53–55.

1541 *Riemer*, Das Netzwerk der Gefängnisfreunde 1830 bis 1872, Band 2, S. 1167.

1542 *Riemer*, Das Netzwerk der Gefängnisfreunde 1830 bis 1872, Band 2, S. 1167.

1543 *Krohne*, Lehrbuch der Gefängniskunde, S. 60.

1544 *Riemer*, Das Netzwerk der Gefängnisfreunde 1830 bis 1872, Band 2, S. 1167.

1545 *Riemer*, Das Netzwerk der Gefängnisfreunde 1830 bis 1872, Band 2, S. 1167; *Krohne*, Lehrbuch der Gefängniskunde, S. 60.

1546 *Krohne*, Lehrbuch der Gefängniskunde, S. 60.

1547 *Riemer*, Das Netzwerk der Gefängnisfreunde 1830 bis 1872, Band 2, S. 1168.

zwei dieser Gefängnisinspektoren, *William Crawford*[1548] und *Whitworth Russell*[1549], nach Nordamerika entsandt, um über die dortigen Gefängnisse zu berichten.[1550]

Ihre Erfahrungen, sowie eine Bestandsaufnahme der englischen Gefängnisse, veröffentlichten sie 1837 mit den *Extracts from the Second Report of Inspectors of Prisons.*[1551] Während sie das *Auburn System*, das zu dieser Zeit beispielsweise im englischen *Coldbath Field* Gefängnis angewandt wurde, ablehnten,[1552] befürworteten sie das *Einzelhaftsystem* umso mehr.[1553] An der Anwendung des *Auburn System* kritisierten sie vor allem die am Beispiel des *Coldbath Field* dargestellte körperliche Züchtigung.[1554] In dieser Anstalt wurden ausweislich der Autoren im Jahr 1836 rund 5.138 Bestrafungen wegen des Verstoßes gegen das Schweigegebot festgesetzt.[1555] Hinsichtlich der Bedenken, die gegenüber dem *Solitary System* geäußert wurden, waren sie der festen Überzeugung, dass diese allein auf fehlerhafte Informationen sowie auf falsche Vorstellungen über das System zurückgeführt werden könnten.[1556] Bei weiteren Untersuchungen vermuteten sie, dass sich die schädlichen Folgen, von denen viele Kritiker ausgingen, als fälschlich herausstellen würden.[1557]

1548 William Crawford war Teil der *Society for the Improvement of Prison Discipline and the Reformation of Juvenile Offenders.* Die Society hatte in den 1820er Jahre einen großen Einfluss auf die Entwicklung der Gefängnisse, vgl. hierzu: *Forsythe, W.J.*, The beginnings of the separate System of Imprisonment, S. 105 f.

Die Arbeit der Gesellschaft beinhaltete vor allem die Unterstützung der Gefangenen in materieller Hinsicht sowie deren moralische Erziehung, vgl. hierzu: *Riemer*, Netzwerk der Gefängnisfreunde, S. 1167.

1549 Withworth Russell war Pfarrer der Kirche von Englands und arbeite bereits seit 1830 als Pfarrer in dem Millbank Penitentiary, vgl. hierzu: *Forsythe, W.J.*, The beginnings of the separate System of Imprisonment, S. 105; Die Lebensdaten von Russell konnten nicht ermittelt werden.

1550 *Krohne*, Lehrbuch der Gefängniskunde, S. 64.

1551 *Crawford/Russell*, Extracts from the Second Report of the Inspectors, London 1837.

1552 *Crawford/Russell*, Extracts from the Second Report of the Inspectors, S. 6 f., 22.

1553 *Crawford/Russell*, Extracts from the Second Report of the Inspectors, S. 20 f., 29.

1554 *Crawford/Russell*, Extracts from the Second Report of the Inspectors, S. 5, 9.

1555 *Crawford/Russell*, Extracts from the Second Report of the Inspectors, S. 5.

1556 *Crawford/Russell*, Extracts from the Second Report of the Inspectors, S. 19.

1557 *Crawford/Russell*, Extracts from the Second Report of the Inspectors, S. 19.

Vielmehr würde man zu der Erkenntnis gelangen, dass die absolute Trennung Gefangener auf humanen und aufklärerischen Grundsätzen beruhe.[1558]

Der sodann 1839 erlassene *Prisons Act*[1559] war die Konsequenz der Berichte von *Crawford* und *Russell*, die übereinstimmend die Einzelhaft als die vorzugswürdige Art der Gefangenenunterbringung ansahen.[1560] Entsprechend wurde in diesem Gesetz die Einzelunterbringung englandweit empfohlen, wobei *Solitary Confinement*, also die strikte Isolation, untersagt wurde.[1561] Zudem wurde bestimmt, dass Einzelzellen nur benutzt werden durften, nachdem sie von Inspektoren besucht und abgesegnet wurden.[1562]

Im Anschluss an das Gesetz wurde das *Petonville Gefängnis* gebaut, das als Vorbild für die in der Folge zu errichtenden Gefängnisse dienen sollte.[1563] Verantwortlicher für den Bau war der Militäringenieur *Joshua Jebb*.[1564] *Petonville* war grundsätzlich eine Nachahmung des *Eastern State Penitentiary*, allerdings wurde das dort angewandte *Einzelhaftsystem* zum Stufensystem ausgeweitet und stellte die erste Stufe und die damit verbundene Vorbereitung auf die folgende Deportation in die australischen Kolonien dar.[1565] Diese erste Stufe bedeutete für die Insassen während der ersten eineinhalb Jahre ihrer Haftzeit eine Unterbringung in Einzelhaft.[1566] In dieser Zeit wurden die Gefangenen beobachtet, um sie anschließend einer von insgesamt drei verschiedenen Klassen zuzuordnen, die ausschlaggebend für die weitere Behandlung in der australischen Kolonie Tasmanien waren.[1567] Die Klassifikation orientierte sich am Betragen der Gefangenen und deren Arbeitsleistung.[1568]

Die erste Klasse, dazu gehörten die Gefangenen, die sich besonders gut verhalten hatten, erhielten das sog. *ticket of leave*.[1569] Obwohl die Gefangenen

---

1558 *Crawford/Russell*, Extracts from the Second Report of the Inspectors, S. 19.

1559 An Act for a better ordering of Prisons, 2 & 3 Vict. Cap. LVI, 17. August 1839.

1560 *Krohne*, Lehrbuch der Gefängniskunde, S. 64 f.

1561 Prisons Act 1839, S. 149.

1562 Prisons Act 1839, S. 149, 151; *Krohne*, Lehrbuch der Gefängniskunde, S. 65.

1563 *Krohne*, Lehrbuch der Gefängniskunde, S. 65.

1564 *Nutz*, Strafanstalt als Besserungsmaschine, S. 252.

1565 *Krohne*, Lehrbuch der Gefängniskunde, S. 65; *Fasoli*, Zum Strafverfahrensrecht und Gefängniswesen, S. 61.

1566 *Fasoli*, Zum Strafverfahrensrecht und Gefängniswesen, S. 73.

1567 *Fasoli*, Zum Strafverfahrensrecht und Gefängniswesen, S. 73.

1568 *Fasoli*, Zum Strafverfahrensrecht und Gefängniswesen, S. 73.

1569 *Jagemann*, Zur Rechtsbegründung und Verwirklichung der Einzelhaft, S. 160.

nach ihrer Entlassung in den Kolonien weiterhin unter staatlicher Beobachtung standen, gab ihnen dieses Ticket die Möglichkeit, in den Kolonien eine Familie zu gründen, sesshaft zu werden und das Recht, Besitz zu erwerben.[1570]

Die zweite Stufe der Gefangenen, mithin diejenigen, die sich weder gut, noch besonders schlecht benommen hatten, erhielten den *Probationary Pass*.[1571] Ihnen wurde es untersagt, in den Kolonien ohne behördliche Genehmigung tätig zu werden; gleichzeitig mussten sie von dem eigenen Lohn einen gewissen Anteil an die Regierung abgeben.[1572]

Die Gefangenen, deren Benehmen während der Einzelhaft als unzureichend beurteilt wurde, und die entsprechend der dritten Klasse zugeordnet wurden, erhielten keinerlei Privilegien, sondern wurden in die Strafkolonien nach Tasmanien deportiert.[1573] Beispielhaft gehörten von den 1.844 insgesamt 382 deportierten Gefangenen 288 der ersten, 78 der zweiten und 13 der letzten Stufe an.[1574] Die restlichen drei Gefangenen wurden bereits zuvor der dritten Klasse zugeordnet und ohne die 18 Monate abzuleisten, direkt in die Strafkolonien verbracht.[1575]

Entsprechend der Einzelhaft war es den Gefangenen jederzeit untersagt, miteinander in Kontakt zu treten, geschweige denn zu kommunizieren.[1576] Bei Zuwiderhandeln gegen diese Grundregel gab es eine Reihe möglicher Konsequenzen, allerdings gehörte die körperliche Züchtigung, wie sie häufig im *Auburn System* oder teils auch im *Eastern State Penitentiary*[1577] angewendet wurde, gemäß der Hausordnung[1578] nur für persönliche Angriffe auf einen Ober- oder Unterbeamten dazu.[1579] Gemäß § 77 in Verbindung mit § 249 der Hausordnung wurde die körperliche Züchtigung, oder die ebenfalls mögliche Verlängerung der Haft aber nicht durch die Anstaltsbeamten

---

1570 *Jagemann*, Zur Rechtsbegründung und Verwirklichung der Einzelhaft, S. 160.
1571 *Jagemann*, Zur Rechtsbegründung und Verwirklichung der Einzelhaft, S. 160.
1572 *Jagemann*, Zur Rechtsbegründung und Verwirklichung der Einzelhaft, S. 160.
1573 *Fasoli*, Zum Strafverfahrensrecht und Gefängniswesen, S. 73.
1574 *Jagemann*, Zur Rechtsbegründung und Verwirklichung der Einzelhaft, S. 160.
1575 *Jagemann*, Zur Rechtsbegründung und Verwirklichung der Einzelhaft, S. 160.
1576 *Jagemann*, Zur Rechtsbegründung und Verwirklichung der Einzelhaft, S. 164.
1577 Vgl. hierzu Kapitel 6 Abschnitt A und B.
1578 Hausgesetze des Petonvilleschen Strafhauses, London 1842.
1579 *Jagemann*, Zur Rechtsbegründung und Verwirklichung der Einzelhaft, S. 161; Hausgesetze des Petonvilleschen Strafhauses 1842, § 249, S. 99.

angeordnet, sondern von dem zuständigen Gerichtshof.[1580] Im Übrigen war es den Aufsehern und Hilfsaufsehern in § 119 ausdrücklich untersagt die Gefangenen zu schlagen:

> Die Aufseher und Hülfsaufseher sollen die Pflichten erfüllen, welchen ihnen der Vorsteher von Zeit zu Zeit vorschreibt, um Mittheilungen zu verhüten, und Fleiss, Reinlichkeit, Ordnung und Beobachtung der Gesetze und Zucht des Gefängnisses, in jeder Hinsicht zu erwirken. Sie haben ihre Befehle mit Festigkeit in Ausführung zu bringen, doch wird es ihnen auferlegt, mit der grössten Menschlichkeit gegen alle unter ihrer Obhut befindliche Gefangenen zu verfahren. Anderer Seits sollen sie mit keinem der Gefangenen vertraulich werden, noch sich ohne Nothwendigkeit mit ihnen unterhalten, sondern sie als Menschen behandeln, die unter ihrer Aufsicht stehen, nicht aber als Gefährten oder Genossen. Sie sollen keinen Gefangenen schlagen.[1581]

Bis 1848 wurden in Großbritannien 54 Strafanstalten, mit insgesamt Platz für 11.000 Insassen, nach dem Vorbild *Petonvilles* gebaut.[1582] Damit wurde die Einzelhaft zwar verbreitet eingesetzt, rückte nach dem Tod von *Crawford* und *Russell*, sowie der Abwendung von dem Besserungsgedanken als Strafzweck hin zur Abschreckung, Mitte des 19. Jahrhunderts in den Hintergrund.[1583] Eine allgemeine Einführung der Einzelhaft in der ganzen Nation wurde somit nicht mehr weiterverfolgt, bestand jedoch trotzdem in einigen Bezirken weiterhin fort.[1584] Bereits seit 1846 begannen die Bemühungen zur Abschaffung der Deportation Gefangener,[1585] die 1857 durch den *Penal Servitude Act*[1586] endgültig erreicht wurde.[1587]

Durch die Abschaffung der Deportation wurde die Änderung des Strafvollzuges notwendig.[1588] Angestrebt wurde dabei ein Mittelweg zwischen der

---

1580 *Jagemann*, Zur Rechtsbegründung und Verwirklichung der Einzelhaft, S. 161; Hausgesetze des Petonvilleschen Strafhauses 1842, § 77, S. 91 und § 249, S. 124 f.

1581 Hausgesetze des Petonvilleschen Strafhauses, 1842, § 119, S. 99.

1582 *Riemer*, Das Netzwerk der Gefängnisfreunde 1830 bis 1872 Band 2, S. 1168.

1583 *Riemer*, Das Netzwerk der Gefängnisfreunde 1830 bis 1872 Band 2, S. 1170.

1584 *Riemer*, Das Netzwerk der Gefängnisfreunde 1830 bis 1872 Band 2, S. 1170.

1585 *Riemer*, Das Netzwerk der Gefängnisfreunde 1830 bis 1872 Band 2, S. 1170.

1586 An Act to amend the Act of the Sixteenth and Seventeenth Years of her Majesty, to substi-tute in certain Cases other Punishment in lieu of Transportation, 20 & 21 Vict. Cap. III., 26. Juni 1857, Penal Servitude Act.

1587 Penal Servitude Act 1857, S. 4.

1588 *Holtzendorff*, Die Deportation als Strafmittel in alter und neuer Zeit, S. 339.

Transportationsstrafe und der reinen Freiheitsstrafe.[1589] Dies bewirkte, dass die Gefangenen anstatt deportiert zu werden in England verblieben und dort entsprechend des *Penal Servitude Act* unterschiedslos die sogenannte *Penal Servitude* erbringen mussten.[1590] Im Rahmen dieser Strafe mussten die Gefangenen verschiedene Stufen bis zu ihrer Entlassung durchlaufen.[1591] Die Gefangenen wurden zunächst in Einzelhaft untergebracht, allerdings für neun Monate anstelle der vorherigen 18 Monate; während dieser Zeit mussten sie monotone Arbeit leisten und sollten durch diese Behandlung zurück zur Besinnung und Vernunft kommen.[1592] Die Besserung des Gefangenen wurde sodann mit der zweiten Stufe angestrebt, in der die Insassen gemeinsam untergebracht waren und gemeinschaftliche Arbeit erbringen mussten und dadurch auf die letzte und abschließende Stufe vorbereitet wurden.[1593] Diese bestand, wie schon aus der Zeit der Deportation bekannt, in der Gewährung des *ticket of leave*.[1594]

Aber bereits in den sechziger Jahren des 19. Jahrhunderts wurde das Strafvollzugssystem, diesmal durch die Einflüsse aus Irland, erneut weiterentwickelt.[1595] Dabei wurden die Neuerungen aus Irland übernommen, durch die die zweite Stufe des Strafvollzuges in fünf Unterkategorien der Insassen unterteilt wurde.[1596] Innerhalb dieser Kategorien mussten sich die Gefangenen durch gute Arbeit und beanstandungsfreies Benehmen hocharbeiten.[1597] Während zuvor die Strafzeit durch gutes Betragen der Gefangenen noch um bis zu ein Drittel verkürzt werden konnte,[1598] erlaubte das neue System nur noch eine Verkürzung um rund ein Viertel.[1599] Hintergrund dieser faktischen Strafverlängerung war das Bestreben nach einem profitablen Gefängniswesen, dessen Erreichen in der gemeinschaftlich zu erbringenden, harten Arbeit

---

1589 *Holtzendorff*, Die Deportation als Strafmittel in alter und neuer Zeit, S. 339 f.
1590 *Krüger*, Systeme und Konzepte des progressiven Strafvollzugs, S. 44.
1591 *Krüger*, Systeme und Konzepte des progressiven Strafvollzugs, S. 44 f.
1592 *Krüger*, Systeme und Konzepte des progressiven Strafvollzugs, S. 45.
1593 *Krüger*, Systeme und Konzepte des progressiven Strafvollzugs, S. 45.
1594 *Krüger*, Systeme und Konzepte des progressiven Strafvollzugs, S. 45.
1595 *Krüger*, Systeme und Konzepte des progressiven Strafvollzugs, S. 47.
1596 *Krüger*, Systeme und Konzepte des progressiven Strafvollzugs, S. 47.
1597 *Krüger*, Systeme und Konzepte des progressiven Strafvollzugs, S. 47.
1598 *Krüger*, Systeme und Konzepte des progressiven Strafvollzugs, S. 45.
1599 *Krüger*, Systeme und Konzepte des progressiven Strafvollzugs, S. 47.

der Gefangenen gesehen wurde.[1600] Daher wurde das nunmehr englische Progressivsystem auch in Irland eingeführt.[1601]

Das Ziel eines einheitlichen Strafvollzuges in ganz England wurde erst 1877 durch den *Prison Act*[1602] erreicht, durch den die Gefängnisse zentralisiert wurden.[1603] Rund 20 Jahre später rückte der in den Hintergrund geratene Resozialisierungsgedanke durch den *Gladstone Report*[1604] wieder in den Vordergrund.[1605] In diesem Report wurde das Prinzip niedergelegt, dass Resozialisierung und Abschreckung gleichrangige Ziele sind, die mit der Behandlung der Gefangenen erreicht werden sollen.[1606] Zudem ergibt sich nach *Martin Wright*[1607] aus dem *Report*, dass die Freiheitsentziehung selbst die Strafe sei und nicht dazu diene, die Gefangenen in den Gefängnissen zusätzlich zu bestrafen.[1608] Eine flächendeckende Fokussierung auf den Resozialisierungsgedanken, wie er im *Report* niedergeschrieben war, fand sodann erst ab 1920 statt.[1609]

B. Humanität

Crawford und *Russell* lehnten in ihrem Bericht über das englische sowie das nordamerikanische Gefängniswesen die Anwendung der körperlichen Züchtigung Gefangener sowie das strikte Schweigegebot im *Auburn System* kategorisch ab und erklärten, dass es hinsichtlich der Bewertung der Isolierung

---

1600 *Dünkel*, Die Geschichte des Strafvollzugs, S. 31; *Krüger*, Systeme und Konzepte des progressiven Strafvollzugs, S. 47 f.

1601 *Krohne*, Lehrbuch der Gefängniskunde, S. 75; *Dünkel*, Die Geschichte des Strafvollzugs, S. 31.

1602 An Act to amend the Law relating to Prisons in England, 40 & 41 Vict. Cap. XXI, 12. Juli 1877, Prison Act 1877, 40 & 41 Vict. Cap. XXI, 12. Juli 1877.

1603 Prison Act 1877, S. 104; *Riemer*, Das Netzwerk der Gefängnisfreunde 1830 bis 1872, Band 2, S. 1172.

1604 Report from the Departmental Committee on Prisons, 56 Vict. Cap. 7702, 10. April 1895, Gladstone Report.

1605 *Fennel*, Gefängnisarchitektur und Strafvollzugsgesetz, S. 28 f.

1606 Gladstone Report 1895, S. 18.

1607 Dr. Martin Wright ist der ehemalige Direktor der *Howard League for Penal Reform*, vgl. hierzu *Wright*, Making Good, S. VIII.

1608 *Wright*, Making Good: Prisons, Punishment and Beyond, S. 119.

1609 *Fennel*, Gefängnisarchitektur und Strafvollzugsgesetz, S. 29.

Gefangener und der Humanität keine zwei Meinungen geben könne.[1610] Denn bei einem Vergleich des *Einzelhaftsystems* und des *Silent Systems* sei es eindeutig, dass unter humanistischen Gesichtspunkten das *Einzelhaftsystem* vorzuziehen sei.[1611] Obgleich sie die hinter der Einführung des *Silent Systems* stehenden humanitären Motive hervorhoben, erklärten sie, dass das System nicht zur Verwirklichung der Humanität beitragen könne.[1612] Denn für die Gefangenen stelle das Verbot der Kommunikation untereinander, unter Androhung der Körperstrafe, eine besondere Qual dar.[1613] Darüber hinaus könne das *Silent System* den Kontakt der Gefangenen untereinander gerade nicht verhindern, sodass die gegenseitige schädliche Beeinflussung der Gefangenen andauere.[1614] Gleichzeitig machten sie deutlich, dass die vollständige Isolation der Gefangenen in ihrer ursprünglichen Absolutheit ebenfalls abzulehnen sei und bezeichneten diese als grausames Experiment.[1615]

Dieser Auffassung entsprach auch der 1839 veröffentlichte *Prisons Act*, indem er bestimmte, dass die Einzelhaft zwar angewendet werden sollte, die strikte Isolation der Gefangenen allerdings ausdrücklich untersagt wurde.[1616] Dies kann so gedeutet werden, dass die inzwischen nicht nur in England bekannten negativen Auswirkungen der strikten Isolation auf die Gefangenen als Gefahren angesehen und verhindert werden sollten. Ausweislich der Argumentation von *Crawford* und *Russell* waren bei der Bewertung der Systeme vor allem humanitäre Erwägungen ausschlaggebend. Praktische Anwendung fand der *Prisons Act* in der 1842 eröffneten Haftanstalt Petonville, in der man aus Gründen der Humanität vor der absoluten Isolation zurückschreckte.[1617] In der *Hausordnung* des *Petonville Gefängnisses* wurde die Humanität bei der inneren Struktur ausdrücklich mit aufgenommen.[1618] So sollten alle Aufseher ihre Anordnungen zwar strikt durchsetzen, aber „mit

1610 *Crawford/Russell*, Extracts from the Second Report of the Inspectors, S. 4, 6 f., 9, 22.
1611 *Crawford/Russell*, Extracts from the Second Report of the Inspectors, S. 19, 22.
1612 *Crawford/Russell*, Extracts from the Second Report of the Inspectors, S. 4.
1613 *Crawford/Russell*, Extracts from the Second Report of the Inspectors, S. 4.
1614 *Crawford/Russell*, Extracts from the Second Report of the Inspectors, S. 18.
1615 *Crawford/Russell*, Extracts from the Second Report of the Inspectors, S. 27.
1616 Prisons Act, 1839, S. 149.
1617 *Krohne*, Lehrbuch der Gefängniskunde, S. 60; *Krause*, Geschichte des Strafvollzuges, S. 74.
1618 Hausgesetze des Petonvilleschen Strafhauses, 1842, § 119, S. 99.

der grössten Menschlichkeit gegen alle unter ihrer Obhut befindliche[n] Gefangenen verfahren".[1619] Zudem war es ihnen, in Abgrenzung zum *Auburn System*, ausdrücklich verboten die Insassen zu schlagen.[1620] In § 119 wurde betont, dass darauf hinzuwirken war, „Mittheilungen zu verhüten Fleiss, Reinlichkeit, Ordnung und Beobachtung der Gesetze und Zucht des Gefängnisses" zu gewährleisten. In England war somit, ebenso wie in Nordamerika, die Sicherstellung der Disziplin innerhalb des Strafvollzugs ein wesentlicher Bestandteil. Dabei erfolgte, wie auch in den amerikanischen Systemen, die ausdrückliche Regel, dass das Durchsetzen von Zucht und Ordnung im Gefängnis, mit der größten Menschlichkeit zu erfolgen hatte. Der direkte Verweis auf die menschliche Behandlung der Gefangenen und der Humanität zeigt, dass das Gedankengut der Humanität weiterhin einen enormen Einfluss hatte. Die Humanität wurde dabei als Maßstab für die Gefangenenbehandlung bei deren Disziplinierung rechtlich geregelt.

Die Einzelhaft dauerte in England darüber hinaus nicht die gesamte Haftzeit an, sondern wurde, ebenso wie die bereits angewandte Deportation, zum Teil des dortigen Stufensystems.[1621]

Die Straffälligen wurden durch diese aus ihrem Heimatland ausgewiesen und mussten, abhängig davon wie sie kategorisiert wurden, sich in der Ferne ein neues Leben aufbauen, oder wurden in die Strafkolonien Tasmaniens entsandt.[1622] Ausschlaggebend für die Deportation dürfte zu Beginn unter anderem das Entfernen von unliebsamen Personen aus der Gesellschaft, beziehungsweise das Bestreben nach Sicherung des Staates, sein, das schon seit dem Bau der Anstalt *Bridewell* 1555 im Fokus stand.[1623] Denn die Straffälligen wurden nicht nur aus England verbracht, sondern aufgrund fehlender finanzieller Mittel auch an einer Rückkehr gehindert, was einer lebenslangen Strafe gleichkam.[1624] Gerade diese Form der Lebenslänglichkeit führte zur

---

[1619] Hausgesetze des Petonvilleschen Strafhauses, 1842, § 119, S. 99.
[1620] Hausgesetze des Petonvilleschen Strafhauses, 1842, § 119, S. 99.
[1621] *Fasoli*, Zum Strafverfahrensrecht und Gefängniswesen, S. 72 f.
[1622] *Jagemann*, Zur Rechtsbegründung und Verwirklichung der Einzelhaft, S. 160.
[1623] *Krohne*, Lehrbuch der Gefängniskunde, S. 11 f., 14 f.; *Holtzendorff*, Die Deportation als Strafmittel in alter und neuer Zeit, S. 168.
[1624] *Holtzendorff*, Die Deportation als Strafmittel in alter und neuer Zeit, S. 338 f.

aufkeimenden Kritik an der Deportationsstrafe.[1625] Zudem ist die baldige Abschaffung der Deportation auf die Weigerungen der Kolonialbevölkerung, die Gefangenen aufzunehmen, wie auch die unzureichende Abschreckungswirkung dieser Art der Bestrafung zurückzuführen.[1626] Diese Art der Strafe war nicht erfolgreich, eine Besserung der Gefangenen trat nicht ein. Vielmehr entwickelte sich in Australien eine Verbrecherbevölkerung. Um die Disziplin auch nur im Ansatz aufrechterhalten zu können, wurden allein in einem Jahr 158.000 Peitschenhiebe als Leibesstrafe durchgeführt. Dennoch waren Mord und Prostitution an der Tagesordnung.[1627]

Die Entwicklung dahingehend, dass die Gefangenen in England nunmehr Zwangsarbeit verrichten mussten, kann somit nicht ausschließlich auf das fiskalische Interesse zurückgeführt werden, spielte dabei aber eine nicht unwesentliche Rolle.[1628] Das Ziel der Besserung der Gefangenen ging in der Regel mit der Auferlegung der Zwangsarbeit einher.[1629] So wurde die Besserung der Gefangenen nach der Einführung der *Penal Servitude* mit der zweiten Stufe des Vollzugs angestrebt, in der eine gemeinschaftliche Unterbringung der Gefangenen stattfand und diese ihre Arbeit gemeinsam erbringen mussten.[1630] Dadurch wird deutlich, dass das Wohl der Gefangenen, mithin deren Besserung während der Haftzeit, weiterhin ein wesentlicher Bestandteil der Reformentwicklungen war. Gleichzeitig hatte auch der Aspekt der effizienten und wirtschaftlichen Arbeitsorganisation einen wesentlichen Einfluss.

Insgesamt hat sich vor allem mit Blick auf die Auseinandersetzung mit den Systemen aus Nordamerika gezeigt, dass die erstmals von *Howard* angestoßenen Reformbemühungen zur Verbesserung des englischen Gefängniswesens, unter anderem durch die Weiterentwicklung[1631] der amerikanischen Systeme, das Ziel hatten, einen Strafvollzug zu schaffen, der mit humanitären Gesichtspunkten vereinbar war. Dabei stellten die Reformbemühungen eine Abkehr

[1625] *Holtzendorff*, Die Deportation als Strafmittel in alter und neuer Zeit, S. 339.
[1626] *Krohne*, Lehrbuch der Gefängniskunde, S. 59.
[1627] *Krohne*, Lehrbuch der Gefängniskunde, S. 59, insbesondere Fn. 11.
[1628] *Dünkel*, Die Geschichte des Strafvollzugs, S. 31.
[1629] *Dünkel*, Die Geschichte des Strafvollzugs, S. 31.
[1630] *Krüger*, Systeme und Konzepte des progressiven Strafvollzugs, S. 45.
[1631] *Fasoli*, Zum Strafverfahrensrecht und Gefängniswesen, S. 72.

von den am Ende des 18. Jahrhunderts in den Gefängnissen herrschenden Missständen dar, wodurch die Bedingungen für die Gefangenen nachhaltig verbessert wurden. Im 19. Jahrhundert hatte somit der aufkeimende Humanitätsgedanke einen wesentlichen Einfluss auf die Entwicklungen in England hinsichtlich der Gefängnisreform.

Die religiös-philanthropische Bewegung stößt auf ihre Widersacher die Rechtswissenschaftler (1820–1871)

In Deutschland kam nach den ersten Bemühungen am Ende des 18. Jahrhunderts erst um 1820 eine neue Reformbewegung auf, deren Bestreben es war, das Gefängniswesen zu erneuern.[1632] Diese manifestierte sich in der Gründung verschiedener Gefängnisgesellschaften und der verstärkten Auseinandersetzung mit der Frage der Gefängnisreform im literarischen Bereich.[1633] Zu letzterem zählten insbesondere *Julius*, *Mittermaier*, *Jagemann* und *Holtzendorff*.[1634]

A. Preußen und das Zellengefängnis Moabit (Berlin)

I. Entwicklungen

Nachdem im Zeitraum von 1810 bis circa 1840 die Anzahl der zu einer Freiheitsstrafe verurteilten Verbrecher anstieg, wurden in Preußen insgesamt elf große neue Gefängnisse in alten Klöstern und Schlössern gebaut.[1635] Ab 1821 lag die Verantwortung für die Strafanstalten in Preußen nicht nur bei einer Stelle, sondern wurde zwischen dem Innenministerium und dem Justizministerium

[1632] *Freßle*, Geschichte des Männerzuchthauses Bruchsal, S. 47; *Krohne*, Lehrbuch der Gefängniskunde, S. 143.

[1633] *Krohne*, Lehrbuch der Gefängniskunde, S. 143 f.

[1634] *Krohne*, Lehrbuch der Gefängniskunde, S. 143.

[1635] *Krohne/Uber*, Die Strafanstalten und Gefängnisse in Preußen, S. XIV; *Berger*, Die konstante Repression, S. 23.

aufgeteilt.[1636] Dieser sogenannte Dualismus bestand bis 1918 fort und verhinderte letztlich eine umfangreiche, einheitliche Gefängnisreform.[1637]

Indem nach dem Ende der Kriege die Gedanken aus dem *Generalplan* nicht wieder aufgegriffen wurden,[1638] lag der Fokus in den Gefängnissen auf der „Sicherung von Ordnung, Sauberkeit und Pünktlichkeit".[1639] Zudem wurde in den preußischen Strafanstalten ein Schweigegebot eingeführt[1640] und die Gefangenen mit durchgängiger, militärischer Strenge behandelt.[1641] Entsprechend der Konzeption, dass das Strafrecht allein der Tatschuldvergeltung und der Generalprävention diene,[1642] galt die Einwirkung auf die Gefangenen zum Zweck der Besserung zu dieser Zeit als ein „unzulässiger Eingriff in die Moralität",[1643] der dem Staat nicht zustünde.[1644] Eine zwangsweise Besserung der Gefangenen durch den Staat wurde beispielsweise von *Feuerbach*[1645] als Kompetenzüberschreitung gesehen.[1646] Hatte man sich zuvor noch auf die moralische Besserung der Gefangenen konzentriert, lag der Fokus bis in die zwanziger Jahre auf der physischen Besserung, die durch ein konsequentes Anstaltsreglement erreicht werden sollte.[1647]

1. Rheinisch-Westfälische Gefängnisgesellschaft

Den Erziehungszweck im Rahmen der Strafe ebenfalls zu berücksichtigen und in den gesellschaftlichen Fokus zu rücken, wurde auf deutschem Boden

---

1636 *Krohne*, Lehrbuch der Gefängniskunde, S. 151.

1637 *Krohne*, Lehrbuch der Gefängniskunde, S. 151 f; *Berger*, Die konstante Repression, S. 292– 294.

1638 *Schmidt*, Einführung in die Geschichte der deutschen Strafrechtspflege, S. 349 f.

1639 *Sieverts*, Zur Geschichte der Reformversuche im Freiheitsstrafvollzug, S. 48; *Schwind*, Zur historischen Entwicklung des Strafvollzuges, S. 19.

1640 *Berger*, Die konstante Repression, S. 23 f.

1641 *Sieverts*, Zur Geschichte der Reformversuche im Freiheitsstrafvollzug, S. 48; *Berger*, Die konstante Repression, S. 23 f.

1642 *Schwind*, Zur historischen Entwicklung des Strafvollzuges, S. 19.

1643 *Sieverts*, Zur Geschichte der Reformversuche im Freiheitsstrafvollzug, S. 48.

1644 *Sieverts*, Zur Geschichte der Reformversuche im Freiheitsstrafvollzug, S. 48.

1645 Vgl. hierzu den Abschnitt zu Feuerbach in Kapitel 2.B.I.

1646 *Schwind*, Zur historischen Entwicklung des Strafvollzugs, S. 19; *Fasoli*, Zum Strafverfahrensrecht und Gefängniswesen, S. 49; im Detail Kapitel 2.B.I.

1647 *Saam*, Quellenstudien, S. 14 f.; *Krause*, Geschichte des Strafvollzuges, S. 68.

von der 1826 gegründeten *Rheinisch-Westfälischen Gefängnisgesellschaft*[1648] vorangetrieben.[1649] Diese wies im Rahmen ihrer Arbeit vor allem auf das Strafvollzugsystem des Staates *Pennsylvania* hin, wodurch zudem das Prinzip der Einzelhaft in Preußen in den allgemeinen Diskurs gelangte.[1650]

Begründer dieser Gesellschaft war *Theodor Fliedner* (1800–1864), der auch als „praktischer Bahnbrecher in der Gestaltung des deutschen Strafvollzugs" bezeichnet wird.[1651] *Fliedner* lernte auf seiner Reise nach England die Arbeit von *Elizabeth Fry* sowie deren maßgeblichen Einfluss auf die damalige Ausgestaltung des Strafvollzugs kennen.[1652] Zurück auf deutschem Boden stellte er an die Regierung Düsseldorfs die Bitte, in das örtliche Gefängnis eingesperrt zu werden, um selbst praktische Erfahrung hinsichtlich des Lebens als Gefangener zu sammeln.[1653] Dieser wurde nicht entsprochen, doch erhielt er die Erlaubnis im Arresthaus Düsseldorf unentgeltlich Gottesdienste auszurichten.[1654] Im Oktober 1825 verkündete er das erste Mal das Evangelium für die Gefangenen und suchte zudem zweimal in der Woche das direkte Gespräch mit den einzelnen Gefangenen.[1655] Überdies verteilte er einfache religiöse Bücher sowie Bibeln und Gesangsbücher. Seitens der Regierung erhielt er sodann die Erlaubnis, auch die Strafanstalten in Westfalen und im Rheinland zu besuchen.[1656]

Bei diesen Besuchen wurde er mit „menschenunwürdigen Räumen, Rohheit und Unwissenheit" konfrontiert, letzteres insbesondere in Bezug auf die Ausbildung der Gefangenen.[1657] Um diese Zustände in den Gefängnissen nachhaltig zu verbessern, suchte *Fliedner* nach gleichgesinnten Männern,

---

1648 Zur Geschichte der Rheinisch-Westfälischen Gefängnisgesellschaft wird im Einzelnen auf *Rohden/Just*, Hundert Jahre Geschichte der Rheinisch-Westfälische Gefängnisgesellschaft, Düsseldorf 1926, verwiesen.

1649 *Sieverts*, Zur Geschichte der Reformversuche im Freiheitsstrafvollzug, S. 48.

1650 *Sieverts*, Zur Geschichte der Reformversuche im Freiheitsstrafvollzug, S. 48.

1651 *Muntau*, Strafvollzug und Gefangenenfürsorge, S. 25.

1652 *Muntau*, Strafvollzug und Gefangenenfürsorge, S. 25.

1653 *Muntau*, Strafvollzug und Gefangenenfürsorge, S. 25.

1654 *Muntau*, Strafvollzug und Gefangenenfürsorge, S. 25.

1655 *Muntau*, Strafvollzug und Gefangenenfürsorge, S. 26; *Rohden/Just*, Hundert Jahre Geschichte der Rheinisch-Westfälischen Gefängnis-Gesellschaft 1826–1926, S. 135.

1656 *Muntau*, Strafvollzug und Gefangenenfürsorge, S. 26.

1657 *Muntau*, Strafvollzug und Gefangenenfürsorge, S. 26.

mit denen er zum Zweck der Verbesserung der Gefängnisbedingungen am 18. Juni 1826 die *Rheinisch-Westfälische Gefängnisgesellschaft* gründete.[1658]

Ausweislich des Grundgesetzes[1659] dieser Gesellschaft bestand deren Zweck in der

> [...] mit den Staatsgesetzen übereinstimmenden Beförderung der sittlichen Besserung der Gefangenen, durch Beseitigung nachteiliger und Vermehrung wohltätiger Einwirkung auf dieselben, sowohl während der Haft, als nach der Entlassung.[1660]

Traf *Fliedner* mit seinem Vorhaben zunächst auf keine breite Zustimmung, war der preußische König *Friedrich Wilhelm III.* hingegen wohlwollend eingestellt.[1661] Auch die zunächst zögerlichen amtlichen Stellen kamen zu dem Schluss, dass es sich bei *Fliedner* um kein Machtstreben eines Einzelnen, sondern vielmehr um „allein die Glut reiner und uneigennütziger Liebe zu den Elendsten im Volke" handele.[1662] *Fliedner* wurde sodann im Jahr 1832 von der Regierung nach Holland und England entsandt, wo er sich mit den dortigen Gegebenheiten der Gefängnisse vertraut machte und dabei wichtige Impulse für seine Arbeit in Deutschland sammelte.[1663]

Die Bedeutung der Arbeit der *Rheinisch-Westfälischen Gefängnisgesellschaft* wurde durch eine Kabinettsordre des Königs vom 24. Juli 1837 noch einmal herausgestellt. Mit dieser erklärte er, dass die Bestrebungen der Gefängnisgesellschaft unterstützt werden sollten.[1664] Insbesondere indem die Bestrebungen auf die Förderung des Menschenwohls gerichtet seien, verdienten sie Aufmerksamkeit seitens der Aufsichtsbehörden.[1665]

[1658] *Muntau*, Strafvollzug und Gefangenenfürsorge, S. 26.
[1659] Grundgesetze der Rheinisch-Westfälischen Gefängnis-Gesellschaft vom 18. Juni 1826, abgedruckt in: *Rohden/Just*, Hundert Jahre Geschichte der Rheinisch-Westfälischen Gefängnis-Gesellschaft 1826–1926, S. 145–148.
[1660] *Rohden/Just*, Hundert Jahre Geschichte der Rheinisch-Westfälischen Gefängnis-Gesellschaft 1826–1926, S. 145.
[1661] *Muntau*, Strafvollzug und Gefangenenfürsorge, S. 27.
[1662] *Muntau*, Strafvollzug und Gefangenenfürsorge, S. 27.
[1663] *Muntau*, Strafvollzug und Gefangenenfürsorge, S. 27.
[1664] *Rohden/Just*, Hundert Jahre Geschichte der Rheinisch-Westfälischen Gefängnis-Gesellschaft, S. 24.
[1665] *Rohden/Just*, Hundert Jahre Geschichte der Rheinisch-Westfälischen Gefängnis- Gesellschaft, S. 24.

Der erste Präsident der Gesellschaft, *Graf von Spee*, bezeichnete die Gründungsmitglieder als um das allgemeine Menschenwohl besorgt.[1666] Bei seiner Ansprache rund ein Jahrzehnt nach der Gründung der Gesellschaft zog er ein Resümee und betonte, dass durch die Bestrebungen der Gesellschaft aus den Schulen des Lasters nunmehr Besserungsanstalten geworden seien.[1667] Die Gesellschaft habe die Einrichtung von Schulen und die Verpflichtung der Gefangenen zur Arbeit innerhalb der Anstalten erreicht. Unter anderem nutzte man die Mittel, derer sich die Gesellschaft bediene, um wenigstens einige Gefangene zu retten und zu guten Menschen und ebenso nützlichen Bürgern zu machen.[1668]

Während die Resonanz zu Beginn zunächst groß war, ebbte diese bereits in den dreißiger Jahren wieder erheblich ab und wurde durch die Etablierung der Gefängniswissenschaft verdrängt.[1669]

2. Rawiczer Reglement (1835)

a) Entstehung

Nach den Napoleonischen Kriegen versuchte man auch in Preußen seit 1820 das richtige Haftsystem zu finden und erwog sowohl die Einzelhaft als auch Gemeinschaftshaft in den verschiedenen Ausgestaltungen nach dem amerikanischen oder dem englischen Vorbild der Klassifikation.[1670] Aufgrund starker Kritik an dem *Pennsylvania System*, insbesondere hinsichtlich der Gefahren für Körper und Geist der Insassen, nahm man von diesem in Preußen zunächst Abstand.[1671]

Trotzdem beschäftigte man sich auch hier nicht nur mit der äußeren Ausgestaltung der Gefängnisse, sondern auch deren innere Verwaltung wurde immer relevanter. In diesem Zusammenhang hatte man bereits im Jahr 1821 mit der Vorarbeit für ein Reglement für die Strafanstalt zu Spandau

1666 *Rohden/Just*, Hundert Jahre Geschichte der Rheinisch-Westfälischen Gefängnis- Gesellschaft, S. 20.

1667 *Rohden/Just*, Hundert Jahre Geschichte der Rheinisch-Westfälischen Gefängnis-Gesellschaft, S. 20.

1668 *Rohden/Just*, Hundert Jahre Geschichte der Rheinisch-Westfälischen Gefängnis-Gesellschaft, S. 21.

1669 *Riemer*, Das Netzwerk der Gefängnisfreunde 1830 bis 1872, S. 1057.

1670 *Berger*, Die konstante Repression, S. 24.

1671 *Krohne/Uber*, Die Strafanstalten und Gefängnisse in Preußen, S. XVI.

begonnen.[1672] Hierbei war geplant gewesen, dass dieses Reglement später auf sämtliche Strafanstalten Anwendung finden sollte.[1673] In diesem Rahmen wurde der Zweck, der mit dem Strafvollzug erreicht werden sollte, in der „äußere[n] Besserung, um die innere vorzubereiten“ gesehen.[1674]

Die Ausgestaltung des Haftsystems sollte in der Klassifikation bestehen, wobei die Gefangenen gerecht behandelt werden sollten.[1675] Die Disziplinarstrafen wurden auf 15 Peitschenhiebe und das Kettentragen als schwerste körperliche Bestrafungen beschränkt.[1676] Im Rahmen dieser Vorarbeit wurden zudem die Kleidung, die Unterbringung, die Verpflegung und vor allem auch die Behandlung der kranken Insassen bestimmt. Letztere sollten, insoweit notwendig, in die Charité gebracht werden, wohingegen „geisteskranke“ Gefangene nicht in der Anstalt verbleiben sollten.[1677] Die Arbeit der Gefangenen wurde als maßgebliches Mittel für deren spätere „Rückkehr in das geordnete Leben“ identifiziert, mithin für deren Resozialisierung.[1678] Besonders relevant an dieser Stelle ist, dass der Fürsorge für die Entlassenen besondere Aufmerksamkeit geschenkt wurde. So sollte für die Gefangenen bereits drei Monate vor deren Entlassung sowohl für die spätere Unterkunft als auch Beschäftigung auf dem Arbeitsmarkt gesorgt werden.[1679]

Anknüpfend an diese Vorarbeit wurde 1835 das *Rawiczer Reglement*[1680] verabschiedet, das bald für alle preußischen Strafanstalten des Innenministeriums Anwendung fand und auf der Idee der Gemeinschaftshaft aufbaute, in der die Gefangenen je nach Schwere ihrer Straftat in zwei voneinander abzutrennende Klassen unterteilt wurden.[1681] Die Ersttäter wurden in die erste und die Wiederholungstäter in die zweite Klasse eingeteilt, wobei Täter, bei denen eine gewisse „Gefährlichkeit oder Verworfenheit“ festgestellt wurde, ebenfalls der zweiten Klasse zugeordnet werden konnten.[1682] Dieses

---

1672 *Krohne/Uber*, Die Strafanstalten und Gefängnisse in Preußen, S. XV.
1673 *Krohne/Uber*, Die Strafanstalten und Gefängnisse in Preußen, S. XV.
1674 *Krohne/Uber*, Die Strafanstalten und Gefängnisse in Preußen, S. XV.
1675 *Krohne/Uber*, Die Strafanstalten und Gefängnisse in Preußen, S. XV.
1676 *Krohne/Uber*, Die Strafanstalten und Gefängnisse in Preußen, S. XV.
1677 *Krohne/Uber*, Die Strafanstalten und Gefängnisse in Preußen, S. XV.
1678 *Krohne/Uber*, Die Strafanstalten und Gefängnisse in Preußen, S. XV.
1679 *Krohne/Uber*, Die Strafanstalten und Gefängnisse in Preußen, S. XV.
1680 Reglement für die Strafanstalt zu Rawicz vom 4. November 1835, Berlin 1868.
1681 *Krohne/Uber*, Die Strafanstalten und Gefängnisse in Preußen, S. XV.
1682 *Krohne/Uber*, Die Strafanstalten und Gefängnisse in Preußen, S. XV.

Haftsystem wurde unter anderem in Insterburg, Sonnenburg und Köln durchgeführt.[1683] In der Haftanstalt Halle entschied man sich 1837 hingegen für das *Auburn System*.[1684]

b) Inhalt des Reglements

Das *Rawiczer Reglement* (1835), das mit verschiedenen Änderungen noch bis zum Jahr 1902 wirksam blieb,[1685] umfasste knapp 100 Seiten und war dementsprechend sehr ausführlich. Neben der Hausordnung enthielt es eine Tages- und Polizeiordnung, sowie Instruktionen für den Direktor, den Rendanten, den Ökonomie-Inspektor, den Arbeits-Inspektor, den Büro-Gehilfen, den Hausvater, den Werkmeister, den Oberaufseher, die Aufseher, die Nachtaufseher und den Torwärter. Zudem waren verschiedene Anlagen und Formulare zur Buch- und Rechnungsführung beigefügt.[1686]

Hauptaugenmerk wird im Weiteren auf die Hausordnung gelegt, die 107 Paragrafen umfasste, um dadurch die Zustände für die Gefangenen in der Strafanstalt, zumindest in der Theorie darzustellen.

Hier hieß es im ersten Abschnitt in § 1 bezüglich des Zwecks der Anstalt, dass diese zunächst zur Aufnahme derjenigen, die zur Strafarbeit beziehungsweise zur Zuchthausstrafe verurteilt wurden, bestimmt seien, damit dort diese Strafe vollstreckt werden könne.[1687]

Darüber hinaus

> soll jedoch gleichzeitig in der Anstalt darauf hingewirkt werden, daß der Sinn der Sträflinge, während ihres Aufenthalts, in sittlicher und religiöser Beziehung gebessert und zugleich die geistige Bildung so wie die körperliche Geschicklichkeit so weit, als es die Individualität des Sträfling und die Verhältnisse der Anstalt gestatten, in der Art erweitert werde, daß von dem Sträflinge nach seiner Entlassung die Führung eines geregelten Lebenswandels zu erwarten steht.[1688]

Aus bereits dieser ersten Vorschrift des Reglements ist zu erkennen, dass der Zweck der Anstalt neben der Vollstreckung der eigentlichen Strafe in der

---

[1683] *Krohne/Uber*, Die Strafanstalten und Gefängnisse in Preußen, S. XIV f.
[1684] *Krohne/Uber*, Die Strafanstalten und Gefängnisse in Preußen, S. XV.
[1685] *Berger*, Die konstante Repression, S. 24.
[1686] Vgl. Rawiczer Reglement – Inhaltsübersicht.
[1687] Rawiczer Reglement – Hausordnung, § 1.
[1688] Rawiczer Reglement – Hausordnung, § 1.

Besserung des Gefangenen und damit in der Vorbereitung für die spätere Wiedereingliederung in die Gesellschaft lag. Darin zeigte sich die Kernforderung der Aufklärung, die an den Humanismus angeknüpft und diesen fortentwickelt hatte, der steten Besserung der Menschen[1689] als Grundlage der Hausordnung. Es ist zu überprüfen, ob sich dieser Ansatz in den sonstigen Vorschriften widerspiegelte oder ob vielmehr, wie von *Berger* postuliert, „Disziplin und Ordnung neben der Gefangenenarbeit als Mittel zur Qual des Gefangenen" benutzt wurde.[1690]

Im zweiten Abschnitt der Hausordnung wurde die Einrichtung der Verwaltungsbehörde, im Einzelnen die Einrichtung der *Direction der Straf-Anstalt zu Rawicz* und daran anknüpfend die personelle Ausstattung der Anstalt geregelt. Das umfasste auch die grundlegenden Befugnisse der einzelnen Beamten.[1691]

Zu den oberen Beamten gehörten der Direktor, zwei Inspektoren, ein Bürogehilfe, jeweils ein evangelischer und katholischer Geistlicher, ein Arzt und ein Wundarzt.[1692] Den Geistlichen fiel neben dem Gottesdienst und der Seelsorge zudem die Aufgabe des Unterrichts in „Elementar-Gegenständen" zu.[1693]

Hinsichtlich der Ankunft der Gefangenen in der Anstalt wurde geregelt, dass diese mit einer Reihe verschiedener Kleidungsstücke versorgt werden mussten.[1694] Nachdem der Gefangene in der Anstalt angekommen war, wurden ihm sodann die Verhaltensregeln, die im Reglement in den §§ 54, 56–69 geregelt waren, bekannt gegeben.[1695] Daraufhin wurde er gründlich gesäubert, gebadet und bekam seine Haare geschnitten. Bei Anzeichen von Krankheiten wurde das weitere Vorgehen durch den Arzt bestimmt.[1696] War er dem äußeren Anschein nach gesund, so war er spätestens am Folgetag dem Arzt vorzuführen,

---

1689 Vgl. Kapitel I und *Schneiders*, Das Zeitalter der Aufklärung, S. 11.
1690 *Berger*, Die konstante Repression, S. 24.
1691 Rawiczer Reglement – Hausordnung, § 2.
1692 Rawiczer Reglement – Hausordnung, § 2.
1693 Rawiczer Reglement – Hausordnung, § 5.
1694 Rawiczer Reglement – Hausordnung, § 15.
1695 Rawiczer Reglement – Hausordnung, § 19.
1696 Rawiczer Reglement – Hausordnung, § 21.

damit dieser ihn untersuchen und eine gegebenenfalls vorhandene Arbeitsunfähigkeit feststellen konnte.[1697]

Die Sträflinge wurden in zwei Klassen unterteilt. Die erste Klasse umfasste diejenigen, die zum ersten Mal in eine Strafanstalt eingeliefert wurden, unabhängig von ihrem Vergehen, insoweit keine besondere Gefährlichkeit festgestellt wurde.[1698] Letztere wurden neben den Verurteilten, die bereits zuvor wegen Diebstahls, Betrugs oder Fälschung eine Zuchthausstrafe erhalten hatten und erneut aus diesem Grund zu einer solchen verurteilt wurden, in die zweite Klasse eingeteilt.[1699] Insoweit der nunmehr rückfällige Strafgefangene bereits bei seinem letzten Aufenthalt in einer Strafanstalt zu der untersten Klasse gehört hatte, wurde bestimmt, dass er als Zeichen hierfür anstelle einer Mütze eine Kappe zu tragen hatte, die er nicht ablegen durfte.[1700]

Gleichwohl wurde festgeschrieben, dass für sämtliche Gefangenen durch gutes Verhalten ein allmähliches Aufrücken von der zweiten in die erste Klasse, im Umkehrschluss aber auch das Zurückstufen von der ersten in die zweite Klasse möglich war.[1701] Insoweit eine Neuklassifizierung des Gefangenen stattfand, erfolgte die jeweilige Bekanntmachung vor sämtlichen Gefangenen die zu der Klasse gehörten, der der Gefangene vormals zugeteilt war.[1702] Über eine etwaige Neubewertung der Klassenzugehörigkeit wurde vierteljährlich im Rahmen der Beratung des Direktors mit dem Geistlichen entschieden.[1703]

Als Grundlage der Behandlung der Gefangenen wurde in § 32 bestimmt, dass eine Trennung der Geschlechter sowie der Jugendlichen von den Erwachsenen stattfinden sollte.[1704] Insoweit es logistisch möglich war, sollten zudem die Klassen voneinander abgetrennt werden, und das bei Tag, bei Nacht, während der Arbeit, des Essens und der Erholungsstunden.[1705]

[1697] Rawiczer Reglement – Hausordnung, § 23.
[1698] Rawiczer Reglement – Hausordnung, § 26 f.
[1699] Rawiczer Reglement – Hausordnung, § 28.
[1700] Rawiczer Reglement – Hausordnung, § 28.
[1701] Rawiczer Reglement – Hausordnung, § 28.
[1702] Rawiczer Reglement – Hausordnung, § 29 f.
[1703] Rawiczer Reglement – Hausordnung, § 31.
[1704] Rawiczer Reglement – Hausordnung, § 32.
[1705] Rawiczer Reglement – Hausordnung, § 32.

Hinsichtlich der Ernährung der Gefangenen wurde bestimmt, dass alle Gefangenen die gleiche Nahrung erhalten sollten, unabhängig von der jeweiligen Klassenzugehörigkeit. Eine Ausnahme hiervon wurde allerdings für die rückfälligen Gefangenen gemacht, denen vier Wochen lang an zwei Tagen in der Woche die Morgensuppe und das Fleisch an den Festtagen entzogen werden sollte. Wiederholt rückfällig gewordenen Gefangenen sollte drei Monate lang vier Mal in der Woche die Morgensuppe entzogen und bei Gewährung von zusätzlicher Kost aufgrund schwerer Arbeit jeweils nur die Hälfte der Rationierung zugesprochen werden. Bei besonderen Umständen konnte die Morgensuppe täglich und für einen über drei Monate hinausgehenden Zeitraum gestrichen werden.[1706]

Die körperliche Sauberkeit der Gefangenen wurde sichergestellt. Sie mussten sich täglich das Gesicht und die Hände waschen, die Haare kämmen und reinigen. Im Wochenrhythmus hatten sie sich die Brust, die Arme und Füße zu reinigen und alle vier Wochen zu baden.[1707] Mindestens eine halbe Stunde täglich waren die Gefangenen zudem auf den Erholungsplatz zu bringen, um dort in den Genuss der frischen Luft zu kommen.[1708]

Aus diesen Vorschriften lässt sich erkennen, dass den vormals von *Howard* kritisierten Umständen hinsichtlich der fehlenden Reinlichkeit der Gefangenen, der Verbreitung von Krankheiten sowie des fehlenden Zugangs der Gefangenen zu frischer Luft entgegengewirkt werden sollte. Die in den ersten Reformbemühungen angestrebten Besserungen hinsichtlich der äußeren Hygiene in den Strafanstalten wurde somit verfestigt und zum Bestandteil von entsprechenden Regeln.

Um dem Strafzweck der Anstalt zu entsprechen, unterlagen sämtliche Gefangene dem Arbeitszwang.[1709] Hierbei umfassten die Beschäftigungsarten für männliche Gefangene das Weben, die Schuhmacherei und Schneiderei sowie das Holzschneiden.[1710] Die Gefangenen mussten täglich ein ihnen auferlegtes Arbeitspensum bewältigen, das sich nach den individuellen Fähigkeiten bezüglich Körperkraft und Fähigkeiten richtete.[1711] Den Gefangenen

1706 Rawiczer Reglement – Hausordnung, § 34 f.
1707 Rawiczer Reglement – Hausordnung, § 37.
1708 Rawiczer Reglement – Hausordnung, § 38.
1709 Rawiczer Reglement – Hausordnung, § 39.
1710 Rawiczer Reglement – Hausordnung, § 40.
1711 Rawiczer Reglement – Hausordnung, § 45.

wurde, wenn sie das Arbeitspensums erreicht hatten, ein zusätzlicher finanzieller Anteil an dem Verdienst aus der Pensumsarbeit zugeteilt, wobei zudem ein Anteil an dem Verdienst aus der Mehrarbeit gewährt wurde, der jedoch höher ausfiel.[1712] Der Zweck dieser Regelung bestand darin die Gefangenen für die Arbeit sowie für die Mehrarbeit zu motivieren.[1713] Die Verwendung dieses Gewinns war allerdings zur einen Hälfte auf die bessere Verpflegung und zur anderen Hälfte auf das künftige Fortkommen der Gefangenen beschränkt.[1714] Diese Regelung galt nicht für Rückfällige in den ersten sechs Monaten, ihnen wurde der Verdienst nicht ausgezahlt.[1715] Diese Begrenzung konnte unter bestimmten Umständen auf bis zu ein Jahr verlängert werden.[1716] Durch die Gewährung eines Überverdienstes sollte den Gefangenen mitunter der Wert der Arbeit und die damit einhergehenden positiven und vor allem finanziellen Effekte einer Beschäftigung vermittelt werden. Das ging ebenfalls mit dem vorgestellten Strafzweck einher, durch den die Gefangenen auf das Leben nach der Strafanstalt vorbereitet werden sollten.

In den §§ 54, 56–69 des Reglements waren Disziplinarvorschriften geregelt:

Dort wurde zunächst bestimmt, dass der Gefangene mit keiner Handlung gegen gesetzliche Bestimmungen oder aber gegen die nach dem allgemeinem Verständnis geltende Sittlichkeit und den Anstand verstoßen durfte.[1717] Zudem war jede Beschädigung oder Verunreinigung einschließlich der dem Gefangenen überlassenen Sachen und Kleidungsstücke verboten.[1718] Die Selbstverletzung oder der Versuch der Selbsttötung waren ebenfalls verboten und wurden streng bestraft.[1719] In § 59 wurde der Gehorsam und die Ehrerbietung gegenüber den Befehlen des Direktors und den sonstigen Ober- und Unterbeamten vorgeschrieben.[1720] Den Gefangenen wurde zudem nach § 60 auferlegt, sich jeden Morgen zu reinigen und nur mit dem Hemd bekleidet zu

---

1712 Rawiczer Reglement – Hausordnung, § 48.
1713 Rawiczer Reglement – Hausordnung, § 48.
1714 Rawiczer Reglement – Hausordnung, § 49.
1715 Rawiczer Reglement – Hausordnung, § 50.
1716 Rawiczer Reglement – Hausordnung, § 50.
1717 Rawiczer Reglement – Hausordnung, § 56.
1718 Rawiczer Reglement – Hausordnung, § 57.
1719 Rawiczer Reglement – Hausordnung, § 58.
1720 Rawiczer Reglement – Hausordnung, § 59.

schlafen.[1721] Jeder Fluchtversuch, sowie die Entfernung von ihrem angewiesen Platz, ohne Zustimmung der Beamten, war untersagt.[1722] Das Prinzip des *Auburn Systems* fand sich in der Regelung des § 63 des Reglements wieder. Hier hieß es, dass das Sprechen der Gefangenen untereinander, in jedweder Art, mithin in Form von Worten oder Zeichen, streng verboten war, ebenso das Singen, Schreien und Lärmen jeder Art.[1723] Ausweislich der Bestimmungen des Reglements fand nicht nur eine physische Trennung der verschiedenen Klassen, Geschlechter oder der Jugendlichen von den Erwachsenen statt, sondern faktisch auch eine psychische Trennung sämtlicher Gefangener voneinander durch das Verbot der Kommunikation untereinander.

Den Gefangenen wurde zudem das Anreden von Fremden sowie der Wachen, v. a. in Form des Bettelns, untersagt.[1724] Weiterhin war es den Gefangenen untersagt, Briefe zu empfangen oder zu senden, soweit der Direktor dies nicht gestattet hatte.[1725] Das Tabakkauen sowie das Trinken von Branntwein war generell verboten, wobei hinsichtlich des Tabaks Ausnahmen gemacht wurden, wenn der Arzt es explizit verordnet hatte, oder aber bei guter Führung.[1726]

Auch die Beschwerdehierarchie war in dem Reglement für die Gefangenen detailliert geregelt. Hiernach durften die Gefangenen zu keiner Zeit eine Beschwerde „ungestüm“ vorbringen, Drohungen aussprechen oder ungehorsam sein.[1727] Richtete sich die Beschwerde des Gefangenen gegen einen Unterbeamten, so hatte er sie gegenüber dem Hausvater oder Oberaufseher bescheiden vorzutragen, und geduldig auf deren Bearbeitung zu warten.[1728] Soweit er sich vom Hausvater, Oberaufseher oder einem anderen höheren Beamten, unrechtmäßig behandelt fühlte, so hatte er um Gehör beim Direktor zu bitten. Diese Bitte war gegenüber einem Aufseher auszusprechen, der sie sodann an den Direktor weiterleitete. Erst wenn der Direktor dem Gefangenen kein Gehör gewährte, durfte dieser ihn bei seinen Gängen durch

---

1721 Rawiczer Reglement – Hausordnung, § 60.
1722 Rawiczer Reglement – Hausordnung, § 61 f.
1723 Rawiczer Reglement – Hausordnung, § 63.
1724 Rawiczer Reglement – Hausordnung, § 64.
1725 Rawiczer Reglement – Hausordnung, § 66.
1726 Rawiczer Reglement – Hausordnung, § 67.
1727 Rawiczer Reglement – Hausordnung, § 68.
1728 Rawiczer Reglement – Hausordnung, § 68.

die Anstalt direkt ansprechen. Im Übrigen war jede direkte Adressierung des Direktors durch die Gefangenen untersagt.[1729] Zuletzt war geregelt, dass jeder Gefangene, der sich an dem Vergehen eines anderen beteiligte, ebenfalls bestraft wurde – das umfasste bereits die bloße Mitwisserschaft einer Handlung, die gegen eines der allgemeinen Gesetze verstieß, vor allem wenn es sich hierbei um einen Ausbruch oder einen geplanten Aufruhr handelte, ohne eine entsprechende Meldung abzugeben. Es oblag folglich dem Gefangenen, eine entsprechende Meldung abzugeben.[1730]

Zur Vorbeugung von Verstößen gegen die Vorschriften lag es in der Verantwortung des Direktors, die notwendigen Maßnahmen zu ergreifen, um die Ordnung des Hauses aufrecht zu erhalten.[1731] Hierzu konnte der Direktor die Isolierung des Gefangenen bereits bei Eintritt in die Strafanstalt anordnen. Die Isolation konnte sowohl zum Schutz der Sicherheit und Ordnung der Anstalt als auch zum Zweck der moralischen Besserung des Gefangenen, angeordnet werden.[1732] Die Fesselung des Gefangenen für die Dauer seiner Isolation durfte nicht vorgenommen werden, mit Ausnahme, dass es eine besondere Veranlassung hierzu gab.[1733] Sollte eine Fesselung aber die Zeitspanne von drei Monaten überschreiten, war dies zur weiteren Veranlassung gegenüber der zuständigen Regierung anzuzeigen.[1734]

Verstöße gegen die Vorschriften waren nach den Vorschriften der §§ 76–87 zu ahnden. Hier wurde zunächst bestimmt, dass der Direktor lediglich hinsichtlich des Disziplinar-Bestrafungsrechts über Kompetenzen verfügte und alle weiteren Vergehen und Verbrechen ausschließlich durch die Polizeibehörde geahndet wurden.[1735]

Darüber hinaus waren auch die anderen Beamten dazu befugt, ihre mittelbaren oder auch unmittelbaren Befehle entweder in Form von direkten Anordnungen oder durch Verweis durchzusetzen. Allerdings oblag es dabei dem Direktor zu überwachen, dass seitens der Beamten keine Formen von „Bitterkeit", Schimpfworten oder aber Schläge und Stöße bei der Behandlung

1729 Rawiczer Reglement – Hausordnung, § 68.
1730 Rawiczer Reglement – Hausordnung, § 69.
1731 Rawiczer Reglement – Hausordnung, § 71 f.
1732 Rawiczer Reglement – Hausordnung, § 72.
1733 Rawiczer Reglement – Hausordnung, § 72.
1734 Rawiczer Reglement – Hausordnung, § 72.
1735 Rawiczer Reglement – Hausordnung, § 76.

der Gefangenen genutzt wurden.[1736] Verstöße dagegen seitens des Beamten waren von dem Direktor mit Nachdruck zu ahnden, allerdings in der Art, dass dessen Ansehen darunter nicht litt.[1737]

Gemäß § 79 konnte der Direktor die folgenden Strafarten gegen die Gefangenen verhängen:[1738]

- Die Versetzung in eine schlechtere Klasse
- Entziehung der Verfügungsgewalt über den Mehrverdienst für bis zu drei Monate
- Einsame Einsperrung in den hierfür vorgesehenen Örtlichkeiten innerhalb der Anstalt für bis zu 14 Tage. Diese konnte wiederum durch die Entziehung von:
  - Tageslicht,
  - Arbeit,
  - Warmer Kost von 3 Tagen,
  - Einsperren in eine Kammer, deren Fußboden mit Latten ausgelegt ist (Ohne Lagerstätte oder Bett) verschärft werden.

Diese Verschärfungen galten immer für drei Tage, wobei dem Gefangenen die entzogenen Lebensgüter am vierten Tag wieder zur Verfügung gestellt wurden.

- Die Entziehung von Fleisch und Bier an Festtagen
- Die körperliche Züchtigung mit bis zu 30 Streichen[1739]

Diese verschiedenen Strafarten durften untereinander nicht kombiniert werden.[1740] Soweit der Direktor unter Umständen eine härtere Bestrafung für notwendig erachtete, durfte er diese nicht einfach verhängen. Vielmehr musste deren Verhängung seitens der Regierung genehmigt werden, wobei

[1736] Rawiczer Reglement – Hausordnung, § 77.
[1737] Rawiczer Reglement – Hausordnung, § 78.
[1738] Rawiczer Reglement – Hausordnung, § 79.
[1739] Rawiczer Reglement – Hausordnung, § 79.
[1740] Rawiczer Reglement – Hausordnung, § 79.

die Regierung die vom Direktor vorgeschlagene Strafe bis auf das Doppelte erhöhen konnte.[1741]

Der Bestrafung etwaiger Verstöße mussten stets eine Untersuchung und Feststellung des Verstoßes vorgeschaltet sein.[1742] Die Festsetzung der Strafe hatte dann auf Grundlage rationaler Erwägungen und unter Ausschluss emotionaler Aspekte zu erfolgen, wobei sowohl die Umstände des Verstoßes als auch die körperlichen und sittlichen Gegebenheiten des Gefangenen berücksichtigt werden mussten.[1743]

Hieraus lässt sich schließen, dass willkürliche Bestrafungen unterbunden, diese vielmehr auf rationaler Ebene verhängt werden sollten und nicht im reinen Ermessen der Anstaltsbeamten standen. Das unterstrich auch die Regelung, dass bei einer körperlichen Züchtigung, insoweit Bedenken hinsichtlich der körperlichen Verfassung des Gefangenen vorlagen, zunächst die Beurteilung des Arztes darüber einzuholen war, ob der Gefangene die Züchtigung ohne Nachteile für seine Gesundheit überstehen würde.[1744] Die Züchtigung erfolgte durch eine Peitsche auf das Gesäß des Gefangenen und unter Ausschluss der Öffentlichkeit. Mithin waren regelmäßig nur der Direktor oder ein anderer Oberbeamter anwesend.[1745] Hiervon wurde nur abgewichen, wenn der Direktor eine öffentliche Vollstreckung für notwendig erachtete.[1746]

Gegenüber der zweiten Klasse wurden Gefangene der ersten Klasse bei der Bestrafung dahingehend privilegiert, dass bei ihnen, soweit als ausreichend erachtet, stets auf die geringeren Strafarten zurückgegriffen werden sollte.[1747]

Die vollstreckten Strafen musste der Direktor unter Angabe des Vergehens, der Art der Feststellung sowie der verhängten Strafe in Form eines Verzeichnisses einmal monatlich an die Regierung in Posen übergeben. Hierbei waren zudem die jeweiligen Gründe für die Verhängung der Strafen zu vermerken.[1748] Dabei oblag es dem *Departments-Rath* der Regierung die

---

[1741] Rawiczer Reglement – Hausordnung, § 83.
[1742] Rawiczer Reglement – Hausordnung, § 79.
[1743] Rawiczer Reglement – Hausordnung, § 80.
[1744] Rawiczer Reglement – Hausordnung, § 83.
[1745] Rawiczer Reglement – Hausordnung, § 83.
[1746] Rawiczer Reglement – Hausordnung, § 83.
[1747] Rawiczer Reglement – Hausordnung, § 81.
[1748] Rawiczer Reglement – Hausordnung, § 86.

Vorgehensweise des Direktors hinsichtlich der Bestrafungen zu überwachen und etwaige festgestellte Mängel oder Abweichungen von den Vorschriften zu rügen.[1749]

Auch hier manifestierte sich erneut das organisatorische Bestreben willkürliche und unzulässige, oder auch unverhältnismäßige Bestrafungen der Gefangenen zu unterbinden.

Während die Arbeit der Gefangenen als Mittel zur äußeren Zucht diente, war zudem vorgesehen, auf das Innere des Gefangenen einzuwirken. Dies sollte durch sittliche und religiöse Besserung erfolgen.[1750] Hierfür wurden wöchentlich am Sonntag und am Festtag vormittags sowohl für katholische als auch evangelische Gefangene jeweils Gottesdienste abgehalten.[1751] Während des Gottesdienstes waren die Geschlechter voneinander und insoweit möglich zudem die Klassen untereinander zu trennen.[1752] Im Anschluss an den Gottesdienst hatte der jeweilige Anstaltsgeistliche eine sogenannte „Erbauungsstunde" über den Inhalt der morgendlichen Predigt abzuhalten. Jeder Sträfling war dabei verpflichtet an diesen Stunden teilzunehmen, sofern kein Hindernisgrund in Form einer Krankheit vorlag.[1753] Zudem wurde detailliert bestimmt, an welchen Tagen und in welchem Turnus Gottesdienste für die beiden christlichen Religionen abzuhalten waren.[1754]

Neben dem Gottesdienst war festgelegt, dass dreimal täglich vor allen Gefangenen, unabhängig von deren Konfession, ein Gebet gesprochen werden sollte.[1755] Zur Erbauung wurde angeregt, dass Häftlinge in ihrer Freizeit entweder in einer Bibel, einem Andachtsbuch oder einem anderen zu diesem Zweck geeigneten Buch studieren, oder sich mit Arbeiten beschäftigen sollten und hierdurch einen Überverdienst erwirtschaften konnten.[1756]

Die Aufgabe der Anstaltsgeistlichen bestand neben dem Gottesdienst insbesondere darin, sich über den Gemütszustand der jeweiligen

---

1749 Rawiczer Reglement – Hausordnung, § 87.
1750 Rawiczer Reglement – Hausordnung, vor § 88.
1751 Rawiczer Reglement – Hausordnung, § 88.
1752 Rawiczer Reglement – Hausordnung, § 88.
1753 Rawiczer Reglement – Hausordnung, § 89.
1754 Rawiczer Reglement – Hausordnung, vgl. §§ 89–94.
1755 Rawiczer Reglement – Hausordnung, § 95.
1756 Rawiczer Reglement – Hausordnung, § 98 f.

Konfessionsanhängigen ins Bilde zu setzen und bei Gelegenheit mit den Gefangenen persönliche moralische Gespräche zu führen.[1757]

Zusätzlich sollten die männlichen Gefangenen wöchentlich von den jeweiligen Geistlichen in der Religion und Moral unterrichtet werden.[1758] Für diejenigen Gefangenen, die besondere Unterstützung und entsprechend Nachhilfe brauchten, sollte der Geistliche zusätzlich zwei Stunden in der Woche unterrichten.[1759] Gefangene, die als nicht in der Lage angesehen wurden, wenigstens diesem zusätzlichen Unterricht effektiv Folge leisten zu können, wurden von einem Elementar-Lehrer vorbereitet.[1760]

In den Anhängen des Reglements wurde die Behandlung der Kranken festgehalten. Hier wurde unter anderem bestimmt, dass im Falle einer auftretenden Geisteskrankheit entsprechende Vorsichtsmaßnahmen getroffen werden mussten. Solange in der Provinz noch keine gesonderte „Irren-Heil-Anstalt" vorhanden war, war abzuwägen, ob der Gefangene weiterhin in der Strafanstalt verbleiben konnte, mithin dessen Behandlung in der Anstalt möglich war, oder ob er aus dieser entfernt werden musste.[1761]

Diese Regelung zeigt, dass das Auftreten von Geisteskrankheiten nicht vernachlässigt wurde und zudem die Möglichkeit bestand, dass mentale Erkrankungen zur Entlassung aus der Strafanstalt führen konnten. Hierfür mussten entsprechende Anträge bei der zuständigen Behörde gestellt werden. Soweit eine Heilanstalt existierte, war die Verlegung des Gefangenen einzuleiten.[1762]

c) *Ausdehnung des Anwendungsbereichs des Reglements*

Mit Verfügung vom 25. Dezember 1835[1763] beschloss das Ministerium des Innern und der Polizei, dass das *Reglement für die Strafanstalt zu Rawicz*

1757 Rawiczer Reglement – Hausordnung, § 100.
1758 Rawiczer Reglement – Hausordnung, § 101.
1759 Rawiczer Reglement – Hausordnung, § 102.
1760 Rawiczer Reglement – Hausordnung, § 103.
1761 Rawiczer Reglement – Hausordnung, § 120.
1762 Rawiczer Reglement – Hausordnung, § 120.
1763 Circular-Reskript des Königl. Ministerium des Innern und der Polizei, an die Königl. Regierungen zu Potsdam, Frankfurt, Stettin, Königsberg, Gumbinnen, Marienwerder, Breslau, Liegnitz, Magdeburg, Merseburg, Münster und Minden, die allgemeine Anwendung des neuen Reglements für die Strafanstalt zu Rawicz betreffend, Berlin den 25. Dezember 1835.

nunmehr auf alle übrigen königlichen Straf- und Besserungsanstalten Anwendung finden sollte. Diese Verfügung enthielt allerdings den Vorbehalt, dass etwaige Modifikationen, die aufgrund baulicher Besonderheiten, oder der Auffassung der Verwaltungsbehörden mancher Anstalten notwendig waren, vorgenommen werden sollten.[1764]

Besonders wichtig ist, dass das *Rawiczer Reglement* und entsprechend auch die Hausordnung für die Strafanstalt zu Rawicz über viele Jahrzehnte durch verschiedene Verordnungen/Erlasse oder auch Reskripte geändert wurde und entsprechend in seiner Urform Änderungen unterzogen wurde.

Bereits im Jahr 1836 wurden die Strafarten dahingehend ergänzt, dass nunmehr auch die Zwangsjacke im Gefängnis Anwendung finden sollte.[1765] Der Minister des Inneren begründete diese Ergänzung damit, dass von der Zwangsjacke keine gesundheitlichen Schäden ausgehen würden. Zudem werde sie als eine „verhältnismäßig sehr geringe körperliche Belästigung" angesehen, wohingegen sie vielmehr das Ehrgefühl des Gefangenen verletzen würde.[1766] Darüber hinaus würden die bisherigen Erfahrungen zeigen, dass diese Art der Bestrafung besonders effektiv sei, da die Gefangenen diese Strafart aus diesem Grund besonders scheuen würden.[1767]

Die Zwangsjacke durfte nur nachts und keinesfalls in zwei aufeinanderfolgende Nächten angewendet werden. Dabei wollte der Minister nach einem Jahr über den Erfolg dieser Strafart unterrichtet werden.[1768] Ein halbes Jahr später wurde bestimmt, dass die Zwangsjacke als Disziplinarstrafe auch tagsüber angewendet werden durfte, allerdings für maximal einen Tag und nur unter steter Beobachtung.[1769]

Des Weiteren wurde bereits 1837 bestimmt, dass die nach § 72 isolierten Gefangenen regelmäßig zu beschäftigen seien und überdies täglich an die

---

1764 Reskript vom 25. Dezember 1835, S. 1081.

1765 Rawiczer Reglement Anlage 16, Minister des Inneren 24. Dezember 1836, S. 127–128, S. 127 f.

1766 Rawiczer Reglement Anlage 16, Minister des Inneren 24. Dezember 1836, S. 127–128, S. 127 f.

1767 Rawiczer Reglement Anlage 16, Minister des Inneren 24. Dezember 1836, S. 127–128, S. 127.

1768 Rawiczer Reglement Anlage 16, Minister des Inneren 24. Dezember 1836, S. 127–128, S. 128.

1769 Rawiczer Reglement Anlage 17, Minister des Inneren 26. Mai 1837, S. 128.

frische Luft verbracht werden mussten.[1770] Ein Jahr später erklärte der Minister des Inneren am 18. April 1838, dass die körperliche Züchtigung nur gegen Gefangene der untersten Volksklasse Anwendung finden durfte, mithin nicht gegen Personen die den höheren Ständen zugehörig waren.[1771] Hierin lässt sich erkennen, dass der Kerngedanke des Humanismus, dass einem jeden Menschen die gleichen Rechte zugesprochen werden, hinsichtlich der Standeszugehörigkeit auch weiterhin an seine Grenzen stieß. Denn während das Gedankengut der Humanität die Gleichheit der Menschen hinsichtlich ihrer Freiheit, Würde aber auch ihrer natürlichen Rechte proklamierte,[1772] wurde hier eine Unterscheidung aufgrund der gesellschaftlichen Stellung der Gefangenen gemacht. Indem hier die Behandlung der Gefangenen von ihrer Standeszugehörigkeit abhängig gemacht wurde, könnte dies zunächst als Verstoß gegen das Gedankengut der Humanität, die in der Bedeutung des Menschenwürdigen verwendet wurde,[1773] gewertet werden. Allerdings hatte es eine Unterscheidung hinsichtlich dieser Stellung im Rahmen der Humanismusentwicklung bereits bei den Griechen gegeben, bei denen die Bestrebung nach Menschen-, beziehungsweise Nächstenliebe, (*Philanthropia*) zunächst nur bei Menschen höheren Ranges gegenüber ihren Untertanen von Bedeutung war. Gleichwohl hatte sich diese Wertvorstellung weiterentwickelt und sollte für sämtliche Menschen, unabhängig von deren Stellung in der Gesellschaft oder deren Herkunft, Anwendung finden.[1774] Mithin ist diese Unterscheidung aufgrund der gesellschaftlichen Stellung auch hier mit Blick auf den Humanismus als rückschrittlich und überholt anzusehen.

***

Im April 1854 wurde die Anwendung von Hieb- und Schusswaffen zur Verhinderung von Fluchtversuchen durch die zuständigen Beamten erlaubt.[1775] Die

---

1770 Reskript des Königlichen Ministeriums des Innern und der Polizei, an die Königl. Regierung zu Breslau, die Anwendung einsamer Haft gegen schwere Verbrecher in den Strafanstalten betreffend, 17. Januar 1837.

1771 Rawiczer Reglement Anlage 18, Minister des Inneren 18. April 1838, S. 128.

1772 *Cancik*, Humanismus, S. 11 f.

1773 *Burkard/Prechtl*, Humanismus, Metzler Lexikon Philosophie, S. 248–249 (249).

1774 *Buck*, Humanismus, S. 15.

1775 Gesetz über die Beschäftigung der Gefangenen mit öffentlichen Arbeiten vom 11. April 1854, § 6.

Zuordnung der Gefangenen in die zweite Klasse aufgrund einer vorherigen Bestrafung wurde mit Bestimmung vom 11. Oktober 1861 dahingehend geändert, dass bei Ablauf einer Zeitspanne von zehn Jahren seit dieser Bestrafung, der Gefangene direkt der ersten Klasse zugeordnet werden konnte.[1776] Auch die besondere Kennzeichnung der Wiederholungstäter durch die Kappe wurde bereits 1859 abgeschafft.[1777] Eine weitere Neuerung im Laufe der Jahrzehnte bestand darin, dass 1861 die Maßgabe beendet wurde, wonach Gefangenen der zweiten Klasse unter bestimmten Voraussetzungen die Morgensuppe entzogen werden sollte.[1778]

Der Minister des Innern betonte im April 1867 erneut, dass die humane Behandlung der Gefangenen bei der Leitung der gesamten Verwaltung der Strafanstalt von essenzieller Bedeutung sei. Dabei sei das Bestreben nach einer humanen Behandlung mit der notwendigen Strenge zu vereinen. Die Verwaltung solle durch ihre „strengste Gewissenhaftigkeit und Pflichtmäßigkeit bei jeder ihrer Handlungen Achtung bei den Gefangenen erwerben". Der Vorsteher solle dabei beachten, dass etwaige Ausschreitungen seitens der Sträflinge häufig durch das Unverständnis und taktlose Handeln der unteren Aufseher hervorgerufen werden würden.[1779] Der Anstaltsvorsteher solle hierbei den Gefangenen mit Herz gegenübertreten und ihre Sorge und Klage mit Teilnahme anhören.[1780]

Die weiteren Entwicklungen des Reglements zeigen sowohl positive als auch negative Aspekte bei der Humanisierung des Strafvollzugs in Preußen auf. Während beispielsweise die Streichung der schlechteren Behandlung der Angehörigen der zweiten Klasse und der Wiederholungstäter hinsichtlich der Ernährung und darüber hinaus die genaueren Bestimmungen bezüglich der Isolation Gefangener positiv zu werten ist, ist die unterschiedliche Behandlung der verschiedenen gesellschaftlichen Volksklassen bei der körperlichen Züchtigung nicht als wesentliche Maßnahme zur Humanisierung des Strafvollzugs zu sehen. Die Einführung der Zwangsjacke und die sodann vorgenommene Ausdehnung, dass diese nicht nur bei Nacht, sondern auch tagsüber Anwendung finden durfte, muss differenziert betrachtet werden. Auch hier

---

1776 Bescheid an die Königliche Regierung zu N., betreffend die Sträflings-Klasse, welcher neu eingelieferte Zuchthaus-Sträflinge zu überweisen sind, vom 11. Oktober 1861.

1777 Reskript vom 22. Februar 1858 in: Rawiczer Reglement Anlage 24, S. 146–147.

1778 Verfügung, die Behandlung der rückfälligen Sträflinge betreffend, vom 30. Mai 1861.

1779 Rawiczer Reglement, Minister des Inneren 30. April 1867, Anlage 15, S. 125–127, S. 126.

1780 Rawiczer Reglement, Minister des Inneren 30. April 1867, Anlage 15, S. 125–127, S. 126.

gilt, dass die Anwendung dieses Zwangsmittels als massive Einschränkung der persönlichen Freiheit eines Einzelnen gewertet werden muss. Gleichwohl waren einige Jahrzehnte vorher die Leibes- und Lebensstrafen als Strafe selbst noch verbreitet angewendet worden. Letztlich sollte die Zwangsjacke zudem nicht unreguliert, sondern nur unter bestimmten Voraussetzungen und vor allem mit Einschränkungen Anwendung finden dürfen. Aus diesem Grund führte die spätere Einführung der Zwangsjacke nicht zu einem insgesamten Rückschritt in der Bestrebung der Verbesserung der Gefangenenbehandlung.

3. Die gescheiterte Einführung der Einzelhaft und der Bau der Strafanstalt Berlin Moabit

Einen wesentlichen Einfluss auf die Reformbemühungen in Preußen hatte zudem der Hamburger Arzt[1781] *Nikolaus Heinrich Julius*, der mit seinen *Vorträgen über das Gefängniswesen*[1782] von seinen Studienreisen nach England, Irland und Schottland über die *Gefängnis-Kunde* berichtete.[1783]

Julius hatte gehofft bei seinen Reisen auf mögliche Vorbilder für eine Reform des Gefängniswesens auf deutschem Boden zu stoßen.[1784] Im Rahmen seiner Berichte stellte er dabei unter anderem die Arbeit der *Quäker* in *Pennsylvania* dar, die er als menschenfreundlich bezeichnete[1785] und forderte die „moralische Besserung"[1786] der Gefangenen.[1787] In seinem Werk begründete *Julius* erstmals eine „Gefängniß-Kunde".[1788]

Nachdem *Friedrich Wilhelm IV.*, der die Vorlesungen *Julius* besucht hatte, 1840 zum König von Preußen gekrönt wurde, berief er diesen in sein Kabinett.[1789] Der König hatte die Frage der Gefängnisreformen zu seiner persönlichen Aufgabe gemacht und verfolgte das Anliegen somit besonders.[1790]

1781 *Krause*, Geschichte des Strafvollzugs, S. 68.

1782 *Julius*, Vorlesungen über die Gefängniß-Kunde, gehalten Frühjahr 1827 in Berlin.

1783 *Krebs*, Freiheitsentzug. Entwicklung von Praxis und Theorie, S. 123, 127, 130.

1784 *Krause*, Geschichte des Strafvollzugs, S. 68 f.

1785 *Julius*, Vorlesungen über die Gefängniß-Kunde, S. 62.

1786 *Krebs*, Freiheitsentzug. Entwicklung von Praxis und Theorie, S. 124.

1787 *Krebs*, Freiheitsentzug. Entwicklung von Praxis und Theorie, S. 124.

1788 *Krause*, Geschichte des Strafvollzugs, S. 69; *Julius*, Vorlesung über die Gefängniß-Kunde, gehalten Frühjar 1827 in Berlin.

1789 *Krebs*, Freiheitsentzug. Entwicklung von Praxis und Theorie, S. 132; *Krause*, Geschichte des Strafvollzugs, S. 69 f.

1790 *Nutz*, Strafanstalt als Besserungsmaschine, S. 343.

Unter dem Einfluss *Julius*' wurde der König sodann ebenfalls Befürworter des *Einzelhaftsystems* und veranlasste, nach einem Besuch von *Petonville*, mit zwei Kabinettsordres vom 26. März 1842[1791] den Bau der Strafanstalt *Berlin Moabit* nach eben diesem Vorbild.[1792] Die Anstalt wurde 1849 fertiggestellt und bis 1955 als Strafanstalt genutzt.[1793] Dieser folgten Anstalten in Münster, Ratibor und Breslau.[1794]

Im Rahmen der beiden Kabinettsordres hatte der König bestimmt, dass das Mustergefängnis *Petonville* als Grundlage, für die fortan zu erbauenden Strafanstalten dienen sollte und dementsprechend das dort genutzte verbesserte *Pennsylvania System* Anwendung finden sollte.[1795] Die Vorbildfunktion der Anstalt *Petonville* beschränkte sich allerdings auf die institutionelle Einzelunterbringung, denn in Ermangelung deutscher Kolonien konnte das dort angewandte Progressivsystem nicht übernommen werden.[1796] Hinsichtlich des Anstaltsbaus in *Berlin* wurde zudem konkretisiert, dass die panoptischen Korridore derart anzulegen waren, dass sie zur Not als gemeinsame Arbeitssäle genutzt werden könnten und zudem ein gemeinsamer Arbeitsflüge abgesondert von den Zellenflügeln zu errichten sei.[1797]

Unter der Leitung des damaligen Anstaltsleiters *Bormann* wurde in der Strafanstalt *Moabit* in Berlin, die gerade für die Durchführung der Einzelhaft errichtet worden war, entgegen der königlichen Order die Gemeinschaftshaft durchgeführt.[1798] Die Insassen in *Moabit* erbrachten ihre Arbeit stattdessen gemeinschaftlich, entweder bei offenen Zellentüren oder aber gemeinsam im Korridor, wobei auch das Schweigegebot nicht nachdrücklich durchgesetzt wurde.[1799] Teilweise entstanden durch den Abriss einzelner Zellenwände

---

1791 Kabinettsordres vom 26. März 1842, Inhalt abgedruckt in *Krohne/Uber*, Die Strafanstalten und Gefängnisse in Preußen, S. XIX–XXI.

1792 *Schmidt*, Einführung in die Geschichte der deutschen Strafrechtspflege, S. 351; *Krebs*, Verhandlung der ersten intern.Versammlung für Gefängnisreform, S. 132 f.

1793 *Schäche/Szymanski*, Das Zellengefängnis Moabit, S. 9, 14.

1794 *Schmidt*, Einführung in die Geschichte der deutschen Strafrechtspflege, S. 351.

1795 *Krohne/Uber*, Die Strafanstalten und Gefängnisse in Preußen, S. XIX.

1796 *Schmidt*, Einführung in die Geschichte der deutschen Strafrechtspflege, S. 351; *Krause*, Geschichte des Strafvollzugs, S. 76.

1797 *Krohne/Uber*, Die Strafanstalten und Gefängnisse in Preußen, S. XIX f.

1798 *Riemer*, Das Netzwerk der Gefängnisfreunde 1830 bis 1872, S. 1025.

1799 *Schäche/Szymanski*, Das Zellengefängnis Moabit, S. 22.

gemeinschaftliche Arbeitsräume.[1800] Allerdings kann die Durchführung der Gemeinschaftshaft anstatt der Einzelhaft unter *Bormann* hier nicht direkt als gegen die Humanitätsbestrebungen gerichtete Handlung angesehen werden.

In einem Brief an *Mittermaier* erklärte *Bormann*, dass auch er die Notwendigkeit einer Reform der Strafgesetzgebung sowie der Verwaltung der Gefängnisse sehen würde und dabei durch eine „der Zeit entsprechende, mildere ersetzt" werden solle.[1801] Er erklärte dabei, dass die „wahren Menschenfreunde" alles tun möchten, um die Zustände für die Gefangenen zu verbessern und dies mehr mit Taten als mit den bisherigen Worten und Schriften zu erfolgen habe.[1802] Diese Verbesserung solle durch „Ordnung und Fleiß, verbunden mit sittlicher und religiöser Hebung auf ernstere innere Besserung in der gewissen Voraussicht göttlicher und menschlicher Hülfe" in den Strafanstalten erfolgen.[1803] Insgesamt blieb er aber bei seiner Auffassung, dass die Isolierhaft nach dem pennsylvanischen Vorbild hinter der Gemeinschaftshaft stehe und letztere vielmehr vorzugswürdig sei.[1804]

Obwohl das *Einzelhaftsystem* vom König nunmehr ausdrücklich befohlen wurde, fand nicht nur in *Moabit*, sondern überall in Preußen keine stringente Umsetzung statt.[1805] Einige Gegner vertraten die Auffassung, dass die Einzelhaft nur durch Gesetze und nicht durch eine Verwaltungsvorschrift bestimmt werden dürfe.[1806] Auch die Gefängnisverwaltungen sträubten sich gegen deren Durchführung und es wurde zudem kritisiert, dass die Einzelhaft mit der bestehenden Organisation des preußischen Strafvollzuges nicht vereinbar sei.[1807] Die vielerorts geplante Einführung der Einzelhaft sowie generelle Reformprozesse stagnierten auf deutschem Boden in der Folge erneut aufgrund politischer Veränderungen.[1808] Die Revolution von 1848 und

---

[1800] *Riemer*, Das Netzwerk der Gefängnisfreunde 1830 bis 1872, S. 1025.
[1801] *Riemer*, Das Netzwerk der Gefängnisfreunde 1830 bis 1872, S. 1026.
[1802] *Riemer*, Das Netzwerk der Gefängnisfreunde 1830 bis 1872, S. 1026.
[1803] *Riemer*, Das Netzwerk der Gefängnisfreunde 1830 bis 1872, S. 1026.
[1804] *Riemer*, Das Netzwerk der Gefängnisfreunde 1830 bis 1872, S. 1027. In seinem Brief an Mittermaier verweist dieser zur Begründung auf die von ihm angehängten Berichte von Jacobi und von Roth, die sich ausweislich Riemer nicht ermitteln lassen und auch von der Verfasserin nicht gefunden wurden.
[1805] *Krohne*, Lehrbuch der Gefängniskunde, S. 162 f.
[1806] *Krohne*, Lehrbuch der Gefängniskunde, S. 163.
[1807] *Krohne*, Lehrbuch der Gefängniskunde, S. 162 f.
[1808] *Laubenthal*, Strafvollzug, Rn. 109.

die Einführung des *PrStGB*[1809] von 1851, durch das die Mindesthaftdauer auf zwei Jahre festgelegt wurde,[1810] bewirkten, dass die Zahl der Gefangenen um fast das Doppelte[1811] anstieg und somit die Kapazität in den Gefängnissen ausgereizt und teils erschöpft war.[1812] Die Einzelhaft konnte somit bereits aufgrund praktischer Probleme in vielen ursprünglich eigens dafür errichteten Anstalten nicht konsequent durchgeführt werden – es blieb zunächst bei einer gemeinschaftlichen Unterbringung.[1813]

4. Johann Hinrich Wicherns und die Einführung der Einzelhaft in Preußen

Ein Unterstützer der Einführung der Einzelhaft nach pennsylvanischem Vorbild war der Anstaltsgeistliche *Johann Hinrich Wichern* (1808–1881)[1814], der durch die Gründung der Erziehungsanstalt „Rauhes Haus" in Hamburg bekannt wurde.[1815] Wichern selbst war seit dem Wittenberger Kirchentag im Jahr 1848 auf deutschem Boden ein populärer Experte hinsichtlich der Inneren Mission und der Sozialarbeit.[1816] Aus seinem Werk *Die innere Mission der deutschen evangelischen Kirche – Eine Denkschrift an die deutsche Nation*[1817], ergab sich die Zielrichtung der inneren Mission, die *Wichern* hier klar definierte. Darin hieß es, dass durch die „gesammte Arbeit der aus dem Glauben an Christum geborenen Liebe"[1818] die Gesellschaft in ihren Formen des Volkes, der Kirche, der Familie und des Staates gerettet und erneuert werden müsse.[1819] *Wichern* wollte die sittliche Besserung von innen heraus erreichen, wobei sein

---

[1809] Strafgesetzbuch für die preußischen Staaten und Gesetz über die Einführung desselben vom 14. April 1851, Frankfurt an der Oder.

[1810] *PrStGB* 1851, § 10, S. 3.

[1811] *Muntau*, Strafvollzug und Gefangenenfürsorge, S. 33.

[1812] *Nitsch*, Die Unterbringung von Gefangenen nach dem Strafvollzugsgesetz, S. 22 f.; *Laubenthal*, Strafvollzug, Rn. 109.

[1813] *Nitsch*, Die Unterbringung von Gefangenen nach dem Strafvollzugsgesetz, S. 22 f.

[1814] Wicherns Leben und Wirken wurde von *Martin Gerhardt*, Johann Hinrich Wichern – Ein Lebensbild. Berlin 1927, 1928, 1931 in drei Bänden ausführlich aufgearbeitet.

[1815] *Laubenthal*, Strafvollzug, Rn.108.

[1816] *Sattler*, Anwalt der Armen – Missionar der Kirche, S. 73.

[1817] *Wichern*, Die innere Mission der deutschen evangelischen Kirche. Eine Denkschrift an die deutsche Nation, im Auftrage des Centralausschusses für die innere Mission, Hamburg 1849.

[1818] *Wichern*, Die innere Mission der deutschen evangelischen Kirche, S. 4.

[1819] *Wichern*, Die innere Mission der deutschen evangelischen Kirche, S. 4.

eigenes Bild der Gesellschaft hierarchischer, patriarchalischer Art war.[1820] Diese patriarchalische Einstellung sollte sich *Wicherns* Meinung nach in der Gesellschaft wiederfinden.[1821] In seiner Denkschrift erläuterte er diesbezüglich, dass ein „patriarchalisches Verhältnis" zwischen dem Gutsherrn und den Bauern oder auch in den Fabrikantenverhältnissen zu erschaffen sei.[1822]

Bereits 1846 war er von *Julius* durch das seinerzeit fast vollendete Zellengefängnis Moabit geführt worden, woran sich eine Diskussion zwischen *Wichern*, dem König sowie dem *Minister Eichhorn* über die Frage der Verwendung der Brüder aus dem Rauhen Haus für die Gefängnisse anknüpfte.[1823] Doch diese Verhandlungen wurden durch die politischen Vorkommnisse der nächsten Jahre zunächst unterbrochen und erst 1851 wieder aufgenommen.[1824] Durch eine königliche Kabinettsorder wurde sodann am 17. Juli 1851 bestimmt, dass Personen, die im *Rauhen Haus* für die innere Mission ausgebildet wurden auf Kosten des preußischen Staates in den Strafanstalten angestellt werden durften.[1825] Im gleichen Jahr war *Wichern* seitens des Königs dazu beauftragt worden eine Kommission zu bilden, deren Aufgabe in der Einleitung einer Gefängnisreform sowie der Verbesserung der Ausbildung des Gefängnispersonals bestand.[1826]

Im Rahmen eines Gutachtens an den *Centralausschuß* für die innere Mission über die Aufgaben der Gefängnisreform im Jahr 1851[1827] hob *Wichern* die Bedeutung der Gefängnisreform für das „künftige Wohl und Gedeihen des ganzen Volkslebens" hervor.[1828] Ziel der Gefängnisreform solle es sein, die „sittliche Fäulnis" „in ihrem Kern zu vernichten" und diese dabei möglichst in die „Keime gesunder christlicher Sittlichkeit" umzukehren.[1829] Diejenigen,

---

1820 *Schambach*, Johann Hinrich Wichern, S. 98.
1821 *Schambach*, Johann Hinrich Wichern, S. 98.
1822 *Wichern*, Die innere Mission der deutschen evangelischen Kirche, S. 143.
1823 *Krohne*, Lehrbuch der Gefängniskunde, S. 164.
1824 *Krohne*, Lehrbuch der Gefängniskunde, S. 164.
1825 *Krohne*, Lehrbuch der Gefängniskunde, S. 164.
1826 *Schambach*, Johann Hinrich Wichern, S. 107.
1827 Johann Hinrich Wichern, Gutachten an den Centralausschuß für die innere Mission über die Aufgabe der Gefängnisreform, 1851, abgedruckt in: *Meinhold*, Johann Hinrich Wichern, Sämtliche Werke, Band VI – Die Schriften zur Gefängnisreform, 1973, S. 26–28.
1828 *Wichern*, Gutachten an den Centralausschuß, 1851, S. 27.
1829 *Wichern*, Gutachten an den Centralausschuß, 1851, S. 27.

die dieses Ziel der Gefängnisreform erreichen könnten, sollten ihre Arbeit mit der „Macht der Liebe, der Weisheit, der Disziplin und des Gewissens" angehen.[1830] Entsprechend sei die Auswahl des Personals von bedeutendem Einfluss auf den Erfolg dieser Reformen.[1831]

Er erklärte weiter, dass es sich nicht primär um Reformen des Gefängniswesens, sondern vielmehr um die „Reform und sittliche Erneuerung der Gefangenen" handele.[1832] Für *Wichern* war der Einfluss der Kirche und des christlichen Glaubens auf die Gefängnisse entsprechend von großer Bedeutung. Demzufolge forderte er während des fünften deutschen evangelischen Kirchentags 1852, dass es sich bei einem Gefängnis um ein „Heiligtum Gottes" handeln solle, in dem die Gesetze Gottes durch die von diesem „eingesetzten Obrigkeiten" Eingang fänden.[1833]

In den Jahren 1852 und 1853 unternahm *Wichern* drei Reisen durch die Provinzen von Preußen, um dort die verschiedenen Strafanstalten und Arbeitshäuser zu besuchen.[1834] An den Zuständen in den Gefängnissen kritisierte er insbesondere, dass es sich bei den Gefangenen um „unbußfertige Sünder" handele, die zusammen wohnten, arbeiteten und schliefen.[1835] Seines Erachtens sollten die Gefangenen im Gefängnis nicht nur mit Mitgefühl, sondern auch mit Strenge behandelt werden.[1836] Diese Forderung erinnert an die Proklamierungen von *Howard* in seinem Werk *The State of the Prisons*. Auch dieser war religiös geprägt und forderte zwar die Besserung der Gefangenenbedingungen und der Gefangenen, verlangte dabei aber ebenfalls eine gewisse Strenge.[1837] Dies spiegelt sich in der Frage nach der Umsetzung der Gefängnisdisziplin wider. Denn im Rahmen der Sicherstellung der Zucht und Ordnung in den Anstalten suchte man nach Mitteln diese durchzusetzen, wobei Strenge und Regeln wichtige Bestandteile waren. Dabei widerspricht die Anwendung

---

[1830] *Wichern*, Gutachten an den Centralausschuß, 1851, S. 27.

[1831] *Wichern*, Gutachten an den Centralausschuß, 1851, S. 28.

[1832] *Wichern*, Gutachten an den Centralausschuß, 1851, S. 28.

[1833] *Wichern*, Die Behandlung der Verbrecher in den Gefängnissen (1852/1853), in: *Meinhold*, Johann Hinrich Wichern, Band VI, S. 31–52, S. 32.

[1834] *Sattler*, Anwalt der Armen – Missionar der Kirche, S. 91 f; *Schambach*, Johann Hinrich Wichern, S. 111.

[1835] *Wichern*, Die Behandlung der Verbrecher in den Gefängnissen 32.

[1836] *Schambach*, Johann Hinrich Wichern, S. 111.

[1837] *Howard*, The State of the Prisons, S. 76 f.

von Strenge und Disziplin nicht dem Gedanken der Humanität. Denn das dahinterstehende Ziel der Besserung der Gefangenen ist ein wesentliches Element der Humanität und wurde versucht durch die Gefängnisdisziplin und das moralische und religiöse Einwirken der Gefangenen zu erreichen. Dabei war es die religiös-philanthropische Bewegung, die die ersten Reformbemühungen initial angestoßen hatte. Diese Bemühungen werden nunmehr erneut aus der Riege der Kirche aufgegriffen und angestrebt.

In den Jahren 1850 und 1854 unternahm *Wichern* weitere Reisen und besuchte das *Bruchsaler Männerzuchthaus*,[1838] das bereits seit 1848 unter dem Prinzip der Einzelhaft betrieben wurde.[1839] Insbesondere die intensive Betreuung der Gefangenen, die Arbeitsbedingungen für die Wärter sowie auch später der Schulunterricht der Häftlinge hatten *Wichern* überzeugt.[1840]

Der König rief *Wichern* im Jahr 1854 zu sich und verlangte ihm bei der zuvor gescheiterten Umsetzung der Einzelhaft in *Preußen* zu helfen.[1841] Bereits im Juni des gleichen Jahres fand in *Sanssouci* eine Konferenz statt, an der neben dem König unter anderem der Justiz-, und der Innenminister sowie *Wichern* teilnahmen und bei der die zukünftige Ausgestaltung der Gefängnisreform diskutiert wurde.[1842] Im Rahmen dieser Konferenz hielt *Wichern* auf Wunsch des Königs einen Vortrag über die weitere Vorgehensweise zur Durchsetzung der Einzelhaft nach dem pennsylvanischen Vorbild.[1843] In diesem erklärte *Wichern* erneut, dass die Gemeinschaftshaft einen Anstieg der Verbrechen zur Folge habe.[1844] Zudem sei das *Auburnsche System* faktisch nicht durchführbar, wovon man auch in England und Amerika nach und nach überzeugt gewesen sei.[1845] Auf den Einwand, dass die Isolation der Häftlinge für diese nachteilig wäre, antwortete *Wichern*, dass er der Überzeugung sei, dass die

---

[1838] Vgl. hierzu den entsprechenden Abschnitt: Kapitel 8.B.III.
[1839] *Schambach*, Johann Hinrich Wichern, S. 111 f.
[1840] *Schambach*, Johann Hinrich Wichern, S. 111 f.
[1841] *Gerhardt*, Johann Hinrich Wichern – Höhe des Schaffens : 1846–1857, S. 336.
[1842] GSTA I HA Rep. 84a, Nr. 7832 Bl. 136; *Nutz*, Strafanstalt als Besserungsmaschine, S. 364.
[1843] *Gerhardt*, Johann Hinrich Wichern – Höhe des Schaffens : 1846–1857, S. 337.
[1844] *Gerhardt*, Johann Hinrich Wichern – Höhe des Schaffens : 1846–1857, S. 337.
[1845] *Gerhardt*, Johann Hinrich Wichern – Höhe des Schaffens : 1846–1857, S. 337.

richtige Anwendung der Einzelhaft in der Isolation von anderen Insassen aber nicht in der strikten Entziehung des menschlichen Kontakts bestünde.[1846]

Anknüpfend an diese Verhandlung ordnete der König die Einsetzung einer Kommission mit dem Zweck der Überprüfung des aktuellen Standes der Durchführung der Einzelhaft im Zellengefängnis Moabit an.[1847] Im Ergebnis stellte man fest, dass die Einzelhaft entgegen der königlichen Anordnung nicht durchgeführt wurde. Vielmehr hatte es Fälschungen hinsichtlich der aufgekommenen Fälle von Selbstmord und Wahnsinn unter den Gefangenen gegeben, mit denen die eigenmächtige Durchführung der Gemeinschaftshaft begründet wurde.[1848]

Um die Kommission, die bis dato vor allem aus Beamten bestand, künftig vielschichtiger zu gestalten, wurde sie auf Wunsch des Königs umgestaltet.[1849] Die Kommission sollte sich mit der Frage beschäftigen, wie neben der Seelsorge der „freiwillige Zuspruch und die christliche Glaubenspflege der Strafgefangenen" vorangetrieben werden könnte und zudem wie lange die Einzelhaft andauern durfte.[1850]

Die Verhandlungen der Kommission dauerten bis in das Jahr 1856 an und wurden sodann im April durch eine königliche Kabinettsordre konkretisiert.[1851] Hier bestimmte *Friedrich Wilhelm IV.*, dass, obgleich er die Einzelhaft nach dem pennsylvanischen Vorbild in der ganzen Monarchie angewandt sehen möchte, deren Einführung zunächst auf die Strafanstalt Moabit beschränkt werden sollte.[1852] Um die Einzelhaft nunmehr effektiv umsetzen zu können wurden fehlende bauliche Gegebenheiten ergänzt, so unter anderem die einzelnen Spazierhöfe für die Gefangenen sowie die Kirche und Schulräume jeweils in einem Hörsaal ähnlicher hinten ansteigender

[1846] *Gerhardt*, Johann Hinrich Wichern – Höhe des Schaffens : 1846–1857, S. 337.
[1847] GSTA I HA Rep. 84a, Nr. 7832 Bl. 137, Kabinettsordre vom 04. August 1854; *Nutz*, Strafanstalt als Besserungsmaschine, S. 364.
[1848] *Rohden*, J.H. Wichern und die preußische Gefängnisreform, S. 190; *Nutz*, Strafanstalt als Besserungsmaschine, S. 365.
[1849] GSTA I HA Rep. 84a, Nr. 7832 Bl. 137, Kabinettsordre vom 04. August 1854; *Nutz*, Strafanstalt und Besserungsmaschine, S. 365.
[1850] *Nutz*, Strafanstalt als Besserungsmaschine, S. 365.
[1851] *Nutz*, Strafanstalt als Besserungsmaschine, S. 365.
[1852] *Nutz*, Strafanstalt als Besserungsmaschine, S. 365.

Form.[1853] Zudem wurde die Notwendigkeit gesehen den Direktor durch eine Persönlichkeit auszutauschen, die sich mit dem *Pennsylvania System* auskannte und von diesem überzeugt war; die Wahl fiel auf *Carl Eduard Schück*.[1854] Die Oberaufsicht für die Strafanstalt Moabit wurde hingegen *Wichern* direkt übertragen, der am 11. Januar 1857 in das kirchliche Amt des Obersten Konsistorialrats und vortragenden Rats im Ministerium des Inneren nach Berlin bestellt wurde.[1855]

Wichern, selbst Befürworter der Einzelhaft, versuchte sodann weitere Reformen anzustoßen.[1856] Er hatte bereits vorher unter anderem die „dramatischen Zustände" in den unter dem Justizministerium stehenden Anstalten moniert.[1857] Das Justizministerium hatte, beeinflusst durch die Philosophie *Hegels*, nicht mehr die Besserung, sondern vielmehr die Wiederherstellung der Rechtsordnung als wesentlichen Strafzweck anerkannt, dem das *Einzelhaftsystem* ihrer Ansicht nach entgegenstand.[1858] Insbesondere die durch die Anhänger der Einzelhaft proklamierte Humanität und den „einseitig betonten Besserungszweck" sahen sie laut *Krohne* mit dem eigenen Strafzweck als unvereinbar an.[1859] Nachdem Ende des 18. Jahrhunderts vorrangig die *Spezialpräventionstheorie* mit den Elementen der Generalprävention und der zwangsweisen Besserung und Umgestaltung der Verbrecher unter dem Aspekt der Humanität proklamiert wurde und entsprechenden Einfluss auf die Reformbemühungen hatte, wandte man sich im preußischen Justizministerium zum alten Strafzweck der Vergeltung. Die Humanität als Beweggrund wird dadurch als negativ angesehen und steht im Widerspruch zur reinen Tatschuldvergeltung. Damit einher geht dann auch die Ablehnung des *Einzelhaftsystems*, dass die Verfechter stets mit Blick auf das Erreichen des humanitären Ziels verteidigt und angepriesen hatten.

Nachdem das Justizministerium die Einführung der Einzelhaft nicht angestrebt hatte und die Strafanstalten zudem stark überfüllt waren, stellte

---

[1853] GSTA I HA Rep. 84a, Nr. 7832 Bl. 207; *Nutz*, Strafanstalt als Besserungsmaschine, S. 365.
[1854] *Nutz*, Strafanstalt als Besserungsmaschine, S. 365.
[1855] *Rohden*, J.H. Wichern und die Preußische Gefängnisreform, S. 197.
[1856] *Krohne*, Lehrbuch der Gefängniskunde, S. 164 f.
[1857] *Berger*, Die konstante Repression, S. 34 f.
[1858] *Krohne*, Lehrbuch der Gefängniskunde, S. 155.
[1859] *Krohne*, Lehrbuch der Gefängniskunde, S. 155.

Wichern bei seinen Besuchen fest, dass die Zustände in den Gefängnissen in der Mitte des 19. Jahrhunderts noch immer ungeordnet waren und aufgrund der grenzenlosen Überfüllung nicht über die notwendige Kapazitäten verfügten, um alle Verurteilten aufzunehmen.[1860]

Wichern hatte darüber hinaus auch die unzureichende Umsetzung der Einzelhaft in *Berlin Moabit* stark kritisiert, denn diese werde nur als Disziplinarstrafe und nicht als Haftsystem durchgeführt.[1861] Unter seiner Aufsicht wurde sodann die absolute Isolationshaft eingeführt und das Personal durch Mitglieder seiner geistlichen Gemeinschaft *Rauhes Haus* ersetzt.[1862] Grundlage hierfür war eine Kabinettsordre vom 5. Juli 1856 durch die der Brüderschaft des *Rauhen Hauses* der Dienst im Zellengefängnis Moabit zum Zwecke der Durchführung der Einzelhaft übertragen wurde.[1863]

5. Durchführung der Einzelhaft unter Wichern[1864]

In seinem Bericht über die *Neue Strafanstalt zu Moabit* setzte sich *Wichern*[1865] mit den Hauptgesichtspunkten der Einzelhaft auseinander. Um den nach dem *Rawiczer Reglement* verbotenen Verkehr der Gefangenen untereinander zu verhindern, hatte man sich zunächst des Verbots des Sprechens untereinander bedient, wobei jeglicher Verstoß dagegen zur Anzeige gebracht werden sollte.[1866] Diese Durchsetzungsmaßnahme sah *Wichern* als gescheitert an.[1867]

1860 *Krohne*, Lehrbuch der Gefängniskunde, S. 154.

1861 *Muntau*, Strafvollzug und Gefangenenfürsorge, S. 34 f.

1862 *Schäche/Szymanski*, Das Zellengefängnis Moabit, S. 22 f.

1863 *Krohne*, Lehrbuch der Gefängniskunde, S. 165; *Gerhardt*, Johann Hinrich Wichern – Höhe des Schaffens: 1846–1857, S. 377.

1864 Auch in der Strafanstalt zu Moabit gab es einen Todesfall der – im Zusammenhang mit weiterer Kritik – die Arbeit von Wichern und der Bruderschaft des Rauhen Hauses einen wesentlichen Einfluss auf das Scheitern Wicherns hatte, vgl. hierzu bspw. *Albert Wu*, „Unashamed of the Gospel“: Johann Hinrich Wichern and the Battle for the Soul of Prussian Prisons.

1865 *Wichern*, Die Neue Strafanstalt spez. Das Zellengefängnis (zu Moabit) in Berlin (1861), abgedruckt in: *Meinhold*, Johann Hinrich Wichern Gesammelte Schriften, Band VI, S. 192–268.

1866 *Wichern*, Die Neue Strafanstalt spez. Das Zellengefängnis, S. 197.

1867 *Wichern*, Die Neue Strafanstalt spez. Das Zellengefängnis, S. 197.

Es habe sich ein

> System von Unwahrheit, ein Knäul von List und Trug, von heimlicher Tyrannei, von sittlicher Not und Verbitterung aller Art in der Gesellschaft der Gefangenen [etabliert], hinter dessen legalem Schein alle Sittlichkeit der Detinierten zu Grabe getragen und die Disziplin der Verwaltung mit dem Ansehen derer, die sie direkt handhaben oder in oberer Instanz überwachen, in ihren tiefsten sittlichen Wurzeln geschwächt und tödlich verletzt werden [müsse],

ein System in dem die schlecht gesinnten Gefangenen die anderen Gefangenen terrorisieren würden.[1868]

Mit der Durchführung der Einzelhaft werde die Strafe von denjenigen Mängeln befreit, mit denen sie in der Form der Gemeinschaftshaft behaftet gewesen sei.[1869] In dem Ersetzen des Schweigesystems durch die Einzelhaft sah *Wichern* zudem die Abschaffung der bisherigen „notwendigen und naturwidrigen polizeilichen Maßnahmen" wodurch der Anspruch an die Disziplin sittlicher Natur wieder in den Vordergrund gerückt und somit in „ihre natürliche berechtigte humane Stellung" eingesetzt werde.[1870] In der Einzelhaft würde der Gefangene als Ersatz für den Kontakt mit den anderen Gefangenen mit „gesitteten Menschen, die ihn heben und ihm mit Ernst und zugleich in Liebe dienen", verkehren, mithin mit den Anstaltsbeamten.[1871] Die Einzelhaft sei geprägt von sittlichen Kräften in Form der Arbeit, der Disziplin, der Erholung, des Unterrichts, der Selbstbeschäftigung, der Predigt und der Seelsorge.[1872] Hinsichtlich der personellen Ausgestaltung bezog sich *Wichern* in seinem Bericht auf die Kabinettsordre des Königs, durch die die Brüder des *Rauhen Hauses* als Anstaltsbeamte eingesetzt werden durften.[1873] Entsprechend wurden die Posten des gesamten Aufseherdienstes durch die Brüder des *Rauhen Hauses* besetzt. Gleiches galt für die Polizeiinspektoren, die Lehrer, den Sekretär, die Oberaufseher, Werkmeister, eine Reihe der Werkgehilfen, sowie die beiden Anstaltsgeistlichen.[1874] Dabei betonte *Wichern*, dass sich die Beamten aus den Reihen der Brüderschaft des *Rauhen*

1868 *Wichern*, Die Neue Strafanstalt spez. Das Zellengefängnis, S. 197 f.
1869 *Wichern*, Die Neue Strafanstalt spez. Das Zellengefängnis, S. 200.
1870 *Wichern*, Die Neue Strafanstalt spez. Das Zellengefängnis, S. 201.
1871 *Wichern*, Die Neue Strafanstalt spez. Das Zellengefängnis, S. 201.
1872 *Wichern*, Die Neue Strafanstalt spez. Das Zellengefängnis, S. 201 f.
1873 *Wichern*, Die Neue Strafanstalt spez. Das Zellengefängnis, S. 205.
1874 *Wichern*, Die Neue Strafanstalt spez. Das Zellengefängnis, S. 205.

Hauses nicht von den sonstigen Anstaltsbeamten unterscheiden würden.[1875] Sie seien gemäß der Anstaltsordnung, ebenso wie die anderen Beamten, der Direktion unterstellt.[1876]

Hauptaugenmerk bei der Verwaltung der Anstalt sei, dass diese unter einem einheitlichen Geiste handele. Der Dienst an dem Menschen, im Besonderen an den „Gefallenen und Leidenden" müsse durch Ernst und Treue mit der Liebe verbunden sein und dadurch die „rechte Weihe" verliehen bekommen.[1877]

In seinem Vortrag *Die Gefangenenfrage im Lichte der Geschichte und des Evangeliums*[1878] im Jahr 1857 hatte *Wichern* dargelegt, dass die Einführung der Freiheitsstrafe dem christlichen Weltbild entspreche. Gleichwohl sei es unabdingbar zu verhindern, dass auch die Freiheitsstrafe zu einer Art der „Marter" werde.[1879] Dabei führte *Wichern* weiter aus:

> Zur Erledigung des innersten Kerns der Gefangenenfrage und namentlich behufs der rechten Handhabung der Vollstreckung einen Standort zu gewinnen, auf dem der Begriff der Strafe nicht durch abschwächende Philanthropie oder Humanität abgestumpft, sondern in strengster Fassung festgestellt und aufrechterhalten wird, von dem aus sich aber trotzdem, ja grade um des vollen Ernstes der zugefügten Strafe willen die Fülle göttlicher und menschlicher Barmherzigkeit und Liebe entfalten [...] [lasse].[1880]

Mithin warnte *Wichern* davor, dass die Humanität einen zu großen Einfluss gewinnen könne und dadurch die Strafe selbst zu sehr abgeschwächt werde. Er proklamierte, dass es vielmehr notwendig sei, dass die Strafe in ihrer Ernsthaftigkeit aufrechterhalten bliebe. Gleichwohl verwies er konkret darauf, dass die göttliche und menschliche Barmherzigkeit und Liebe in der Strafe enthalten sein müsse. Entsprechend sah er den reinen Humanismus und das strikte Bestreben der Humanisten als potenzielles Konterkarieren der Strafe und verweist vielmehr auf die religiösen Aspekte in Form von göttlicher und menschlicher Barmherzigkeit. Das entspricht den grundsätzlichen

---

1875 *Wichern*, Die Neue Strafanstalt spez. Das Zellengefängnis, S. 206.

1876 *Wichern*, Die Neue Strafanstalt spez. Das Zellengefängnis, S. 206.

1877 *Wichern*, Die Neue Strafanstalt spez. Das Zellengefängnis, S. 207.

1878 *Wichern*, Gefangenenfrage in der Geschichte und im Evangelium (1857), in: *Meinhold*, Johann Hinrich Wichern, Band VI, S. 85–100.

1879 *Wichern*, Gefangenenfrage in der Geschichte und im Evangelium, S. 91.

1880 *Wichern*, Gefangenenfrage in der Geschichte und im Evangelium, S. 91.

Spannungen zwischen Humanismus und Religion zu dieser Zeit. Angestoßen von der Aufklärung wandte man sich stetig von der Religion als Wahrheitsanspruch ab und suchte diesen vielmehr in der Moral und Tugend,[1881] sodass der Humanismus zur „Neuen Religion" geworden war.[1882] Der Fokus des religiösen *Wichern* lag hingegen zu dieser Zeit noch immer auf dem Blickwinkel der Kirche und der Religion selbst. Dabei darf nicht außer Acht gelassen werden, dass die Forderung nach Barmherzigkeit und Liebe vielmehr an die von der Humanität geforderte menschliche Behandlung erinnern und infolgedessen nicht nur als reine religiöse Forderung angesehen werden kann, sondern vielmehr als Ausfluss der philanthropisch-religiösen Bewegung, die bereits Ende des 18. Jahrhunderts einen großen Einfluss hatte.

6. Denkschrift über die Einzelhaft (1861)

a) Inhalt

1861 wurde eine *Denkschrift des Ministers des Innern* an den Landtag über die Einzelhaft veröffentlicht, in der diese im Allgemeinen bewertet und die Notwendigkeit des legislativen Handelns für deren rechtmäßige Durchführung erörtert wurde.[1883]

Zu Beginn wurde zunächst darauf hingewiesen, dass die gemeinschaftliche Haft die konsequente Entwicklung darstelle, die an die Einführung der Freiheitsstrafe anknüpfen würde.[1884] Diese sei sodann im weiteren Verlauf mehreren Änderungen unterzogen worden, und befände sich nach wie vor im Wandel.[1885] Allerdings führe diese gemeinschaftliche Haft zu einem Nebeneinander der Verbrecher, wodurch eine „verbrecherische Gemeinschaft" entstanden sei.[1886] Um die Gefahren dieser Gemeinschaft zu verhindern, sei eine Abtrennung der Gefangenen untereinander notwendig.[1887]

Das zur *Einzelhaft* alternative *Schweigesystem* widerspreche dem Kommunikationsbedürfnis der Gefangenen und könne dementsprechend nicht

---

[1881] *Schneider*, Zeitalter der Aufklärung, S. 8.
[1882] *Harari*, Homo Deus – Eine Geschichte von Morgen, S. 342.
[1883] Die Denkschrift des Ministers des Innern an den Landtag über die Einzelhaft, 1861, abgedruckt in: Goltdammer, Archiv für Preußisches Strafrecht, 9. Band, Berlin 1861.
[1884] *Ministerium des Innern*, Denkschrift über die Einzelhaft, S. 245.
[1885] *Ministerium des Innern*, Denkschrift über die Einzelhaft, S. 245 f.
[1886] *Ministerium des Innern*, Denkschrift über die Einzelhaft, S. 246.
[1887] *Ministerium des Innern*, Denkschrift über die Einzelhaft, S. 246.

erfolgreich durchgeführt werden, sodass auch in dem *Schweigesystem* der Kontakt der Gefangenen nicht vollständig verhindert werden könne.[1888] Es gebe ständige Übertretungen des Schweigegebots wobei versucht werde den Regelverstoß seitens der Gefangenen zu verschleiern. Entsprechend seien die Gefangenen nur zum Schein gehorsam und würden hierdurch zur „Verstellung, Hinterlist und Lüge" getrieben.[1889] Insoweit es doch zu einer Anzeige des Verstoßes seitens der Aufseher käme, so führe dies nur dazu, dass sich der ertappte Gefangene ungerecht behandelt fühle, denn er wisse, dass sämtliche Mitgefangenen gegen diese Vorschrift verstoßen würden.[1890] Während der Verkehr der Gefangenen durch Kommunikation verboten sei, fehle es an einem Ersatz des „Menschenbedürfnisses der Sprache" in der Gemeinschaftshaft,[1891] das innerhalb der Denkschrift als „unzweifelhaftes Menschenrecht" bezeichnet wird.[1892]

Sodann wurde auf das Haftsystem der Einzelhaft eingegangen und erklärt, dass die Umsetzung nur unzureichend und häufig im Wechsel mit der Gemeinschaftshaft erfolge und an den baulichen Unzulänglichkeiten scheitern würde.[1893] Eine umfassende Durchführung der Einzelhaft sei hingegen in der *Moabiter Strafanstalt* verwirklicht.[1894] Im Rahmen dieser Ausführungen wird zunächst vorangestellt, dass sich die Einzelhaft von der Gemeinschaftshaft hinsichtlich der gesetzlichen Vorgaben der Vollstreckung der Strafe nicht unterscheide, indem weiterhin die reglementarischen Bestimmungen, in Form des *Rawiczer Reglements* Anwendung fänden.[1895] Hierbei habe es lediglich erforderliche Modifikationen des Reglements gegeben, die im Interesse der Verwaltung und der Gefangenen vorgenommen wurden.[1896] Die Einzelhaft könne die Zustände für die Häftlinge bessern und müsse aus moralischen Gründen angewendet werden,[1897] denn ihre Absonderung

---

1888 *Ministerium des Innern*, Denkschrift über die Einzelhaft, S. 247–250.
1889 *Ministerium des Innern*, Denkschrift über die Einzelhaft, S. 247.
1890 *Ministerium des Innern*, Denkschrift über die Einzelhaft, S. 247.
1891 Mit Blick auf die Nennung des Schweigegebots ist hier davon auszugehen, dass das *Auburn System* und nicht die früher übliche Gemeinschaftshaft gemeint ist.
1892 *Ministerium des Innern*, Denkschrift über die Einzelhaft, S. 252.
1893 *Ministerium des Innern*, Denkschrift über die Einzelhaft, S. 250.
1894 *Ministerium des Innern*, Denkschrift über die Einzelhaft, S. 250.
1895 *Ministerium des Innern*, Denkschrift über die Einzelhaft, S. 250 f.
1896 *Ministerium des Innern*, Denkschrift über die Einzelhaft, S. 251.
1897 *Ministerium des Innern*, Denkschrift über die Einzelhaft, S. 249.

untereinander schaffe eine für den Gefangenen positive Atmosphäre, durch die ihm die Wiedereingliederung in die Gesellschaft nach der Haftentlassung im Vergleich zur Gemeinschaftshaft, in der Kontakte zu anderen Straftätern geknüpft und nach der Entlassung aufrechterhalten würden, vereinfacht werde.[1898]

Während in der gemeinschaftlichen Haft die Gefangenen untereinander verbotswidrig in Kontakt treten würden und keine alternativen Ansprechpartner hätten, sei bei dem Prinzip der Einzelhaft hingegen eine Kommunikation mit Personen, die nicht ebenfalls Häftlinge seien, ausdrücklich angeordnet, wodurch dem Gefangenen sein Gewissen, das als Kern des sittlichen Lebens bezeichnet wird, zurückgegeben werden würde.[1899] Bei dem Gewissen handele es sich um das wichtigste menschliche Gut.[1900] Ein weiterer wichtiger Aspekt der Einzelhaft sei zudem der Schulunterricht, der allen Gefangenen zuteil werde.[1901] Mit Blick auf das Arbeitspensum sowie des dafür veranschlagten Verdienstes ergebe sich kein Unterschied zu den Bestimmungen bei der gemeinschaftlichen Haft.[1902] Hierbei habe sich gezeigt, dass die Arbeitserfolge in der Strafanstalt Moabit besonders gut seien.[1903]

Hinsichtlich etwaiger Nachteile für die psychische Gesundheit der Gefangenen wurde erläutert, dass in *Berlin Moabit* zwischen 1857 bis 1860 nur ein Fall von Geisteskrankheit und ein Selbstmord zu verzeichnen gewesen wären, wobei letzterer nicht auf die Einzelhaft zurückzuführen sei.[1904] Vielmehr habe die Einzelhaft eine positive Auswirkung dahingehend, dass sie zur „inneren Hebung und Heilung“ der Gefangenen führe.[1905] Während die Selbstmordrate in den Jahren 1858 und 1859 in den 35 unter der Aufsicht des Innenministeriums stehenden Strafanstalten bei 13, beziehungsweise 14 Selbstmorden lag,[1906] sei hiervon nur ein Fall in Moabit aufgetreten.[1907]

[1898] *Ministerium des Innern*, Denkschrift über die Einzelhaft, S. 252.
[1899] *Ministerium des Innern*, Denkschrift über die Einzelhaft, S. 252, 253.
[1900] *Ministerium des Innern*, Denkschrift über die Einzelhaft, S. 253.
[1901] *Ministerium des Innern*, Denkschrift über die Einzelhaft, S. 253.
[1902] *Ministerium des Innern*, Denkschrift über die Einzelhaft, S. 254.
[1903] *Ministerium des Innern*, Denkschrift über die Einzelhaft, S. 254.
[1904] *Ministerium des Innern*, Denkschrift über die Einzelhaft, S. 254.
[1905] *Ministerium des Innern*, Denkschrift über die Einzelhaft, S. 255.
[1906] Es fehlt hier an einer Erklärung, wieso die Zahl der Selbstmorde nicht auf 13 oder 14 festgelegt werden kann.
[1907] *Ministerium des Innern*, Denkschrift über die Einzelhaft, S. 254.

Im Ergebnis wurde in der *Denkschrift* festgehalten, dass die Einzelhaft als Fortschritt anzusehen sei und die gesetzliche Strafe dadurch nicht verschärft, abgeschwächt oder anderweitig modifiziert werden würde, sondern mit dieser übereinstimme.[1908] Entsprechend bedürfe es auch keiner neuen gesetzlichen Grundlage, sondern es könne weiterhin auf § 11 des Strafgesetzbuches[1909] zurückgegriffen werden.[1910]

Die im Rahmen der Denkschrift postulierte positive Bewertung der Einzelhaft entsprach dem Grunde nach den Forderungen und Bestrebungen von sowohl der *Rheinisch-Westfälischen Gefängnisgesellschaft*, *Julius*, *Wicherns* sowie des Königs, die sich für die Einzelhaft ausgesprochen hatten.[1911] Hinsichtlich der Denkschrift wird darauf hingewiesen, dass diese ausweislich *Krohne* von *Wichern* selbst verfasst und dementsprechend im Lichte seiner Arbeit als Begründer und oberstes Mitglied des *Rauhen Hauses*, sowie offener Verfechter der Einzelhaft zu bewerten ist.[1912]

Die Einzelhaft stieß somit zu dieser Zeit vor allem bei den Theoretikern auf breite Zustimmung, allerdings wurde die Umsetzung der Einzelhaft in der *Strafanstalt Moabit*, insbesondere mit Blick auf die Beteiligung der Brüderschaft des *Rauhen Hauses* kritisch gesehen. Diese Kritik, sowie generelle rechtliche Bedenken gipfelten in den folgenden Jahren in vor allem den von *Holtzendorff* veröffentlichten Broschüren.

b) Rechtliche Bedenken an der Denkschrift und der „Broschürenkrieg“[1913]

Insbesondere die in der Denkschrift postulierte Auffassung, dass es für die Durchführung der Einzelhaft keiner gesonderten Gesetzesgrundlage bedürfe,

---

1908 *Ministerium des Innern*, Denkschrift über die Einzelhaft, S. 262.

1909 § 11 PrStGB – Vollzug der Zuchthausstrafe „Die zur Zuchthausstrafe Veurtheilten werden in einer Strafanstalt verwahr und zu den in denselben eingeführten Arbeiten angehalten."

1910 *Ministerium des Innern*, Denkschrift über die Einzelhaft, S. 257, 262.

1911 *Sieverts*, Zur Geschichte der Reformversuche im Freiheitsstrafvollzug, S. 48 f.

1912 *Krohne*, Lehrbuch der Gefängniskunde, S. 166 Fn. 20; außerdem ist die Denkschrift in den gesammelten Werken von Wichern abgedruckt, was ebenfalls für eine Verfassung durch eben diesen spricht, vgl. hierzu *Meinhold*, Johann Hinrich Wichern, Band VI, S. 279–302; *Gerhardt*, Johann Hinrich Wichern – Ausbau und Ende: 1857–1881, S. 223.

1913 So bezeichnet von: *Gerhardt*, Johann Hinrich Wichern – Ausbau und Ende: 1857–1881, S. 238.

stieß auf Kritik. Bereits das Abgeordnetenhaus beantragte, dass ein entsprechender Gesetzesvorschlag geschaffen und die Anwendung der Einzelhaft nicht ausgedehnt werde.[1914] Die Mehrheit sprach sich für diesen Antrag aus, der, bei lediglich zwei Gegenstimmen, an das Plenum weitergereicht wurde.[1915]

Kritik an der Denkschrift gab es allerdings nicht nur innerhalb des Parlaments, auch der außerordentliche Professor für Rechtswissenschaften an der Universität Berlin, *Franz von Holtzendorff* äußerte sich hierzu äußerst kritisch.[1916] Nach dessen Auffassung verstieß die seinerzeit angewandte Einzelhaft in der Strafanstalt Moabit nicht nur gegen § 11 PrStGB[1917] sondern zudem auch gegen die allgemein wissenschaftlich anerkannten Rechtsprinzipien.[1918] Entgegen den Ausführungen der Denkschrift bestünden in dem *Rawiczer Reglement* und auch im PrStGB keine Anhaltspunkte dafür eine Einzelhaft durchzuführen, vielmehr seien beide auf die Durchführung der gemeinschaftlichen Haft ausgelegt. Entsprechend würde es nicht ausreichen, wenn die Verwaltung erkennen würde, dass das Schweigesystem naturwidrig und nutzlos sei, um die Einzelhaft zur Anwendung zu bringen.[1919]

Aus dieser Formulierung lässt sich bereits erkennen, dass sich die Kritik hier nicht gegen die Einzelhaft selbst wendete, sondern gegen den Inhalt der Denkschrift. Auch die disziplinarische Maßnahme der Einzelhaft, wie sie

---

1914 *Gerhardt*, Johann Hinrich Wichern – Ausbau und Ende: 1857–1881, S. 224.

1915 *Gerhardt*, Johann Hinrich Wichern – Ausbau und Ende: 1857–1881, S. 225.

1916 *Gerhardt*, Johann Hinrich Wichern – Ausbau und Ende: 1857–1881, S. 225.; *Holtzendorff*, Rechtliche Bedenken gegen die preussische Denkschrift betreffend die Einzelhaft, Berlin 1861; *Holtzendorff*, Franz von Holtzendorff, S. 61–63.

1917 § 11 [Vollzug der Zuchthausstrafe] PrStGB 1851

Die zur Zuchthausstrafe Verurtheilten werden in einer Strafanstalt verwahrt und zu den in derselben eingeführten Arbeiten angehalten.

Während der Strafzeit sind die zur Zuchthausstrafe Verurtheilten unfähig, ihr Vermögen zuverwalten und unter Lebenden darüber zu verfügen; sie werden nach den Formen, die zur Ernennung der Vor- münder vorgeschrieben sind, unter Vormundschaft gestellt; auch darf ihnen während der Strafzeit kein Theil ihres Vermögens oder ihrer Einkünfte verabfolgt werden.

Die Verurtheilung zur Zuchthausstrafe zieht den Verlust der bürgerlichen Ehre von Rechtswegen nach sich.

Abrufbar über: https://www.koeblergerhard.de/Fontes/StrafgesetzbuchPreussen1851.pdf. (Zugriff zuletzt Juni 2026)

1918 *Holtzendorff*, Rechtliche Bedenken gegen die preussische Denkschrift, S. 7.

1919 *Holtzendorff*, Rechtliche Bedenken gegen die preussische Denkschrift, S. 9.

bereits in vielen Strafanstalten angewendet wurde, wurde von *Holtzendorff* nicht kritisiert. Die Kritik beschränkte sich weiterhin auf die allgemeine Anwendung der Einzelhaft in Moabit ohne einer entsprechenden rechtlichen Grundlage.[1920]

Hinsichtlich der Durchführung der Einzelhaft und der bis dato gemachten Erfahrungen stellte er heraus, dass die seinerzeitige Datenlagen bezüglich des Gesundheitszustandes der Gefangenen sowie der Selbstmordraten durchaus erfreulich und positiv zu bewerten seien. Allerdings erklärte er seine Besorgnis mit Blick auf die Zukunft, indem die maximale Strafzeit in Moabit mit zehn oder zwölf Jahren deutlich länger sei als die bislang erprobte Einzelhaft in Bruchsal, wo sie sechs Jahre andauern konnte.[1921]

Holtzendorff kritisierte an der positiven Selbstbeurteilung der Strafanstalt Moabit insbesondere die fehlende Auseinandersetzung mit den verschiedenen Erfahrungen aus den amerikanischen, englischen und französischen Haftanstalten. Es sei in diesem Zusammenhang nicht ausreichend, sich auf einen einzelnen Zeitraum und die dort gemachten positiven Erfahrungen zu stützen, während die bereits anderswo gesammelten Erfahrung unerwähnt blieben.[1922] Darüber hinaus ging er kurz auf die Beteiligung der Brüderschaft des *Rauhen Hauses* ein, wobei er die Nennung von deren Beteiligung in *Moabit* im Rahmen der Denkschrift vermisste.[1923] Hierbei betonte er, dass die mitunter erheblichen Einwürfe gegen deren Nutzen in den Strafanstalten nicht unbeachtet bleiben dürften.[1924] Zudem handele es sich nach verbreiteter Meinung bei der Einzelhaft um eine „graduell gesteigerte Form der Freiheitsstrafe", denn durch diese würde die Freiheit des Gefangenen deutlich strenger eingeschränkt als bei der gemeinschaftlichen Haft. Selbst unter Berücksichtigung des dort angewandten Schweigegebots, erlaube die Gemeinschaftshaft eine breitere Freiheit als die Einzelhaft.[1925] Durch die stärkere Einschränkung der Freiheit der Gefangenen in der Einzelhaft seien die Einflüsse auf ihre Besserung in sittlicher und tatsächlicher Hinsicht weit wirksamer als in der Gemeinschaftshaft. Aus diesem Grund müsse die Strafe

---

1920 *Holtzendorff*, Rechtliche Bedenken gegen die preussische Denkschrift, S. 9 f.
1921 *Holtzendorff*, Rechtliche Bedenken gegen die preussische Denkschrift, S. 11.
1922 *Holtzendorff*, Rechtliche Bedenken gegen die preussische Denkschrift, S. 6 f., 16.
1923 *Holtzendorff*, Rechtliche Bedenken gegen die preussische Denkschrift, S. 12.
1924 *Holtzendorff*, Rechtliche Bedenken gegen die preussische Denkschrift, S. 12.
1925 *Holtzendorff*, Rechtliche Bedenken gegen die preussische Denkschrift, S. 14 f.

bei der Durchführung der Einzelhaft im Verhältnis zur Gemeinschaftshaft reduziert werden.[1926] Dass diese faktische Verschärfung nicht erkannt wurde, stellte nach *Holtzendorff* ein Verkennen des Kerns der Einzelhaft dar und widersprach den Gesetzgebungen von Württemberg, Hessen-Darmstadt sowie Bayern und Hannover.[1927] Vielmehr bedurfte die Anwendung der Einzelhaft einer Reduzierung des Strafmaßes.[1928]

Diese Forderung entspricht dem Ergebnis des *Ersten Internationalen Gefängniskongresses* 1846[1929] in Frankfurt am Main, denn auch hier hatte man eine proportionale Reduzierung der Strafzeit aufgrund der Anwendung der Einzelhaft gefordert.[1930] Dass die Regierung hier keine Reduzierung des Strafmaßes vornahm, wurde zudem vor dem Hintergrund kritisiert, dass dadurch die Möglichkeit auf die allgemeine Einführung der Einzelhaft korrumpiert werden würde.[1931]

Insgesamt betonte *Holtzendorff* am Ende seines Werkes wiederholt, dass nicht die Einzelhaft selbst, deren Vorzüge er sich bewusst sei, kritisiert werde, sondern er vielmehr die Notwendigkeit sehe, das Recht zu schützen.[1932] Die Art der Einzelhaft, die in der *Strafanstalt Moabit* durchgeführt werde, verstoße seines Erachtens gegen das Recht.[1933] Dabei zweifele er nicht an der „Guthmütigkeit und dem Wohlwollen", sah aber dennoch die Notwendigkeit, das Recht auch gegen die „Bekehrungsversuche einer gutgesinnten Verwaltung" zu schützen.[1934]

Neben *Holtzendorff* griff auch die Presse in den Diskurs ein, die an dem Vorhaben der Regierung und der Denkschrift Kritik übte und zudem mit der Auffassung *Holtzendorffs* sympathisierte.[1935] Insofern gab es auch verschiedene positive und zustimmende Berichterstattungen in der Presse.[1936] Allerdings

---

[1926] *Holtzendorff*, Rechtliche Bedenken gegen die preussische Denkschrift, S. 15.
[1927] *Holtzendorff*, Rechtliche Bedenken gegen die preussische Denkschrift, S. 17, 29.
[1928] *Holtzendorff*, Rechtliche Bedenken gegen die preussische Denkschrift, S. 15.
[1929] Zum internationalen Gefängniskongress vgl. Kapitel 9.
[1930] Vgl. hierzu: Verhandlungen der ersten Versammlung für Gefängnissreform, vierte Sitzung, S. 173–214.
[1931] *Holtzendorff*, Rechtliche Bedenken gegen die preussische Denkschrift, S. 17.
[1932] *Holtzendorff*, Rechtliche Bedenken gegen die preussische Denkschrift, S. 30.
[1933] *Holtzendorff*, Rechtliche Bedenken gegen die preussische Denkschrift, S. 7, 28.
[1934] *Holtzendorff*, Rechtliche Bedenken gegen die preussische Denkschrift, S. 30.
[1935] *Gerhardt*, Johann Hinrich Wichern – Ausbau und Ende: 1857–1881, S. 227.
[1936] *Gerhardt*, Johann Hinrich Wichern – Ausbau und Ende: 1857–1881, S. 227.

lag die endgültige Entscheidung über den Antrag des Abgeordnetenhauses zur Einführung der Einzelhaft, obgleich sie außerhalb der Regierung diskutiert wurde, beim Parlament, das ihn im Anschluss an die Debatte vollständig angenommen hatte.[1937] *Wichern* verbuchte diese Entscheidung zwar als Erfolg und Sieg für die Sache der Einzelhaft, allerdings war dies eher als Scheinerfolg zu werten.[1938]

In diesem Zusammenhang wies *Gerhardt* zu Recht darauf hin, dass die Kritik mit der die Denkschrift und damit auch ihr Verfasser *Wichern* konfrontiert wurde, hätte verhindert werden können, wenn *Wichern* über eine juristische Ausbildung verfügt hätte und dementsprechend die juristischen Maximen eingehalten worden wären.[1939] Eine fehlende gesetzliche Grundlage für die Durchführung der Einzelhaft stellte eine angebrachte Forderung dar, der durch die Entscheidung des Parlaments auch stattgegeben wurde.[1940] Bereits im Vorfeld hatte es immer wieder darüber Konsens gegeben, dass eine Gesetzesgrundlage geschaffen werden müsste, damit die Einzelhaft durchgeführt werden konnte, sowohl in den Kommissionsberatungen der zweiten Kammer, als auch im Plenum.[1941] Die Ablehnung der Denkschrift war mithin nicht überraschend und hätte vorhergesehen und verhindert werden können.[1942]

Aber nicht nur die Denkschrift und damit verbunden die Einführung der Einzelhaft ohne gesetzliche Grundlage stießen auf Kritik, kurze Zeit später wurde die Beschäftigung der Brüderschaft des *Rauhen Hauses* in der Strafanstalt Moabit Gegenstand einer Debatte.[1943] Juristen dieser Zeit waren der Überzeugung, dass die Strafe dadurch zur Inneren Mission zugehörig gemacht werde und den „Charakter [...] eines Rechtsaktes" verlieren würde.[1944]

1937 *Gerhardt*, Johann Hinrich Wichern – Ausbau und Ende: 1857–1881, S. 228.
1938 *Gerhardt*, Johann Hinrich Wichern – Ausbau und Ende: 1857–1881, S. 233.
1939 *Gerhardt*, Johann Hinrich Wichern – Ausbau und Ende: 1857–1881, S. 233.
1940 *Gerhardt*, Johann Hinrich Wichern – Ausbau und Ende: 1857–1881, S. 233 f.
1941 *Gerhardt*, Johann Hinrich Wichern – Ausbau und Ende: 1857–1881, S. 234.
1942 *Gerhardt*, Johann Hinrich Wichern – Ausbau und Ende: 1857–1881, S. 234.
1943 *Krohne*, Lehrbuch der Gefängniskunde, S. 165 f; *Gerhardt*, Johann Hinrich Wichern – Ausbau und Ende: 1857–1881, S. 234.
1944 *Krohne*, Lehrbuch der Gefängniskunde, S. 165.

Erneut ergriff *Franz von Holtzendorff*, der auch als Gegner von *Wichern* bezeichnet wird,[1945] das Wort und widmete der Frage nach der Angemessenheit dieser Aufgabenübertragung ein gesamtes Werk.[1946] Er stützte sich dabei auf ihm vorliegende Schriftstücke, die aus den Personalakten eines ehemaligen Bruders stammten und sämtlich von *Wichern* unterzeichnet waren.[1947]

Nachdem er die Tatsachen aus den ihm vorliegenden Unterlagen wiedergegeben hatte, kam er zu dem Ergebnis, dass mit der Brüderschaft des Rauhen Hauses „ein protestantischer Orden im Staatsdienst" handele.[1948] Die Tätigkeit des Ordens sei „gefährlich und im höchsten Grade verwerflich [...], soweit sie durch den Staat in Anspruch genommen [...] [werde]", dabei sei sie „doppelt gefährlich" insoweit sie in den Strafanstalten Preußens stattfinden würde.[1949] Letzteres begründete er damit, dass der *Oberconvictmeister des Ordens*[1950] gleichzeitig an die Spitze der Gefängnisverwaltung in Preußen eingesetzt wurde, wodurch die „schiefen Tendenzen der Brüderschaft" durch die in der *Strafanstalt Moabit* eingerichtete Einzelhaft begünstigt werden könne.[1951] Er übte zudem scharfe Kritik an den Motiven und Zielen der Brüderschaft, die er in dem Kampf gegen die Welt außerhalb dieser Brüderschaft sah. Hieran anknüpfend bezeichnete er deren Bundeslied als ein „Kriegslied für eine neue theologisch militärische Organisation".[1952]

Zudem sah *Holtzendorff* innerhalb der Brüderschaft viel Heuchelei, die er zwar nicht sämtlichen Mitglieder vorwarf, aber von deren Existenz er innerhalb der Brüderschaft fest überzeugt war.[1953] Er forderte „vom Standpunkte der Gefängniswissenschaft" die Entfernung der Brüderschaft aus den preußischen Strafanstalten.[1954] Zur Untermauerung seiner Auffassung griff er auf andere „sachverständige[r] Männer" zurück.[1955] Zunächst zitierte er

[1945] *Schambach*, Johann Hinrich Wichern, S. 128.

[1946] Franz von Holtzendorff, Die Brüderschaft des Rauhen Hauses, ein protestantischer Orden im Staatsdienst- Aus bisher unbekannten Papieren dargestellt, Berlin 1861.

[1947] *Holtzendorff*, Die Brüderschaft des Rauhen Hauses, S. 3 f.

[1948] *Holtzendorff*, Die Brüderschaft des Rauhen Hauses, S. 34.

[1949] *Holtzendorff*, Die Brüderschaft des Rauhen Hauses, S. 35.

[1950] Damit meinte er *Wichern*.

[1951] *Holtzendorff*, Die Brüderschaft des Rauhen Hauses, S. 35.

[1952] *Holtzendorff*, Die Brüderschaft des Rauhen Hauses, S. 40.

[1953] *Holtzendorff*, Die Brüderschaft des Rauhen Hauses, S. 43 f.

[1954] *Holtzendorff*, Die Brüderschaft des Rauhen Hauses, S. 43.

[1955] *Holtzendorff*, Die Brüderschaft des Rauhen Hauses, S. 44.

erneut[1956] Herrn *Friedrich Heinrich Wilhelm Hoyer* (1796–1863)[1957], der seinerzeit Strafanstaltsdirektor in der Anstalt Vechta in Oldenburg gewesen war. Dieser habe erklärt, dass für die Lehre der Religion ein „gediegener, liebevoller Geistlicher" gebraucht werde, anstatt eines „nüchternen Moralprediger[s]", „Eiferer[s]" oder „Gewissenspolterer[s]".[1958] *Hoyer* habe überdies betont, dass sich bei der Überprüfung eines Aufsehers der Brüderschaft herausgestellt habe, dass dieser zwar auf der einen Seite ein intelligenter und zudem überaus fähiger Mann gewesen sei, er gleichzeitig aber seine eigene Glaubensrichtung derart in den Fokus gerückt habe, dass er sowohl Geistliche als auch Lehrer belehrte und die Gefangenen „irre" gemacht habe.[1959] Einen anderen Aufseher habe man als „lasterhaften Heuchler" enttarnen können.[1960] Dabei kam er zu dem Schluss, dass insofern die Aufseher in ihrer eindimensionalen Religiosität gefangen seien und auf deren Grundlage auf die Gefangenen einwirkten, keine positiven Ergebnisse erwartet werden könnten.[1961]

Holtzendorff verwies zudem auf *Mittermaier, Julius* sowie *Roeder*, die sich ebenfalls gegen die Beteiligung der Brüderschaft in der Strafanstalt *Moabit* ausgesprochen hatten.[1962]

Zusammenfassend erinnerte *Holtzendorff* noch einmal daran, dass in der Brüderschaft einige „Hochmüthige und Heuchler" seien, deren negativer Einfluss Auswirkungen auf die sonstigen Mitglieder habe.[1963] *Holtzendorff* vermittelte hier den Eindruck von überaus strikten, fast fanatischen Mitgliedern, die sich selbst als moralisch überlegen ansehen und im Ergebnis die „moralische Herrschaft" übernehmen würden.[1964] Gegenüber diesen Brüdern, aber auch Beamten, seien die Gefangenen schutzlos, wodurch die Unabhängigkeit des eigenen Gewissens sowie die Freiheit des Bekenntnisses

---

1956 Auf diesen hatte Holtzendorff bereits im Rahmen seines Werkes: Gesetz oder Verwaltungsmaxime? Rechtliche Bedenken gegen die preussische Denkschrift, Berlin 1861, S. 12–13, Bezug genommen.

1957 *Talkenberger*, Schreiben im Gefängnis, S. 102.

1958 *Holtzendorff*, Die Brüderschaft des Rauhen Hauses, S. 44.

1959 *Holtzendorff*, Die Brüderschaft des Rauhen Hauses, S. 45.

1960 *Holtzendorff*, Die Brüderschaft des Rauhen Hauses, S. 45.

1961 *Holtzendorff*, Rechtliche Bedenken gegen die preussische Denkschrift, S. 13.

1962 *Holtzendorff*, Die Brüderschaft des Rauhen Hauses, S. 45.

1963 *Holtzendorff*, Die Brüderschaft des Rauhen Hauses, S. 45 f.

1964 *Holtzendorff*, Die Brüderschaft des Rauhen Hauses, S. 46.

bedroht seien.[1965] Diese starke Einwirkung auf die Gefangenen von außen war für *Holtzendorff* häufig schlimmer als die schwersten Arbeiten, die den Gefangenen auferlegt werden konnten.[1966]

Insgesamt ist *Holtzendorff* so zu verstehen, dass er bei den Brüdern des *Rauhen Hauses* ein starkes Ordensbewusstsein[1967] sah, das im Vordergrund ihrer Tätigkeit im Gefängnis stand, wodurch die staatlichen Maximen der Gefängnisverwaltung in den Hintergrund treten würden. Dies hatte sich laut *Holtzendorff* bereits in der Vergangenheit gezeigt, als die Brüder des *Rauhen Hauses* über Fragen der Strafanstalt Moabit betreffend berieten, ohne den damaligen Direktor *Schück* einzubeziehen.[1968] *Schück* war daraufhin nach Breslau versetzt worden und wurde von dem Autor als Opfer der Differenzen zwischen der Brüderschaft und der Verwaltung bezeichnet.[1969] Den Hintergrund dieser Vorgehensweise sah *Holtzendorff* in der Maxime des Ordens, nachdem dieser intervenieren konnte, soweit ein Amt nicht im Sinne und im Geiste der Brüderschaft ausgeführt wurde.[1970]

Daraus ergibt sich mithin das Selbstverständnis der Brüderschaft, die sich über die Gefängnisverwaltung und damit über die von der Regierung vorgegebenen Regeln stellte und nur den Maximen der Brüderschaft zu unterliegen schien, nicht aber den gesetzlichen Vorgaben. Damit entsprach *Holtzendorff* der damaligen allgemeinen Meinung der Öffentlichkeit, dass durch die Involvierung der Brüderschaft in den Strafanstalten die Gefahr bestehe, dass eine „ungesunde Religiosität“ Einzug halten würde.[1971]

Dabei betonte *Holtzendorff*, dass er die altpreußischen Unteroffiziere, die seiner Ansicht nach nur über unzureichende Bibelkenntnisse, eine „militärische Gradheit“ sowie „harsche Unbefangenheit“ verfügten, den Brüdern des *Rauhen Hauses* für die Strafanstalten vorziehen würde.[1972]

Am Ende seines Werkes forderte *Holtzendorff*:

[1965] *Holtzendorff*, Die Brüderschaft des Rauhen Hauses, S. 46.
[1966] *Holtzendorff*, Die Brüderschaft des Rauhen Hauses, S. 46.
[1967] *Holtzendorff*, Die Brüderschaft des Rauhen Hauses, S. 46.
[1968] *Holtzendorff*, Die Brüderschaft des Rauhen Hauses, S. 47.
[1969] *Holtzendorff*, Die Brüderschaft des Rauhen Hauses, S. 47.
[1970] *Holtzendorff*, Die Brüderschaft des Rauhen Hauses, S. 47.
[1971] *Krohne*, Lehrbuch der Gefängniskunde, S. 165 f.
[1972] *Holtzendorff*, Die Brüderschaft des Rauhen Hauses, S. 46.

> Gegen die Überschwemmung Preußischer Strafanstalten durch Brüder des rauhen Hauses muß aber bei Zeiten Vorkehrungen getroffen werden. Das Recht der Gefangenen wie das Interesse der Staatsverwaltung scheinen uns dies gebieterisch zu fordern. Die Lösung der bisher eingegangenen Verbindlichkeiten muß unverzüglich in Angriff genommen werden.[1973]

Dem Werk von *Holtzendorff* wurde in der Öffentlichkeit nicht nur mit breitem Interesse begegnet, es verfügte auch über das Potential die Reformarbeit *Wicherns* zunichtezumachen.[1974]

Denn *Holtzendorff* beließ es nicht bei seinen schriftlichen Äußerungen, die sich bis nach England und Amerika ausbreiteten, sondern hielt unter anderem in Dublin einen kritischen Vortrag gegen das *Rauhe Haus*.[1975]

Im Weiteren äußerten sich verschiedene Persönlichkeiten, teilweise negativ und teilweise positiv über das Rauhe Haus, darunter auch *Julius*, dessen „Schützling" *Wichern* gewesen war.[1976] Allerdings wurde dessen Stellungnahme von *Holtzendorff* sodann abgeschwächt, indem er auf einen kritischen Brief von *Julius* über das Rauhe Haus hinwies.[1977]

Es folgte der sogenannte *Broschürenkrieg*[1978] über die Frage der weiteren Beteiligung der Brüderschaft in der *Strafanstalt Moabit*, deren Entscheidung im Rahmen der Sitzungen der Budgetkommission im August 1862 stattfand.[1979] Hatte man sich zunächst nur darauf einigen können, dass die Staatsregierung aufzufordern sei, eine gesetzliche Grundlage für die Durchführung der Einzelhaft vorzulegen,[1980] wurde in der zweiten Sitzung der Antrag gestellt, die vertragliche Beziehung zum *Rauhen Haus* zum Zweck der Ausbildung von Gefängniswärtern und Lehrern nicht zu verlängern.[1981] Auch dieser Antrag

---

1973 *Holtzendorff*, Die Brüderschaft des Rauhen Hauses, S. 48.

1974 *Gerhardt*, Johann Hinrich Wichern – Ausbau und Ende: 1857–1881, S. 237.

1975 *Gerhardt*, Johann Hinrich Wichern – Ausbau und Ende: 1857–1881, S. 237.

1976 *Gerhardt*, Johann Hinrich Wichern – Ausbau und Ende: 1857–1881, S. 237 f.

1977 *Gerhardt*, Johann Hinrich Wichern – Ausbau und Ende: 1857–1881, S. 237.

1978 *Gerhardt*, Johann Hinrich Wichern – Ausbau und Ende: 1857–1881, S. 238; Vergleiche zum Ablauf des Broschürenkriegs im Detail und die anknüpfenden Debatten die Darstellung bei *Gerhardt*, Johann Hinrich Wichern – Ausbau und Ende: 1857–1881, S. 237–251.

1979 *Gerhardt*, Johann Hinrich Wichern – Ausbau und Ende: 1857–1881, S. 251.

1980 *Gerhardt*, Johann Hinrich Wichern – Ausbau und Ende: 1857–1881, S. 251.

1981 *Gerhardt*, Johann Hinrich Wichern – Ausbau und Ende: 1857–1881, S. 251.

wurde in der Kommission angenommen und sodann im Abgeordnetenhaus diskutiert.[1982]

Mit einer Rede im Abgeordnetenhaus versuchte *Wichern* die Abgeordneten von der Brüderschaft des *Rauhen Hauses* zu überzeugen und die negative Wahrnehmung in der vorangegangenen öffentlichen Diskussion als unrichtig darzustellen.[1983] Er wies hierbei insbesondere darauf hin, dass es an dem erforderlichen Personal fehle, die die derzeit beschäftigten Brüder aus dem *Rauhen Haus* ersetzen könnten.[1984] Dabei kritisierte er zudem die Arbeitsbedingungen für die Beamten, die seines Erachtens nach der Grund für den Personalmangel waren.[1985] Er forderte bessere Arbeitsbedingungen für die Aufseher, höhere Gehälter und Beamtenwohnungen.[1986] Hinsichtlich der Debatte der letzten Jahrzehnte über das *Rauhe Haus* erklärte er, dass „kaum eine Beschimpfung und Schmähung, kaum eine Verdächtigung religiöser, kirchlicher und politischer, auch persönlicher Art" gefehlt habe.[1987] Dabei führte er den Anstoß für diese Kritik auf die Arbeit von *Holtzendorff* zurück.[1988]

Insgesamt kommt bei der Rede von *Wichern* noch einmal der im Vordergrund seiner Arbeit stehende christliche Glaube besonders hervor. Er kritisierte den Besserungsbegriff und erläuterte,

> die Menschennatur läßt sich aber nicht wie ein Kleid oder stückweise bessern und verbessern; es kommt vielmehr auf die Schöpfung eines neuen Lebens an, und dieses

---

1982 *Gerhardt*, Johann Hinrich Wichern – Ausbau und Ende: 1857–1881, S. 251 f.

1983 *Gerhardt*, Johann Hinrich Wichern – Ausbau und Ende: 1857–1881, S. 252 f.; *Wichern*, Rede über die Einzelhaft und die Tätigkeit der Brüderschaft des Rauhen Hauses in dem Strafgefängnis zu Moabit (1862), 57. Sitzung des Preußischen Abgeordnetenhauses, S. 336–355.

1984 *Wichern*, Rede über die Einzelhaft und die Tätigkeit der Brüderschaft des Rauhen Hauses, S. 337 f.

1985 *Wichern*, Rede über die Einzelhaft und die Tätigkeit der Brüderschaft des Rauhen Hauses, S. 339.

1986 *Wichern*, Rede über die Einzelhaft und die Tätigkeit der Brüderschaft des Rauhen Hauses, S. 341 f.

1987 *Meinhold*, Johann Hinrich Wichern,– Einführung und Anmerkungen zur Wiedergabe der Rede (1862), 57. Sitzung des Preußischen Abgeordnetenhauses, Band VI, S. 355–359 (356).

1988 *Meinhold*, Johann Hinrich Wichern, Band VI, S. 356; vergleiche hierzu auch *Wichern*, Die Auseinandersetzung mit Professor Franz von Holtzendorff, S. 329–333.

> neue Leben kann nur geboren werden aus der Freiheit des christlichen Glaubens, der es erzieht.[1989]

Im Ergebnis wurde der Antrag im Abgeordnetenhaus angenommen, sodass der Vertrag mit dem *Rauhen Haus* 1863 nicht verlängert wurde.[1990] Trotzdem verblieb *Wichern* noch neun Jahre im Staatsdienst und beteiligte sich unter anderem an der Strafgesetzgebung für den Norddeutschen Bund und später für das Deutsche Reich.[1991] An den Bemühungen hinsichtlich der Strafvollzugsreformen beteiligte sich *Wichern* allerdings in der Folgezeit nicht mehr.[1992]

Hatte das *Einzelhaftsystem* in der Theorie zwar grundsätzlich viele Anhänger, konnte eine flächendeckende Umsetzung bis zur Gründung des Deutschen Reiches 1871 nicht erzielt werden.

Bis zur Reichsgründung bestanden in den deutschen Staaten verschiedene Strafvollzugssysteme nebeneinander.[1993] Hieran änderte auch das *RStGB*[1994] von 1871 nichts, denn es enthielt keine umfassenden Regelungen hinsichtlich der Ausgestaltung des Strafvollzuges.[1995] Die Einzelhaft konnte gemäß § 22 *RStGB* für die gesamte Haftzeit oder einen Teil angewendet werden, wobei sie drei Jahre ohne die Zustimmung des Insassen nicht übersteigen durfte; verpflichtend war sie hingegen nicht.[1996] Eine einheitliche Reform des Gefängniswesens wurde im weiteren Verlauf erst nach dem ersten Weltkrieg und der Abschaffung des Dualismus erst 1918 erreicht.[1997]

II. Humanität

Eine einheitliche Reform des Strafvollzuges wurde während des 19. Jahrhunderts in Preußen nicht erreicht,[1998] sodass die Frage nach dem Einfluss der Humanität nicht nur mit Blick auf die tatsächlichen Änderungen, sondern

---

1989 *Wichern*, Die Rückfälligkeit der Strafgefangenen in Moabit – Diskussionsbeitrag in der 57. Sitzung des Preußischen Abgeordnetenhauses (1862), S. 362–363 (363).
1990 *Gerhardt*, Johann Hinrich Wichern – Ausbau und Ende: 1857–1881, S. 256, 259.
1991 *Sattler*, Anwalt der Armen – Missionar der Kirche, S. 101.
1992 *Sattler*, Anwalt der Armen – Missionar der Kirche, S. 101.
1993 *Laubenthal*, Strafvollzug, Rn. 109.
1994 Das Strafgesetzbuch für das deutsche Reich (Reichsstrafgesetzbuch) vom 15. Mai 1871.
1995 *Schwind*, Zur historischen Entwicklung des Strafvollzugs, S. 20.
1996 *RStGB* 1871, § 22, S. 9.
1997 *Schmidt*, Einführung in die Geschichte der deutschen Strafrechtspflege, S. 352; *Berger*, Die konstante Repression, S. 33, 292–294.
1998 *Laubenthal*, Strafvollzug, Rn. 109.

vor allem die dahinterstehenden theoretischen Erwägungen beantwortet werden muss.

Einen maßgeblichen Einfluss auf die weiteren Reformversuche während der zweiten Welle der Reformbewegung hatte *Fliedern* mit seiner *Rheinisch-Westfälischen Gefängnisgesellschaft*, deren Intention es war, die sittliche Besserung der Gefangenen zu erreichen.[1999] Davon, dass es sich bei den Bestrebungen und vor allem bei den Persönlichkeiten der Gefängnisgesellschaft um solche humaner Natur handelte, war man in der *Gesellschaft* überzeugt.

Ein Jahrhundert nach der Gründung erklärte der seinerzeitige Geschäftsführer, dass es sich bei den Mitgliedern der Gesellschaft um Menschenfreunde handele.[2000] Mit Blick auf den Gründungszweck und auch die eigens gesetzten Ziele hatte sich die Gesellschaft mit ihren Bemühungen aus damaligem Blickwinkel der Humanität verschrieben. Aus der starken religiösen Prägung ergibt sich auch ihr Ansatz, dass eine moralische Besserung der Gefangenen vor allem durch deren religiöse Disziplinierung erfolgen sollte. Die *Rheinisch-Westfälische Gefängnisgesellschaft* reiht sich damit in die zahlreichen Bestrebungen der religiös-philanthropischen Bewegung ein und entsprach mit ihrem Besserungskonzept und der Umerziehung der Gefangenen den Forderungen der *Spezialpräventionstheorie*.

Das Element der Einzelhaft, das zu Beginn in Amerika noch als Zeichen der Humanität gewertet wurde, fand auf deutschem Boden bereits im Rahmen des *Rawiczer Reglements* Eingang. Hiernach konnte vom Direktor bereits bei Eintritt in die Strafanstalt die Isolierung des Gefangenen, zum Schutz der Sicherheit und Ordnung der Anstalt, oder aber zur moralischen Besserung des Gefangenen, angeordnet werden.[2001] Das *Reglement* sollte unter anderem der Vereinheitlichung des Strafvollzugs in Preußen dienen. Obwohl hier kein expliziter Strafkatalog für einzelne Vergehen der Gefangenen aufgenommen wurde, so wurde einer weitreichend missbräuchlichen Verwendung der Strafen durch die Beschränkung von unter anderem der Zeitspanne für die Fesselung der Gefangenen in Isolation,[2002] theoretisch ein Rahmen gesetzt.

1999 *Muntau*, Strafvollzug und Gefangenenfürsorge, S. 26 f., *Rohden/Just*, Hundert Jahre Geschichte der Rheinisch-Westfälischen Gefängnis-Gesellschaft 1826–1926, S. 145.

2000 *Rohden/Just*, Hundert Jahre Geschichte der Rheinisch-Westfälischen Gefängnis-Gesellschaft, S. 15.

2001 Rawiczer Reglement – Hausordnung, § 72.

2002 Rawiczer Reglement – Hausordnung, § 72.

Dabei stellte nicht nur der Umfang, sondern auch der Inhalt *der Hausordnung für die Strafanstalt zu Rawicz* eine an der Rechtsstaatlichkeit orientierte Grundlage für den Strafvollzug in Preußen in der ersten Hälfte des 19. Jahrhundert dar. In theoretischer Hinsicht lassen sich aus den Bestimmungen einige Einflüsse des Humanismus und des Gedankenguts der Humanität erkennen.

Die Ablehnung „willkürliche[r] Grausamkeiten" sowie physischer Gewalt durch die Aufklärung[2003] findet sich auch in der *Hausordnung der Strafanstalt zu Rawicz* wieder. Willkürliche Strafen der Gefangenen sollten durch die weitreichenden Vorschriften verhindert werden, entsprechend unterlagen die Strafen engen Voraussetzungen, Kontrollen und Bemessungsgrenzen.

Obgleich nicht außer Acht gelassen werden darf, dass bei den Strafarten nach wie vor die körperliche Züchtigung Anwendung fand, muss diese in den Kontext der damaligen Zeit gesetzt werden. Nur wenige Jahrzehnte zuvor war die körperliche Bestrafung der Gefangenen ein alltägliches Mittel gewesen. Im Gegensatz zu obigen Ausführungen zu der Strafanstalt in *Auburn* gab es hier zu dieser Zeit bereits eine maximale Beschränkung hinsichtlich der Anzahl der Hiebe und eine Überschreitung war lediglich nach vorheriger Genehmigung durch die Regierung erlaubt. Die sich bei den Todesfällen von *Maccumsey* (*Pennsylvania*) und *Von Eck* (*New York*)[2004] gezeigte Willkür der Anstaltsbeamten wurde durch das *Rawiczer Reglement* in Preußen, mit Blick auf die Durchführung der Strafen und der Entscheidungsgewalt des Direktors nicht unbegrenzt gewährt, sondern durch ein Kontrollinstrument in Form der Regierung beschränkt.

Bezüglich der Frage nach der möglichen Willkür unter dem *Rawiczer Reglement* ist *Berger* zu widersprechen, der die Auffassung vertritt, dass es sich bei der Vorschrift des § 56 der Hausordnung um eine Generalklausel handelte, durch die es dem Direktor oblag, darüber zu entscheiden was mit „den allgemeinen Ansichten der Menschen" gemeint war. Hierin sieht er ein Einfallstor für willkürliche Bestrafungen und entsprechende fehlende Sicherheit.[2005] In einer Gesamtschau der damaligen Verhältnisse ist das *Rawiczer Reglement* hingegen genau das Gegenteil. Die Gefangenenbehandlung sowie

---

2003 Vgl. Kapitel 1.; *Meyer*, Die Epoche der Aufklärung, S. 195.
2004 Vgl. hierzu die entsprechenden Abschnitte: Kapitel 6.A.IV.2. und Kapitel 6.B.II.4.
2005 *Berger*, Die konstante Repression, S. 57.

deren Disziplinierung wurde durch strenge Vorschriften vorgegeben und in § 79 festgelegt. Einer willkürlichen Bestrafung, wie es in den nordamerikanischen Todesfällen der Fall gewesen war, wurde somit bereits in theoretischer Hinsicht ein Riegel vorgeschoben.

Bezogen auf den Begriff der Humanität im Rahmen der Hausordnung stellt sich weiter die Frage, ob eine unterschiedliche Behandlung der Gefangenen anhand der Klassenzugehörigkeit im Rahmen des humanitären Gedankenguts erfolgen konnte. Humanität beinhaltet insbesondere die Gleichheit der Menschen hinsichtlich ihrer Rechte und nimmt somit keine Unterscheidungen aufgrund einer gesellschaftlichen Stellung vor.[2006] Die Behandlung der Gefangenen wurde vorliegend mitunter von deren Klassenzugehörigkeit, die bei Ankunft in der Strafanstalt bestimmt und sich durch gutes oder aber schlechtes Verhalten verändern konnte, abhängig gemacht. Zugehörige der zweiten Klassen wurden sowohl hinsichtlich der Ernährung, des Zugriffs auf ihren Überverdienst und vor allem hinsichtlich der Strafarten im Vergleich zur ersten Klasse anders behandelt. Beispielsweise galt für die erste Klasse, dass hier auf die einfachsten und geringeren Strafarten zurückgegriffen werden sollte.[2007]

Allerdings kann diese Ungleichbehandlung, beziehungsweise mitunter Schlechterbehandlung der Gefangenen der zweiten Klasse, gleichzeitig auch als reine Privilegierung der Gefangenen der ersten Klasse angesehen werden. Der rückfällige Gefangene wurde durch ein besonderes Zeichen, hier eine Kappe, gekennzeichnet. Diese Kennzeichnung könnte somit vor allem seitens der Aufseher zu einer Vorverurteilung geführt haben und als eine Art Stigmatisierung der rückfälligen Gefangenen angesehen werden. Denn diese wurden zunächst nicht aufgrund bestimmter Verhaltensweisen, sondern schlicht auf Grundlage der Verurteilung in die unterste Klasse inklusive der Kennzeichnung eingeordnet, ohne auf etwaige Lebensumstände einzugehen. Allerdings bestand ausweislich des *Rawiczer Reglements* für alle Gefangenen die Möglichkeit, durch gutes Verhalten in die erste Klasse aufzurücken. Mithin ergibt sich auch hier vielmehr das Bild, dass es sich um eine Privilegierung der Zugehörigen zur ersten Klasse handelte und nicht um eine Schlechterstellung der zweiten Klasse.

[2006] *Cancik*, Humanismus, S. 11 f.

[2007] Rawiczer Reglement – Hausordnung, § 101.

In diesem Zusammenhang ist auf die Arbeit der vorherig dargestellten *Rheinisch-Westfälischen Gefängnisgesellschaft*, deren Hauptzweck es war Rückfälle zu verhindern, hinzuweisen.[2008] Ihrer Ansicht nach führten Rückfälle zu einer geringeren Aussicht auf Besserung der Täter sowie zur „Demoralisierung der übrigen".[2009] Die Hauptgründe für die Rückfälle sah die Gesellschaft darin, dass die rückfälligen Gefangenen in den Gefängnissen nicht strenger behandelt wurden als die Ersttäter.[2010]

Dazu machte die Gesellschaft eine Reihe von Vorschlägen, die seitens der Regierung im *Ministerialerlass*[2011] vom 31. Januar 1834 Berücksichtigung fanden.[2012] Hier hieß es in Bezug auf Rückfällige zunächst, dass diese in eine schlechtere Klasse gesetzt werden sollten, als bei ihrer letzten Haftzeit. Zudem sollte der Rückfällige in den ersten sechs Monaten seiner Strafzeit keinen Überverdienst erhalten. Für vier Wochen sollte der Gefangene überdies an zwei Tagen in der Woche keine Morgensuppe bekommen.[2013] Zudem wurde bestimmt, dass die Rückfälligen an vier Festtagen kein Fleisch und Bier erhalten sollten.[2014] Hinsichtlich ihrer Beschäftigung, sollten die Rückfälligen zu den jeweils „unangenehmsten und schmutzigsten" eingeteilt werden.[2015] Einem wiederholt rückfällig gewordenem Gefangenen sollte die Morgensuppe über einen Zeitraum von drei Monaten an vier Tagen wöchentlich entzogen werden. Insofern Speisezulagen wegen besonders schwerer Arbeit ausgegeben werden, sollte diese Gruppe Gefangener nur die Hälfte verabreicht

---

2008 *Rohden/Just*, Hundert Jahre Geschichte der Rheinisch-Westfälischen Gefängnis-Gesellschaft, S. 22 f.

2009 *Rohden/Just*, Hundert Jahre Geschichte der Rheinisch-Westfälischen Gefängnis-Gesellschaft, S. 23.

2010 *Rohden/Just*, Hundert Jahre Geschichte der Rheinisch-Westfälischen Gefängnis-Gesellschaft, S. 23.

2011 Circular-Reskript des Königlichen Ministeriums des Innern und der Polizei, an sämtliche Königl. Regierungen, wegen der für die Straf-, Besserungs- und Gefangenen-Anstalten rücksichtlich der Bekleidung, Lagerung, des Arbeits- und Ueber-Verdienstes, der Behandlung der Rückfälligen u. getroffenen Anordnungen, Der Minister des Innern und der Polizei, von Brenn, Berlin den 31. Januar 1834.

2012 *Rohden/Just*, Hundert Jahre Geschichte der Rheinisch-Westfälischen Gefängnis-Gesellschaft, S. 24.

2013 Reskript vom 31. Januar 1834, S. 179.

2014 Reskript vom 31. Januar 1834, S. 179.

2015 Reskript vom 31. Januar 1834, S. 179.

werden.[2016] Zudem sollten sie als besondere Kennzeichnung eine Kappe anstatt der üblichen Mütze für Rückfällige erhalten.[2017]

Diese Regelungen sind auch im *Rawiczer Reglement* aufgenommen worden. Bezieht man sich auf die Ausführung der *Gefängnisgesellschaft*, ergibt sich, dass die Maßnahmen gegenüber den Gefangenen der zweiten Klasse, mithin unter anderem den Rückfälligen, insbesondere der Verhinderung weiterer Rückfälle dienten und nicht das Ziel hatten, diese zu stigmatisieren. Eine Andersbehandlung kann sich zudem bereits aus praktischen Erwägungen ergeben. Bei einem rückfällig gewordenen Verbrecher, der bereits zuvor in der Strafanstalt eingesperrt wurde, haben die vorherigen Besserungsversuche keinen nachhaltigen Einfluss auf den Verbrecher gehabt, sodass dieser in alte Verhaltensmuster zurückgefallen ist. Dessen Besserung muss folglich bereits von einem anderen Ausgangspunkt als bei einem Ersttäter angestrebt werden, sodass eine individualisierte Gefangenenbehandlung nicht als widersprüchlich zum Gedankengut der Humanität angesehen werden kann.

Bei dem *Rawiczer Reglement* handelte es sich außerdem, wie bereits festgestellt, um ein Reglement, bei dem vor allem auf die „äußerliche Zucht, Ordnung, Reinlichkeit, Fleiß [und die] sparsame Wirksamkeit" abgezielt wurde.[2018] Aufgrund der fortwährenden gemeinschaftlichen Haft konnte eine tatsächliche Besserung zu diesem Zeitpunkt noch nicht erreicht werden, da die Tragweite der weiteren gemeinschaftlichen Unterbringung nicht ausreichend berücksichtigt wurde.[2019]

Gleichwohl spiegelte das *Rawiczer Reglement* die Forderungen und die Bestrebungen der *Rheinisch-Westfälischen Gefängnisgesellschaft* sowie das allgemeine Disziplinierungsbestreben in Bezug auf die Unterrichtung der Gefangenen, die Einstellung von Gefängnisgeistlichen und die Einführung der Arbeitspflicht,[2020] wider. Im Rahmen ihres Plans der Wirksamkeit hatte diese postuliert, zum Erreichen ihres Ziels der Besserung der Gefangenen und der Verhinderung von Rückfällen durch „freie Menschenliebe zu freier

---

[2016] Reskript vom 31. Januar 1834, S. 179.

[2017] Reskript vom 31. Januar 1834, S. 179.

[2018] *Krohne*, Lehrbuch der Gefängniskunde, S. 160, sowie Rawiczer Reglement – Hausordnung, § 119.

[2019] *Krohne*, Lehrbuch der Gefängniskunde, S. 160.

[2020] *Rohden/Just*, Hundert Jahre Geschichte der Rheinisch-Westfälischen Gefängnis-Gesellschaft 1826–1926, S. 20.

Tätigkeit" mitzuwirken.[2021] Selbst die *Rheinisch-Westfälische Gefängnisgesellschaft* sprach nicht vom Erreichen des Ziels, wonach die Strafanstalten nunmehr als Besserungsanstalten zu werten seien. Vielmehr hieß es, dass sie in „einem gewissen Grade Besserungsanstalten" geworden seien.[2022] Dennoch ist hier aus den vorgezeigten Gründen eine Verbesserung im Vergleich zu den vorherigen Zuständen zu sehen.

Dementsprechend ist zu konstatieren, dass die Berücksichtigung der Forderung der *Rheinisch-Westfälischen Gefängnisgesellschaft*, die selbst aus „Menschenliebe" zu handeln erklärte, als ein Versuch in Richtung einer humaneren Gestaltung des Gefängniswesens – mithin auf einen menschlicheren Umgang mit den Gefangenen – zu sehen ist. Zudem ist zu berücksichtigen, dass es sich bei dem *Rawiczer Reglement* um den ersten Versuch der preußischen Behörden handelte, eine allgemeine Regelung für sämtliche preußische Strafanstalten zu schaffen,[2023] und dabei eine Reihe der Forderungen der Gefängnisgesellschaft Eingang in das *Reglement* gefunden hatten.

Etwaigen missbräuchlichen Vorgehensweisen durch die Anstaltsbeamten wurde durch das *Rawiczer Reglement* entgegengetreten und zudem eine vereinheitlichte Regelung für den Strafvollzug in Preußen geschaffen. Das ergibt sich insbesondere mit Blick auf die Reduzierung der Befugnisse der Anstaltsbeamten, denn diesen wurde hinsichtlich der Gefangenenbehandlung mit sämtlichen Regelungen ein enger Rahmen gesetzt. Nicht nur die konkrete Formulierung der Disziplinarstrafen und die Höchstgrenze für die Anzahl der körperlichen Züchtigung stellt einen wesentlichen Unterschied zu den Zuständen in Nordamerika dar. Denn dort hing die Auslegung der „cruel and unusual punishments" vorrangig von den Anstaltsbeamten ab. Diesem Ermessen wurden durch das *Rawiczer Reglement* Grenzen festgelegt. So war es den Beamten auch nur in bestimmten Fällen erlaubt ihnen anvertraute Waffen gegenüber den Gefangenen zu benutzen.[2024] Diese wurden auf drei mögliche Szenarien begrenzt: zum Abwehren eines Angriffs seitens des Gefangenen, zur Überwindung des Widerstandes im Rahmen eines Fluchtversuchs oder

---

[2021] *Rohden/Just*, Hundert Jahre Geschichte der Rheinisch-Westfälischen Gefängnis-Gesellschaft, S. 149.

[2022] *Rohden/Just*, Hundert Jahre Geschichte der Rheinisch-Westfälischen Gefängnis-Gesellschaft, S. 20.

[2023] *Nutz*, Strafanstalt als Besserungsmaschine, S. 337.

[2024] Rawiczer Reglement – Hausordnung, § 9.

bei gefährlichen Drohungen.[2025] Eine darüberhinausgehende Anwendung wurde durch die Bestimmungen explizit untersagt.[2026]

An dem *Reglement* besonders hervorzuheben ist, dass es eine direkte Auseinandersetzung mit auftretenden Geisteskrankheiten gab, indem festgelegt wurde, dass im Falle einer solchen entsprechende Vorsichtsmaßnahmen zu treffen waren und insoweit keine eigens dafür gedachten Anstalten vorhanden waren, eine Abwägung hinsichtlich der frühzeitigen Entlassung des Gefangenen aus der Strafanstalt zu erfolgen hatte.[2027] Hierin zeigt sich, dass die Möglichkeit einer psychischen Störung während der Haftzeit oder sogar aufgrund der Haft als durchaus möglich angesehen wurde und entsprechend zu beachten war. Das zeigt aber vor allem das allgemein wachsende Bewusstsein für mentale Erkrankungen und ist nicht ausschließlich als Ausfluss humanitärer Bestrebungen anzusehen. Vielmehr ist es auch das Ergebnis der fortschreitenden differenzierten Behandlung von Verbrechern und Geisteskranken.[2028]

Auch in Preußen hatte es, in kleinerem Umfang als in Nordamerika, einen Diskurs über die zur Auswahl stehenden Haftsysteme gegeben, wobei die Einzelhaft durch den König in den Vordergrund gerückt worden war. Dies entsprach auch den Forderungen und Bestrebungen sowohl der *Rheinisch-Westfälischen Gefängnisgesellschaft* als auch von *Julius* und *Wichern*, die sich für die Einzelhaft ausgesprochen hatten.[2029]

Der preußische König hatte bereits im Jahr 1842 die einheitliche Umsetzung der Einzelhaft in den neu zu bauenden preußischen Strafanstalten angeordnet.[2030] Eine konsequente Durchsetzung scheiterte allerdings nicht nur an den praktischen Gegebenheiten der jeweiligen Anstalten, sondern auch aufgrund des politischen Widerstandes. *Friedrich Wilhelm IV.* erteilte

[2025] Rawiczer Reglement – Hausordnung, § 9.

[2026] Rawiczer Reglement – Hausordnung, § 9.

[2027] Rawiczer Reglement – Hausordnung § 120.

[2028] Eine genaue Darstellung der Geschichte der Kriminalpsychologie und der Behandlung von Geisteskrankheiten kann in dieser Arbeit nicht erfolgen. Es wird an dieser Stelle auf das Werk von *Ylva Greve* verwiesen: Verbrechen und Kriminalität. Die Entdeckung der „Criminalpsychologie“ im 19. Jahrhundert, Köln 2004.

[2029] *Sieverts*, Zur Geschichte der Reformversuche im Freiheitsstrafvollzug, S. 48 f.

[2030] Kabinettsordres vom 26. März 1842, Inhalt abgedruckt in *Krohne/Uber*, Die Strafanstalten und Gefängnisse in Preußen, S. XIX–XXI.

sodann im Jahr 1845 dem Franzosen und Philanthropen *Benjamin Appert* die Erlaubnis die Gefängnisse in Preußen zu besuchen und seine Beobachtungen in einem Werk zu veröffentlichen.[2031] Wurde er zunächst noch als Gefängnisreformer gefeiert, wandelte sich dies schnell mit der Veröffentlichung seines Werkes 1846.[2032] In diesem wandte er sich gegen das *Pennsylvania System* und beurteilte es als grausam und anti-religiös.[2033] Entgegen der angestrebten Besserung der Gefangenen kam er zu der Auffassung, dass der Gefangene durch das System

> ne s'améliore pas, qu'il perd chaque jour ses forces et son intelligence, que son corps comme son esprit, par la privation du mouvement, de l'exercice, du grand air, de toute société ne restent pas dans un état normal, et qu'alors toute pensée religieuse, morale, pensée nouvelle pour lui, ne viendra pas améliorer ses idées présentes et encore moins celles de l'avenir.[2034]

Nachdem der König noch wenige Jahre zuvor die künftige Durchführung der Einzelhaft nach dem *Pennsylvania System* in Preußen angeordnet hatte, und das *Einzelhaftsystem* auch von der Mehrheit beim ersten internationalen Gefängniskongress in Frankfurt am Main befürwortet wurde,[2035] richtete sich *Appert* mit seinem Werk im Jahr 1846 gegen eben dieses System.

Als Reaktion auf diese Kritik übten die Verfechter des *Pennsylvania Systems* scharfe Kritik an *Appert*, seinem Werk und der Philanthropie im Allgemeinen. Dabei warfen die Rechtswissenschaftler *Appert* insbesondere vor, dass sein Werk nicht dem wissenschaftlichen Anspruch der Gefängnisdebatte genügen würde.[2036] Einhergehend mit der Kritik an *Appert* geriet zudem die Philanthropie im Allgemeinen in den Fokus der Rechtswissenschaftler. Denn nachdem man unter anderem auch mit dem internationalen Gefängniskongress den

---

2031 *Nutz*, Strafanstalt als Besserungsmaschine, S. 258 f.

2032 *Nutz*, Strafanstalt als Besserungsmaschine, S. 260 f.

2033 *Appert*, Voyage en Prusse, S. VI f.

2034 *Appert*, Voyage en Prusse, S. VI f.; Übersetzt (frei durch die Autorin) bedeutet das: „sich nicht verbessert, dass er jeden Tag an seine Kraft und Intelligenz verliert, dass sein Körper und sein Geist durch den Entzug von Bewegung, Übung, frischer Luft und Gesellschaft nicht in einem normalen Zustand bleiben und dass all die religiösen, moralischen und für ihn neuen Gedanken seine gegenwärtigen Vorstellungen nicht verbessern werden und schon gar nicht seine Zukunftsvorstellungen."

2035 Vgl. hierzu Kapitel 9.

2036 *Jagemann*, Zur Rechtsbegründung der Einzelhaft, S. IX.

Gefängnisdiskurs verwissenschaftlicht hatte, maß man der Philanthropie als Argumentation und Beweggrund keine große Bedeutung mehr bei.[2037]

Die insgesamte Verrechtlichung des Gefängnisdiskurses lässt sich in Preußen vor allem in dem zwischen *Wichern* und dem Rechtswissenschaftler *Holtzendorff* geführten Broschürenkrieg[2038] anschaulich darstellen. Dieser sah in der geplanten Einführung der Einzelhaft bereits einen Verstoß gegen § 11 PrStGB und die allgemein anerkannten Rechtsprinzipien.[2039] Dabei wandte er sich im Ergebnis aber nicht gegen die Einzelhaft als solche, sondern gegen die geplante Form der Umsetzung. Darüber hinaus kritisierte er auch die Beteiligung der Bruderschaft des *Rauhen Hauses* an der *Strafanstalt Moabit*.[2040] Mit dieser negativen Einschätzung stand er aber nicht allein. Die Rechtswissenschaftler dieser Zeit waren sich einig, dass die Strafe durch die Beteiligung der Bruderschaft der Inneren Mission zugehörig gemacht werde und dadurch den „Charakter [...] eines Rechtsaktes" verlieren würde.[2041] Es geriet somit nicht nur die Philanthropie, sondern die religiös-philanthropische Bestrebung mit Blick auf die starke religiös indizierte Disziplinierung in den Fokus der Kritiker.

Die Kritik *Holtzendorffs* hinsichtlich der Beteiligung der Kirche an staatlichen Aufgaben sprach die damalige liberale Auffassung an, deren Verfechter immer stärker wurden.[2042] Dabei lag das Selbstverständnis der liberalen Bewegung insbesondere in der Trennung von Staat und Kirche, wobei der Diskurs zwischen *Wichern* und *Holtzendorff* als beispielhaft für die aufkeimende Bewegung angesehen werden kann.[2043] Es lag zudem unter anderem an der Finanzierbarkeit der Einzelhaft und dem fortdauernden Fokus der Strafe auf „Vergeltung und Generalprävention",[2044] dass das Bestreben von *Wichern*, die Gefangenenpflege in Preußen voranzutreiben und dem Strafvollzug den andauernden „militärisch-repressiven Charakter zu nehmen",[2045] letztlich

[2037] *Nutz*, Strafanstalt als Besserungsmaschine, S. 260 f.
[2038] Vgl. hierzu: Kapitel 8.A.I.6.
[2039] *Holtzendorff*, Rechtliche Bedenken gegen die preussische Denkschrift, S. 7.
[2040] *Holtzendorff*, Rechtliche Bedenken gegen die preussische Denkschrift, S. 12.
[2041] *Krohne*, Lehrbuch der Gefängniskunde, S. 165.
[2042] *Schambach*, Johann Hinrich Wichern, S. 132.
[2043] *Schambach*, Johann Hinrich Wichern, S. 132.
[2044] *Sieverts*, Zur Geschichte der Reformversuche im Freiheitsstrafvollzug, S. 49.
[2045] *Sieverts*, Zur Geschichte der Reformversuche im Freiheitsstrafvollzug, S. 49.

keinen Erfolg hatte.[2046] Darüber hinaus verhinderte auch die Beeinflussung des Justizministeriums durch die Philosophie *Hegels* die flächendeckende Einführung des *Einzelhaftsystems*, indem vielmehr die Wiederherstellung der Rechtsordnung als wesentlicher Strafzweck wieder in den Vordergrund gerückt war.[2047] Der Diskurs hatte sich somit von einer moralischen hin zu einer rechtlichen Debatte entwickelt.

***

Die zunehmende Verrechtlichung des Diskurses sowie die Abkehr von den initial religiös-philanthropischen Bestrebungen, die insbesondere durch das Gedankengut der Humanität geprägt war, zeigen sich zudem in den Änderungen des *Rawiczer Reglements*. Dabei wird aber auch deutlich, dass die Abkehr von der religiös-philanthropischen Bestrebung, die eng mit dem Gedankengut der Humanität verbunden war, nicht bedeutete, dass man sich nicht weiterhin der Humanität als entscheidendes Argument bediente, um die Gesetzgebung zu begründen beziehungsweise zu untermauern.

Im April 1867 betonte der Minister des Innern, dass die humane Behandlung der Gefangenen bei der Leitung der gesamten Verwaltung der Strafanstalt von essenzieller Bedeutung sei. Das Bestreben nach einer humanen Behandlung der Gefangenen sollte dabei mit der notwendigen Strenge verbunden werden. Dadurch solle die Verwaltung durch „strengste Gewissenhaftigkeit und Pflichtmäßigkeit bei jeder ihrer Handlungen Achtung bei den Gefangenen erwerben“.[2048] Der Anstaltsvorsteher solle hierbei den Gefangenen mit Herz gegenübertreten und ihre Sorge und Klage mit Teilnahme anhören.[2049] Hierdurch entsteht der Eindruck, dass zwar die religiös-philanthropische Bestrebung abgelehnt wurde, aber das erfolgversprechende Argument der Humanität weiterhin, allerdings aus einer anderen Intention heraus, benutzt wurde.

Dieser grundsätzliche Widerspruch lässt sich auch in der von *Wichern* angebrachten Kritik an der Humanität und der Philanthropie erkennen. Er sah diese Faktoren als verantwortlich für die nunmehr schwache und nicht

---

[2046] *Sieverts*, Zur Geschichte der Reformversuche im Freiheitsstrafvollzug, S. 49.
[2047] *Krohne*, Lehrbuch der Gefängniskunde, S. 155.
[2048] Rawiczer Reglement, Minister des Inneren 30. April 1867, Anlage 15, S. 125–127, S. 126.
[2049] Rawiczer Reglement, Minister des Inneren 30. April 1867, Anlage 15, S. 125–127, S. 126.

länger ernste Strafe – diese müsse vorrangig durch göttliche und menschliche Barmherzigkeit erreicht werden.[2050] Dem Grunde nach überrascht seine Kritik zunächst, da er als Mann der Kirche und auch die von ihm angestrebte Besserung der Gefangenen durch religiöse Disziplinierung eigentlich in direkter Tradition mit der religiös-philanthropischen Bewegung steht, die eng mit dem Gedankengut der Humanität verbunden war. Mit Blick auf den *Broschürenkrieg* erkennt man aber, dass hinter der Kritik von *Wichern* vielmehr der Versuch gestanden haben könnte, sich von der inzwischen kritisch gesehen Philanthropie abzugrenzen, um von seiner eigenen Arbeit zu überzeugen und nicht selbst kritisiert zu werden.

Obwohl insbesondere das *Pennsylvania System* überhaupt erst durch die philanthropisch-religiöse Bewegung entstand, wandte man sich gegen die eigentlichen Ideengeber des favorisierten Systems. Der Hintergrund dieser Entwicklung lag insbesondere darin, dass man erkannte, dass der Lebensstandard der Gefangenen den der freien Bürger inzwischen in vielerlei Hinsicht überstieg.[2051] Aus diesem Grund wurden die vorrangig durch die Philanthropie angestoßen Verbesserungen kritisch bewertet und als möglicher Motivator für Verbrechen angesehen.[2052] Die Bestrebungen nach Humanität durch die Anhänger der *Spezialpräventionstheorie* und die Reformer der religiös-philanthropischen Bewegung hatten die Lebensstandards für die Gefangene deutlich angehoben, um das Ziel einer Besserung der Gefangenen zu erreichen. Beurteilte man zunächst den Aspekt der Humanität allein mit Blick auf die Gefangenen, wandelte sich diese Betrachtungsweise mit der Beteiligung der Rechtswissenschaftler an dem Diskurs. Denn diese schienen nicht mehr nur auf die Gefangenen zu achten, sondern die „humanitäre" Behandlung der Gefangenen auf Grundlage gesetzlicher Regelungen auch an den gesamtgesellschaftlichen Zuständen zu messen. Kern der Kritik an der Philanthropie und der damit verbundenen Humanität war somit nicht die humane Behandlung der Gefangenen an sich, sondern sie richtete sich gegen eine übertriebene Fürsorge, die sich angeblich zu sehr und ausschließlich

---

2050 *Wichern,* Gefangenenfrage in der Geschichte und im Evangelium, S. 91.

2051 *Nutz,* Strafanstalt als Besserungsmaschine, S. 216.

2052 *Nutz,* Strafanstalt als Besserungsmaschine, S. 216 f.; *Foucault* berichtet aus Frankreich von Protesten gegen die Gefängniswerkstätten als Ausgangspunkt für die Kritik am Philanthropismus, vgl. *Foucault,* Überwachen und Strafen, S. 309.

auf die Bedürfnisse der Gefangenen fokussierte und dadurch die Humanität nicht mit Blick auf die Gesellschaft beurteilte.

B. Baden und das Männerzuchthaus Bruchsal

I. Entwicklungen

Nachdem in Baden der Preßburger Frieden erste Reformversuche zunächst gehemmt und Baden durch diesen an Territorium gewonnen hatte, wurde eine Umordnung des Strafvollzuges notwendig.[2053] Im Ergebnis hatten dabei nur die beiden Zuchthäuser *Freiburg* und *Mannheim* Bestand, während die Anstalten *Hüfingen* und *Bruchsal* in Correctionshäuser umgewandelt wurden.[2054]

Erst im Jahr 1821 wurde durch die seinerzeit zuständige Staatsanstaltenkommission eine einheitliche Vollzugsregelung für alle Zucht- und Correctionshäuser Badens erlassen,[2055] und somit ein weiterer Schritt in Richtung der Strafvollzugsreform gemacht.

1. Strafvollzugsregelung (1821)

Die *Verordnung, wie die Sträflinge in den Zucht-und Besserungs-Häusern während der Dauer ihrer Strafzeit sich in Ordnung, Reinlichkeit und Arbeitsamkeit zu verhalten haben*, wurde am 22. Dezember 1821 durch Beschluss genehmigt.[2056] Demnach hatte sich jeder Sträfling zur Buße und zur Besserung für die Zukunft, sowie zum abschreckenden Beispiel, in der Strafanstalt den Aufsichtspersonen mit Achtung und Gehorsam zu begegnen, den Befehlen, ebenso wie den Verboten Folge zu leisten und mit den Mitgefangenen in Frieden zusammen zu leben, wobei sie sich weder unlauter ausdrücken durften, noch andere bei ihrem Gebet oder der Arbeit stören durften.[2057] Die Arbeit

---

[2053] *Freßle*, Geschichte des Männerzuchthauses Bruchsal, S. 20 f.

[2054] Vgl. zur Entwicklung ausführlich: *Freßle*, Geschichte des Männerzuchthauses Bruchsal, S. 17–23.

[2055] *Freßle*, Geschichte des Männerzuchthauses Bruchsal, S. 21 f.

[2056] Verordnung, wie die Sträflinge in den Zucht-und Besserungs-Häusern während der Dauer ihrer Strafzeit sich in Ordnung, Reinlichkeit und Arbeitsamkeit zu verhalten haben, Nr. 3333-36, 22. Dezember 1821, abgedruckt in: Saam, Quellenstudien zur Geschichte des deutschen Zuchthauswesens bis zur Mitte des 19. Jahrhunderts, S. 93–96.

[2057] VO Nr. 3333-36 vom 22. Dezember 1821, S. 93.

der Gefangenen war ausweislich § II. und § IV. „ausschließlich zum Besten der Anstalt gewidmet" und war von den Gefangenen an ihrem jeweiligen Platz still, ruhig und insbesondere fleißig auszuführen.[2058] Insgesamt legte die Verordnung einen großen Schwerpunkt auf die Ordnung der Anstalt in Form von strikten Verhaltensregeln, die ein ruhiges und stilles Verhalten der Gefangenen verlangten.[2059]

Während der Arbeit war es den Gefangenen nicht gestattet, den Platz zu verlassen oder mit anderen Mithäftlingen zu sprechen.[2060] Dabei erinnert das Kommunikationsverbot an das das *Auburn System* kennzeichnende Schweigegebot. Das Verlassen des Platzes war nur erlaubt, wenn der Gefangene Materialien holen, Wasser trinken oder auf die Toilette gehen musste.[2061] Insoweit ein Gefangener Werkzeug, Hausgeräte, Bett- oder Kleidungsstücke mutwillig oder durch „Bosheit" zerstörte, und seine finanziellen Mittel nicht ausreichten, um diese zu ersetzen, so wurde er „durch Hunger im engen Arrest oder den Umständen nach, schärfer bestraft".[2062]

Ausweislich § X mussten die Gefangenen den Gottesdienst besuchen und diesem „mit geziemende[r] Aufmerksamkeit und Andacht beiwohnen".[2063] Die übrige freie Zeit am Sonntag sollte für Lesungen aus der Bibel oder anderen Lehrbüchern genutzt werden, sodass auch diejenigen Gefangenen, die nicht über ausreichend Ausbildung verfügten, um selbst zu lesen, durch andere Mitgefangene unterrichtet wurden.[2064] Es wurde zudem mehrmaliges Beten am Tag durch die Gefangenen angeordnet. Darüber hinaus sollten sie, angewiesen durch das Glockenzeichen, jeweils am Morgen, am Mittag und auch am Abend beten, wobei mittags und abends vor und nach dem Essen jeweils abwechselnd von einem der Gefangenen das Gebet vorzusprechen war und die anderen dieses nachzubeten hatten.[2065]

Der Kontakt nach außen war den Gefangenen, anders als in der zu dieser Zeit in *Pennsylvania* angewandten absoluten Isolation, nicht vollständig

---

2058 VO Nr. 3333-36 vom 22. Dezember 1821, S. 93 f.
2059 VO Nr. 3333-36 vom 22. Dezember 1821, S. 93 f.
2060 VO Nr. 3333-36 vom 22. Dezember 1821, S. 94.
2061 VO Nr. 3333-36 vom 22. Dezember 1821, S. 94.
2062 VO Nr. 3333-36 vom 22. Dezember 1821, S. 95.
2063 VO Nr. 3333-36 vom 22. Dezember 1821, S. 95.
2064 VO Nr. 3333-36 vom 22. Dezember 1821, S. 95.
2065 VO Nr. 3333-36 vom 22. Dezember 1821, S. 95.

verboten, sondern teilweise möglich. Während der Empfang und die Absendung von Briefen grundsätzlich untersagt war, konnten die Gefangenen jedoch mit der Bitte an die Verwaltung herantreten, an ihre Eltern oder Verwandten schreiben zu dürfen. Die Verwaltung begutachtete dann sämtliche ausgehenden und eingehenden Briefe und entschied darüber, ob der Inhalt für gut befunden werden konnte.[2066] Gutes, regelkonformes Benehmen der Gefangenen, ebenso wie deren Besserung und Fleiß, konnten Vorzüge und Belohnungen gegenüber anderen Gefangenen zur Folge haben und auch dafür sorgen, dass die verhängte Strafzeit reduziert wurde.[2067]

Aus dem obigen Regelkatalog ergeben sich Parallelen zu beiden amerikanischen Haftsystemen (*Pennsylvania System* und *Auburn System*), die im Rahmen der Arbeit bereits beschrieben wurden. Der Kontakt nach außen wurde grundsätzlich untersagt, es sei denn er fand gegenüber der Verwandtschaft und unter enger Kontrolle der Verwaltung statt. Auch die starke religiöse Unterweisung der Gefangenen durch den Gottesdienst und das Auferlegen mehrmaligen Betens am Tag erinnern vor allem an die starke religiöse Prägung des initialen *Pennsylvania Systems*, in dem die Gefangenen außer dem Studium der Bibel keine Beschäftigung erhielten.[2068] Aber auch nachdem das *Pennsylvania System* weiterentwickelt wurde, blieb die Religion ein fester Bestandteil des Systems. Gleiches zeigte sich in Preußen, wo insbesondere durch die Arbeit von *Wichern* der christliche Glaube ebenfalls eine große Rolle in der Ausgestaltung des Strafvollzuges spielte.[2069] Mit Blick auf die Arbeitspflicht der Gefangenen, die diese gemeinschaftlich in den Arbeitssälen in Stille und ohne mit den anderen Sträflingen zu kommunizieren nachzukommen hatten, ergibt sich eine Vergleichbarkeit mit den Grundsätzen des *Auburn Systems*, das auch als Schweigesystem bekannt ist.[2070]

Gut ein Jahrzehnt nach Änderung der Zuständigkeit in Preußen, löste Baden auf dem Verordnungsweg[2071] im Februar 1831 die bis dato zuständige

---

[2066] VO Nr. 3333-36 vom 22. Dezember 1821, S. 96.
[2067] VO Nr. 3333-36 vom 22. Dezember 1821, S. 96.
[2068] Vgl. hierzu den entsprechenden Abschnitt, Kapitel 5.C. und Kapitel 6.A.
[2069] Vgl. hierzu den entsprechenden Abschnitt, Kapitel 8.A. und dabei insbesondere I.5. und I.6.
[2070] Vgl. hierzu den entsprechenden Abschnitt, Kapitel 6.B.
[2071] Die Auflösung der Staats-Anstalten-Kommission betreffend, RBl. 1831, März, Nr. 5, S. 26–28.

Staats-Anstalten-Commission des badischen Innenministeriums mit Wirkung zum 1. Juni auf und übertrug die obere Leitung und Beaufsichtigung der Straf-Anstalten zu Freiburg, Bruchsal und Mannheim dem Justizministerium.[2072] Von dieser Kompetenzveränderung hatte sich die Ständeversammlung eine maßgebliche Reform des Strafvollzugswesens erhofft.[2073] Ausweislich der Verhandlung[2074] der zweiten Kammer war es die

> heilige Pflicht des Staates, den Verbrechern und Verirrten, wenn das Urtheil der Gerichte sie auf gewisse Jahre in diese Strafanstalten verwiesen hat, eine gesunde Verpflegung und angemessene Beschäftigung zu verschaffen, und, soweit die Kräfte der Anstalt es erlauben, dahin zu wirken, dass die Sträflinge wieder auf den Weg der Ordnung und Sittlichkeit geführt werden.[2075]

Diese grundlegende Selbstverpflichtung Badens ist besonders hervorzuheben. Es handelte sich hierbei zwar zunächst lediglich um Regeln theoretischer Natur. Die ausdrückliche Regelung der gesunden Verpflegung, der angemessenen Beschäftigung und auch der angestrebten Besserung der Gefangenen könnte bereits als die mit der Humanität geforderte bessere Gefangenenbehandlung auf badischem Boden angesehen werden. Dabei wird in der angestrebten Besserung der Gefangenen, indem sie wieder auf den Weg der Ordnung und Sittlichkeit geführt werden sollten, die Ende des 18. Jahrhunderts vorrangig vertretene *Spezialpräventionstheorie* deutlich. Grundkonzept dieser lag in der Umerziehung und Besserung der Gefangenen und wurde dabei im Wesentlichen vom Gedankengut der Humanität geprägt.[2076]

2. 114. Sitzung der 2. Kammer – Oktober 1831

Noch im gleichen Jahr wurde während einer Verhandlung der Zweiten Kammer[2077] über die Gestaltung und etwaige Reformnotwendigkeiten im Strafvollzug diskutiert, wobei sich unter anderem der langjährige Präsident

---

2072 Vgl. hierzu auch: *Freßle*, Die Entstehung der Männerzuchtanstalt Bruchsal, S. 29.

2073 *Freßle*, Geschichte des Männerzuchthauses Bruchsal, S. 29.

2074 Verhandlung der zweiten badischen Kammer, Bericht der Budgetkommission, 106. Sitzung vom 03.Oktober 1831, Beilagen zur 106. Sitzung, No. 6, Beilagenheft Nr. 10.

2075 106. Verh. 2. Kammer vom 03.10.1831, S. 59.

2076 Vgl. hierzu: Kapitel 2.A.II.

2077 114. Sitzung der 2. Kammer vom 14.10.1831, 26. Heft, Titel XIII, Zucht- und Corrections-Anstalten, S. 239–249.

der badischen Zweiten Kammer,[2078] *Mittermaier*, zu der gebotenen Behandlung von Verbrechern äußerte.

Der Rechtswissenschaftler *Carl Josef Anton Mittermaier* (1787–1867), ein Schüler von *Feuerbach*, verfasste das einflussreichste Lehrbuch des Strafrechts, das er nach dem Tode *Feuerbachs* weitergeführt hatte.[2079] Als Vertreter des gemäßigten Liberalismus lehnte er die Absolutheit der *Feuerbachschen Straftheorie* ab und vertrat die Auffassung, dass nicht eine einzige Strafrechtsphilosophie die Grundlage der Strafgesetzgebung bilden könne.[2080]

Mittermaier beschrieb die Verbrecher als Unglückliche, die oft aus dem Zusammentreffen verschiedener Gründe, wie der Verführung, oder auch schlechten staatlichen Einrichtungen in das Verbrechen getrieben wurden, aber dennoch als Brüder angesehen werden müssten.[2081] Gleichwohl bezeichnete *Mittermaier* die Verbrecher in gewissem Sinn als krank und erklärte, dass diese neben der Güte der Gesellschaft ebenso eine helfende Hand verdienten, damit diese wieder gesund werden könnten.[2082] Dies entspreche vor allem aber auch den Interessen der gesamten Gesellschaft, denn die Strafanstalten, die zu dieser Zeit teilweise noch in ganz Europa bestanden, seien nichts anderes als „moralische Pestanstalten“ in denen der noch nicht ganz verdorbene Verbrecher vollständig verdorben werde.[2083] *Mittermaier* zweifelte an der Rechtmäßigkeit des Einsperrens der Gefangenen in solche Anstalten und wies hierbei insbesondere auf die mit den Haftbedingungen verbundene Gefahr für die Gesundheit der Verbrecher hin.[2084] Die Gefangenen würden durch diese Anstalten in keiner Weise gebessert werden, vielmehr seien sie der Grund dafür, dass sie bereits innerhalb des ersten Jahres nach ihrer Entlassung erneut straffällig werden würden.[2085]

2078 *Riemer*, Netzwerk der Gefängnisfreunde (1830–1872), Band 1, S. 189.

2079 *Vormbaum*, Einführung in die moderne Strafrechtsgeschichte, S. 53, 55–57, 56; *Mittermaier*, Lehrbuch des gemeinen, in Deutschland gültigen peinlichen Rechts, mehrere Auflagen, zuletzt 1847.

2080 *Riemer*, Netzwerk der Gefängnisfreunde, S. 3, 201, m. w. N.; *Vormbaum*, Einführung in die moderne Strafrechtsgeschichte, S. 55–57.

2081 114. Verh. 2. Kammer vom 14.10.1831, S. 240.

2082 114. Verh. 2. Kammer vom 14.10.1831, S. 240.

2083 114. Verh. 2. Kammer vom 14.10.1831, S. 240.

2084 114. Verh. 2. Kammer vom 14.10.1831, S. 240.

2085 114. Verh. 2. Kammer vom 14.10.1831, S. 240.

Die Schuld für diesen Umstand sah *Mittermaier* in den Strafanstalten und somit direkt beim Staat.[2086] Er forderte eine Neuorientierung – die Zeit der Abschreckung als Strafzweck sei vorbei. Für ihn war die Ehre der „mächtige Hebel", der auf den Verbrecher wirken müsse, wobei die Strafe nie von ihrem eigentlich Zweck, der Besserung, abweichen dürfe.[2087]

Im Ergebnis wies *Mittermaier* auf drei große Punkte hin:

Zunächst müsse eine strenge Trennung der verschiedenen Klassen von Verbrechern durchgesetzt werden, wobei die Klassifizierung anhand der begangenen Delikte und der Qualität des Verbrechens beurteilt werden sollte.[2088] Darüber hinaus wies er auf die Notwendigkeit hin, dass die Gefangenen während ihrer Haftzeit die Gelegenheit hätten, sich etwas zu verdienen, sodass sie nach ihrer Entlassung über ein gewisses Grundkapital verfügen würden, wodurch ihnen der Wiedereinstieg in die Gesellschaft erleichtert werden würde.[2089] Zu guter Letzt betonte er die hierfür aufzubringenden hohen Geldsummen, die der Staat zur Verfügung stellen müsse.[2090] Als Grundlage seiner Bitte nach der erforderlichen Freigiebigkeit stützte *Mittermaier* sich auf die „Menschlichkeit, […] [die] Gerechtigkeit und […] [die] Klugheit selbst".[2091]

In der Sitzung wurden die Äußerungen von *Mittermaier* insgesamt positiv aufgenommen und unterstützt. *Herr Merk* knüpfte an die Forderungen nach einer Klassifikation der Gefangenen an und obgleich er diese befürwortete und in den letzten Jahren schon einige Besserungen eingetreten seien, wies er darauf hin, dass bereits architektonische Gegebenheiten der Klassifikation zu diesem Zeitpunkt entgegenstünden, sodass neue Gebäude errichtet werden müssten.[2092] Die Teilnehmer an der Sitzung stimmten insgesamt überein, sodass man

2086 114. Verh. 2. Kammer vom 14.10.1831, S. 240 f.
2087 114. Verh. 2. Kammer vom 14.10.1831, S. 241.
2088 114. Verh. 2. Kammer vom 14.10.1831, S. 242.
2089 114. Verh. 2. Kammer vom 14.10.1831, S. 242.
2090 114. Verh. 2. Kammer vom 14.10.1831, S. 242 f.
2091 114. Verh. 2. Kammer vom 14.10.1831, S. 243.
2092 114. Verh. 2. Kammer vom 14.10.1831, S. 243.

> versuchen [werde], in den nächsten zwei Jahren alle nützlichen Einrichtungen, die möglich sind, so wie alle Vorbereitungen zu treffen, um auf dem nächsten Landtage Vorschläge zu noch größeren Verwendungen machen zu können.[2093]

Mittermaiers Forderung, dass den Verbrechern, mithin den Gefangenen die Güte der Gesellschaft zuteil kommen müsse und die damit verbundene Forderung, ihnen die helfende Hand zu reichen, zeigt Parallelen zu den Lehren zweier wichtiger Persönlichkeiten, die den Humanismus, beziehungsweise den Humanitätsbegriff stark geprägt haben. Zunächst manifestierte sich in dieser Forderung *Mittermaiers*, die schon von *Lipsius* proklamierte Akzeptanz des Bösen im Menschen, den man wieder zum Guten führen könne,[2094] folglich, dass das „böse" Element bei einem Menschen nicht bedeutete, dass ihm und somit der Gesellschaft nicht mehr geholfen werden könne, sondern vielmehr, dass Grund zur Hoffnung auf Besserung gegeben sei, die durch Hilfe von außen, also seitens der Gesellschaft, erreicht werden könne. Die Güte, die *Mittermaier* gegenüber den Verbrechern forderte, entspricht darüber hinaus auch der von *Herder* konkretisierten Bedeutung der *Humanität*, die er im Rahmen seiner Briefe zur Beförderung der Menschheit aufgenommen hatte.[2095] Er hatte sie als Mitgefühl für die Mitmenschen und ebenso als Teilnahme an der „Unvollkommenheit" der Natur definiert.

Mittermaiers Forderung deckt sich entsprechend einerseits mit der Definition von Humanismus und ebenso mit *Herders* Definition der Humanität wie sie schon viele Jahrhunderte, beziehungsweise Jahrzehnte vorher vertreten wurde und darüber hinaus auch mit der Grundkonzeption der *Spezialpräventionstheorie*, in der die Humanität einen wichtigen Aspekt darstellte und mit der vorrangig die Besserung der Gefangenen durch Umerziehung erreicht werde sollte.

3. Bau des Bruchsaler Männerzuchthauses (1841–1848)[2096]

Anknüpfend an den Beschluss aus dem Jahr 1835, dass eine „Weiberzuchtanstalt"[2097] zu schaffen sei, damit die bestehenden Anstalten ausschließlich

[2093] 114. Verh. 2. Kammer vom 14.10.1831, S. 244 f.
[2094] Vgl. hierzu Kapitel 1.A.II.1.
[2095] Vgl. hierzu Kapitel I.C.
[2096] *Füesslin*, Director Julius Füesslin und die Trennungshaft in Baden, S. 7 f.
[2097] Bericht der Budgetkommission über das außerordentliche Budget von 1835/1837, in der 65. öffentlichen Sitzung am 26. August 1835, in: Verhandlungen der 2. Kammer,

zur Unterbringung männlicher Gefangener genutzt werden konnten, unterbreitete das Justizministerium den Vorschlag zudem ein „Central-Zuchthaus" für die männlichen Strafgefangenen zu errichten.[2098]

Hintergrund der Schaffung einer reinen Frauenstrafanstalt war auf der einen Seite, dass hierdurch mehr Raum in den verschiedenen Strafanstalten gewonnen werden sollte, die zu dem Zeitpunkt sehr beengt waren, und auf der anderen Seite der frühere Antrag auf Abtrennung der Verbrecher in diejenige, die als „verdorbene Verbrecher" angesehen wurden und solche, die nur aus Leidenschaft, Übereilung oder aber Trunkenheit Verbrechen begangen hatten, erfolgen sollte.[2099] Überdies wurde der Bau der Strafanstalt für Frauen damit begründet, dass diese nicht nur den Raum in sämtlichen Anstalten vergrößern würde, sondern es zudem die „durch Gerechtigkeit und Menschlichkeit gebotene Pflicht" gebiete, auch den weiblichen Gefangenen die bislang nicht ausreichend gewährte Möglichkeit der freien Luft und Bewegung zuteil werden zu lassen.[2100] Obgleich die weiblichen Zuchthäuser nicht Gegenstand der vorliegenden Arbeit sind, soll an dieser Stelle kurz darauf verwiesen werden, dass ausweislich der *Verordnung*[2101] für das Weiberzuchthaus Bruchsal, dieses auf den Prinzipien des *Auburn Systems* beruhte. Mithin wurden die Gefangenen bei Nacht getrennt und tagsüber gemeinschaftlich beschäftigt, während ein striktes Schweigegebot galt.[2102]

***

Im Jahr 1835 hatte das großherzogliche Staats-Ministerium den Plan für ein *Central-Zuchthaus* zunächst ausgesetzt.[2103] Im Rahmen der 63. Öffentlichen Sitzung der zweiten Kammer der Landstände am 21. Juli 1837 wurde der Druck des Berichts der Budgetkommission über das außerordentliche Budget

---

1835, Viertes Beilagenheft, S. XCIX–CIX.

2098 Vgl. hierzu ausführlich: *Freßle*, Geschichte des Männerzuchthauses Bruchsal, S. 32–37.

2099 65. Sitzung – Bericht der Budgetkommission, 26. August 1835, S. C.

2100 65. Sitzung – Bericht der Budgetkommission, 26. August 1835, S. C.

2101 Verordnung vom 31. Mai 1838, RBl. 1838, Nr. XXV, S. 233–235.

2102 Vgl. Verordnung vom 31. Mai 1838, RBl. 1838, Nr. XXV, §§ 5 und 6, S. 234.

2103 Bericht der Budget-Commission über das außerordentliche Budget für die Jahre 1837 bis 1839, S. CCLXXXVII–CCCLXVI, enthält: Eigentlicher Staatsaufwand. Zucht- und Correctionsanstalten, Beilagen zur 63. Sitzung zu den Zucht- und Correctionsanstalten, S. CCCII–CCCXV.

für die Jahre 1837 und 1838 beschlossen und im fünften Beilagenheft als Beilage zur Sitzung aufgenommen.[2104]

Das Justizministerium berichtete hinsichtlich der Zucht- und Correctionsanstalten, dass die Regierung nunmehr zu der Überzeugung gelangt sei, dass

> dem mangelhaften Zustand der Zuchthäuser des Staats endlich abgeholfen werden müsse und dass eine, durch die wichtigsten Gründe und durch eine geläuterte Strafgesetzgebung gebotene Trennung der verschiedenen Sträflinge nicht länger umgangen werden könne.[2105]

Die Budgetkommission berichtete weiter, dass die neu zu bauende Anstalt auf einem neuen System beruhen sollte, und sich somit hinsichtlich der Einrichtung und Ausdehnung gänzlich von den bislang existierenden Strafanstalten unterscheiden müsse.[2106] Das neue System, das die Regierung für die neue Strafanstalt erwähle, müsse besser sein, sodass dem bislang vorherrschenden Vorwurf, dass die Strafanstalten die Gefangenen nicht bessern würden, die bei ihrer Entlassung vielmehr ungebessert und „verdorbener" seien, entschieden entgegen getreten werden könne.[2107] Ausweislich des Berichts hatte sich die Regierung für das sogenannte Besserungssystem entschieden, das laut der Budgetkommission „von dem Standpunkte der Menschenliebe und reinen Gerechtigkeitspflege ausgehend", den Gefangenen nicht mehr „moralisch zernichten will".[2108]

Das „Gemüth" des Sträflings sollte vielmehr durch Einsamkeit und angemessene Arbeit, ebenso wie durch zweckmäßigen religiösen Unterricht gebessert werden und der Gefangene wieder den Glauben an sich selbst erhalten, sodass er die Strafanstalt als besserer Mensch verlassen würde.[2109] Gleichzeitig sollte ein Stufensystem eingeführt werden, sodass bei gutem Betragen dem Gefangenen schrittweise etwaige Entbehrungen zurückgewährt

---

2104 Öffentliche Sitzung der zweiten Kammer der Landstände, Karlsruhe den 21. Juli 1837, RBl. 1837, Band 7, S. 53–96 (53); Bericht der Budget-Commission über das außerordentliche Budget für die Jahre 1837 bis 1839, S. CCCII.

2105 Bericht der Budgetkommission, Beilagen zur 63. Sitzung 1837, S. CCCII.

2106 Bericht der Budgetkommission, Beilagen zur 63. Sitzung 1837, S. CCCII.

2107 Bericht der Budgetkommission, Beilagen zur 63. Sitzung 1837, S. CCCII f.

2108 Bericht der Budgetkommission, Beilagen zur 63. Sitzung 1837, S. CCCIII.

2109 Bericht der Budgetkommission, Beilagen zur 63. Sitzung 1837, S. CCCIII.

werden würden.[2110] Insgesamt fasste die Kommission den Strafzweck so zusammen, dass die bis dato fast ausschließlich vorherrschende Abschreckung und Sicherung des Gefangenen als Strafzweck durch das Ziel ersetzt werden sollte, dass der Sträfling durch Gewöhnung an Arbeit und durch moralische und religiöse Unterweisung gebessert würde.[2111] Dieses System gebiete nicht nur die „Menschlichkeit, auch die Staatsklugheit".[2112] Die Budgetkommission unterstützte das Vorhaben der Regierung vollends und ergänzte, dass die bisherige Behandlung der Strafgefangenen nicht mit dem Zweck der Strafe übereingestimmt hätte, und die Strafanstalten bislang keine Besserungshäuser gewesen seien, sondern vielmehr das Gegenteil bei den Gefangenen bewirkt hätten.[2113] Dabei bezogen sie sich auf eine Statistik nach der im Zeitraum von 1831 bis einschließlich 1835 22 % der Gefangenen rückfällig geworden waren. Im Vergleich dazu seien in Genf, wo das Besserungssystem in „geläutertem Geiste" angewandt wurde, innerhalb von sieben Jahren lediglich 2,17 % der Gefangenen rückfällig geworden.[2114]

Mit Blick auf die amerikanischen Gefängnissysteme verwies die Kommission zwar auf die Strafanstalt *Auburn* in der zwischen 1828 und 1833 782 Strafgefangene entlassen worden und von denen lediglich 25 (7,03 %) rückfällig geworden seien, doch gleichzeitig betonte sie, dass der Gefangene grundsätzlich die Strafe in „ihrem ganzen Ernste" erfahren müsse.[2115] Allerdings solle dies nicht durch körperliche Züchtigung oder durch Ketten geschehen, vielmehr müsse der Gefangene durch Entbehrungen gebessert werden, insbesondere durch die Entbehrung von menschlicher Gesellschaft.[2116]

Hinsichtlich der Pläne der Regierung führte die Budgetkommission aus, dass jeder Gefangene eine eigene Zelle erhalten sollte, in der er die Nacht verbringe. Die zu verrichtende Arbeit war von den Gefangenen jeweils in Klassen mit einer maximalen Anzahl von 20 zu verrichten, wobei ein Redeverbot galt. Die Sonn- und Feiertage sollte der Gefangene, mit Ausnahme der Zeit in der er dem Gottesdienst sowie dem Unterricht beiwohnte, oder

---

2110 Bericht der Budgetkommission, Beilagen zur 63. Sitzung 1837, S. CCCIII.
2111 Bericht der Budgetkommission, Beilagen zur 63. Sitzung 1837, S. CCCIII.
2112 Bericht der Budgetkommission, Beilagen zur 63. Sitzung 1837, S. CCCIII.
2113 Bericht der Budgetkommission, Beilagen zur 63. Sitzung 1837, S. CCCIII.
2114 Bericht der Budgetkommission, Beilagen zur 63. Sitzung 1837, S. CCCIV.
2115 Bericht der Budgetkommission, Beilagen zur 63. Sitzung 1837, S. CCCIV.
2116 Bericht der Budgetkommission, Beilagen zur 63. Sitzung 1837, S. CCCIV.

der Zeit, die er im Freien verbringen durfte, ebenfalls in Einsamkeit in seiner Zelle verbringen.[2117] Die Gefangenen hatten danach ihr Essen zudem entweder einzeln in den jeweiligen Zellen oder aber gemeinschaftlich in den Arbeitssälen oder generellen Sälen sowie passenden Unterricht und religiöse Belehrung erhalten.[2118]

Die Strafgesetzgebung in Form der noch immer geltenden *Carolina*, die durch das *Achte Organisationsedikt* ergänzt worden war,[2119] empfand die Kommission mit Blick auf die besondere Intensität der Isolierung als Strafmittel, als ergänzungswürdig und erklärte, dass sie sich die Aufnahme einer Reihe weiterer Bestimmungen wünschte.[2120] Hierzu zählten unter anderem die Möglichkeit, dass die vollständige Isolierung des Gefangenen in dessen Zelle, verbunden mit dem absoluten Schweigegebot, durch den Richter als besondere Strafschärfung für eine längere Zeit verhängt werden dürfe – obgleich von dieser grundsätzlich selten Gebrauch gemacht werden sollte.[2121]

Des Weiteren sollte jeder Gefangene nach seinem Eintritt mindestens 14 Tage oder aber 4 Wochen vollständig isoliert werden, da in dieser Zeit die Auswirkungen der Isolierung die besten Erfolge verspräche.[2122] Die vollständige Isolierung sollte zudem bei rückfälligen Verbrechern über einen längeren Zeitraum durch das Urteil angeordnet und erst im Falle seines verbesserten Verhaltens sollte diesem der Kontakt zu anderen Insassen erlaubt werden.[2123]

Auch sollte die vollständige Isolierung als Bestrafung für das Zuwiderhandeln gegen die bestehende Hausordnung der Strafanstalt angewandt werden.[2124] Die Vorschläge der Kommission bezogen sich zudem auf die vorzunehmende Klassifikation der Gefangenen, die sowohl nach ihrem Verbrechen, ihrer „Verdorbenheit“, aber auch hinsichtlich des Alters und der bisherigen Besserung gebildet wurden, wobei die Klassen nicht

---

2117 Bericht der Budgetkommission, Beilagen zur 63. Sitzung 1837, S. CCCV.
2118 Bericht der Budgetkommission, Beilagen zur 63. Sitzung 1837, S. CCCV.
2119 *Friederich*, John Howard und die Strafvollzugsreformen, S. 166 f., m. w. N.; vergleiche hierzu auch den entsprechenden Abschnitt: Kapitel 5.B.III.3.
2120 Bericht der Budgetkommission, Beilagen zur 63. Sitzung 1837, S. CCCV.
2121 Bericht der Budgetkommission, Beilagen zur 63. Sitzung 1837, S. CCCV.
2122 Bericht der Budgetkommission, Beilagen zur 63. Sitzung 1837, S. CCCV.
2123 Bericht der Budgetkommission, Beilagen zur 63. Sitzung 1837, S. CCCV.
2124 Bericht der Budgetkommission, Beilagen zur 63. Sitzung 1837, S. CCCV.

untereinander gemischt werden sollten.[2125] Zur Sicherstellung des durchzusetzenden Schweigegebots der Gefangenen auch während ihrer Arbeit sollten in den Arbeitssälen stets maximal zwölf bis 15 Sträflinge gleichzeitig arbeiten.[2126] Um die voranschreitende Besserung von tatsächlich bemühten Gefangenen zu unterstützen und diese in ihrer verbesserten Haltung zu bestärken, schlug die Kommission vor, dass bei ihnen von der vollständigen Isolierung ausnahmsweise und nur vorsichtig abzusehen sei und der gemeinsame Spaziergang in den Höfen und das gemeinsame Essen gewährt werden sollte. Ob dies auch die Ausnahme von dem Schweigegebot umfasse, ließ die Kommission offen, wobei sie alternativ vorschlug, Gefangene früher aus der Haft zu entlassen.[2127]

In Übereinstimmung mit der Regierung lehnte auch die Kommission die vollständige Isolierung der Gefangenen, die sowohl tagsüber als auch bei Nacht durchgeführt wurde, den Kontakt zu den übrigen Gefangenen vollständig unterband und ebenso keine Beschäftigung der Gefangenen erlaubte, ab.[2128] Gleiches galt für das *Einzelhaftsystem* bei dem der Sträfling während seiner gesamten Haftzeit in seiner Zelle eingesperrt blieb, ihm aber Arbeit und Beschäftigung während seiner Haft gewährt wurde.[2129]

Die Vorschläge der Kommission enthielten zwar durch die Isolierung der Gefangenen als strafschärfende Methode Aspekte des *Pennsylvania Systems*, insgesamt orientierten sie sich aber vor allem an dem *Auburn System*, mithin an dem Schweigesystem. Eine Ausnahme bildete allerdings die körperliche Züchtigung, die die Kommission ablehnte.

Tendierte man somit im Jahr 1837 noch verstärkt zu dem *Auburn-Haftsystem*, so stand beim Baubeginn des *Bruchsaler Männerzuchthauses* im Jahr 1841 noch nicht fest, nach welchem System diese Anstalt zu führen wäre.[2130]

***

2125 Bericht der Budgetkommission, Beilagen zur 63. Sitzung 1837, S. CCCV.
2126 Bericht der Budgetkommission, Beilagen zur 63. Sitzung 1837, S. CCCV.
2127 Bericht der Budgetkommission, Beilagen zur 63. Sitzung 1837, S. CCCVI.
2128 Bericht der Budgetkommission, Beilagen zur 63. Sitzung 1837, S. CCCVI.
2129 Bericht der Budgetkommission, Beilagen zur 63. Sitzung 1837, S. CCCVI.
2130 *Freßle*, Geschichte des Männerzuchthauses Bruchsal, S. 48; Verhandlungen der zweiten Kammer, 130. Sitzung vom 11. Juli 1840, S. 182.

In der 47. Sitzung der zweiten Kammer erklärte der Justizminister, Staatsrat *Isaak Jolly* (1785–1852)[2131], der auch als „Vorkämpfer“ der Einzelhaft in Baden gilt,[2132] dass sich die Regierung zwar noch nicht auf eines der Haftsysteme festgelegt habe, er aber davon ausgehe, dass das System der absoluten Isolierung obsiegen und mithin ausgewählt werden würde.[2133] Der Bau der Central-Anstalt würde entsprechend so konzipiert werden, dass grundsätzlich beide Haftsysteme durchgeführt werden könnten, für den Fall, dass man sich nicht für die absolute Isolationshaft entscheiden würde.[2134] Laut *Jolly* konnten die bis dato vorgebrachten Kritikpunkte an der absoluten Isolierung nicht durch die tatsächlichen Erfahrungen untermauert werden.[2135] Auch die Behauptung, dass die mentale Verfassung der Gefangenen durch die Isolierung nachteilig beeinflusst werden würde, sodass diese „wahnsinnig“ würden, hätte sich nicht bewahrheitet und stamme von Menschen, die selbst keine ausreichenden Erfahrungen mit dem System gemacht hätten um eine fundierte Behauptung aufstellen zu können.[2136]

Der Abgeordnete[2137] *Franz Bernhard Mördes*[2138] antwortete auf diese Ausführungen allerdings kritisch und wies darauf hin, dass er von der vollständigen Isolierung der Gefangenen nicht überzeugt sei.[2139] Überdies erklärte er, dass auch Preußen seines Wissens zu dieser Zeit mit der Frage nach dem richtigen Haftsystem beschäftigt sei und hierbei ebenfalls zu der Ansicht gelangt sei, dass die „Humanität und die Rücksicht auf die Besserung der Sträflinge“ eine andere Einrichtung der Haftanstalten erfordere.[2140]

2131 *Freßle*, Geschichte des Männerzuchthauses, S. 48 f., DBA I 610,178–179; Isaak Jolly wurde als Sohn eines Pfarrers geboren und studierte Jura in Heidelberg.

2132 *Freßle*, Geschichte des Männerzuchthauses Bruchsal, S. 53.

2133 47. Öffentliche Sitzung der zweiten Kammer der Landstände, Karlsruhe, den 26. August 1842, in: Verhandlungen der 2. Kammer, Band 4, S. 230–261 (232).

2134 47. Sitzung 26.08.1842, Zweite Kammer, S. 232.

2135 47. Sitzung 26.08.1842, Zweite Kammer, S. 232.

2136 47. Sitzung 26.08.1842, Zweite Kammer, S. 232.

2137 Vorbereitungssitzung der zweiten Kammer der Landstände, 21. Mai 1842, Band 1, S. 1.

2138 Zu seiner Person konnten nicht viele Angaben gefunden werden. Der vollständige Name ergibt sich aus dem Eintrag in der Deutschen Digitalen Bibliothek, abrufbar über: https://www.deutsche-digitale-bibliothek.de/person/gnd/1012712060. (Zugriff zuletzt im Juni 2026)

2139 47. Sitzung 26.08.1842, Zweite Kammer, S. 232.

2140 47. Sitzung 26.08.1842, Zweite Kammer, S. 232.

Hinsichtlich der Kritik an der Isolierung wendete *Jolly* ein, dass diese zu hart sei, denn anders als bei einem Gefangenen, den man in einer einsamen Zelle auf einem unbewohnten Berg für zehn Jahre lang einsperren würde, beinhalte die vollständige Isolierung, dass die Gefangenen „mitten unter Menschen" seien und sie lediglich daran gehindert werden würden diese zu sehen oder mit ihnen zu sprechen. Gleichwohl sollten sie Kontakt zu den Geistlichen und Beamten der Strafanstalt erhalten.[2141] Er stellte überdies die Frage, ob es nicht eine viel strengere Strafe wäre, wenn man den Kontakt der Gefangenen erlauben, sie aber durch das Schweigegebot an der Kommunikation hindern würde.[2142] Zudem müsse man die Frage erörtern, ob mit Rücksicht auf den strengeren Strafvollzug und die daraus resultierende Intensität der Strafe für den Täter, bei manchen Verbrechen nicht eine Verkürzung der Strafzeit angemessen wäre.[2143]

Dass der Bau fortgesetzt wurde, ohne dass man sich auf ein Haftsystem geeinigt hatte, stieß im Parlament auf einigen Widerstand.[2144] Hinsichtlich der Anlehnung der Bauweise an das System der absoluten Isolierung, durch Erweiterungen der Zellen, betonte der Abgeordnete *von Itzstein*, dass er dieses aufgrund seiner Grausamkeit ablehnen würde.[2145] Er würde vielmehr das System, in dem die Gefangenen bei Nacht separat untergebracht würden, bei Tag allerdings gemeinschaftlich ihre Arbeit verrichteten, bevorzugen.[2146] Er ergänzte hierbei, dass das von ihm gewünschten System beinhalten solle, dass diejenigen Gefangenen, die ihre Besserung bewiesen, Privilegien erhalten sollten, sodass ihnen erlaubt sei sich in den Höfen und Gärten unter Aufsicht aufzuhalten und dabei miteinander zu kommunizieren.[2147]

Jolly wiederum entgegnete, dass er diese Ansicht nicht nachvollziehen könne und sie wohl auf fehlendem Studium der bestehenden Literatur und in Ermangelung eigener Beobachtungen geäußert werden würde.[2148] Seiner

---

2141 47. Sitzung 26.08.1842, Zweite Kammer, S. 234.
2142 47. Sitzung 26.08.1842, Zweite Kammer, S. 234.
2143 47. Sitzung 26.08.1842, Zweite Kammer, S. 234.
2144 47. Sitzung 26.08.1842, Zweite Kammer, bspw. Rindeschwender S. 232 und Itzstein S. 234.
2145 47. Sitzung 26.08.1842, Zweite Kammer, S. 234.
2146 47. Sitzung 26.08.1842, Zweite Kammer, S. 234.
2147 47. Sitzung 26.08.1842, Zweite Kammer, S. 234 f.
2148 47. Sitzung 26.08.1842, Zweite Kammer, S. 235.

Ansicht nach stünde die Erlaubnis der Kommunikation der Gefangenen im eklatanten Widerspruch zu deren Besserung.[2149] Die Gefangenen bezeichnete er als zum Großteil „entartete Gemühter“, und erklärte „mit der Humanität allein ist Nichts gethan“.[2150] Er

> behaupte vielmehr, man muß diese Menschen, denen es zum größten Theil an jeder Erziehung fehlt, im eigentlichen Sinne von vornherein mit Ernst erziehen.[2151]

Ausweislich dieser Aussage ist es eben nicht nur der reine humanitäre Gedanke, der für den *Staatsrath Jolly* den Ausschlag für das pennsylvanische System der absoluten Isolierung gab, sondern auch der Aspekt der strengen Erziehung der Gefangenen. Er reiht sich damit in die Linie der Befürworter der *Spezialpräventionstheorie*, mit der die Umerziehung der Gefangenen erreicht werden sollte, ein. Dabei stellt die als notwendig angesehene Erziehung der Gefangenen das Disziplinierungsmittel dar, durch das die Besserung der Gefangenen im Sinne der Humanität erreicht werden sollte. Der Erziehungsgedanke beschränkte sich dabei nicht nur auf die tatsächliche, sondern umfasste auch die moralische und religiöse Unterweisung.

***

Schon in einer Verhandlung im Jahr 1840, bei der über die Zucht- und Correctionshäuser diskutiert wurde, gab es einige kritische Äußerungen hinsichtlich der Einführung der absoluten Isolierung.[2152] So wandte sich der Abgeordnete *Zentner* gegen die absolute Isolierung und erklärte, dass vielfache Erfahrungen bereits gezeigt hätten, dass dieses System sowohl den Körper als auch den Geist der Gefangenen „zu Grunde gerichtet“ hätte.[2153] Der Abgeordnete Duttlinger wies auf die Dringlichkeit einer Besserung der Zustände in den Strafanstalten hin.[2154] Er selbst musste bei einem Besuch der *Bruchsaler Strafanstalt* erkennen, dass die notwendige Trennung der Gefangenen nach Klassen nicht stattfände, sodass „arme gefallene junge Menschen“ in den

---

2149 47. Sitzung 26.08.1842, Zweite Kammer, S. 235.
2150 47. Sitzung 26.08.1842, Zweite Kammer, S. 235.
2151 47. Sitzung 26.08.1842, Zweite Kammer, S. 235.
2152 Verhandlungen der 2. Kammer, 130. Sitzung vom 11. Juli 1840, S. 179–280.
2153 130. Sitzung vom 11. Juli 1840, Zweite Kammer, S. 185.
2154 130. Sitzung vom 11. Juli 1840, Zweite Kammer, S. 185.

gleichen Räumen wie die „Auswürfigen der Menscheit“ arbeiten müssten.[2155] Das würde das Herz des Menschenfreundes zum Bluten bringen.[2156]

Auch *Iztstein* hatte sich damals schon äußerst kritisch bezüglich der Aussicht auf die Anwendung des *Pennsylvania Systems* gezeigt und darauf hingewiesen, dass die Regierung ihre Meinung schnell zu ändern schien. Einige Zeit vorher, im Rahmen der Begründung des Antrages der Regierung für den Bau des Bruchsaler Männerzuchthauses, hatte sich die Regierung noch vollständig von der absoluten Isolierung der Gefangenen abgewandt und gesagt, dass dieses System bedeuten würde, dass „die Menschheit zu Thieren“ herabgewürdigt werden würde.[2157]

Der Abgeordnete *Welcker* hingegen warf *von Itzstein* vor, dass dieser die Befürworter des Isolierungssystems als „Feinde aller Humanität und als Barbaren“ hinstelle.[2158] Dabei verwies er insbesondere darauf, dass *Herr Dr. Julius*, der zunächst ein Gegner des Isolierungssystems gewesen war, nunmehr die Auffassung verbreitete, dass dieses System mit der Humanität vereinbar sei.[2159]

Staatsrat *Jolly* erklärte den Wandel der Regierung damit, dass in den seit 1837 vergangenen drei Jahren eine ganze Reihe an Literatur erschienen sei, die von „gewichtigen und erfahrenen Männer[n]“ verfasst worden war, auf die man sich nunmehr stützen könne.[2160] Er erklärte, dass das Gebäude aus diesem Grunde so zu errichten sei, dass beide Systeme Anwendung finden könnten.[2161]

In dem Streit um das richtige Haftsystem obsiegte für das *Bruchsaler Männerzuchthaus* sodann das *Pennsylvania System*, anstelle des zunächst geplanten *Auburn Systems*.[2162] Neben der Tatsache, dass das *Einzelhaftsystem* international immer mehr Anhänger fand und somit zum Inbegriff der Gefängnisreform dieser Zeit wurde, hatte zudem die Einführung des *Auburn Systems* im Weiberzuchthaus nicht die gewünschten positiven Resultate hervorgebracht.[2163]

2155 130. Sitzung vom 11. Juli 1840, Zweite Kammer, S. 186.
2156 130. Sitzung vom 11. Juli 1840, Zweite Kammer, S. 186.
2157 130. Sitzung vom 11. Juli 1840, Zweite Kammer, S. 189.
2158 130. Sitzung vom 11. Juli 1840, Zweite Kammer, S. 192.
2159 130. Sitzung vom 11. Juli 1840, Zweite Kammer, S. 192.
2160 130. Sitzung vom 11. Juli 1840, Zweite Kammer, S. 194.
2161 130. Sitzung vom 11. Juli 1840, Zweite Kammer, S. 194.
2162 *Freßle*, Geschichte des Männerzuchthauses Bruchsal, S. 51 f.
2163 Vgl. *Freßle*, Geschichte des Männerzuchthauses Bruchsal, S. 52, m. w. N.

Obwohl man die Anstaltsbeamten sorgsam ausgewählt hatte, die Gefangenen beschäftigte und zudem Gottesdienste und Unterricht einführte, konnte keine Besserung der Verbrecherinnen erreicht werden. Im Vergleich zu den nach dem alten System noch bestehenden Männerzuchtanstalten fielen noch mehr Insassen in dem Weiberzuchthaus nach ihrer Entlassung in ihre alte und vor allem schlechte Lebensführung zurück.[2164] *Jagemann* hatte darauf hingewiesen, dass diese Anstalt „gänzlich banquerot" gegangen sei.[2165]

Darüber hinaus spielte zudem *Carl August Diez* bei der Ausgestaltung des Strafvollzugs im *Männerzuchthaus Bruchsal* eine wichtige Rolle. Dieser hatte die Leitung des *Bruchsaler Männerzuchthauses* von *J. Hergt*, der zuvor das *Auburn System* angestrebt hatte, übernommen und setzte sich energisch für die strenge Isolation der Gefangenen unter diesem System ein.[2166]

II. Unterstützer der Einzelhaft Carl August Diez – Direktor der Medizin und Vorstand der Strafanstalt zu Bruchsal

Nicht nur das badische Justizministerium änderte zu dieser Zeit seine Auffassung über das vorzugswürdige Gefängnissystem. Auch *Carl August Diez*, Arzt und Psychiater, von 1840 bis 1850/51 Direktor der Strafanstalten zu Bruchsal, wurde vom Befürworter des *Auburn System* zum vehementen Verfechter der Einzelhaft.[2167]

Dazu veröffentlichte er im Jahr 1842 sein Werk *Über die Vorzüge der einsamen Einkerkerung, als Mittel zur Besserung der Verbrecher in den Strafanstalten*[2168] um die alleinige Anwendbarkeit der Einzelhaft nach dem pennsylvanischen Vorbild darzulegen und den Vorwürfen ihrer Gegner entgegenzutreten.[2169] Dabei betonte er bereits in seiner Einführung, dass die vorgebrachte Kritik an der Einzelhaft auf „Unkenntnis oder absichtlicher Entstellung des wahren

---

2164 *Freßle*, Geschichte des Männerzuchthauses Bruchsal, S. 52, m. w. N.

2165 Verhandlungen der ersten Versammlung für Gefängnisreform 1846, S. 147.

2166 *Freßle*, Geschichte des Männerzuchthauses Bruchsal, S. 54; *Füesslin*, Director Julius Füesslin und die Trennungshaft in Baden, S. 8.

2167 *Freßle*, Geschichte des Männerzuchthauses Bruchsal, S. 54; *Riemer*, Netzwerk der Gefängnisfreunde, S. 887; letzterer betont, dass über die Lebensdaten von *Diez* nicht viel bekannt ist. Auch die Verfasserin konnte keine näheren Angaben zu ihm finden.

2168 Carl August Diez, Über die Vorzüge der einsamen Einkerkerung, als Mittel zur Besserung der Verbrecher in den Strafanstalten, Karlsruhe 1842.

2169 *Diez*, Über die Vorzüge der einsamen Einkerkerung, S. II.

Sachverhalts" beruhen würde, wobei diese, ohne dass sie auf Sachkundigkeit beruhe, die öffentliche Meinung negativ beeinflussen könne.[2170] Dabei nahm er auch auf seine frühere Meinung Bezug nach der er das *Auburnsche System* bevorzugt hatte, wobei er sich, stützend auf seine umfassende Erfahrung, berichtigen wolle.[2171]

Hinsichtlich der Ausgestaltung von Strafanstalten betonte er, dass die Grundlage der Reformen des Gefängniswesens zunächst die Erkenntnis sei, dass es die gebieterische Pflicht verlange die Strafanstalten in Besserungsanstalten umzuwandeln, und es sich hierbei nicht um eine „weichliche kränkelnde Philanthropie"[2172] handele.[2173] Durch die Besserung der Gefangenen ergebe sich eine Verminderung der Gefahren für die Gesellschaft.[2174] Die verschiedenen Versuche dieses Ziel zu erreichen, hatten laut *Diez* jeweils die gleichen Prinzipien als Grundlage: „Anwendung der Arbeit, des Unterrichts und der Absonderung als Besserungsmittel".[2175]

Dabei hielt es *Diez* für zielführend die Arbeit so einzurichten, dass sie für den Gefangenen eher eine Erleichterung beziehungsweise Vergünstigung und keine zusätzliche Verschärfung der Strafe war, wodurch die Gefangenen außerdem die Möglichkeiten erhielten, eine zweckmäßige Arbeit zu erlernen.[2176] Dies sei insbesondere vor dem Hintergrund anzustreben, dass die Ursache vieler Verbrechen ein „müssiges und zweckloses Umherstreifen" sei, oder aber die Unfähigkeit der Verbrecher durch eine Arbeit ausreichend zu verdienen um ihren Lebensunterhalt bestreiten zu können.[2177] Für die Besserung eines Gefangenen könne aus diesem Grund bereits viel erreicht werden, wenn er während seiner Haftzeit an eine ehrliche und fleißige Arbeit gewöhnt werden würde.[2178] Zudem sei die Arbeit für die Gesundheit der Gefangenen

---

2170 *Diez*, Über die Vorzüge der einsamen Einkerkerung, S. II.
2171 *Diez*, Über die Vorzüge der einsamen Einkerkerung, S. II f.
2172 Zu der aufkeimenden Kritik an der Philanthropie vgl. Kapitel 8.V.
2173 *Diez*, Über die Vorzüge der einsamen Einkerkerung, S. III.
2174 *Diez*, Über die Vorzüge der einsamen Einkerkerung, S. 2.
2175 *Diez*, Über die Vorzüge der einsamen Einkerkerung, S. 2.
2176 *Diez*, Über die Vorzüge der einsamen Einkerkerung, S. 2.
2177 *Diez*, Über die Vorzüge der einsamen Einkerkerung, S. 2.
2178 *Diez*, Über die Vorzüge der einsamen Einkerkerung, S. 3.

besonders wichtig, sie fördere diese positiv und sorge zudem dafür, dass sowohl der Körper als auch der Geist erhalten und gekräftigt werde.[2179]

Dabei betonte er, dass der fiskalische Zweck der moralischen Besserung nicht übergeordnet sein dürfe.[2180] Bezogen auf den diskutierten Aspekt, dass das *pennsylvanische Haftsystem* besonders hart und streng sei, wies *Diez* darauf hin, dass die hiernach eingerichteten Strafanstalten bereits an abschreckendem Charakter verloren hätten.[2181] Diesbezüglich führte er weiter aus, dass die Einrichtung der Strafanstalten vielmehr dazu geführt hatte, dass es den Verbrechern im Gefängnis bezogen auf das Materielle besser ergehe, als der Bevölkerung außerhalb der Gefängnismauern.[2182]

Gleichwohl betont er, dass eine Quälerei der Gefangenen strikt auszuschließen sei. Dahingehend müsse die Frage, ob ein Strafsystem streng oder hart sei, unter zwei Aspekten beurteilt werden: Dem qualitativen und dem quantitativen.[2183] Während die qualitative Wirkung der Strafe von dem jeweiligen Individuum, dem gegenüber die Strafe angewandt werde, abhängig sei, sei die quantitative Wirkung unterschiedslos.[2184] Kombiniere man diese beiden Aspekte in der richtigen Weise miteinander, so könnten die Strafe und die daraus erwachsende Strenge modifiziert werden.[2185]

Während *Diez* im Allgemeinen der Auffassung zustimmte, dass das *Pennsylvania System* im Vergleich mit dem *Auburn System* und dem dort gewährten Verkehr der Gefangenen untereinander, auch wenn hier die Kommunikation untersagt werde, härter und strenger sei, so proklamierte er, dass dies durch Modifikationen abgeschwächt werden könne.[2186] Die geringere Strenge ergebe sich bei dem *Auburn System* aus dem Versagen des Systems dafür zu sorgen, dass die verbotene Kommunikation tatsächlich nicht stattfinde.[2187]

Bezüglich der gegen das *Pennsylvania System* vorgebrachten Kritik erachtete *Diez* ausschließlich denjenigen Punkt als valide, der sich auf die negative

---

[2179] *Diez*, Über die Vorzüge der einsamen Einkerkerung, S. 3.
[2180] *Diez*, Über die Vorzüge der einsamen Einkerkerung, S. 3.
[2181] *Diez*, Über die Vorzüge der einsamen Einkerkerung, S. 45.
[2182] *Diez*, Über die Vorzüge der einsamen Einkerkerung, S. 45.
[2183] *Diez*, Über die Vorzüge der einsamen Einkerkerung, S. 45.
[2184] *Diez*, Über die Vorzüge der einsamen Einkerkerung, S. 45.
[2185] *Diez*, Über die Vorzüge der einsamen Einkerkerung, S. 45.
[2186] *Diez*, Über die Vorzüge der einsamen Einkerkerung, S. 45 f.
[2187] *Diez*, Über die Vorzüge der einsamen Einkerkerung, S. 47.

Beeinflussung der Einzelhaft auf die geistige und körperliche Gesundheit der Gefangenen bezog.[2188] Die negativen Auswirkungen die die Haftzeit auf die Gefangenen haben könnte, würden sich meistens erst nach längerer Zeit zeigen, sodass auch *Diez* ein Verfechter einer harten aber dafür kürzeren Strafzeit war.[2189] Das sei mit Blick auf die Ausgestaltung des *Pennsylvania Systems* bei diesem System gerade möglich, worin sich ein weiterer Vorteil zeigen würde.[2190] Denn die Zeit, die ein Gefangener in einer Strafanstalt verbringe, stellte für *Diez*, insbesondere wenn der Gefangene noch jung war, eine verlorene Zeit dar.[2191]

Hinsichtlich der Gefahren für die Gesundheit und den Körper der Gefangenen betonte *Diez*, dass insoweit diese tatsächlich dergestalt wären, wie von den Kritikern behauptet, das System in seiner Gänze nicht mehr fortgeführt werden dürfte.[2192] Allerdings sah er solche Gefahren als nicht gegeben an. Obgleich die „physische und moralische Lage der Sträflinge" geistige und auch körperliche Störungen hervorrufen könnte, seien diese vielmehr auf die plötzliche Änderung der Lebensumstände zurückzuführen.[2193] Dabei müsse beachtet werden, dass die Gefangenen in der Einzelhaft vor negativen Einflüssen geschützt würden.[2194] Die Gesundheit der Gefangenen könne laut Aussage von *Diez* durch die Gewährleistung von Unterbringungen, die sowohl über ausreichend Licht als auch über saubere Luft verfügten und dabei dem jeweiligen Klima entsprechend ausgestattet seien, erhalten werden.[2195] Ebenso von Nöten sei eine ausreichende Ernährung und eine zweckmäßige Beschäftigung der Gefangenen.[2196] Bezogen auf diese Aspekte sah *Diez* keinen Grund anzunehmen, dass die Gesundheit der Gefangenen in den Anstalten nach dem *Pennsylvania System* gegenüber anderen Strafanstalten, insbesondere der nach dem *Auburn System* eingerichteten, nicht mindestens genauso gut

---

2188 *Diez*, Über die Vorzüge der einsamen Einkerkerung, S. 50.
2189 *Diez*, Über die Vorzüge der einsamen Einkerkerung, S. 48.
2190 *Diez*, Über die Vorzüge der einsamen Einkerkerung, S. 47 f.
2191 *Diez*, Über die Vorzüge der einsamen Einkerkerung, S. 48.
2192 *Diez*, Über die Vorzüge der einsamen Einkerkerung, S. 50.
2193 *Diez*, Über die Vorzüge der einsamen Einkerkerung, S. 50.
2194 *Diez*, Über die Vorzüge der einsamen Einkerkerung, S. 48.
2195 *Diez*, Über die Vorzüge der einsamen Einkerkerung, S. 50 f.
2196 *Diez*, Über die Vorzüge der einsamen Einkerkerung, S. 50 f.

gewährleistet werde, wenn mit Blick auf die Unterkunft in den Einzelzellen nicht sogar besser.[2197]

Am Ende seines Werkes nahm *Diez* noch einmal Bezug auf die psychischen Verhältnisse der Gefangenen und stellte seinen Aussagen zunächst die Feststellung voran, dass „Wahnsinn und Verbrechen sehr nahe miteinander verwandt" seien.[2198] Gleichzeitig betonte er, dass teilweise festgestellt werde, dass der Gefangene nicht in die Strafanstalt, sondern vielmehr in eine „Irrenanstalt" gehöre.[2199]

Er reduzierte die Frage nach den Auswirkungen der Einzelhaft bezüglich der mentalen Gesundheit darauf, ob die Einsamkeit eine Ursache des Wahnsinns sei, oder aber ob diese Verhältnisse herbeiführe oder begünstige, die den Wahnsinn erzeugen würden.[2200]

Hinsichtlich der Einsamkeit im Rahmen des *Pennsylvania Systems* betonte *Diez*, dass diese nicht absolut sei, sondern vielmehr durch Besuche des Aufsehers und der anderen Beamten, ebenso wie durch die Arbeit und den Zugriff auf Bücher, gemildert würde.[2201] Der Gefangene werde mithin nur von der Gesellschaft anderer Gefangener, aber nicht von der allgemeinen menschlichen Gesellschaft ausgeschlossen.[2202] Aus diesem Grund sah er bei diesem Haftsystem keine Voraussetzungen dafür, dass der Wahnsinn bei einem Gefangenen entstehen könne, sondern ging vielmehr davon aus, dass der während der Haftzeit aufkommende Wahnsinn auch unter anderen Umständen in der Freiheit entstanden wäre.[2203]

Das Einzige, das er in dem *Pennsylvania System* verwurzelt sah und was eine „Geisteszerrüttering" hervorrufen könne, sei, dass der Gefangene sich mit sich selbst und seinem „nichtswürdigen" Leben und seiner „lasterhaften und verbrecherischen Handlungen" auseinandersetzen müsse.[2204] Allerdings seien das gerade die Empfindungen, die die Grundlage für die Besserung der

2197 *Diez*, Über die Vorzüge der einsamen Einkerkerung, S. 52.
2198 *Diez*, Über die Vorzüge der einsamen Einkerkerung, S. 52.
2199 *Diez*, Über die Vorzüge der einsamen Einkerkerung, S. 53.
2200 *Diez*, Über die Vorzüge der einsamen Einkerkerung, S. 53.
2201 *Diez*, Über die Vorzüge der einsamen Einkerkerung, S. 54.
2202 *Diez*, Über die Vorzüge der einsamen Einkerkerung, S. 54.
2203 *Diez*, Über die Vorzüge der einsamen Einkerkerung, S. 54.
2204 *Diez*, Über die Vorzüge der einsamen Einkerkerung, S. 55.

Gefangenen bildeten.[2205] Wenn man diese Empfindungen der Gefangenen, die seines Erachtens auch beim *Auburn System* auftreten würden, verhindern wollte, so müsste sichergestellt werden, dass es keine Anhaltspunkte für etwaige Beschwerden über die Haftbedingungen und es zudem ausreichend Zerstreuung geben würde. Das hätte wiederum zur Konsequenz, dass die angestrebte Besserung nicht erreicht und somit die Strafe selbst vielmehr konterkariert würde.[2206]

Die meisten Vorwürfe die dem *Pennsylvania System* gemacht werden würden, erklärte *Diez* mit allgemeinen und vor allem mit unerwiesenen Behauptungen oder Befürchtungen, die keine wissenschaftliche Grundlage hätten.[2207] Doch bestehende Statistiken sollten nur mit Vorsicht verwendet werden, da sie nicht immer die Tatsachen widerspiegelten.[2208] Obgleich die Anzahl der Sterbefälle und die Zahl der „Wahnsinnigen" im Vergleich zum *Auburn System* größer seien, so müssten in die Bewertung dieser Zahlen doch verschiedene Faktoren mit einbezogen werden.[2209]

Hiernach könnten die Strafanstalten nur unter Einbeziehung der Gesundheit und des Seelenzustandes der Sträflinge verglichen werden. Mithin müssten all jene Gefangene, die bereits an einer unheilbaren oder einer mentalen Krankheit litten, aus der Statistik ausgeschlossen werden.[2210] Überdies müssten auch die gesamtgesellschaftlichen Umstände einbezogen werden, mithin die allgemeinen Statistiken für die Sterblichkeit und Fälle des Wahnsinns,[2211] ebenso der durchschnittliche Aufenthalt eines Gefangenen in der Strafanstalt.[2212] Gleiches gelte für die jeweils verabreichte Kost in der Anstalt, sowie die Sauberkeit und die Umstände der Arbeit.[2213] Nur unter der Voraussetzung, dass sämtliche Umstände in zwei Strafanstalten gleich seien, sei eine tatsächliche Vergleichbarkeit gegeben.[2214] Eine solche Auseinandersetzung bei

---

2205 *Diez*, Über die Vorzüge der einsamen Einkerkerung, S. 55.
2206 *Diez*, Über die Vorzüge der einsamen Einkerkerung, S. 55.
2207 *Diez*, Über die Vorzüge der einsamen Einkerkerung, S. 56.
2208 *Diez*, Über die Vorzüge der einsamen Einkerkerung, S. 56.
2209 *Diez*, Über die Vorzüge der einsamen Einkerkerung, S. 56.
2210 *Diez*, Über die Vorzüge der einsamen Einkerkerung, S. 56.
2211 *Diez*, Über die Vorzüge der einsamen Einkerkerung, S. 56 f.
2212 *Diez*, Über die Vorzüge der einsamen Einkerkerung, S. 57.
2213 *Diez*, Über die Vorzüge der einsamen Einkerkerung, S. 58.
2214 *Diez*, Über die Vorzüge der einsamen Einkerkerung, S. 58.

dem Vergleich mehrerer Anstalten habe allerdings laut *Diez* bislang nicht stattgefunden.[2215] Denn auch die beide Genfer Ärzte *Coindet*[2216] und *Gosse*[2217] hätten in ihren Werken diese Aspekte nicht mit einbezogen, sodass der Befürwortung des *Auburn Systems* und der damit einhergehenden Argumentation nicht zuzustimmen sei.[2218] Sie seien die Einzigen gewesen, die ihre Vorwürfe gegen das *Pennsylvania System* auf Fakten gestützt hätten, die allerdings durch *Diez* insgesamt aufgrund der bezeichneten fehlenden Auseinandersetzung mit obigen Punkten als unzutreffend dargestellt werden.[2219]

Mit Blick auf die Anstalt in Cherry Hill kam *Diez* zu dem Ergebnis, dass nur 0,64 % der Entlassenen an einer psychischen Krankheit bei ihrer Entlassung gelitten hätten. Zudem würden häufig Gefangene in das Gefängnis eingeliefert werden, die bereits vor der Haftzeit unter einer Geisteskrankheit litten, die sich allerdings erst in deren Verlauf zeigen würde.[2220]

Im Ergebnis beantwortete *Diez* die Frage nach der negativen Wirkung der Einzelhaft auf die mentale Gesundheit der Gefangenen damit, dass die Einsamkeit eine beruhigende Wirkung auf das Gemüt habe. Das System der absoluten Absonderung würde im Vergleich zu anderen Strafanstalten nicht mehr Geisteskrankheiten hervorrufen.[2221]

Die vollständige Absonderung der Gefangenen untereinander sah *Diez* zusammenfassend als obligatorisch zur Erreichung des Besserungsziels der Strafanstalten an.[2222] Denn nach seiner Ansicht sei nur dieses Haftsystem wirksam, sowohl um zu strafen, als auch um abschreckend zu wirken und dabei mit der

> erforderlichen Berücksichtigung seines leiblichen Wohlergehens, und einer für den Verbrecher selber eben so wohlthätigen, als für die Staatsverwaltung erwünschten Abkürzung der Strafzeit zu verbinden, dem entlassenen Sträflinge die nothwendige

---

2215 *Diez*, Über die Vorzüge der einsamen Einkerkerung, S. 58.

2216 *Coindet, Ch.*, Mémoire sur l'hygiène des condamnés détenus dans la prison pénitentiaire de Genève, Paris 1838.

2217 *Gosse, L.-A.*, Examen medical et philosophique du systeme pénitentiare, Genève 1837.

2218 *Diez*, Über die Vorzüge der einsamen Einkerkerung, S. 58 f.

2219 *Diez*, Über die Vorzüge der einsamen Einkerkerung, S. 68, 58–68.

2220 *Diez*, Über die Vorzüge der einsamen Einkerkerung, S. 59.

2221 *Diez*, Über die Vorzüge der einsamen Einkerkerung, S. 70.

2222 *Diez*, Über die Vorzüge der einsamen Einkerkerung, S. 74 f.

Luft und Liebe zur Arbeit, und Gewöhnung [zu geben], dieselbe als eine Wohlthat und Pflicht zu betrachten.[2223]

Bei dem Werk von *Diez* handelt es sich um eine starke Befürwortungsschrift für das *Einzelhaftsystem*, das insbesondere dadurch gekennzeichnet ist, dass sich *Diez* mit seiner eigenen vorhergehenden Meinung auseinandersetzte. War er zunächst Verfechter des *Auburn Systems*, wandte er sich von seiner alten Auffassung ab und proklamierte nunmehr das damit konkurrierende *Einzelhaftsystem*. Hierbei stützte er sich nicht auf die Erfahrungen anderer, sondern argumentiert anhand seiner eigenen.

Zu Beginn seines Werkes setzt er sich zunächst mit dem Strafzweck auseinander, den er in der Besserung der Gefangenen sieht, die der Staat durch eine entsprechende Einrichtung der Gefängnisse zu gewährleisten habe. Dabei nimmt er direkt Bezug auf die zu dieser Zeit bereits vermehrt aufkeimende Kritik an der philanthropischen Bestrebung, die vorrangig durch die Gefängnisgesellschaften vorangetrieben wurde. Er betont, dass es sich eben nicht um ein zu mildes Konzept handele, sondern durch die Besserung der Gefangenen die Gesellschaft insgesamt geschützt werden könne.

Auch für den Psychiater und Mediziner *Diez* war die Besserung der Gefangenen im Sinne der *Spezialpräventionstheorie* also das wesentliche Ziel der Durchführung der Freiheitsstrafe. Entsprechend forderte er die Besserung, beziehungsweise Umerziehung der Gefangenen, die im Rahmen der *Spezialpräventionstheorie* durch das Gedankengut der Humanität geprägt war. Im Rahmen seiner Befürwortungsschrift setzt er sich auf wissenschaftlicher Basis mit den hierfür zur Verfügung stehenden Gefängnissystemen auseinander und untersuchte insbesondere deren schädliche Auswirkungen auf die Gefangenen. Diese an Statistiken und wissenschaftlichen Erwägungen orientierte Bewertung kann als Beispiel für den sich ausbreitenden naturwissenschaftlichen Diskurs[2224] im Rahmen der Gefängniskunde bezeichnet werden. Die Argumentation folgte nicht vorrangig moralischen Erwägungen, sondern wurde in eine wissenschaftliche Untersuchung eingebettet. Er benutzte Statistiken und setzte sich mit den Auswirkungen der Arbeit in medizinischer Sicht auseinander. Beispielsweise betonte er, dass die Arbeit die Gefangenen in mentaler und körperlicher Sicht gesund halten würde.

2223 *Diez*, Über die Vorzüge der einsamen Einkerkerung, S. 75 f.
2224 Vgl. hierzu *Nutz*, Strafanstalt als Besserungsmaschine, S. 228–238.

Damit setzte er an der frühen Kritik der absoluten Isolation der Gefangenen an, denen man nach vermehrtem Aufkommen mentaler Erkrankungen die Arbeit als Erleichterungsmittel zustand.

Hinsichtlich der Gesundheit der Gefangenen bezieht er sich zudem auf Aspekte der äußeren Hygiene, die bereits im Rahmen der ersten Reformwelle Ende des 18. Jahrhunderts vorrangig diskutiert und umgesetzt wurden. Die Sauberkeit, frische Luft und körperliche Gesundheit der Gefangenen waren dabei aber kein ausschließliches Konzept des *Pennsylvania Systems*, sondern sämtlicher Strafanstalten. Das gesteht er sodann ein und sagt, dass sich in dieser Hinsicht keine Unterschiede bei den beiden Gefängnissystemen ergebe.

Interessanter ist an dieser Stelle vor allem seine Auseinandersetzung mit der psychischen Gesundheit der Gefangenen aus Sicht eines Mediziners und Psychiaters. Seine Auffassung, dass sämtliche Gefangene, die unter einer unheilbaren Krankheit oder einer Geisteskrankheit litten, aus den Statistiken auszuschließen seien, ist nicht als Vorwand zur Besserung der Statistiken, sondern vielmehr als Ausfluss der Anfänge der Psychiatrie zu werten. In diesen trennte man zwischen denen als der Heilung zugänglichen und den nicht „heilbaren" Geisteskranken.[2225] Dass die erste Gruppe weiterhin in den Strafanstalten untergebracht und vorrangig als Gefangene behandelt wurden ist damit zu erklären, dass man erreichen wollte sie nach der Haftzeit wieder in die Gesellschaft einzugliedern und bereits während der Haftzeit ihre Arbeitsleistung nutzen wollte.[2226] Mit seiner Auffassung und Beurteilung der Statistiken entsprach *Diez* eben dieser Bewertung. In den engen Grenzen der Freiheitsstrafe sieht *Diez* vielmehr eine positive Prägung für auch „heilbare" geisteskranke Gefangene, sodass deren Besserung erreicht werden könnte. Der Diskurs verschiebt sich weg von den rein moralischen Erwägungen unter dem Gesichtspunkt der Humanität und strebt nach einer belastbaren wissenschaftlichen Begründung. In seiner Argumentation setzte sich *Diez* nicht direkt, sondern nur indirekt durch die positive Bewertung mit der Philanthropie auseinander. Das philanthropische Argument wird somit zunächst durch die medizinisch-naturwissenschaftliche Herangehensweise unterstützt und ergänzt.

[2225] *Greve*, Verbrechen und Krankheit, S. 76.

[2226] *Greve*, Verbrechen und Krankheit, S. 76 f.

III. Das Männerzuchthaus Bruchsal

Nach den intensiven und widerstreitenden Diskussionen um die Ausrichtung des neuen Männerzuchthauses Bruchsal wurde es im Jahr der badischen Revolution 1848 in Betrieb genommen. Mitunter als Musteranstalt[2227] bezeichnet, war es von besonderer Bedeutung für die Entwicklung des badischen Strafvollzuges.

1. Das Gesetz über die Einzelhaft von 1845

Am 6. März 1845 wurde das Gesetz „den Strafvollzug im neuen Männerzuchthause zu Bruchsal betreffend"[2228] verabschiedet, das gleichzeitig das erste deutsche Strafvollzugsgesetz darstellte.[2229] Das Gesetz beinhaltete allerdings lediglich Regeln für das *Bruchsaler Männerzuchthaus* und fand somit keine Anwendung auf das gesamte Hoheitsgebiet.[2230]

a) Motive für die Einführung des Einzelhaftsystems

Der Großherzog von Baden hatte den Justizminister *Jolly* und den Ministerialrat *Ludwig von Jagemann*[2231], wobei letzterer für die weitere Entwicklung des Strafvollzugs noch von großer Bedeutung sein sollte,[2232] mit der Vorlage eines Gesetzesentwurfes zum Strafvollzug im neuen Zuchthaus beauftragt.[2233]

[2227] *Freßle*, Die Geschichte des Männerzuchthauses Bruchsal, S. 174.

[2228] Gesetz den Strafvollzug im neuen Männerzuchthause zu Bruchsal betreffend, Jahrgang 1845, April, RBl. Nr. XI 1845, Beilage zum Regierungsblatt 1845.

[2229] *Freßle*, Die Geschichte des Männerzuchthauses Bruchsal, S. 92.

[2230] *Freßle*, Die Geschichte des Männerzuchthauses Bruchsal, S. 92.

[2231] *Ludwig von Jagemann* (1805–1863) studierte Rechtswissenschaft in Göttingen und Heidelberg. 1843 wurde er Justizministerialrat im Justizministerium. Er war außerdem Präsident des Vereins für Besserung der Strafgefangenen. Er stand unter anderem mit Mittermaier in direktem Kontakt, vgl. hierzu: *Fasoli, Hemma*, Zum Strafverfahrensrecht und Gefängniswesen, S. 1–4.

[2232] Vgl. hierzu bspw. *Fasoli, Hemma*, Zum Strafverfahrensrecht und Gefängniswesen im 19. Jahrhundert. Der Jurist Ludwig von Jagemann (1805–1853). Seine Rolle in Deutschland unter Berücksichtigung der Entwicklungen in England, Frankreich und USA, Kehl am Rhein 1985.

[2233] *Ludwig von Jagemann*, Vortrag des Ministerialraths von Jagemann an die zweite Kammer der Ständeversammlung bei der Vorlage des Gesetzesentwurfes, den Strafvollzug im neuen Männerzuchthause betreffend, in: Verhandlung der zweiten badischen Kammer, 1843–45, Beilagen, Band 14, Beilagen zur 134. Sitzung (13.01.1845), S. 163–172 (163).

Im Rahmen der Motive zum Gesetzesentwurf, sicherlich von den zuvor geführten langen öffentlichen Diskussionen für und wider die beiden Haftsysteme *Auburn System* und *Pennsylvania System* beeinflusst, wurde zunächst ausgeführt, dass die im Weiberzuchthaus Bruchsal gemachten Erfahrungen hinsichtlich des *Auburn Systems*, das man dort eingeführt hatte, ernüchternd gewesen seien.[2234]

Die angestrebte Besserung der Gefangenen hätte nur bei denjenigen zum Erfolg geführt, die schon vorher „für gute Lehren empfänglich" gewesen seien.[2235] Vor allem die Rückfallquote sei besonders dramatisch angestiegen, sodass zwischen 20 und 25 % der zuvor Inhaftierten Frauen in der *Weiber-Strafanstalt* rückfällig geworden waren.[2236] Als Hauptgrund für das Scheitern des *Auburn Systems* in der Weiber-Strafanstalt wurde angesehen, dass das Schweigegebot nicht ausreichend war, um die „moralische Ansteckung" zu verhindern.[2237] Weiter wurde ausgeführt, dass die widerspenstigen Gefangenen trotz drohender Konsequenzen nicht davor zurückschrecken würden, hinter dem Rücken der Aufseher mit den übrigen Gefangenen in Kontakt treten zu wollen.[2238] Die als häufig bezeichneten Fälle, in denen die Regeln seitens der Gefangenen gebrochen wurden, hätten seitens der Aufsichtspersonen nicht immer zu einer Anzeige geführt, zum einen aufgrund der drohenden Konsequenzen für die Gefangene, aber auch, weil die Strafe an sich mit der Zeit an Effektivität und Schrecken verloren hatte.[2239] In Bezug auf Erfahrungsberichte aus anderen Strafanstalten die das Schweigesystem nutzten, wurde erklärt, dass diese darin übereinstimmten, dass das Schweigebot in seiner Strenge nicht durchgesetzt werden konnte, sondern die Gefangenen, die gegen dieses Gebot, teils in einem stündlichen Rhythmus,

---

[2234] Vortrag von Jagemann zur Vorlage des Gesetzesentwurfs, Beilage zur 134. Sitzung, S. 164.

[2235] Vortrag von Jagemann zur Vorlage des Gesetzesentwurfs, Beilage zur 134. Sitzung, S. 164.

[2236] Vortrag von Jagemann zur Vorlage des Gesetzesentwurfs, Beilage zur 134. Sitzung, S. 164.

[2237] Vortrag von Jagemann zur Vorlage des Gesetzesentwurfs, Beilage zur 134. Sitzung, S. 164 f.

[2238] Vortrag von Jagemann zur Vorlage des Gesetzesentwurfs, Beilage zur 134. Sitzung, S. 165.

[2239] Vortrag von Jagemann zur Vorlage des Gesetzesentwurfs, Beilage zur 134. Sitzung, S. 165.

verstoßen würden, nicht mehr belangt wurden.[2240] Die Möglichkeit, die Besserung der Gefangenen durch das Schweigesystem zu erreichen, wurde somit nicht mehr als gegeben angesehen, vielmehr wurden diese Anstalten als „Schule der Ränke und Heuchelei“ bezeichnet.[2241] Hinsichtlich des Zwecks der Freiheitsstrafe wurde ausgeführt:

> Die bürgerliche Freiheit kann nur innerhalb der gesetzlichen Schranken bestehen; wer sie mit Willkür und Nichtachtung der Rechte anderer ausübt, befindet sich auf bedrohlichen Irrwegen; wer aber einem positiven Strafgesetz entgegenhandelt, macht sich entschieden eines Mißbrauchs der Freiheit schuldig, welcher, als natürlichste Retorsion, eine angemessene Beschränkung derselben hervorruft.[2242]

Hinsichtlich der hier proklamierten Freiheit ist zu beachten, dass diese neben der Tugend und der Vernunft der wesentliche Kerngedanke der Aufklärungsbewegung war und somit eine eklatant wichtige Rolle bei der weiteren Entwicklung des Humanismus hatte.[2243]

Auch hier zeigen sich bei der Argumentation Grundstrukturen der Humanismusbewegung beziehungsweise des humanistischen Gedankenguts. Sie wird verwendet, um die Notwendigkeit der Strafe zu unterstreichen und deren Daseinsberechtigung zu begründen. Hinsichtlich der sich langsam entwickelnden *Lehre vom besonderen Gewaltverhältnis*[2244] zeigt sich hier, dass man sich bereits damit auseinandersetzte, inwieweit die bürgerliche Freiheit eines Einzelnen eingeschränkt werden könne, insoweit dieser zum Strafgefangenen wurde. Allerdings wurde hier lediglich von einer angemessenen Beschränkung gesprochen, nicht jedoch von dem später diskutierten Verlust der Rechte durch das *besondere Gewaltverhältnis*, in dem sich der Gefangene mit dem Staat befand.

***

2240 Vortrag von Jagemann zur Vorlage des Gesetzesentwurfs, Beilage zur 134. Sitzung, S. 165.

2241 Vortrag von Jagemann zur Vorlage des Gesetzesentwurfs, Beilage zur 134. Sitzung, S. 164 f.

2242 Vortrag von Jagemann zur Vorlage des Gesetzesentwurfs, Beilage zur 134. Sitzung, S. 166.

2243 Vgl. hierzu Kapitel 1.B.

2244 Vgl. hierzu Kapitel 10.B.

Mit Blick auf den Zweck und die Natur der Freiheitsstrafe stellte *Jagemann* fest, dass ihr das *Pennsylvania System* entsprechen würde.[2245] Bezüglich der drohenden negativen Auswirkungen, die aus den pennsylvanischen Strafanstalten bekannt geworden waren, wurde betont, dass nähere Überprüfungen ergeben hätten, dass diese Mängel auf behebbaren Gründen beruhten, denen durch die badische Regierung Abhilfe geschaffen werden würde.[2246] Zudem wurde das Scheitern bei mancher Durchführung der Einzelhaft in fehlender frischer Luft, fehlender Beschäftigung und fehlender Bewegung der Gefangenen gesehen.[2247]

Die wichtigste Frage in der Diskussion über das richtige Gefängnissystem war, ob die Isolation der Gefangenen, oder aber das Schweigegebot für die mentale Verfassung der Gefangenen abträglicher wirkte.[2248] Die zur Sache vorhandenen Statistiken wurden im Rahmen der vorliegenden Erklärung stark kritisiert. So wurde mitunter beklagt, dass die zuständigen Ärzte in den Gefängnissen, die das *Einzelhaftsystem* anwandten, auch Krankheiten, die typisch für Gefangene waren, als Geisteskrankheit einstuften und dadurch die Statistik verfälschten. Hierunter wurde unter anderem „Gemüthsleiden, Trübsinn, Verstimmung, Hypochondrie, Abgestumpftheit“ aufgezählt.[2249] Zudem wurde kritisiert, dass die Gefangenen in den ersten Wochen nach ihrer Ankunft in den Strafanstalten ohne jedwede Arbeit oder andere Art der Beschäftigung eingesperrt wurden, wodurch die Geistesverfassung dieser gelitten hätte und dementsprechend auch die Statistiken ausgefallen wären.[2250]

Weiter wurde begründet, dass die Ethnien der Gefangenen in Amerika und in Europa nicht verglichen werden könnten. In den amerikanischen

2245 Vortrag von Jagemann zur Vorlage des Gesetzesentwurfs, Beilage zur 134. Sitzung, S. 166.

2246 Vortrag von Jagemann zur Vorlage des Gesetzesentwurfs, Beilage zur 134. Sitzung, S. 167.

2247 Vortrag von Jagemann zur Vorlage des Gesetzesentwurfs, Beilage zur 134. Sitzung, S. 167.

2248 Vortrag von Jagemann zur Vorlage des Gesetzesentwurfs, Beilage zur 134. Sitzung, S. 168.

2249 Vortrag von Jagemann zur Vorlage des Gesetzesentwurfs, Beilage zur 134. Sitzung, S. 168.

2250 Vortrag von Jagemann zur Vorlage des Gesetzesentwurfs, Beilage zur 134. Sitzung, S. 168.

Gefängnissen würden die *People of Color*[2251] etwa die Hälfte aller Gefangenen ausmachen. Dieser Bevölkerungsgruppe wurde ein höheres Risiko für Geisteskrankheiten zugeschrieben als den Europäern.[2252] Zudem befänden sich viele Eingewanderte in den Gefängnissen, bei denen aufgrund der häufig bestehenden Sprachbarriere die Kommunikation mit den Inspektoren und Wärtern nicht möglich sei, sodass für diese ein Zustand tatsächlicher Einsamkeit entstehen würde.[2253]

Zu guter Letzt wurde angeführt, dass in Amerika ein großer Mangel an Irrenhäusern bestehen würde, sodass auch die Verbrecher, die aufgrund bestehender Unzurechnungsfähigkeit eigentlich nicht verurteilt werden könnten, trotzdem zum Schutz der Gesellschaft in die Strafanstalten eingesperrt werden würden.[2254]

Vorteilhaft an der Einzelhaft sei hingegen vor allem die Verminderung der Straftaten und der Rückfallquote sowie die Möglichkeit einer Verkürzung der Strafdauer.[2255] Seit dem Bestehen des Gefängnisses in Pennsylvania bis zum Jahre 1842 sei die Rückfallquote insgesamt um 33 % gesunken, wobei darauf hingewiesen wurde, dass dies parallel zu dem steten Bevölkerungswachstum von mehr als 30 % erfolgte.[2256]

Zum Schluss wurde ausdrücklich darauf hingewiesen, dass das *Einzelhaftsystem* „alle relativen Strafzwecke in erhöhterem Maße“ erreichen werde.[2257] Neben der Besserung, der Sicherung und Abschreckung trage sie nicht nur

---

[2251] Das von den seinerzeitigen Verfassern verwendete Wort zur Bezeichnung einer bestimmten Bevölkerungsgruppe wird im Rahmen dieser Arbeit ausdrücklich nicht verwendet. Es wird an dieser Stelle auf die von unter anderem Amnesty International empfohlene Verwendung von PoC zurückgegriffen: https://www.amnesty.de/2017/3/1/glossar-fuer-diskriminierungssensible-sprache. (Zugriff zuletzt im Juni 2026)

[2252] Vortrag von Jagemann zur Vorlage des Gesetzesentwurfs, Beilage zur 134. Sitzung, S. 168.

[2253] Vortrag von Jagemann zur Vorlage des Gesetzesentwurfs, Beilage zur 134. Sitzung, S. 168.

[2254] Vortrag von Jagemann zur Vorlage des Gesetzesentwurfs, Beilage zur 134. Sitzung, S. 168.

[2255] Vortrag von Jagemann zur Vorlage des Gesetzesentwurfs, Beilage zur 134. Sitzung, S. 168.

[2256] Vortrag von Jagemann zur Vorlage des Gesetzesentwurfs, Beilage zur 134. Sitzung, S. 169.

[2257] Vortrag von Jagemann zur Vorlage des Gesetzesentwurfs, Beilage zur 134. Sitzung, S. 169.

zur Beruhigung der Gesellschaft bei, sondern ziehe nützliche Arbeitskräfte für einen geringeren Zeitraum aus dem Verkehr, wobei die Unterhaltskosten in der Einzelhaft für vermögenslose Verbrecher geringgehalten werden.[2258]

Hieran erkennt man, dass auch bei den Befürwortern der Einzelhaft in Baden etwaige monetäre Beweggründe nicht von der Hand gewiesen werden können, sondern ebenfalls, wie schon in Amerika, bei der Entscheidung für und somit das Obsiegen eines der Systeme eine nicht unmaßgebliche eine Rolle spielten.

b) Inhalt

Der Gesetzentwurf umfasste zunächst nur acht Paragrafen und wurde im Rahmen der endgültigen Fassung auf insgesamt 16 Paragrafen erweitert.

Unter der Voraussetzung, dass die baulichen Gegebenheiten dies gestatten würden, waren ausweislich § 1 dieses Gesetzes sämtliche Sträflinge in besonderen Zellen, in denen sie sowohl tagsüber als auch während der Nacht in Einzelhaft waren, untergebracht.[2259] Mit Ausnahme der Sonn- und Feiertage sollten sämtliche Sträflinge beschäftigt werden, wobei sie, insoweit notwendig, in einem Gewerbe unterrichtet wurden und ebenso in dem Wissen, das auch in den Volksschulen gelehrt wurde.[2260] Gemäß § 3 sollte jeder Sträfling in seiner Zelle täglich mindestens sechsmal besucht werden, wobei die Besuche von den Werkmeistern, Aufsehern, Geistlichen, Ärzten, Lehrern, Direktionsmitgliedern, Inspektoren, Bekannten und Verwandten des Sträflings und anderen Personen, die Zutritt erhalten mit einberechnet wurden. Ausweislich dieser Regelung war den Sträflingen der Kontakt, beziehungsweise der Besuch von Verwandten und Bekannten grundsätzlich möglich.[2261] Eine vollständige Isolierung der Gefangenen zur Außenwelt sollte demnach nicht stattfinden. Das zeigte sich auch in der Regelung, dass der Gefangene seine freie Zeit nicht nur mit Lesen oder anderen mit der Hausordnung zu

---

2258 Vortrag von Jagemann zur Vorlage des Gesetzesentwurfs, Beilage zur 134. Sitzung, S. 169.

2259 Gesetz den Strafvollzug im neuen Männerzuchthause zu Bruchsal betreffend, 1845, § 1, a. A. o.

2260 Gesetz den Strafvollzug im neuen Männerzuchthause zu Bruchsal betreffend, 1845, § 2.

2261 Gesetz den Strafvollzug im neuen Männerzuchthause zu Bruchsal betreffend, 1845, § 3.

vereinbarenden Tätigkeiten füllen konnte, sondern darüber hinaus unter bestimmten Voraussetzungen an Freunde oder Verwandte Briefe schreiben oder empfangen durfte, vgl. § 4 Abs. 2.[2262] Jedem Sträfling wurden zudem 30 Minuten täglich gewährt, in denen er sich in einem hierfür geschaffenen Raum im Freien[2263] bewegen konnte.[2264]

War im Gesetzesentwurf noch die „Absonderung" der Gefangenen für maximal zehn Jahre festgelegt, so wurde dies im Gesetz gemäß der § 5 auf maximal sechs Jahre angepasst.[2265] Bei der Begründung des Gesetzesentwurfs hatte man zuvor noch betont, dass die Reduzierung der maximalen Strafdauer in Einzelhaft von zwölf Jahren, wie es in Pennsylvania zu der Zeit geregelt war, mit Rücksicht auf die „Humanität" und die „Gerechtigkeitspflege" auf zehn Jahre erfolgen solle.[2266]

Der Gedanke, dass im Verhältnis zur Vorbildanstalt in Pennsylvania, durch Halbierung der maximalen Haftdauer in Isolierung, Rücksicht auf die „Humanität" genommen werden würde, wurde mithin durch das endgültige Gesetz noch weitergehend aufgenommen. Allerdings fehlte es hier an einer Begründung, inwiefern die Minimierung der maximalen Strafdauer der Humanität entsprechen würde. Es fand lediglich eine Bezugnahme auf den Begriff statt, ohne eine weitergehende Erklärung hierzu abzugeben. Gleichwohl wurde die maximale Isolierung der Gefangenen durch die Endfassung des Gesetzes von zehn Jahren auf sechs Jahre und im Vergleich zum amerikanischen Vorbild um die Hälfte der Zeit reduziert. Der Bezug auf die Humanität kann hier so verstanden werden, dass damit Rücksicht auf die Gefangenen genommen und den Gefahren der Isolation zumindest in gewisser Hinsicht Rechnung getragen wurde.

2262 Gesetz den Strafvollzug im neuen Männerzuchthause zu Bruchsal betreffend, 1845, § 4 Abs. 2.

2263 Vgl. hierzu die im Anhang befindliche Abbildung (Nr. 1) des Männerzuchthauses.

2264 Gesetz den Strafvollzug im neuen Männerzuchthause zu Bruchsal betreffend, 1845, § 4 Abs. 1.

2265 Vortrag von Jagemann zur Vorlage des Gesetzesentwurfs, Beilage zur 134. Sitzung, S. 162; Gesetz den Strafvollzug im neuen Männerzuchthause zu Bruchsal betreffend, 1845, § 5.

2266 Vortrag von Jagemann zur Vorlage des Gesetzesentwurfs, Beilage zur 134. Sitzung, S. 170.

Die Einzelhaft wurde im endgültigen Gesetz somit zeitlich auf sechs Jahre beschränkt, wobei auch eine etwaige längere Haftstrafe des Gefangenen daran nichts änderte. In diesen Fällen durfte die „vollständige Absonderung" nur aufgrund des ausdrücklichen Begehrens des Gefangenen fortgesetzt werden, § 5. Darüber hinaus wurde die vollständige Absonderung auch nicht gegen Strafgefangene angewandt, die das 70. Lebensjahr bereits überschritten hatten.[2267]

Im Falle, dass die vollständige Absonderung aufgrund der vorher genannten Regelungen nicht mehr angewandt wurde, wurden ausweislich § 6 mehrere Sträflinge gemeinschaftlich in den Arbeitssälen beschäftigt.[2268]

Hinsichtlich der Verbüßung der Strafe wurde in § 7 festgelegt, dass zwei Monate in völliger Absonderung das Äquivalent von drei Monaten gewöhnlicher Strafzeit ergaben.[2269] Auch das war im Gesetzesentwurf noch anders festgelegt worden. Dort hieß es, dass drei Monate, vier Monate der gewöhnlichen Strafzeit entsprechen würden.[2270] Mithin wurde die Einzelhaft als intensivere Strafe bewertet. Im Ergebnis bedeutete dies, dass ein Gefangener, der zwölf Monate in Einzelhaft verbracht hatte nach dem Entwurf lediglich 16 Monate seiner regulären Strafzeit verbüßt hatte, nach dem letztendlichen Gesetz allerdings 18 Monate.

Gemäß § 8 mussten ab dem Inkrafttreten des Strafvollzugsgesetzes die Gerichtsurteile dahingehend lauten, dass unter Beachtung der Bestimmungen hinsichtlich der Einzelhaft deren Dauer mit aufgenommen werden musste, ebenso wie die Entscheidungsgründe, die die Minderungsberechnung beinhalteten.[2271] Aber nicht nur neu Verurteilte sollten in das Bruchsaler Männerzuchthaus gebracht werden, sondern auch solche Strafgefangene, die

---

[2267] Gesetz den Strafvollzug im neuen Männerzuchthause zu Bruchsal betreffend, 1845, § 5.

[2268] Gesetz den Strafvollzug im neuen Männerzuchthause zu Bruchsal betreffend, 1845, § 6.

[2269] Gesetz den Strafvollzug im neuen Männerzuchthause zu Bruchsal betreffend, 1845, § 7.

[2270] Vortrag von Jagemann zur Vorlage des Gesetzesentwurfs, Beilage zur 134. Sitzung, S. 162.

[2271] Gesetz den Strafvollzug im neuen Männerzuchthause zu Bruchsal betreffend, 1845, § 8.

bereits in einem Zuchthaus einsaßen, § 9.[2272] Insoweit ein Gefangener bereits vor Inkrafttreten dieses Gesetzes und somit der Einführung der Einzelhaft mindestens zwölf Jahre Haftzeit in einem anderen Zuchthaus abgebüßt hatte, so wurde ausweislich § 10 die vollständige Absonderung bei ihm, außer durch den Gefangenen ausdrücklich gewünscht, nicht mehr angewandt.[2273] Für Sträflinge, die in der Vergangenheit zu lebenslanger Haft verurteilt wurden, sollte die Einzelhaft ebenfalls nur in diesem Fall angewendet werden.[2274]

Bei § 10 handelte es sich um eine Regelung, die erst im Rahmen der endgültigen Fassung des Gesetzes aufgenommen wurde. Das zeigt, dass die Entscheidung über die Unterbringung der Einzelhaft über den festgelegten Zeitraum hinweg, oder aber bei lebenslanger Haft beim Gefangenen lag. Mithin konnte dieser entscheiden, ob er die Absonderung von den Mitgefangenen bevorzugte, oder den Kontakt mit den Mitgefangenen präferierte.

Bei Gefangenen, die bereits vorher in einem anderen Gefängnis einen Teil ihrer Strafe abgesessen hatten, ebenso wie bei denjenigen, die auf eigenes Begehren hin auch nach Ablauf des Zeitraums für die Absonderung in dieser untergebracht wurden, bestimmte § 11, dass das zuständige Gericht die sich hieraus ergebende Strafminderung auszurechnen hatte und diese dem Gefangenen vor dessen Eintritt in die veränderten Haftbedingungen darzulegen hatte.[2275]

§ 12 regelt überdies eine Ausnahme von der vollständigen Isolierung dahingehend, dass in den Fällen, in denen entweder die körperliche oder die seelische Konstitution eines Gefangenen dem entgegenstehe, dieser in gemeinsamen Arbeitssälen beschäftigt werden konnte. Obgleich diese Entscheidung vom Aufsichtsrat getroffen werden konnte, sollte hierfür nachträglich eine Genehmigung des Justizministeriums eingeholt werden.

2272 Gesetz den Strafvollzug im neuen Männerzuchthause zu Bruchsal betreffend, 1845, § 9.

2273 Gesetz den Strafvollzug im neuen Männerzuchthause zu Bruchsal betreffend, 1845, § 10.

2274 Gesetz den Strafvollzug im neuen Männerzuchthause zu Bruchsal betreffend, 1845, § 10.

2275 Gesetz den Strafvollzug im neuen Männerzuchthause zu Bruchsal betreffend, 1845, § 11.

Die Zeit, die der Sträfling nach den Maßgaben des § 12 abbüßte wurde ihm nicht anders angerechnet, als wenn er die Zeit in Einzelhaft verbracht hätte.[2276]

Eine vorzeitige Beendigung der vollständigen Absonderung konnte überdies unter Voraussetzung der vorherigen Genehmigung durch das Justizministerium gewährt werden, allerdings frühestens, nachdem der Gefangene mindestens 18 Monate in vollständiger Absonderung untergebracht worden war.[2277] Der Gefangene wurde dann in gemeinsamen Arbeitssälen beschäftigt oder unterrichtet, solange dieser Kontakt der Gefangenen für ihr Betragen keine abträglichen Auswirkungen hatte, § 13 und § 14.[2278]

Zu guter Letzt wurde in § 15 des Strafvollzugsgesetzes festgelegt, dass durch Rechtsverordnung sowohl für die angemessene Beaufsichtigung der Strafanstalt, die Erhaltung der gesunden Luft und die Wärme und Beleuchtung der Zellen und Arbeitssäle gesorgt werden sollte.[2279] Zudem wurde bestimmt, dass durch Rechtsverordnung die gesetzliche und humane Behandlung der Gefangenen geregelt werden sollte, ebenso deren gesunde Ernährung, ihre Bekleidung und Unterbringung. Auch hinsichtlich der zweckmäßigen Einrichtung des Gottesdienstes sowie der religiösen und moralischen Unterrichtung der Insassen sollten entsprechende Anordnungen getroffen werden.[2280] Das Zurücklegen eines Lohnanteils der Insassen sollte überdies derart geregelt werden, dass dies zu deren Vorteil geschehe.[2281]

c) *Bewertung*

Im Vergleich zum amerikanischen System, das besonders durch seine Strenge hinsichtlich der vollständigen Absonderung der Gefangenen bekannt war, sieht man im Strafvollzugsgesetz Badens für das *Männerzuchthaus Bruchsal*

2276 Gesetz den Strafvollzug im neuen Männerzuchthause zu Bruchsal betreffend, 1845, § 12.

2277 Gesetz den Strafvollzug im neuen Männerzuchthause zu Bruchsal betreffend, 1845, § 13.

2278 Gesetz den Strafvollzug im neuen Männerzuchthause zu Bruchsal betreffend, 1845, § 13 und § 14.

2279 Gesetz den Strafvollzug im neuen Männerzuchthause zu Bruchsal betreffend, 1845, § 15.

2280 Gesetz den Strafvollzug im neuen Männerzuchthause zu Bruchsal betreffend, 1845, § 15.

2281 Gesetz den Strafvollzug im neuen Männerzuchthause zu Bruchsal betreffend, 1845, § 15.

eine Reihe von Erleichterungen für die Gefangenen, beziehungsweise Bemühungen dahingehend, die besondere Strenge des *Pennsylvania Systems* abzumildern. Sowohl die Bestimmung, dass die vollständige Absonderung für zwei Monate drei Monaten einer normalen Strafe entspreche, zeigte bereits, dass man von der Willkür der Verhängung der Einzelhaft Abstand nehmen wollte. Das manifestierte sich auch in den einzelnen festgelegten Ausnahmeregelungen hinsichtlich der Aussetzung der vollständigen Isolierung, durch die die körperliche und geistige Verfassung eines jeden einzelnen Sträflings separat beurteilt und darüber entschieden werden konnte, ob er in der Lage war, die Einzelhaft über einen längeren Zeitraum ohne Einbußen seiner Gesundheit zu überstehen, oder eine Ausnahmeregelung Anwendung finden musste, um den Gefangenen entsprechend seiner Gegebenheiten zu behandeln. Die Strafe wird hierdurch individueller und gemessen an dem Gefangenen ausgestaltet. Dass hierbei eine Mindestanzahl von 18 Monaten dennoch bestehen blieb, änderte objektiv erst einmal nichts an den eklatanten Unterschieden zu dem ursprünglichen Haftsystem, wie es in *Pennsylvania* angewandt worden war. Dass die Einzelhaft fortan durch das Gericht bestimmt werden musste, unter Berücksichtigung der gesetzlichen Vorgaben des Strafvollzugsgesetzes, stellt einen ersten Schritt zu mehr Rechtssicherheit dar. Dafür sprechen insbesondere die detaillierten Regelungen, durch die die Behandlung der Gefangenen bestimmt und gleichzeitig gebessert werden sollte. Letzter Punkt entspricht dabei vor allem der von der Humanität angestrebten menschlichen Behandlung der Gefangenen. Bemerkenswert bei diesem Strafvollzugsgesetz ist aber insbesondere, dass innerhalb des Gesetzes ausdrücklich auf die humane Behandlung der Gefangenen hingewiesen wird, die genauer durch eine Rechtsverordnung bestimmt werden sollte. Das zeigt nicht nur, dass man sich der Notwendigkeit einer solchen Behandlung bewusst war, sondern sie auch in der Theorie anstrebte.

Diese Unterschiede zu dem amerikanischen System oder auch den preußischen Entwicklungen lassen sich vor allem mit Blick auf die Verfasser des Gesetzesentwurfes erklären. Anders als bei vielen anderen theoretischen Schriften zu dieser Zeit, stammt der Gesetzesentwurf nicht von Personen, die der theologischen Fakultät zugehörig waren oder im Namen der Kirche handelten, sondern von dem *Justizminister Jolly* und dem *Rechtswissenschaftler Jagemann*. Es überrascht aus diesem Grund nicht, dass sie sich bei ihrer Argumentation und den Regelungen vielmehr an den Gesetzen orientieren, sich auf diese stützen und sie als Ausgangspunkt der Ausgestaltung des Strafvollzuges nehmen.

Während man in dem auch von ihnen proklamierten Besserungsziel noch immer die stark prägende *Spezialpräventionstheorie* erkennen kann, erklärten sie auch, dass mit dem *Einzelhaftsystem* alle relativen Strafzwecke erreicht werden würden.[2282] Beinhaltete die *Spezialpräventionstheorie* vorrangig die Umerziehung der Gefangenen und damit einhergehend deren Besserung, wandte man sich hier auch den weiteren Strafzwecken zu. Neben der Besserung wollte man somit auch die Sicherung und Abschreckung durch die Strafe erreichen. Mittel zur Besserung sollte nicht mehr durch die religiöse Erziehung und somit die moralische Einwirkung auf die Gefangenen erreicht werden. An dessen Stelle trat die Erziehung der Gefangenen durch Arbeit und durch Unterricht in den Fächern der Volksschulen. Hierin zeigt sich bereits, dass die philanthropisch-religiöse Bestrebung langsam, aber stetig abgelehnt und der Fokus wieder auf weitere Strafzwecke gerichtet wurden. Zwar wandte man sich noch nicht von dem Gedanken einer Besserung der Gefangenen in den Strafanstalten ab, gleichwohl wurde die religiöse Unterweisung sukzessive aus dem Gefängnissystem gedrängt. Hierin zeigt sich bereits der langsam einsetzende Wandel zu der hegelschen Straftheorie[2283] ab den 1840er Jahren und somit die Abkehr von dem vorrangigen Besserungsziel der Strafe. Die Gefängnisreformen stagnieren zu der Zeit der Revolution 1848 zudem und erst nachdem diese abflachte, griff man die Frage nach dem richtigen Haftsystem wieder auf.[2284]

2. Bericht (1855) von Julius August Füesslin zur Behandlung der Gefangenen

Der Arzt und damalige Direktor des Männerzuchthauses in Bruchsal,[2285] *Julius August Füesslin*[2286] veröffentlichte im Jahr 1855 sein Werk *Die Einzelhaft nach fremden und sechsjährigen eigenen Erfahrungen im neuen Männerzuchthaus*

[2282] Vortrag von Jagemann zur Vorlage des Gesetzesentwurfs, Beilage zur 134. Sitzung, S. 169.

[2283] Vgl. hierzu Kapitel 2.A.II.

[2284] *Krohne*, Lehrbuch der Gefängniskunde, S. 145 f.

[2285] DBA, I 358, 89–90.

[2286] *Füesslin* war der Nachfolger von *Diez*, vgl. hierzu: *Riemer*, Netzwerk der Gefängnisfreunde, S. 887 f.

in Bruchsal.[2287] Die Erfahrungen, die im *Männerzuchthaus Bruchsal* gemacht wurden, wollte *Füesslin* dabei insbesondere mit Blick auf den Umstand, dass die gesetzlich vorgeschriebene maximale Isolierung der Gefangenen von sechs Jahren bereits konsequent durchgeführt werde, den Regierungen, Richtern, der Legislative, den Gefängnisbeamten aber auch den „Menschenfreunden" vorlegen, damit diese sie prüfen könnten.[2288]

Füesslin stellte fest, dass sich die reformierte Strafgesetzgebung durch „Weisheit und gerechte Strafausmessung" auszeichne.[2289] Der hauptsächliche Strafzweck des Gefängniswesens müsse dementsprechend in der „humanen und bessernden Hauszucht" liegen.[2290] Die hohe Zahl der körperlichen und psychischen Erkrankungen der Gefangenen in den Strafanstalten, die die Einzelhaft anwandten, begründete er damit, dass man bereits aufgrund zu großer Angst jedes Unbehagen oder gar Unwohlsein als eine auf die Einzelhaft zurückzuführende psychische Erkrankung ansah, dementsprechend sehr viele Erkrankungen als solche in die Unterlagen mit aufgenommen werden würden und somit die entsprechenden Statistiken mitgestaltet und vielmehr verfälscht hätten.[2291]

Er selbst habe sich durch eigene Erfahrungen auf diesem Gebiet von der Vorzugswürdigkeit des *Einzelhaftsystems* überzeugen können.[2292] Diese sah er insbesondere hinsichtlich der Erfüllung der Strafzwecke in Form von Abschreckung, Sühne und der Besserung als gegeben an.[2293] Gleichwohl betonte er auch, dass er die Optimierung des Isolationssystems noch nicht als abgeschlossen ansehe.[2294] So forderte er die Einrichtung eines Bereichs in der Strafanstalt, die für die gemeinschaftliche Haft derer Gefangenen genutzt werden könne, bei denen die Einzelhaft aufgrund ihrer körperlichen

---

2287 *Julius Füesslin*, Die Einzelhaft nach fremden und sechsjährigen eigenen Erfahrungen im neuen Männerzuchthaus in Bruchsal, Heidelberg 1855.
2288 *Füesslin*, Die Einzelhaft nach fremden und sechsjährigen eigenen Erfahrungen, S. V.
2289 *Füesslin*, Die Einzelhaft nach fremden und sechsjährigen eigenen Erfahrungen, S. VI.
2290 *Füesslin*, Die Einzelhaft nach fremden und sechsjährigen eigenen Erfahrungen, S. VII.
2291 *Füesslin*, Die Einzelhaft nach fremden und sechsjährigen eigenen Erfahrungen, S. VII f.
2292 *Füesslin*, Die Einzelhaft nach fremden und sechsjährigen eigenen Erfahrungen, S. VIII.
2293 *Füesslin*, Die Einzelhaft nach fremden und sechsjährigen eigenen Erfahrungen, S. VIII.
2294 *Füesslin*, Die Einzelhaft nach fremden und sechsjährigen eigenen Erfahrungen, S. VIII.

oder geistigen Konstitution, oder ihrer langen Haftzeit, nicht angewendet werden durfte.[2295]

Ausweislich der von *Füesslin* eingefügten Statistiken bestand die Gefängnisbevölkerung in der Zeitspanne von 1850 bis 1854 zum größten Teil aus ledigen Männern zwischen 20 und 40 Jahren, die vermögenslos waren und zu einer Strafe von ein bis zehn Jahren verurteilt worden waren.[2296]

Hinsichtlich der Einzelhaft warnte *Füesslin* aber davor, von der Anwendung der Einzelhaft im Allgemeinen zu viel zu verlangen, denn bei einer Dauer von ein bis zwei Jahren könne diese tief verankerte Laster der Gefangenen nicht beseitigen.[2297] Er drückte allerdings vorsichtig optimistisch aus, dass hier nur die Zeit und Erfahrung Aufschluss über einen etwaigen Erfolg der Einzelhaft und deren Besserungsmittel geben könne.[2298]

Das Kernelement für das Funktionieren der Einzelhaft war laut *Füesslin* die „Behandlung der Gefangenen zur Besserung durch die Hausbeamten“.[2299] Entsprechend dieser Auffassung, widmet *Füesslin* der Behandlung der Gefangenen einen Abschnitt in seinem Werk.[2300]

a) Anstaltspersonal

Die Leitung der Strafanstalt war dem sogenannten Vorsteher vorbehalten. Dessen Dienst beschrieb *Füesslin* als besonders schwierig und aufreibend.[2301] Damit er seine Pflicht, die elementar für die Besserung der Gefangenen war, ordnungsgemäß erfüllen konnte, musste er über eine Reihe von Fähigkeiten verfügen.[2302] Das umfasse eine

> strenge Rechtlichkeit, unerschütterliches Pflichtgefühl, energische Willenskraft, Selbstbeherrschung, Selbstverläugnung, Menschenkenntnis, Bildung, Humanität, Nächstenliebe, tiefe Religiosität, feste Überzeugung von der Wichtigkeit und

---

[2295] *Füesslin*, Die Einzelhaft nach fremden und sechsjährigen eigenen Erfahrungen, S. VIII.
[2296] *Füesslin*, Die Einzelhaft nach fremden und sechsjährigen eigenen Erfahrungen, S. 66 f.
[2297] *Füesslin*, Die Einzelhaft nach fremden und sechsjährigen eigenen Erfahrungen, S. 320.
[2298] *Füesslin*, Die Einzelhaft nach fremden und sechsjährigen eigenen Erfahrungen, S. 320.
[2299] *Füesslin*, Die Einzelhaft nach fremden und sechsjährigen eigenen Erfahrungen, S. 106.
[2300] *Füesslin*, Die Einzelhaft nach fremden und sechsjährigen eigenen Erfahrungen, S. 105–125.
[2301] *Füesslin*, Die Einzelhaft nach fremden und sechsjährigen eigenen Erfahrungen, S. 106.
[2302] *Füesslin*, Die Einzelhaft nach fremden und sechsjährigen eigenen Erfahrungen, S. 106.

> Wohltätigkeit der treuen Pflichterfüllung, sowie moralischer und persönlicher Muth.[2303]

Die Aufgaben des Personals wurden im Einzelnen in der Dienstordnung geregelt.[2304]

Hinsichtlich der gesetzlich geforderten täglichen sechs Besuche der Gefangenen berichtet *Füesslin*, dass diese grundsätzlich – unter Einberechnung der Besuche der Aufseher und den Möglichkeiten der Gefangenen diese anzusprechen – eingehalten würden.[2305] Allerdings betonte er, dass die Ausführung dieser Anforderung seitens der höheren Beamten häufig aus praktischen Erwägungen nicht möglich sei. Die Besuche könnten nicht anhand einiger Minuten bemessen werden, sondern müssten sich vielmehr an der tatsächlichen mentalen Verfassung der Gefangenen orientieren und entsprechend den Bedürfnissen der Gefangenen Rechnung tragen.[2306] Nur so könne der Zweck der Besserung nachhaltig erreicht werden.[2307] Deswegen würde der Besuch der Gefangenen durch die höheren Beamten mitunter mehrere Stunden dauern.[2308] Aus diesem Grund könne er selbst täglich nur ein Sechstel der Gefangenen besuchen.[2309]

Überdies erklärte *Füesslin*, dass die Anzahl von sechs Besuchen nicht nur eine Erhöhung des Personalschlüssels in der Anstalt verlangen würde, sondern dass sechs effektive Besuche die Gefangenen zudem von ihrer Arbeit abhalten und verhindern würden, dass der Gefangene sich mit sich selbst auseinandersetze, indem er ständig von Besuchen unterbrochen werden würde.[2310] Längere Besuche der Gefangenen seien vor allem unter dem Gesichtspunkt unabdinglich, dass den meisten Insassen die „Grundbegriffe der Moral und Religion fehlen“ würden.[2311] Dem Gefangenen müsse die Möglichkeit gegeben werden, sich mit den Gesprächen und den darin

---

2303 *Füesslin*, Die Einzelhaft nach fremden und sechsjährigen eigenen Erfahrungen, S. 106.

2304 Dienstordnung für die angestellten im neuen Männerzuchthaus, 1847 abgedruckt in: Zeitschrift für deutsches Strafverfahren einschließlich des Gefängniswesens, 5. Band, Frankfurt 1849, S. 180–241.

2305 *Füesslin*, Die Einzelhaft nach fremden und sechsjährigen eigenen Erfahrungen, S. 111.

2306 *Füesslin*, Die Einzelhaft nach fremden und sechsjährigen eigenen Erfahrungen, S. 111.

2307 *Füesslin*, Die Einzelhaft nach fremden und sechsjährigen eigenen Erfahrungen, S. 111.

2308 *Füesslin*, Die Einzelhaft nach fremden und sechsjährigen eigenen Erfahrungen, S. 111.

2309 *Füesslin*, Die Einzelhaft nach fremden und sechsjährigen eigenen Erfahrungen, S. 112.

2310 *Füesslin*, Die Einzelhaft nach fremden und sechsjährigen eigenen Erfahrungen, S. 112.

2311 *Füesslin*, Die Einzelhaft nach fremden und sechsjährigen eigenen Erfahrungen, S. 112.

stattgefundenen Belehrungen auseinanderzusetzen und diese zu verarbeiten.[2312] Aus diesem Grund sah *Füesslin* es als ausreichend an, wenn der Gefangene alle zwei oder drei Tage einen qualitativen Besuch erhielte, in dem sich der Beamte für ihn Zeit nähme, anstatt dass die Quantität der Besuche eingehalten werde.[2313] Bei den Zellenbesuchen wurde den Gefangenen laut *Füesslin* mit Wohlwollen und Interesse begegnet und sie wurden menschenfreundlich behandelt, wodurch sie Vertrauen zu den Beamten entwickeln würden.[2314]

b) Hausordnung für das neue Männerzuchthaus Bruchsal (1847)

Mit der *Hausordnung für das neue Männerzuchthaus in Bruchsal* vom Mai 1847 wurde eine Reihe weitergehender Bestimmungen hinsichtlich der Unterbringung der Gefangenen, dem von diesen abverlangten Verhalten und des Tagesablaufs in der Strafanstalt, erlassen.[2315] Auch wurden mit dieser Vorschrift bereits bestehende Regelungen aus der Strafvollzugsgesetzgebung von 1845 konkretisiert, beziehungsweise bestätigt.

So wurde in § 2 noch einmal darauf hingewiesen, dass der Übergang in die Gemeinschaftshaft erst nach Ablauf des sechsten Haftjahres oder dem Eintritt des 70. Lebensjahrs des Gefangenen möglich sei. Erst dann wäre eine Versetzung in gemeinschaftliche Arbeitssäle möglich.[2316] Jeder Gefangene erhielt bei Eintritt in die Haftanstalt eine ihm zugeteilte Nummer, die er stets bei sich zu tragen hatte, wenn er seine Zelle verließ.[2317]

Die Hauptpflichten des Gefangenen umfassten gemäß § 4, dass dieser den Beamten und Angestellten der Strafanstalt gegenüber Achtung und Gehorsam erwies, mit Fleiß und Aufmerksamkeit an dem Gottesdienst und dem Schulunterricht teilnahm, sein Arbeitstagwerk nicht nur gut, sondern auch vollständig erbrachte, jeden Versuch unterließ, in Kontakt mit seinen

---

2312 *Füesslin*, Die Einzelhaft nach fremden und sechsjährigen eigenen Erfahrungen, S. 112.
2313 *Füesslin*, Die Einzelhaft nach fremden und sechsjährigen eigenen Erfahrungen, S. 112.
2314 *Füesslin*, Die Einzelhaft nach fremden und sechsjährigen eigenen Erfahrungen, S. 113.
2315 Hausordnung für das neue Männerzuchthaus in Bruchsal, 1847, abgedruckt in: Zeitschrift für deutsches Strafverfahren einschließlich des Gefängniswesens, 5. Frankfurt 1849, S. 242–248.
2316 Hausordnung Bruchsaler Männerzuchthaus, 1847, § 2.
2317 Hausordnung Bruchsaler Männerzuchthaus, 1847, § 3.

Mitgefangenen zu treten und mit ihnen durch Worte, Zeichen oder aber Gebärden zu kommunizieren zu versuchen.[2318]

Ihm oblag es überdies in allen Zellen, Gängen, Spazierhöfen die „strengste Ordnung und Reinlichkeit" zu beachten und seine Freistunden zu gebrauchen um sich mit religiösen oder sittlichen Betrachtungen auseinander zu setzen oder aber diese für das Studium von Büchern oder anderen nützlichen Dingen zu gebrauchen.[2319] Die Arbeitszeit der Gefangenen betrug ausweislich § 6 täglich elf Stunden, wobei die zu erbringende Arbeitsleistung nur für zehn Stunden berechnet wurde, um etwaige Unterbrechungen zu berücksichtigen.[2320]

Das Sicherstellen der Reinlichkeit der Gefangenen bestand neben dem regelmäßigen Wechsel der Unterwäsche und Bettwäsche[2321] darin, dass sie alle acht bis 14 Tage ein Fußbad und alle zwei bis drei Monate ein Körperbad, eine Rasur und ein Haarschnitt erhielten.[2322] Ausweislich § 12 war es den Gefangenen möglich während der täglichen Besuche sämtliche Anfragen, Bitten oder auch Beschwerden zu äußern.[2323] Zudem konnte sich der Gefangene über einen aufgestellten Briefkasten direkt an den Vorstand, Aufsichtsrat, das Justizministerium oder Staatsministerium wenden.[2324]

Die Verdienste, die durch die Arbeitsleistung der Gefangenen entstanden, gehörten grundsätzlich der Verwaltungskasse.[2325] Allerdings erhielt der Gefangene für jeden erfolgreichen Arbeitstag, an dem er sein Arbeitssoll erfüllte, einen Kreuzer und etwaige Mehrarbeit wurde anhand der jeweils geltenden Tabelle abgegolten.[2326] Über die Hälfte des so verdienten Geldes durfte der Gefangene mit Einverständnis des Vorstandes frei verfügen, wobei allerdings die Anschaffung alkoholischer Getränke, Tabak, Käse oder sonstiger Reizmittel untersagt war.[2327]

2318 Hausordnung Bruchsaler Männerzuchthaus, 1847, § 4.
2319 Hausordnung Bruchsaler Männerzuchthaus, 1847, § 4.
2320 Hausordnung Bruchsaler Männerzuchthaus, 1847, § 6.
2321 Hausordnung Bruchsaler Männerzuchthaus, 1847, § 8.
2322 Hausordnung Bruchsaler Männerzuchthaus, 1847, § 9.
2323 Hausordnung Bruchsaler Männerzuchthaus, 1847, § 12.
2324 Hausordnung Bruchsaler Männerzuchthaus, 1847, § 12.
2325 Hausordnung Bruchsaler Männerzuchthaus, 1847, § 21.
2326 Hausordnung Bruchsaler Männerzuchthaus, 1847, § 21.
2327 Hausordnung Bruchsaler Männerzuchthaus, 1847, § 22.

***

Die Notwendigkeit, dass die Hausordnung, durch die das Fundament für die Behandlung der Gefangenen geschaffen wurde, in jeder Zelle ausgehängt werden musste, begründete *Füesslin* damit, dass die Gefangenen nicht nur ihre Pflichten stets vor Augen gehalten bekommen sollten, sondern auch, dass sie erkennen konnten, dass die Einrichtung des Strafvollzuges durch die Regierung mit Blick auf das Wohlergehen der Gefangenen erfolgte und dass eine „gerechte und humane Behandlung" garantiert werde.[2328]

Der Verstoß gegen die Hausordnung oder anderweitige Vorgaben, die dem Gefangenen bekannt gemacht wurden, wurde mit den Hausstrafen geahndet.[2329] Diese bestanden im Einzelnen aus der Entziehung oder aber Beschränkung von Vergünstigungen, Dunkelarrest, Hungerkost, Entziehung des Bettes, dem Strafstuhl oder darin, dass der Gefangene Ketten angelegt bekam.[2330] Gleichzeitig wurde auch geregelt, dass der Gefangene für besondere Aufmerksamkeit oder aber einen erfolgreichen Fleiß im Schul- und Religionsunterricht belohnt werden könne. Diese Belohnungen konnten in dem zur Verfügung stellen von Büchern, Vorlegeblättern oder aber Werkzeugen, die der Gefangene für seinen künftigen Beruf nutzen konnte, bestehen.[2331] Darüber hinaus konnte der Aufsichtsrat Erleichterungen zugunsten des Gefangenen beschließen, soweit diese im Einklang mit der Hausordnung standen und dieser nicht zuwiderliefen.[2332]

Hinsichtlich etwaiger Verstöße der Gefangenen gegen die Hausordnung betonte *Füesslin*, dass der Gefangene zu keinem Zeitpunkt ohne ein vorhergehendes Verhör abgeurteilt werden solle.[2333] Aufgrund des anstrengenden und aufregenden Dienstes der Aufseher wäre es diesen nicht möglich die Situation stets leidenschaftslos und ohne etwaige Parteilichkeit zu bewerten und dementsprechend Entscheidungen zu treffen.[2334] Die Aufseher verfügten

---

2328 *Füesslin*, Die Einzelhaft nach fremden und sechsjährigen eigenen Erfahrungen, S. 106.
2329 Hausordnung Bruchsaler Männerzuchthaus, 1847, § 24.
2330 Hausordnung Bruchsaler Männerzuchthaus, 1847, § 24.
2331 Hausordnung Bruchsaler Männerzuchthaus, 1847, § 20.
2332 Hausordnung Bruchsaler Männerzuchthaus, 1847, § 20.
2333 *Füesslin*, Die Einzelhaft nach fremden und sechsjährigen eigenen Erfahrungen, S. 119.
2334 *Füesslin*, Die Einzelhaft nach fremden und sechsjährigen eigenen Erfahrungen, S. 119.

> bei allen sonstigen Eigenschaften, nicht immer [über] den erforderlichen Grad geistiger Bildung und Menschenkenntniß, um die verschiedenen Seelenzustände und Stimmungen der Zellengefangenen zu beurtheilen.[2335]

Das vor der Entscheidung über die Bestrafung geführte Verhör beweise dem Gefangenen, dass die Wärter bei aller Strenge gewillt seien, gerecht zu entscheiden.[2336]

Aus *Füesslins* Bewertung der Aufseher ergibt sich, dass hier die Willkür, die in anderen Haftanstalten zu dieser Zeit an der Tagesordnung war und die damit einhergehende und häufig weitreichende Entscheidungsgewalt der Aufseher, reduziert werden sollten. Ihnen oblag es folglich lediglich etwaige Verstöße der Insassen anzuzeigen, eine direkte Entscheidung für die damit einhergehende Bestrafung der Gefangenen lag hingegen nicht in deren Verantwortungsbereich. Auch die Entscheidung darüber, den Gefangenen zunächst Gehör zu gewähren, vermittelt den Eindruck einer gerechten Vorgehensweise. Etwaige Beispiele eines solchen Verfahrens finden sich in *Füesslin* Werk allerdings nicht.

Er betonte weiter, dass den Gefangenen nach einem Verstoß verziehen werden sollte und der Fehltritt nicht zu einem nachtragenden Verhalten seitens der Gefängnisbeamten führen dürfe. Folglich müsse der Aufseher Fehltritte verzeihen, Beleidigungen vergeben, auch wenn diese persönlich seien und in „dieser christlichen Tugend" den Gefangenen als Vorbild dienen.[2337]

Insgesamt zeigt sich auch hier wieder der humanistische Ansatz, dass Fehler eines Menschen, hier im Falle eines Gefangenen, nicht dazu führen sollten, dass dieser ohne Mitgefühl behandelt wird, sondern die Vorgabe, dass auch die Aufseher verzeihend gegenüber den Gefangenen agieren sollten, spiegelte vielmehr die Idee von Mitgefühl, die von *Herder* gefordert wurde, wider.[2338]

c) Besuche und Kontakt nach außen

Der Kontakt der Gefangenen nach außen wurde durch §§ 13, 16, 17 und 18 der Hausordnung geregelt.[2339] Hiernach erhielt der Gefangene neben den

---

2335 *Füesslin*, Die Einzelhaft nach fremden und sechsjährigen eigenen Erfahrungen, S. 119.
2336 *Füesslin*, Die Einzelhaft nach fremden und sechsjährigen eigenen Erfahrungen, S. 119.
2337 *Füesslin*, Die Einzelhaft nach fremden und sechsjährigen eigenen Erfahrungen, S. 119.
2338 Vgl. hierzu Kapitel 1.A.II.4 und 1.C.
2339 Hausordnung Bruchsaler Männerzuchthaus, 1847, §§ 13, 16, 17, 18.

regelmäßigen Besuchen des Vorstehers, des Geistlichen, des Hausarztes, des Hauslehrers, des Ober- und Unteraufsehers, auch ab und an Besuch von den Mitgliedern des Aufsichtsrates, des Justiz-Ministeriums und anderer Staatsbehörden.[2340] Besuche durch Privatpersonen durften stattfinden, wenn eine besondere Erlaubnis hierzu erteilt wurde und der Gefangene dies nicht ablehnte.[2341] Besuche von Verwandten und Freunden, die sich als solche ausweisen konnten, durfte der Gefangene jeweils einmal im Monat im sogenannten Sprachzimmer und nur unter entsprechender Aufsicht empfangen. Hierbei war es notwendig, dass es sich bei den Besuchern um unbescholtene Bürger handelte.[2342]

Ausweislich § 16 durfte ein Briefwechsel nach außen seitens der Gefangenen nur mit Wissen der Vorsteher und Geistlichen der Strafanstalt stattfinden, wobei die Briefe nur dann weitergeleitet wurden, wenn der Inhalt einer Überprüfung standgehalten und dementsprechend keinen bedenklichen Inhalt hatte.[2343] Die Anzahl der Briefe durfte gemäß § 17 maximal zwei pro Monat nicht überschreiten.[2344]

Hinsichtlich der von den Gefangenen verfassten Briefen erklärte *Füesslin*, dass diese Aufschluss über den Charakter der Verfasser geben könnten, da sie im Kontakt mit ihren Freunden und Familie ihre wahre Gesinnung zeigen würden.[2345] Während ihr Verhalten in der Anstalt möglicherweise beanstandungsfrei sei, so könnten die Anstaltsbeamten durch die Briefe den Charakter und die Gesinnung der Gefangenen besser kennen lernen.[2346]

d) Geisteskrankheiten

Bezüglich der Gefahr von „eigenthümlichen Gemüthszuständen", die oft durch die Einzelhaft hervorgerufen würden, betonte *Füesslin*, dass diese einer besonderen Berücksichtigung bedürfte.[2347] Insoweit diese Zustände bei den Gefangenen richtig diagnostiziert und sodann behandelt würden,

---

2340 Hausordnung Bruchsaler Männerzuchthaus, 1847, §§ 13.
2341 Hausordnung Bruchsaler Männerzuchthaus, 1847, § 13.
2342 Hausordnung Bruchsaler Männerzuchthaus, 1847, § 18.
2343 Hausordnung Bruchsaler Männerzuchthaus, 1847, § 16.
2344 Hausordnung Bruchsaler Männerzuchthaus, 1847, § 17.
2345 *Füesslin*, Die Einzelhaft nach fremden und sechsjährigen eigenen Erfahrungen, S. 114.
2346 *Füesslin*, Die Einzelhaft nach fremden und sechsjährigen eigenen Erfahrungen, S. 114.
2347 *Füesslin*, Die Einzelhaft nach fremden und sechsjährigen eigenen Erfahrungen, S. 122.

stelle dies häufig den Anfang der angestrebten Besserung der Gefangenen dar. Im Gegensatz dazu hätte eine falsche Reaktion auf diese Veränderung der Gefangenen zur Konsequenz, dass sich der Beginn einer Geisteskrankheit ausbilden würde, die sich dann im weiteren Verlauf als solche manifestieren könne.[2348]

Dies spiegelte sich auch in § 60 der Dienstordnung wider, nach der der Hausarzt auf die „Leidens- und Krankheitszustände des Gemüths" ein besonderes Augenmerk zu richten hatte.[2349] Gemäß § 61 der Dienstordnung waren stets Nachforschungen über die Krankengeschichte des Gefangenen, insbesondere hinsichtlich einer etwaigen familiären Vorbelastung, anzustellen.[2350] Insofern eine Gemütskrankheit vorlag, war es nach § 62 der Dienstordnung erforderlich, den Aufsichtsrat hierüber zu informieren.[2351]

Die Beurteilung der Geisteskrankheiten unterteilte *Füesslin* zunächst in zwei Gruppen, wobei die eine ausschließlich die Art von Geisteskrankheit umfasste, die er als eigentliche und vollendete Geistesstörung bezeichnete, mithin indem sie durch die Gefangenschaft hervorgerufen würden und größtenteils eine Entlassung des Gefangenen notwendig machte.[2352] In die zweite Gruppe von Geisteskrankheiten wurden laut *Füesslin* solche eingestuft, die nicht zwangsläufig durch die Gefangenschaft hervorgerufen wurden, also leichtere Grade „geistiger Alienation und abnormer Geistes- und Gemüths-Zustände".[2353]

Hinsichtlich letzterer Kategorie spezifizierte *Füesslin*, dass diese in der Gemeinschaftshaft häufig unentdeckt blieben, in der Einzelhaft allerdings besondere Aufmerksamkeit verlangten, da ansonsten die Gefahr bestünde, dass sie in eine wirkliche Seelenstörung übergehen könnten.[2354] Diese Anzeigepflicht traf allerdings nicht nur den Hausarzt, sondern auch den ersten Vorsteher oder Direktor.[2355]

2348 *Füesslin*, Die Einzelhaft nach fremden und sechsjährigen eigenen Erfahrungen, S. 122.
2349 Dienstordnung für die angestellten im neuen Männerzuchthaus, 1847, § 60.
2350 Dienstordnung für die angestellten im neuen Männerzuchthaus, 1847, § 61.
2351 Dienstordnung für die angestellten im neuen Männerzuchthaus, 1847, § 62.
2352 *Füesslin*, Die Einzelhaft nach fremden und sechsjährigen eigenen Erfahrungen, S. 259.
2353 *Füesslin*, Die Einzelhaft nach fremden und sechsjährigen eigenen Erfahrungen, S. 259.
2354 *Füesslin*, Die Einzelhaft nach fremden und sechsjährigen eigenen Erfahrungen, S. 259.
2355 Dienstordnung für die angestellten im neuen Männerzuchthaus, 1847, § 103.

Bezüglich der an einer Geistesstörung erkrankten Gefangenen erklärte *Füesslin*, dass insgesamt neun in eine Heil- und Pflegeanstalt und sieben in Gemeinschaftshaft verlegt wurden, wobei von letzteren zwei später ebenfalls nach Illenau kamen sowie zwei weitere begnadigt und beurlaubt wurden.[2356]

Es ist allerdings zu beachten, dass in die Statistik der aufgetretenen Geisteskrankheiten von *Füesslin* die oben zu der beschriebenen zweiten Gruppe zählenden nicht als solche einberechnet wurden.[2357] So zählte *Füesslin*

> abnorme Geistes- oder Gemüthszustände, Mental-Affektionen, Eigenthümlichkeiten, Sonderbarkeiten, Delusionen, leichtere Grade von Hallucinationen und fixe Ideen[2358]

auf, wobei er der Auffassung war, dass sich manche dieser schon gar nicht als Seelenstörung qualifizieren ließen und darüber hinaus in der gemeinschaftlichen Haft gar nicht erst aufgefallen wären.[2359] Insgesamt bewertete *Füesslin* die Häufigkeit dieser weiteren Erkrankungen als gering, da es sich in Summe in den Jahren 1850 bis einschließlich 1854 lediglich um 21 Fälle handele. Er betont dabei, dass diese Anzahl vor allem in Vergleich mit den in *Petonville* auftretenden Krankheitsfällen niedrig sei.[2360]

Zudem führte er als Begründung an, dass von den insgesamt 21 Erkrankten neun bereits vorher in Gemeinschaftshaft gewesen seien. Die Ursachen für die jeweilige Erkrankung sah er bei vieren in einer angeborenen Schwäche des Geistes, bei sieben in einem körperlichen Leiden, bei dreien waren es Ausschweifungen und Trunkenheit und bei jeweils einem Onanie, Gewissensbisse und Furcht vor dem Tod.[2361]

Seine Bewertung ist dabei unter dem Aspekt der noch nicht vereinheitlichten Systematik der Geistesstörungen zu betrachten. Die Einordnung verschiedener mentaler Erkrankungen war zu dieser Zeit hoch umstritten und kann somit nicht undifferenziert als Ausgangspunkt für eine humanitäre

---

2356 *Füesslin*, Die Einzelhaft nach fremden und sechsjährigen eigenen Erfahrungen, S. 263.
2357 *Füesslin*, Die Einzelhaft nach fremden und sechsjährigen eigenen Erfahrungen, S. 276.
2358 *Füesslin*, Die Einzelhaft nach fremden und sechsjährigen eigenen Erfahrungen, S. 276.
2359 *Füesslin*, Die Einzelhaft nach fremden und sechsjährigen eigenen Erfahrungen, S. 276.
2360 *Füesslin*, Die Einzelhaft nach fremden und sechsjährigen eigenen Erfahrungen, S. 280.
2361 *Füesslin*, Die Einzelhaft nach fremden und sechsjährigen eigenen Erfahrungen, S. 280 f.

Bewertung herangezogen werden. Die gleiche Problematik hat sich bereits mit Blick auf *Diez*[2362] ergeben.

e) Berücksichtigung des psychischen und körperlichen Zustandes der Gefangenen

Für die Gefangenen, die das 70. Lebensjahr bereits beendet hatten, gab es hinsichtlich der Durchführung der Einzelhaft konkrete Einschränkungen.[2363]

Ausweislich § 5 des *Gesetzes den Strafvollzug im Männerzuchthause zu Bruchsal* betreffend bedeutete das, dass die vollständige Absonderung gegen diese Gefangenen nicht angewendet werden sollte.[2364] Hinsichtlich der Altersgrenze führte *Füesslin* aus, dass die Erfahrung gezeigt habe, dass nicht nur in den wohlhabenden Ständen der Gesellschaft, sondern vor allem in den ärmeren Schichten, die Gebrechlichkeit der Menschen bereits mit 60 Jahren derart fortgeschritten sei, dass schon ab diesem Punkt ein höheres Maß an „Nachsicht, Schonung und Hilfe" notwendig sei.[2365] Somit könne sich bereits in diesem Alter die fehlende Eignung dieser Gefangenen für eben jenes Gefängnissystem ergeben.[2366] Gleichwohl sei die Anzahl der Gefangenen, die aus diesen Gründen von der Einzelhaft befreit wurden, gering. Am Ende des Jahres 1854 befanden sich lediglich 14 Gefangene in den gemeinschaftlichen Arbeitssälen.[2367]

Insgesamt zeigt sich in der Herabsetzung der vom Gesetzgeber festgelegten Altersgrenze eine kritische Auseinandersetzung mit der Durchführbarkeit der Einzelhaft in besonderen Konstellationen. Dass die Einzelhaft mithin nicht durchweg angewandt, sondern vielmehr eine Bewertung der Gefangenen hinsichtlich deren körperlichen und mentalen Zustand durchgeführt wurde, zeigt eine deutliche Verbesserung im Vergleich zu den Anfängen dieses Gefängnissystems und spricht vor allem dafür, dass der Gefangene hier in den Vordergrund gerückt wurde. Die Grenzen der Gefangenen festzustellen und zu bewerten ist in diesem Zusammenhang als im Sinne des

---

[2362] Vgl. hierzu Kapitel 8.B.II.

[2363] Vgl. hierzu Kapitel 8 Abschnitt B.III.1.b./III.2.

[2364] Gesetz den Strafvollzug im neuen Männerzuchthause zu Bruchsal betreffend, 1845, § 5.

[2365] *Füesslin*, Die Einzelhaft nach fremden und sechsjährigen eigenen Erfahrungen, S. 318.

[2366] *Füesslin*, Die Einzelhaft nach fremden und sechsjährigen eigenen Erfahrungen, S. 318.

[2367] *Füesslin*, Die Einzelhaft nach fremden und sechsjährigen eigenen Erfahrungen, S. 318.

humanitären Gedankengutes zu bewerten, wobei diese Wertung der insgesamten Bewertung des Haftsystems nicht vorgreifen soll und vielmehr von dieser zunächst unabhängig zu betrachten ist.

Füesslin beschrieb zudem eine weitere Gruppe Gefangener, die er als nicht besserungsfähig ansah – „die zum öfteren rückfälligen Diebe“.[2368] Für eben diese Gefangenengruppe bezeichnete er die Einzelhaft mit „ihren, auf sittliche und geistige Veredelung berechneten Besserungsmitteln als zu gut und zu human“.[2369] Weder die gemeinschaftliche Haft unter Anwendung der strengen Hauszucht noch die Einzelhaft könnte bei diesen Gefangenen eine Besserung erreichen, wobei er trotzdem die gemeinschaftliche Haft als vorzugswürdig ansah.[2370] Der Fleiß dieser Gefangenen und die Tatsache, dass sie auf das Fluchen verzichteten, seien vor allem egoistischer Natur, da sie hierdurch einen höchst möglichen Gewinn durch ihre Arbeit zu erzielen versuchten.[2371] Bei Anwendung der Einzelhaft stehe bei diesen Gefangenen nicht deren Besserung, sondern vielmehr die Verhütung der erneuten Straftaten durch bereits rückfällig gewordene Gefangene im Vordergrund.[2372]

Während oben festgestellt wurde, dass die Gefangenen hinsichtlich etwaiger mentaler oder körperlicher Unzulänglichkeiten von *Füesslin* die notwendige Beachtung erhielten, sodass die Einzelhaft keine Anwendung fand, scheint diese grundsätzlich ernüchternde Aussage *Füesslins* bezüglich der rückfälligen Gefangenen hierzu gegensätzlich. Allerdings ist zu beachten, dass *Füesslin* nicht davon spricht die nicht besserungsfähigen Gefangenen schlechter zu behandeln oder ihnen die Würde des Menschen abzusprechen. Vielmehr betonte er, dass die Einzelhaft als zu human für eben diese Straffälligen angesehen werden könnte. Dadurch proklamierte er grundsätzlich die Humanität dieses Systems im Allgemeinen. Allerdings erwog er nicht die Gefangenen einem anderen Haftsystem zu unterwerfen, sondern korrigierte hier vielmehr die an das System zu stellende Erwartungshaltung. Denn anders als bei dem durchschnittlichen Gefangenen hoffte er hier nicht auf eine grundlegende Besserung der Gefangenen in ihrem Wesen, sondern

---

2368 *Füesslin*, Die Einzelhaft nach fremden und sechsjährigen eigenen Erfahrungen, S. 319 f.
2369 *Füesslin*, Die Einzelhaft nach fremden und sechsjährigen eigenen Erfahrungen, S. 319.
2370 *Füesslin*, Die Einzelhaft nach fremden und sechsjährigen eigenen Erfahrungen, S. 319 f.
2371 *Füesslin*, Die Einzelhaft nach fremden und sechsjährigen eigenen Erfahrungen, S. 319.
2372 *Füesslin*, Die Einzelhaft nach fremden und sechsjährigen eigenen Erfahrungen, S. 320.

erwartete vielmehr Auswirkungen dergestalt, dass künftig wenigstens keine weiteren Straftaten durch diese Gefangenen verübt werden würden, mithin die Rückfälle vermindert würden.

Diese Bewertung erinnert an die Humanismus Theorie aus der italienischen Renaissance. Hier wurde die Würde des Menschen grundsätzlich einem jeden zugesprochen aber an die Bestrebungen des Einzelnen und dessen kontemplative Natur geknüpft.[2373] Soweit der Gefangene somit keine Anstalten zu seiner eigenen moralischen Besserung machte, würde nach dieser Auffassung auch keine Gleichstellung oder Gleichbehandlung mit denjenigen Gefangenen zu erwarten sein, die eine Besserung ihrer selbst anstrebten. Auch die Auffassung des Engländer *Morus*, der proklamierte, dass das, was nicht mehr zum Guten gewendet werden kann, wenigstens vor dem Schlimmsten zu bewahren sei,[2374] kann in diesem Zusammenhang herangezogen werden. Denn genau das ist es, was *Füesslin* hier zu erklären versucht, nämlich, dass die Gesellschaft, wenn schon die Besserung des Gefangenen nicht zu erwarten sei, wenigstens in dem Umfang geschützt würde, dass keine weiteren Straftaten verübt werden. Allerdings widerspricht sie in Grundzügen dem Manifest von *Herder*, der vielmehr zum Mitgefühl und zur „Teilnahme an der Unvollkommenheit ihrer Natur“ aufgerufen hatte.[2375] Gleichzeitig stellt *Füesslin* damit auch nüchtern die Grenzen der *Spezialpräventionstheorie* fest. Die Umerziehung der Gefangenen ist somit für ihn direkt an die Möglichkeit einer Besserung der Gefangenen geknüpft. Ganz im Sinne des damaligen Diskurses in der psychiatrischen Profession wurde zwischen Geisteskranken unterschieden, bei denen man davon ausging, dass eine Heilung möglich war und denjenigen die man als nicht heilbar ansah.[2376]

3. Stimmen der Gefangenen

Als aussagekräftig hinsichtlich der Befürwortung des *Einzelhaftsystems* dürften neben denjenigen, die dort gearbeitet haben – wie es bei *Füesslin* der Fall war – die Stimmen derer sein, die dort als Gefangene gelebt haben und somit

---

[2373] Vgl. hierzu Kapitel 1.A.II.
[2374] Vgl. hierzu Kapitel 1.A.II.2.
[2375] *Herder*, Brief 28, S. 149; Kapitel 1.C.
[2376] Vgl. hierzu im Detail: *Greve*, Verbrechen und Krankheit, S. 75–92.

diejenigen waren, deren Alltag von den strengen Regeln der Hausordnung vorgegeben wurde.

a) Wiedergabe von Schriften der Gefangenen durch den Direktor Füesslin

Im Rahmen seines Werkes über die Einzelhaft hat *Füesslin* eine Reihe von Stimmen der Gefangenen mit aufgenommen, die als Schulaufsätze zu dem Thema der Vor- und Nachteile der Einzelhaft in den höheren Schulklassen verfasst wurden. Er nahm auch Briefe mit auf, die von Gefangenen verfasst wurden, die schon über eine längere Zeit in Einzelhaft untergebracht waren.[2377]

Bevor *Füesslin* diese Aufsätze wiedergab, schickte er voran, dass sich die Verfasser hinsichtlich der positiven Bewertung der Einzelhaft einig seien und dass er die Aufsätze mit nur seltener Ausnahme grundsätzlich wörtlich folgen lasse. Er habe zudem vor allem Briefe aufgenommen, die von Bürgern aus den niedrigen Bevölkerungsklassen stammten und die ihre Bildung fast ausschließlich während ihrer Haftzeit erhalten hatten.[2378] Dabei versicherte er die Wahrheit der von ihm wiedergegebenen Schriften und wies jeden darauf hin, dass die Originale eingesehen werden könnten.[2379]

Insgesamt verurteilten sämtliche Gefangene in ihren Schriften den Kontakt zu anderen Gefangenen. Sie betonten, dass einige von ihnen „ihr Vergnügen nur darin finden, ihre Mitgefangenen zu beleidigen, auf jede Art zu betrügen und zu hintergehen".[2380] Einer der Gefangenen erklärte, dass er sich die Einzelhaft herbeigesehnt hatte, da die Gefangenen nicht nur der steten Beurteilung ihres Handelns durch die Mitgefangenen ausgesetzt waren, sondern vor allem, weil er dadurch von „verderblichen und ansteckenden Aergernissen" durch die gemeinschaftliche Haft verschont bliebe.[2381] Weiter verwies er darauf, dass er in der Einzelhaft schon mehr gelernt habe als in gemeinschaftlicher Haft, da seines Erachtens die Einsamkeit besonders förderlich für den Unterricht sei.[2382] Sein beginnendes körperliches Leiden hätte sich während seiner

---

[2377] *Füesslin*, Die Einzelhaft nach fremden und sechsjährigen eigenen Erfahrungen, S. 423–442.
[2378] *Füesslin*, Die Einzelhaft nach fremden und sechsjährigen eigenen Erfahrungen, S. 423.
[2379] *Füesslin*, Die Einzelhaft nach fremden und sechsjährigen eigenen Erfahrungen, S. 423.
[2380] *Füesslin*, Die Einzelhaft nach fremden und sechsjährigen eigenen Erfahrungen, S. 424.
[2381] *Füesslin*, Die Einzelhaft nach fremden und sechsjährigen eigenen Erfahrungen, S. 428 f.
[2382] *Füesslin*, Die Einzelhaft nach fremden und sechsjährigen eigenen Erfahrungen, S. 430.

Haftzeit zudem verbessert, sodass er bereits seit geraumer Zeit nicht mehr krank gewesen sei.[2383] Als Grund hierfür sah er, dass die Sauberkeit in der Einzelhaft wesentlich besser aufrecht erhalten bliebe.[2384]

Ein anderer Gefangener berichtete aus seiner viereinhalbjährigen Zeit in gemeinschaftlicher Haft, dass seiner Ansicht nach das Schlimmste an dieser Haftart sei, dass die Gefangenen ihre eigenen Taten untereinander teilten und von ihnen sprachen, ohne daran gehindert zu werden. Er selbst schäme sich zu sehr, als dass er die furchtbaren Aussagen seiner Mitgefangenen wiederholen wollte.[2385] Während seiner Haftzeit habe er die Erfahrung gemacht, dass diejenigen die sich dem Gebet und der Religion hingaben, häufig gestört würden, sodass diese in das „sündliche Wesen“ gezogen oder aber von den anderen verspottet werden würden.[2386] In der Einzelhaft aber könne keiner der Mitgefangenen darüber spotten, dass er sich dem Gebet oder einer anderweitigen nützlichen Beschäftigung widmete.[2387] Auch wenn er eingestand, dass er gerne menschlichen Kontakt hätte, so sei ihm die Einsamkeit doch lieber, als die Umgebung, die er in der Strafanstalt zuvor hatte.[2388]

Ein weiterer Gefangener erzählte, dass die gemeinschaftliche Haft vor allem den Vorteil habe, dass man zwischendurch von seiner Misere abgelenkt werde. Allerdings würden viele junge Insassen durch die anderen Gefangenen und deren Äußerungen verschlechtert.[2389] Ein anderer berichtete in einem Brief an seinen Freund, dass er die Einzelhaft sogar dann bevorzugen würde, wenn die Haftzeit dort länger dauern würde als in gemeinschaftlicher Haft.[2390] Der Gefangene in Einzelhaft genieße moralische Vorteile, indem er mit „Güte und Schonung“ behandelt würde.[2391] Anders als in der gemeinschaftlichen Haft werde ihm mit Wohlwollen anstatt „sauren Gesichtern mit funkelnden Augen“ begegnet.[2392]

2383 *Füesslin*, Die Einzelhaft nach fremden und sechsjährigen eigenen Erfahrungen, S. 430.
2384 *Füesslin*, Die Einzelhaft nach fremden und sechsjährigen eigenen Erfahrungen, S. 430.
2385 *Füesslin*, Die Einzelhaft nach fremden und sechsjährigen eigenen Erfahrungen, S. 430.
2386 *Füesslin*, Die Einzelhaft nach fremden und sechsjährigen eigenen Erfahrungen, S. 431.
2387 *Füesslin*, Die Einzelhaft nach fremden und sechsjährigen eigenen Erfahrungen, S. 432.
2388 *Füesslin*, Die Einzelhaft nach fremden und sechsjährigen eigenen Erfahrungen, S. 431.
2389 *Füesslin*, Die Einzelhaft nach fremden und sechsjährigen eigenen Erfahrungen, S. 426.
2390 *Füesslin*, Die Einzelhaft nach fremden und sechsjährigen eigenen Erfahrungen, S. 432.
2391 *Füesslin*, Die Einzelhaft nach fremden und sechsjährigen eigenen Erfahrungen, S. 432.
2392 *Füesslin*, Die Einzelhaft nach fremden und sechsjährigen eigenen Erfahrungen, S. 432.

Obgleich hier sehr positive Äußerungen im Rahmen der Aufsätze der Gefangenen gefunden werden können, die die Einzelhaft als solche befürworten, muss dennoch der Zusammenhang dieser Aufsätze miteingeschlossen werden. An der Richtigkeit der Briefe, beziehungsweise Aufsätze wird hier nicht gezweifelt, allerdings darf nicht außer Acht gelassen werden, dass diese unter anderem im Rahmen einer Aufgabe in der Schule der Gefängnisse erstellt wurden und es kaum wahrscheinlich ist, dass die Gefangenen hierbei negativ über die Einzelhaft reden würden, insoweit sie diese Auffassung vertreten würden. Es kann davon ausgegangen werden, dass nach mitunter mehreren Jahren der Einzelhaft die Gefangenen gelernt hatten, was von ihnen erwartet wurde. Dabei soll nicht unterstellt werden, dass jedwede positive Äußerung durch einen Druck von außen gemacht wurde, sondern vielmehr auf die jahrelange Indoktrinierung hinsichtlich der Besserung hingewiesen werden. Die Gefangenen werden in Kenntnis, dass sowohl ihre Aufsätze als auch Briefe durch das Anstaltspersonal gelesen werden, sicherlich keine Kritik an dem System anbringen, die ihnen zu Lasten gelegt werden könnte. Zudem hat *Füesslin* zu Beginn selbst dargestellt, dass es sich hier um eine Auswahl an Schriften der Gefangenen handelt, ob mithin auch kritische existieren, die *Füesslin* hier nicht aufgenommen hat, kann nicht beantwortet werden. Vor allem die Äußerung, dass die Freistunden von den Gefangenen zur Verrichtung nützlicher Dinge, dem Lesen oder religiöser und sittlicher Betrachtungen genutzt wurden, entspricht vielmehr § 4 der Hausordnung[2393] und ist infolgedessen möglicherweise von dem Gefangenen nicht ernst gemeint worden, es könnte sich gegebenenfalls um eine „Heuchelei" handeln, vor der immer wieder gewarnt wurde.

Insgesamt sind die Aussagen der hier von dem Anstaltsleiter zitierten Gefangenen mit Vorsicht zu berücksichtigen, wobei ihnen kein repräsentativer Wert[2394] zugeschrieben werden darf.

b) Gefangene melden sich direkt zu Wort

Ist die Wiedergabe der Aufsätze und der Briefe durch *Füesslin* differenziert und vorsichtig zu betrachten, können die direkten Schriften von ehemaligen

---

2393 Hausordnung für das neue Männerzuchthaus in Bruchsal, 1847, § 4.

2394 *Freßle* geht hier weiter und erklärt die Briefe als von unwesentlicher Bedeutung: *Freßle*, Geschichte des Männerzuchthauses Bruchsal, S. 215.

Gefangenen des Männerzuchthauses Bruchsals einen ehrlicheren Blick auf die tatsächlichen Geschehnisse und Bewertungen gewährleisten. Dabei äußerten sich die Gefangenen nicht nur über die eigenen Erfahrungen, sondern bewerteten die Einzelhaft vor diesem Hintergrund.

aa) Theodor Mögling

Theodor Mögling[2395] wurde aufgrund seiner Partizipation an der Märzrevolution 1848 ab 1849 für insgesamt sieben Jahre im Bruchsaler Männerzuchthaus in Einzelhaft inhaftiert.[2396] Während seiner Haft hatte *Mögling* zunächst mit *Karl Mittermaier*, dem Sohn von *Karl Josef Anton Mittermaier*, der jahrelang Präsident der zweiten badischen Kammer war und in seiner Aufgabe mitunter den Bau der Bruchsaler Männerzuchtanstalt maßgeblich beeinflusst hatte,[2397] einen heimlichen Briefkontakt unterhalten.[2398] Dieser Briefwechsel führte dazu, dass seine Haftzeit verlängert wurde.[2399]

Unter Kontrolle von *Füesslin* allerdings setzte *Mögling* den Kontakt mit *Karl Josef Anton Mittermaier* fort,[2400] wobei er neben dem Briefwechsel von *Mittermaier* im Zuge dieser Korrespondenz eine Reihe von Literatur erhielt, wofür sich *Mögling* in einem Brief an ihn im Jahr 1856 bedankte.[2401] In diesem Zusammenhang schrieb er, dass er durch die vielen Bücher, zu keinem Zeitpunkt während seiner Einzelhaft „Langeweile“ hatte und er die Zeit effektiv für seine Studien nutzen konnte.[2402] Insgesamt beschrieb er diesen Umstand als wohltätigen Einfluss auf sowohl sein mentales als auch körperliches Wohlbefinden.[2403] Diese Äußerungen wiederholte er in Briefen an seine Freunde.[2404] Für Menschen, die psychisch gesund seien, sei in einer Diskussion über das richtige Haftsystem, unter allen Umständen die Einzelhaft vorzuziehen.[2405]

2395 *Mögling* war ein Agrarwissenschaftler aus Baden, vgl. hierzu: *Riemer,* Das Netzwerk der Gefängnisfreunde 1830 bis 1872, S. 1009

2396 *Riemer,* Das Netzwerk der Gefängnisfreunde 1830 bis 1872, S. 1009.

2397 *Riemer,* Das Netzwerk der Gefängnisfreunde 1830 bis 1872, S. 189.

2398 *Riemer,* Das Netzwerk der Gefängnisfreunde 1830 bis 1872, S. 891.

2399 *Riemer,* Das Netzwerk der Gefängnisfreunde 1830 bis 1872, S. 891.

2400 *Riemer,* Das Netzwerk der Gefängnisfreunde 1830 bis 1872, S. 902, 1009.

2401 *Riemer,* Das Netzwerk der Gefängnisfreunde 1830 bis 1872, S. 1009, 1010.

2402 *Riemer,* Das Netzwerk der Gefängnisfreunde 1830 bis 1872, S. 1010.

2403 *Riemer,* Das Netzwerk der Gefängnisfreunde 1830 bis 1872, S. 1010.

2404 *Mögling,* Briefe an seine Freunde, S. 285 f.

2405 *Mögling,* Briefe an seine Freunde, S. 286.

In diesem Zusammenhang drängt sich der Eindruck auf, dass die Wertung von *Mögling* durch den direkten Kontakt mit *Mittermaier*, der als Unterstützer der Einzelhaft galt, beeinflusst wurde. Vor allem mit Blick auf die zuvor aufgrund seines Briefwechsels verlängerte Haftzeit ist zudem davon auszugehen, dass *Mögling* nicht zwangsläufig seine ungefilterte Meinung in den Briefen ausdrückte. Darüber hinaus stand der Briefkontakt mit *Mittermaier* unter der Kontrolle *Füesslins*, sodass *Mögling* sicherlich davon ausgehen konnte, dass die Briefe auch von diesem gelesen werden würden. Entsprechend sind seine Aussagen hinsichtlich der absoluten Befürwortung der Einzelhaft kritisch zu bewerten.

Darüber hinaus kann aber nicht ausgeschlossen werden, dass er als Akademiker die Einzelhaft im direkten Vergleich zur Gemeinschaftshaft durchaus als angenehmer und sicherer empfunden hat.

bb) Otto von Corvin

Otto von Corvin (1812–1886)[2406] war im Zeitraum 1849 bis 1855 im Bruchsaler Männerzuchthaus ebenfalls als politischer Gefangener eingesperrt[2407] und berichtete in seiner Broschüre *Die Einzelhaft und das Zellengefängnis in Bruchsal – Ein Kapitel aus den demnächst erscheinenden Erinnerungen aus meinem Leben* über seine eigenen Erfahrungen.[2408]

Zu Beginn seines Werkes erklärte er zunächst, dass er nunmehr bereits ein Jahr aus der Gefangenschaft frei sei und dementsprechend der Zorn, der direkt nach der Entlassung bei dem Gedanken an „erlittene moralische Mißhandlungen“ aber auch den verletzten Stolz ebenso wie gekränkte Eitelkeit überwunden hätte.[2409] Seine Berichte seien ohne Leidenschaft, Hass und im Interesse der Wahrheit geschrieben, sodass er das von ihm Beobachtete lediglich wiedergeben würde.[2410]

2406 *Otto von Corvin-Wiersbitzki*, wurde militärisch erzogen und bereits 18 Jahren Leutnant einer Garnison. Nach seinem Ausscheiden aus der Armee arbeitete er als Journalist in Leipzig und schloss sich dort den liberaldemokratischen und antiklerikalen Kreisen an. Im Jahr 1848 führte er die Revolution sowohl im Elsass als auch am Oberrhein an, vgl. hierzu: *Jahn*, Die deutschsprachige Presse, S. 179.

2407 *Freßle*, Die Geschichte des Männerzuchthauses Bruchsal, S. 201.

2408 *Corvin*, Die Einzelhaft und das Zellengefängniss in Bruchsal, Hamburg 1857.

2409 *Corvin*, Die Einzelhaft und das Zellengefängniss in Bruchsal, S. 7.

2410 *Corvin*, Die Einzelhaft und das Zellengefängniss in Bruchsal, S. 7.

Von Corvin betonte hinsichtlich der Gefängnisse generell, dass die gemeinschaftliche Haft unzweifelhaft eine Verschlechterung der Gefangenen verursachen würde, es handele sich hierbei um bewiesene Tatsachen, sodass die Trennung der Gefangenen untereinander das Fundament eines jeden Haftsystems bilden müsse.[2411] Er selbst forderte als Ideal der Strafe eine solche, die zum einen die Gesundheit der Gefangenen in mentaler und körperlicher Hinsicht so wenig wie möglich gefährde und zum anderen dabei gleichwohl angemessen sei, ohne dass der Gefangene bessere Lebensbedingungen erhalte, als die in Armut lebenden Mitglieder der Gesellschaft.[2412] Im Vergleich zu den früheren „barbarischen Körperstrafen", strafe man nunmehr mit mehr Gerechtigkeit durch das Einwirken auf den Geist des Gefangenen.[2413] Diese Art der Bestrafung bewertete *von Corvin* als wesentlich härter und warf ihr aufgrund der „rücksichtslosen Anwendung" Grausamkeit vor.[2414] Während die Auswirkungen der körperlichen Strafe offensichtlich und somit auch für Außenstehende erkennbar seien, so würden geistige Qualen erst nach einem längeren Zeitraum sichtbar.[2415]

Aus diesem Grund könne die neue Art der Bestrafung auch nicht die gleiche abschreckende Wirkung haben, da sie häufig von der breiten Masse nicht verstanden werden würde.[2416] Aber nicht nur die Gesellschaft würde die Tragweite dieser Strafe nicht nachvollziehen können, sondern auch bei denjenigen, die über die Strafen entscheiden würden, wäre die notwendige Einsichtsfähigkeit nicht gewährleistet.[2417] Obgleich die Anstalt *Petonville*[2418] als Vorbild für die Bruchsaler Anstalt diene, monierte *von Corvin* die vorgenommenen Abänderungen, durch die zwar Ersparnisse für die Verwaltung erreicht werden konnten, gleichzeitig aber Nachteile für die Gefangenen entstünden.[2419] Ein Großteil seiner Kritik richtete sich vor allem gegen die baulichen

---

2411 *Corvin*, Die Einzelhaft und das Zellengefängniss in Bruchsal, S. 44.
2412 *Corvin*, Die Einzelhaft und das Zellengefängniss in Bruchsal, S. 42, 44 f.
2413 *Corvin*, Die Einzelhaft und das Zellengefängniss in Bruchsal, S. 45.
2414 *Corvin*, Die Einzelhaft und das Zellengefängniss in Bruchsal, S. 45.
2415 *Corvin*, Die Einzelhaft und das Zellengefängniss in Bruchsal, S. 45.
2416 *Corvin*, Die Einzelhaft und das Zellengefängniss in Bruchsal, S. 45 f.
2417 *Corvin*, Die Einzelhaft und das Zellengefängniss in Bruchsal, S. 46.
2418 Vgl. zu der englischen Anstalt Petonville, Kapitel 7.A.
2419 *Corvin*, Die Einzelhaft und das Zellengefängniss in Bruchsal, S. 48.

Gegebenheiten.[2420] Die Unterschiede zum Vorbild *Petonville* beschränkten sich jedoch nicht nur auf den Bau selbst, sondern umfassten zudem die Versorgung der Gefangenen mit Nahrung und Getränken. Diesbezüglich wies *von Corvin* darauf hin, dass *Jagemann* die unterschiedliche Verpflegung damit gerechtfertigt habe, dass das Klima in Deutschland eine weniger reichhaltige Ernährung erforderte als in England.[2421] Die unzureichende Ernährung stellte für Corvin dabei einen wesentlichen Grund für die meisten auftretenden Krankheiten dar.[2422]

Problematisiert wurde durch *von Corvin* überdies, dass die Besetzung der Stellen im Zuchthaus nicht ordnungsgemäß vorgenommen würde, sodass die Anstaltsangestellten nicht immer für ihre Stellung qualifiziert seien.[2423] Er kritisierte auch, dass die Arbeit der Gefangenen eine zu hohe Bedeutung hätte, wodurch der Strafzweck teilweise konterkariert werde. Insofern ein Zuchthaus als Fabrik betrachtet werde, so handele es sich hierbei seiner Ansicht nach um eine Ungerechtigkeit gegenüber den Arbeitern und Handwerkern außerhalb des Gefängnisses, die durch ihre tägliche Arbeit ihren Lebensunterhalt zu verdienen versuchten.[2424] In diesem Zusammenhang betonte er, dass die Arbeit der Gefangenen nicht den Standard an Qualität erreichen könnte, wie außerhalb des Gefängnisses.[2425] Er sehe aber auch die positiven Effekte der Arbeit im Gefängnis, insbesondere in Form der Erleichterung der Einzelhaft[2426] und der Möglichkeit für einen fleißigen Gefangenen, während seiner Haftzeit eine gewisse Geldsumme anzusparen, die er nach der Entlassung verwenden könne.[2427] Allerdings sei dazu der Großteil der Gefangenen nicht in der Lage.[2428]

Der Wiedereintritt in die Gesellschaft werde dem Gefangenen zudem bereits aus dem Grund erschwert, dass die Zuchthausstrafe durch die Regierung als entehrend angesehen werde, sodass eine Anstellung zu finden ein

---

[2420] *Corvin*, Die Einzelhaft und das Zellengefängniss in Bruchsal, S. 48–58.
[2421] *Corvin*, Die Einzelhaft und das Zellengefängniss in Bruchsal, S. 64.
[2422] *Corvin*, Die Einzelhaft und das Zellengefängniss in Bruchsal, S. 66.
[2423] *Corvin*, Die Einzelhaft und das Zellengefängniss in Bruchsal, S. 68 f.
[2424] *Corvin*, Die Einzelhaft und das Zellengefängniss in Bruchsal, S. 70.
[2425] *Corvin*, Die Einzelhaft und das Zellengefängniss in Bruchsal, S. 70.
[2426] *Corvin*, Die Einzelhaft und das Zellengefängniss in Bruchsal, S. 71.
[2427] *Corvin*, Die Einzelhaft und das Zellengefängniss in Bruchsal, S. 71.
[2428] *Corvin*, Die Einzelhaft und das Zellengefängniss in Bruchsal, S. 71.

nahezu unmögliches Unterfangen sei.[2429] Eine langfristige Besserung der Gefangenen könne somit nicht erreicht werden, vielmehr sei ein erneuter Verstoß gegen das Gesetz nach der Entlassung zu befürchten.[2430]

Über den Unterricht der Gefangenen, und damit verbunden den *Oberlehrer Müller*, äußerte sich *von Corvin* hingegen äußerst positiv.[2431] *Müller* bezeichnete er als eifrig und als ein großes Lehrtalent, der über einen gesunden Menschenverstand verfüge, wodurch die Schule des *Bruchsaler Männerzuchthaus* als „Paradepferd“ beurteilt werden könne.[2432] Die Gefängnisbibliothek hingegen bestünde primär aus Werken, die theologisch gefärbt seien und somit stets unter dem Einfluss des christlichen Glaubens stehen würden – dies umfasse auch wissenschaftliche Werke.[2433]

Daran anknüpfend verurteilte er auch die Seelsorge durch die Gefängnisgeistlichen, die vor allem darin bestehe, auf die Gefangenen in konfessioneller Hinsicht einzuwirken.[2434] Er wünschte sich geeignete, milde und verständige Geistliche für die Anstalt, die eine offene Kommunikation mit den Gefangenen zulassen würden, ohne dass sie bei den kleinsten Widersprüchen gegen ihre Lehren wütend werden würden.[2435] So sah *von Corvin* die Verantwortlichkeit für die entstandenen Krankheiten der Gefangenen in psychischer Hinsicht bei den Gefängnisgeistlichen.[2436] Außerdem sei die Wirkung der Einsamkeit auf die Gefangenen nicht allgemeingültig festzustellen, sondern hänge vielmehr von den persönlichen Gegebenheiten eines jeden Einzelnen ab.[2437] So sei die Einzelhaft für einen gebildeten Menschen, auch wenn dieser trotz seiner Bildung ein Verbrechen begangen hätte und dadurch härter bestraft werden müsse, von wesentlich größerem Verzicht geprägt, als bei den aus ärmeren Verhältnissen stammenden Inhaftierten.[2438]

[2429] *Corvin*, Die Einzelhaft und das Zellengefängniss in Bruchsal, S. 72.
[2430] *Corvin*, Die Einzelhaft und das Zellengefängniss in Bruchsal, S. 72.
[2431] *Corvin*, Die Einzelhaft und das Zellengefängniss in Bruchsal, S. 74.
[2432] *Corvin*, Die Einzelhaft und das Zellengefängniss in Bruchsal, S. 74.
[2433] *Corvin*, Die Einzelhaft und das Zellengefängniss in Bruchsal, S. 74 f.
[2434] *Corvin*, Die Einzelhaft und das Zellengefängniss in Bruchsal, S. 76.
[2435] *Corvin*, Die Einzelhaft und das Zellengefängniss in Bruchsal, S. 76.
[2436] *Corvin*, Die Einzelhaft und das Zellengefängniss in Bruchsal, S. 77.
[2437] *Corvin*, Die Einzelhaft und das Zellengefängniss in Bruchsal, S. 77, 91 f.
[2438] *Corvin*, Die Einzelhaft und das Zellengefängniss in Bruchsal, S. 88.

Von Corvin wies darüber hinaus auf die stark zu kritisierende Behandlung der Angestellten, von denen strikter Gehorsam gefordert wurde, hin.[2439] Aufgrund der schlechten Bezahlung der Beamten würden diese versuchen sich unter anderem durch Bestechlichkeit einen finanziellen Vorteil zu verschaffen.[2440]

In puncto § 24 der *Hausordnung*,[2441] mithin der Regelung von Hausstrafen im Falle von Verstößen gegen die Hausordnung, beschrieb *von Corvin* den Dunkelarrest genauer. Die entsprechenden Räumlichkeiten für dessen Durchführung befänden sich im Erdgeschoss der runden Türme der Ringmauer.[2442] Diese Räume seien durchweg in Benutzung, sodass die Luftqualität entsprechend mangelhaft sei und nicht erneuert werden würde.[2443] Die damit einhergehende Hungerkost bedeutete, dass der Gefangene zwei Kellen von einer mittelmäßigen „Hundesuppe" erhalten würde, wobei *von Corvin* betonte, dass die normale Kost im Bruchsaler Gefängnis generell den Hunger nicht stillen würde.[2444] Der Strafstuhl verursache bei den Gefangenen starke Schmerzen und würde bei „hartnäckigen Sündern" für sechs Stunden Anwendung finden.[2445] Insofern sich der Gefangene aber während seiner Haftzeit ohne Beanstandung verhalte, so bliebe er in dieser Zeit von Kränkungen und Demütigungen unberührt.[2446]

Im Ergebnis war *von Corvin* der Auffassung, dass die maximale Haftzeit in Einzelhaft vier Jahre nicht überschreiten dürfe.[2447] Zudem habe er kein Vertrauen darauf, dass die Einzelhaft tatsächlich eine Besserung der Gefangenen erreichen könne, darin hätten ihm während seiner Haftzeit auch Beamte der Anstalt zugestimmt.[2448] Der Hauptvorteil sei aber, dass die Gefangenen, im Gegensatz zur gemeinschaftlichen Haft während der Einzelhaft nicht verschlechtert werden würden.[2449] Das Potential der Besserung sah er vielmehr

---

2439 *Corvin*, Die Einzelhaft und das Zellengefängniss in Bruchsal, S. 67.
2440 *Corvin*, Die Einzelhaft und das Zellengefängniss in Bruchsal, S. 69.
2441 Hausordnung für das neue Männerzuchthaus in Bruchsal, 1847, § 24.
2442 *Corvin*, Die Einzelhaft und das Zellengefängniss in Bruchsal, S. 39.
2443 *Corvin*, Die Einzelhaft und das Zellengefängniss in Bruchsal, S. 39.
2444 *Corvin*, Die Einzelhaft und das Zellengefängniss in Bruchsal, S. 39.
2445 *Corvin*, Die Einzelhaft und das Zellengefängniss in Bruchsal, S. 39.
2446 *Corvin*, Die Einzelhaft und das Zellengefängniss in Bruchsal, S. 87.
2447 *Corvin*, Die Einzelhaft und das Zellengefängniss in Bruchsal, S. 78.
2448 *Corvin*, Die Einzelhaft und das Zellengefängniss in Bruchsal, S. 79.
2449 *Corvin*, Die Einzelhaft und das Zellengefängniss in Bruchsal, S. 79.

im ordentlichen Schulunterricht, während er den Religionsunterricht sehr kritisch sah.[2450]

Er stellte für den Strafvollzug insgesamt acht Forderungen auf:

Zunächst forderte er die Behebung der Mängel, die er an der Bruchsaler Anstalt gerügt hatte und zweitens, dass daran festgehalten werde, dass es primär darum gehe, den Verkehr der Gefangenen untereinander und mithin die Verschlechterung der Gefangenen durch den Strafvollzug zu verhindern; dabei sollten die Haftbedingungen nicht erschwert werden, ohne dass es für die Erreichung dieses Ziels tatsächlich notwendig sei.[2451] Als dritten Punkt wiederholte er noch einmal die Forderung, dass die Einzelhaft nicht über vier Jahre hinaus andauern dürfe.[2452] Viertens müsse die ausreichende Verpflegung der Gefangenen mit Nahrung gesichert sein.[2453] Ein weiterer Punkt bestand darin, dass dem Direktor der Haftanstalt das Ermessen eingeräumt werde, die Behandlung der Gefangenen zu individualisieren und entsprechende Abweichungen von der Hausordnung zu erlauben.[2454] Sechstens sollten die Gefängnisgeistlichen gemäßigter sein und zudem Maßnahmen wie die Hungerkost und der Dunkelarrest als Urteilsverschärfung keine Anwendung mehr finden.[2455] Als letzten Punkt forderte er eine sorgsamere Auswahl der Gefängnisbeamten.[2456]

Über das Werk von *Füesslin* schrieb *von Corvin*, dass dieser die Konsequenzen der Einzelhaft für die Gefangenen recht milde darstelle, sein Werk aber dennoch wertvolle Beobachtungen enthalte, die für den Bau künftiger Anstalten herangezogen werden sollten.[2457]

Die Ausführungen *von Corvins* sind unter dem Aspekt zu bewerten, dass er liberaldemokratischen und antiklerikalen Kreisen angehörte.[2458] Damit lehnte er nicht die religiöse Lehre an sich ab, sondern die Lehrer aus den Reihen der Kleriker.

2450 *Corvin*, Die Einzelhaft und das Zellengefängniss in Bruchsal, S. 80.
2451 *Corvin*, Die Einzelhaft und das Zellengefängniss in Bruchsal, S. 93.
2452 *Corvin*, Die Einzelhaft und das Zellengefängniss in Bruchsal, S. 93.
2453 *Corvin*, Die Einzelhaft und das Zellengefängniss in Bruchsal, S. 93.
2454 *Corvin*, Die Einzelhaft und das Zellengefängniss in Bruchsal, S. 93.
2455 *Corvin*, Die Einzelhaft und das Zellengefängniss in Bruchsal, S. 93 f.
2456 *Corvin*, Die Einzelhaft und das Zellengefängniss in Bruchsal, S. 94.
2457 *Corvin*, Die Einzelhaft und das Zellengefängniss in Bruchsal, S. 78.
2458 *Jahn*, Die deutschsprachige Presse, S. 179.

Zudem positiv zu bewerten ist die Forderung nach einer Individualisierung der Freiheitsstrafe und entsprechenden Regeln, sodass den jeweiligen Bedürfnissen der Gefangenen entsprochen werden könnte. In dieser Forderung wird die Erkenntnis deutlich, dass Besserungsbestrebungen individuell und mithin nicht allgemeingültig gestaltet werden können, um ein bestmögliches Resultat erzielen zu können. Die Hausordnung sah allerdings bereits ausweislich § 6 die Möglichkeit vor, dass die Gefangenen, die nicht für die Einzelhaft geeignet waren, in der Gemeinschaftshaft untergebracht werden.

Die Forderungen und Bestrebungen *von Corvins* zeigen eine Auseinandersetzung mit den Folgen der Freiheitsstrafe auf die Gefangenen nach der Entlassung und die Forderung nach einer generellen Individualisierung. *Von Corvins* Forderungen können somit als Anhaltspunkt für die inzwischen aufkeimenden differenzierte Bewertung der Gefängnissysteme und der Erkenntnis gelten, dass diese nicht allgemeingültig und gleich wirkungsvoll auf alle Gefangenen Anwendung finden konnten. Insgesamt gilt *von Corvin* als scharfer Kritiker des Bruchsaler Männerzuchthauses, wobei zu beachten ist, dass seine Kritik bei *Mittermaier* auf Zustimmung stieß.[2459] Diese Zustimmung bezog sich insbesondere auf die baulichen Gegebenheiten in Form der Zustände der Außenbereiche für die Spaziergänge der Gefangenen, die Lüftung der Zellen sowie deren Fußböden, allerdings bezog sich *Mittermaier* auch auf die Kritik hinsichtlich der Bestrebungen des Gefängnisses die Arbeit der Gefangenen möglichst lukrativ zu gestalten. Dabei nahm *Mittermaier* expliziten Bezug[2460] auf *von Corvin*, wodurch sehr deutlich wird, dass die von diesem vorgebrachte Kritik ernst zu nehmen war, wobei *Mittermaier* aber auch erklärte, dass die Bewertung *von Corvins* häufig „ungerecht" ausfallen würde.[2461]

cc) Georg Friedrich Schlatter

Der Pfarrer[2462] *Schlatter* war aufgrund seiner Mitgliedschaft in der konstituierenden Versammlung während der badischen Revolution zu einer

---

[2459] *Freßle*, Geschichte des Männerzuchthauses Bruchsal, S. 201.
[2460] *Mittermaier*, Die Gefängnissverbesserung, S. 4, 26, 71, 89.
[2461] *Mittermaier*, Die Gefängnißverbesserung, S. 71.
[2462] *Freßle*, Geschichte des Männerzuchthauses Bruchsal, S. 205.

mehrjährigen Freiheitsstrafe verurteilt worden.[2463] Nachdem er ein Jahr in Untersuchungsarrest und danach sieben Wochen in der gemeinschaftlichen Haft im alten Zellengefängnis verbracht hatte, blieb er die restlichen vier Jahre und fünf Monate seiner Strafe im *Männerzuchthaus Bruchsal*.[2464] In seinem Werk *Das System der Einzelhaft in besonderer Beziehung auf die neue Strafanstalt in Bruchsal: Stimme eines Gefangenen über Zuchthäuser*[2465] aus dem Jahr 1856 berichtete er von seiner Haftzeit.

Vorab wird an dieser Stelle darauf hingewiesen, dass *Otto von Corvin* bezüglich der Ausführungen von *Schlatter* angemerkt hatte, dass sich diese zwar durch große Sorgfalt auswiesen und entsprechend lesenswert seien, er stellt aber auch fest, dass dieser Familienvater in Baden sei, dem Druckort seines Werkes.[2466] Er ging aus diesem Grund davon aus, dass das Urteil von *Schlatter* recht milde ausgefallen sei, nicht nur, damit er niemanden, insbesondere die Regierungsbeamten, verärgerte, sondern auch, um sich nicht für erhaltene Freundlichkeiten undankbar zu zeigen.[2467]

Schlatter betonte zunächst, dass die wichtigste Aufgabe der Strafanstalt und der Strafe selbst darin läge, dass die Gefangenen gerettet werden, diese dürften auf keinen Fall verachtet, oder aufgegeben und ihrem Schicksal überlassen werden.[2468] Auch wenn der Verbrecher durch die von ihm begangene Tat „seine Menschenwürde verleugnet oder befleckt, so hat er doch die menschliche Natur nicht abgestreift".[2469] Dabei betonte er auch, dass das Gute in einem jeden Menschen vorhanden und so stark sei, dass es

---

[2463] *Schlatter*, Das System der Einzelhaft in besonderer Beziehung auf die neue Strafanstalt in Bruchsal, S. VII.

[2464] *Schlatter*, Das System der Einzelhaft in besonderer Beziehung auf die neue Strafanstalt in Bruchsal, S. VII.

[2465] *Schlatter, Georg Friedrich*, Das System der Einzelhaft in besonderer Beziehung auf die neue Strafanstalt in Bruchsal: Stimme eines Gefangenen über Zuchthäuser, Mannheim 1856.

[2466] *Corvin*, Die Einzelhaft und das Zellengefängniss in Bruchsal, S. 95.

[2467] *Schlatter*, Das System der Einzelhaft in besonderer Beziehung auf die neue Strafanstalt in Bruchsal, S. 95 f.

[2468] *Schlatter*, Das System der Einzelhaft in besonderer Beziehung auf die neue Strafanstalt in Bruchsal, S. 30.

[2469] *Schlatter*, Das System der Einzelhaft in besonderer Beziehung auf die neue Strafanstalt in Bruchsal, S. 30.

ausschlaggebend werde, wenn der Verbrecher nur die richtige Behandlung erhalten würde.[2470]

Die Besserung sei, in Übereinstimmung mit *Jagemann*, nicht das einzige Ziel des Strafvollzugs, sondern überdies die Strafe selbst, mithin der vergeltende Charakter dieser.[2471] Gleichzeitig sagte *Schlatter* aber auch, dass der Verbrecher durch die Besserung erst wieder zum „Menschen im vollen Sinne des Wortes zu machen" sei.[2472] Hinsichtlich des zeitlichen Faktors der für eine Besserung notwendig sei, widersprach *Schlatter* der Aussage vieler Juristen und auch *Jagemann* und betonte, dass zur Besserung häufig ein einziger Moment und keine besonders lange Zeitspanne ausschlaggebend sei.[2473] Seine Aussage stand dabei im Widerspruch zu der von *Jagemann* der betont hatte, dass keine sichtbaren Besserungserfolge zu erwarten seien, wenn die Strafzeit nicht mindestens ein Jahr andauern würde.[2474] Denen von *Jagemann* hierdurch gemachten Einwendungen gegen das Besserungsprinzip trat *Schlatter* somit entgegen.

Seiner Ansicht nach begründete sich diese Auffassung auf einem Irrtum.[2475] Die Unterscheidung zwischen dem tatsächlichen Fortschritt, dem ersten Entschluss und dem „entschiedenen Anlaufe" hinsichtlich der Besserung werde nicht ordnungsgemäß vorgenommen, sondern vielmehr vermischt.[2476] Im Ergebnis kam es für *Schlatter* maßgeblich auf den Entschluss und den Anlauf zur Besserung an.[2477] Genau dieser Entschluss würde häufig durch einen einzelnen Moment angestoßen werden, wobei der ausschlaggebende „Wendepunkt" für die Besserung bereits während einer kurzen Strafzeit erfolgen könne.[2478]

Für *Schlatter* war die gemeinschaftliche Haft der Gefangenen abzulehnen, was für ihn eine indirekte Befürwortung für das Modell der Einzelhaft

---

2470 *Schlatter*, Das System der Einzelhaft, S. 30.
2471 *Schlatter*, Das System der Einzelhaft, S. 30.
2472 *Schlatter*, Das System der Einzelhaft, S. 31.
2473 *Schlatter*, Das System der Einzelhaft, S. 31 f.
2474 *Schlatter*, Das System der Einzelhaft, S. 32; *Jagemann*, Zur Rechtsbegründung und Verwirklichung der Einzelhaft, S. 122.
2475 *Schlatter*, Das System der Einzelhaft, S. 32.
2476 *Schlatter*, Das System der Einzelhaft, S. 32.
2477 *Schlatter*, Das System der Einzelhaft, S. 32 f.
2478 *Schlatter*, Das System der Einzelhaft, S. 33.

ergab.[2479] Weiter konstatierte er, dass bei „unbefangener Betrachtung" ein jeder den „sittlichen Gewinn" und den „segensreiche[n] Einfluß" der Einzelhaft erkennen werde.[2480] Die bis dato vorgebrachten negativen Aspekte der Einzelhaft würden seines Erachtens primär auf fehlendem Wissen beruhen und sich alsbald als unzutreffend herausstellen.[2481] Wie schon *Diez* versuchte auch *Schlatter* hier die insbesondere im Rahmen des *Systemstreits* (Nordamerika) oder des *Broschürenkriegs* (Preußen) hervorgebrachte Kritik gegen die Einzelhaft abzuschwächen. Damit steht er in direkter Linie mit beispielsweise *Diez*,[2482] der die Kritik vorrangig auf die Unkenntnis der Kritiker zurückführte.

Die Einzelzelle des Gefangenen stellte für *Schlatter* einen sicheren Ort dar, in dem der Gefangene weder Spott noch Drohungen oder Verachtung ausgesetzt sei.[2483] Durch die Einsamkeit der Zelle werde dem Gefangenen der Weg zu der Welt eröffnet, die in ihm selbst liege.[2484] Damit meinte er, dass der Gefangene sich durch die Einsamkeit mit sich selbst und seinen Gedanken beschäftigen würde, wobei die „Ordnung und Berichtigung seiner Gedanken und Neigungen" durch die ihm zur Verfügung gestellten Bücher unterstützt würde.[2485]

Gleichzeitig erklärte er auch, dass die Einzelhaft keine Wunder vollbringen könne.[2486] So schloss er sich *Füesslin* dahingehend an, dass die Einzelhaft für diejenigen Gefangenen, bei denen keine Besserung mehr zu erwarten sei, sondern vielmehr unabhängig von ihrer Behandlung weder eine Verschlechterung noch eine Verbesserung eintreten würde, zu „human" sei.[2487] Diese Aussage implizierte, wie schon bei *Füesslin*, die Zustimmung zur Einzelhaft unter dem Aspekt der Humanität durch den Pfarrer *Schlatter*, nachdem dieser selbst als Gefangener Erfahrungen mit ihr im *Bruchsaler Männerzuchthaus* gemacht hatte. Hinsichtlich des Zwecks der Einzelhaft stellte *Schlatter* heraus,

---

2479 *Schlatter*, Das System der Einzelhaft, S. 53.
2480 *Schlatter*, Das System der Einzelhaft, S. 53.
2481 *Schlatter*, Das System der Einzelhaft, S. 53.
2482 *Diez*, Über die Vorzüge der einsamen Einkerkerung, S. II.
2483 *Schlatter*, Das System der Einzelhaft, S. 54.
2484 *Schlatter*, Das System der Einzelhaft, S. 54.
2485 *Schlatter*, Das System der Einzelhaft, S. 54.
2486 *Schlatter*, Das System der Einzelhaft, S. 54.
2487 *Schlatter*, Das System der Einzelhaft, S. 54 f.

dass dieser in der Unterbindung des Verkehrs der Gefangenen untereinander bestehe.[2488]

Die positive Gesinnung *Schlatters* zeigte sich auch in seinen weiteren Ausführungen.[2489] Obwohl er zugab, dass es noch keinen ausreichenden Anwendungszeitraum auf badischem Boden[2490] gegeben habe, um die Behauptungen hinsichtlich der positiven Wirkung der Einzelhaft zu beweisen, verwies er auf die Erfahrungen aus *Nordamerika* und *England*.[2491] Er nahm ausdrücklich auf das Werk von *Füesslin* Bezug und gab dieses wörtlich wieder, wobei er die Zitierungen mit einer Reihe von eigenen Anmerkungen ergänzte.

Während die Aussagen von *Füesslin* den Eindruck vermitteln, dass er gegenüber den seines Erachtens nicht mehr besserungsfähigen Gefangenen die Hoffnung verloren hatte, kommentierte *Schlatter*, dass auch der schlechteste Mensch nicht aufgegeben werden dürfe.[2492] Aus seinem Amt als Pfarrer lässt sich schließen, dass er vor allem der christlichen Tradition der Nächstenliebe folgt, sodass anders als in der psychiatrischen Entwicklung nicht von einem nicht mehr heilbaren Menschen ausgegangen wird, sondern die Hoffnung der Besserung eines jeden bestand.

Im darauffolgenden Abschnitt seines Werkes ging *Schlatter* auf die körperliche und geistige Gesundheit der Gefangenen ein.[2493] Er stellte voran, dass obgleich der Hauptzweck der Strafe, der sowohl in der Bestrafung selbst als auch in der Besserung bestehe, verfolgt werden müsste, es nicht zu erlauben sei, die körperliche oder mentale Gesundheit der Gefangenen zu korrumpieren.[2494] In diesem Zusammenhang wies er mitunter darauf hin, dass die Besserung und nicht die Abschwächung des Geistes oder des Köpers des Gefangenen für die Gesellschaft positiv sei.[2495]

2488 *Schlatter*, Das System der Einzelhaft, S. 63.

2489 *Schlatter*, Das System der Einzelhaft in besonderer Beziehung auf die neue Strafanstalt in Bruchsal, S. 55.

2490 Schlatter spricht hier von „hierzulande“ damit ist wahrscheinlich nicht nur der badische, sondern der gesamte deutsche Boden gemeint.

2491 *Schlatter*, Das System der Einzelhaft, S. 55.

2492 *Schlatter*, Das System der Einzelhaft, S. 55, *Füesslin*, Die Einzelhaft nach fremden und sechsjährigen eigenen Erfahrungen, S. 319.

2493 *Schlatter*, Das System der Einzelhaft, S. 56–84.

2494 *Schlatter*, Das System der Einzelhaft, S. 56.

2495 *Schlatter*, Das System der Einzelhaft, S. 56.

Während er die positiven Auswirkungen für die körperliche Gesundheit der Gefangenen herausstellte, betonte er, dass die geistige Gesundheit der Gefangenen durch die Einzelhaft in Gefahr sei.[2496] Die gegenüber der Einzelhaft vorgebrachte Kritik nahm *Schlatter* sehr ernst, insbesondere da die geistige Gesundheit für ihn das höchste aller menschlichen Güter darstellte.[2497] Die Grundlage der Kritik an der Einzelhaft, dergestalt, dass die Einsamkeit bedenkliche Folgen für die Gefangenen nach sich ziehen konnte, stellte er als wahr heraus.[2498] Allerdings erklärte er diesbezüglich, dass die Besorgnis der Kritiker und die Tragweite der etwaigen Gefahren auf falschen Informationen und entsprechend falschen Erwägungen fußen würden.[2499] Der Zweck der Einzelhaft bestehe darin den Verkehr der Gefangenen untereinander zu unterbinden.[2500]

Im zweiten Abschnitt seines Werks bezog sich *Schlatter* auf die „Beurtheilung der vorzüglichsten Einrichtungen in der neuen Strafanstalt zu Bruchsal".[2501] Bereits aus der Überschrift ergibt sich ein wohlwollender Eindruck *Schlatters* von der Bruchsaler Anstalt. Er erklärte, dass er sich hinsichtlich der Bewertung der Einzelhaft auf die eigenen gemachten Erfahrungen und nicht nur auf die bloße Theorie stütze. Wobei er betont, dass es sich folglich nicht um rein objektive, sondern seine subjektiven Erfahrungen handele.[2502]

Den genaueren Ausführungen stellte *Schlatter* voran, dass die badische Anstalt in mancherlei Hinsicht gegenüber der Musteranstalt in London (*Petonville*) Vorzüge aufweise. *Schlatter* kam an dieser Stelle auf die geistige Gesundheit der Gefangenen zurück und erklärte, dass in dem Männerzuchthaus Bruchsal

> fast sämtliche, auf die Erhaltung der geistigen und körperlichen Gesundheit der Sträflinge und überhaupt auf die durch die Humanität gebotene Erleichterung der

---

2496 *Schlatter*, Das System der Einzelhaft, S. 59 f., 60 f.
2497 *Schlatter*, Das System der Einzelhaft, S. 61.
2498 *Schlatter*, Das System der Einzelhaft, S. 61.
2499 *Schlatter*, Das System der Einzelhaft, S. 63.
2500 *Schlatter*, Das System der Einzelhaft, S. 63.
2501 *Schlatter*, Das System der Einzelhaft, ab S. 85.
2502 *Schlatter*, Das System der Einzelhaft, S. 85.

Einzelhaft abzielende Vorschläge des Berichterstatters[2503] bereits ihre Verwirklichung gefunden haben.[2504]

Die Verbesserung der Haftbedingungen der Gefangenen und der damit einhergehenden Erleichterung der Isolation wird von *Schlatter* als durch die Humanität geboten bezeichnet. Die stetige Weiterentwicklung der Verbesserung der Haftbedingungen, die von *Schlatter* hier beschrieben wird, macht den roten Faden der Entwicklungen des Strafvollzuges anhand angestrebter, durch die Humanität angestoßener und durch sie begründete Bestrebungen weiterer Verbesserungen für die Gefangenen, deutlich.

Diese Aussage vermittelt zudem den Eindruck, dass die Darstellung *Schlatters* der *Bruchsaler Anstalt* positiv ausfiel und von ihm als vereinbar mit dem humanistischen Gedankengut gewertet wurde. Insbesondere ergibt sich aus der Formulierung, dass im Vergleich zu den Ursprüngen der Isolation der Fokus auf die Wahrung nicht nur der körperlichen, sondern gerade auch der, durch die Einsamkeit in Gefahr geratenen, mentalen Gesundheit der Gefangenen gelegt wurde.[2505]

Hingegen vermittelte die Beschreibung der Zellen einen wesentlich düsteren Eindruck hinsichtlich der Gefangenenbedingungen, als es obige Äußerung von *Schlatter* zunächst vermuten lassen. Denn von diesen berichtete er, dass die Gefangenen von Allen abgeschlossen und dadurch beschränkt auf sich selbst seien.[2506] In seinen vier Wänden würde der Gefangene nur selten ein Geräusch hören welches dann von der Arbeit in den Zellen stammen würde,[2507] wobei er über einen „Schleier des Geheimnisses" spricht.[2508] Während sich diese Formulierungen für den Leser als bedrückend darstellen, stellte *Schlatter* am Ende des Absatzes jedoch klar, dass die Einsamkeit in der Zelle gerade die „Fundgrube der kostbarsten Güter" werden könne.[2509] Dabei bezog er sich auf die Möglichkeit des Gefangenen sich mit sich selbst auseinandersetzen

---

2503 Hier bezieht sich Schlatter auf den Abgeordneten Hecker, der sich als Berichterstatter der Kommission in der 61. Öffentlichen Sitzung vom 21. August 1846 positiv über die Bruchsaler Männerzuchtanstalt geäußert hatte.

2504 *Schlatter*, Das System der Einzelhaft, S. 88.

2505 *Schlatter*, Das System der Einzelhaft, S. 88.

2506 *Schlatter*, Das System der Einzelhaft, S. 93.

2507 *Schlatter*, Das System der Einzelhaft, S. 93.

2508 *Schlatter*, Das System der Einzelhaft, S. 93.

2509 *Schlatter*, Das System der Einzelhaft, S. 94.

zu können und dadurch gebessert zu werden.[2510] Diese innere Einkehr und Beschäftigung mit sich selbst steht in direkter Tradition der bereits seitens der Quäker eingeführten Isolation der Gefangenen. Diese hatte in Anwendung des selbst gelebten *Quietism* die stille Einkehr zum Gegenstand der Gefangenenbedingungen in *Pennsylvania* gemacht. Zudem besteht die innere Einkehr und stille Buße auch in der christlichen Tradition, indem die auferzwungene Einsamkeit als Quelle der Heilung angesehen wurde.

Bezüglich der von den Gefangenen zu erbringenden Arbeit merkte *Schlatter* zunächst an, dass die in den Arbeitshäusern zu verrichtenden zehn, beziehungsweise elf vollen Arbeitsstunden bereits aus praktischen Erwägungen in der Einzelhaft nicht durchgeführt werden könnten.[2511] Denn schließlich müssten die Gefangenen hier nicht nur die Kirche und die Schule besuchen, auch die Spaziergänge nähmen eine bedeutende Zeit in Anspruch.[2512] Des Weiteren würden auch die Anstrengungen zur Erhaltung der Ordnung und Sauberkeit Zeit erfordern, die wiederum von der tatsächlichen Arbeitszeit abgezogen werden müsste. Mithin sei die Arbeitsleistung, die in der Hausordnung bestimmt wurde, in der Praxis faktisch nicht durchsetzbar.[2513] Die Funktion der Arbeit sah *Schlatter* in der Strafanstalt generell, im Besonderen aber bei der Einzelhaft als besonders wichtig an, indem durch sie die faulen und trägen Gefangenen fleißig und tatkräftig gemacht werden würden.[2514] Aufgabe der Strafanstalt sei es aber, dass der Gefangene zum Wohle der gesamten Gesellschaft, gebildet und erzogen aus der Anstalt entlassen werde.[2515] In diesem Zusammenhang kritisierte *Schlatter* den Brauch, dass ein Teil der Gefangenen für Hausdienste, als Hausschänzer oder Hausknecht genutzt werden.[2516]

Beispielsweise würden die Hausschänzer recht schnell alle Gefangenen kennenlernen, sodass dem eigentlichen Strafzweck der einsamen Haft zuwidergehandelt werde.[2517] Hieran zeigt sich, dass *Schlatter* an der grundsätzlichen

---

[2510] *Schlatter*, Das System der Einzelhaft, S. 93 f.
[2511] *Schlatter*, Das System der Einzelhaft, S. 121 f.
[2512] *Schlatter*, Das System der Einzelhaft, S. 122.
[2513] *Schlatter*, Das System der Einzelhaft, S. 122.
[2514] *Schlatter*, Das System der Einzelhaft, S. 123.
[2515] *Schlatter*, Das System der Einzelhaft, S. 123.
[2516] *Schlatter*, Das System der Einzelhaft, S. 124.
[2517] *Schlatter*, Das System der Einzelhaft, S. 124 f.

Ausgestaltung der strikten Separierung der Gefangenen festhielt und diese positiv bewertete. Hinsichtlich der Gefangenenarbeit ergänzte er, dass sich die Gefangenen aufgrund der Einsamkeit und Langeweile in der Zelle über die Möglichkeit der Arbeit freuen würden.[2518] Mit Blick auf die Regelung der Gefangenenarbeit erklärte *Schlatter* zudem, dass er den Wegfall des seinerzeit mit der Hausordnung festgelegten Lohnanteils für die Gefangenen, ebenso wie die Möglichkeit der Mehrarbeit und der dadurch zu erwirtschaftenden Belohnung bevorzugen würde, damit die Arbeit Teil der Strafe und nicht Mittel zur Belohnung sei.[2519] Er sah in diesen Regelungen vielmehr die Gefahr, dass die Gefangenen auf die Quantität der Arbeit bedacht sein würden und dadurch die Möglichkeit entstehe, dass die Gefangenen auf die Spaziergänge verzichten würden um mehr arbeiten zu können. Dies berge das Risiko von Erkrankungen der Gefangenen, wodurch Mehrkosten für die Strafanstalt entstehen würden.[2520]

Hinsichtlich der im Zuchthaus angewandten Hausstrafen erklärte er, dass er die Anwendung des Verweises, der Entziehung oder Beschränkung von Vergünstigungen, des Dunkelarrests, der Hungerkost sowie der Entziehung des Bettes bejahe, hingegen kritisierte er den Strafstuhl und die Anlegung von Ketten.[2521] Dabei betonte er, dass der Strafstuhl nur eine andere Form der Durchführung der körperlichen Züchtigung sei.[2522]

Bezüglich der grundsätzlichen Zulässigkeit der körperlichen Züchtigung hielt *Schlatter* seine Ausführungen recht kurz. Er bewertete die vollständige Ablehnung dieses Mittels zur Strafe und Erziehung, sowie deren Bezeichnung als verwerflich als einen „zu weitgehenden Humanismus".[2523] Seiner Ansicht nach könne diese Art der Bestrafung in bestimmten Fällen durchaus zu bejahen sein, allerdings seien diese Fälle nicht immer als solche direkt identifizierbar und leicht herauszustellen, sodass deren Anwendung in der Haftanstalt nicht ohne Weiteres als zulässig beurteilt werden könne.[2524] Die Grenze der Zulässigkeit zog er dort, wo sich der Gefangene seiner eigenen

---

2518 *Schlatter*, Das System der Einzelhaft, S. 126.
2519 *Schlatter*, Das System der Einzelhaft, S. 127 f.
2520 *Schlatter*, Das System der Einzelhaft, S. 129.
2521 *Schlatter*, Das System der Einzelhaft, S. 193.
2522 *Schlatter*, Das System der Einzelhaft, S. 193.
2523 *Schlatter*, Das System der Einzelhaft, S. 193.
2524 *Schlatter*, Das System der Einzelhaft, S. 194.

Menschenwürde bewusst werde und stellte dabei eine Parallele zur körperlichen Züchtigung von Kindern dar.[2525] Aus diesem Grund lehnte er nicht nur den Strafstuhl, sondern auch die Kettenstrafe ab, durch die der Mensch auf die Stufe eines Tiers herabgewürdigt werde.[2526]

Gerade diese Unterscheidung der Menschen von den Tieren lässt sich auf die Anfänge der Humanismusentwicklung, insbesondere im Alten Griechenland, zurückzuführen, die sich mit eben dieser Abgrenzung auseinandergesetzt hatte.[2527] Interessant ist an dieser Stelle die von *Schlatter* gezogene Grenze hinsichtlich der akzeptablen Strafmittel. Während er die Kettenstrafe und den Strafstuhl strikt ablehnte, äußerte er gegenüber der Hungerkost, der Entziehung des Bettes und des Dunkelarrest keine Kritik. Vielmehr drückte er aus, dass der Dunkelarrest und die Hungerkost „besänftigend" und „niederbeugend" wirken würden.[2528] Im Ergebnis werden durch diese Strafmittel aber ebenso körperliche Schmerzen bei dem Gefangenen hervorgerufen, wie es das Anlegen von Ketten hervorrufen würde. Eine Vergleichbarkeit zwischen dem Strafstuhl und der Entziehung des Bettes wird es sicherlich nicht direkt geben, allerdings ergibt sich durchaus eine solche bei der Gegenüberstellung von Hungerkost, Dunkelarrest, der Entziehung des Bettes und der Fesselung durch Ketten. Insbesondere die von *Schlatter* selbst vorgebrachte Argumentation, dass der Gefangene dadurch wie ein Tier behandelt werde, lässt sich auf die anderen genannten Bestrafungsarten ebenso ausweiten. Aber am ausschlaggebendsten dürfte sein, dass die Würde des Menschen vor allem durch die Entziehung der Grundlagen von Essen, Licht und einem Bett beschnitten wird, da es sich hierbei um den Mindeststandard einer menschlichen Behandlung handelt. Aus damaliger Sicht und der damaligen Beurteilung des Humanismus ist allerdings erneut einzubeziehen, dass es sich hierbei um eine Entwicklung in der Mitte des 19. Jahrhunderts handelt. Erst seit wenigen Jahrzehnten wurden aktive Bemühungen vorgenommen, um den Strafvollzug, der noch kein halbes Jahrhundert vorher als unmenschlich und grausam bezeichnet werden musste, zu verbessern. Den Dunkelarrest

---

2525 *Schlatter*, Das System der Einzelhaft, S. 193 f.
2526 *Schlatter*, Das System der Einzelhaft, S. 194.
2527 Vgl. hierzu Kapitel I.A.
2528 *Schlatter*, Das System der Einzelhaft, S. 196.

befürwortete *Schlatter* aufgrund seiner großen Effektivität die bereits nach einem kurzen Zeitraum erreicht werden könne.[2529]

Hinsichtlich der Hungerkost ist außerdem zu beachten, dass der philanthropische Vorreiter *John Howard*, ebenfalls als Disziplinarmaßnahme gefordert hatte, dass der Gefangene nur mit Brot und Wasser versorgt werden sollte.[2530] Auch wenn der Bericht von *Schlatter* mehrere Jahrzehnte später erschienen ist, so ist dennoch beachtlich, dass es sich bei den Forderungen von *Howard* bereits um Verbesserungen des damaligen *status quo* hin zu einem humaneren Strafvollzug handelte. Der Vorwurf, dass diese Strafmittel nicht human sein könnten, kann mithin nur aus heutiger Sichtweise vorgenommen werden. Denn während die Zurverfügungstellung von ausreichend und wohlnährender Nahrung und eines Bettes aus heutiger Sicht in Deutschland absolute und unumstrittene Grundlagen darstellen, so darf nicht außer Acht gelassen werden, dass es sich hierbei um maßgebliche Verbesserungen der Aspekte der äußeren Hygiene handelte. So hatte *Howard* beispielsweise berichtet, dass Gefangene teilweise auf dem nackten Boden ohne Stroh schlafen mussten und die Ernährung mehr als nur unzureichend war.

Stoßen die Äußerungen von *Schlatter* mithin in diesem Zusammenhang auf erhebliche Bedenken, so sind sie aus damaliger Sicht nachvollziehbar und vor allem hinsichtlich der davor herrschenden Zustände als eine Verbesserung im Vergleich zu werten. Das zeigt sich insbesondere in Bezug auf die körperliche Züchtigung. Abgesehen vom Dunkelarrest befürwortet er keine darüberhinausgehenden Bestrafungen in der Einzelhaft, so lehnte er auch die körperliche Züchtigung ab.[2531] Denn in der Bestrafung des Körpers sehe er etwas „Menschen Unwürdiges“ und „sittlich Depravirendes“.[2532]

Hierin zeigt sich mithin die damals weitreichende Abwendung von der körperlichen Züchtigung und damit einhergehend die Ablehnung des *Auburn Systems*.

Anstatt der Anwendung von Strafstuhl und Kettenstrafe schlägt *Schlatter* das Streichen der Arbeit vor.[2533] Dabei betonte er, dass es ihm nicht darum

---

[2529] *Schlatter*, Das System der Einzelhaft, S. 198.
[2530] *Howard*, The State of the Prisons, S. 72.
[2531] *Schlatter*, Das System der Einzelhaft, S. 197.
[2532] *Schlatter*, Das System der Einzelhaft, S. 197.
[2533] *Schlatter*, Das System der Einzelhaft, S. 199 f.

ginge, strenge und scharfe Strafen abzuschaffen oder zu mildern.[2534] Es gehe ihm dabei insbesondere um die Effektivität der Strafe, die er bei der Beschneidung der Arbeit der Gefangenen als besonders gegeben ansehe. Hierbei bemühte er sich der Formulierung, dass es sich um das Ergebnis eines „ruhigen, ernsten und von Wahrheitsliebe geleiteten Denkens" handele.[2535] Diese Formulierung steht in der Tradition der Bestrebungen der Aufklärung und des hier angestrebten freien Denkens. Gleichzeitig zeigt diese Aussage eines Pfarrers die schon oben dargestellte wechselseitige Verflechtung von der Aufklärung, dem Humanismus und den Bestrebungen religiöser Männer zu dieser Zeit. Zunächst wurde die Gefängnisreform vorrangig aus der Mitte von Religionsgemeinschaften in Form der sich gründenden Gefängnisgesellschaften vorangetrieben. Deren philanthropisch-religiöse Ausrichtung begehrte dabei vor allem die Besserung der Gefangenen und griff dabei auf Argumente der Humanität zurück. Insgesamt beantworteten sie den Strafzweck mit der *Spezialpräventionstheorie*.

Gegenüber der leiblichen Versorgung der Gefangenen im Unterschied zu England äußerte sich *Schlatter* kritisch.[2536] Seiner Ansicht nach dürfe hier keine Unterscheidung vorgenommen werden, da die Natur des Menschen unabhängig von der geographischen Lage überall gleich sei und mithin keine verschiedene Ernährung oder Beurteilung der Länge der Haft vorgenommen werden dürfe.[2537] Die Wirkung der Einzelhaft zeige sich vor allem in den ersten Wochen und Monaten der Haft, das entspreche auch seinen eigenen persönlichen Erfahrungen.[2538]

Über seine Zeit in der Haftanstalt berichtete er weiter, dass er die Einzelhaft gut überstanden habe.[2539] Gleichwohl erklärte er, dass die durch sie bewirkten Einschnitte für ihn in den ersten Tagen und Wochen die größte Wirkung hatten, wohingegen sie ihre Intensität mit der Zeit verloren hätten.[2540] Bezogen auf die Auswirkungen der Einzelhaft auf den Geist des Gefangenen stellte er fest, dass es nicht die „Verstandeskraft", sondern vielmehr die „Treue des

2534 *Schlatter*, Das System der Einzelhaft, S. 199.
2535 *Schlatter*, Das System der Einzelhaft, S. 199.
2536 *Schlatter*, Das System der Einzelhaft, S. 226.
2537 *Schlatter*, Das System der Einzelhaft, S. 226.
2538 *Schlatter*, Das System der Einzelhaft, S. 214–216.
2539 *Schlatter*, Das System der Einzelhaft, S. 214.
2540 *Schlatter*, Das System der Einzelhaft, S. 214 f.

Gedächtnisses“ sei, die darunter leiden würde.[2541] Er selbst habe keine negativen Auswirkungen in Bezug auf seine Verstandeskraft oder seine Urteilskraft feststellen können, allerdings habe sich sein Gedächtnis negativ entwickelt.[2542] Durch die Absonderung von der Außenwelt und damit verbunden von der Gesellschaft und vielen Gegenständen, fehlten ihm häufig Namen, Ausdrücke und Bezeichnungen.[2543]

In diesem Zusammenhang berichtete *Schlatter* von einer Unterredung mit dem Direktor, der mitteilte, dass ein anderer, ebenfalls gebildeter Gefangener über das umgekehrte Phänomen berichtete und mithin sein Gedächtnis im Vergleich zu früher schärfer und bestimmter geworden sei.[2544] Hierin sah *Schlatter* allerdings keinen Widerspruch, sondern vielmehr die individuelle Ausprägung der Einzelhaft und deren Wirkungen.[2545] Man könne auf der einen Seite die Auswirkungen dahingehend sehen, dass die Gefangenen während der Einzelhaft ihre Aufmerksamkeit ungestört einzelnen Gegenständen zuwenden könnten, sodass diese für sie wesentlich deutlicher und klarer in der Erinnerung blieben.[2546] Auf der anderen Seite aber zeige sich in der Abschwächung der Erinnerung hinsichtlich einiger Dinge und Personen, die der Einzelhaft zugrundeliegende Absonderung.[2547] Unter anderem aus diesen Auswirkungen zog *Schlatter* den Schluss, dass die Einzelhaft für diejenigen Gefangenen, die generell weniger gebildet seien eine größere Gefahr bestehe, denn diejenigen die für ihr „inneres Leben“ von äußeren Einflüssen abhängig seien, könnten in der Einzelhaft „tölpelhaft, dumm oder blödsinnig“ werden.[2548]

Am Ende seines Werkes wies *Schlatter* noch auf eine weitere Gefahr hin, die seines Erachtens nicht als solche identifiziert werde.[2549] Durch die vollständige Einsamkeit könnten die Gefangenen sich zu sehr an sie gewöhnen und dadurch später nach deren Entlassung in der Gesellschaft Probleme

---

[2541] *Schlatter*, Das System der Einzelhaft, S. 219.
[2542] *Schlatter*, Das System der Einzelhaft, S. 219.
[2543] *Schlatter*, Das System der Einzelhaft, S. 219.
[2544] *Schlatter*, Das System der Einzelhaft, S. 219 f.
[2545] *Schlatter*, Das System der Einzelhaft, S. 220.
[2546] *Schlatter*, Das System der Einzelhaft, S. 220.
[2547] *Schlatter*, Das System der Einzelhaft, S. 220 f.
[2548] *Schlatter*, Das System der Einzelhaft, S. 221.
[2549] *Schlatter*, Das System der Einzelhaft, S. 223.

bei der Wiedereingliederung haben. Diese Umstände bedürften deswegen unbedingter Berücksichtigung bei der Frage nach der maximalen Dauer der Einzelhaft.[2550] So habe ein Gefangener in Gent nach Entlassung aus einer langjährige Haft bereits nach drei Wochen um die Wiederaufnahme in das Gefängnis geben, wobei dieser Bitte nachgekommen wurde.[2551] Aber auch mit Blick auf etwaige Gefahren für die Gefangenen proklamierte er eine strenge und mit etwaigen Strafschärfungen verbundene Haft.[2552] Die Haftzeit sollte nach Ansicht von *Schlatter* grundsätzlich auf ein Maximum von vier Jahren beschränkt werden.[2553] Eine Ausnahme sah er nur dann als notwendig an, wenn der Gefangene aufgrund seiner besonderen Gefährlichkeit entweder auf längere Zeit oder sogar für immer von der Gesellschaft ausgeschlossen werden müsse.[2554] Mithin forderte *Schlatter* eine strenge aber kurze Haft.

In seinem Fazit bezog sich *Schlatter* noch einmal auf seine Intention, die Strafanstalten besser zu machen, indem er auf die positiven Aspekte hinwies, sowie diese würdigte und Fehler aufzeigte.[2555] Dabei machte er auf die eigentliche Divergenzen seiner Meinung zu der von *Füesslin* aufmerksam und erklärte diesbezüglich auch, dass sie sich ergänzten, da sie sich Großteils auf den gleichen Zeitraum beziehen und er dadurch die Ausführungen von *Füesslin* ergänzen und berichtigen könne.[2556]

Hinsichtlich der „erbitterten Gegner" der Einzelhaft wurde er sehr deutlich und äußerte sich wie folgt:

> [sie] sind unter einer gewissen Klasse exzentrischer und weichherziger Philanthropen zu finden, die, wie der Franzose Appert[2557], aus lauter Humanität gegen die Verbrecher kein Bedenken tragen würden, die Wohlfahrt und die Sicherheit der ganzen freien Staatsgesellschaft der Tyrannei des Lasters preiszugeben.[2558]

2550 *Schlatter*, Das System der Einzelhaft, S. 223.
2551 *Schlatter*, Das System der Einzelhaft, S. 224.
2552 *Schlatter*, Das System der Einzelhaft, S. 225.
2553 *Schlatter*, Das System der Einzelhaft, S. 227.
2554 *Schlatter*, Das System der Einzelhaft, S. 227.
2555 *Schlatter*, Das System der Einzelhaft, S. 228.
2556 *Schlatter*, Das System der Einzelhaft, S. 228.
2557 Vgl. zu seiner Person: *Nutz*, Strafanstalt als Besserungsmaschine, S. 258–262, der *Benjamin Appert* (1797–1873) als „exaltierter Philanthrop" bezeichnet.
2558 *Schlatter*, Das System der Einzelhaft, S. 228.

Während er sich in seinem Werk auf den Humanismus und die Humanität gestützt und diese als Grund für bestimmte Behandlungen der Gefangenen herangezogen hatte,[2559] kritisierte er nun die Humanität als Argument für eine weitergehende wohlwollendere Behandlung der Gefangenen. Gleichzeitig betonte er aber, dass eine gute Strafgesetzgebung stets auch den Verbrecher als einen Menschen zu achten und ihn dementsprechend mit der gebotenen „Liebe“ zu behandeln habe.[2560] Er konkretisiert seine Kritik gegenüber der Philanthropie noch weiter und erklärte, dass die Geschichte des Gefängniswesens gezeigt habe, dass es vor allem die „schwärmerische Philanthropie“ gewesen sei, die dem Fortschritt bei der Gefängnisreform entgegenstehen würde, wobei sie zu „verkehrten, verderblichen, und oft lächerlichen Maßregeln verleitet“ und dabei die Ernsthaftigkeit des Strafzwecks verkennen würde.[2561]

Diese Bewertung ist besonders interessant, da es sich bei *Schlatter* um einen Pfarrer und somit einen Mann der Kirche handelte. Waren es doch vor allem Männer aus der Mitte der Kirche oder Religionsgemeinschaften, die die philanthropisch-religiöse Bestrebungen vorantrieben, die die ersten Gefängnisreformen überhaupt möglich machten und dadurch die äußeren Hygieneaspekte nachhaltig besserten. Dabei hatte die vor allem theologisch geprägte Theorie den Diskurs über die Ausgestaltung des Gefängniswesens maßgeblich dominiert und durch die Aufnahme der religiösen Unterweisung der Gefangenen auch Eingang in die Strafanstalten gefunden.

Diese Konzeptionierung wurde im weiteren Verlauf durch den entstandenen Diskurs mitunter auch von Rechtswissenschaftlern fortgeführt und hatte mitunter die Aufweichung der ursprünglichen absoluten Gefängnissysteme zur Folge. So wurde die strikte *Isolation* in Pennsylvania nach ersten Versuchen abgeschafft und sodann abgeschwächt.

Hinsichtlich der Einordnung von *Schlatters* Werk im zeitgenössischen Diskurs über die Humanität vermittelt insbesondere der letzte Abschnitt seines Werkes einen guten Eindruck:

> Die wahre Liebe zu dem Verbrecher als Menschen setzt sich vor Allem dessen sittliche Besserung zum Ziel, die ohne ernste Strafe nicht zu erreichen ist; und die von ächter

[2559] So z. B.: *Schlatter*, Das System der Einzelhaft, S. 88.
[2560] *Schlatter*, Das System der Einzelhaft, S. 228.
[2561] *Schlatter*, Das System der Einzelhaft, S. 228 f.

> Staatsweisheit geleitete Humanität darf neben den Pflichten gegen den Sträfling auch die gegen die gesamte Staatsgesellschaft nicht vernachlässigen, sondern muß vor allen Dingen beherzigen, daß Letztere für ihre durch die Verbrechen bedrohte Rechte und Wohlfahrt den kräftigsten und wirksamsten Schutz der Gesetze auszusprechen hat.[2562]

In diesem Fazit lässt sich die Berücksichtigung des Wohls des Gefangenen, aber auch der Wunsch nach Sicherheit der Gesellschaft erkennen, die auch heute noch wesentlicher Bestandteil in Diskussionen hinsichtlich der Ausgestaltung des Strafvollzuges sind. Während die Sicherheit der Gesellschaft zunächst der Grund für die Einführung von Gefängnissen war, hatte der Humanismus – vertreten durch verschiedene Persönlichkeiten – dazu geführt, dass das Wohl der Gefangenen in den Vordergrund gerückt war. Die Warnung davor, dass es zu einem übertriebenen oder zu weitreichenden Humanismus kommen könnte, ist dahingehend zu verstehen, dass bei der Frage nach der richtigen Haftform und der Behandlung der Gefangenen nicht ausschließlich das Wohl der Gefangenen, sondern zudem weitere Faktoren Berücksichtigung finden mussten.

IV. Weitere Entwicklungen

Das badische Strafgesetzbuch aus dem Jahr 1845 war bereits nach seinem Inkrafttreten einiger Kritik ausgesetzt. Die Strafschärfungen, mithin die Anwendung von unter anderem Dunkelarrest, Hungerkost und einsamer Haft, wurden nicht zuletzt von *Füesslin* stark kritisiert. Er sah sie als „vollkommen unvereinbar [...] mit sowohl dem Geiste als auch den Zwecken, als auch mit der Durchführung der Einzelhaft“ an.[2563] Durch die Maßnahmen würde die Einzelhaft insgesamt intensiviert und für die Gefangenen „unverhältnismäßig“ im Vergleich zur gemeinschaftlichen Haft erhöht.[2564]

Dabei richtete sich die Kritik insbesondere gegen die Hungerkost, die gemäß § 68 i. V. m. § 54 Nr. 3 des Strafgesetzbuches als Disziplinarmaßnahme verhängt werden konnte und sich auch in § 24 der Hausordnung für das Männerzuchthaus Bruchsal findet. In § 54 wird bestimmt, dass die

---

2562 *Schlatter*, Das System der Einzelhaft, S. 229.

2563 *Füesslin*, Die Beziehungen des neuen grossh. badischen Strafgesetzes zum Pönitentiarsystem, S. 17.

2564 *Füesslin*, Die Beziehungen des neuen grossh. badischen Strafgesetzes zum Pönitentiarsystem, S. 17 f.

Hungerkost aus Wasser und Brot, oder in Wasser und warmer Suppe besteht und maximal sieben Tage am Stück verabreicht werden darf.

Füesslin verwies darauf, dass die Berechnung der für die Gefangenen üblicherweise zur Verfügung gestellten Nahrungsmenge bereits an der Minimalgrenze orientiert sei und deren Herabsetzung zur Gefährdung der körperlichen Gesundheit führe und Krankheiten hervorrufen könnte.[2565] Bei zwei Dritteln der im Jahr 1856 erkrankten Gefangenen wurden zuvor Strafverschärfungen verhängt, sodass eine direkte Auswirkung auf die Gesundheit der Gefangenen zu beobachten war.[2566]

Nachdem *Jagemann*, der gemeinsam mit *Füesslin* die strikte Durchführung der Einzelhaft in Bruchsal angestrebte hatte, im Jahr 1853 verstorben war, wurde *Junghans* durch den *Justizministerialrath* als Referent für das badische Gefängniswesen eingesetzt.[2567] Im Gegensatz zu seinem Vorgänger war Junghans, ebenso wie der Justizminister *Wechmar* kein Vertreter, sondern vielmehr ein Gegner des *Einzelhaftsystems* und vertrat vielmehr das Prinzip der Vergeltung und Abschreckung.[2568]

Das Justizministerium beeinflusste fortan die Ausrichtung und Ausgestaltung des *Bruchsaler Männerzuchthauses* unter anderem durch den Erlass verschiedener Anordnungen über die Behandlung der Gefangenen. Diese Anordnungen waren jedoch nicht mit dem System der Einzelhaft vereinbar.[2569] So wurde der Vorwurf laut, dass die Gefangenen immer mehr arbeiten mussten, wobei ihre Ernährung eingeschränkt wurde.[2570]

Der seinerzeitige Verwalter des Bruchsaler Männerzuchthauses *A. Bauer*[2571] hatte es zuvor erreicht die Einnahmen der Arbeitsleistung der Gefangenen immens zu steigern, weshalb er vom Justizministerium zum „zweiten

---

2565 *Füesslin*, Die Beziehungen des neuen grossh. badischen Strafgesetzes zum Pönitentiarsystem, S. 18 f.

2566 *Röder*, Der Strafvollzug im Geist des Rechts, S. 344.

2567 *Freßle*, Geschichte des Männerzuchthauses Bruchsal, S. 184 f.

2568 *Freßle*, Geschichte des Männerzuchthauses Bruchsal, S. 185; *Mittermaier*, Der gegenwärtige Zustand der Gefängnissfrage, S. 43.

2569 *Freßle*, Geschichte des Männerzuchthauses Bruchsal, S. 188.

2570 *Füesslin*, Director J. F. und die Trennungshaft in Baden, S. 15 f.

2571 Der vollständige Vorname konnte nicht ermittelt werden. Ad. Bauer war seit 1850 Verwalter des Männerzuchthauses, vgl. hierzu: *Ekert*, Die Strafanstalten Deutschlands, Heidelberg 1866, S. 2.

Vorstand" der Anstalt ernannt wurde.[2572] *Bauer* selbst war Anhänger der Abschreckungstheorie, sodass die Leitung der Anstalt fortan nicht mehr mit der gleichen Zielsetzung verfolgt wurde. Dies wurde durch die *Dienstverordnung* im Jahr 1857 noch einmal verstärkt, indem dem Verwalter nahezu das gesamte Personal direkt unterstellt wurde.[2573]

Ungeachtet dessen blieb man grundsätzlich beim *Einzelhaftsystem* und dehnte dieses im Jahr 1863[2574] zunächst durch Verordnung für die eigentlich zu einer Arbeitshausstrafe verurteilten männlichen Gefangenen und im Jahr 1866[2575] auf die weiblichen Gefangenen aus.[2576]

V. Humanität

Der Diskurs in Baden wurde zunächst primär im Hinblick auf die Ausgestaltung des *Einzelhaftsystems* geführt, nachdem dieses durch die *Bruchsaler Männerzuchtanstalt* zum vorrangig angewandten System geworden war. Etwaige Zerwürfnisse, wie beispielsweise ein Handeln entgegen den Vorgaben des Herrschers, wie es in Preußen stattgefunden hatte, unterblieben hier in den ersten Jahrzehnten. Gleichwohl gab es zunächst keine flächendeckende Einführung der Einzelhaft und diese beschränkte sich vor allem auf das *Bruchsaler Männerzuchthaus*. Man war in Baden entsprechend zu der Ansicht gelangt, dass die gemeinschaftliche Haft dem Besserungsziel entgegenstünde und erklärte die unter dem Schweigesystem (*Auburn System*) geführten Strafanstalten zu „Schule[n] der Ränke und Heuchelei".[2577] Auch sah man einhellig die Besserung der Strafgefangenen als den Zweck der Strafe an.

Die Art und Weise des Diskurses hatte sich dabei aber verändert. Während die erste Reformwelle (ab 1777) vorrangig auf moralischer Ebene diskutiert wurde, kamen im Laufe der zweiten Reformwelle (in Nordamerika ab 1810, auf deutschem Boden erst nach den Napoleonischen Kriegen)

2572 *Freßle*, Geschichte des Männerzuchthauses Bruchsal, S. 186.
2573 *Freßle*, Geschichte des Männerzuchthauses Bruchsal, S. 186.
2574 Verordnung zum Vollzug des Gesetzes vom 02. Oktober 1863, RBl. 1863, Oktober Nr. XLIII, S. 386.
2575 Gesetz, die Einführung der Einzelhaft in den Weiberstrafanstalten betreffend, 18. Juli 1866, RBl 1866, S. 237 f.
2576 *Friederich*, John Howard und die Strafvollzugsreformen, S. 192.
2577 Vortrag von Jagemann zur Vorlage des Gesetzesentwurfs, Beilage zur 134. Sitzung, S. 164 f.

medizinisch-naturwissenschaftliche Erwägungen hinzu. Ein gutes Beispiel hierfür war das Auftreten des Psychiaters und Mediziners *Carl August Diez*, der sich entschieden für das *Pennsylvania System* (*Einzelhaftsystem*) im Männerzuchthaus Bruchsal aussprach. Dabei verließ er sich aber nicht nur auf reine Darstellungen seiner eigenen Erfahrungen, sondern wandte sich gegen die Ausführungen der Auburnisten unter Zuhilfenahme empirischer und wissenschaftlicher Unterlagen.[2578] Der Diskurs wandelte sich somit allmählich von einer moralischen Diskussion in eine Wissenschaft um, in der nicht mehr nur die reine Moral und Philanthropie Ausgangspunkt für die Argumentation darstellte, sondern zunächst durch medizinische und empirische Argumentationen sowie rechtswissenschaftliche Erwägungen ergänzt und später vollends ersetzt wurde.[2579]

Das Ablösen der zuvor entscheidend wichtigen philanthropischen Bewegung in dem Gefängniswissenschaftsdiskurs wird hier insbesondere durch die scharfe Kritik des Pfarrers und Ex-Häftlings *Schlatter* und des Juristen *Jagemann* an dem vehement gegen die Einzelhaft votierenden Franzosen *Appert* deutlich. Nachdem die Philanthropen die ersten Reformen im Gefängnissystem maßgeblich vorangetrieben hatten und mit ihrer Menschenliebe prägten, bestand nun zwar weiterhin die fast einhellige Auffassung, dass die Besserung der Gefangenen im Fokus des Strafvollzuges stehen sollte, doch verschob sich die Diskussion sodann auf den richtigen Ansatz für das Erreichen dieser Besserung. Von wesentlicher Bedeutung dabei war vor allem die Frage der Disziplinierung der Gefangenen durch Mittel der Arbeit, religiöse oder moralischer Unterweisung, unterrichten der Gefangenen oder auch deren Isolierung und ihre körperliche Züchtigung bei Verstößen gegen die Regeln in den Anstalten. *Appert* stand in direkter Tradition mit *Howard*, legte wie auch er seinen Fokus auf die Religion und Moral und sprach sich gegen das *Pennsylvania System* aus, nachdem er auf Erlaubnis *Friedrich Wilhelm IV.* hin in Preußen die Strafanstalten besucht hatte.[2580]

Dem traten die Befürworter des Systems entschieden entgegen, griffen sein Werk direkt an und kritisierten vor allem die fehlende Wissenschaftlichkeit

---

[2578] *Nutz,* Strafanstalt als Besserungsmaschine, S. 248 f.

[2579] *Nutz,* Strafanstalt als Besserungsmaschine, S. 258.

[2580] *Nutz,* Strafanstalt als Besserungsmaschine, S. 259 f.; *Benjamin Appert*, Voyage en Prusse dédié au Roi Frédéric Guillaume IV., Berlin 1846.

seiner Arbeit. So urteilte der Rechtswissenschaftler *Jagemann*, dass das Werk gefüllt von Phrasen sei und weder in praktischer noch wissenschaftlicher Hinsicht den Ansprüchen des Gefängnisdiskurses genüge.[2581]

Nachdem die Isolationssysteme ursprünglich vor allem durch die philanthropisch-religiöse Bewegung eingeführt wurden und das *Pennsylvania System* nunmehr auf europäischem Boden obsiegte, wandte man sich jetzt gegen die eigentlichen Ideengeber. Hintergrund dieser Kritik war vor allem, dass man den „guten" Lebensstandard in den Gefängnissen als zu wohltuend ansah und er in deutlicher Diskrepanz zu den gesamtgesellschaftlichen Lebensbedingungen der unteren Gesellschaftsschicht stand.[2582] Das zeigt sich bereits an der Aussage von *Diez*, der betont, dass es den Verbrechern im Gefängnis hinsichtlich des Materiellen besser gehen würde, als der freien Bevölkerung.[2583] Die vorgebrachte Kritik an dem System und die Forderung nach einer religiösen und moralischen Unterweisung der Gefangenen wurde zurückgedrängt und die Behandlung der Gefangenen sollte nicht zu „verweichlicht" sein. Das Argument der Humanität wurde verkehrt in eine verweichlichte und unwissenschaftliche Begründung, die nicht zu überzeugen vermöge. Gleichzeitig bemühte man sich aber auch selbst des Begriffs der Humanität, um die Gesetzgebung oder auch die Hausordnung in den Anstalten zu begründen.

So benutzte auch *Jagemann*, der gemeinsam mit *Jolly* den Gesetzesentwurf für das Strafgesetzbuch von 1845 verfasste, die Humanität, um die Reduzierung der Strafdauer zu begründen.[2584] Dass in dem Strafgesetzbuch von 1845 die Religion keine Rolle mehr spielte, lässt sich auf die aufkeimende Kritik an der Philanthropie zurückführen, die in der ersten Reformwelle eng mit der Religion verbunden war. Darüber hinaus wurden humanitäre Beweggründe auch scheinbar widersprüchlich verwendet – sowohl als Argument für den moralisch-religiösen Besserungsgedanken der Philanthropen als auch dagegen (Verweichlichung), ebenso wie für die neue (rechts)wissenschaftliche Argumentation (*Jagemann*). Es drängt sich der Eindruck auf, das Argument

2581 *Jagemann*, Zur Rechtsbegründung der Einzelhaft, S. IX.
2582 *Nutz*, Strafanstalt als Besserungsmaschine, S. 216.
2583 *Diez*, Über die Vorzüge der einsamen Einkerkerung, S. 45.
2584 Vortrag von Jagemann zur Vorlage des Gesetzesentwurfs, Beilage zur 134. Sitzung, S. 170.

der Humanität würde lediglich als Argument für die Durchsetzung eigener Positionen benutzt, hingegen spiegelte sich hier auch die gesellschaftliche und politische Entwicklung der damaligen Zeit wider, die vieles in Frage stellte, neu bewerte und schließlich in der badischen Revolution 1848/49 sowie deren Niederschlagung ein Jahr später mündete.

Dieser Widerspruch findet sich auch bei *Schlatter*, der, obwohl er Pfarrer und Ex-Häftling war, eine zu humanitäre und philanthropische Ausrichtung der Gefängnissysteme kritisierte. Denn mit seinen inhaltlichen Forderungen stellt er sich eigentlich in die direkte Tradition der Forderungen im Sinne der *Spezialpräventionstheorie*, die die Besserung der Gefangenen forderte und dazu auch eine zwangsweise Umerziehung als sachgerecht bewertete. Diese *Spezialpräventionstheorie* wurde vor allem durch die philanthropisch-christliche Bewegung gefordert.

Zeigte sich somit vor allem in der ersten Hälfte des 19. Jahrhunderts eine starke Prägung hinsichtlich einer auf das Argument der Humanität gestützten Reform des Strafvollzuges, so wurde diese jedoch unter anderem durch den Tod *Jagemanns* 1853 und die Rückbesinnung des Justizministeriums auf die Abschreckung- und Vergeltungstheorie gehemmt. Wie schon zuvor beispielsweise in Nordamerika, waren es auch hier monetäre Erwägungen, die die weitere Entwicklung maßgeblich beeinflussten.

Die im Weiteren aufkommenden neuen Regelungen, die die Durchführung der Einzelhaft in ihrer vorherigen Form erschwerten, sind allerdings nicht ohne Weiteres als Abwenden von der Humanität beziehungsweise der Bestrebung nach einem humanen Strafvollzug zu bewerten. Wie sich bereits an verschiedener Stelle zeigte, musste auch die Einzelhaft hinsichtlich verschiedener Punkte kritisch gesehen werden. Allerdings ist die sodann eintretende Entwicklung mit dem Ziel der Abschreckung und Vergeltung, sowie die damit einhergehende Erhöhung der Arbeitsbelastung für die Gefangenen, als rückschrittlich zu bewerten und somit nicht als vorwärts gerichtet im Sinne der humanen Entwicklung zu qualifizieren. Dabei ist zudem von großer Relevanz, dass man zu dieser Zeit in der Ablehnung der gemeinschaftlichen Haft gleichzeitig ein Befürworten der Einzelhaft sah. Etwaige Alternativen wurden zu dieser Zeit nicht mehr verbreitet diskutiert. Dass im Vergleich zu der gemeinschaftlichen Haft, die in Form des *Auburn Systems* durch die Durchsetzung des Schweigegebots mitunter sehr brutal sein konnte, die Einzelhaft vorzugswürdig erschien, verwundert kaum.

Zudem galt seitens der Theorie die Gemeinschaftshaft als schädlich für die Verhinderung von Wiederholungstaten, auch ist nicht zu unterschätzen, dass die Gefangenen teilweise ihren Mitgefangenen ausgeliefert sein konnten.

In Baden wurden der Humanismus und die Humanität somit eingehend diskutiert und im Rahmen der Strafvollzugsreformen mit einbezogen, dabei ist aber auch zu beachten, dass in diesem Zusammenhang auch auf die Gefahr eines zu weitgehenden Humanismus wiederholt hingewiesen wurde. Dabei muss der Begriff der Humanität aber je nach Verwender unterschiedlich bewertet werden. War er bei den Philanthropen und Theologen vorrangig durch Menschenliebe, Nächstenliebe und Mitleid geprägt, wandte sich der aufkommende wissenschaftliche Kurs gegen diese philanthropische Konnotierung des Begriffs und nutzte ihn vielmehr als Argument für die eigenen Reformen. War die Humanität eigentlich ein wesentlicher Bestandteil der angestrebten Besserung im Sinne der *Spezialpräventionstheorie*, wurde sie zunehmend kritisch und vor allem differenziert gesehen. Ausschlaggebend dabei war, wer den Begriff benutzte und was dahinterstand. Kritisierte man die weiche Menschenliebe der Philanthropen, die das *Pennsylvania System* ablehnte, wurde Humanität als abträglich angesehen. Nutzte man die Humanität aber im Rahmen der rechtswissenschaftlichen oder auch medizinischen Begründung, so war es das oberste Ziel und über sämtliche Zweifel erhaben. Dabei entsteht der Eindruck, dass man sich des Begriffs vorrangig bediente, um an die Erfolge der ersten Reformen anzuknüpfen und etwaige Kritik an den gesetzlichen Regelungen, der Disziplinierung der Gefangenen und generellen Ausgestaltung des Gefängniswesens bereits im Keim zu ersticken. Der Fokus der Rechtswissenschaftler in dem Diskurs lag somit vorrangig auf der Einhaltung der Gesetzgebung. Auch die Überprüfung der Disziplinierungsmaßnahmen und der generellen Behandlung der Gefangenen erfolgte anhand der Gesetze und nicht mehr vorrangig gemessen an moralischen Prinzipien. Das ist bereits eine frühe Ausgestaltung der Rechtsstaatlichkeit und des Vorbehalts des Gesetzes.

Gefängniskongress in Frankfurt am Main und die Humanität

Als Folge der Reformbestrebungen dieser Zeit, begann ein internationaler Austausch, der zum *ersten internationalen Kongress für Gefängniskunde*[2585] 1846 in Frankfurt am Main führte.[2586] Mit dem Kongress verfolgte man das Ziel, bei den deutschen Juristen das Interesse an der Gefängniswissenschaft zu wecken. Denn obwohl eigentlich zu erwarten war, dass die Debatte um die richtige Ausgestaltung der Strafe und des Strafvollzugs eigentlich eine vorrangig strafrechtswissenschaftliche Arbeit sein würde, beteiligten sich bislang nur einzelne Rechtswissenschaftler mit der Thematik.[2587]

Mittermaier, der die Versammlung leitete, fasste die Aufgabe dieser Versammlung damit zusammen, dass diejenigen, die aufgrund ihrer persönlichen Stellung im Leben, dadurch, dass sie an der Leitung von einer Strafanstalt beteiligt waren, oder aber aufgrund ihrer Reisen besondere Erfahrungen zu diesem Thema sammeln konnten, sowie diejenigen, die sich mit der Gefängniskunde beschäftigten, in einen persönlichen Austausch treten könnten und dadurch eine Beratung über die bedeutenden Fragen der Gefängniskunde stattfinden könne.[2588] Durch die abschließende Abstimmung am Ende der Versammlung sollte die Mehrheitsmeinung in dieser Angelegenheit festgestellt werden.[2589] Im Ergebnis erklärte *Mittermaier* im Rahmen seiner einleitenden Worte zur Niederschrift der Versammlung als Ziel, dass die Gefängnisversammlungen dazu beitragen solle, die öffentliche Meinung, die

---

[2585] Verhandlungen der ersten Versammlung für Gefängnissreform, Frankfurt 1846.
[2586] *Krebs*, Verhandlung der ersten intern.Versammlung für Gefängnisreform, S. 633.
[2587] *Riemer*, Netzwerk der Gefängnisfreunde, S. 69.
[2588] Verhandlungen der ersten Versammlung für Gefängnisreform, S. V.
[2589] Verhandlungen der ersten Versammlung für Gefängnissreform, S. VI.

auf die Verbesserung der Strafanstalten unter Zugrundelegung der Einzelhaft gerichtet sei, zu bestärken und dabei einen Diskurs über die richtige Art der Ausführung dieses Haftsystems zu beginnen.[2590]

Eingeladen war eine Reihe bedeutender Praktiker, zu denen *Christoph Aubanel* (Direktor der Genfer Anstalt), *William Crawford* (Englischer Gefängnisinspektor), *Carl August Diez*, *Joshua Jebb*[2591], *Nikolaus Heinrich Julius* und *Georg Varrentrapp*[2592] gehörten.[2593]

Im Rahmen der Begrüßung bedankte sich *Varrentrapp* für das Erscheinen der Teilnehmer und dafür, dass diese weder Entfernung noch Zeit gescheut hatten um den „Tribut ihres Eifers und ihrer Hingebung für die Sache der Menschlichkeit darzubringen".[2594] Bereits diese einführenden Worte implizieren, dass die gesamte Verhandlung unter dem Aspekt der Humanität verstanden wurde. Zudem, dass sämtliche Teilnehmer von der Humanität in Fragen der Gefängniskunde geleitet wurden und diese somit einen maßgeblichen Einfluss auf die dort vorgebrachten Meinungen hatte. Die tatsächlichen Statements der einzelnen Teilnehmer geben in dieser Hinsicht Aufschluss darüber, ob das tatsächlich der Fall war oder die *Humanität* an dieser Stelle eher als eine Art Deckmantel oder vielleicht sogar inflationär und ohne die tatsächliche Wichtigkeit der Bedeutung zu beachten, benutzt wurde.

Die *Verhandlungen über die Gefängnisreform* in Frankfurt am Main geben dabei aber nicht nur Aufschluss über den Aspekt der Humanität in den deutschen Staaten, sondern generell für den westlichen Raum. Denn die Teilnehmer der Verhandlung stammten mitunter aus Europa und einigen amerikanischen Staaten.[2595]

2590 Verhandlungen der ersten Versammlung für Gefängnisreform, S. VIII.

2591 *Joshua Jebb* (1793–1863) war ein englischer Gefängnisinspektor und bekannt für die Erfindung des sog. ticket of leave. Er war außerdem Autor vieler wichtiger Werke hinsichtlich der Gefängnisdisziplin und verantwortlich für den Bau des *Petonville* Gefängnisses; vgl. *Nutz*, Strafanstalt als Besserungsmaschine, S. 252 und BBA I 610, 46–48, S. 47.

2592 *Johann Georg Varrentrapp (1779–1860)*, war ein deutscher Arzt und gemeinsam mit *Julius* und *Nöllner* Herausgeber der Jahrbücher der Gefängniskunde: DBA, I 1301,425–427, S. 426.

2593 Verhandlungen der ersten Versammlung für Gefängnisreform, S. 4.

2594 Verhandlungen der ersten Versammlung für Gefängnisreform, S. 16.

2595 Verhandlungen der ersten Versammlung für Gefängnisreform, S. 8–10.

Mittermaier wies bereits zu Beginn der Verhandlung darauf hin, dass die anwesenden Ärzte die ärztliche Sicht über die Einzelhaft darlegen könnten.[2596] In diesem Zusammenhang erklärte er, dass die Natur der Verbrechen zunächst studiert und sodann hierfür ein Heilmittel gefunden werden müsse, er verlangte somit das Studium der Ursache.[2597] Das spricht dafür, dass die Erörterung der Sachlage über die Einzelhaft nicht nur anhand emotionaler Meinungen, sondern auch wissenschaftlicher, hier medizinischer Fakten vorgenommen werden sollte. Weiterhin zeigt es auch, dass die Besserung der Gefangenen, mithin die Heilung der Krankheit „Verbrechen" angestrebt wurde. Darin ist bereits die entstehende Verwissenschaftlichung des Diskurses zu erkennen. Das Thema wurde nicht mehr auf rein moralischer und subjektiver Empfindungen geführt, sondern anhand empirischer und wissenschaftlicher Erhebungen.[2598]

Zu Beginn der Verhandlungen wurden zunächst Berichte über den seinerzeitigen Stand des *Einzelhaftsystems* in den verschiedenen Staaten vorlegt.[2599] Im zweiten Teil wurde sodann die Behandlung der Untersuchungsgefangenen diskutiert, auf die hier im Weiteren nicht näher eingegangen wird.[2600] Die dritte und laut *Mittermaier* bedeutendste Frage, bestand darin, ob die Strafanstalten auf der Basis der vollständigen Isolierung der Gefangenen gegründet werden sollten.[2601] Bereits am Anfang der Erörterungen wies der Präsident darauf hin, dass die Einführung dieses Systems vorbehaltlich etwaiger später zu diskutierender Ausnahmen erfolgen würde.[2602] Im Rahmen der Erörterungen sollte zwischen dem *Pennsylvania System*, dem *Auburn System* und dem *gemischten System* (*Genfer System*) entschieden werden.[2603]

Hinsichtlich der allgemeinen Meinung über das *Einzelhaftsystem*, das im Rahmen der Verhandlungen auch Pönitentiarsystem genannt wurde, lässt

---

2596 Verhandlungen der ersten Versammlung für Gefängnisreform, S. 17.
2597 Verhandlungen der ersten Versammlung für Gefängnisreform, S. 19 f.
2598 Vgl. hierzu bspw.: *Nutz*, Strafanstalt als Besserungsmaschine, S. 248f; 258 f.
2599 Verhandlungen der ersten Versammlung für Gefängnisreform, S. 21–94.
2600 Verhandlungen der ersten Versammlung für Gefängnisreform, S. 94–112.
2601 Verhandlungen der ersten Versammlung für Gefängnisreform, S. 113.
2602 Verhandlungen der ersten Versammlung für Gefängnisreform, S. 113.
2603 Verhandlungen der ersten Versammlung für Gefängnisreform, S. 113 f.

sich die Aussage von *Karl Theodor Welcker*[2604] heranziehen.[2605] Er beschrieb das System als eine Isolation der Gefangenen von „jeder verbrecherischen Beziehung und Verbindung" sowohl tagsüber als auch bei Nacht.[2606] Dabei werde dem Gefangenen kein anderes Leiden zugefügt und auch seine Nahrung werde nicht geschmälert, denn der hinter dem System stehende Gedanke richte sich ausschließlich auf die Besserung der Gefangenen und nicht auf das Zufügen von Schmerzen.[2607] Allerdings bleiben hier die Hausstrafen die durchaus Anwendung finden, unerwähnt, wie beispielsweise die Kürzung der Kost, Dunkelarrest oder teilweise die Verwendung von Zwangsjacken oder auch Knebeln. Darüber hinaus beschrieb *Welcker* den Grundgedanken des *Pennsylvania Systems*, aufgrund der geistigen Wirkung des Systems auf den Gefangenen, als herrlich und erhaben.[2608]

***

Édouard Ducpetiaux berichtete aus Belgien, dass sie verschiedene Ansätze bei der Gemeinschaftshaft versucht hätten, sämtliche Besserungsversuche aber im Endeffekt an dem Zusammenleben der Gefangenen gescheitert seien.[2609] Auch der versuchte Weg über das Einführen des Stillschweigens hatte keinen Erfolg verzeichnen können. Dahingehend erläuterte er, dass es unmöglich sei, die menschliche Natur zu unterdrücken und dieses System, das unter dem Vorwand den Gefangenen vor der nachteiligen Einsamkeit zu schützen, diesen durch das Stillschweigen inmitten seiner Mitgefangenen doch vereinsamen lasse und dadurch zur Versuchung beitrage, die Hausordnung zu missachten.[2610] Die Beamten seien zu der Auffassung gekommen, dass das Stillschweigen eine Unmenschlichkeit sei und er selbst sei der Ansicht, dass die strikte Durchführung unweigerlich zu sowohl Wahnsinn als auch Tod bei den Gefangenen führen würde.[2611] Hier wendete sich der Sprecher somit

---

2604 *Karl Theodor Welcker* (1790-1869) war ein bedeutender deutscher Jurist und Politiker, vgl. zu seiner Person im Detail: DBA III 979, 272–295, S. 293–295.
2605 Verhandlungen der ersten Versammlung für Gefängnisreform, S. 121.
2606 Verhandlungen der ersten Versammlung für Gefängnisreform, S. 121.
2607 Verhandlungen der ersten Versammlung für Gefängnisreform, S. 122.
2608 Verhandlungen der ersten Versammlung für Gefängnisreform, S. 122 f.
2609 Verhandlungen der ersten Versammlung für Gefängnisreform, S. 138 f.
2610 Verhandlungen der ersten Versammlung für Gefängnisreform, S. 139.
2611 Verhandlungen der ersten Versammlung für Gefängnisreform, S. 139.

ausdrücklich gegen das *Auburnsche System* und begründete seine Ablehnung insbesondere mit der dadurch für die Gefangenen resultierende „Unmenschlichkeit" sowie die Gefahren für deren Körper und Geist.

Hierin kann eine Bezugnahme zu den Kerngedanken des Humanismus gesehen werden, auch wenn keine ausdrückliche Benennung stattfindet. Dieser Kern beziehungsweise die Grundlage des Humanismus bestand neben dem Bildungsideal des Einzelnen, in der hier wesentlich relevanteren Achtung eines Jeden in der Gestalt der humanen Behandlung der Mitmenschen.[2612]

Ducpetiaux wies hier ausdrücklich auf die Gefahren des Systems hin und vor allem auf den Deckmantel des Systems, die Gefangenen vor der Einsamkeit schützen zu wollen, obgleich sie, ohne die Möglichkeit miteinander zu kommunizieren, im Wesentlichen nicht weniger einsam seien als bei einer separaten Unterbringung. Der Hinweis darauf, dass das Schweigegebot wider der Natur der Menschen sei und diese ebenso vereinsamen lasse, enthält zudem Aspekte des von *Herder* definierten *Humanitätsbegriffs*, der sich insbesondere durch das Mitgefühl auszeichnete.[2613] Insbesondere dieses Mitgefühl für die Menschen zeigte sich in der hier vorgebrachten Begründung der Ablehnung des *Auburn Systems*. Nachdem alle Ausgestaltungen der gemeinsamen Haft gescheitert waren, bliebe „nichts anderes übrig", als das *Einzelhaftsystem*, so *Ducpetiaux*.[2614] Die Wortwahl, dass nichts anderes übrigbleibe, könnte dafürsprechen, dass hier keine vollständige Überzeugung bezüglich des Systems vorgelegen hat, sondern vielmehr eine Alternativlosigkeit gesehen wurde. Allerdings befürwortete der Sprecher im Weiteren das *Pönitentiarsystem* (*Einzelhaftsystem*) und zeigte dessen Vorteile auf. Dabei schloss *Ducpetiaux* die vollständige Vereinsamung der Gefangenen als sowohl unwirksam als auch unmenschlich, kategorisch aus.[2615] Die völlige Vereinsamung führe neben der „Verstockung" zum Stumpfsinn, der nahe am Wahnsinn angesiedelt sei.[2616] Während der Gefangene zwangsläufig von dem verderblichen Kontakt der anderen Gefangenen abgetrennt werde, so müsste der unterbundene Verkehr durch ordentliche Gesellschaft, die die

2612 Vgl. hierzu Kapitel 1.A.I.
2613 Vgl. hierzu Kapitel 1.A.C.
2614 Verhandlungen der ersten Versammlung für Gefängnisreform, S. 139.
2615 Verhandlungen der ersten Versammlung für Gefängnisreform, S. 139.
2616 Verhandlungen der ersten Versammlung für Gefängnisreform, S. 139.

Besserung des Gefangenen hervorrufen könne, ersetzt werden.[2617] Der Kern des *Einzelhaftsystem* bestehe mithin in der Unterbindung von gefährlichem Einfluss und gleichzeitig der Sicherstellung von sämtlichen Einflüssen, die der Besserung des Gefangenen diene.[2618] Käme der Gefangene täglich mit dem Gefängniswärter, dem Vorsteher, Arzt und Geistlichen in Kontakt und sei es ihm unter Umständen erlaubt Besuch zu empfangen, wobei sich seine Zeit in der Arbeit, der Bewegung an der frischen Luft, Unterricht, Lesen, Religionsübungen aufteile, so handele es sich um ein so simples System, dem laut *Ducpetiaux* keine Einwendungen entgegenstehen könnten.[2619]

Der Feststellung, dass das *Auburn System* der Natur des Menschen widerspreche, schloss sich auch der Landgerichtspräsident *Elberfeld Hoffmann* an.[2620] Bezüglich des *Auburn System* teilte er mit, dass eine Unterdrückung der Kommunikation seiner Ansicht nach überhaupt nicht möglich sei.[2621] Der Versuch führe vielmehr zu „traurigen Folgen“, mithin zu Strafen beispielsweise in Form von Prügeln.[2622] Die Ablehnung des *Auburn Systems* wurde somit im Rahmen der Verhandlungen insbesondere mit der Gefahr für das Wohlbefinden der Gefangenen begründet, und dass dieses System zudem wider die Natur der Gefangenen sei. Hierbei handelt es sich um die bereits im Rahmen des Systemstreits in Nordamerika hervorgebrachten Argumente, die nunmehr auf internationaler Ebene diskutiert wurden und das Gewaltproblem in den Anstalten hervorhoben.

Auch *Hoffmann* kam zu dem Ergebnis, dass, indem das *Auburnsche System* abzulehnen sei, nur das *Pennsylvania System* in Betracht komme. Dabei betonte er allerdings, dass die Religion eine wichtige Rolle spielen sollte.[2623] *Laroque*, der Geistliche des Invalidenhauses in Paris[2624] der die Besserung der Gefangenen sowohl für die Gesellschaft als auch der Menschlichkeit wegen in den Vordergrund stellt, räumte der Religion ebenfalls einen wesentlichen

[2617] Verhandlungen der ersten Versammlung für Gefängnisreform, S. 139.
[2618] Verhandlungen der ersten Versammlung für Gefängnisreform, S. 140.
[2619] Verhandlungen der ersten Versammlung für Gefängnisreform, S. 140.
[2620] Verhandlungen der ersten Versammlung für Gefängnissreform, S. 9, 141.
[2621] Verhandlungen der ersten Versammlung für Gefängnisreform, S. 142.
[2622] Verhandlungen der ersten Versammlung für Gefängnisreform, S. 142.
[2623] Verhandlungen der ersten Versammlung für Gefängnisreform, S. 142.
[2624] Verhandlungen der ersten Versammlung für Gefängnisreform, S. 9.

Stellenwert ein.[2625] Auch er befürwortete im Ergebnis das *Einzelhaftsystem* wobei er neben der Beschäftigung mit Arbeit, guten Büchern, Besuche der Anstaltsmitarbeiter und die Religionsausübung als besonders relevant erachtet.[2626] Seine Befürwortung stützte er insbesondere auf den Wunsch der Gefangenen, die die Absonderung fordern würden.[2627]

Jagemann knüpfte hieran an und erklärte, dass er der Meinung sei, dass der Fehler beim *Auburn System* in der Fehlvorstellung liege, auf das menschliche Bedürfnis der Gesellschaft seitens der Gefangenen Rücksicht nehmen zu müssen.[2628] Der Verbrecher habe vielmehr durch sein Handeln gezeigt, dass er nicht „würdig" sei, in der Gesellschaft zu leben, sodass er aus dieser entfernt wurde.[2629] Daraus folgte für *Jagemann*, dass er im Gefängnis nicht in schlechter Gesellschaft untergebracht werden dürfe, denn diese könne von den Anstaltsbeamten unter keinen Umständen kompensiert werden.[2630]

Der Generalinspektor der Gefängnisse in Paris, *Moreau Christoph*[2631] schloss sich dem an und erklärte ebenfalls, dass er die Einzelhaft befürworte und diese verteidige.[2632] Die Gemeinschaftshaft widerstrebe dem „Gesetz der Gerechtigkeit, der Menschlichkeit" und würde Hunderte moralisch töten.[2633] Er bediente sich somit ausdrücklich dem Terminus der Menschlichkeit und zeigte einen seiner Ansicht nach gegebenen Verstoß dagegen auf. Damit griff er nicht nur auf die allgemeine Begrifflichkeit der *Humanität*, die unter anderem mit Menschlichkeit übersetzt wird, zurück, sondern benutzte sie insbesondere in dem Zusammenhang, in dem der Begriff der *Humanität* besonders relevant ist, mithin dort, wo gegen sie verstoßen wird.[2634]

Bezüglich des Vorschlags von *Aubanel*, dass ein gemischtes System angewendet werden sollte, bei dem der Gefangene bei Eintritt seiner Besserung aus der Einzelhaft in die Gemeinschaftshaft mit dem Aspekt des Schweigegebots

---

[2625] Verhandlungen der ersten Versammlung für Gefängnisreform, S. 143 f.
[2626] Verhandlungen der ersten Versammlung für Gefängnisreform, S. 143 f.
[2627] Verhandlungen der ersten Versammlung für Gefängnisreform, S. 144 f.
[2628] Verhandlungen der ersten Versammlung für Gefängnisreform, S. 148.
[2629] Verhandlungen der ersten Versammlung für Gefängnisreform, S. 148.
[2630] Verhandlungen der ersten Versammlung für Gefängnisreform, S. 148.
[2631] Verhandlungen der ersten Versammlung für Gefängnisreform, S. 9.
[2632] Verhandlungen der ersten Versammlung für Gefängnisreform, S. 151.
[2633] Verhandlungen der ersten Versammlung für Gefängnisreform, S. 153.
[2634] Vgl. hierzu Kapitel 1, Abschnitt C; *Wolf*, Humanität, S. 17.

wechseln sollte,[2635] weist der Professor und Direktor der Gefängnisse aus Kopenhagen *David* darauf hin, dass der Eintritt der Besserung nur schwer sicher festgestellt werden könne.[2636] Obgleich es außer Frage stehe, dass die Durchführung der einsamen Haft nach Erreichen des Zwecks beendet werden sollte, bleibe das Problem der Feststellung dieser Zweckerreichung.[2637] Insbesondere sei eine tatsächliche Besserung von einer etwaigen Heuchelei kaum zu unterscheiden.[2638] Diese Formulierung steht in direkter Tradition mit der Warnung von *Cesare Beccaria* der im Rahmen seines Werkes *Über Verbrechen und Strafen* bereits im 18. Jahrhundert vor einem „heuchlerische[n] und zeitweilige[n] Gehorsam" gewarnt hatte, wobei er die Besserung als das sicherste Mittel bezeichnete, durch das Verbrechen verhindert würden.[2639]

Am Ende der dritten Sitzung schlug der Präsident sodann einen Beschluss zur Annahme vor, der wie folgt lautete:

> Die Einzelhaft findet bei den Verurtheilten im Allgemeinen ihre Anwendung mit allen den Schärfungen und Milderungen, welche durch die Art der Vergehen und der Verurtheilung, durch die Individualität und Aufführung der Gefangenen bedingt sind, – so daß jeder Gefangene mit nützlicher Arbeit beschäftiget werde, jeden Tag in freier Luft sich Bewegung mache, religiösen, moralischen und Schulunterricht erhalte, am Gottesdienst Theilnehme, Besuche des Geistlichen seines Glaubens, des Gefängnisvorstehers, des Arztes und der Mitglieder der Aufsichtscommissionen und Schutzvereine erhalte, außer den anderen Besuchen, welche ihm durch die Hausordnung gestattet werden könnten.[2640]

Der Beschlussvorschlag wurde von der Versammlung sodann angenommen.[2641]Die Versammlung hatte sich somit mehrheitlich für das *Pennsylvania System* ausgesprochen, allerdings gegen die vollständige Isolierung. Die Forderungen der Teilnehmer der Versammlung nach einer Beschäftigung der Gefangenen und einer Isolierung ausschließlich von den anderen Gefangenen, nicht aber von sämtlichen Menschen, wurden somit mit einbezogen.

[2635] Verhandlungen der ersten Versammlung für Gefängnissreform, S. 118 f, 162 f.
[2636] Verhandlungen der ersten Versammlung für Gefängnisreform, S. 163.
[2637] Verhandlungen der ersten Versammlung für Gefängnisreform, S. 163.
[2638] Verhandlungen der ersten Versammlung für Gefängnisreform, S. 163.
[2639] *Beccaria*, Über Verbrechen und Strafen, S. 108.
[2640] Verhandlungen der ersten Versammlung für Gefängnisreform, S. 171 f.
[2641] Verhandlungen der ersten Versammlung für Gefängnisreform, S. 172.

Im Anschluss begannen die Erörterungen darüber, ob das *Einzelhaftsystem* auch bei langer Haft angewendet werden sollte und damit verbunden die Frage nach den gesundheitlichen Risiken für die Gefangenen. Hierzu bezog sich *Varrentrapp* mitunter auf die Todesfälle in der Haftanstalt *Philadelphia*.[2642] Hiernach hatte es in dem Zeitraum von 1829 bis 1845 bei 2.059 Gefangenen insgesamt 176 Todesfälle gegeben.[2643] Dabei hat sich aus der Statistik ergeben, dass die Todesfälle vor allem in den ersten Haftjahren aufgetreten seien. So starben die meisten Gefangenen in dem Zeitraum vom ersten bis zum dritten Haftjahr.[2644] Insgesamt fielen von den 176 verstorbenen Gefangenen auf die ersten drei Jahre 154 und auf die Jahre vier bis acht „lediglich" 22 Todesfälle.[2645] Dies zeige, dass die Sterblichkeit bei den Gefangenen, die zu einer längeren Haftzeit verurteilt wurden, geringer sei, als bei denen die eine kurze Haftzeit im Gefängnis verbringen mussten.[2646] Als Grund hierfür sah er eine Art Akklimatisierung der Gefangenen an die Haftumstände nach mehreren Jahren an.[2647] Hieraus schloss *Varrentrapp*, dass die Gesundheit der Gefangenen der Anwendung der Einzelhaft für einen längeren Zeitraum nicht entgegenstehen würde. Vielmehr sei die Einzelhaft somit sowohl auf kürzere als auch auf längere Haftzeiten anwendbar.[2648] *Varrentrapp* begegnete der Kritik an der Einzelhaft, dass diese nicht schädlich für die Gesundheit der Gefangenen sei.[2649] Ergänzend hierzu erklärte *Ducpetiaux*, dass sich aus der Statistik zum einen ergebe, dass die Einzelhaft auf die Gefangenen die stärkste Wirkung in den ersten Jahren habe und zum anderen berücksichtigt werden müsse, dass die Gesundheit durch die alternative Gesellschaftshaft geschädigt werden würde.[2650] Insbesondere die Luftqualität würde darunter leiden, wenn die Gefangenen gemeinsam untergebracht würden.[2651] Aus den Berichten von Tocqueville habe sich ergeben, dass die Sterblichkeit in

[2642] Es kann davon ausgegangen werden, dass er hier das Eastern State Penitentiary meint; Verhandlungen der ersten Versammlung für Gefängnisreform, S. 197–200.
[2643] Verhandlungen der ersten Versammlung für Gefängnisreform, S. 198.
[2644] Verhandlungen der ersten Versammlung für Gefängnisreform, S. 199.
[2645] Verhandlungen der ersten Versammlung für Gefängnisreform, S. 199.
[2646] Verhandlungen der ersten Versammlung für Gefängnisreform, S. 200.
[2647] Verhandlungen der ersten Versammlung für Gefängnisreform, S. 200.
[2648] Verhandlungen der ersten Versammlung für Gefängnisreform, S. 200.
[2649] Verhandlungen der ersten Versammlung für Gefängnisreform, S. 197.
[2650] Verhandlungen der ersten Versammlung für Gefängnisreform, S. 201.
[2651] Verhandlungen der ersten Versammlung für Gefängnisreform, S. 201.

manchen Gefängnissen Frankreichs bei 6, 7, 8 und 12 % lagen und in Belgien ein Sterblichkeit von 10 %.[2652]

Darüber hinaus war *Ducpetiaux* der Auffassung, dass der Eindruck, der von der Einzelhaft bestehe, zu hart sei, denn bei dieser Strafe könnten die jeweiligen Bedürfnisse der Gefangenen durch Änderungen, Milderungen oder auch Erschwerungen ausreichend berücksichtigt werden.[2653] Die gemeinschaftliche Haft sei nur mit Blick auf den äußeren Schein gleich, stelle aber vielmehr die „ärgste Unbilligkeit“ für die Gefangenen dar.[2654]

Insgesamt sprach sich die Verhandlung sodann für die Anwendung der Einzelhaft auch bei langer Haftzeit aus.[2655] Dabei sollte die Einzelhaft mit „stufenweise eintretenden Milderungen verbunden werden, die der Durchführung des Grundsatzes der Trennung nicht widersprechen[n]“.[2656] Gegenüber bereits gebesserten Gefangenen wurde überdies entschieden, dass die Einzelhaft unverändert weiter Anwendung finden sollte.[2657]

Die Versammlung beschäftigte sich des Weiteren mit der Ausgestaltung des Gottesdienstes im Rahmen des Gefängnisses.[2658] Dabei wurde der Beschluss angenommen, nach dem die Zellengefängnisse so gebaut werden sollten, dass

> jeder Gefangene dem Gottesdienst seines Glaubens beiwohnen, den Geistlichen, welcher den Gottesdienst verrichtet, sehen und hören und von ihm gesehen werden kann, alles jedoch ohne dem Grundprinzip der Trennung der Gefangenen voneinander Eintrag zu thun.[2659]

Hierdurch wurde der hohe Stellenwert der Religion in der Strafanstalt, wie zuvor wiederholt von den Teilnehmern gefordert und hingewiesen wurde, zu Protokoll gegeben. Zudem zeigt sich, dass das Prinzip der Trennung auch während des Gottesdienstes nicht unterminiert werden sollte, sodass die benötigten Gegebenheiten für den Gottesdienst an das Prinzip der Trennung angepasst werden sollten.

[2652] Verhandlungen der ersten Versammlung für Gefängnisreform, S. 201.
[2653] Verhandlungen der ersten Versammlung für Gefängnisreform, S. 202.
[2654] Verhandlungen der ersten Versammlung für Gefängnisreform, S. 202.
[2655] Verhandlungen der ersten Versammlung für Gefängnisreform, S. 214.
[2656] Verhandlungen der ersten Versammlung für Gefängnisreform, S. 214.
[2657] Verhandlungen der ersten Versammlung für Gefängnisreform, S. 222.
[2658] Verhandlungen der ersten Versammlung für Gefängnisreform, S. 232–257.
[2659] Verhandlungen der ersten Versammlung für Gefängnisreform, S. 257.

Als Konsequenz für den zuvor getroffenen Konsens über die Einführung der Einzelhaft ergänzten die Teilnehmer diese damit, dass durch den Ersatz der gemeinschaftlichen Haft durch die Einzelhaft die Dauer der Strafzeiten abgekürzt werden müsse. Diese Abkürzung der seinerzeit in den jeweiligen Strafgesetzbüchern festgeschriebenen Strafzeiten sollte dabei eine unmittelbare Folge darstellen.[2660] Das spricht dafür, dass die Teilnehmer die Einzelhaft sowohl als strenger im Vergleich zur gemeinschaftlichen Haft, aber auch als effizienter hinsichtlich des Besserungsziels der Gefangenen ansahen. Das bestätigt sich auch in *Jagemanns* Aussage, dass es sich bei dem *Auburn System* um das sogenannte „gelindere" System handele.[2661] Aus dem vorherigen Beschluss, dass die Einzelhaft auch bei einer langen Strafe angewendet werden sollte, lässt sich schließen, dass die Reduzierung der Strafe nicht auf der Annahme beruhte, dass eine langfristige Unterbringung der Gefangenen in Einzelhaft auf diese negative Auswirkung haben würde.

Dass das Wohl der Gefangenen Berücksichtigung innerhalb des Haftsystems finden sollte, zeigte sich mitunter in dem Beschluss der Teilnehmer hinsichtlich der Behandlung der Gefangenen mit körperlicher oder geistiger Erkrankung.[2662]

Wörtlich hieß es hier:

> Wenn der körperlich oder geistig krankhafte Zustand eines Gefangenen es verlangt, kann die Verwaltung diesen Gefangenen jeder ihr geeignet scheinenden Behandlungsweise unterwerfen, ihm selbst durch eine beständige Gesellschaft Erleichterung gewähren, ohne ihn jedoch in diesem Falle mit anderen Gefangenen vereinigen zu können.[2663]

Somit sollte der Theorie nach auf die körperliche und auch die geistige Verfassung der Gefangenen nicht nur geachtet, sondern auch entsprechend reagiert werden, sodass diese die notwendige Behandlung erhalten würden.

Am Ende der Versammlung erklärte der Präsident *Mittermaier*, dass die Durchsetzung der Strafvollzugsreformen von Männern unternommen werden müsse, die diese im Lichte der Humanität ausführten.[2664] Bei einem

---

2660 Verhandlungen der ersten Versammlung für Gefängnisreform, S. 259.
2661 Verhandlungen der ersten Versammlung für Gefängnisreform, S. 147.
2662 Verhandlungen der ersten Versammlung für Gefängnisreform, S. 221.
2663 Verhandlungen der ersten Versammlung für Gefängnisreform, S. 221.
2664 Verhandlungen der ersten Versammlung für Gefängnisreform, S. 275.

System, das ebenso „mit tiefer Humanität, mit dem Wohlwollen, [...] aber auch mit Ernst und Würde den Gefangenen behandelt“, könne kein Zweifel daran bestehen, dass dies ein Erfolg werden würde, auch wenn die Umsetzung schwer sein werde.[2665]

Es wird deutlich, dass die Teilnehmer der Versammlungen ihre Argumentationen für und wider der zur Auswahl stehenden Systeme, mit Blick auf die Humanität getroffen haben und ihr vorrangigstes Ziel die Schaffung eines Strafvollzugs war, der mit dem Gedankengut der Humanität in Einklang zu bringen war.

Hinsichtlich der Frage nach der Humanität ist zu berücksichtigen, dass bereits der Wunsch beziehungsweise das Bestreben nach einer Besserung der Gefangenen einen Aspekt der Humanität verwirklicht. So hatten bereits *Beccaria* und *Howard* Ende des 18. Jahrhunderts die Besserung und Erziehung der Gefangenen gefordert und hierbei Strafvollzugsreformen angestrebt. Bestätigung für dieses Bestreben der Besserung der vormaligen Zustände in den Gefängnissen zeigte sich anhand einer Äußerung von *Rotch*, der das alte System als „Flecken auf dem Kleide der Menschheit“ sowie als „Schmach“ bezeichnete.[2666]

Stellt man an dieser Stelle die Frage, ob es sich bei den Begründungen und Meinungen der Teilnehmer der Versammlung um solche handelte, die durch die Humanität geprägt, oder durch diese begründet waren, muss auf zwei verschiedene Aspekte geachtet werden. Zunächst ist die allgemeine Forderung einer flächendeckenden Änderung und somit der Reformierung des Gefängnissystems weg von dem noch teils unveränderten geltenden alten System der Gemeinschaftshaft, als generell humanistische Forderung anzusehen, wie schon in den vorherigen Kapiteln mehrfach dargestellt wurde. Darüber hinaus geht es hier aber nicht nur um die Frage, ob eine Veränderung stattfinden, sondern auch, wie diese Veränderung durchgeführt werden sollte. Dabei sehen die Teilnehmer die Möglichkeit der Anwendung der beiden Systeme – das *Auburnsche System* stand somit dem *Pennsylvania System* gegenüber. Aus den Berichten aus *Auburn*[2667] zeigte sich, dass die Zustände in diesen Gefängnissen mitunter sehr gewaltsame Ausmaße hatten, sodass die Befürwortung dieses

2665 Verhandlungen der ersten Versammlung für Gefängnisreform, S. 275 f.
2666 Verhandlungen der ersten Versammlung für Gefängnisreform, S. 167.
2667 Vgl. hierzu den entsprechenden Abschnitt Kapitel 6. B.II. und B.III.

Systems dem Gedanken der humanen Behandlung der Gefangenen, aus heutiger Sicht vehement widerstrebt, wobei die Bemühung auch hinsichtlich des *Auburn System* als durchaus humanistisch angesehen werden. Hatte man sich damals gerade von den Leibes- und Lebensstrafen abgewandt, so fanden sie im *Auburn System* durch die Bestrafung bei Verstößen gegen die Hausordnung wieder Eingang in das System der Strafe, obgleich nicht als primäre Strafe so dennoch als Mittel zur Durchsetzung der Gefängnisdisziplin.

Die Bevorzugung der Einzelhaft ist hier zudem von der Isolationshaft, wie sie zunächst in *Pennsylvania* Anwendung fand, abzugrenzen. Anders als dort, haben sich die Teilnehmer auf eine Reihe von Aspekten geeinigt, die bei der Behandlung der Gefangenen Berücksichtigung finden mussten. Hierunter zählten in der Theorie neben der Gewährung und Sicherstellung regelmäßiger Besuche, stufenweise Milderungen und die Möglichkeit geeignete Maßnahmen zu ergreifen um die Einzelhaft unter gegebenen Umständen, aufgrund von geistigen oder körperlichen Krankheiten der Gefangenen, an die Bedürfnisse der Gefangenen anzupassen. Diese Gedanken und Modifizierungen des ursprünglichen Systems zeigen, dass die Bestrebung sich weiterhin auf die Verbesserung der Zustände für die Gefangenen richtete. Man hatte die schwerwiegenden Auswirkungen der vollständigen Isolation der Gefangenen erkannt und aus ihnen gelernt. Die Beschlüsse der Teilnehmer sind mithin als human anzusehen und das Gefängnissystem, das sie hier in der Theorie gezeichnet hatten, ist durchaus als Weg zu bezeichnen, durch den eine humane Behandlung der Gefangenen hätte ermöglicht werden können.

***

Nachdem man sich in Frankfurt nunmehr auf ein Haftsystem geeinigt hatte, fand man sich im Jahr 1872 erneut zusammen, um auf dem internationalen Kongress in *London*[2668] unter anderem über den Strafvollzug zu diskutieren. Dabei ist allerdings bemerkenswert, dass im Gegensatz zum ersten Gefängniskongress rund 26 Jahre zuvor – im Vormärz – nunmehr nicht mehr das Ziel bestand, sich hinsichtlich der Frage nach dem Gefängnissystem auf ein

[2668] Zum Inhalt des Kongresses: *Edwin Pears*, Prisons and Reformatories at Home and Abroad, Being the Transactions of the International Penitentiary Congress held in London July 3–13, 1872, including official Documents, Discussions, And Papers Presented to the Congress, London 1872 London 1872; insbesondere S. 370–546.

System zu einigen und mithin das absolute System zu finden. Vielmehr ging es um einen Wissensaustausch, entsprechend unterblieben auch etwaige Abstimmungen für die Meinungsbildung.[2669] Im Rahmen dieses Kongresses zeigte sich auch die allgemeine Prägung dahingehend, dass die moralische Einwirkung auf die Gefangenen in der schulischen Ausbildung, der Arbeit sowie der religiösen Betreuung der Gefangenen bestehen sollte.[2670] Hinsichtlich des Umstandes, dass keine Abstimmungen stattfanden, wurde erklärt, dass eine solche lediglich die Meinung der Anwesenden widerspiegeln und mithin sehr subjektiv sein würde. Trotz alledem wollte man im Rahmen des Kongresses, beziehungsweise der Niederschrift den „spirit of the meeting" wiedergeben, sodass einige grundlegenden Fundamentalfragen beantwortet wurden.[2671] Dabei wurde insbesondere herausgestellt, dass obgleich bekannt sei, dass die Strafgesetze das Ziel des Schutzes der Gesellschaft hatten, es unabdingbar sei, dass die „moral regeneration" der Gefangenen das primäre Ziel darstellen müsse.[2672] Neben dem Besserungszweck des Strafvollzuges wurde zudem die Notwendigkeit einer individualisierten Behandlung von Gefangenen, die Klassifikation unter ausreichender Rücksichtnahme auf die mentale Verfassung der Gefangenen, sowie die Ablehnung körperlicher Gewalt, mit Ausnahme von Extremfällen, herausgestellt.[2673]

Insgesamt wiederholten diese Ergebnisse lediglich die schon in den Jahrzehnten zuvor im Rahmen der Theorie geäußerten Forderungen hinsichtlich der Ausgestaltung eines humanen Strafvollzuges mit Blick auf zunächst die äußere und später auch die innere Hygiene, wobei die Intensität und Dringlichkeit des Besserungszwecks als primäres Ziel des Strafvollzuges und die Ablehnung körperlicher Gewalt noch stärker forciert wurden. Dabei ist insbesondere auf die Herausstellung der Individualisierung des Strafvollzuges hinzuweisen, die sich an dem Gefangenen direkt orientieren sollte und damit verbunden die Erkenntnis, dass verschiedene Haftmodalitäten vorzugswürdig

---

[2669] *Riemer*, Das Netzwerk der Gefängnisfreunde 1830 bis 1872, S. 186.

[2670] *Pears,* Prisons and Reformatories, S. 390–396, 540.; *Riemer*, Das Netzwerk der Gefängnisfreunde 1830 bis 1872, S. 187.

[2671] *Riemer*, Das Netzwerk der Gefängnisfreunde 1830 bis 1872, S. 187, *Pears,* Prisons and Reformatories, S. 539.

[2672] *Pears,* Prisons and Reformatories, S. 539.

[2673] *Riemer*, Das Netzwerk der Gefängnisfreunde 1830 bis 1872, S. 187; *Pears,* Prisons and Reformatories, S. 539–541.

seien und nicht ein einzelnes System für sämtliche Strafvollzugsanstalten existieren musste. Durch den Gefängniskongress erreichte man zudem das beabsichtigte Ziel der stärkeren Beteiligung von Rechtswissenschaftlern am Diskurs, durch die sich die Verwendung und das Verständnis des Begriffs der Humanität im Verlauf wandelte.[2674]

[2674] Hierzu die jeweiligen „Humanität"-Abschnitte insbesondere in Kapitel 8 und zusammenfassend Kapitel 11.A.

Fazit

A. Humanität als entscheidendes Argument

Die Betrachtung der Entwicklung zu einer Strafvollzugsreform unter dem Gedankengut der Humanität während des Untersuchungszeitraums und in den untersuchten Gebieten hat gezeigt, dass dieser Prozess, ausgehend von häufig menschenunwürdigen Zuständen in den Gefängnissen, langwierig und mit häufigen Rückschlägen verbunden war.

Die Reformen wurden hierbei durch unterschiedliche Faktoren beeinflusst, seien es die individuellen Anschauungen der Reformer und Kritiker über den Begriff der Humanität, deren Zugehörigkeit zu den vier Fakultäten oder den allgemeinen Wandel der Strafrechtstheorien. Begleitet wurde der Reformprozess immer wieder von monetären Rationalisierungen, gesellschaftlichen Konflikten über den Umgang mit Gefangenen sowie Streitigkeiten zwischen den jeweiligen Verfechtern der entsprechenden Haftsysteme. Gleichwohl waren es die Bemühungen dieser Zeit, das Leben der Gefangenen während der Haft zu verbessern sowie den Strafvollzug geordnet und auf rechtlichen Grundlagen basierend auszugestalten, die einen stetigen Prozess angestoßen haben, der bis in die heutige Zeit anhält und sich in der aktuellen Diskussion zum Strafvollzug noch immer wiederfinden lässt.

Als Grundlage dieses Wandels konnte die durch die Verbreitung des Humanismus angestoßene Veränderung des Menschenbildes, sodass nicht mehr nur das Verbrechen der Gefangenen im Vordergrund stand, sondern zusätzlich der Mensch hinter der Tat als Individuum Beachtung fand, identifiziert werden. Eine prägende Rolle spielte dabei die dem Humanismus immanente Humanität, die eine menschlichere Behandlung der Gefangenen forderte.

Eine entscheidende Rolle nahm zunächst die weitreichende Umsetzung der Freiheitsstrafe und damit einhergehend die Abkehr von den Leibes- und

Lebensstrafen ein. Denn die bis dato vorrangig für die Verwahrung der Gefangenen genutzten Strafanstalten waren weder in architektonischer Hinsicht noch mit Blick auf die nunmehr notwendige Kapazität auf die Vielzahl von Strafgefangenen ausgelegt.

Die vor allem aus der Überfüllung und Konzeptlosigkeit der Unterbringung resultierenden unmenschlichen Missstände wurden durch die aufkeimende religiös-philanthropische Reformbewegung, die vor allem durch *Howard* und *Beccaria* als Schlüsselfiguren geprägt war, sowie deren Forderungen nach der „richtigen" Behandlung der Gefangenen auf der Grundlage des Menschseins adressiert. Durch *Howards* Werk *The State of the Prisons* wurde erstmals das Augenmerk der Gesellschaft auf die herrschenden unmenschlichen Zustände in den Gefängnissen gelenkt, woran sich der Beginn der Reformbewegung an aus heutiger Sicht indiskutablen Grundmaximen der äußeren Hygiene (Ernährung, Kleidung und Unterbringung der Gefangenen) anknüpfte.

Als 1871 das RStGB eingeführt wurde, waren nicht einmal 100 Jahre vergangen, seitdem Straftäter nicht mehr flächendeckend zu einer Lebens- oder Leibesstrafe verurteilt wurden oder die Gefangenen nicht mehr in gemeinschaftlicher Haft auf dem blanken Boden in Zellen schlafend und bei unhygienischen, krankheitsfördernden Zuständen zu überleben versuchten. Unter Berücksichtigung dieser Ausgangssituation und aus dem damaligem Blickwinkel war somit die zur Verfügung gestellte saubere Kleidung, bedarfsdeckende Nahrung und das Mindestmaß an medizinischer Grundversorgung als eine Anerkennung des menschlichen Seins und das Bestreben zu einem humaneren Umgang mit den Gefangenen anzusehen. Maßgeblich durch die religiös-philanthropische Bewegung vorangetrieben, gestand man nunmehr auch den Gefangenen Rechte zu und strebte deren menschliche Behandlung an. Die damit verbundene Erwägungen sind als Hauptargument der Humanität zu verstehen. Einhergehend mit dem Abwenden vom reinen Vergeltungscharakter, wie er von *Kant* und *Hegel*proklamiert wurde, wandelte sich der Strafzweck und man begann präventive Erwägungen anzustellen. Im Zusammenhang mit dem generellen Streben nach Disziplinierung ab dem Ende des 18. Jahrhunderts sollte auch der Verbrecher nicht mehr bloß aus der Gesellschaft verbannt und in den Gefängnissen aufbewahrt werden, sondern im Sinne der *Spezialpräventionstheorie* umerzogen, beziehungsweise gebessert werden, was notfalls gewaltsam umgesetzt werden sollte.

Während der ersten Reformwelle stießen die Bemühungen zu Beginn nicht auf eine flächendeckende Akzeptanz, wobei sich neben der allgemeinen Umsetzbarkeit der Vorschläge auch monetäre Erwägungen als Hindernis erwiesen. Entsprechend legte die erste Reformbewegung zunächst den Schwerpunkt auf den theoretischen Bereich und konnte in der Realität nur vereinzelt zu einer tatsächlichen Verbesserung der Haftbedingungen, vorrangig der äußeren Hygiene, führen. Gleichzeitig bildeten diese Entwicklungen die Grundlage für eine sich zu Beginn des 19. Jahrhunderts anschließende zweite Reformwelle und die hieraus entwickelten ersten Haftsysteme.

Mit der zweiten Reformwelle gewann neben den strukturellen Haftbedingungen auch die „innere Hygiene" an Bedeutung, deren primäres Ziel eine Besserung der Gefangenen war. Den Kernaspekt zur Erreichung dieses Zieles stellte eine strikte Disziplinierung der Gefangenen dar, deren konkrete Ausgestaltung und Umsetzung sich zwischen den Reformern und entwickelten Haftsystemen unterschied, sei es durch religiöse Strenge, arbeitsinduzierte Erziehung oder eine Anpassung der Unterbringungsform der Gefangenen durch Elemente der Isolation.

Dies wird besonders anschaulich in einer der entscheidendsten Forderungen während des Untersuchungszeitraums, nämlich der Abschaffung der gemeinschaftlichen Unterbringung von Gefangenen, die damalig als Brutstätte neuer Verbrecher angesehen wurde.

Die der Gemeinschaftshaft gegenüberstehende Vereinzelung der Gefangenen wurde erstmals durch die beiden in Nordamerika entwickelten Haftsysteme in der Praxis umgesetzt – dem *Pennsylvania System* und dem *Auburn System*. Während aus heutiger Sicht eine Separierung der Gefangenen mit Blick auf deren Sicherheit, insbesondere bei Nacht, von großer Bedeutung ist, verdeutlichte die damalige Umsetzung der Einzelhaft eindrücklich die Widersprüche zwischen der theoretischen Bestrebung einer ersten Resozialisierung des Gefangenen, die für sich genommen als human einzuordnen ist, und der tatsächlichen Realisierung in der Praxis. So barg die absolute Isolation in den Frühformen der Haftsysteme schwere Risiken für die physische und mentale Gesundheit der Gefangenen. Dabei spielten bei der Einführung der Einzelhaft zwar humane Gesichtspunkte wie der Schutz der Häftlinge voreinander, die Vermeidung der gegenseitigen negativen Beeinflussung der Gefangenen und die Möglichkeit zur individuellen Selbstfindung eine Rolle, diese Aspekte wurden allerdings durch die Absolutheit und Strenge in der

Durchsetzung konterkariert. Die handelnden Personen stammten hierbei noch immer vorrangig aus der religiös-philanthropischen Bewegung (v. a. die *Quäker*) und versuchten die Umerziehung der Gefangenen zunächst auf Grundlage ausschließlicher Vereinzelung und religiöser Unterweisung (*Walnut Street Jail*) zu erreichen. Nachdem man die negativen Auswirkungen auf den Geist der Gefangenen erkannte, ergänzte man diese bereits schnell durch arbeitsinduzierte Umerziehung – das *Pennsylvania System*.

Zusätzlich entstand als Gegenreaktion der ersten absoluten Isolation in *New York* das *Auburn System*, in dem die Disziplinierung der Gefangenen nicht vorrangig mit der religiösen Unterweisung erreicht werden sollte, sondern der Schwerpunkt hier auf einer arbeitsinduzierten Disziplinierung der Gefangenen lag, die vor allem durch hinzutretende fiskalische Erwägungen als gemeinschaftliche Arbeit der Gefangenen unter absolutem Schweigegebot stattfand. Letzteres war dabei der Ausgangspunkt für schwerwiegende körperliche Züchtigungen der Gefangenen, mit denen Verstöße gegen das Schweigegebot geahndet wurden, um die Gefängnisdisziplin aufrechtzuerhalten.

Trotz der mit der Disziplinierung der Gefangenen einhergehenden körperlichen Züchtigung spiegelten sich die Reformen auch in deren Gesundheitsfürsorge wider. Durch eine Verbesserung der strukturellen Haftbedingungen gewann diese zwar stetig an Bedeutung und ist durch die Anerkennung eines gewissen gesundheitlichen Anspruchs der Gefangenen als Humanisierung der Haftbedingungen anzusehen, schenkte allerdings den mentalen Konsequenzen des Strafvollzugs oder psychiatrischen Erkrankungen keine ausreichende Beachtung. Die Fälle *Maccumsey* und *Von Eck* illustrierten eindrücklich, dass die körperliche Züchtigung, insbesondere von Personen, die der Struktur der Haftanstalten, beispielsweise aus Gründen von psychiatrischen Auffälligkeiten, zuwiderhandelten, bis hin zur Inkaufnahme des potenziellen und gewaltsamen Todes der beiden Gefangenen ausgestaltet werden konnte. Zwar ist anzumerken, dass sich das durchgreifende Verständnis über psychiatrische Erkrankungen noch in den Anfängen befand, gleichwohl orientierte sich der Umgang mit den psychiatrischen Erkrankungen von Gefangenen oftmals an der individuellen Auslegung der Haftanstalten oder den handelnden Anstaltsbeamten, die noch keiner strengen Regulierung unterlagen, und zunächst weniger an wissenschaftlichen Erkenntnissen der damaligen Zeit. Selbst wenn es strenge Regeln für die Gefangenenbehandlung gab, haben die Untersuchungen der beiden Todesfälle gezeigt, dass es keine relevante Konsequenzen bei schlechter Behandlung der Gefangenen seitens der Beamten gab. Dabei konnte die individuelle Abhängigkeit in der Auslegung eines humanen Umgangs mit den Gefangenen nicht nur in der praktischen Umsetzung, sondern auch in der Diskussion zwischen Verfechtern oder Reformern der jeweiligen Haftsysteme gefunden werden. So war das Argument der Humanität im Rahmen der Strafvollzugsreformen häufig davon beeinflusst, dass sich die Vereinbarkeit einer Maßnahme oder auch eines Gefängnissystems an die Einschätzung von Individuen knüpfte. So ging man davon aus, dass sobald eine als Humanist anerkannte Person handelte, die Handlung selbst als human einzuschätzen war. Eine Bewertung erfolgte somit *ad personam* und nicht durch einen offenen Diskurs über die Maßnahme selbst. Dabei zeigte sich an den ausgewählten Fällen, dass die theoretischen Bestrebungen zu einer Humanisierung des Strafvollzugs durch die Umsetzung in der Realität, die abhängig von der individuellen Auslegung und den Ermessensspielräumen einzelner Haftanstalten war, verzerrt werden konnte und den Erfolg der Reformen beschränkte.

Es waren zu Beginn insbesondere religiös-philanthropische Bestrebungen unter Verweisung auf die Humanität, die eine wichtige Rolle in der Ausgestaltung der Gefangenenbehandlung und deren Disziplinierung einnahmen. Die Umsetzung dieser Ansätze, beispielsweise in extremen Formen im *Silent System* stieß allerdings bereits zur damaligen Zeit auf eine zunehmende Kritik. Der entfachte Systemstreit zwischen den nordamerikanischen Haftsystemen, bei dem es zu einem vehementen Kampf beider Seiten gekommen war, prägte die zweite Reformwelle sowohl auf amerikanischem als auch auf deutschem Boden. Der Streit um das richtige Haftsystem war durch gegenseitige Anschuldigungen und die positive, wenn auch oftmals verfälschte, Selbstdarstellung des eigenen Systems gekennzeichnet. Hier nutzten beide Seiten das Argument der Humanität, um von ihrem System zu überzeugen und warfen dem jeweils anderen System einen Verstoß gegen diese vor.

Der Diskurs hemmte mitunter die eigentliche Humanisierung des Strafvollzugs, indem die Verfechter vorrangig das eigene System obsiegen sehen wollten, und weitere Reformen bis zur Entscheidung des Streits auf Eis gelegt wurden. Das Bestreben nach einer Schadloshaltung des eigenen Systems fand sich unter anderem in der Außendarstellung der Todesfälle *Von Ecks* und *Maccumseys* wieder und verdeutlicht den Stellenwert von Berichten der

Gefangenen, Anstaltsmitarbeitern sowie den Beschreibungen außenstehender Personen wie *Dickens*, um diesen Widerspruch mit der Realität aufzudecken.

Neben der religiös-philanthropischen Prägung der Reformen zeigten sich im Systemstreit die ersten Ansätze einer Verwissenschaftlichung des Diskurses, indem zusätzlich Statistiken als Argumente herangezogen wurden und die Argumentation nicht mehr ausschließlich anhand moralischer Erwägungen und christlicher Maxime erfolgte.

Im Zuge der zweiten Reformwelle traten zudem erneut monetäre Erwägungen zutage, die dazu führten, dass die Profitabilität der Strafanstalten eine nicht unwichtige Stellung in der Ausgestaltung des Strafvollzuges einnahm. Dabei wurden wirtschaftliche Interessen mitunter offen über humane Reformbemühungen wie der Gesundheit der Gefangenen gestellt. Während eine Ökonomisierung des Strafvollzugs zunächst als ein Widerspruch zu den Reformen der Humanisierung anmutete, konnte zumeist erst durch einen finanziellen Erhalt von Strafanstalten die Umsetzung der humaneren Haftbedingungen erreicht werden. Auf eben diese monetären Erwägung lässt sich das flächendeckende Obsiegen des *Auburn Systems* – trotz der scharfen Kritik an der dort angewandten körperlichen Züchtigung – erklären. Man entschied sich hier für das profitablere System.

Als die Gefängnissysteme aus Nordamerika nach Europa übergriffen, waren es auch dort (wie zuvor in Nordamerika) vor allem Gefängnisgesellschaften, die der Fakultät der Theologie nahestanden, die die ersten Impulse für weitere Reformen sowie deren Umsetzung in den untersuchten Ländern beeinflussten. Ein Großteil der prägendsten Charaktere der Gefängnisreformen waren eng mit der Religion verbunden und richteten ihre Arbeit an dieser aus, wodurch die Reformen sowohl in der ersten als auch in der zweiten Welle durch die religiöse Beeinflussung der Gefangenen maßgeblich geprägt war. Die genannten religiösen Einflüsse fanden sich hierbei unter anderem bei *Howard*, den *Quäkern* in Pennsylvania oder auch bei *Wichern* in Preußen. Zwar gilt die Besserung des Menschen als eines der Elemente des Humanismus, doch gleichzeitig überwog das Autonomiebedürfnis und die individuelle Selbstbestimmung der Aufklärung, die zusätzlich die Säkularisierung vorangetrieben und damit einhergehend die religiöse Beeinflussung der Gefangenen beschränkt hatte. In der zweiten Reformwelle hatte die Aufklärung dazu geführt, dass die religiöse Erziehung und die moralische Beeinflussung der Gefangenen an Bedeutung verloren, wodurch auch die zumeist religiös geprägten Versuche zur Humanisierung des Strafvollzuges teils verhindert oder beendet wurden.

Nachdem die Napoleonischen Kriege die Strafvollzugsreformen vorübergehend hemmten und zwischenzeitlich der Fokus wieder auf die Tatschuldvergeltung gelegt wurde, rückte die Besserung der Gefangenen als Strafzweck nach den Kriegen wieder in den Vordergrund. Auch auf europäischem Boden waren die Reformen zunächst vorrangig durch Gefängnisgesellschaften geprägt. Dabei sollte die moralische Erziehung der Gefangenen aber nicht mehr nur in religiöser Schulung oder Disziplinierung durch Arbeit, sondern auch durch den Unterricht in weltlichen Fächern erfolgen. In der Frage um das auf deutschem Boden anzuwendende Haftsystem wurden neben der äußeren Hygiene (Sauberkeit, strukturelle Ausgestaltung) auch Aspekte der inneren Hygiene relevanter. Es fand zudem eine weitere Verwissenschaftlichung des Gefängnisdiskurses statt, sodass sich die Sprecher der insbesondere medizinischen Fakultäten einschalteten und die Argumentation anhand naturwissenschaftlicher Erwägungen vornahmen. Eine weitreichende Auseinandersetzung mit dem Argument der Humanität erfolgte im weiteren Verlauf mit der aufkeimenden Kritik an der Philanthropie.

Mit dem ersten internationalen Gefängniskongress traten darüber hinaus Rechtswissenschaftler zunehmend nach vorne und veränderten den Diskurs über das zu bevorzugende Gefängnissystem. So entfernte sich der Schwerpunkt von den primär moralisch-religiösen Erwägungen, die noch immer von der religiös-philanthropischen Bewegung dominiert wurden, und wurde auf rechtliche Füße gestellt. Dabei waren es auch die politischen und gesellschaftlichen Umstände rund um die Revolutionskriege in den Jahren 1848/1849, die dazu führten, dass ein kritischer Blick auf die Reformen in den Gefängnissen geworfen wurde. Denn die von dem Gedankengut der Humanität vorangetriebenen Besserungen in den Strafanstalten und die rechtlichen Zugeständnisse an die Gefangenen hatten dazu geführt, dass die Lebensbedingungen in den Strafanstalten mitunter besser geworden waren als der Lebensstandard der freien Bevölkerung.

Insbesondere seitens der in den Diskurs eingetretenen Rechtswissenschaftler stießen eben diese Entwicklungen auf scharfe und am Gesetz gemessene Kritik. Diese zeigte sich beispielsweise in Form des *Broschürenkriegs* in Preußen und der allgemein wachsenden Kritik an den philanthropischen Erwägungen. Das Argument der Humanität wurde damit einhergehend differenziert betrachtet und zusammen mit der Philanthropie als zu verweichlicht beurteilt. Durch das Bestreben einer Verrechtlichung der Reformen mit der Gesetzgebung als absoluten Ausgangspunkt sollte eine faire, aber gleichzeitig auch im Vergleich zur Bevölkerung nicht bessere, Behandlung der Gefangenen sichergestellt werden. Die bereits stattgefundene Abkehr von der richterlichen Willkür wurde positiv bewertet und weiterentwickelt; die zu guten Lebensbedingungen in den Anstalten hingegen abgelehnt. Dies führte dazu, dass der Versuch unternommen wurde, die den Gefangenen weitreichend zugesprochene Rechte wieder einzuschränken. Verbunden mit der geschaffenen Grundlage der Rechtsstaatlichkeit und des Vorbehalts des Gesetzes wurde ein noch bis ins 20. Jahrhundert vertretenes Konzept entwickelt: *Die Lehre vom besonderen Gewaltverhältnis*.[2675]

Insgesamt ist festzustellen, dass die Bestrebungen, die zur Reformierung des Gefängniswesens geführt haben, in großen Teilen von Aspekten der Humanität geprägt waren, was sich insbesondere in den Anpassungen der äußeren und inneren Hygiene widerspiegelte. Unter dem Argument der Humanität wurden weitreichende Veränderungen in den Haftbedingungen und dem Umgang mit den Gefangenen eingeleitet. Dennoch konnte die praktische Umsetzung zumeist nicht dem vollständigen Anspruch der Theorien genügen, was sich unter anderem in der strengen Isolation von Gefangenen, der weit verbreiteten körperlichen Züchtigung sowie in der wirtschaftlichen Ausbeutung von Gefangenen manifestierte. Während die Reformbemühungen in Nordamerika und zu Beginn in Europa insbesondere durch religiös-philanthropische Elemente beeinflusst und geprägt wurden, kamen hierzu im Verlauf des Untersuchungszeitraums zunehmend Aspekte der naturwissenschaftlich-medizinischen und rechtswissenschaftlichen Fakultäten hinzu, wenngleich auch zwischen den einzelnen Fakultäten wechselseitige Beeinflussungen stets bestanden und nicht lückenlos voneinander zu trennen waren. Dadurch wurde der oftmals ideologische Ansatz aus der religiös-philanthropischen Bewegung verwissenschaftlicht und verrechtlicht. Durch die hieran anknüpfenden, anhaltenden ideologischen Systemstreite im Untersuchungszeitraum und die weitreichenden gesellschaftlichen Umbrüche geriet der Reformprozess in den angelsächsischen Staaten, Preußen und

---

[2675] Vgl. hierzu den nächsten Abschnitt.

Baden immer wieder ins Stocken und war der Gefahr eines Rückschritts in einzelnen Bereichen ausgesetzt.

Es wurde deutlich, dass mit der zunehmenden Beteiligung der Rechtswissenschaftler am Gefängnisdiskurs eine gewisse Rationalisierung des Humanitätsbegriffs stattfand. Dabei erweckte es den Anschein, dass die Humanität als bereits erfolgreiches Argument der religiös-philanthropischen Bewegung seitens der Rechtswissenschaftler aufgegriffen wurde, um etwaige Kritik im Diskurs zu vermeiden, und weniger, um eine weitergehende bessere Behandlung der Gefangenen zu erzielen.

Insgesamt wandelte sich somit der Fokus der Reformbemühungen von einem Blick auf die *Gefangenen* zu einem Blick auf die *Gesellschaft*. So sollten die Haftbedingungen einen erreichten Standard fortführen und gesellschaftliche Akzeptanz finden, diese allerdings nicht überstrapazieren. Trotzdem ist allein das Zugeständnis von Rechten für Gefangene, sowie die Verrechtlichung der Haftbedingungen im Allgemeinen, durch die eine gewisse Willkür vermieden wurde, als eine Anerkennung des Menschseins der Gefangenen und Humanisierung zu deuten.

Wenngleich die Humanisierung der Haftbedingungen stets im Konflikt zur Wirtschaftlichkeit der Unterbringungen, der allgemeinen gesellschaftlichen Akzeptanz und dem generell vorherrschenden Menschenbild stand, kann festgehalten werden, dass im Untersuchungszeitraum (1776–1871) dennoch wichtige Schritte zu einer ersten Humanisierung der Haftbedingungen und des Rechts eingeleitet wurden, die bis in die heutige Zeit nachwirken. Insbesondere gemessen an dem zuvor bestehenden Umgang mit den Gefangenen bedeuten diese Bemühungen einen wahren Umbruch und verdienen die Wertung einer am Gedankengut der Humanität ausgerichteten Reform.

B. Lehre vom besonderen Gewaltverhältnis als Entrechtung der Gefangenen?[2676]

Nachdem man mit dem ersten internationalen Gefängniskongress die Aufmerksamkeit der Juristen erhielt, begannen sich auch diese an dem

[2676] Es wird an dieser Stelle auf die ausführliche Arbeit von *Ludwig Wenninger*, Geschichte der Lehre vom besonderen Gewaltverhältnis, aus der Schriftenreihe Annales Universitatis Saraviensis, Rechts- und Wirtschaftswissenschaftliche Abteilung, Band 105,

Gefängnisdiskurs zu beteiligen. War der Diskurs zuvor vorrangig praxisorientiert und legte den Fokus auf die Disziplinierung der Gefangenen, rückten erst ab der Mitte des 19. Jahrhunderts rechtstheoretische Erwägungen in den Vordergrund.[2677]

Während der Humanismus allgemeingültige Menschenrechte für jeden proklamierte, differenzierte im 19. Jahrhunderts eine bestimmte Lehre in der Rechtstheorie hinsichtlich der Geltung der Rechte bei besonderen Verhältnissen zwischen dem Staat und dem Bürger – „Die Lehre vom besonderen Gewaltverhältnis".

Um die nachfolgenden Ausführungen rechtshistorisch sauber einzuarbeiten, ist zunächst ein kurzes Resümee der Entwicklungen in der Zeit vor der Entstehung der *Lehre vom Besonderen Gewaltverhältnis* mit Blick *auf das allgemeine Gewaltverhältnis* notwendig. Denn obgleich das *besondere Gewaltverhältnis* dem Namen nach erst im 19. Jahrhundert definiert wurde, so existierte der dieser Lehre immanente Kerngedanke bereits in früheren Epochen.[2678]

Das Gewaltverhältnis war im frühen und hohen Mittelalter durch die Königsgefolgschaft und das Vasallenrecht geprägt. Die Gewalt des Königs beruhte dabei auf einer „Kette von Lehensverhältnissen".[2679] Dahingegend verlagerte sich dieses Gewaltverhältnis im späteren Mittelalter und der frühen Neuzeit bis zum Dreißigjährigen Krieg auf die landesherrlichen Hoheitsrechte,[2680] sodass sich die Landeshoheit und *iura quaesita*[2681] gegenüberstanden.[2682] Durch die Aufklärung und damit die Verdrängung der religiösen Begründung wurde die absolutistische Stellung des Herrschers ermöglicht.[2683] Aufgrund der Säkularisierung wurden zuvor von kirchlicher Seite übernommene Aufgaben nunmehr durch den Staat weitergeführt.[2684] Insbesondere im

Saarbrücken 1982 und *Horst Schüler-Springorum*, Strafvollzug im Übergang, Studien zum Stand der Vollzugsrechtslehre, Göttinger Rechtswissenschaftliche Studien, Band 72, Göttingen 1969, verwiesen.

2677 *Nutz*, Strafanstalt als Besserungsmaschine, S. 222 f.

2678 *Wenninger*, Geschichte der Lehre vom besonderen Gewaltverhältnis, S. 13.

2679 *Wenninger*, Geschichte der Lehre vom besonderen Gewaltverhältnis, S. 15–19.

2680 *Mayer*, Deutsches Verwaltungsrecht Band I, S. 25.

2681 *Mayer*, Deutsches Verwaltungsrecht Band I, S. 31.

2682 *Wenninger*, Geschichte der Lehre vom besonderen Gewaltverhältnis, S. 19–21.

2683 *Wenninger*, Geschichte der Lehre vom besonderen Gewaltverhältnis, S. 24.

2684 *Wenninger*, Geschichte der Lehre vom besonderen Gewaltverhältnis, S. 25.

Rahmen der Wohlfahrtszielsetzung hatte das für die Bürger weitreichende Konsequenzen – es entstand ein System der Bevormundung,[2685] wodurch sich der Begriff des Polizeistaates etablierte.[2686] Die öffentliche Gewalt war in diesem Staatssystem schrankenlos geworden,[2687] der Staat bestand mithin ohne Verwaltungsrecht.[2688]

Ab dem 19. Jahrhundert brach in Deutschland die Bewegung des Liberalismus auf, durch die gesetzliche Grundlagen für das allgemeine Gewaltverhältnis vor allem in Abgrenzung zu dem absolutistischen Staat gefordert wurden.[2689] Dabei war das 19. Jahrhundert durch den Diskurs der liberalen mit der konservativen Bewegung geprägt und lässt sich in einzelne Abschnitte unterteilen:[2690] Die Reformzeit von 1806 bis 1813, die Restauration von 1814 bis 1848, die Revolution von 1848–1850, die Reaktion von 1850–1860/62 sowie die um die Reichsgründung einsetzende spätliberale Zeit.[2691]

Während in Nordamerika und Frankreich die ersten Verfassungen proklamiert wurden, stellte das 19. Jahrhundert für die Staaten auf deutschem Boden vielmehr den Weg zu einem Verfassungsstaat dar, der zunächst über die Schaffung von konstitutionellen Monarchien ging.[2692] Mit dem Frühliberalismus wurde die Gleichheit vor dem Gesetz verlangt und im Rahmen der Paulskirchenverfassung die Abschaffung sämtlicher Standesvorrechte gefordert. Hingegen ergab sich erst im Rahmen des Spätliberalismus ein Verfassungskompromiss, indem die Notwendigkeit der Macht zur Gewährung von Freiheit anerkannt wurde.[2693] Das 19. Jahrhundert lässt sich auf deutschem Boden durch den „auslaufenden Absolutismus" sowie die schrittweise Gewährung gleicher Rechte und Pflichte für sämtliche Staatsbürger charakterisieren,

[2685] *Wenninger*, Geschichte der Lehre vom besonderen Gewaltverhältnis, S. 25.

[2686] *Wenninger*, Geschichte der Lehre vom besonderen Gewaltverhältnis, S. 25; *Mayer*, Deutsches Verwaltungsrecht, Band I, S. 30, 41.

[2687] *Mayer*, Deutsches Verwaltungsrecht, Band I, S. 38.

[2688] *Wenninger*, Geschichte der Lehre vom besonderen Gewaltverhältnis, S. 25.

[2689] *Wenninger*, Geschichte der Lehre vom besonderen Gewaltverhältnis, S. 27.

[2690] *Wenninger*, Geschichte der Lehre vom besonderen Gewaltverhältnis, S. 27.

[2691] *Wenninger*, Geschichte der Lehre vom besonderen Gewaltverhältnis, S. 27.

[2692] *Wenninger*, Geschichte der Lehre vom besonderen Gewaltverhältnis, S. 27.

[2693] *Wenninger*, Geschichte der Lehre vom besonderen Gewaltverhältnis, S. 28–30.

wobei sich diese Aussage grundsätzlich auch auf die restlichen europäischen Staaten ausweiten lässt.[2694]

Mit der Abwendung vom Absolutismus und der Ausbreitung des Liberalismus sowie der damit verbundenen Gewährung staatsbürgerlicher Rechte keimten Fragen nach der Ausgestaltung dieser Rechte in Form von besonderen Gewaltverhältnissen und der Abgrenzung zum allgemeinen Gewaltverhältnis dieser Zeit auf.[2695]

Vorläufer der Lehre vom *besonderen Gewaltverhältnis* ist unter anderem die Arbeit von Schmitthenner,[2696] der sich bei seinen Ausführungen noch auf die Unterscheidung des *allgemeinen Gewaltverhältnisses* vom Staatsdienerverhältnis beschränkte.[2697] Anknüpfend an diese erste Abgrenzung von dem allgemeinen Gewaltverhältnis zu dem zwischen dem Staat und den Staatsdienern, beschäftigte sich *Laband*[2698] mit dieser Unterscheidung.[2699]

Laband erklärte hier, dass es sich beim Dienstverhältnis des Staatsbeamten um ein *besonderes Gewaltverhältnis* handele, dass sich durch „besondere Dienstpflicht und Treue“ sowie „besondere Ergebenheit und besonderen Gehorsam“ auszeichne.[2700] Dabei handele es sich um eine „unbestimmte, unangemessene, seine ganze Persönlichkeit erfassende“ Dienstpflicht,[2701] sowohl hieraus als auch aus der Tatsache, dass der Beamte Teil des Staates werde, ergebe sich, dass es sich bei dem Staatsdienstverhältnis um einen rechtsfreien Raum handele.[2702] *Labands* Arbeit gilt als Grundlage für die Weiterentwicklung der Lehre vom besonderen Gewaltverhältnis und der Ausdehnung des Anwendungsbereichs über das Beamtenverhältnis hinweg.[2703] Die *Lehre vom besonderen Gewaltverhältnis* wurde sodann in der zweiten Hälfte des 19. Jahrhunderts von

---

[2694] *Wenninger*, Geschichte der Lehre vom besonderen Gewaltverhältnis, S. 32.

[2695] Vgl. hierzu auch: *Wenninger*, Geschichte der Lehre vom besonderen Gewaltverhältnis, S. 33–61, 92 f.

[2696] *Schmitthenner, Friedrich*: Grundlinien des allgemeinen oder idealen Staatsrechts, Gießen 1845.

[2697] *Abelein*, Rechtsstaat und besodneres Gewaltverhältnis, Z. Polit. 1967, 313 (313); *Schmitthenner*, Grundlinien des allgemeinen oder idealen Staatsrechts, S. 502–507.

[2698] *Laband, Paul*, Das Staatsrecht des Deutschen Reiches, Band 1, Tübingen 1867.

[2699] *Abelein*, Rechtsstaat und besodneres Gewaltverhältnis, Z. Polit. 1967, 313 (313).

[2700] *Laband*, Das Staatsrecht des Deutschen Reiches, S. 395.

[2701] *Laband*, Das Staatsrecht des Deutschen Reiches, S. 396.

[2702] *Abelein*, Rechtsstaat und besodneres Gewaltverhältnis, Z. Polit. 1967, 313 (314).

[2703] *Abelein*, Rechtsstaat und besodneres Gewaltverhältnis, Z. Polit. 1967, 313 (314 f).

Otto Mayer[2704] ausgestaltet,[2705] und gilt als „Produkt der spätkonstitutionellen Staatsrechtslehre".[2706]

Nach dieser Lehre gab es bestimmte Fallgruppen, in denen aufgrund eines besonderen Verhältnisses zwischen Bürger und Staat, beispielsweise bei Beamten, Schülern oder auch Strafgefangenen, die allgemeinen Regelungen des Gewaltverhältnisses keine Anwendung fanden.[2707] Dieses *besondere Gewaltverhältnis* definierte sich dabei als

> die verschärfte Abhängigkeit, welche zugunsten eines bestimmten Zweckes öffentlicher Verwaltung begründet wird für alle Einzelnen, die in den vorgesehenen besonderen Zusammenhang treten.[2708]

Die *Lehre vom besonderen Gewaltverhältnis* beinhaltet zunächst, dass der Grundsatz des Gesetzesvorbehaltes im besonderen Gewaltverhältnis Lücken freilasse.[2709] Demzufolge konnte die Verwaltung eigenverantwortlich ohne eine gesetzliche Delegation zu brauchen, abstrakt-generelle Regelungen anstatt als Rechtsverordnung in Form von Verwaltungsvorschriften erlassen.[2710] Zudem konnten im Rahmen dieser Lehre in Abgrenzung zum Verwaltungsakt Anweisungen im Gewaltverhältnis erteilt werden, die außerhalb des Gewaltverhältnisses keine Rechtsbindung entfalten würden, innerhalb dessen allerdings bindend waren und zudem auch von Nichtbehörden erteilt werden konnten.[2711] Diese Anweisungen konnten dabei allgemeine Regeln festlegen, wobei es sich um die sogenannten „Verwaltungsvorschriften" handelte.[2712]

In der Rechtsfigur der Lehre vom besonderen Gewaltverhältnis verstand man eine „eigenständige, implizite Beschränkung der Grundrechte der Strafgefangenen".[2713] Es hat sich gezeigt, dass die Einschränkung der Rechte der

---

2704 *Otto Mayer*, Deutsches Verwaltungsrecht Band I und II, Berlin 1924.
2705 *Abelein*, Rechtsstaat und besodneres Gewaltverhältnis, Z. Polit. 1967, 313 (315).
2706 *Kielmansegg*, JA 12/881 (881).
2707 *Kielmansegg*, JA 12/881 (881).
2708 *Mayer*, Deutsches Verwaltungsrecht Band I, S. 101 f.
2709 *Kielmansegg*, JA 2012, 881 (881); *Mayer*, Deutsches Verwaltungsrecht Band I, S. 99.
2710 *Kielmansegg*, JA 2012, 881 (881 f.).
2711 *Mayer*, Deutsches Verwaltungsrecht 3. Aufl. Band I, S. 102 f.
2712 *Mayer*, Deutsches Verwaltungsrecht 3. Aufl. Band I, S. 103.
2713 BVerfGE 33, 1 (14.03.1972 - 2 BvR 41/71), Rn. 10 – beck-online.

Strafgefangenen erst mit der Verrechtlichung des Gefängnisdiskurses notwendig geworden war. Denn während die Ausgestaltung des Strafvollzuges zunächst durch die Praxis bestimmt worden war, setzten die Juristen ab Mitte des 19. Jahrhunderts auf eine rechtsstaatliche Lösung. Wollte man die Rechte der Gefangenen – mitunter aus Gründen der Gleichbehandlung oder vielmehr nicht gewollten Besserbehandlung gegenüber den freien Bürgern – einschränken, mussten entsprechende Regelungen aufgestellt werden, die die Einschränkung von den Grundrechten zulassen. In der *Lehre vom besonderen Gewaltverhältnis* ist eben diese Regel zu sehen. Denn durch das Gewaltverhältnis konnten die Rechte der Gefangenen „weitgehend außer Kraft gesetzt werden".[2714]

Während diese Lehre vom besonderen Gewaltverhältnis bis in das 20. Jahrhundert eine weitreichende Rolle spielte, stellt das BVerfG mit seiner Entscheidung vom 14. März 1972 endgültig fest, dass auch die Grundrechte von Strafgefangenen nur durch Gesetz oder aufgrund eines Gesetzes eingeschränkt werden können.[2715] Der Kerngedanke dieser Lehre ist durch diese Entscheidung allerdings nicht verschwunden und wird nach wie vor – nunmehr allerdings unter dem Begriff des *Sonderstatusverhältnisses* – in der Theorie diskutiert.[2716]

C. Auswirkung auf den heutigen Strafvollzug

Wie bereits gezeigt, hatten die zu Beginn des 19. Jahrhunderts entwickelten Haftsysteme einen direkten Einfluss auf die Entwicklungen in ganz Europa. Die Auswirkungen beschränken sich jedoch nicht nur auf die direkt anknüpfenden Geschehnisse, denn auch heute lassen sich viele Aspekte der Systeme, hinsichtlich der Isolation, in den Strafvollzugssystemen in den USA und in Deutschland finden.

2714 *Alexy/Fisahn et al*, Das Rechtslexikon – Sonderrechtsverhältnis; hier wird an die Grundrechte angeknüpft, die in Deutschland aber erst seit dem 20. Jahrhundert gesetzlich festgelegt wurden. Aus diesem Grund werden die Ausführungen hier auf die allgemeinen Rechte der Gefangenen im 19. Jahrhundert bezogen.

2715 BVerfGE 33, 1 (14.03.1972 - 2 BvR 41/71), 1. Leitsatz.

2716 *Kielmansegg*, JA 12/881 (882).

I. USA

Das bekannteste Beispiel für die Isolation im Zusammenhang mit den USA dürfte Guantanamo Bay Naval Base sein. Aufgrund der Terroranschläge vom 11. September 2001 werden in dem Gefangenenlager in der kubanischen Bucht seit Januar 2.002 Terrorverdächtigte ohne Gerichtsurteil festgehalten.[2717] Die Bestrafung, Inhaftierung und das Verhör der Insassen werden hier außerhalb der Grenzen des Gesetzes durchgeführt.[2718] In diesem Gefängnis werden die Insassen teils für lange Zeit vollständig isoliert.[2719] Es handelt sich dabei um eine stark kritisierte Einrichtung, die sich keiner der mit der Aufklärung in Verbindung zu bringenden Elemente des Strafvollzugs, wie Rehabilitation, Disziplin durch Arbeit oder Erziehung der Insassen, bedient.[2720] Vielmehr kann diese Art der Unterbringung Gefangener als ein Akt der Entmenschlichung gesehen werden.[2721] Jedoch bedient sich Amerika nicht nur außerhalb des eigenen Staatsgebietes der Isolierung Gefangener. Auch im ADX Florence, einem Hochsicherheitsgefängnis im Bundesstaat Colorado, werden die Gefangenen voneinander und auch vom Personal isoliert.[2722] Hier verbringen die Insassen zwischen 22 und 24 Stunden am Tag in ihren Einzelzellen, ohne Kontakt nach außen zu haben.[2723] *Amnesty International* berichtet unter anderem von Angststörungen, Depressionen und extremer Paranoia bei Insassen des ADX Florence.[2724] Diese Auswirkungen sind bereits aus der vorangestellten Darstellung hinsichtlich der Gefangenen im *Eastern State Penitentiary* bekannt. Es zeigt sich, dass die eigentlich bereits im 19. Jahrhundert gemachten Erfahrungen hinsichtlich der festgestellten negativen Auswirkungen der Isolationshaft keinen direkten Einfluss auf deren heutige Anwendung in nordamerikanischen Gefängnissen hat. Indem zudem die Todesstrafe in Amerika noch immer nicht in allen Bundesstaaten

---

2717 *Strauss*, The Leasing of Guantanamo Bay, S. 89; Biegi, Abu Ghraib und der Schlesinger Report, S. 93.

2718 *Smith*, The Prison and the American Imagination, S. 202.

2719 *Biegi*, Abu Ghraib und der Schlesinger Report, S. 97.

2720 *Smith*, The Prison and the American Imagination, S. 202.

2721 *Smith*, The Prison and the American Imagination, S. 202.

2722 EGMR Urteil v. 10. 4. 2012 – (24027/07) – Rn. 222.

2723 Amnesty International, USA: Prisoners held in extreme solitary confinement in breach of international law.

2724 Amnesty International, USA: Prisoners held in extreme solitary confinement in breach of international law.

abgeschafft wurde, werden bereits Verurteilte bis zur Vollziehung der Todesstrafe eingesperrt.[2725] Das Einsperren eines zum Tode Verurteilten über einen längeren Zeitraum ist unmenschlich und als Folter zu bewerten.[2726] Während des Abwartens ist der Verurteilte zwischen Hoffnung und Verzweiflung hin- und hergerissen.[2727] Diese Vorgehensweise erinnert an die eingangs erwähnten Kerker- und Haftstrafen aus dem Mittelalter, die den Zweck hatten die Verurteilten, oder Angeklagten, aufzubewahren, bis sie ihrer eigentlichen Leibes- oder Lebensstrafe zugeführt wurden. Aber nicht nur in den oben genannten Einrichtungen sind die Zustände kritisch zu bewerten. Durch die hohe Anzahl an Gefangenen in den USA sind die Haftanstalten überbelegt, auch das zur Verfügung stehende Personal reicht nicht aus um den Anforderungen zu entsprechen.[2728] Unter anderem aus diesem Grund ist der Strafvollzug in Amerika durch gewalttätige Behandlung und allgemeine Mängel geprägt.[2729] Dabei macht es keinen Unterschied, ob die Gefängnisse von der Regierung selbst, oder einer der privaten Einrichtungen geführt werden.[2730] Die einstigen Bemühungen zwischen dem 18. und 19. Jahrhundert die Haftbedingungen zu optimieren scheinen heute nicht mehr im Fokus zu stehen. Während man sich damals erhoffte durch die ergriffenen Maßnahmen die Gefangenen zu verbessern und zurück zur Moral zu führen, so vermittelt die heutige Vorgehensweise der amerikanischen Behörden hinsichtlich der Anwendung von Isolationshaft bei Terrorverdächtigten, Aufbewahrung bis zur Todesstrafe, aber auch generell der Missstände in den Gefängnissen, den Eindruck, dass die Isolation gerade aufgrund der gemachten Erfahrungen und in Kenntnis der möglichen Gefahren als Abschreckung und Verschärfung der Haftbedingungen Anwendung findet.

II. Deutschland

Hinsichtlich des Umgangs mit Terroristen lassen sich auch in Deutschland Beispiele für die Anwendung der Einzelhaft finden. So wurden in den siebziger Jahren Angehörige der Rote Armee Fraktion in strenger Einzelhaft

[2725] EGMR, Beschluss v. 07.07.2004 – (40653/98), Rn. 59.
[2726] EGMR, Beschluss v. 07.07.2004 – (40653/98), Rn. 59.
[2727] EGMR, Beschluss v. 07.07.2004 – (40653/98), Rn. 59.
[2728] *Barisch*, Die Privatisierung im deutschen Strafvollzug, S. 223, 58.
[2729] *Barisch*, Die Privatisierung im deutschen Strafvollzug, S. 223.
[2730] *Barisch*, Die Privatisierung im deutschen Strafvollzug, S. 223.

untergebracht.[2731] Der *BGH* entschied hierzu, dass die Isolation der Gefangenen den Angeklagten zuzurechnen sei, denn erst deren Verhalten habe die Anordnung der Verschärfung der Haftbedingungen notwendig gemacht.[2732] Es handele sich nicht um eine unmenschliche oder erniedrigende Strafe, wenn der Angeklagte androht Gefangenen zur Flucht zu verhelfen und den Kampf im Namen seiner Terrorgruppe auch aus dem Gefängnis heraus weiter zu führen und die Behörden daraufhin die Isolationshaft anordnen.[2733] Das seit 1977 geltende StVollzG weist bis heute gewisse Aspekte aus dem nordamerikanischen Haftsysteme von Beginn des 19. Jahrhunderts auf. So sind die Gefangenen gem. § 18 I StVollzG während der Ruhezeit allein in ihren Hafträumen unterzubringen, während sie ihre Arbeit gem. § 17 I StVollzG gemeinsam verrichten. Eine gemeinsame Unterbringung ist gem. § 18 Abs. 2 StVollzG im offenen Vollzug möglich insofern keine schädliche Beeinflussung, beziehungsweise eine Trennung der Gefangenen während der Arbeitszeit gem. § 17 Abs. 3 Nr. 1 StVollzG wenn eine schädliche Beeinflussung befürchtet wird. Insbesondere die Formulierung der schädlichen Beeinflussung erinnert an die bereits in Nordamerika mit der Isolierung, durch Trennung oder Kommunikationsverbot der Gefangenen verfolgten Ziele, dass die Gefangenen keine negativen Einwirkungen aufeinander haben sollen. Bereits hier lässt sich erkennen, dass die Bemühungen aus Pennsylvania und New York im 19. Jahrhundert langfristige Auswirkungen auf die Durchführung des Strafvollzugs in Deutschland hatten. Gemäß § 89 StVollzG ist es überdies möglich Gefangene in Einzelhaft unterzubringen, wenn dies aus Gründen, die in der Person des Gefangenen liegen, unerlässlich ist. Bei der ununterbrochenen Absonderung wird der Gefangene während der Arbeitszeit, Freizeit und auch Ruhezeit allein in einer Zelle untergebracht.[2734] Dabei gibt es keine zeitliche Maximaldauer der isolierenden Maßnahme.[2735] Allerdings wird der in Einzelhaft untergebrachte Gefangene gem. § 92 StVollzG dabei stets durch einen Arzt überwacht um mögliche Gefahren für die Gesundheit des Gefangenen zu verhindern.[2736] Die bekannten Folgen, die die Isolation für

---

2731 *Stöffel*, Die Wechselwirkung von Terrorismus und innerer Sicherheit, S. 50.

2732 BGH, Beschluss v. 22.10. 1975 – (1 STE 1/74), NJW 1976, 116 (118 f.).

2733 EGMR, Beschluss v. 11.07.1973 – (6038/73), BeckRS 1973, 106917, Rn. 46, 48.

2734 *Bartel*, BeckOK Strafvollzug Bund, StVollzG, § 89 Rn. 2.

2735 *Bartel*, BeckOK Strafvollzug Bund, StVollzG, § 89 Rn. 8.

2736 *Bartel*, BeckOK Strafvollzug Bund, StVollzG, § 89 Rn. 8.

Gefangene haben kann, werden somit heutzutage nicht mehr sehenden Auges akzeptiert, sondern es wird versucht, diese so gering wie möglich zu halten.

Anders als im Strafvollzugssystem der USA ist die Anwendung der Isolation Gefangener in Deutschland heute mithin nur in einem gewissen Rahmen zulässig, wobei auch in Deutschland die Isolation Gefangener über einen längeren Zeitraum hinweg möglich ist. Die Einsetzung der Isolation Gefangener kann sowohl auf die Einführung der Isolationshaft im *Pennsylvania System* aber gleichzeitig auch auf die in der *Walnut Street* bereits vorher angewandten Isolation als Disziplinarmaßnahme zurückgeführt werden. Die gemeinschaftliche Arbeit tagsüber und die Einzelunterbringung bei Nacht erinnern hingegen an das *Auburn System*. Mithin sind Aspekte beider nordamerikanischen Haftsysteme noch immer im heutigen Strafvollzugssystem in Deutschland sichtbar.[2737]

D. Schluss

In weniger als 100 Jahren hatte sich der Strafvollzug in den hier untersuchten Gebieten wegweisend verändert. Ausgehend von der flächendeckenden Verwendung der Lebens- und Leibesstrafe wandte man sich der Freiheitsstrafe als hauptsächliche Strafart zu. Aufgrund der Missstände in den noch nicht dafür ausgelegten Strafanstalten folgte die erstmalige öffentliche Anprangerung dieser durch *Howard*. Er forderte eine weitreichende Reform hin zu einem humaneren Strafvollzug und gab mit seiner Arbeit den Anstoß für die in den nächsten Jahrzehnten aufkeimenden Reformbewegungen.

Anknüpfend an die richtungsweisenden Impulse aus England wurden diese erstmalig in Form der nordamerikanischen Haftsysteme praktisch umgesetzt. Die damit einhergehenden Diskussionen über die richtige Behandlung der Gefangenen, die Ausgestaltung der Strafanstalten und den Zweck des Strafvollzuges wurden maßgeblich von humanistischen Bestrebungen geprägt, was sich in der immer relevanter werdenden Forderung nach Menschenrechten auch mit Blick auf die Gefangenen widerspiegelte.

***

Es hat sich gezeigt, dass, um den heutigen Strafvollzug zu bewerten, ihn zu kritisieren und vor allem zu verbessern, ein Blick in die Vergangenheit bis hin

---

[2737] Hausordnung Bruchsaler Männerzuchthaus, 1847.

zu den Anfängen unabdinglich ist. Noch heute sind die Probleme, mit denen sich bereits die Theoretiker und Praktiker zu dieser Zeit auseinandergesetzt haben, prägend für die Frage nach der „richtigen“ Ausgestaltung des Strafvollzuges. Neben der Frage nach der richtigen Behandlung der Gefangenen ist es wie in den Anfängen der Freiheitsstrafe mitunter der Schutz der Gesellschaft, aber auch die Frage nach der Umsetzung der mit der Freiheitsstrafe auch verfolgten Resozialisierung, die nach wie vor intensiv diskutiert wird. Denn auch die Gegenwart des Strafvollzugs ist geprägt von den Risiken negativer psychischer Auswirkungen der Haft, der Isolierung von der Außenwelt sowie der Gefahr durch Mitgefangene. Dabei spielen auch heute noch politische, gesellschaftliche und finanziellen Erwägungen eine maßgebliche Rolle bei der Umsetzung notwendiger Reformen.

Obwohl zum Zeitpunkt der Deutschen Reichsgründung 1871 ein „humaner Strafvollzug“ noch nicht erreicht wurde und sich mittlerweile die Frage stellt, ob es einen solchen überhaupt geben kann, waren die vorgeschalteten Reformbemühungen gleichwohl ausschlaggebend für unser heutiges Verständnis des Strafvollzugs mit der damit einhergehenden und auf Recht basierenden Gefangenenbehandlung, sodass sie im Ergebnis als „Durchbruch“[2738] zu bezeichnen sind. Wird das Marburger Programm von *Liszt* vielerseits als bahnbrechende Neuerung angesehen, ist vielmehr deutlich geworden, dass es sich dabei um das Resultat der bereits Ende des 18. Jahrhunderts einsetzenden und vor allem von der *Spezialpräventionstheorie*, der Humanität und der religiös-philanthropischen Bewegung geprägten und dann von der Rechtswissenschaft weiterentwickelten Reformbewegung, handelte.

Bei der Untersuchung der Strafvollzugsreformen sollte aus diesem Grund künftig vermehrt auf das Argument der Humanität und die Fakultätszugehörigkeit des Verwenders geblickt werden, um ein umfassendes Bild über die Entwicklungen des Strafvollzuges zu erhalten. Dabei unterschied sich die Auslegung und der Schwerpunkt des Arguments der Humanität mit Blick auf den Strafvollzug zwischen den Fakultäten und wandelte sich über die Jahre von einer gefangenen- zu einer gesellschaftsbezogenen Perspektive. Während hierdurch Konflikte in der konkreten Ausgestaltung des Strafvollzugs entstanden, hatten die initialen Bestrebungen und Reformbemühungen ein Ziel: Die Schaffung eines humanen Strafvollzugs.

[2738] *Hinckeldey*, Justiz in alter Zeit, S. 352.

Literaturverzeichnis

Quellen

Ungedruckte Quellen

Geheimes Staatsarchiv Preußischer Kulturbesitz, Berlin

GSTA I HA Rep. 84a, Ministerium der Justiz
Nr. 7832 Bl. 136.
Nr. 7832 Bl. 137, Kabinettsordre vom 04. August 1854.

Landesarchiv Baden-Württemberg (Generallandesarchiv), Karlsruhe

GLA 236/2936
Generalplan zur Einführung besserer Kriminalgerichtsverfassung und zur Verbesserung der Gefängnis- und Strafanstalten, Berlin, den 16. September 1804.
GLA 133/984
Verordnung nach welcher das hochfürstliche Zucht- und Waisenhaus eingerichtet und besorgt werden sollte, Bruchsal den 2. Februar 1777.
Vorschläge des Freiherr Drais von Sauerbronn, 28. Juni 1805, S. 75–79.

Power Library: Pennsylvania's Electronic Library

Eastern State Penitentiary, Wardens' Daily Journals, Volume 1, 1829–1855, Roll 7016.
Eastern State Penitentiary: Descriptive Registers, Roll 400.

New York State Archive

NYStA A0780-80

Auburn Prison Daily Punishment Reports, 1836–1846.

Gedruckte Quellen

American Biographical Archive (ABA)

zitiert nach: World Biographical Information System Online (WBIS) Verlag, De Gruyter Saur 2006

ABA, I 981, 294
Livingston, Henry A.

Badische Landesbibliothek

47. Öffentliche Sitzung der zweiten Kammer, Karlsruhe, den 26. August 1842, Badischer Landtag, 2. Kammer, 1842, Protokolle, Band 4, Protokoll, S. 230–261.

63. Sitzung am 21. Juli 1837, Badischer Landtag, 2. Kammer, 1837, Protokolle, Band 7, S. 53–96.

63. Sitzung am 21. Juli 1837, Bericht der Budget-Commission über das außerordentliche Budget für die Jahre 1837 bis 1839, S. CCLXXXVII–CCCLXVI, enthält: Eigentlicher Staatsaufwand. Zucht- und Correctionsanstalten, Badischer Landtag, 2. Kammer 1837, Beilagen Band 4, Beilagen zur 63. Sitzung zu den Zucht- und Correctionsanstalten, S. CCCII–CCCXV.

65. Öffentliche Sitzung am 26. August 1835, Bericht der Budgetkommission über das außerordentliche Budget von 1835/1837, Badischer Landtag, 2. Kammer, 1835, Beilagen, Band 2, Viertes Beilagenheft, Beilagen zur 65. Sitzung S. XCIX –CIX.

106. Sitzung der zweiten Kammer vom 03. Oktober 1831, Bericht der Budgetkommission, Badischer Landtag, 2. Kammer, 1831, Band 4, Beilagen zur 106. Sitzung, No. 6, Beilagenheft Nr. 10.

114. Sitzung der zweiten Kammer vom 14.Oktober 1831, Badischer Landtag, 2. Kammer. 1831, Band 11, 26. Heft, Titel XIII, Zucht- und Corrections-Anstalten, S. 184–249.

130. Sitzung der zweiten Kammer vom 11. Juli 1840, Badischer Landtag, 2. Kammer, 1839–1840, Protokolle, Band 13, S. 179–244.

Vorbereitungssitzung der zweiten Kammer der Landstände, 21. Mai 1842, Badischer Landtag, 2. Kammer, 1842, Protokolle, Band 1, S. 1–2.

British Biographical Archive (BBA)

zitiert nach: World Biographical Information System Online (WBIS) Verlag, De Gruyter Saur 2006

BBA I 528, 143–147
Halivand, John

BBA I 610, 46–48,
Jebb, Joshua
BBA I 954, 267–300
Rush, Benjamin

Deutsches Biographisches Archiv (DBA)

zitiert nach: World Biographical Information System Online (WBIS) Verlag, De Gruyter Saur 2006:
DBA I 33, 62–66
Arnim, Albrecht Heinrich von
DBA, I 358, 89–90
Füesslin, August Julius
DBA I 657, 315–432
Klein, Ernst Ferdinand
DBA I 610, 178–179
Jolly, Isaak
DBA, I 1301, 425–427,
Varrentrapp, Johann Georg
DBA III 979, 272–295
Welcker, Karl Theodor

Gesetzgebung

Achtes Organisationsedikt über die Strafrechtpflege, Karlsruhe den 05. April 1803, in: *Schimke*, Regierungsakten des Kurfürstentums und Großherzogtums Baden 1803–1815, Dokument 60, S. 500–537.

Allgemeines Landrecht für die preußischen Staaten von 1794: Textausgabe, Mit einer Einführung von *Hans Hattenhauer* und einer Bibliographie von Günter Bernet, 2., erweiterte Auflage in einem Band, Neuwied/Berlin, 1994.

An Act for better regulation of the state prisons at Auburn and Mount-Pleasant, passed May 20, 1840, Chap. 204, in: Laws of the State of New York Passed at the Sessions of the Legislature, Albany 1840, S. 157–158.

An Act for the better ordering of Prisons, 2 & 3 Vict. Cap. LVI, 17. August 1839 in: The Law Journal, A Compendious Abstract of the Public General Acts of The United Kingdom of Great Britain and Ireland: 2 Victoria – 1839, Being the Second Session of the Thirteenth Parliament of such United Kingdom, Vol XVII, S. 148–152, zitiert als: Prisons Act 1839.

An Act in relation to the State Prisons, Chap. 302, 11. Mai 1835, veröffentlicht in: Laws of the State of New-York passed at the Fifty-Eight Session of the Legislature, begun and held at the City of Albany, 1835, S. 341–344.

An Act to Amend an Act entitled "An Act for Amending the Penal laws of this State", Cap. MCDIX, 27. März 1789, in: Mitchell, James/Flanders, Henry: The Statutes at Large of Pennsylvania from 1681 to 1801, Vol. XIII, 1787–1790, Harrisburg 1908, S. 243–251.

An Act to amend the Act of the Sixteenth and Seventeenth Years of her Majesty, to substitute in certain Cases other Punishment in lieu of Transportation, 20 & 21 Vict. Cap. III., 26. Juni 1857, in: The Law Journal Reports. A Compendious Abstract of the Public General Acts of the United Kingdom of Great Britain and Ireland: 20 & 21 Victoriae, 1857. Being the First Session of the Seventeenth Parliament of such United Kingdom, Vol. XXVI., London 1857, S. 4–5, zitiert als: Penal Servitude Act 1857.

An Act to amend the Law relating to Prisons in England, 40 & 41 Vict. Cap. XXI, 12. Juli 1877, in: The Public General Acts of the United Kingdom of Great Britain and Ireland: Passed in the Fortieth and Forty-First Years of the Reign of her Majesty Queen Victoria, London 1877, S. 102–114, zitiert als: Prison Act 1877.

An Act to Explain and Amend The Laws Relating To The Transportation, Imprisonment, And Other Punishment, Of Certain Offenders, 19 Geo. III., Cap. LXXIV., 1779, in: Public General Acts. 1779. Abstracts, London 1779, S. 64–91, zitiert als: Penitentiary Act 1779, 19 Geo. III, Cap. LXXIV.

An Act to Reform the Penal Laws of the State, Cap. MDXVI, 5. April 1790, abgedruckt in: The Statutes at Large of Pennsylvania from 1682 to 1801, Vol. XIII 1787–1790, Harrisburg 1908, S. 511–528.

A further Supplement to an act entitled "An act to reform the penal laws of this commonwealth.", Chap. 6517, 23. April 1829, abgedruckt in: Laws of the Commonwealth of Pennsylvania, Band 10, S. 430–455.

Die Auflösung der Staats-Anstalten-Kommission betreffend, in: RBl. 29. Jahrgang, Karlsruhe 1831, März, Nr. V, S. 26–28.

Bescheid an die Königliche Regierung zu N., betreffend die Sträflings-Klasse, welcher neu eingelieferte Zuchthaus-Sträflinge zu überweisen sind, vom 11. Oktober 1861, abgedruckt in: Ministerial-Blatt für die gesammte innere Verwaltung in den Königlich Preußischen Staaten, Herausgegeben im Büreau des Ministeriums des Innern, 22ter Jahrgang, Berlin 1861.

Circular-Reskript des Königlichen Ministeriums des Innern und der Polizei, an sämtliche Königl. Regierungen, wegen der für die Straf-, Besserungs- und Gefangenen-Anstalten rücksichtlich der Bekleidung, Lagerung, des Arbeits- und Ueber-Verdienstes, der Behandlung der Rückfälligen u. getroffenen Anordnungen, Der Minister des Innern und der Polizei, von Brenn, Berlin den 31. Januar 1834, abgedruckt in: *Kamptz*: Annalen der Preußischen innern Staats-Verwaltung, Achtzehnter Band, Jahrgang 1834, Erstes Heft, Januar bis März, Berlin 1834, S. 172–191.

Circular-Reskript des Königl. Ministerium des Innern und der Polizei, an die Königl. Regierungen zu Potsdam, Frankfurt, Stettin, Königsberg, Gumbinnen, Marienwerder, Breslau, Liegnitz, Magdeburg, Merseburg, Münster und Minden, die allgemeine Anwendung des neuen Reglements für die Strafanstalt zu Rawicz betreffend, Berlin den 25. Dezember 1835, in: *Kamptz*, Annalen der Preußische Innern Staats-Verwaltung, Neunzehnter Band, Jahrgang 1835, Drittes Heft Juli bis September, Berlin 1835, S. 1081.

Constitutio Criminalis Carolina, Ausgabe für Studierende, herausgegeben von Kohler, Josef und Scheel, Will, Halle 1900.

The Second Constitution of New York, 1821.

Constitution of the United States, in ihrer aktuellen Fassung inclusive aller Amendments.

Denkschrift des Ministers des Innern an den Landtag über die Einzelhaft, 1861, in: GA, Berlin 1861, S. 245–263.

Dienst-Ordnung für die Angestellten im neuen Männerzuchthaus zu Bruchsal, 1847 abgedruckt in: Zeitschrift für deutsches Strafverfahren einschließlich des Gefängniswesens, 5. Frankfurt 1849, S. 180–241.

The "Great Law" – December 7, 1682.

Gesetz über die Beschäftigung der Gefangenen mit öffentlichen Arbeiten vom 11. April 1854, in: Gesetz-Sammlung für die Königlich Preußischen Staaten 1854. Enthält die Gesetze, Verordnung vom 06. Januar bis zum 06. Dezember 1854, nebst einigen Verordnungen aus den Jahren 1848, 1852, und 1853 Nr. 1 bis incl. 50, S. 143.

Gesetz den Strafvollzug im neuen Männerzuchthause zu Bruchsal betreffend, in: RBl., 43. Jahrgang Nr. I bis XL., Karlsruhe 1845, April, Nr. XI 1845, Beilage zum Regierungsblatt 1845.

Gesetz, die Einführung der Einzelhaft in den Weiberstrafanstalten betreffend, 18. Juli 1866, in: RBl., 64. Jahrgang, Nr. I. bis LXXIII., RBl. 1866, September, Nr. XLI, S. 237–238.

Hausgesetze des Petonvilleschen Strafhauses, London 1842, in: Julius, Nicolaus Heinrich: England's Mustergefängniss in Petonville, in seiner Bauart, Einrichtung und Verwaltung, abgebildet und beschrieben. Aus den Berichten des Major's Jebb, und des Petonvilleschen Verwaltungsrathes, Berlin 1846, S. 72–138, zitiert als: Hausgesetze des Petonvilleschen Strafhauses, 1842, §, S.

Hausordnung für das neue Männerzuchthaus in Bruchsal, 1847, abgedruckt in: Zeitschrift für deutsches Strafverfahren einschließlich des Gefängniswesens, 5. Frankfurt 1849, S. 242–248.

Kabinetsordres vom 26. März 1842, Inhalt abgedruckt in Krohne/Uber, Die Strafanstalten und Gefängnisse in Preußen, S. XVIII–XXI.

Notification und Edict, wegen angelegter und eingerichteter zweyer Armen- Arbeits- und Zucht – Häuser in Schlesien zu Brief und Hauer, Berlin, den 25 ten Mart, 1747, abgedruckt in: *Svarez, Carl Gottlieb*: Sammlung alter und neuer Schlesischer Provinzial-Gesetze zum täglichen Gebrauche für Richter und Advocaten, Des Zweyten Theils Erste Abtheilung, Breslau, 1772, S. 188–200.

Plan zur Verbesserung des Briegischen Zuchthauses, 1788, dargestellt von Wagnitz, Historische Nachrichten und Bemerkungen, Band 1, S. 293–310.

Preisaufgabe der ökonomischen Gesellschaft zu Bern 1777, abgedruckt in: Monatliche Nachrichten einicher Merkwürdigkeiten in Zürich, gesammelt, und herausgegeben, vom Jahre 1777, Zürich 1778, S. 25–26.

Reglement für die Strafanstalt zu Rawicz vom 4. November 1835, durch spätere Bestimmungen auch auf die übrigen Königlich Preußischen Strafanstalten ausgedehnt, nebst den dazu nachträglich ergangenen ergänzenden und abändernden Bestimmungen, Berlin 1868.

Reskript des Königlichen Ministeriums des Innern und der Polizei, an die Königl. Regierung zu Breslau, die Anwendung einsamer Haft gegen schwere Verbrecher in den Strafanstalten betreffend, 17. Januar 1837, in: Register zu den Annalen der Preußischen innern Staats-Verwaltung, für den Jahrgang 1837, Berlin 1837, Heft 1, Januar bis März, S. 202 f.

Reskript vom 22. Februar 1859, in: Reglement für die Strafanstalt zu Rawiczer, vom 04. November 1835, Berlin 1868, Anlage 24, S. 146–147.

Statut über die Organisation der Männeranstalt Bruchsal von den frommen Stiftungen im Hochstifte Speier, 1785, abgedruckt in: Blätter für Gefängniskunde 1868, Vermischtes, S. 40–60.

Das Strafgesetzbuch für das Deutsche Reich vom 15. Mai 1871 nach der Novelle vom 26. Februar 1876: nebst Einführungs- und Abänderungs-Gesetz, Erlangen 1876, zitiert als: RStGB 1871, §.

Strafgesetzbuch für die Preußischen Staaten und Gesetz über die Einführung desselben, 14. April 1851, Frankfurt a.d.O., zitiert als: PrStGB 1851, §.

Ueber die Competenz zur Bestrafung der von Züchtlingen und Sträflingen in Zucht- und Arbeits Häusern, 28. Januar 1805, RBl. Baden 1805, Nr. 6 S. 22–23.

Verfügung, die Behandlung der rückfälligen Sträflinge betreffend, vom 30. Mai 1861, abgedruckt in: Ministerial-Blatt für die gesammte innere Verwaltung in den Königlich Preußischen Staaten. Herausgegeben im Bureau des Ministeriums des Innern, 22ter Jahrgang, Berlin 1861, S. 122–123.

Verordnung, wie die Sträflinge in den Zucht-und Besserungs-Häusern während der Dauer ihrer Strafzeit sich in Ordnung, Reinlichkeit und Arbeitsamkeit zu verhalten haben, Nr. 3333-36, 22. Dezember 1821, abgedruckt in: Saam, Quellenstudien zur Geschichte des deutschen Zuchthauswesens bis zur Mitte des 19. Jahrhunderts, in: Wolf, Freiburger Beiträge zur Strafvollzugskunde, Band 2, 1936, S. 93–96.

Verordnung vom 31. Mai 1838, RBl. 1838, Juni, Nr. XXV, S. 233–235.

Verordnung zum Vollzug des Gesetzes vom 02. Oktober 1863, Regierungsblatt Nr. XLII., die Ersetzung der Arbeitshausstrafe in Einzelhaft betreffend, Oktober Nr. XLIII, in: RBl. 1863, 61. Jahrgang Nr. I bis LVI., Karlsruhe 1863, S. 386.

Zeitgenössische Literatur

Aikin, John: Leben, Character und Verdienste John Howard's Esq. des Menschenfreundes, aus dem Englischen von Joh. Christ. Fick, Leipzig 1792.

Second Annual Report of the Board of Managers of the Prison Discipline Society, Boston, June 1, 1827, Boston 1829.

Second Annual Report for the year 1830, January 1831, erschienen in: First and Second Annual Reports of the Inspectors of the Eastern State Penitentiary of Pennsylvania, Made to the Legislature at the Seasons 1829–1830 and 1830–31, Philadelphia 1831, S. 8–12.

Third Annual Report of the Board of Managers of the Prison Discipline Society, Boston 1828, Second Edition, Boston 1830.

Fifth Annual Report of the Board of Managers of the Prison Discipline Society, Boston 1830.

Appert, Benjamin: Voyage en Prusse dédié au Roi Frédéric Guillaume IV., Berlin 1846.

Arnim, Albrecht Heinrich von: Bruchstücke über Verbrechen und Strafen, oder Gedanken über die in den Preußischen Staaten bemerkte Vermehrung der Verbrecher gegen die Sicherheit des Eigentums; nebst Vorschlägen, wie derselben durch zweckmäßige Einrichtung der Gefangenenanstalten zu steuern seyn dürfte. Zum Gebrauch höhern Behörden. Zweiter Theil. Erster, Zweiter und Dritter Abschnitt, Frankfurt und Leipzig, 1803.

Beccaria, Cesare, Ueber Verbrechen und Strafen, übersetzt und herausgegeben von Glaser, Julius, Wien 1851.

Becker, Gottlied Wilhelm: Herr Johannes Howard, ein wahrer Menschenfreund, in: Ephemeriden der Menschheit, 1780, Band 2, Leipzig 1780, S. 82–87.

Bentham, Jeremy: Panopticon; Or, The Inspection-House; Containing The Idea of a New Principle Construction applicable to any Sort of Establishment, in which Persons of any Description are to be kept under Inspection: and in Particular to Penitentiary-Houses, Prisons, Manufactories, Houses of Industry, Mad-Houses, Work-Houses, Lazarettos, Poor-Houses, Hospitals, And Schools: With a Plan of Management. Adopted to the Principle: In a Series of Letters, Written in the Year 1787, from Crechess in White Russia, to a Friend in England, London 1791, zitiert als: Bentham, Panopticon Or the Inspection House, Band 1.

Bentham, Jeremy: Panopticon: Postscript; Part II: Containing a Plan of Management for a Panopticon Penitentiary-House, London 1791, zitiert als: Bentham, Panopticon Or the Inspection House, Band 2.

Biester, Johann E.: Howard, in: *Gedicke, F./Biester Johann E.*, Berlinische Monatsschrift, 14. Band, Julius bis December 1789, Berlin 1789, S. 365–380 und S. 450–466.

Brown, James Baldwin: Memoirs of the Public and Private Life of John Howard, the Philanthropist; compiled from his own Diary, in the Possession of his Family; his confidential letters; the Communications of his surviving Relatives and Friends; and other Authentic Sources of Information, 2. Auflage, London 1823.

Coindet, Ch.: Mémoire sur l'hygiène des condamnés détenus dans la prison pénitentiaire de Genève, Paris 1838.
Communication from the Agent of the Auburn State Prison, In Assembly, March 27, 1834, Assembly Documents No. 341, in: Documents of the Assembly of the State of New-York, Fifty-Seventh Session, 1834, Volume IV. From No. 251 to 401 Inclusive, Albany 1834.
Corvin, Otto von: Die Einzelhaft und das Zellengefängniß in Bruchsal. Ein Kapitel aus den demnächst erscheinenden „Erinnerungen aus meinem Leben", Hamburg 1857.
Crawford, William/Russell, Whitworth: Extracts from the Second Report of the Inspectors for the Home District. Adressed to the right honourable the secretary of State for the Home Department, By Authority, London 1837 and Philadelphia 1838.
Dickens, Charles: American Notes for General Circulation. In Two Volumes – Vol. I., New York 1842.
Diez, Carl August: Über die Vorzüge der einsamen Einkerkerung, als Mittel zur Besserung der Verbrecher in den Strafanstalten, Karlsruhe 1842.
Ekert, G. Die Strafanstalten Deutschland. Separatheft der Blätter für Gefängniskunde, Organ des Vereins der deutschen Strafanstalts-Beamten, Heidelberg 1866.
Erasmus Desiderius von Rotterdamm: Briefe/Erasmus von Rotterdamm. Verdt. Und hrsg. Von Walther Köhler. Repographie. Nachdruck der 3. Auflage, Bremen 1956, 4. Auflage/erweiterte Ausgabe von Andreas Flitner. – Darmstadt 1995.
Erasmus Desiderius von Rotterdamm: Die Klage des Friedens/Erasmus von Rotterdam, [1517]. Aus dem Lateinischen übersetzt und herausgegeben und mit einem Vorwort von Brigitte Hannemann, Zürich 1998.
Feuerbach, Paul Johann Anselm Ritter von: Lehrbuch des gemeinen in Deutschland gültigen Peinlichen Rechts, 3. Auflage, Gießen 1805.
Füesslin, August Julius: Die Beziehungen des neuen Großh. Badischen Strafgesetzes zum Pönitentiarsysteme, insbesondere die Bestimmungen über die öffentlichen Arbeiten, die urtheilsmäßigen Strafschärfungen der Gefangenen, die Polizeiaufsicht der Entlassenen und die Nothwendigkeit der Schutzvereine, Karlsruhe 1853.
Füesslin, August Julius: Die Einzelhaft nach fremden und sechsjährigen eigenen Erfahrungen im neuen Männerzuchthause in Bruchsal, Heidelberg 1855.
Füesslin, August Julius: Director Julius Füesslin und die Trennungshaft in Baden, Stuttgart 1867.
Gosse, L.-A.: Examen medical et philosophique du systeme pénitentiare, Genève 1837.
Graebe, Carl Otto, Ueber die Reformation der peinlichen Gesetze und über die Verdienste und Bemühungen sie zu verbessern, nebst einigen Bemerkungen über Verbrechen und Strafen, Münster, 1784, S. 28–29.
Grundgesetze der Rheinisch-Westfälischen Gefängnis-Gesellschaft vom 18. Juni 1826, abgedruckt in: *Rohden/Just*, Hundert Jahre Geschichte der Rheinisch-Westfälischen Gefängnis-Gesellschaft 1826–1926, S. 145–148.
Hegel, Georg Friedrich Wilhelm: Die Grundlinien der Philosophie des Rechts, Berlin 1821.

Herder, Johann Gottfried von: Briefe zur Beförderung der Humanität, in: Ders.: Werke in zehn Bänden, Herder Johann Gottfried, 1744–1803, Band 7, Frankfurt am Main 1991.

Holtzendorff, Franz von: Die Deportation als Strafmittel in alter und neuer Zeit und die Verbrechercolonien der Engländer und Franzosen, Leipzig 1859.

Holtzendorff, Franz von: Die Brüderschaft des Rauhen Hauses, ein Protestantischer Orden im Staatsdienst. Aus bisher unbekannten Papieren dargestellt, Berlin 1861.

Holtzendorff, Franz von: Gesetz oder Verwaltungsmaxime? Rechtliche Bedenken gegen die Preußische Denkschrift betreffend die Einzelhaft, Berlin 1861.

Holtzendorff, Franz von: Rechtliche Bedenken gegen die preussische Denkschrift betreffend die Einzelhaft, Berlin 1861.

Howard, John: The State Of The Prisons in England And Wales. With Preliminary Observations, And An Account Of Some Foreign Prisons, London, 1777.

Howard, John: The State of The Prisons in England and Wales. With Preliminary Observations, And An Account Of Some Foreign Prisons, London 1784, zitiert als: Howard, The State of The Prisons 1784, S.

Howard, John: An Account of the Principal Lazarettos in Europe; with Various Papers Relative to the Plague: Together with Further Observations on Some Foreign Prisons and Hospitals; and Additional Remarks on the Present State of Those in Great Britain and Ireland, Warrington 1789.

Jagemann, Ludwig: Zur Rechtsbegründung und Verwirklichung des Grundsatzes der Einzelhaft, in: Jagemann, Ludwig/Noellner, Friedrich: Zeitschrift für deutsches Strafverfahren einschließlich des Gefängniswesens, Band 5, Heft 1 und 2, Frankfurt am Main 1849, S. 1–252.

Jagemann, Ludwig: Vortrag des Ministerialraths von Jagemann an die zweite Kammer der Ständeversammlung bei der Vorlage des Gesetzesentwurfes, den Strafvollzug im neuen Männerzuchthause betreffend, in: Verhandlung der zweiten badischen Kammer, 1843/45, Beilagen, Band 14, Beilagen zur 134. Sitzung (13.01.1845), S. 163–172.

Julius, Nikolaus Heinrich: Nordamerikas sittliche Zustände: nach eigenen Anschauungen in den Jahren 1834, 1835 und 1836, Zweiter Band: Verbrechen und Strafen, Leipzig 1839.

Julius, Nikolaus Heinrich: Vorlesungen über die Gefängniß-Kunde, oder über die Verbesserung der Gefängnisse und sittliche Besserung der Gefangenen, entlassenen Sträflingen u.s.w., gehalten im Frühlinge 1827 zu Berlin, Berlin 1828.

Kant, Immanuel: Grundlegung zur Metaphysik der Sitten, Riga 1785.

Kant, Immanuel: Die Metaphysik der Sitten, Erster Theil, S. 149.

Liszt, Franz von: Der Zweckgedanke im Strafrecht, in: *Ostendorf, Heribert*: Von der Rache zur Zweckstrafe. 100 Jahre Marburger Programm von Franz von Liszt, Frankfurt am Main 1982, S. 23–32.

Liszt, Franz von: Lehrbuch des deutschen Strafrechts, Berlin 1900.

McElwee, Thomas B.: A Concise History of the Eastern Penitentiary of Pennsylvania: together with a Detailed Statement of the Proceedings of the Committee, Appointed by the Legislature, December 6 th, 1834, for the purpose of examining into the Economy and Management of that Institution, Embracing the Testimony Taken on That Occasion, and Legislative Proceedings Connected Therewith, Philadelphia 1835.

McElwee, Thomas B.: A Concise History of the Eastern Penitentiary of Pennsylvania: together with a Detailed Statement of the Proceedings of the Committee, Appointed by the Legislature, December 6 th, 1834, for the purpose of examining into the Economy and Management of that Institution, Embracing the Testimony Taken on That Occasion, and Legislative Proceedings Connected Therewith, Volume II, Philadelphia 1835.

Mittermaier, Karl Anton: Die Gefängnißverbesserung insbesondere die Bedeutung und Durchführung der Einzelhaft im Zusammenhang mit dem Besserungsprinzip nach den Erfahrungen der verschiedenen Strafanstalten, Erlangen 1858.

Mittermaier, Karl Anton: Der gegenwärtige Zustand der Gefängnißfrage mit Rücksicht auf die neuesten Leistungen der Gesetzgebung und Erfahrungen über Gefängniseinrichtung mit besonderer Beziehung auf Einzelhaft, Erlangen 1860.

Mittermaier, Karl Anton: Lehrbuch des gemeinen in Deutschland gültigen peinlichen Rechts von Dr. Anselm Ritter von Feuerbach, Königl. Baierischem wirklichen Staatsrathe, Präsidenten des Appelationsgerichts für den Retzat-Kreis etc. Mit vielen Anmerkungen und Zusatzparagraphen und mit einer vergleichenden Darstellung der Fortbildung des Strafrechts durch die neuen Gesetzgebungen, Dreizehnte Originalausgabe, Gießen 1840.

Mögling, Theodor: Briefe an seine Freunde, Solothurn, 1858.

Morus, Thomas: Utopia, o.O. 1518, in der Lateinisch/Deutschen Übersetzung von: Ritter, Gerhard, Thomas Morus. Utopia, Stuttgart 2012.

Pears, Edwin: Prisons and Reformatories at Home and Abroad. Being the Transactions of the International Penitentiary Congress held in London July 3-13, 1872 including official Documents, Discussions, And Papers Presented to the Congress, London 1872.

Powers, Gershom: Report. Agent and Keepers of the State Prison, at Auburn. Made to the Legislature, Jan. 7, 1828, Albany, 1828.

Report of the Joint Committee of the Legislature of Pennsylvania, relative to the Eastern State Penitentiary at Philadelphia, read in the House of Representatives, March 26, 1835, abgedruckt in: McElwee, A Concise History of Eastern State Penitentiary of Pennsylvania, Vol. I S. 30–70.

Report of the Majority of the Committee appointed by the Senate, to investigate the affairs of the State prisons at Auburn and Sing-Sing, Senate Documents of the State of New-York, February 15, 1840, No. 37, in: Documents of the Senate of the State of New-York, Sixty-Third Session, 1840, Vol. II., From No. 37 to 62 Inclusive, [Albany] 1840.

Report of the Minority of the Committee appointed by the Senate appointed under a resolution of the Senate, of the 25th April 1839, to investigate the affairs of the State prisons at Auburn and Sing-Sing, Senate Documents of the State of New-York, February 15, 1840, No. 38, in: Documents of the Senate of the State of New-York, Sixty-Third Session, 1840, Vol. II., From No. 37 to 62 Inclusive, [Albany] 1840.

Report of the select committee, appointed pursuant to a resolution of the Assembly, passed March 27, 1832, to examine into the state of the prisons at Mount-Pleasant and Auburn, Assembly Document of the State of New-York, February 26, 1833, No. 199, in: Documents of the Assembly of the State of New-York, Volume III. From No. 136–239 Inclusive, Albany 1833.

Röder, Karl David August: Der Strafvollzug im Geist des Rechts. Vermischte Abhandlungen. Denkenden Rechtspflegern, Leipzig und Heidelberg 1863.

Rush, Benjamin: An Enquiry into the Effects of Public Punishment upon Criminals, and upon Society, Read in the Society for Promoting Political Enquiries, Convened at the House of Benjamin Franklin, Esq. in Philadelphia, March 9th, 1787, in: Rush, Essays, Literary, Moral and Philosophical, Second Edit, Philadelphia 1806, S. 136–163.

Schlatter, Georg Friedrich Schlatter: Das System der Einzelhaft in besonderer Beziehung auf die neue Strafanstalt in Bruchsal. Stimme eines Gefangenen über Zuchthäuser, 2. Auflage Mannheim 1856.

Schmitthenner, Friedrich: Grundlinien des allgemeinen oder idealen Staatsrechtes, Giessen 1845.

Schreiber, Aloys: Badische Geschichte, Karlsruhe 1817.

Schück, Carl Eduard: Wahnsinn im Zuchthause, in: Julius, Nicolaus Heinrich: Jahrbücher der Gefängnißkunde und Besserungsanstalten, 1843, Bd. 2, Frankfurt am Main 1843, S. 266–280.

The Society for Alleviating the Miseries of Public Prisons: Extracts and Remarks on the Subject of Punishment and Reformation of Punishment and Reformation of Criminals, Philadelphia 1790.

Smith, George Washington: A Defence of the System of Solitary Confinement of Prisoners Adopted by the State of Pennsylvania: With Remarks on the Origin, Progress and Extension of this Species of Prison Discipline, Philadelphia 1833.

Sparks, Jared: The Life of Benjamin Franklin. Vol. II. A Continuation to B. Franklin's Autobiography, Leipzig 1858.

Testimony – Taken by the committee appointed by the Senate, to investigate the affairs of the Auburn and Mount-Pleasant State-Prisons, February 17, 1840, Senate Document, No. 48, in: Documents of the Senate of the State of New-York, Sixty-Third Session, 1840, Vol. II., From No. 37 to 62 Inclusive, [Albany] 1840.

Thompson, W.: The Life of John Howard, Esquire, Newcastle upon Tyne 1790.

Vaux, Roberts: Notices of the Original, and Successive Efforts, to improve the discipline of the Prison at Philadelphia and to reform the criminal Code of Pennsylvania: with a few observations on the penitentiary system, Philadelphia 1826.

Verhandlungen der ersten Versammlung für Gefängnisreform zusammengetreten im September 1846 zu Frankfurt a.M. (nebst Anhang), Frankfurt a.M. 1847, zitiert als: Verhandlungen, der ersten Versammlung für Gefängnissreform S.

Wagnitz, Heinrich Balthasar: Historische Nachrichten und Bemerkungen über die merkwürdigsten Zuchthäuser in Deutschland. Nebst einem Anhange über die zweckmäßigste Einrichtung der Gefängnisse und Irrenanstalten, Erster Band, Halle 1791, zitiert als: Wagnitz, Historische Nachrichten und Bemerkungen, Band 1, S.

Wagnitz, Heinrich Balthasar: Historische Nachrichten und Bemerkungen über die merkwürdigsten Zuchthäuser in Deutschland. Nebst einem Anhange über die zweckmäßigste Einrichtung der Gefängnisse und Irrenanstalten, Zweyten Bandes erste Hälfte, Halle 1792, zitiert als: Wagnitz, Historische Nachrichten und Bemerkungen, Band 2 Halbband 1, S.

Wagnitz, Heinrich Balthasar: Historische Nachrichten und Bemerkungen über die merkwürdigsten Zuchthäuser in Deutschland. Nebst einem Anhange über die zweckmäßigste Einrichtung der Gefängnisse und Irrenanstalten, Zweyten Bandes zweyte Hälfte, Halle 1794, zitiert als: Wagnitz, Historische Nachrichten und Bemerkungen, Band 2 Halbband 2, S.

Wagnitz, Heinrich Balthasar: Ueber die moralische Verbesserung der Zuchthaus-Gefangenen, Halle 1787.

Wichern, Johann Hinrich: Die Auseinandersetzung mit Professor Franz von Holtzendorff, in: Meinhold, Johann Hinrich Wichern, Sämtliche Werke, Band VI – Die Schriften zur Gefängnisreform, Hamburg 1973, S. 329–333.

Wichern, Johann Hinrich: Die Behandlung der Verbrecher in den Gefängnissen (1852/1853), abgedruckt in: Meinhold, Johann Hinrich Wichern, Sämtliche Werke, Band VI – Die Schriften zur Gefängnisreform, Hamburg 1973, S. 31–52, S. 32

Wichern, Johann Hinrich: Die innere Mission der deutschen evangelischen Kirche. Eine Denkschrift an die deutsche Nation. Im Auftrage des Centralausschusses für die innere Mission, Zweite Auflage, Hamburg 1849.

Wichern, Johann Hinrich: Die Neue Strafanstalt spez. Das Zellengefängnis (zu Moabit) in Berlin (1861), abgedruckt in: Meinhold, Johann Hinrich Wichern, Sämtliche Werke, Band VI – Die Schriften zur Gefängnisreform, Hamburg 1973, S. 192–268.

Wichern, Johann Hinrich: Gefangenenfrage in der Geschichte und im Evangelium (1857), Meinhold, Johann Hinrich Wichern, Sämtliche Werke, Band VI – Die Schriften zur Gefängnisreform, Hamburg 1973, S. 85–100.

Wichern, Johann Hinrich: Gutachten an den Centralausschuß für die innere Mission über die Aufgabe der Gefängnisreform, 1851, abgedruckt in: Meinhold, Johann Hinrich Wichern, Sämtliche Werke, Band VI – Die Schriften zur Gefängnisreform, Hamburg, 1973, S. 26–28.

Wichern, Johann Hinrich: Rede über die Einzelhaft und die Tätigkeit der Brüderschaft des Rauhen Hauses in dem Strafgefängnis zu Moabit (1862), 57. Sitzung des Preußischen Abgeordnetenhauses, abgedruckt in: Meinhold, Johann Hinrich

Wichern, Sämtliche Werke, Band VI – Die Schriften zur Gefängnisreform, Hamburg, 1973, S. 336–355.

Wichern, Johann Hinrich: Die Rückfälligkeit der Strafgefangenen in Moabit – Diskussionsbeitrag in der 57. Sitzung des Preußischen Abgeordnetenhauses (1862), abgedruckt in: Meinhold, Johann Hinrich Wichern, Sämtliche Werke, Band VI – Die Schriften zur Gefängnisreform, Hamburg, 1973, S. 362–363.

Würth, Joseph von: Die neuesten Fortschritte des Gefängniswesens in Frankreich, England, Schottland, Belgien und der Schweiz, Wien 1844.

Sekundärliteratur

Abelein, Manfred: Rechtsstaat und besonderes Gewaltverhältnis, in: ZfP, 1967, NF 14 (1967), S. 313–332.

Alexy, Lennart/Fisahn, Andreas et al.: Das Rechtslexikon. Begriffe, Grundlagen, Zusammenhänge, Bonn 2. Auflage, 2023, Lizenzausgabe: Bundeszentrale für politische Bildung.

Amnesty International: USA: Prisoners held in extreme solitary confinement in breach of international law, 16. Juni 2014.

Aschrott, Paul Felix: Strafensystem und Gefängniswesen in England, Berlin und Leipzig 1887.

Asmuth, Bernhard: Der Humanismus in den Niederlanden, besonders bei Erasmus und Lipsius, in: Engler, Helmut, Humanismus in Europa – Herausgegeben von der Stiftung „Humanismus heute" des Landes Baden-Württemberg, Heidelberg 1998, S. 111–157.

Barisch, Susann: Die Privatisierung im deutschen Strafvollzug – unter Einbeziehung des Jugendstrafvollzuges und unter Berücksichtigung entsprechender Entwicklungen in Großbritannien, Frankreich und den USA, (Internationale Hochschulschriften), Band 538, Münster 2010.

Berger, Thomas: Die konstante Repression. Zur Geschichte des Strafvollzuges in Preußen nach 1850, Frankfurt am Main 1974.

Biegi, Mandana: Abu Ghraib und der Schlesinger-Report – der Beitrag von Untersuchungskommissionen zur Transformation des Rechts- und Menschenrechtsbewusstseins nach 9/11, erschienen in: Sicherheit und Frieden, Vol. 24, No. 2, 2006, S. 92–98.

Bretschneider, Falk: Gefangene Gesellschaft. Eine Geschichte der Einsperrung in Sachsen im 18. und 19. Jahrhundert, Konflikte und Kultur (Historische Perspektiven, Band 15), Konstanz 2008.

Buck, August: Humanismus. Seine europäische Entwicklung in Dokumenten und Darstellungen, (Orbis Academicus, Bd. 1; 16), München 1987.

Büchner, Karl: Humanitas Romana: Studien über Werke und Wesen der Römer, Heidelberg 1957.

Burkard, Franz Peter: Humanismus, in: *Burkard, Franz Peter/Prechtl, Peter*, Metzler Lexikon Philosophie. Begriffe und Definitionen, 3. erweiterte und aktualisierte Auflage, Stuttgart 2008, S. 248–249.

Cancik, Hubert/Groschopp, Horst/Wolf, Frieder Otto: Humanismus: Grundbegriffe, Berlin/Boston 2016, zitiert als Cancik u. a., Humanismus, Grundbegriffe, S.

Cancik, Hubert: Humanismus, in: Cancik, Hubert/Groschopp, Horst/Wolf, Frieder Otto: Humanismus: Grundbegriffe, Berlin 2016, S. 9–15.

Carl, Sabine, Proliferation and implementation of prison ombudsmen: comparative analysis of the prisons and probation ombudsman for England and Wales and the Justizvollzugsbeauftragter des Landes Nordrhein-Westfalen (Würzburger Schriften zur Kriminalwissenschaft), Band 34, Frankfurt am Main 2014.

Christes, Johannes: Cicero und der römische Humanismus, in: Stiftung „Humanismus heute" des Landes Baden-Württemberg, Humanismus in Europa, Heidelberg 1998, S. 45–73.

Dolan, Francis X.: Eastern State Penitentiary, Mount Pleasant 2007.

Dünkel, Frieder: Die Geschichte des Strafvollzuges als Geschichte von (vergeblichen?) Vollzugsreformen, in: Driebold, Rolf: Strafvollzug. Erfahrungen, Modelle, Alternativen, Beiheft zur Zeitschrift Gruppenpsychotherapie und Gruppendynamik, Heft 18, Göttingen 1983, S. 25–54.

Drescher, Angelika: Naturrecht als utilitaristische Pflichtenethik? Berlin (Schriften zur Rechtsgeschichte 76) 1999.

Engeler, Wilfried: Strafvollzug in den USA – Das pennsylvanische System – Neue Konzepte des Bureau of Prisons, Zürich 1972.

Erzgräber, Willi: Humanismus und Renaissance in England im 16. Jahrhundert, in: Stiftung „Humanismus heute" des Landes Baden-Württemberg, Humanismus in Europa. Mit einem Geleitwort von Helmut Engler, Heidelberg 1998, S. 159–186.

Fasoli, Hemma: Zum Strafverfahrensrecht und Gefängniswesen im 19. Jahrhundert – Der Jurist Ludwig von Jagemann (1805–1853) – Seine Rolle in Deutschland unter Berücksichtigung der Entwicklungen in England, Frankreich und USA, Kehl am Rhein 1985.

Fennel, Katja: Gefängnisarchitektur und Strafvollzugsgesetz – Anspruch und Wirklichkeit – am Beispiel des hessischen Vollzugs. Unter Einbeziehung innovativer Ideen aus England und Frankreich, Würzburg 2006.

Fisher, Sydney G.: The Quaker Colonies. A Chronicle of the Proprietors of the Delaware (Chronicles of America 8), Luton 2012.

Flashar, Hellmut/Görler, Woldemar/Ueberweg, Friedrich (Begr.): Die Philosophie der Antike, Band 4, Die hellenistische Philosophie, Halbband 1, Basel 1994.

Friederich, Maximiliane: John Howard und die Strafvollzugsreformen in Süddeutschland in der ersten Hälfte des 19. Jahrhunderts, Würzburger Schriften zur Kriminalwissenschaft, Band 35, Frankfurt 2013.

Foucault, Michel, Überwachen und Strafen, Berlin 1976.

Forsythe, W[illiam] J[ames]: The beginnings of the separate System of Imprisonment 1835–1840, in: Social Policy & Administration 13, No. 2, Summer 1979.
Fox, Lionel Wray: The Modern English Prison, London 1934.
Freßle, Paul: Die Geschichte des Männerzuchthauses Bruchsal, Freiburg 1970.
Gehring, Petra: Das invertierte Auge. Panopticon und Panoptismus, in: Rölli, Marc/ Nigro, Roberto (Hrsg.), Vierzig Jahre „Überwachen und Strafen“. Zur Aktualität der Foucault'schen Machtanalyse, S. 21–42.
Gerhardt, Martin: Johann Hinrich Wichern. Ein Lebensbild, I. Jugend und Aufstieg 1808–1845, Hamburg 1927.
Gerhardt, Martin: Johann Hinrich Wichern. Ein Lebensbild, II. Höhe des Schaffens 1846–1857, Hamburg 1928.
Gerhardt, Martin: Johann Hinrich Wichern. Ein Lebensbild, III. Ausbau und Ende 1857–1881, Hamburg 1931.
Graf, Jürgen: BeckOK Strafvollzugsrecht Bund, 17. Edition, München 2020; zitiert als: Bearbeiter, BeckOK Strafvollzug Bund, StVollzG, § Rn.
Greve, Ylva: Verbrechen und Krankheit. Die Entdeckung der „Criminalpsychologie“ im 19. Jahrhundert, Köln 2004.
Harari, Yuval Noah: Homo Deus. Eine Geschichte von Morgen, aus dem Englischen übersetzt von Andreas Wirthensohn, München 2017.
Hausmann, Frank-Rutger: Humanismus und Renaissance in Italien und Frankreich, in: *Stiftung „Humanismus heute“ des Landes Baden-Württemberg*, Humanismus in Europa. Mit einem Geleitwort von Helmut Engler, Heidelberg 1998, S. 89–109.
Hecht, Hans/Schücking, Levin Ludwig: Die englische Literatur im Mittelalter, (Handbuch der Literaturwissenschaft 9), Wildpark-Potsdam 1927.
Hellfeld, Matthias von: Das lange 19. Jahrhundert. Zwischen Revolution und Krieg. 1776–1914, Bonn 2015.
Hentig, Hans von: Die Strafe II – Die moderne Erscheinungsform, Berlin 1955.
Henze, Martina: Strafvollzugsreformen im 19. Jahrhundert. Gefängniskundlicher Diskurs und staatliche Praxis in Bayern und Hessen-Darmstadt, Quellen und Forschungen zur hessischen Geschichte, Band 135, Darmstadt 2003.
Hinckeldey, Ch.: Justiz in alter Zeit, (Schriftenreihe des mittelalterlichen Kriminalmuseums Rothenburg ob der Tauber 4), Rothenburg o.d.T. 1984.
Hilgendorf, Eric: Recht, in: Cancik, Hubert/Groschopp, Horst/Wolf, Frieder Otto: Humanismus: Grundbegriffe, Berlin 2016, S. 313–325.
Hilgendorf, Eric: Aufklärung, in: Hilgendorf, Eric/Joerden, Jan C. (Hrsg.): Handbuch der Rechtsphilosophie, Stuttgart 2021, S. 143–156.
Hilgendorf, Eric: Menschenrechte, Menschenwürde, Menschenbild in: Ders., Handbuch Rechtsphilosophie, Stuttgart 2021, S. 403–409.
Hippel, R[obert] von: Die geschichtliche Entwicklung der Freiheitsstrafe, in: Bumke, Erwin: Deutsches Gefängniswesen: Ein Handbuch, Berlin 1928, S. 1–15.
Ignatieff, Michael: A Just Measure of Pain. The Penitentiary of the Industrial Revolution, 1750–1850, London 1978.

Jagemann, Eugen von: Das Aussereuropäische Gefängnisswesen seit 1830, in: Holtzendorff, Franz von/Jagemann, Eugen von: Handbuch des Gefängnisswesens in Einzelbeiträgen, Erster Band, Zweites Buch, Geschichte und Stand der Gefängniss-Reform, Hamburg 1888, S. 345–379.
Jahn, Bruno: Die deutschsprachige Presse: ein biographisch-bibliographisches Handbuch, Teil 1, München: Saur, 2005.
Jakubowski-Tiessen, Manfred: Zwischen Union und Devianz. Der Transfer religiöser Ideen im Raum der Personalunion, in: *Reitemeier, Arnd:* Kommunikation und Kulturtransfer im Zeitalter der Personalunion zwischen Großbritannien und Hannover – „to prove that Hanover and England are not entirely synonymous", Göttingen 2014, S. 143–159.
Janzen, Wolfram: Hinter Gitter – Analysen und Materialien zum Thema Strafe und Strafvollzug in der Bundesrepublik Deutschland. Mit zwei Unterrichtsmodellvorschlägen für den Religionsunterricht, Projekte und Modelle zum Dialog mit der jungen Generation, Band 3, Stuttgart 1972.
Jefferson, Michael: Dr. John Forthergill, Physician and Humanist, in: The British Medical Journal, Vol. 2, No. 5514 (Sep. 10, 1966), S. 637–639.
Johnston, Norman: Noble Ideas Collide with Reality, in: Johnston, Norman/Finkel, Kenneth/Cohen, Jeffrey A., Eastern State Penitentiary. Crucible of Good Intentions, Philadelphia 1994.
Kahan, Paul: Seminary of Virtue. The Ideology and Practice of Inmate Reform at Eastern State Penitentiary, 1829–1971, New York 2012.
Kielmansegg, Sebastian Graf von: Das Sonderstatusverhältnis, in: Maihold, Dieter/Wolf, Christian/Muckel, Stefan/Rubel, Rüdiger et al.: Juristische Arbeitsblätter, Heft 12/2012, S. 881–887, zitiert als: Kielmansegg, JA 12/881 (S.).
Kisch, Guido: Studien zur humanistischen Jurisprudenz, Berlin 1971.
Kohnle, Armin: Kleine Geschichte der Markgrafschaft Baden, Leinfelden-Echterdingen, 2007.
Krause, Thomas: Geschichte des Strafvollzugs – Von den Kerkern des Altertums bis zur Gegenwart, Darmstadt 1999.
Krebs, Albert: Denkweisen von „Poenologen" über die „Einzelhaft" um die Mitte des XIX. Jahrhunderts, in: Hirsch, Hans Joachim/Kaiser, Günther/Marquardt, Helmut: Gedächtnisschrift für Hilde Kaufmann, Berlin 1986, S. 475–492.
Krebs, Albert: Die Verhandlungen der ersten internationalen Versammlung für Gefängnisreform, zusammengetreten September 1846 in Frankfurt am Main, in: Schwind, Hans-Dieter: Festschrift für Günter Blau zum 70. Geburtstag am 18. Dezember 1985, Berlin 1985, S. 629–650.
Krebs, Albert: Freiheitsentzug. Entwicklung von Praxis und Theorie seit der Aufklärung, hrsg. von Heinz Müller-Dietz, Berlin 1978.
Kreimendahl, Lothar: Philosophen des 18. Jahrhunderts: eine Einführung, Darmstadt 2000.

Kreher, Christian O.: Herkunft und Entwicklung des Zweckgedankens bei Franz von Liszt. Eine rechtshistorische Analyse des Marburger Programms (Zürcher Studien zur Rechtsgeschichte 68), Zürich 2015.
Krohne, K[arl]/Uber, R[udolf]: Die Strafanstalten und Gefängnisse in Preußen. Erster Theil: Anstalten in der Verwaltung des Ministeriums des Innern, Berlin 1901.
Krohne, Karl: Lehrbuch der Gefängniskunde unter Berücksichtigung der Kriminalstatistik und Kriminalpolitik, Stuttgart 1889.
Krüger, Julian: Systeme und Konzepte des progressiven Strafvollzugs, Kieler Rechtswissenschaftliche Abhandlungen (NF), Band 64, Baden-Baden 2011.
Laband, Paul: Das Staatsrecht des Deutschen Reiches, Erster Band, Tübingen 1876.
Laubenthal, Klaus: Strafvollzug, 8. Auflage, Berlin 2019.
Lausberg, Michael: Das Zeitalter der Aufklärung, Hamburg 2018.
Lausberg, Michael: Preußens Herrscher vom „Großen Kurfürsten" bis Friedrich Wilhelm IV (Studien zur Geschichte der Neuzeit Band 103), Hamburg 2020.
Lefèvre, Eckard: Humanismus und humanistische Bildung, in: Stiftung *„Humanismus heute"* des Landes Baden-Württemberg, Humanismus in Europa. Mit einem Geleitwort von Helmut Engler, Heidelberg 1998, S. 1–43.
Leinkauf, Thomas: Grundriss Philosophie des Humanismus, Band 1, Hamburg 2017.
Leukel, Sandra: Strafanstalt und Geschlecht: zur Geschichte des Frauenstrafvollzugs im 19. Jahrhundert (Baden und Preußen), Leipzig 2010.
Lingnau, Hildegard: All Good Things Go Together: Menschenrechte, Demokratie und Entwicklung, Siegen 2008.
Luther, Christoph: Ein Strafrecht der Gerechtigkeit und der Menschenliebe. Einsendungen auf die Berner Preisfrage zur Strafgesetzgebung 1777, Potsdam 2014.
Mayenburg, David von: Die Rolle psychologischen Wissens in Strafrecht und Kriminologie bei Franz von Liszt, in: *Schmoeckel, Mathias*: Psychologie als Argument in der juristischen Literatur des Kaiserreichs, S. 103–131.
Mayer, Otto: Deutsches Verwaltungsrecht, I. und II. Band, Systematisches Handbuch der Deutschen Rechtswissenschaft, Sechste Abteilung, erster und zweiter Band, dritte Auflage, Berlin 1924.
McGowen, Randall: The Well-Ordered Prison: England 1780–1865, in: Morris, Norval/ Rothman, David. J: The Oxford History of the Prison. The Practice of Punishment in Western Society, Oxford 1995, S. 71–99.
McLennan, Rebecca M.: The Crisis of Imprisonment. Protest, Politics, and the Making of The American Penal State, 1776–1941, Cambridge 2008.
Meinhold, Peter: Johann Hinrich Wichern – Sämtliche Werke, Band VI., Hamburg 1937.
Mertens, Dieter: Deutscher Renaissance-Humanismus, in: *Stiftung „Humanismus heute" des Landes Baden-Württemberg*, Humanismus in Europa. Mit einem Geleitwort von Helmut Engler, Heidelberg 1998, S. 187–210.
Meyer, Annette: Die Epoche der Aufklärung, Berlin 2010.
Muntau, Johannes: Strafvollzug und Gefangenenfürsorge im Wandel der Zeit, Celle 1961.

Naucke, Wolfgang: Feuerbach in: Enzyklopädie zur Rechtsphilosophie, 2011.
Newald, Richard: Probleme und Gestalten des deutschen Humanismus, Berlin 1963.
Nipperdey, Thomas: Deutsche Geschichte 1800–1918, München 2013 (3 Bände).
Nitsch, Alexandra: Die Unterbringung von Gefangenen nach dem Strafvollzugsgesetz, Kriminalwissenschaftliche Schriften, Band 15, Berlin 2006.
Nutz, Thomas: Gefängnisreformdiskurs und Kriminalpolitik in Preußen bis 1806, in: *Berding, Helmut/Kippel, Diethelm/Lottes, Günther*: Kriminalität und abweichendes Verhalten. Deutschland im 18. und 19. Jahrhundert, Göttingen 1999, S. 39–67.
Nutz, Thomas: Strafanstalt als Besserungsanstalt – Reformdiskurs und Gefängniswissenschaft 1775–1848, Ancien Régime Aufklärung und Revolution, Band 33, München 2001.
Oster, Uwe A.: Preußen. Geschichte eines Königreichs, München 2010.
Osterhammel, Jürgen: Die Verwandlung der Welt. Eine Geschichte des 19. Jahrhunderts, München 2011.
Oestreich, Gerhard: Der römische Stoizismus und die oranische Heeresreform, in: Ders., Geist und Gestalt des frühmodernen Staates. Ausgewählte Aufsätze, S. 11–34.
Oestreich, Gerhard: Strukturprobleme des europäischen Absolutismus, in: Ders., Geist und Gestalt des frühmodernen Staates. Ausgewählte Aufsätze, S. 179–197.
Pfitzer, Klaus: Reformation, Humanismus, Renaissance, Kompaktwissen Geschichte, Stuttgart 2015.
Pike, Luke Owen: A History of Crime in England. Illustrating the Changes of the Laws in the Progress of Civilisation. Written from the Public Records and Other Contemporary Evidence, Second Series, London 1876.
Quabeck, Franziska: Charles Dickens, in: Gutmann, Thomas/Ortland, Eberhard/Stierstorfer, Klaus et al., Encyclopedia of Law and Literature, 2022.
Quanter, Rudolf: Deutsches Zuchthaus- und Gefängniswesen – Von den ältesten Zeiten bis in die Gegenwart, Neudruck der Ausgabe Leipzig 1906, Aalen 1970.
Rawlings, Philip: Crime and Power. A History of Criminal Justice 1688–1998, London/New York 1999.
Reiner, Hans: Humanitas. Grundlagen und Gestalten der Humanitätsidee in der Antike, in: Die Sammlung I, Die Sammlung 4, 1949, S. 684–693.
Report from the Departmental Committee on Prisons, 56 Vict. Cap. 7702, 10. April 1895, in: 19th Century House of Commons Sessional Papers, S. 1–47, zitiert als: Gladstone Report 1895, S.
Rieks, Rudolf: Homo, humanus, humanitas, München 1967.
Riemer, Lars Hendrik: Das Netzwerk der Gefängnisfreunde (1830–1872), Karl Josef Anton Mittermaiers Briefwechsel mit europäischen Strafvollzugsexperten, 1. und 2. Halbband (Studien zur europäischen Rechtsgeschichte), Band 192.1 und Band 192.2, Juristische Briefwechsel des 19. Jahrhunderts, Frankfurt am Main 2005.
Rothman, David J.: The Discovery of the Asylum – Social Order and Disorder in the New Republic, Boston 1971.

Rudolph, Enno: Politik, in: *Cancik, Hubert/Groschopp, Horst/Wolf, Frieder Otto:* Humanismus: Grundbegriffe, Berlin 2016, S. 307–312.
Rusche, Georg: Arbeitsmarkt und Strafvollzug, erschienen in: *Horkheimer, Max:* Zeitschrift für Sozialforschung, Jg. 2, 1933, Neuauflage München 1980, S. 63–78.
Rusche, Georg/Kirchheimer, Otto: Sozialstruktur und Strafvollzug, Vermehrt um einen Anhang mit zwei Aufsätzen von Georg Rusche und einem Nachwort von Heinz Steiner, Frankfurt am Main 1981.
Rohden, Gustav von: J.H. Wichern und die Preußische Gefängnisreform, in: *Liszt, Franz von/Lilienthal, Karl von et al.:* Zeitschrift für die gesamte Strafrechtswissenschaft, Band 26, Berlin 1906, S. 189–218.
Rohden, Gustav von/Just, Theodor: Hundert Jahre. Geschichte der Rheinisch-Westfälischen Gefängnis-Gesellschaft 1826–1926, Düsseldorf 1926.
Saam, Günther: Quellenstudien zur Geschichte des deutschen Zuchthauswesens bis zur Mitte des 19. Jahrhunderts, in: Wolf, Freiburger Beiträge zur Strafvollzugskunde, Band 2, 1936.
Sattler, Dietrich: Anwalt der Armen, Missionar der Kirche. Johann Hinrich Wichern 1801–1881, Hamburg 2007.
Schäche, Wolfgang/Szymanski, Norbert: Das Zellengefängnis Moabit. Zur Geschichte einer Preußischen Anstalt, Berlin 1992.
Schambach, Sigrid: Johann Hinrich Wichern, [Hamburg 2008].
Schimke, Maria, Regierungsakten des Kurfürstentums und Großherzogtums Baden 1803–1815, Quellen zu den Reformen in den Rheinbundstaaten, Band 8, München 2012.
Schirmer, Walter F.: Antike, Renaissance und Puritanismus: eine Studie zur englischen Literaturgeschichte des 16. und 17. Jahrhunderts, München 1924.
Schlosser, Hans: Neuere Europäische Rechtsgeschichte. Privat- und Strafrecht vom Mittelalter bis zur Moderne, 3. Überarbeitete und erweiterte Auflage 2017.
Schmidt, Eberhard: Einführung in die Geschichte der deutschen Strafrechtspflege, 3. Auflage, Göttingen 1995.
Schmidt, Eberhard: Die geistesgeschichtliche Bedeutung der Aufklärung für die Entwicklung der Strafjustiz aus der Sicht des 20. Jahrhunderts, in: Stooss, C[arl] (Begr.): Schweizerische Zeitschrift für Strafrecht, 73. Jahrgang, Heft 4, Bern 1958, S. 341–360, zitiert als: Geistesgeschichtl. Bedeutung d. Aufklärung für d. Strafjustiz, S.
Schmidt, Eberhard, Zuchthäuser und Gefängnisse: Zwei Vorträge, Göttingen [1960].
Schmidt, Stephani: Die Abhandlung von der Criminal-Gesetzgebung von Hanns Ernst von Globig und Johann Georg Huster. Eine 1782 von der Ökonomischen Gesellschaft Bern gekrönte Preisschrift, Freiburger Rechts-geschichtliche Abhandlungen; N. F., Bd. 14), Berlin 1990.
Schneiders, Werner: Das Zeitalter der Aufklärung, München 1997.
Schroeder, Friedrich Christian: Die Carolina – Die peinliche Gerichtsordnung Kaiser Karls V. (Carolina) von 1532, in: Ders.: Die Carolina – Die peinliche

Gerichtsordnung Kaiser Karls V. von 1532, Wege der Forschung, Band 626, Darmstadt 1986, S. 305–337.
Schüler-Springorum, Horst: Strafvollzug im Übergang. Studien zum Stand der Vollzugsrechtslehre, Göttinger Rechtswissenschaftliche Studien, Band 72, Göttingen 1969.
Schupp, Franz: Geschichte der Philosophie im Überblick – 3. Neuzeit, Hamburg 2003.
Schulze, Winfried: Gerhard Oestreichs Begriff „Sozialdisziplinierung in der Frühen Neuzeit", in: ZHF 14, 1987, S. 265–302.
Schönpflug, Wolfgang, Geschichte und Systematik der Psychologie. Ein Lehrbuch für das Grundstudium, Weinheim 2000.
Schwarzmaier, Hansmartin (Hrsg.) et al.: Handbuch der baden-württembergischen Geschichte, 2. Territorien im alten Reich, Stuttgart 1995.
Schwind, Hans-Dieter: Zur historischen Entwicklung des Strafvollzugs (mit kriminalpolitischen Anmerkungen), in: Gesellschaft für Rechtspolitik Trier: Bitburger Gespräche Jahrbuch 1986/2, München 1986, S. 13–26.
Sieverts, Rudolf: Zur Geschichte der Reformversuche im Freiheitsstrafvollzug in: Rollmann, Dietrich: Strafvollzug in Deutschland – Situation und Reform, Frankfurt 1967, S. 43–54.
Slater, Michael: Charles Dickens: A Life Defined by Writing, [New Haven], 2009.
Smith, Caleb: Prison and the American Imagination, New Haven 2009.
Spitta, Juliane: Persönlichkeit, in: *Cancik, Hubert/Groschopp, Horst/Wolf, Frieder Otto*: Humanismus: Grundbegriffe, Berlin 2016, S. 297–306.
Stöffel, Susanne: Die Wechselwirkung von Terrorismus und innerer Sicherheit in der Bundesrepublik Deutschland der 70er Jahre – Juristische, politische und gesellschaftliche Rezeption des Terrorismus der Roten Armee Fraktion und der staatlichen Terrorismusbekämpfung, Tübingen 2002.
Stoughton, John: William Penn, The Founder of Pennsylvania, London 1882.
Strauss, Michael J: The Leasing of Guantanamo Bay, Westport 2009.
Talkenberger, Heike: Schreiben im Gefängnis. Die Autobiografie des Betrügers Luer Meyer, in: *Hering, Reiner/Schenk, Diemtar:* Wie mächtig sind Archive? Perspektiven der Archivwissenschaft (Veröffentlichungen des Landesarchivs Schleswig-Holstein Band 104) Hamburg 2013, S. 101–120.
Thibault, Jacqueline: „To Pave the Way to Penitence": Prisoners and Discipline at the Eastern State Penitentiary 1829–1835, in: The Pennsylvania Magazine of History and Biography, Apr., 1982, Vol. 106, No. 2 (Apr., 1982), S. 187–222.
Vec, Milos: Die Seele auf der Bühne der Justiz. Die Entstehung der Kriminalpsychologie im 19. Jahrhundert und ihre interdisziplinäre Erforschung, in: Berichte zur Wissenschaftsgeschichte 30, 2007, S. 235–254.
Vöhler, Martin (Hrsg.)/Cancik, Hubert: Humanismus und Antikrezeption im 18. Jahrhundert: Genese und Profil des europäischen Humanismus, Band 1, Heidelberg 2009.

Vormbaum, Thomas: Einführung in die moderne Strafrechtsgeschichte, 4. Auflage, Berlin 2019.
Wahlberg [Wilhelm Emil]: Gesamtentwicklung des Gefängnisswesens und der Haftsysteme seit Mitte des 16. Jahrhunderts bis zur Gegenwart, in: *Holtzendorff, Franz von/Jagemann, Eugen von:* Handbuch des Gefängnisswesens in Einzelbeiträgen, Erster Band, Zweites Buch, Geschichte und Stand der Gefängniss-Reform, Hamburg 1888, S. 79–141
Wehler, Hans-Ulrich: Deutsche Gesellschaftsgeschichte, München 1995-2008 (5 Bände).
Weiss, Robert, Humanism in England. During the Fifteenth Century, 2. Auflage, Oxford 1957.
Wenninger, Ludwig: Geschichte der Lehre vom besonderen Gewaltverhältnis, Schriftenreihe Annales Universitatis Saraviensis, Rechts- und Wirtschaftswissenschaftliche Abteilung, Band 105, Saarbrücken 1982.
Wesel, Uwe: Geschichte des Rechts. Von den Frühformen bis zur Gegenwart, 4. Neu bearbeitete Auflage, München 2014.
Wolf, Frieder Otto: Humanität, in: *Cancik, Hubert/Groschopp, Horst/Wolf, Frieder Otto:* Humanismus: Grundbegriffe, Berlin 2016, S. 17–22.
Wright, Martin: Making Good. Prisons, Punishment and Beyond, 2. Auflage, Hook 2008.
Wu, Albert: „Unashamed of the Gospel“: Johann Hinrich Wichern and the Battle for the Soul of Prussian Prisons, in: Church History 78.2., June 2009, S. 283–308.

Einschübe der Autorin in Zitaten stehen in [ ].

Sofern kein/e Übersetzer/in bei Zitaten angegeben ist, stammt die deutsche Übersetzung von der Autorin selbst.

Index